存在の一義性

存在の一義性

ヨーロッパ中世の形而上学

ドゥンス・スコトゥス 著
八木雄二 訳註

知泉学術叢書 9

はじめに

スコトゥスの直観説（知覚論）

2年前の8月，わたしは『カントが中世から学んだ「直観認識」』と題する小振りの本を同じ知泉書館から公刊した。ヨハネス・ドゥンス・スコトゥス（1265-1308）の主著『神と世界の秩序についての論考』（オルディナチオ）の中で「直観」cognitio intuitiva に関するテキスト部分を翻訳し，それに詳しく解説をつけたものである。

表題にある通り，18世紀のイマヌエル・カント著『純粋理性批判』に述べられている「直観」の意味についてその正確な理解を提供することができると考えたのが，出版の主な理由であった。というのも，カントは「直観」の語を用いるときにスコトゥスの名を挙げないし，スコトゥスが示したその意味をあらためて提示することも一切していないからである。おそらく，カント自身は，大学で哲学を学ぶものなら誰もが知っている事実だから書く必要はないと考えたのだろう。

しかし，カントにとっての常識は現代のわたしたちの常識ではない。しかも遠く東洋に生きるわたしたちには，ヨーロッパ中世から近代にまで及んだキリスト教神学の隠れた伝統には馴染みがない。それは，わたしたちの視界の中ではいわばキリスト教の僧衣の裏に隠れてしまっている。そのために近世哲学の著作を読む日本の読者は「直観」という語は古代のギリシア哲学以来，ヨーロッパ哲学

にもともとあるものだと思いがちである。あるいは，カントが説明していないために，説明する必要もないほど哲学を学ぶものにはわかりきったことであると思い込んでしまいがちである。

ところが，そういうことでは，けしてないのである。「直観」は，中世末期，スコトゥス以前にはなく，スコトゥスにおいて，とつぜん示され，その後，だれもそれについては疑問を提示しない語であり，概念なのである。それは近代哲学の日本語訳のうちで多くの場合，「知覚」という訳語が当てられるものだと言えば，それがいかに頻繁に使われている語彙かわかるだろう。認識が論じられるとき，この概念が使われないことはめったにない。

つまりスコトゥスが定義づけた「直観」ということばは聞いたことがなくとも，翻訳された近代哲学を読む者なら，「知覚」ということばには出合っている。そして，その「知覚」を生じる認識が，スコトゥスが，ヨーロッパの哲学の歴史のなかではじめて規定した「直観」なのである。したがって近世哲学の理解を正確なものにしようと思うならば，スコトゥスの「直観」に関するテキストの翻訳は一読しておかなければならない。なぜなら，デカルトもカントも，それを過去からの哲学の伝統（常識）として，完璧に学んでいたからである。

スコトゥスの「記憶」論とエピソード記憶

ところで，そのこととは別に，哲学に熱心な読者からの指摘があって，上記拙著で取り上げたスコトゥスの論述には哲学史上，既述のこととは別に，さらにきわめて革新的な点があることを知った。というのも，人間知性の「直観」を証明するためにスコトゥスは一般的に言われる「記憶」のなかから，ある個別的な記憶（個人的経験の記憶）の類いを，特別に取り出して扱っているからである。

むしろスコトゥスは，それだけを「記憶」memoriaと呼んで，学校や本で，わたしたちが知識を学ぶときに用いる記憶の方は，「学習済みの知」（所有）habitusと呼んで区別している。そして，スコトゥスが「記憶」と，特別に呼んでいた記憶は，自分が直接に経験したことの記憶であって，どうやら現代脳科学で言われ始めた「エピソード記憶」なのである。

今しがた述べたように，スコトゥスは，学習したことの記憶は「所有」ないし「学習済の知」と呼ぶ。わたしたちは，ふだん，学校教育で「憶え」が悪いと言われて劣等感をもたされているから，このほうを，おもに「記憶」と考えている。しかしスコトゥスによれば，違うのである。本来の「記憶」はその人個人の経験的事象の記憶，つまり各自の「わたし」によってのみ経験された「個別の事象」の記憶なのである。

たとえば，先ほどまで〈自分は〉「眼鏡をどこに置いたか探していた」，「人には言えないことで悩んでいた」，「さんまを焼いて食べていた」，「友人と話していた」という種類の個人的記憶である。スコトゥス以前，たとえばトマス・アクィナス，アンセルムス，アリストテレス，プラトン，わたしの知る限りどの哲学者も，この種の記憶は感覚的なものであって，知性に属する記憶ではないと見なしていた[1]。

そして，この記憶を，知性に属する真正の記憶と受け取って知性の記憶・想起の論を展開したのはスコトゥスが哲学史上はじめてであり，しかも，スコトゥス以後にも，すなわち，近代にも現代にも，この種の記憶を特別に取り

---

1) 感覚に属すると見るか，知性に属すると見るか，その区別は，それが共通の「ことば」（ロゴス）になるかどうかで区別される。正確にことばで表示されるなら，それは知的であるための十分な「理」，すなわち，「根拠」をもつ。

上げた哲学者はほとんど（後期ヴィトゲンシュタインにはあると聞く）居ないと思われる。

　しかも、この「エピソード記憶」は、現代の脳科学において、ごく最近になってようやく脳の「特定の部位」に対応している記憶特性として取り上げられるようになった。つまり脳に関する現代的実験を通じて、「学習知」の記憶の部位とは異なる部位にその記憶は区別されて在ることがはじめて見いだされたのである。どうやら最近問題になっている認知症との関連があるらしい。つまり認知症は、このエピソード記憶が失われる病気なのだ。

　わたしは脳科学にはまったくの素人である。したがってスコトゥスの述べている記憶・想起の論がどれだけ正確に現代で言われる「エピソード記憶」に一致しているかはわからない。それでも、このような記憶を現代のような科学技術なしに反省的考察のみによって「取り出していた」神学博士スコトゥスの反省的知覚の鋭さは、誰の目にも明らかである。彼は中世において「精妙なる博士」と綽名されていた。この綽名が、まさにスコトゥスの本質をついていることが脳科学の発展が著しい今になって、ようやく科学によって「証明された」と言える。

存在の一義性と形而上学——スコトゥスの未知の領域

　今回読者に提供するのは「存在の一義性」に関するスコトゥスの論考の翻訳と解説である。とはいえ、その内容は、神の認識に関してのものであり、論議を通じてかれの「形而上学」の全体にわたる内容になっている。なぜなら、「形而上学」は周知のように「存在全体に関する学」だからである。しかも、「存在の一義性」は哲学史でスコトゥスの項目を見ればかならず取り上げられる項目である。それにもかかわらず、まともな研究が始まったのはヨーロッパにおいても、ごく最近のことであって、いまだにひどく

粗削りな説明しか行われていない。その「未知性」は日本とヨーロッパとの間でほとんど隔絶はない。つまりスコトゥスの唱えた「存在の一義性」が良く知られていないことについては、欧米でも、日本でも、同じような状況にある。

その状況を尻目に、一人抜け駆けして、一歩先んじようとしているのが、この本の翻訳と解説である。

このテキスト箇所は、40年前、わたしがスコトゥスを研究対象に決めて修士課程に入ったころに、はじめて読んだラテン語テキストの箇所である。言うまでもなく、当時は謎だらけの内容に見えた。40年の哲学研究を通じて、ようやくその謎の多くを解決することができた。それゆえ、前著で「直観認識」について行ったように、各段落の内容ごとに著者の吟味を可能な限り加えて一般読者に提供する。翻訳は可能な限りテキストに忠実に、そしてそれに付けた解説は、できるだけ初学者でも読める内容にしたつもりである（とはいえ、主題は専門的であるし、スコトゥスと言えば難解さで知られている）。

たんなる翻訳と簡単な註のみにしなかったこと、詳しい解説を付けたことには理由がある。

ヨーロッパにおける中世末期の哲学の本当の歴史

一般にわたしたちがヨーロッパから学んでいる哲学史は、近代のヨーロッパの哲学者によって作られた哲学史である。その哲学史は中世の哲学を迷妄の哲学として軽侮している。中世哲学の復権が現代の哲学研究を通じてなされ始めているが、数百年にわたってつけられた誤った一般のイメージを払しょくすることは、とても一朝一夕にできることではない。

じつのところ、北西ヨーロッパは経済的にも文化的にも、12世紀から13世紀の間に当時のイスラム帝国の文化

に追いつくまでに至っていた。ところが間もなく，14世紀のはじめ，ドゥンス・スコトゥスが死去する前後から，飢饉やペストの流行にヨーロッパは襲われ始め，ヨーロッパは14世紀から15世紀，まるまる2世紀の間，飢饉と戦乱とによって人口が極端に減少し，経済は疲弊し，「暗黒時代」にあった。16世紀以降，最低限の復興にも1世紀のときが必要だった。当然それは学問世界にも大きな影響を与え，かつての学芸を伝える力は，17世紀，近代に入る頃，ほとんど失われていたのである。

14世紀以降，ヨーロッパ世界はとつぜん衰退した。大学はかろうじて存続したとしても学生と教授の数はきわめて少なくなり，教授のレベルも下がったと推測できる。それは神学や哲学などの高等科学に関してとくに大きかったと思われる。推測するに，15世紀のヨーロッパの大学に13世紀の神学をじっさいに理解して教えることができる教授はほとんど居なかったに違いない。担当する教授が居たとしても形式的に授業をこなす「先生」ばかりだったと思われる。16世紀に入って，神学を学ぶ学生が出てきても，授業を受ける学生の意欲は大いに減退していただろう。

高度な神学の内容は平板な仕方で教えられ，聞いて居る学生はその無味乾燥な内容に辟易し，「スコラ哲学」嫌いが学生の間に広がったに違いない。その結果，16世紀，まずはカトリック教会の精神レベルの低さに業を煮やしたマルティン・ルター（1483-1546）やカルヴァン（1509-64）によってプロテスタントの運動が起こり，そして17世紀を迎えて，フランシス・ベーコンによる中世の軽蔑，近代的経験知を求める哲学が主張され（『ノヴム・オルガヌム』1620年），デカルトは中世期に成った神学を学びつつ，初心に戻って民衆啓蒙の哲学を始めた（『方法序説』1637年）。こうして，わたしたちが知るヨーロッパ近代が生まれたと

はじめに　xi

推測される。

　すなわち,「スコラ哲学」は堕落したキリスト教会に迷わされた素朴な哲学に過ぎず,そこにはまともに「哲学」と呼べるものはなかった,という誤ったイメージが,近代哲学を通じて広められた。しかしそれは,真実には大学人の間で中世が見失われたことから始まった不運な歴史によるのである。

　じっさいには,11世紀から13世紀までの北西ヨーロッパには近現代にまさるとも劣らない哲学の歩みがあった。それが14世紀にはじまるその後の数百年間の文化的後退現象のうちに見失われ,ついには哲学徒でさえもそれを理解することがむずかしくなったのである。具体的には,中世の哲学世界で用いられていたことばが正確に伝えられなくなり,その当時のテキストを読むことが専門の大学教授にも困難になった。そのためにテキストはあってもそこに書かれていることが何か,地元であるはずのヨーロッパにおいてさえ十分には読み取れない状態が起きたのである。そしてその状態は,現代においてもじつは続いている。

哲学用語の時代性

　哲学の世界のことばは,まったく独特だと言える。一般には,抽象的で特にむずかしいという評判を得ている。したがってほかの世界と同じく,そこに分け入って時間をかけて「そこの言葉遣い」に慣れるほかに,理解する道がない。なかでもヨーロッパ中世の哲学は,キリスト教神学の歴史であるために,「ことば」を聞き馴れるには相当程度の時間がかかる。わたしも長い間テキストの中にわからない「ことば」が並ぶようすをただ見ているほかなかった。そして当時の神学作品は多くの異論（本論と対局にある意見）が並べられ,それとの対決という形式で書かれている。とくにスコトゥスの主著は異なる見解を広範に展開

する他の神学者との議論で満ちている。したがってその時代のその世界の「ことば」を知って，意見が展開される場に，あるいは，その討議の間に，自分が入ることができなければ，じつはまるで何もわからない。

　しかも，意見が食い違っている哲学者は，そもそも世界を見る視点が違っている。両者の間で交わされることばが，両者の間で同じように受け取られているとは言い切れない。言うまでもなく，基本的にわたしたちは著者であるスコトゥスの立場に立って読めばよいのであるが，それでも問題になっていることを理解するには，少なくともスコトゥスが見ている相手の立場からの視界も，やはり視野に入れておかなければならない。テキストを読んできた長年の時間を通じて，いくらか使われている言葉に馴れてきていても，異なる視点からの理解を加えていくのは，さすがに体力が要る。

　とはいえ，哲学は，人間が生きていく間に出合うもっとも深い疑問をつねに背景としている。その疑問はどんなに違った「ことば」で言い表されていても，じつは深いところで共通である。ただ，時代の違い，民族の違い，文化の違いによって，それをどのように言い表すかはさまざまである。たとえば，「人は思想的には何をもって生きているのか」，「自分は神に頼って生きているが，その神とは何か」，「人が幸せに生きる道はどのような道か」，等々である。述語「ある」を根本に据える思想がヨーロッパの文化であり，キリスト教においては，その神は人の姿に似た創造神であり，神に愛される道が幸せに生きる道だと考える。このように，扱われる表向きのテーマは直接には違っている。

　しかしそのテーマは同じような疑問から生まれるから，哲学者たちの知の追求はどこかで同じ深い疑問とつながっている。だから，視点は違っていても，人間の問いには共

はじめに

通なものがある。

　さらにスコトゥスは繰り返される反論を通じて，自分の出す結論についてさらに吟味を繰り返している。スコトゥスの作品はあちこちに追加のメモがはさまる未完成作品であるゆえに，まさに哲学がその只中にあることを，わたしたちに語り掛けている。

本物の哲学の学び

　じつは，このことこそ，過去の哲学に触れる意義である。過去の哲学者が出している結論は現在では何がしか，すでに一つの歴史として説明されている。哲学史の一つの項目として述べられているドゥンス・スコトゥスの「存在の一義性」もその一つである。

　哲学史であらかじめ学んでいるために，ついついわたしたちは過去の哲学書の読解をその歴史事実の確認で終わらせてしまいがちになる。ところがその結論が導かれる過程，つまり複数の見解の間でなされる知の吟味は，時代を超えた哲学の本質として哲学に向かうわたしたちにとって，じつはいつも〈現在〉なのである。哲学が「永遠のもの」であると言われるのは，たしかにそのテーマがつねに人間にとって重大なものであり続けるから，という理由もあるが，同時に，そのテーマの追求における「知の吟味」の在り方，複数の視点から述べられる主張のぶつかり合い，すなわち，「問答」に，時代は替わってもつねにわたしたちが学ぶべき哲学の本質があるからである。

　各時代のテーマは異なることがあっても，哲学の根源的な疑問，そしてその解決のための問答には，人間にとって普遍的なものがある。だから時代や場所の違いが生んでいる「言葉遣いの違い」を乗り超えることさえできれば，わたしたちはじっさいに歴史を動かした実績をもつ本物の哲学がもつ「なまの膚」に触れることができる。

しかも，この作品は未完成状態である。完成を目指して著者スコトゥスが論を追加し，その推敲途中，本人は死亡した。こうして，未完成のまま残されたものであることがテキストのあちこちに残る「追加断片」によって生々しいのである。つまり現代の校訂版を通じて，スコトゥスが死の直前，「ここまで考えていた」ということが，読み取れるのである。

このようなことが考えられるゆえに，今回，ここに，存在の一義性についてスコトゥス作品の翻訳と註釈を読者に提供する。これによってヨーロッパ中世の哲学書にじかに触れることの意義を，可能な限り日本語で読むことができる，すなわち，「哲学の永遠性」を知ることができるはずである。

なおかつ，じっくりと読んでいけば，現代のわたしたちに中世のスコラ哲学を批判する（中世を乗り越える）力があるとしても，それはスコトゥスの仕事があったからこそだと言うことがわかるだろう。じっさい，近代や現代の哲学者の唱える「形而上学」が，どの点で「中世の形而上学」を乗り越えているのか，中世の形而上学自身を知らなければ分からない。

言うまでもないことであるが，「存在の一義性」という課題は形而上学ないし存在論の中心課題である。その著者ドゥンス・スコトゥスは「精妙なる博士」(subtle doctor) という綽名をつけられていた哲学者である。現代の哲学者ハイデッガーも，彼の作品とされたものを研究してひどく難儀したことを告白しているほどである。

それゆえにまた，本書は，その翻訳と釈義を己ひとりの作業で行ったので，思わぬ間違いがあるかもしれない。その点はご批判を仰ぎたいと思う。じっさい，前著『カントが中世から学んだ「直観認識」』についても，出版後に，若い人との読み合わせをしたことで，いくつか誤りを見つ

けた。その訂正は拙著のうしろに付録として付けた。(ラテン語のスペルにも何か所か誤りがあったが，ラテン語が読める人には見当がつくと考えているので，掲載していない)。

拙著の読み進め方

もとのテキストは当時の時代状況のなかで成立している。つまり当時の神学者の常識に即して書かれている。それは近代以降の哲学の常識とはかけ離れている。したがってテキストに書かれた順番通りに読むと初学者が中身を読み取ることがきわめて困難になる。じっさい，この時代の哲学作品は，大抵,「異論」の提示から始まる。すなわち，著者の主張がはじめから終わりまで書かれている近代の哲学書とは異なり，著者が相対そうとする異見がはじめに提出され，必要になるたびに，相手の異見が懇切に紹介される。著者の意見は，そのあとに主張される。たいていは「わたしは」で始まるが，注意して読み進めないと対立する意見の間で理解が混乱する。

言うまでもなく，わたしは解説を通して混乱がないようにしたつもりであるが，当時のテキストの大筋はそういうものであることは，覚悟しておいてほしい。

また，異論と著者の思想がさまざまに述べられることと，形而上学や存在論に対する現代の読者の関心の持ちようとの間に相当の開きがあるために，読者が，なかなか自分が知りたい情報に出合えない，という問題もあるだろう。読者は，自分はこの種の専門家になるつもりはないのに，ヨーロッパの哲学を知るために，こんなにがまんして読まなければならないのかと，気分を害されるかもしれない。

最終的には自分なりの読み方を見つけてもらうほかないのであるが，解説者として，まずは次のように読み進める

ことを推奨したい。

　まず、現代の読者は近代の哲学者が関心を寄せたこと、つまりデカルトが新たに科学的真理を得るために考えたことは了解しやすいものだと思う。そこで、テキストの第3区分の第4問題が、ちょうどその内容になっている。したがってそこから読み始めることを読者には勧めたい。言うまでもなく、そこにも数々の「中世的」異論が紹介されている。読者は異なる視点から考えさせられることになるが、真の哲学（知の吟味）がなまで迫って来ることだと考えて、できれば、繰り返しこの箇所を読み、スコトゥスの「精妙さ」に馴れてもらいたい。そしてデカルトの言っていることがどれほど中世の間にすでに言われていたことの「まとめ」に過ぎないか、理解してもらえるところまで到達したなら、読者は、いよいよ「存在の一義性」の理解に向かって進む心の準備ができている。

　つぎに、第3区分の第26段落から始まる「存在の一義性」のいくつかの証明を、第39段落まで読み、ある程度のイメージをもったなら、つぎに、第8区分に飛んで、その終わりの第138段落から第156段落までの「一義的な存在概念」の詳細な説明を読むことを勧めたい。

　そのあとは、第8区分の第1問題から第3問題まで読み、次に第3区分のはじめに戻って、その第1問題から第3問題まで読めば、何とか全体を読み通すことができるのではないかと、著者は考えている。

拙著を読み通す意義

　スコトゥスは、アリストテレスやトマス・アクィナスの形而上学も研究したうえでテキストを記述している。それゆえ、この本を通読することは、スコトゥスの作品を通じてスコトゥス以外の形而上学にも理解が及ぶことになる。言うまでもなく、わたしの理解度は限定的である。しかし

はじめに

それでも間違いなく、この本でも（現代の哲学者もかなわないほどの精妙なる博士が書いた形而上学の本であるから）、アリストテレスやトマスについて、その形而上学を理解するための基礎を学ぶことができるはずである。読者は、図書館の書棚に並ぶ現代の通俗的な形而上学の説明不足を乗り越えることが、かならずやできるだろう。

しかも、近代のカントが『純粋理性批判』や『実践理性批判』を書いたとき、彼が背景にしていたものがいくらか想像できるようになるだろう。なぜなら、スコトゥスは「存在の一義性」の問題を「知性（理性）能力の対象」の問題であると考えているからである。つまり形而上学を「理性批判」の立場から見直す先鞭をつけたのは、カントではなくスコトゥスなのである。さらにスコトゥスは、「聖書神学」を「実践的理性」の問題として論じている。

したがって、時間をかけてしか読むほかないこの種の読書であっても、その学習時間はむだにはならない。

なお、テキストの当該箇所の現代語訳と註釈については、すでにフランスで出版されたものがある[2]。歴史のつながりの強い現代フランス語への翻訳は、さすがに正確である。しかし、その註釈は十分なものとは言い難い。それと比べて、拙著は原文に忠実に初学者にも十分な説明を施していると考えている。この点は著者の自慢である。アリストテレスやトマスの大量の翻訳を読むより、この一作品をじっくり読むほうがはるかに合理的にヨーロッパの真の「形而上学」を理解する近道になると、著者は確信している。

---

2) *Jean Duns Scot, Sur la connaissance de Dieu et L'univocité de L'étant,* introduction, traduction et commentaire par Olivier Boulnois, Presses Universitaires de France, 1988

テキストは現代の校訂版スコトゥス全集の第三巻と第四巻のうちにある。

Ordinatio I distinctio 3 pars 1 quaestio1-4 ; Ioannis Duns Scoti Opera omnia, studio et cura commissionis scotisticae ad fidem codicum edita III, Civitas Vaticana, 1954, pp.1-172

Ordinatio I distinctio 8 pars 1 quaestio 1-3; Ibid. IV, Civitas Vaticana, 1956, pp.153-229

目　次

はじめに……………………………………………………………… v

第 1 巻第 3 区分

第 I 部　神の認識可能性
——第一問題から第四問題——

第一問題 ── 神は認識されるか……………………………… 8
　（異論）神の感覚表象はない………………………………… 10
　（異論）太陽の光に対するフクロウの目…………………… 12
　（異論）無限は不可知である………………………………… 13
　（異論）グレゴリウスの不可知論…………………………… 14
　（反対論）アリストテレスの説……………………………… 15

第二問題 ── 神は最初に認識されるか…………………… 16
　（異論）存在と認識…………………………………………… 16
　（異論）完全性と認識………………………………………… 17
　（異論）能力の最完全なはたらき…………………………… 18
　（反対論）認識は感覚から始まる…………………………… 18
　あらかじめ区別すべき諸概念………………………………… 19
　肯定辞と否定辞………………………………………………… 19
　「何であるか」と「在るかどうか」………………………… 22
　自然的概念と超自然的概念…………………………………… 24

目次

「名が指示する何」と「在るかどうか」……………… 26
漠然とした概念と明確な概念 ………………………… 30
第一の学の主題の特殊性 ……………………………… 31
形而上学は神学を形成する …………………………… 33
異論の矛盾 ……………………………………………… 35

第一問題についてのガンのヘンリクスの見解 ……… 38
属性を通した神認識 …………………………………… 38
神は三つの仕方で普遍的に認識される ……………… 41
評価力による神認識の可能性 ………………………… 44

第二問題についてのガンのヘンリクスの見解 ……… 46
理性的(推論的)な把握の仕方 ……………………… 49

第一問題へのスコトゥスの回答 ……………………… 51
神の「何」quid を示す概念が知られる ……………… 52
概念の一義性の定義 …………………………………… 53
「存在の一義性」の第1証明 ………………………… 58
概念の類似性による類比説の拒否 …………………… 62
「存在の一義性」の第2証明 ………………………… 66
固有の概念の独立性 …………………………………… 71
「存在の一義性」の第3証明 ………………………… 72
「存在の一義性」の第4証明 ………………………… 74
「存在の一義性」の第5証明 ………………………… 79
一義性が引き起こす問題と知性能力の第一対象 …… 83
追加された異論 ………………………………………… 85
スコトゥスによる課題のさらなる追求 ……………… 86
「白いもの」よりも不完全な「無限な存在者」の概念
…………………………………………………………… 90
「この神」の固有の概念 ……………………………… 100
知性的対象と意志的対象 ……………………………… 104

目　次　xxi

神の神自身の認識と意志 …………………………………… 105
人間の知性認識の問題 ── 知性能力の第一対象 …… 106
神は「無限な存在者」である ……………………………… 107
この段落理解のための予備的考察 ── 存在に固有な属性
　………………………………………………………………… 109
完全性の無限 ………………………………………………… 111
至高であることと無限であること ……………………… 112
被造物の形象を通した神の認識 ………………………… 114
被造物から神の概念を「掘り出す」こと ……………… 115

第一問題の最初の異論に対する回答 …………………… 120
存在と認識可能性 …………………………………………… 122
無限の認識 …………………………………………………… 124
グレゴリウスの論の解釈 ………………………………… 125
実在の個と，概念上（認識における）の個と共通なもの
　………………………………………………………………… 126

第二問題に対するスコトゥスの回答 ── 知性認識
　の三つの秩序 ……………………………………………… 129
雑然とした認識（名）と，分明な認識（定義）……… 133
最低種の認識 ………………………………………………… 134
形而上学は最後に学ばれる ……………………………… 139
知性認識と感覚認識との距離 …………………………… 140
補足説明 ── じっさいの不完全な認識 ……………… 141
「存在者」は分明に知性認識される第一のもの ……… 142
形而上学は第一の学である ……………………………… 144
実際的認識の秩序 …………………………………………… 147
近づくものの認識について ……………………………… 150
感覚に表出されないもの ………………………………… 152
含むものから含まれるものへ …………………………… 154
学習済みの（ハビチュアル）認識と潜在的認識 …… 154

さらなる疑問と答え……………………………………158
  認識の完全性の秩序……………………………………160

第二問題の初めの異論に対する回答 —— 存在と認識
  可能性……………………………………………………165
  （異論回答）感覚による認識と論証による認識………166
  （異論回答）被造物がもつ認識原因と神がもつ原因‥168
  （異論回答）否定的，欠如的に規定されていないもの
  ……………………………………………………………171

第三問題 —— 知性に適合する第一対象は何か………176
  （異論）「神」が第一対象である ……………………176
  （異論）存在するだけ認識される ……………………177
  （異論）トマス・アクィナスの説 ……………………178
  トマスの説に対するスコトゥスの論 …………………180
  アリストテレスの見解を想定する ……………………182
  具体的な原因を求める自然的願望がある ……………184
  能力の対象は最大限度に共通なもの …………………185
  アリストテレス的異論は誤り …………………………187
  （異論）認識は対象と類似する ………………………189
  （異論回答）類似するはたらきと「在り方」………190
  追加された論 ……………………………………………192
  ヘンリクスの異論とそれに対する反論 ………………197
  神の知性の第一対象……………………………………199
  実体は第一対象ではない ………………………………200
  「究極的差異」と「何」………………………………202
  存在者の属性……………………………………………206
  知性の第一対象は「存在者」である …………………211
  「何」のうちに「存在者」が共通的である …………215
  実体は直観されない……………………………………217
  （異論）聖体（聖化されたパン）認識…………………219

（異論回答）暗闇の認識……………………………220
　実体の認識と存在者…………………………………221
　究極的差異と固有の属性と，存在者 ………………223
　存在の一義性の確認…………………………………226
　（異論）一義性に対するアリストテレスによる異論‥228
　（異論回答）類と一義性………………………………233
　（異論回答）差異と一義性……………………………236
　（異論回答）類の内の一性……………………………243
　（異論回答）定義と存在者……………………………245
　（異論）知性の第一対象は「真」である ……………249
　（異論回答）真の概念…………………………………251
　（異論回答）認識能力とその対象……………………257
　（異論回答）抽象という知性認識の特有化…………259
　人間知性の現今の状況………………………………264

第三問題のはじめの異論に対する回答 ………………271
　（異論回答）存在の分有と認識………………………273
　（異論回答）共通な善…………………………………275
　普遍的真理認識と感覚認識 …………………………281
　追加された異論とそれに対する回答 ………………282
　正義と愛（1）…………………………………………284
　事物に向かう起動因としての意志 …………………285
　正義と愛（2）…………………………………………289

第四問題 ── 真理認識の可能性……………………293
　異論の紹介……………………………………………295
　ヘンリクスの異論の説明 ……………………………299
　ヘンリクスに対するスコトゥスの反論 ……………311
　アウグスティヌスの見解 ……………………………318
　確実に認識されるもの………………………………322
　原理の確実性…………………………………………323

学問知の基礎概念……………………………………… 325
 原理の確実性と矛盾律の確実性 ……………………… 329
 三段論法による結論の確実性 ………………………… 333
 感覚は知識を得る「機会」occasio …………………… 333
 経験された認識を確実にする原理命題 ……………… 336
 十分な原因説明と不十分な原因説明 ………………… 340
 属性的真理認識 ── 妥当な（aptitudinalis）認識 … 343
 自己の行為（自覚的行為）の認識の確実性 ………… 345
 錯覚にだまされない判断 ……………………………… 350
 対象どうしの関係の不可変性の認識 ………………… 354
 夢の問題………………………………………………… 359
 懐疑主義を反駁する …………………………………… 362
 ヘンリクスの異論に対する全体的解決 ……………… 364
 「永遠の光」とは何か ………………………………… 367
 アウグスティヌスの解釈 ……………………………… 370
 可知的形象の光………………………………………… 370
 能動知性の光…………………………………………… 374
 神の意志のはたらきと真理 …………………………… 375
 永遠的尺度……………………………………………… 377
 「少数の人」，「純粋な霊魂」の意味 ………………… 381
 永遠的光にもとづく神学 ……………………………… 384

第1巻第8区分

第Ⅰ部　神の単純性
── 第一問題から第三問題 ──

第一問題 ── 神の単純性 ………………………………… 394
 （異論）単純性と完全性 ……………………………… 394
 （異論）神形相との複合 ……………………………… 395
 （異論）神も複合実体である ………………………… 396

第一問題に対する回答	398
質料と形相の複合と神の単純性	399
量の複合と神の単純性	402
実体と偶性の複合と神の単純性	408
必然存在に複合はない	409
無限存在に部分はない	410
異論に対する回答	413
複合が生じる完全性	413
端的な完全性がもつ問題 —— 個体的実体と本性	414
（異論回答）「存在」esse を与えること	419
補訳：形相的区別について（種々の同一性）	
—— 第2区分の第2部の論述	420

第二問題 —— 被造物のうちに単純なものはあるか……423

異論紹介	423
完全性とその欠如	425
心象における複合	427
被造物の複合可能性	428
分有論における複合	433

第三問題 —— 神は類の内にあるか……437

実体の類	439
神は種である	440
神の単純性と一義性	441
神に固有な概念と一義性	445
有意味な存在者 ens ratum	447
神との関係とその基礎の絶対的認識	448
概念は確実か疑わしいかのいずれか	453
近似して一つに見える概念	455
区別された概念が一つに見える	461
「在るか」と「何であるか」	465

目次

- 類比における確実な概念 ……………………………… 465
- 何が確実で，何が疑わしいか …………………………… 466
- 存在者の把握が先行する ………………………………… 467
- アンセルムスの端的な完全性の説 ……………………… 468
- ディオニシウスの否定神学 ……………………………… 470
- 端的な完全性としての英知とイデアとしての英知 …… 472
- （異論回答）矛盾した名辞のもとにある共通性 ……… 477
- （異論回答）実在性における不一致 …………………… 481
- （異論回答）属性の一義性 ……………………………… 481
- （異論回答）数的区分と一義性 ………………………… 488
- （異論回答）ディオニシウスの論 ……………………… 490
- （異論回答）アウグスティヌスの善の分有論 ………… 490
- 頑なな否定に対して ……………………………………… 494

- （異論）第二の極端な見解 ── 神は類のうちにある … 499
- （異論回答）神は類のうちにはない …………………… 502
- 無限は類のうちにない …………………………………… 505
- 必然存在は類のうちにない ……………………………… 511
- 超越者と範疇（述語形態） ……………………………… 513
- 他の諸権威の見解とその否定 …………………………… 517
- 無限な直線 ………………………………………………… 518
- アリストテレス哲学による異論に対して ……………… 524
- （異論回答）ダマスケヌスの主張の解釈 ……………… 537
- （異論回答）ボエティウス解釈 ………………………… 538
- 言及する関係 relatio と実体との関係 ad aliquid …… 539
- 類の内の尺度 ── 第一動者 …………………………… 542
- （異論回答）最高類としての実体と，共通の実体 …… 544
- 簡略な結論 ………………………………………………… 545
- 共通な実在概念が受け取られる ………………………… 548
- 概念と内的固有の様態 …………………………………… 549
- 有限な概念が無限性と一致する ………………………… 554

不完全な概念が共通である ………………………………559
　表示する概念と表示される外的事物 …………………562
　現存する個別者の理解……………………………………567
　（異論回答）他の権威の異論に対する回答……………573
　（異論回答）超越者の英知と範疇内の英知……………574

第3区分第1部（原文）……………………………………578
第8区分第1部（原文）……………………………………681
おわりに………………………………………………………733
解題　スコトゥスにおける「存在の一義性」……………737
（前著）『カントが中世から学んだ……』の訂正表 ……761
索引（人名・書名・事項）…………………………………765

存在の一義性

——ヨーロッパ中世の形而上学——

第1卷第3区分

第Ⅰ部　神の認識可能性
―― 第一問題から第四問題 ――

〈精妙なる博士〉並びに〈聖母の博士〉ヨハネス・ドゥンス・スコトゥス（スコットランド，ドゥンス出身のヨハネス）の主著『オルディナチオ（Ordinatio）』（神と世界の秩序についての論考）の翻訳とその解説を，以下，第 1 巻第 3 区分第 1 部第 1 —第二問題（distinctio3, pans1, quaestio1-2）と，続いて同じ区分の第三問題（quaestio3），さらに第四問題（quaestio4）を，続いて第 8 区分の第一問題から第三問題を，原文そのままの順番で翻訳と解説をつける[1]。訳文の頭の数字は，原文の編集者（原文の批判的校訂をした委員）がつけている段落番号である。

---

1) なお，主著全体の目次建ては拙著『聖母の博士と神の秩序』（春秋社）2015 年の末尾の付録を参照してほしい。ロンバルドゥスの「命題集註解」の区分を基本として，プロローグがあり，続いて第 1 巻から第 4 巻まで，それぞれに，区分（distinctio）があり，各区分のうちに，部（pars）に分けられるものと，そうでないものがあり，その下に，問題（quaestio）が並ぶ。

第一問題

——神は認識されるか——

（**1**）　**第3区分に関して，わたしは第一に，神の認識可能性について問う。そして最初に，神は旅人の知性によって自然的に認識されるかどうか，わたしは問う。**

　第1巻の第3区分の第1部には4つの問題が挙げられている。わたしたちはそれを全部読み通すつもりである。そのうちの第一問題が，神は「旅人の知性」によって自然的に認識されるものかどうか，という問題である。ところで，「旅人の知性」というのは，キリスト教信仰をもって生きる人がもつ知性のことである。信仰抜きの知性ではない。したがって問題の意味はなかなか複雑である。

　つまりこの問題は，人間が信仰抜きに，まったく自然的に神を知ることができるかという問題ではない。むしろ神は信仰を通じてだけ知られることが，あらかじめ理解されている。たしかに「神」ということばは，信仰をもたない人間でも知っている。しかしそれはここで言っている「神」ではない。ここでは，信仰を通じてこそ，キリスト教の神を知ることができることが，問うまでもないことがらとして前提になっている。

　とはいえ，信仰と自然は，議論の場によっては対立概念として理解されている。キリスト教の神は自然を超越している「超越神」である。それゆえ，その神についての信仰は自然を超越したものに向かう自然な心のはたらきである。つまり信仰と自然とは，「自然の超越」と「自然」と

第Ⅰ部　神の認識可能性

の関係である。キリスト教信仰をもって生きる人間の知性は，知性能力は「自然」であっても，すでにその信仰のはたらきによって自然を超越している。それゆえ，その知性が，「超越神」を「自然的に」知るのかどうか，とここでスコトゥスは問題にする。

　このように考えてみると，この問題自体が，じつは信仰と，純粋に自然のみを前提する哲学の関係という問題をはらんでいることがわかる。また哲学は科学一般を代表するものとして扱われるので，これは信仰と科学の関係の問題をはらんでいるとも言える。また哲学は，理性が自然的に世界の全体を相手にして取り組む「知の作業」であるから，まさに信仰と理性（知性）の関係の問題である。

　したがって，この問題の以下の展開はスコトゥス神学が本質的に一貫してもっている（前提している）信仰と哲学，信仰と理性の関係を，じつは非常に本質的なところ（深奥）で明確にするものである。

　とはいえ，あらかじめ言えることは，この両者の関係を含む紐帯となるのは「存在」ないし「存在者」という，ヨーロッパ哲学の基礎となる地平である。たしかに，このように二つの訳語を使うのは幾分混乱を招くかもしれない。ただ，存在するはたらきに注目するラテン語「エッセ」esse は「在る」と訳して，それとの対比で，「存在者」ens は，存在するはたらきをもって在るところの「もの」の意味で，不自然でないかぎり，訳しておく。

　ただし，解題で述べたように，スコトゥスの「存在者」は「ことば」が意味する「概念 conceptus の地平」における「もの」の意味である。実存ないし現存を意味する「在る」とは区別される。

　ところで，超越しているとは言え，神は人間と同様に一つの存在者である。信仰は，知性（理性）が「もつもの」（知性の所有）であると前提されている。つまり感覚的に

周囲に見られるものが，知性に抽象されて「存在者」として受け止められているように，神は，自然を超越したものとは言えその信仰を受け止めているのは人間知性であるから，やはり神も，何らかの「存在者」として人間知性に受け止められている。

なぜなら，神は自然を超越していても，その「信仰」は，人間が知性ないし理性という自然に（生まれつき）もっている能力によってもつ（所有する）ことができると見られているからである。じっさい，そうでなければ，信仰は人類のうちで特殊な人間（たとえば預言者）だけがもつことができるものだと言わなければならない。信仰がだれに対しても開かれているのなら，神は自然な人間知性に受け取られて「存在者」として概念されるものでなければならない。

（異論）神の感覚表象はない

わたしは，否定を証明する：

アリストテレスは『霊魂論』第3巻で言っている。「感覚表象されるものは知性に対してちょうど感覚されるものが感覚に対して関わるように関わっている」。ところで，感覚は感覚される対象以外，感覚しない。それゆえ，知性はその表象が感覚によってとらえられるもののほかは，知性認識しない。ところで，神は感覚表象をもたないし，いかなる点でも感覚表象されるものではない。それゆえ，云々。

問題が提示された直後に，超越神は人間の自然的能力のはたらきによって認識されないものであることを証明する論が紹介される。最初のものは，ここにあるように，「哲学」を代表するアリストテレスの理論にもとづく証明であ

第Ⅰ部　神の認識可能性

る。

　すなわち，周囲のものを感覚器官が受け取り，受け取られた情報が一定の感覚的な像を結ぶ。知性はこの感覚的な像（「感覚表象」と呼ばれる）から，自らの認識（「知性認識」）を得る。この感覚表象から知性認識を得る過程にあるのが「抽象」であり，その抽象作用は「能動知性」が自らの能動的な力で感覚表象の像を変異させることである。そして抽象された像を「可能知性」が受け取ることで，知性認識が自然に生ずる。これらの過程は人間本性に与えられた認識能力によってまずは無自覚になされる。

　以上のような認識成立の理論を背景にして，「感覚表象の像」と「知性能力」の間にある関係は，感覚作用が及ぶ対象となる事物「感覚されるもの」と，「感覚器官の能力」との間にある関係と同じだというアリストテレスの言が引かれた。

　そもそも，ある二つのものの間の関係と，他の二つのものの間の関係が同じである，という主張は，アリストテレスがピュタゴラスの数学的宇宙研究，すなわち「比」の研究を哲学に応用していることを示している。すなわち，2：4＝1：2では，二つの項と二つの項がイコールで結ばれる。それは感覚的には，ドとミ，ミとソの音程が，それぞれの比で協和する関係にあることと類似のことだと見られた。

　そしてそれは，天上世界の二つのものの間にある関係事象が地上世界の二つのもの間に見られる現象と一致するに違いない，という形而上学の「比」の理論に発展した。

　つまりアリストテレスは，知性が位置している比較的上位のレベルに感覚表象と知性能力の関係を見て，それに対して低位のレベルに事物と個々の感覚器官の能力の関係を見て，それぞれの二つの項の比がイコールで結ばれる，という主張をしているのである。

提示された見解は，アリストテレスによれば感覚される ものしか感覚表象に現れず，また感覚表象の像についてし か知性認識はないという主張として受け取っている。そし て，そうであるなら，神は感覚されないのだから，感覚表 象には現れず，それゆえ神は知性に認識されない，と結論 している。

（異論）太陽の光に対するフクロウの目

(2)　同様に，『形而上学』第 2 巻「ちょうどフクロウ の目が太陽の光に対比されるように，わたしたちの知性は 自然のもっとも明らかなことがらと対比される」。しかし， そこには不可能がある。それゆえ，またこの場合も。

　二番目に提示されているこの見解も，同様に，アリスト テレスが認識について理解している 2 項と 2 項の間の「比」 の関係にもとづいている。つまり一方に夜目が利くフクロ ウの目と太陽の光との関係がある。そして他方に，人間知 性と自然がもつもののなかでもっとも究極的な真理との関 係がある。そして，その両者の関係が同じ，あるいは，似 ている，という理解である。

　フクロウは夜の暗がりのなかでも狩りができる。じっさ いには視覚だけでなく聴覚もフル動員してフクロウは狩り をするのであるが，アリストテレスは視覚を重視している ので視覚能力にしぼって認識を一般的に理解する。すなわ ち，夜目が利く目は，暗がりには能力を発揮するが，明 るすぎる太陽の下では，おそらく，よく見えないだろうと憶 測している。それと同じように，アリストテレスによれ ば，人間知性は一般にごく身近な真理はよく理解するが， 宇宙全般にわたる普遍的真理については理解することがむ ずかしい。理解できるのは人間のなかでもごく少数の人だ

けである。

つまりアリストテレス自身は, フクロウは昼間の太陽の光のもとでは「ものがよく見えないのだろう」と考えているだけであり,「太陽自体を見ることができるか」とまでは考えていない。しかし, ここに提示されている見解は, フクロウは「太陽そのものを見る」ことは不可能である, という見解なのである。すなわち,「フクロウの目：太陽光＝人間知性：神」と見る。つまり, 人間知性が,「神」を認識することは, フクロウの認識能力が太陽の光を見るようなもので, 不可能であるという主張である。

（異論）無限は不可知である

（3） 同様に, 『自然学』第1巻「無限であるかぎりの無限であるものは知られない」。また『形而上学』第2巻「無限な数のものは認識することができない」。それゆえ, 無限なものも, 知ることはできない。なぜなら, 無限なものと, 無限な数のものとは, 有限な知性に対して同じ不等性があるからである。なぜなら, 等しく超えているからである。すなわち, より小ではない。

三番目に提示された見解は,「無限」は認識できない, というアリストテレスの原則論にもとづく。一般的に, 認識できるものは,「一定のもの」として認識される。要するに或る一定のかたちをとっている場合のみ,「これこれのもの」と言って示すことができる。そして「ことば」（ロゴス）は, それ自身が時の経過を超えて同じかたちに維持される。それゆえにそれは文字に置き換えられて記録として使用される。したがって「ことば」で表示されるものは一定のものでなければならない。そうでなければ上述のことが成り立たない。

ところで「概念」や「認識」は「ことばで表示されるもの」である。そして「ことば」にしたがうことで，わたしたちは論理的（ロジカル）に考えることができる。したがって論理的であろうとすれば，ことばがとらえる「一定のもの」にしたがうほかにない。論理的でない哲学とか，論理的でない科学，また，論理的でない理性は，ありえない。それゆえ，理性，すなわち，知性の認識は，一定のものだけが対象である。それゆえ，「不定なもの」はとらえることができない。

ところで，「一定のもの」とは，限定されたものであり，有限のものである。他方，不定のものとは，限定のないものであり，無限なものである。

また，人間は，無限数のものを数えることは現実に出来ない。感覚がとらえる空間は限られており，人間がもつ時間も限られているからである。

それゆえ，無限なものは，それが数であれ，かたちであれ，知性には認識できない。ところで神は無限なものである。それゆえ，それは認識できない。

以上が，提出された見解が言っていることである。

（異論）グレゴリウスの不可知論

(4) 同様に，グレゴリウス『エゼキエル註解』「どれほどわたしたちの精神が神の観想において進もうとも，神自身に達することはなく，ただ神のもとにあるものに達するだけである」。

グレゴリウスというのは，カトリック教会の権威「教皇大グレゴリウス」（540-604）である。つまり提示された見解は，今度はカトリック教会が権威として仰ぐ人物の主張を取り上げている。すなわち，人間知性は高度な認識をも

つことができるとしても,せいぜい神のもとにあるもののなかで,つまり神が創った世界のなかで,いくらか高いところのものの認識を得ることができるだけである。神そのものの認識に達することはできない,という主張である。

(反対論) アリストテレスの説

(5) 反対:
『形而上学』第6巻「形而上学は,神についての神学であり,もともと神的なことがらに関してある」。それゆえ,云々。そしてその研究,すなわち,『ニコマコス倫理学』第10巻によれば,離存した実体についての実際的考察に,人間の幸福がある。

　次に逆の結論をもつ見解が引かれる。これもアリストテレスの論である。彼によれば,形而上学は,そのまま神学であって,神に関することがらを研究するものである。言うまでもなく,ここで言われている「神」はアリストテレスの哲学上の神である。それは第一動者であり,じっさいには,北極星を位置づけている霊魂である。また,地上的な事物の実体とは異なり,質料性から離れた事物(目に見えない事物)の実体についての研究考察はアリストテレスによれば,人間にとっての幸福である。したがって,神は非質料的実体であるが,アリストテレスによれば自然的に知られる。

第二問題

——神は最初に認識されるか——

第一問題と並べて，第二問題が提示される。

(6) これと並んで，神はわたしたちに，自然的に，現今の状態において，第一に認識されるものであるかどうか，わたしは問う。

スコトゥスは第一問題と並べて，人間はこの身体をもって生きる現在の状態において神を自然的に第一に（最初に）認識するかどうかを，第二問題にしている。キリスト教においては，死んで一時霊魂が身体から離れるとき，信者の霊魂は神の御尊顔の拝謁（神を見ること）が約束されている。この問題は「現今の状態において」と述べることによって，そのような特殊な状況は別であることが意味されている。つまり身体をもって生きている現在の自然な状態で，神がむしろ第一に（優先して）知られるかどうか，という問題である。

（異論）存在と認識

その通りであることが証明される。

『形而上学』第 2 巻「いかなるものであれ，ものは「ある」に関わるように認識に関わる」。ところで，神は第一の存在者である。それゆえ，第一に認識されるものであ

る。

　第二の問題について，まず神が最初に認識されることを証明する論を紹介する。

　すなわち，アリストテレスは事物と存在の間の関係は，事物と認識の間の関係と同じだと言っている。つまり〈事物：「ある」＝事物：認識〉ということである。ここから，この見解は次のように結論を導く。「ところで，神は存在者としては，第一の存在者である。したがって，神は第一の認識対象である」。

（異論）完全性と認識

　(7) 同様に，何か完全に認識されるものによってのほか，何ものも，完全に認識されない。それゆえ，何か端的に認識されるものによってのほか，何ものも端的に認識されない。推論の正しさは明らかである。なぜなら，自体的に存在するものにおいては，「ちょうど最大のものが最大のものに対比されるように，端的なものが端的なものに対比される」（『トピカ』第 2 巻）からである。そして逆もまた真である。

　この二番目の見解は，「認識される」ことのうちに秩序があると見る。すなわち，より完全に認識されるものと，より不完全に認識されるもの，あるいは，より端的に（単純に）理解されるものと，より漠然と認識されるもの，という秩序である。ところで，より完全に，あるいは最大限に完全に認識されるものにもとづいて，その他のもの，つまり，より不完全に認識されるものが認識される。たとえば幾何学では，さまざまな図形についての定理が，「公理」と呼ばれる「より完全な認識」ないし「より端的な認識」にもとづいて理解される。それゆえ，より完全に認識され

るもの，より端的に認識されるものによって，より不完全に認識されるものが認識される。ところで，神は完全に認識されるものである。それゆえ，神がまず認識されないのなら，ほかの何ものも認識されない。それゆえ，神は第一に認識される。

（異論）能力の最完全なはたらき

(8) 同様に，能力の最完全なはたらきは，端的に第一の対象に関してある。ところで，最完全なはたらきは神に関してある。以上は，『ニコマコス倫理学』第10巻[1]による。それゆえ，神は認識されるもののなかで端的に第一の対象である。

この三番目の見解は，能力には，それぞれが最高のはたらきをもつことができる対象があり，それが端的に第一の対象であると見る。ところで，神に関して認識能力は最完全なはたらきをもつ。それゆえ，知性と言う認識能力に関して言えば，神は知性能力にとって第一の認識対象である。

（反対論）認識は感覚から始まる

(9) 反対：

わたしたちのすべての認識は感覚から生じる。これは『形而上学』第1巻[2]と『分析論後書』第2巻の最終章[3]に

---

1) 第10巻第7章（1177a）
2) 第1巻第1章（980b）
3) 第2巻第19章（100a-b）

第 I 部　神の認識可能性

よる。それゆえ，神は感覚からもっとも遠いものであるので，わたしたちの知性によって最初に認識されるものではない。

　四番目の見解は，これまでの立場に反対する見解である。そしてこれはアリストテレス哲学についての当時の基本的理解である。つまり知性認識の根拠は感覚認識にある，それゆえ，感覚から離れた存在者は，それだけ認識されることが少ない（むずかしい）対象である。神は，感覚される自然界を超越している存在者である。それゆえ，神は最初に認識されるものではない。

　以上で，提出された二つの問題をめぐる基本的な課題が紹介された。

あらかじめ区別すべき諸概念

　次にスコトゥスは用いられる諸概念について独自の分析をしている。

肯定辞と否定辞

　(**10**)　最初の問題において，神は否定的に認識されるか，肯定的に認識されるか，区別する必要はない。なぜなら，否定は肯定を通してしか認識されないからである。『命題論』第 2 巻の最終章[4] および『形而上学』第 4 巻[5] によれば。

　スコトゥスは第一問題の考察に入る前に，神についての

---

4)　第 2 巻第 24 章（24b）
5)　第 4 巻第 4 章（1008a）

否定的表現について，肯定的か否定的かの区別に拘泥する必要はないと述べている。スコトゥスによれば，否定は前もって肯定があるときにのみ，はじめて「意味のある否定」になるからである。

キリスト教神学の世界では，古代から中世にわたって，「否定神学」と呼ばれる類いの神学が大きな権威をもっていた。否定神学というのは，簡単に言えば，神についての言表を，否定の仕方で言うことである。それによって神によって造られた世界に見られるものから，神そのものへと，理解を進めることができる，そのように，否定神学では考える。

たとえば，神は，通常の「光」ではなく，通常の光からは想像もできないほどの光であるから，むしろ神は「非光」，すなわち「闇」であると述べる。あるいは，その闇を突き抜けた向こうにある存在であるとか，あるいは，「存在」と言うよりも「非存在」であるとか，さまざまに「超越」を「否定」で表現する。

たしかに，自然を超越するものは「非自然」と言うことができる。しかしながら，「超越」も「否定」も，〈何か〉を超越する，〈何か〉を否定する，ということで「意味」をもつ。したがって，前もって「肯定する概念」，すなわち，肯定の理解がなければ「超越」や「否定」を並べても，それは無意味なものになる。それゆえスコトゥスは，神について否定的に言われることよりも，まず肯定的に言われていることを考察しなければならないと主張する。そのように考えて，その区別は不要だと言っている。

さらに，次のことは明らかである。すなわち，神についてわたしたちは，肯定を通して以外には，いかなる否定も認識しない。そしてその否定を通してわたしたちは，その肯定とは両立しがたい別のものを除くのである。

第Ｉ部　神の認識可能性

　今しがた説明したことを，スコトゥスは簡潔に述べている。すなわち，否定の認識に意味があるのは，否定のことばが否定している「肯定のことば」があってのことである。そして〈否定〉は，その「肯定のことば」を〈排除する〉ことで，はじめて意味をもつ。

　さらに，否定は，わたしたちが最高に愛するものではない。

　さらに，同様に，否定は端的に受け取られるか，何らかのものについて言われたものとして受け取られるか，いずれかである。もし否定が端的に受け取られるなら，たとえば，「石でない」，ならば，これは，神に対してと同様に，何ものにも等しく一致しない。なぜなら純粋な否定は存在者と非存在者に言われるからである。したがって，これによっては，神は無やキメラと同様に受け取られていない。もし否定が，何らかのものについて言われたとして受け取られたときは，わたしは，その否定が真であると受け取られたその基底となった概念は肯定的な概念なのか，あるいは，否定的概念なのか問う。もしそれが肯定的概念ならば，求めているものが得られている。もし否定的概念なら，わたしは前と同じように問う。否定は端的に受け取られているのか，それとも，何かについて言われたものとてしか？　もし第一の仕方でなら，それは神に対してと同じく，無にも等しく一致する。もし何かについて言われたとして受け取られるなら，先と同様である。そしてどれほど否定のうちを進むとしても，神は無以上には受け取られないか，あるいは，第一のものである何らかの肯定的概念に落ち着くか，いずれかだろう。

　スコトゥスは，事物の認識にはとにかく肯定的な認識が何かなければならない，否定的認識だけでは何も認識する

ことにならないと言う。その意味は、この一文によってある程度明らかである。つまり世界のなかにある事物のどれか一つを取り上げて、自分が求めているのは「これでない」と言っても、彼が求めているものが何であるか、「これ」以外のものすべてを意味しているから、何もわからない。つまり共通の理解を求めるためには何か肯定的に言われるものが必要である。ただの否定は、むしろ他者が自分と共通の理解をもつことを拒絶する意味しかない。自分の考えは「これでもない」、「それでもない」と言われ続けて、「なるほど、君が考えていることは、これでも、あれでもないのだね」と納得できる人は居ないだろう。神についても、共通の理解があることを求めるなら、共通に用いられる肯定的な概念が本来必要になる。

「何であるか」と「在るかどうか」

（11） 第二に、「何であるか」と「在るかどうか」の認識の区別もまた、不要である。なぜなら求めている真理文においてわたしは単純な概念を問うているからである。その概念とは、それを主語として結合し分割する知性のはたらきが「在る」を認識する概念である。なぜなら、わたしが何らかのものについて「在るかどうか」を認識するのは、ただ、わたしがそれについて「在る」を認識する名辞があって、それについて何らかの概念をわたしがもつときに限られるからである。そして、その概念がここでは問われている。

二番目に、神を認識することにおいて「何であるか」と「在るかどうか」の区別は不要だとスコトゥスは言う。というのも、第一問題で問うているのは神が「在るかどうか」ではなく、「在るかどうか」の主語となる「神」につ

いての何らかの概念だからである。すなわち，神が存在するかどうかは，神学では「神の存在証明」の課題である（これは第2区分で取り上げられている[6]）。そしてそれは，「在る」を「神」と結合するか分割するかの問題である。すなわち，結合すれば，「神は在る」，分割すれば，「神は，在ることはない」。それに対して，この第一問題が問うているのは，単純な「『神』の認識」である。

そしてそれは端的な「何であるか」quid est の認識でもない。たとえば，わたしたちは，単なる「人間」homo という名に応じた認識「何」quid を，「人間とは何であるか」という問いを問う前にもっている。なぜなら，「人間」の認識がなければ，それが「何であるか」の問いもないからである。つまり「人間」ということば（名辞）をもつときに，すでにその名に対応した単純概念「何」quid を，わたしたちは無自覚にもっている。それと同じように，「神とは何であるか」と問うのなら，むしろその前に「神」Deus の名辞に当る概念「何」quid をもっていなければならない。

その単純な神の概念を，ここでは問うているのである。

(**12**) 第三に，「在るかどうか」の問いについては，それは真理文の真理についての問いであるか，それとも，神の存在についての問いであるか，区別する必要はない。なぜなら，もしそれが真理文の真理についての問いであるなら，その真理文のうちで「在る」は主語についての述語である。その問いの，あるいは，真理文の理解のためには，前もってその問いの諸名辞を理解していなければならない。そしてその主語の単純な概念について，それが可能な

---

6) ドゥンス・スコトゥス『神と世界の秩序についての論考』（オルディナチオ）第1巻第2区分第1部第1，第二問題

ら，今，問われている。

スコトゥスは「第三に」と言って，第2の論とは別の論として述べているが，実質内容の差はない。なぜなら，真理文の真偽は，それがもつ主語と述語を結合するか分割するかの問題だからである。そして第2の論ですでに述べられているように，真理文の真偽を問題にするためにはそもそも主語についての単純概念が必要だ，という論である。

自然的概念と超自然的概念

（13）　第四に，自然的概念と超自然的概念の区別は必要ない。なぜなら自然的概念について問うているから。

第四に問題にしているのは，超自然的概念を考察の範囲に入れるかどうか，である。神についての超自然的概念とは，預言者などを通じて特別に神から知らされた概念である。たとえば聖霊に満ちた神の概念である。なぜなら，これは自然的知性では理解できないからである。この種の超自然的概念は考察に入れない。なぜなら問題にしようとしている神の単純概念は通常の自然的な概念だからである。言うまでもなく，通常の自然状態とは，神学者ではなく，ふつうの人が教会で神の教えを聞く状態である。

（14）　第五に，絶対的な自然と今の状態の自然について述べることで，「自然的」について区別する必要はない。なぜなら，端的に，今の状態の認識について問うているからである。

ここで「自然」というのは，生まれつきもっている能力のことで，「本性」とも訳される。たとえば，人間の知性能力がもっている「自然」とは，それが特別な状態，たとえば身体から離れた状態にあって発揮されるはたらきでは

第Ⅰ部　神の認識可能性　　　25

なく，自然な状態で発揮されるはたらきである。あるいは，たとえば神からの特別のはたらきを受けて預言を行うとか，そのほか人間を超えたものの特別な援助を受けて通常の人間には不可能なことを行う場合，その人がもっている能力はほかの人と異ならないとしても，与えられている情報が「超自然的」で「特別」である。この場合は，能力は「絶対的には」（状況ないし状態から切り離してそれだけを独立的にとらえれば）自然的である。他方，それが置かれている状態は，「自然的」ではない。

　これに対して，同じ能力が通常のはたらきをもつ環境のなかではたらく場合，その能力の「自然」が，「自然」な状態ではたらいている，と言うことができる。この第一問題で問うているのは「今の通常の状態」での人間知性のはたらきであるから，特別なときを考察の対象にしなくてよい，ということである。

（15）　**第六に，神の認識について，被造物における認識か，それ自体における認識かの区別は意味がない。なぜならもし認識が被造物を通して得られるなら，たとえば被造物から出発する推論的認識があるなら，わたしはその認識はどの名辞に落ち着くかと問う。もし神それ自体のうちに，と言うなら，求めている認識をわたしは得ている。なぜなら，わたしは神のそれ自体における，その概念を追求しているからである。もし神それ自体におけるものにたどり着かず，被造物のうちに居るのなら，そのときは推論の始まりと目標が同じだということになるだろう。かくして神についていかなる認識も得られないで終わるだろう。少なくとも，推論の始まりである何らかの対象のうちにあるかぎり，知性は推論の終局には至って居ない。**

　ここで考えられているのは，通常状態での知性認識における「神の認識」である。そうであるなら，人間知性は周

囲の感覚対象から，まず認識を得る。つまり，人間は，まず神を認識するのではなく，被造物の一部を認識する。とはいえ，ここでは神の認識を問題にしているのであるから，求めているのは神の認識である。それは考察（神学）の目標であり，終着点である。そしてその過程を「推論」と見るならば，推論の始点にとどまるのは意味がない。それゆえ，被造物の認識や，神か被造物か区別できない認識にとどまるのではなく，神自体の認識に至るのが目標である。

次に来る数段落（16-18）は，現代の批判的校訂版テキストの編集者によると，「スコトゥスがあとで付け加えた文」である。そしてそれは，スコトゥスが同時代に直面したホットな話題のなかでの論争である。

「名が指示する何」と「在るかどうか」

（16）　神の認識「在るかどうか」と「何であるか」について（ゴデフリドゥスは『討論集』第7巻第11問題でヘンリクスの「在るかどうか」の区分を否認し，それは「何であるか」の認識であるだろうと言っている）注意すべきは，名によって言われる「何」は，事物であるところの「何」であり，それは「在るかどうか」を含んでいる。なぜなら『形而上学』第4巻[7]で「その名 nomen が指示しているところのロゴス ratio は定義である」から。しかしながら，名の「何かである」は，事物の「在る」よりも，また事物の「何」よりも共通的である。なぜなら，名によって示されるものは，「在る」によって示されるものより，より多くのものに一致するからである。しかしな

---

7)　第4巻第7章（1012a）

ら，それらが結合されたとき，それらは同一である。ちょうど，すべての色が白ではないが，白であるその色は，白と同じであるように。しかしながらこの例は，それがまったく同じということではない。なぜなら，色はある部分的な完全性から取られているからである。ここでは，それと同じではない。そうではなくて，「何」のすべてが，指示する名前に対して，関係をもっている。すなわち，全体が事物に対して，ちょうど何性が個別基体に対してもつような関係をもっている。しかし，わたしは第二の関係より第一の関係を，同じ「何」について先に認識する。

　フォンテーヌのゴデフリドゥスは，スコトゥスとほぼ同時代の神学者である。そしてここでは，彼が直前にパリ大学で活躍したガンのヘンリクスの説に反対している論が取り上げられている。どちらも現在のベルギー出身である。またどちらも，修道会には属さない在俗の神学者である。ゴデフリドゥスは，この文によれば，「在るかどうか」は「何であるか」の認識の一種であると見なして，その区別を否定した。

　この段落は，「名」（記号）と，それが意味する「事物」の全体がもつ関係と，事物の本質「何であるか」と，その「個体」がもつ関係を問題にしている。

　さて，ここの議論を理解するためには，ただの「何」（quid）が意味するものを，知っておかなければならない。とはいえ，これはすでに述べられているなかで「単純概念」と呼ばれていたものである。つまり「名」で呼ばれている「単純概念」は，「名」が素朴に指している「何」である。これに対して「何であるか」（quid est）は，たとえば，神とは「何であるか」なら，それは神の「本質」を学的に規定している。つまり「何」は学知以前の認識である。他方，「何であるか」は，学知の認識（本質認識）である。

それゆえまた，単純概念は述語「ある」をもたないので，真理文ではない。他方，「何であるか」は，主語「何」（quid）と述語「ある」（est）をもつので，真理文の体裁をもっている。したがって，それは知性による真理判断を含んでいる。それゆえ，「何であるか」には，「在るかどうか」が潜在的に含まれる。したがって，それぞれの「何であるか」について言えば，それを学的真理として受け取るなら，そのつど真理判断（肯定判断）がなされて受け取られている。つまり，「在る」という判断が含まれる[8]。

　ところで，「何」は真理文ではないが，それでも，その述語となる「在る」と潜在的に関係している。無関係ではない。つまり名は何らかの存在者を潜在的に指している。したがって，「名」と置き換えられる概念「何」もまた，「在る」と関係している。つまり，「何」は，或る意味，名が指している具体的存在者である。ただし，すでに述べられたように，それは学的明証性のない不明瞭な「指示」である。

　他方，一般に「何であるか」（quid est），つまり「本質」

　8）いささか勇み足になるが，読者の理解を混乱させないために，ここで言われていることが意味するものが何か，少し踏み込んで示しておこう。

　たとえばアンセルムスの神の規定，「それより大なものが考えられないもの」が，たんなる「何」であるなら，「在る」は潜在的にしか含まれていない。したがって，『プロスロギオン』の神の存在証明は，学的証明として無意味ではない。なぜなら，学的証明は，日常的にのみ知られていることがらを，学的に（論理的に）明らかにすることだからである。これは，スコトゥスにおける「無限な存在者」と彼の「神の存在証明」の関係においても同じである。そしてさらに言えば，その時代における科学において，ある真理を学的に明らかにすることは，その時代に公共的に使われている「ことば」を通じて，その真理がもつ社会的公共性を明らかにすることである。哲学の証明は，人間社会の，その時代，その時代の限界を超えて，永遠的真理とか，人間社会を超えた真理を証明しているのではない。

は，具体的事物（個物）が現に「在る」ことと対比して，普遍的である。というのも，現に在る事物（「名」が指している事物）は，今現在の「在る」のみであるが，「本質」＝「何であるか」のほうは，過去の存在者にも未来の存在者にも共通的に言われるからである。また，「何」は，名と置き換えられるものなので，「本質」だけではなく，その本質に固有の属性も含んでおり，それだけ，個別的具体的で特殊な概念である。それゆえ，「本質」＝「何であるか」が含む「何」は，名と置き換えられる「何」と対比して，時間空間的に，より共通的である（この普遍性によってそれは学知を構成する）。また本質「何であるか」が含む「ある＝存在」も，名と置き換えられる「何」が含む「存在」と対比して，同様に，共通的である。

　しかしまた，名の「何かである」(esse quid) は，事物の「在る」(esse) よりも，また事物の「何」(quid) よりも，共通的だと言われる。なぜなら，名は存在しないものにも一致するからである。たとえばキメラは，存在する事物ではない。それゆえ，存在する何かではない。それゆえ，「キメラ」と言う名の「何かである」は，実在事物の「存在」と，実在事物の「何」と，その両者に一致しない。したがって，人間や馬やキメラを含む「名」一般の「何かである」は，事物の「在る」と事物の「何」と一致するとともに，そうでないものとも一致する。

　しかし，「何か」(quid) と「在る」(esse) が結び付けられれば，それは「何かである」(esse-quid) である。スコトゥスは，二つのことば（ロゴス）を結合すれば，「何かである」になることを認めて，それは或る意味で「何であるか」(quid est)，すなわち，「本質」と同じだと言う。そしてそれを「白」と「色」の結合を例にして説明する。この場合，「色」は「存在」に当たり，「白」は「何」に当たる。それらが結合した「白である色」は，「白」とい

う本質と同じである。それと同様に,「何」と「在る」を結合した「何かである」は, その「本質」(何であるか) と同じであると言う。ただし色は部分的完全性であるが,「在る」は部分的完全性ではない。おそらくスコトゥスは, この文によって, ゴデフリドゥスのヘンリクス批判の論点は, ことがらを明らかにできないと言いたいのではないかと思われる。

 ところで,「何」の全体は, 記号としての「名」に対して或る関係をもっている。すなわち, 名が示す全体が具体的個別的事物に対してもつ関係があり, 他方, 何性 (本質) がその個的基体に対してもつ関係がある。前者は漠然としており, 後者は存在論的に明確だと言う。

 スコトゥスは, 同じものについて二つの関係があることを認めつつ, 第二の関係より第一の関係を先に「わたしは認識する」と言う。これは, 通常の認識としては, 日常的認識が先であり, 学的認識が後になる, という意味である。

漠然とした概念と明確な概念

 また, 同じ単純な概念について, 一方よりも他方の関係を先に認識するということがあるが, 認識の秩序は, ただそれのみではない。すなわち, 単純な概念は, 多数のもの, すなわち, 複数の定義において, 或る意味で異なる先後の秩序がある。なぜなら, 第一のものは漠然としていて, 第二のものは明確なものだからである。なぜなら, 第一のものは, 概念の諸部分を明らかにしていないか, あるいは, 明らかにしているとしてもそれらが組み合わせられるかどうか明確ではない。第二のものは, 事物の何であるかを説明できるこの「何」にもとづいて, 根拠が真であ

り，概念の諸部分が組み合わせられることを明らかにしている。

スコトゥスは，単純概念「何」の認識の秩序として，時間的な前後の秩序だけでなく，二種類の定義をあげて，それにもとづく先後があるという。一方は，漠然として不明瞭で，複数の語が示す概念が組み合わせ可能かどうか，つまりその間に矛盾や不一致がないかどうか，わからない定義であり，他方は，明確で，概念の部分を明らかにして，組み合わせが真であると得心できる定義である。「何」は，定義を通じて認識されるとすれば，漠然とした定義においての認識が先で，明確な定義における認識が，考察・吟味を通じた後のものである。

第一の学の主題の特殊性

(17) 第二に気づかれることは，第一の学の主題は，すなわち，名によって述べられている「何」は，「在るかどうか」と「何であるか」が，同時にあらかじめ知られている。なぜなら，いかなる学も，自身の第一の主題について，「在るかどうか」も「何であるか」も，問わないからである。それゆえ，それはまったく問われないか，あるいは，ただ先行する学によって問われるか，である。第一の学には先行する学がまったくない。それゆえ，その第一主題については，「在るかどうか」も「何であるか」も，けして問われない。それゆえ，それは端的に単純な概念である。それゆえ，それは存在者である。

たとえば幾何学は，点や線，あるいは，図形があるかどうかを疑って，その存在を考察したりしない。むしろ幾何学はそれらが在ることを前提にして，それらが「どのように在るか」を研究する。どの学問ないし科学を取り上げて

も、それが主題としているものの「何であるか」や「在るかどうか」を、あらためて考察しない。むしろそれらはあらかじめ知られていることとして研究が行われる。したがって、それについて問うのはその学問に先行する学問においてである。たとえば、点や線について問うのは、幾何学ではなく、形而上学である。しかし、形而上学に先行する学問はない。したがって、それが主題にしている第一のものは、もはや問うことが必要でないもの、端的に単純で、だれにとっても自明なものでなければならない。スコトゥスによれば、それは「存在者」である。

「**それ自身による存在者**」は、概念の部分の組み合わせ可能性について問うことができる。さらに、このことが理由で、神は、〔形而上学の第一主題では〕ない。なぜなら、神について得られる端的に単純ないかなる概念も、他のものから神を区別しないからである。それゆえ、そのようなどれについても「在るかどうか」の問いがあり、根拠がそれ自体において誤りでない論証がある。それゆえ、旅人が得ることができるいかなる概念にしたがっても、神は形而上学の第一主題ではない。

この段落はことば不足になっている。中ほどの「それゆえ」の前に次のことばを入れて読む。「ところで神や実体をほかと区別する概念は複合概念でなければならない」。

「それ自身による存在者」(ens per se) は、ラテン語では、「それ自身」(se) と、「による」(per) と、「存在者」(ens) の三つの語の組み合わせである。それゆえ、この複合に矛盾がなくて、一致することが可能かどうか、問うことができる。形而上学の第一主題は端的に単純で、だれの知性にも自明でなければならない。なぜなら形而上学は第一の学であって先行する学がないからである。他方、複合概念は端的に単純ではない。それゆえ、複合概念は形而上

同様にまた神は,「それ自身による存在者」である。神は非質料的実体である。それは複合概念でしかない。それゆえ,「在るかどうか」が自明ではない。したがって, 事実, それが問われ, そのための論証（神の存在証明）が示される。

　それゆえ, 神は形而上学の第一主題ではない。

形而上学は神学を形成する

　同様に, 神について証明される何であっても, 存在者の概念のうちに潜在的に含まれている。なぜなら, 置き換え可能な単純な属性は, 主語のうちに第一義的に含まれているからである。対置される属性も同様である。それゆえ,〔形而上学の〕第一主題のうちで対置される属性のある部分が, ある存在者に一致する。それゆえ, 存在者は,「ある存在者は第一のものである」を潜在的に含んでいる。それゆえまた,「在るかどうか」と「何であるか」も含んでいる。それを根拠にして, 第一存在者は, 第一義的に存在者のうちに含まれている。それゆえまた, 第一存在者に含まれているものは何であっても, 第一存在者の全体の概念によってか, 存在者の概念によってか, いずれであっても, 含まれている。それゆえ, 形而上学は, 最終的で, なおかつ, 原理的な意味で神学である。なぜなら, ちょうど, 形而上学は,『形而上学』第7巻[9]によれば, その原理からして偶性についてよりも実体についてあるように, さらに類比を拡張すれば, 神について, より原理的にあるからである。なぜなら, 完全性の秩序においてつねに先行

---

9) 第7巻第1章（1028a）

するものは，そしてとくに端的により完全なものである対置された属性の部分は，第一主題の概念のうちに含まれているからである。

　ここは，後から付け加えられた論のなかの後半に入る。そのためか神について論じる際に形而上学が扱う専門的な概念が，具体的な説明なしに出る。したがって，初心者は当惑するだろう。ここで「神について証明されるもの」として挙げられているものは，「置き換え可能な属性」と「対置される属性」である。前者は，スコトゥスでは，「一と真と善」である。実体ないし存在者は，いつでも「一」であり，同時に「真」であり，同時に「善」である。

　他方，「対置される属性」というのは，「必然存在か偶然存在」，「現実態か可能態」，などである。すなわち，存在者（実体）はかならずいずれか一方の性質をもつと言われる。そしてスコトゥスによれば世界は秩序のうちにあるので，この対置される属性のなかには「第一のものか，それ以下のもの」，あるいは，「絶対的なものか，二次的なもの」という属性も含まれる。

　ところで，これらの属性は，「存在者」との間に一定の関係をつねにもっている。それゆえ「潜在的に含まれている」と言うことができる。なぜなら，つねに関係をもっているものは，「ことば」ないし「概念」の表面に現れていないとしても，その「ことば」ないし「概念」のうちに潜在しているからである。じっさい潜在しているものは何らかの仕方で，つまり何らかの媒介を見つければ，論理的に導くことができる。なぜならそれらは分析すれば出てくるからである。

　そしてそれゆえ，第一存在者は，「存在者」のうちに潜在的に含まれているし，第一存在者について証明できるものは，すべて，「存在者」によって証明される。ところで，第一存在者は神である。したがって，形而上学は，この意

味で，神学でもある。つまり形而上学は，「存在者」において，第一の存在者（神）について研究することができる学問であるかぎり神学なのである。「最終的に」というのは，「その完成形において」の意味であり，「原理的に」というのは，「存在者のうちに原理としての神が潜在している」という意味である。

異論の矛盾

（18）　反対：端的により完全な認識はより不完全な認識のうちに，潜在的にも，まったく含まれていない。むしろその逆である。それゆえ旅人にとって自然本性的に可能ないかなる神についての認識も，存在者の概念よりも完全であることはない。それゆえ，その省察に，幸福がある。

　もしもこの結論が通るなら，第一の部分の論（1-4）は，単純でない概念を前提にしている。ヘンリクスによれば，それは否定される。むしろ結果の運動によって神に固有で単純な概念がある。しかしその場合，存在者は共通ではなく，類比的である。かくして存在者についての第一の学は，すべてのものが帰属させられる第一のものについてあることになるだろう。

　すべてをひっくり返す反対論が提示される。つまりより完全な認識が，より不完全な認識のうちに含まれることはない，という主張である。反対に，より完全な認識に，より不完全な認識が含まれる。

　この主張は，より完全なものがより不完全なものを含むという一般論では真である。スコトゥスも，より完全な認識がより不完全な認識のうちに含まれると言ってはいない。そうではなくて，より不完全なものの認識のうちに，より完全なものの認識が，より不完全な仕方で潜在してい

ると言っているだけである。

　しかし反対論の主張からは，神について自然的に認識できるものは存在者の認識より不完全であるのだから，反対に神についての認識よりも存在者の認識のほうが，より完全な認識であると結論される。ところで，もっとも完全な認識が存在者の認識なら，アリストテレスの原則，最完全なものの省察のうちに幸福があるということからすれば，その認識の反省のうちに至福があると結論される。

　もしもこの推論が真であるなら，第1段落から第4段落に述べられた神の認識についての論は，神についての複合概念を前提にして考えられていると言う。というのも，神についての単純概念が存在者の概念よりも不完全であるなら，神についての完全な概念を求める場合，存在者の概念に何かを複合した，複合概念でなければならないからである。しかし，ヘンリクスは，神が複合概念によって知られることには反対している。

　それゆえヘンリクスの立場を守って反対論を理解するなら，神について言われる存在者の概念は類比的なものでなければならない。なぜなら，その存在者の概念のうちには，スコトゥスが言う一義的な存在者の概念だけでなく，神に固有な完全性が含まれていなければならないからである。

　そしてそうであるなら，存在の類比にしたがって，存在者についての第一の学，すなわち，形而上学は，存在の全体が帰属する神についての学であることになるだろう。この結論は，皮肉なことに，スコトゥスの立場と同じである。

　(19)　それゆえ，その問題の意味は，その単純な概念のうちに神が把握されているところの何らかの単純な概念を，旅人の知性は自然本性的に得ることができるかどう

か，である。
　したがって第一問題の意味は，キリスト教信仰をもって生きる人間の知性が，自然に，神についての把握に実際的な効果をもつ単純な概念をはたしてもつことができるかどうかである。

第一問題についてのガンのヘンリクスの見解

スコトゥスにとっての主な論敵は，ガンのヘンリクス（1217？-93）である。スコトゥスは彼の説に批判を加えることによって自説の内容を明らかにする。そのために，まずは論敵ヘンリクスの説をやや詳しく説明する。

(**20**) さらに，或る博士は次のように言っている。すなわち，或るものの認識を語るとき，その認識は，対象の側で自体的か，あるいは，偶性的か，また具体性をもつものとしてか，あるいは，普遍としてか，区別される。

ガンのヘンリクスは，認識を考える場合，認識の対象の側にいくつかの区別すべきことがあると言う。すなわち，その認識対象は偶性的（属性的）なものか，普遍的なものか，具体性をもつものか，という区別である。

属性を通した神認識

実在的には，神は偶性的に認識されない。なぜなら，神について認識される何であれ，神自身であるから。しかしながら，何らかのその属性を認識するとき，わたしたちはいわば偶性的に何であるかを認識する。それゆえ，ダマスケヌスは第1巻の第4章で属性について言っている。「それらは，神の本性を意味しているのではなく，本性に関わ

る何かを意味している」。

　ヘンリクスによれば認識対象として神を取り上げたとき，神自身には偶性（たまたまであること）がない。しかしながら，神自体（神の本質そのもの）は認識できない。神については，神にとっての二次的なもの（属性）が被造物を通して知られるだけである。つまり被造物との関連で神について見えてくるものが，知られるだけである。これが当時の基本的な理解であった。ヘンリクスはそれを踏襲している。そしてこの基本的な理解の内実がどのようなものであるかをめぐって，ヘンリクスとスコトゥスの議論が以下に展開する。

　さらに普遍として，すなわち，神は一般属性として認識される。たしかに，神について言われる述語に即して，神は普遍として認識されるのではない。神のうちに普遍はまったくないからである。なぜならその何性は，それ自身からして個であるから。そうではなくて，ただ類比的に神と被造物に共通な普遍として神は認識される。しかしながら，たとえそれらはさまざまに異なる概念であるとしても，諸概念の近接性にしたがって，わたしたちによっていわば一つのものとして把握される。

　ヘンリクスは，神自体は個であると言う。そしてそれが普遍的に認識されると言う。ところで，認識は「普遍的」であれば，「共通的」である。ヘンリクスは，神が普遍的に認識されるとは，神と被造物に「類比的に共通」な認識（概念）において神が認識されることだと言う。そして神と被造物は異なるものとして認識されるが，その認識（概念）に近接性（類似性）があるために人間には「一つに見える」と言う。

　「ことば」という，人々の間で共通なものが用いられることが，一般的に，述べられている内容の「普遍」性の始

原である。言い換えれば「神」が「普遍」であるのは，まずは，共通に「神」の名で呼び掛けているものが，人々の間にあるからである。ところがヘンリクスは，神と被造物は異なる概念であるが，よく似た概念が見つかるから一つのもの（共通なもの）として共通に把握される（共通のことばで言われる）と言う。

神は被造物から具体性をもつものとして認識されない。なぜなら，被造物は神の似像とはいえ，異なる国の間の類似だからである。その意味は，その本性の具体性をもつものとして一致はないが，或る属性に関して一致があるからである。それゆえ，類似した概念のもとにでなければ何ものも別のものの認識に導かないのであるから，したがって，云々。

「具体性をもつもの」と訳した particulare は，普遍と対比される「特殊」と一般に訳されてきたことばである。この語には「個別的」という意味もあるが，スコトゥスの個別化原理の議論との混乱を避けておきたいので，この訳語を用いた。

神の自体的認識を，人間はもつことができない。それゆえ，神は被造物にもとづいて具体的に認識されるものではない。他方，人間という被造物は，具体的に認識できるものである。そしてそれは聖書で「神の似姿」に造られていると言われている。

しかしヘンリクスは「似姿」なら「似ている」ことは認めながら，神と人間は別々の国にいる，つまり，一方は神の国に居て，他方は，地上の国に居ると指摘する。つまり両者は異なる国の間で言われる「似た関係」だというのである。そしてその意味は，個別的具体的な側面では異なっているが，それについて言われる二次的な側面（属性概念）では一致があることだという。この一致を通して人間は神

を認識できるとヘンリクスは言う。

神は三つの仕方で普遍的に認識される

(**21**) 同様に，普遍として，神は三様の仕方で認識される。すなわち，最大限度に普遍的な仕方で，また中程度に普遍的な仕方で，そしてただ普遍的な仕方で。

ヘンリクスによれば，神は自体的に，また具体的個別的には認識できないが，属性的には認識できることを述べたあと，普遍的に認識されることを説明する。そして普遍的な仕方での認識に三つの段階を区別する。その三つとは，最大限の普遍と，中程度の普遍（より普遍）と，普通の普遍である。

「最大限度に普遍的な仕方」は三つの段階をもつ。すなわち，「この存在者」として任意の存在者を認識するとき，最大限度に区分けの無い仕方で存在者はいわば概念の部分として把握される。そしてそれは第一の段階である。そして「この」を除いて「存在者」を把握するときが，第二の段階である。なぜなら，存在者はもはや部分ではない概念として，神と被造物に類比的に共通に把握されているからである。もし神に一致する存在者の概念が区別されるなら，すなわち，否定的に規定されない存在者，すなわち，類比的に一致する存在者の概念によって規定されない存在者，つまり欠如的に規定されない存在者が把握されるとき，それはすでに第三段階にある。「規定されないもの」は，第一の仕方で，すべての質料から抽象された形相として，それ自体において自存し，分有されるものとして，抽象される。第二の仕方で「規定されないもの」は，特殊から抽象された普遍であり，それは具体性をもつものがじっ

さいに分有しているものである。

　三つに区別された普遍のうち，最初の「最大限のもの」が，さらに三つに区別される。じつはキリスト教神学には，「三」が鼻につくほど用いられる。一般には神秘的な研究に連なる考察に頻繁にあらわれるので，理解が困難になることが多い。ここでも説明はやっかいで，残念ながら述べられていることを，ただいくらか詳しくして説明することしかできない。

　すなわち，ヘンリクスによれば，最大限度に普遍的な仕方での神認識は，第一段階に「この存在者」という認識がある。「この存在者」が神を指示するか，それとも何か被造物を指示するか，「区別はない」。したがって，「この存在者」という認識は，神の認識になるかどうか，あやしい。そしてそれは，それだけこの認識には「何の認識であるか」区別がないことを意味する。ヘンリクスは，それが「最大限度に普遍的な仕方の認識」の第一段階だと言う。

　第二段階が「この存在者」から「この」を除いた「存在者」の認識である。「この」という限定を抜いて，それが第二段階であるのは，「存在者」にはそのうちにもはや部分がないからだと言う。そしてこの段階は類比的に共通な概念であり，第一段階と同じく，それはまだ神の認識であるという特定性はなく，被造物の認識でもある。

　第三段階は，類比的な「存在者」の概念に二重の否定の要素，「否定的に限定性がない」という意味を加えた「否定的な仕方で規定されない存在者」，つまり規定のされなさが特殊で，その規定のされなさがもっている非を否定の意味で受け取り，「否定的に」（negative ネガティヴェ）という。このことによって，ヘンリクスは，おそらく，神の認識に関して，存在者の無規定性にむしろ肯定的な意味を作り出そうとしている。スコトゥスも積極的な意味で神を「無限な存在者」と呼ぶが，スコトゥスは「無限」を説明

するとき，ヘンリクスのように否定を積み重ねるような説明をしない。

他方，同じく，もう一つの仕方，「欠如的に規定性がない存在者」をヘンリクスは語る。こちらも無規定性に対して「欠如的」(privative プリヴァティヴェ) を加えて無規定性に，やはり肯定的な意味を作り出している。しかし，「欠如的」は，「否定的」と比べて積極的な否定性はない。

ヘンリクスは，この二つの仕方について，被造物の認識を例にして説明している。すなわち，質料的実体から「形相」が純粋に抽象されて取り出されたとき，それは形相が自存してある状態として認識されている。この形相が，ある質料に分有されるとき，質料的実体が生まれる。これが第一の仕方，すなわち，ものが「否定的に規定されないもの」として認識されることを意味している。つまり質料の否定によって形相がそれのみで（限定されない仕方で）認識されている。

他方，普遍が具体性をもつもの（特殊）から抽象されて認識されるとき，「規定されないものの無さが欠如的に」認識されているという。つまり「普遍」という個別のうちに「限定されないもの」が，その個別的具体性を〈欠如して〉認識されている。そして普遍はじっさいには，個々の具体性をもつものに，分有されている。

この三つの段階のどれにおいても，神は「存在者」として，それぞれの段階で最大限度に普遍的に認識されるという。

最大限度に普遍的な仕方での，この三つの段階の把握ののち，神は中程度に普遍的な仕方で，任意の属性の把握によって把握される。先に述べたように，端的にではなく，最高度に卓越した性格をともなって。

ヘンリクスは，中程度に普遍的な神の認識は属性の認識

であるという。属性の認識というのは、神は善であるとか、真である、という認識である。あるいは、聖アンセルムスが述べ、その後スコラ哲学の常識となった「端的な完全性」と一般に言われる属性、「正義」とか「偉大」とかの属性である。これらの属性を、神には端的な仕方ではなく、最高度に卓越した仕方で述語できる。そしてこのような神の認識が、中程度の普遍的仕方での認識だと言う。

他方、神は普遍的な仕方で把握される。すなわち、任意の属性が、それ自身の第一の属性、すなわち、「在る」と、端的性に即して同一であることを把握することによって。

次に、普遍的仕方、つまりごく一般的な仕方で、神は属性を通じて認識される。ただし中程度の普遍的仕方とは、次の点で異なると言う。すなわち、個別的具体的なものにおいて把握される「在る」という存在のはたらきの認識に、端的に即して、属性「真」や「善」が認識される仕方だと言われる。

評価力による神認識の可能性

また、固有の形象によって把握されるのではない。なぜなら、それよりも端的なものは何もないからである。そうではなくて、評価力の認識様式に合わせて、被造物とは異なる何らかの形象によって、である。そしてこれは、先に述べた仕方での三つの仕方すべてにおいてある。

神は固有の形象によって把握されない、と言う。なぜなら神自身を端的に示す形象は、それ以上に端的なものが何もないからである。言うまでもなく、神はほかのものには完全に認識されることはない。神自身にだけ、端的に認識される。したがって固有の形象、すなわち、神にしか適用

できない固有の形象は人間には把握できない。しかし，ヘンリクスによれば，それでも神は，被造物には述語されない何らかの形象によって「評価力」の仕方に似た仕方で認識されると言う。

この「評価力」aestimativa というのは，動物が感覚しかもたないにも関わらず，どこか知性を思わせるような判断をするとき，「評価力」という力をはたらかせているという説である。羊が欺瞞的な狼（羊の姿に化けた狼）を見分けるという例で説明される[1]。現代的には，狼やクマが，自分を追跡する猟師の裏をかいて，逃げてしまうと言う例で考えるほうが良いだろう。つまり理性をもたない動物の「評価力」が，一段上の能力である人間知性の判断力に近づいて見えるように，人間知性も，天使から見て，評価力のようなものをもっていて，その力によって，あたかも神を認識できるかのような認識をもつことができる，というのである。

そしてこのような仕方で，被造物から得られる認識にもとづいて，これまで述べて来た三つの仕方で，神が自然的に認識されるという。

---

[1] 以下 (62) 段落参照

第二問題についてのガンのヘンリクスの見解

（22） 第二の問題については，その見解によれば，自然本性的把握の仕方と理性的把握の仕方を区別しなければならない。

次にスコトゥスは，第二問題，すなわち，神は第一に（最初に）認識されるものかどうかという問いに関するヘンリクスの説を紹介する。ヘンリクスは，神は第一に認識されると考え，その認識には自然本性的と理性的認識とがあって，それらは区別されなければならないと言う。

第一の仕方では，神はわたしたちにとって被造物から知性的に認識しうる第一の対象である。なぜなら，自然本性的な認識は規定されていないものから，規定されているものへと進むからである。「否定的に規定されていないもの」は，「欠如的に規定されていないもの」よりも規定されていない。それゆえ，それは他方よりも先に把握される。そしてその「欠如的に規定されていないもの」は，規定されたわたしたちの認識に即しては，より先である。なぜならアヴィセンナ『形而上学』第1巻第5章によれば，「存在者と事物はわたしたちの知性に最初の印刻によって印象づけられる」からである。それゆえ「否定的に規定されていないもの」は，自然本性的な把握の仕方によれば，わたしたちの知性にとってまったく最初に対象となるものである。

第Ⅰ部　神の認識可能性　　　47

　ヘンリクスはアヴィセンナの主張を取り上げて, 人間知性が自然に最初に認識するものは「欠如的に規定されていない存在者, 事物」であると言う。アヴィセンナ（イヴン・シーナー）は, アリストテレス形而上学の第一の解説者としてヨーロッパの学者たちに知られていた。新プラトン主義的な解釈をしているという批判もあるが, 当時のヨーロッパの学者にとってはアリストテレス理解のためにもっとも信頼できる学者であり, 権威であった。また, アリストテレスにはなかった「エッセ（在る）とエッセンティア（本質）の区別」をヨーロッパに教えた学者でもあった。トマス・アクィナスは, アヴィセンナが示した区別をアリストテレスについてのより正確な理解のうえにあらたに展開していた。さらにここにあるように, アヴィセンナは存在論の地平とは別に, 人間知性の認識論の地平を切り開いてヨーロッパの学者に教えた学者でもあった。ただしスコトゥスがアヴィセンナから学んでいるものは, 多くがヘンリクスを通じたものである。

　さて, ヘンリクスは, 人間知性は最初に「存在者」を知るとアヴィセンナから学んでいるが, その「存在者」はさまざまな意味を含んでいると考えている。そしてさまざまな意味合いをもつ存在者は, 「類比的存在者」と呼ばれる。そしてそれは「限定されていない存在者」である。ヘンリクスは, そのなかで, 最初に知られる存在者は, 先に述べた「否定的に規定されない存在者」であるという。つまり概念は, さまざまな規定を受けて, つまりことばで言えば, さまざまな修飾語ないし説明を加えられることによって, より正確に, そしてさらにより正確に, 次第に, 特定のものとして受け取られていく。たとえば「バック」に, 「わたしの」が付けられ, 「黒い」が付けられ, そうすることによって特定の一個のバックを意味するものに, 名詞が限定されていく。それと同じように, 「存在者」

も，さまざまな説明を加えられて，そのつど，より特殊的に限定されていく。

しかしヘンリクスは，その中（認識をすすめていく際，限定が加えられていく順序）で，もっとも限定されていない状態の「存在者」の概念は，「欠如的に規定されていないもの」という概念だという。否定的か欠如的かは，「規定されないもの」indeterminutum の頭辞 in が否定的の意味か欠如的の意味かの区別である。ところで「欠如的」というのは「否定も考えられていない」ことを指している。それに対して，「否定的」ということばが付け加えられている場合，先に説明したように，「無規定の存在者」の概念に対して，ヘンリクスとすれば，「否定的」ということばで「限定されなさ」をさらに否定して，肯定の意味合いを膨らませている。

そしてヘンリクスは，その概念は，神の概念であって，それを，人間知性は最初にとらえると言うのである。

ヘンリクスは，アヴィセンナによるときは「欠如的」のほうが先であると言っていながら，他方で，「否定的」のほうが自然本性的にまったく第一に認識される，と言っている。これは理解しにくい主張であることは間違いないが，ヘンリクスが一方で，「否定的無限定の存在者」として神が最初に人間知性に知性認識されると言いつつ，他方，「欠如的無限定な存在者」が，その前に，知性に印象づけられていると言って説明していることを考慮すると，後者は知性認識とまではいかない段階の知性による把握と考えていたと見ることができる。そうだとすれば，彼が人間心理の微妙な段階を探っていたことが推測できる。スコトゥスはこの概念操作によるわかりにくい説明を時間的順序の説明によって明確なものに変えて，後に説明する。

理性的（推論的）な把握の仕方

他方，理性的把握の仕方は，後なる認識である。被造物は三つの段階にしたがって把握される。すなわち，最大限度に普遍的な仕方で，それからより普遍的な仕方で，そして最後に，普遍的に，把握される。なぜなら第一に，この善が把握され，それから第二の抽象によって抽象された普遍的善が把握される。すなわち，それは欠如的な規定されないものである。それから，第一の抽象によって抽象された善，すなわち，否定的に規定されていないものが把握される。なぜなら，演繹的推論の道においては抽象されたものよりも，抽象作用の対象となるものを先に認識しなければならないからである。

知性は受け取った概念を分析する。すなわち，さまざまな限定を加えて認識を究めていく。ヘンリクスは，この理性的把握についても，先に述べた「最大限度に普遍的」，「中程度に普遍的」，「一般的に普遍的」の三段階があるという。つまり認識の順序として「この存在者」ないし「この善」が（雑駁に）把握される。この段階は，知性による抽象認識が始まる前の段階で，感覚表象的な印象の段階の把握である。そして第二の抽象によって，「この」がない「存在者」ないし「善」が認識される。ただしここで抽象が「第二の」と言われているのは，最初の把握を第一と呼んでいるのではない。後述されるが，「第一の抽象」は，最高度の抽象を意味している。それゆえ，ここに言われている「第二の抽象」は，最高度ではない抽象を意味している。つまり人間知性は，最初のちょっとした抽象で，「欠如的に規定されない存在者ないし善」という普遍を知性認識する。そして次に，最大限度の抽象によって，つまり

「第一の抽象」によって,「否定的に無規定の存在者ないし善」(神) がとらえられると言うのだ。

(23) 第一のメンバー,すなわち「自然本性的に」が,どのような仕方で第一に認識されるものか明らかにされる。なぜなら,神は他のものから区別されていない第一の認識対象として把握されているからである。単純性に即して区別できないし,またそれが第一のものであるのは,ただそれが最大限度に普遍的な仕方の段階のうちで二つの第一のものに関してのみである。そして二つのいずれも,神に帰属させられるものを何らかの仕方で定義するところまでは達しない。たとえば,眼は,最初に照明光を見るが,眼は照明によって色を見分けるように,光の繊細さに即して照明光を見分けていない。

この段落が,ヘンリクスの説の概要説明のまとめになる。この文のなかで,最大限度に普遍的な仕方での認識の二つとは,「欠如的」と「否定的」の二つである。「否定的」のほうが,神の概念に近いが,「欠如的」がそれと関連がないわけではない。したがって,最大限度に普遍的な仕方で認識された「存在者」の概念は,「無規定」なところまで,知性がもつ「第一の抽象」によって達せられているとはいえ,二つの間の微妙な区別は,はっきりしないと言う。そしてそれを,彼は光を見るときの例で説明している。つまりヘンリクスによれば,色を見分ける前に目は光をまず見ている。そしてその光のなかに,色を区別する。

第一問題へのスコトゥスの回答

　ガンのヘンリクスの見解を説明したあと，スコトゥスはそれに対する反論の前に，当時の論述の定番どおり，まずは自説を明らかにする。

　(24)　わたしは別の仕方で第一の問題に答える。そしていくつかのものにおいて，すなわち，5つの道で，先に述べられた主張に反対する。わたしが主張する論は，その主張の反対を明らかにする。

　第一の問題というのは，神はキリスト教信仰をもつ人間知性（旅人の知性）に自然的に認識されるか，という問題である。それに対してスコトゥスはヘンリクスのアプローチとは異なる仕方で答える。その内容が「存在の一義性」と呼ばれている。つまりスコトゥスは，神は「一義的な存在概念」において自然的に知られるという。

　ところで歴史的に見るなら，スコトゥスのこの独自のアプローチによって，「存在者」は一義的に解される仕方を得る。つまりこれまで類比的に解されてきた「存在者」の概念が一義的に解される道が，スコトゥスによって開拓されたと言える。言うまでもなく，これはアリストテレスの類比的存在論（形而上学）の大変革である。これによって形而上学にもとづく神学が論理的に明確な学問に大きく転換された。

　なぜなら，「類比的存在者」は，じっさいには比例する

関係によってさまざまな意味合いが生じ，その中身が普遍的に明瞭とは言えないからである．すなわち，実体的存在は自体的であり，偶性的存在は依存的である．そして自体的か依存的かは，存在における違いであるから，「存在」はいずれでもある．つまり類比的存在は，いずれでもある仕方をもつ「存在」である．それゆえ，いずれか不明瞭なまま多義的に用いられる語として扱われてきた．

それに対して「一義的に解される存在者」は，まさしく「一つの意味」に限定される．したがって，その意味は明瞭であるほかない．このことによってはじめて，「存在」を基盤とする形而上学ならびに神学は，スコトゥスにおいて学問としての資格をもつための，十分明晰な原理をもったのである．

神の「何」quid を示す概念が知られる

(25) それゆえわたしは第一に，神はいわば偶性的に，すなわち何らかの属性において自然本性的に把握されるだけではなく，その概念において神が自体的に，かつ，何者かとして，把握される，そのような或る自然本性的な概念が得られると言う．わたしは証明する．なぜなら「英知者」を把握するとき，固有の属性が把握されている．あるいは，彼によれば，いわば固有の属性が本性を完成する第二現実態において把握されている．それゆえ，「英知者」sapiens を知性が認識するとき，ある「何」quid を先だって知性は認識していなければならず，わたしはそのいわば固有の属性が，その「何」に内在することを知性において認識している．かくしてすべての属性ないし，いわば属性概念の前に，その属性が帰属させられると理解される「何の概念」conceptus quiditativus を探究しなければなら

ない。そしてその別の概念とは，神の何者概念であるだろう。なぜなら，別のいかなる概念においても，探究は結着しないからである。

　スコトゥスはキリスト教信仰をもつ人間知性を前提にしている。それゆえ，「神」の概念を人間知性がすでに自然的にもっていることが，あらかじめ認められている。そして「神」に関するその概念は，神の属性であるとか，神に自体的なものではないというヘンリクスの見解に対して，スコトゥスは，それは神の自体的な概念であり，神の「何」quid を示す概念だと主張する。

　ただし，神の「何性」quiditas, つまり「本質」とか「本性」そのものを，人間は把握（理解）していない。ここで，「何」と「何性」の違いには注意しなければならない。人は「何者か」（たとえば，神とか，天使）と名付けて呼ぶ相手を，「名」において区別しているだけであって，その「何性」（本質）をとらえているのではない。それでも，ほかと区別して人は「名」を呼ぶことができる。たとえば目の前の子の名が「太郎」と知れば，その子がどんな子かは知らなくとも，わたしたちは彼に言及することができる。「神」という名も，そのような「名」である。それに対応する「何」は，その名によって人間知性がそれについてもつ単純な概念を指している。

　スコトゥスは，属性を知っているならその属性が帰属している「何か」が，すでに知られていなければならないと言う。なぜなら，その属性は，あくまでもその「何」の属性だからである。

概念の一義性の定義

(26)　第二に，わたしは言う。神が被造物の概念に対

して類比的な概念において把握されるだけでなく，すなわち，被造物について述語される概念とはまったく別の概念において把握されるだけでなく，神自身と被造物に一義的な或る概念において，神が把握される。そして一義性[1]の名について争いが生じないように，わたしは次のものを一義的概念と呼ぶ。すなわち，それを同じものについて肯定し，かつ否定したとき，その一性が矛盾となるのに十分であるだけ一つであること。さらに，三段論法の中項において諸名辞が結び付けられ，かくして，多義性の誤り無しにそれらが相互に結び付けられ，結論されるのに十分だけ一つであること。

神の「何」が知られていることを明確にしたあと，では，その「何」は，類比的な概念によって把握されるのか，という問題に移る。スコトゥスは神が類比的概念において把握されることを否定しない。ただし，類比的ということは，一義的ではないかぎり，多義的であることを意味する。つまり名辞（ことば）は同じであるにも関わらずさまざまな意味で述語されるから，その名辞は類比的と言われる。したがって，学的には，類比的であることは多義的であることに帰着する。たとえば，実体と属性はいずれも「存在者」であり，「実体は存在者である」，「属性は存在者である」と言えるが，両者に述語されている「存在者」

---

1) 「一義性」univocatio は，ラテン語から意味を取ると，「一つに呼ぶ」である。ところで，キリスト教の宗教言語では，vocatio は，「神に呼び出されること・召喚されること」－召命を意味する。この意味で取ると，存在の一義性 univocato entis は，「存在者が1つだと，神に呼び出されていること」と受け取られ，神による一つの宇宙の創造と受け取られかねない。しかし，スコトゥスの意図は，定義において明らかであって，あくまでも三段論法を成立させる条件としての一義性である。それゆえ，それは，「一つ」という「名」で人間知性が「呼ぶ」ことを意味している。そして「名」で呼ばれるものは，「何」の概念である。

は，一方は主語に自体的であり，他方は，主語に偶性的である。ところで，「自体的存在者」と「偶性的存在者」は，二つの区別される概念である。したがって，それらは論理的に見て，二つの異なる概念（多義的概念）である。

じっさいアリストテレスも『形而上学』第4巻のはじめに，存在は多義的に述べられると言っている。そしてそれに続けて類比を説明しているのである。つまりアリストテレスも，類比語は多義的な語であることをいったん認めている。そしてアリストテレスは，「存在」は第一義的には実体に属し，偶性は，それに付随して（第二義的に）存在と言われる，という。このように，存在の類比を述べている。しかし，本来，類比とは，A：B＝C：Dとなる関係をいう。イコールでつながれている右辺と左辺は，少なくとも混同されるような二つの地平であってはならない。

幾何学的な線で言えば，一点から異なる方向に向かう2本の直線を描いて，任意の線上の点から，他方の線上の点に直線を引き，これと平行にもう一本を，最初の二本の線の間に引く。このとき，最初の二本の線の出発点から一方の線の最初の線分をAとして，同じ線上の，出発点から次の交点までの線分をBとする。またもう一本の線上でも同じく出発点から交点までの線上を，CとDの線分とするなら，線分の長さの比は，A：B＝C：Dとなる。二本の線は，視覚に訴えて，異なる線分である。

この幾何学的類比の例を，実体と偶性の存在の類比に当てはめると，実体：偶性＝自体的存在：依存的存在，あるいは，実体：偶性＝第一義的存在：第二義的存在となる。「存在」は，一方は自体的であり，他方は実体に依拠して偶性的だからである。しかし，実体と偶性の関係をこのように見ると，幾何学的線分の比例の例からわかるように，AとBは，Aの部分で重なっている（BはAをうちに含む）。言い換えると，実体は或る意味で偶性を含み，ま

た偶性も，また別の意味で実体を含む。もしもそうであるとするなら，両者の区別は部分的であるから，重なっている部分に注目すれば，それらは同じ「存在」であり，重ならない部分に注目すれば，それらは異なる「存在」だというほかない。

しかしながら，偶性は実体に依存している存在である点では，その「関係」において，実体存在と重なる部分をもつが，実体存在のほうは，自体的であるから，偶性存在をうちに含むとは見られない。

アリストテレスの場合には超越的な「神」の存在，あるいは「創造神」の存在が問題となっていないので，「存在の類比」は大きな問題につながらなかった。つまり神と被造物の間の距離をどの程度まで縮めて考えてよいかという問題が，アリストテレスにはなかった。というのも，実体：偶性＝神：被造物という比例が，中世においては「存在の類比」が抱えている最大の問題だったからである。今しがた述べたように，本来の幾何学的比例は，一部が重なって見られる比例である。ところが，神のもつ「存在」と被造物のもつ「存在」を比較するとき，一方のうちの存在に他方の存在を重ねることは，神と被造物の間の距離を絶対的なものではなく相対的なものとする。重なりが大きければ「汎神論」に近づく。

言うまでもなく，パウロは，被造物のうちに神の御業を見ることを肯定している。それゆえ，キリスト教神学において被造物のうちの存在に神の存在が一部で重なっていると見ることは，正しい見方である。とはいえ，創造主を絶対的な存在と見るキリスト教会は，正統を守り，異端を放置しないために，その限界を明瞭にする必要があった。

スコトゥスは，「存在」がさまざまな意味で日常ないし学問の世界で通常使われることは否定しない。ただし正確に言えば（神学者の立場で言えば），さまざまな意味の違

第Ⅰ部　神の認識可能性

いは類比によるものではなく，一義的概念に対する「異なる限定」として受け止められるべきだと主張する。つまり概念上で「存在」という名辞に，異なる限定名辞を与えることによって，異なる存在の在り方が表示できる，という道である。

　この道をとることによって，「存在が類比的に述語される」というあいまいな説明を回避することができる。

　スコトゥスは「述語の仕方の区別」はまったく不問にして，述語自体の「存在」に「異なる限定」を加えることで実体と偶性を区別したのである。すなわちスコトゥスは，それぞれを単純に「実体は『自体的存在者』である」，「偶性は『二義的（依存的）存在者』である」と定義する。このように定義すれば，「存在」に関わる実体と偶性いずれの「述語の仕方」も，不問にすることができる。すなわち，述語の仕方は，いずれも，主語に対しては「第一義的」である。すなわち，「実体は第一義的に『自体的存在者』である」，「偶性は第一義的に『二義的（依存的）存在者』である」。こうして，実体と偶性を，「存在」の述語のされ方の違いとして区別することをスコトゥスはやめて，二つの複合概念の区別にしたのである。

　アリストテレスにおいては，実体と偶性の違いは，ものの「在り方」（様相）の違いであり，その違いは，「存在」の述語の仕方の違いとして表示されるべきものであった。さらにアリストテレスは，この在り方の違いを，数学ないし幾何学の用語「比例」proportio，あるいは「類比」analogia によって表示することによって，天上的存在としてのイデアにつながる「実体」と，可変的で地上的存在としての「偶性」の間の「在り方」の違いを表示できると考えた。ここにはピュタゴラス学派に連なるプラトンとアリストテレスの数学的ないし幾何学的科学観が反映されている。

したがってスコトゥスの認識論的立場での「存在の一義性」の論は、長い間続いた「存在の類比性」による存在論からの一大決別を意味する。それが存在論に何をもたらしたかは、さらなる研究を必要とするだろう。ここでは、存在論ないし形而上学の根本的性格の変革がどのようになされたのか、注意して見届けなければならない。

とりあえずスコトゥスの論は上述のように、「存在者」ないし「存在」という述語自体は、実体と偶性の複合概念の違いから独立して（別にして）、一義的に規定できる概念である。そしてその「存在者」ないし「存在」に対して、「自体的」か「第二義的」か、異なる限定を概念上与えることで、スコトゥスは実体と偶性の両者を区別する。そしてその延長上で、神と被造物の存在を無限か有限かで概念上区別する。

それゆえ、スコトゥスがアリストテレスにならいつつ、存在論ないし形而上学についてキリスト教神学に必要なだけの変更を施していたことは明らかである。そしてそれが神学を明晰な学知とするためであったことは、スコトゥスが、一義性の「一性」を、矛盾律が成立するために十分であることと、三段論法という推論が成立するために十分であることの二つの条件で規定していることを見れば、誰の目にも明らかである。

以下、そのためにスコトゥスは人間がもつ認識の実際経験にもとづきながら、証明を試みる。

「存在の一義性」の第1証明

(27) そしてそのように知性的に認識された一義性をわたしは5つの仕方で証明する。第一に、次のように。一つの概念について確実で、さまざまな概念について疑って

第Ⅰ部　神の認識可能性

いるすべての知性は，疑っている概念とは別に，確実な概念をもっている。主語は述語を含んでいる。ところで，旅人の知性は，有限な存在者か，無限な存在者か，被造的存在者か，非被造的存在者か，疑いつつ，神について，それが存在者であることでは確実でありうる。それゆえ，神についてと言われる存在者の概念は，一方の概念とも他方の概念とも，別の概念であり，かくして存在者の概念はそれ自体からいずれでもなく，かつまた，それらのいずれのうちにも含まれている。したがって，一義的である。

　一義性の証明の第一のものは，確実な概念と不確実な概念は区別することができる，という主張で成り立っている。つまりある点で確実で，ある点で不確実なら，確実な部分を不確実な部分から引き離して考察することができる，という主張である。これが可能であるのは，言うまでもなく，これが知性の内でのはたらきだからである。物体であれば，「わからない」部分を「わかる」部分から切り離すことは，かならずしもできない。しかし認識内容に関しては，「わかる」かぎりのところと，「わからない」ことがらは，その認識において区別される。したがって，その概念は確実に区別される。

　この証明がなぜ「第一の」証明に選ばれているか。これには，おそらく，重要な意味がある。なぜなら，「わかる」部分を「わからない」部分から区別することは，「知る」を「知る」と見なし，「知らない」を「知らない」と見なすことだからである。そしてそれは，ソクラテスにおいても，また孔子においても，最重要の認識ないし知恵と見なされている。つまり「わかる＝知る」部分をそれ以外のものから切り離すことは，知恵を得る，哲学（愛智）の根源である。

　言うまでもなく，スコトゥスが孔子を知るすべはない。またソクラテスについての知識は，アリストテレスかアウ

グスティヌスからしか得ていないはずであるから、スコトゥスがソクラテスの「無知の自覚」を知っていた可能性はない。しかしそれでも、スコトゥスが一流の哲学者であることは、この証明を「第一の」証明としていることから確実視することができる。なぜなら、「知る」ことと「知らない」ことを第一義的に区別できるかどうか、それが一流の哲学者、あるいは知恵者の見分けになることをソクラテスと孔子が保証しているからである。

ところで、次にスコトゥスは、主語は述語を含むことを指摘している。主語が意味している（指示している）ものについて、述語が語るのであるから、語られている述語は、主語に何らかの意味で含まれている。たとえば、「人は存在者である」と言えば、「人」の「何」のうちに「存在者」が含まれている。

ところで信者の知性は、神が「どのような」存在者であるかについては、いろいろと疑いがあるかもしれない。しかし「存在者である」ことについては疑っていない。なぜなら、神を信じている知性なら、少なくともその知性は神は「存在者である」と受け取って、それを疑っていないからである。

そうであるなら、神について、それがどのようなものであるか、人によって意見の違いがあるとしても、その点とは別に、意見の違いがないところ、つまり「それは存在者である」という側面があることは明らかである。

それゆえ、存在者の概念は、異なる意見どもからは切り離されて、神について疑い、また神について考察して検討すべきもろもろの概念に対して、一義的であると言うことができる。つまり、神は存在者であるが、それが有限か無限か、被造的か非被造的か、さまざまに疑うことができても、それらのどれであっても、「存在者」であることは変わらないので、「存在者」の概念はそれらの違いを超えて

第Ⅰ部　神の認識可能性　　　　　　　　　　61

「一義的」である。
　このように結論できる。

　(28)　**大前提の証明**：なぜなら，いかなる同一の概念
も，確実で，かつ，疑わしいということはない。それゆ
え，一方であるか，そしてそのときは求めるものが得られ
ている。あるいは，まったく確実ではないか，そのときに
は或る概念について確実であることはないだろう。
　すでに証明の全体は説明した通りであるが，スコトゥス
自身も，最初の一義性の証明が複雑なので，大前提，小前
提をそれぞれ，さらに詳しく説明している。すなわち，真
に「一つ」の概念が，確実で，かつ，疑わしいということ
はない。じっさい，同一のものが確実で疑わしいと言え
ば，同じものについて矛盾したことを言っているからであ
る。したがって，確実であるか，確実でないか，どちらか
一つである。

　(29)　**小前提の証明**：どの哲学者であろうと，その彼
が第一原理と主張したものが存在者であることは確実で
あった。たとえば，ある者は火を，ある者は水を第一原理
であると主張したが，それが存在者であることは確実で
あった。しかし，それが被造的存在者であるか，非被造的
存在者であるか，第一の存在者であるか，第一の存在者で
ないか，それは確実ではなかった。じっさい，それが第一
の存在者であることは確実でなかった。なぜなら，確実で
あったなら誤りが確実であったことになるからである。そ
して，誤りは学知ではない。またそれが第一のものではな
い存在者であることも，確実ではなかった。なぜなら，
それが第一の存在者でないことが確実なら，彼らは反対を主
張することはなかっただろうから。さらに確かめられる。
じっさい，意見が一致しない哲学者たちを見る人は，第一

原理だと主張したどれについても，それが存在者であることに関しては確実でいることができ，なおかつ，しかしながら，それらの見解の対立に即して，それがこの存在者なのか，それとも，あの存在者なのかについては疑うことができた。そしてそのような疑いに対して何らかの下位の概念を結論づけるか，否定する証明が成ったとしても，すなわち，火は第一の存在者ではなく，第一の存在者より後の存在者であることが証明されたとしても，それが存在者についてもっている第一のものという概念がそれ自身にとって確実であることは否定されない。むしろ火について証明されたその具体的な概念のうちに保持されている。そして以上によって真理文は証明された。すなわち，推論の最終結論のうちに前提されていた真理文は証明された。すなわち，それ自体からは疑われているいずれでもなく，それらのいずれのうちにも保持されているかの概念は，確実である。

アリストテレスが『形而上学』に書いた哲学史の例によっても，哲学者たちの間で，何が第一原理か，水なのか，火なのか，さまざまな主張がある。つまり具体的なものとしては相違していて，そのためにいずれであるかについては疑いがある。しかし，いずれも第一の存在者であるところは同じであって，それゆえ第一の存在者であることについては確実であると言える。じっさい，火ではなく，火に先立つ存在者が第一原理であったとしても，やはりそれも何らかの存在者である。それゆえ「存在者の概念」は確実な概念としてほかの概念から区別される。

概念の類似性による類比説の拒否

(30) もしも君が，哲学者たちの見解がさまざまであ

ると受け取っている権威のことは，とくに関心もないということであって，むしろ君は，だれであれ，その人が知性のうちに近接した二つの概念をもっているときは類比の近接性のためにそれらの概念が一つの概念であるかのように見える，と言うのなら，次のことはそれに反すると思われる。すなわち，そうであるなら，或る概念の一義的一性を証明するすべての道が，その逃げ口上によって壊されてしまうと思われる。なぜなら，もし君が，人間はソクラテスとプラトンに対して一つの概念をもつと言うなら，君は否定されて，人間は二つであり，ただ大きな類似性によって「一つに見える」だけだと，言われることになるだろう。

　前段で，さまざまな疑わしい概念とは別に確実な概念があることの証明のために，アリストテレスという権威の哲学史が使われた。しかし，君が，そういうことには自分は関心がない，とにかく，よく似た概念は一つに見えるのだと言って反論するなら，スコトゥスは次のように答えている。その主張がもつ論理は，哲学を成り立たせていたすべての一義性にもとづく論を破壊してしまう。じっさい，「人間」はソクラテスとプラトンに一義的であると君が主張しても，君自身の論理を誰かが持ち出して，二人の人間において「人間」は二つであって，ただよく似ているからその二つの概念が君には一つに見えるだけであると，反論されてしまうだろう。そしてその根拠は，君自身が主張している根拠によるのだから，君は反論できないことになるだろう。

　スコトゥスはこの議論を通じて，実質的に，一般庶民がもつあいまいな概念を学知の概念とすることを拒否している。つまり神学を成り立たせる概念は，十分な吟味を経た一義的な概念でなければならないという立場である。

(31)　さらに，その二つの概念は端的に単純な疑念で

ある。それゆえ，それらは明晰に，かつ，全体としてのほか，知性に認識されない。それゆえ，もし今二つに「見えない」のなら，あとでも見えない。

　この（31）から（34）の段落まで，スコトゥスが後から付け足した議論であるとテキスト編集者が教えてくれている。したがって，いささか前後の文脈から離れている。そのために，「その」が何を指すか直接には不明である。とはいえ，以下のように推察できる。すなわち，端的に単純な概念が二つあったとき，それらはそれぞれ，完全に認識されるほかない。なぜなら，端的に単純な概念とは，一つの意味しかもたない概念だからである。つまりそれをひとたび知ったなら，それは部分をもたないのだから，完全に全体が知られるほかない。したがってもしもそれが知性に別々の二つに見えないなら，いつまでたってもそれは一つにしか見えない。たとえば「一」という概念には一つの意味しかないので，それを知ったものは「一」の概念の一部だけを知ることはできない。知るときは「一」の全体を知る。したがってこの概念は二つには見えない。そしてそれはいつになっても（学知を追求する者であるかぎり），二つには見えないに違いない。

　（32）　同様に，まったくバラバラのものとして把握されているものが，珍しいことに，何らかの仕方で一つに見えるのか，それとも，類比にしたがって対比されたものとして把握されているか，あるいは，類似にしたがって対比されたものとして把握されているか，すなわち，区別に即して対比されたものとして把握されているものが何らかの仕方で一つに見えるのか。その場合には先だって区別されて把握されていたものが同時にある。それゆえ，それらが一つに見えることはない。

　複数の異なるものが，さまざまな仕方で一つのものとし

第Ⅰ部 神の認識可能性

て把握される。その仕方はさまざまであるが，先立っては別々に把握されていたのなら，それらが知性に一つに見えることはない。つまり別々のものを，何らか対比することで，知性が一つの対比として語ることはできるが，複数のものを対比しているのであるから，知性は相変わらずそれらを複数のものとして別々に認識しているのでなければならない。

(33) 同様に，二つの概念を主張するのなら，君は二つの形相的に認識された対象を主張している。どのようにして二つの形相的に認識されたものがあって，それらが区別されたものとしてないことがあるのか？

同じように，そもそも二つの概念を区別して主張しておきながら，それらが類比的に一つであると言って区別できないかのように受け取るのは不合理である。「形相的に」というのは，知性のうちで「概念の形」が明瞭な状態を意味している。

(34) さらに，もし知性が固有の概念のもとに個体を認識したとしたら，たとえ同一種の二つの概念は類似しているとしても（しかし提示した文に示した二つの概念と比べたら，それははるかに類似しているのは疑いようもない。なぜなら，その二つの概念は種において異なっているから），いぜんとして知性は個体のそれぞれをよく区別しているだろう。さらに，この回答は，第8区分第三問題において否定される。そして別の一つの回答は，大前提を否定する。

知性が固有の概念のもとに個体を認識するとは，直観認識のことである。それは感覚器官における直感と同時にある知性の「知覚」のことである。それが知覚した固有の概念が二つあって，その二つが種において一つであるとき，

同一種であるだけ似ているとしても，それでもやはり知性は二つの個体を区別して知覚している。たとえばソクラテスとプラトンを知性が直観して，二人を区別して把握したら，二人がともに人間であるという点で似ているとしても，それでも知性は二人を区別して把握しているだろう。

続いて述べられている「提示した文」というのは（27）にある「神について存在者であることは確実でありながら，有限な存在者か無限な存在者か・・・疑っている」である。ここに出されている相違（疑いが起こる点）は，同じ人間のなかの個体の違いよりも大きな相違である。なぜなら，有限か無限かは，被造物かそうでないかの違いであり，この違いは，被造物の個体どうしの違いより，はるかに大きな違いだからである。それゆえ，その相違を知性が区別しなくなるというのは不合理である。

そして，「さらに」のあとの「この回答」とは，校訂版テキスト編集によれば，第30段落の，「類似性によって一つに見える」という回答を指す。いずれにしろこの種の問題は，第8区分でまた論じると言っている。そして「別の回答が否定する大前提」とは，第27段落にある大前提を指す。議論の内容は重複しているので，説明は割愛する。

「存在の一義性」の第2証明

（35）　第二に，主要に，わたしは次のように証明する。いかなる実在概念もわたしたちの知性の自然本性的な動因以外のものによって自然本性的に旅人の知性に生じることはない。ところで，その動因とは，感覚表象あるいは感覚表象のうちに映ずる対象と，能動知性である。それゆえ，それらの力によって生じうるもの以外には，いかなる単純

な概念も現在の状況では自然本性的にわたしたちの知性には生じない。しかし，感覚表象のうちに映ずる対象に一義的ではなく，むしろまったく別の，それに対してその概念が類比をもつところの先立つ概念は，能動知性と感覚表象の力によって生じることはできない。それゆえ，類比が主張されるような種類の異なる概念は旅人の知性のうちに自然本性的にはけしてないだろう，かくして，神についてのいかなる概念も自然本性的に得ることはできない，というのは，誤りである。

　第二の証明は，人間がもつ認識能力のじっさいによる証明である。人間知性は感覚を通じてしか実在に関する認識をもたない。これは，アリストテレス哲学の経験論の基本である。信仰をもつ知性であろうと，人間知性は感覚を通じて得られた像と能動知性のはたらき以外には，知性認識が生じる動因を現今の生まれながらの状況のなかではもたない。ところで，能動知性のはたらきを通じて得られる概念は，その能動知性が働き掛けた感覚表象のうちの対象に対して一義的である。類比が主張されるような概念は生じない。したがって，もしも神が類比的概念によってしか知られないのなら，神について，人間知性が自然本性的に得る概念はないことになるだろうとスコトゥスは言う。

　前提の証明。感覚表象のうちに映ずる対象であれ，可知的形象のうちに映ずる対象であれ，どの対象も能動知性と可能知性が協働して，ちょうど結果がその能力に合致しているように，それらの能力の究極にしたがって自身に固有の概念と，それのうちに本質的に含まれるか，潜在的に含まれるすべての概念を生じる。しかし，類比が主張される異なる概念は，それのうちに本質的にも，潜在的にも，含まれない，なおのこと，それは，その概念でもない。それゆえ，そのような概念はそのうちのどの動因によっても生

じない。

　前段の証明のなかに含まれている前提の証明である。感覚表象の力も，能動知性の力も，可能知性の力も，自然本性的能力であるので，それらが最初に対象をとらえるとき，類比が生じる余地はないという。感覚表象の力というのは，感覚器官の力によって対象から受け取られた感覚を，その感覚が因って来た一つの物に，視覚像を頼りに結び付けて得られる感覚的な像である。たとえば，一つの花の視覚像に，その匂いが結びつき，それに触れた触覚などが結びついて，その花についての総合的な感覚的イメージが形成される。

　たとえば「一つの個別的，よい匂いのする大きくて白い花」。ただし，説明のためにことばで表したが，ことば（ロゴス）に成ったイメージは，すでに理性的（ロゴス的）である。したがって，正確には，感覚表象は，それを表すことばが心に生じてくる以前の感覚的イメージである。この感覚表象に能動知性がはたらきかけて，抽象し，ロゴス（理性）の地平にあげられる。このとき「何かよい匂いのする大きくて白い花」が「ことば」になる。それは可能知性のうちに受け取られた最初の像（イメージ）である。これが，知性がもつ最初の単純な名「ユリ」の「何」概念である。

　知性（可能知性）はこの像から，「白さ」とか「花」とか「ユリ」とか，「比較的大きい」とか，「よい匂い」とか，さまざまな種的概念を引き出す。スコトゥスは，この一連の過程のなかで類比は生じないという。すべて対象に一義的な像のみが生じるという。じっさい，感覚表象にある「一本のユリの花」について，その対象を主語にしたとき，「一本」も，「ユリの花」も，「白いもの」も，「草」も，一義的に述語される。すなわち，「これは一本である」，「これはユリの花である」，等々，類比的に言われるものは

一切ない。

　すでに説明した通り，「類比」は，「比例性の類比」と言われ，Ａ：Ｂ＝Ｃ：Ｄのかたちをとる。たとえば大きさの異なる二つの直角三角形があったとき，左辺の三角形がもつ二辺の長さの比は，右辺の三角形がもつ二辺の長さの比に等しい。あるいは，アインシュタインの相対性理論が正しければ，光速度は定数なので，左辺「二つの物体の質量の間の比」は，右辺「その二つの物体がもつエネルギーの間の比」に等しい。このとき，二つの物体が，大きさが異なるだけだとしたら，左辺の質量を示す側は「見える違い」であるが，右辺のエネルギーを示す側の比は「見えない」。つまりこの理論は，左辺「見えるものの間の比」から，右辺「見えないもののなかにある比」を計算で出すことができることを意味している。

　あるいはまた，二人の間に「けんかしている」という関係があり，それと等しい関係が二つの色概念の間であったなら，すなわち，左辺「〈けんかしている〉人と人」＝右辺「〈空欄〉ＡとＢ」であるなら，空欄になっている二つの概念の関係は「衝突している」であるとわかる。そうであれば，一方の色概念から他方の色概念を，この類比関係から，推量することができる。たとえば一方が「赤」なら，他方が「白」だろうと，考えることができる。

　以上の例からもわかるように，類比は，知性による認識の順序として見れば，単純な概念が複数認識され，さらにそれらの間にある「関係」が経験的に認識されたうえで，一方の関係が他方の関係と同じではないかと探究するときに，はじめて知性が学的認識を構想するために用いる「推量方式」である。したがって，単純な概念の把握という最初の認識においては，「存在」であれ，他の概念であれ，後からあるはずの「類比」が，それについて主張されることは間違いである。

形而上学は，もとより，見える世界をもとにして，見えない世界を研究する学である。アリストテレスは，類比によって感覚がとらえることのできる「偶性」から感覚がとらえない「実体」（真実の存在）を研究しようと企図した。このアリストテレスの企図は，理解できる構想である。じっさい人間は，経験的に認識できるものごとの関係を基礎にして経験していないことを推理し——ここで類比の論理が使用される——，実験観察を通じて，観察される事実が推理の結果と一致するかどうか，確かめることができる。そしてこのことによって，人間は学的知識を拡大する。つまり偶性Aと偶性Bから，実体Cと実体Dについて類比推理を行うことは，十分に学的である。

　しかし，「存在」は，ことば（ロゴス）としては一つである。したがって「存在」は類比の4つの項で多義的である。すなわち，「存在A：存在B＝存在C：存在D」，ここで左辺が偶性，右辺が実体なら，存在Aと存在Cは，同じものの偶性と実体の存在の関係である。したがって，アリストテレスは明らかに，『形而上学』第4巻第2章で，存在はまず多義的であり，その多義性は，一にしたがった多であって，実体との関係のさまざまな仕方において類比的に述語されると考えている。

　それに対してスコトゥスは，存在の多義性の原因は，存在をさまざまに限定するさまざまな限定性にあると考える。したがって両者の間には，アリストテレスのように，そもそも異なった存在があると見なして（すなわち，異なった存在を哲学の原理とすることによって），その異なった複数の存在に比例性の関係を主張するか，それとも，スコトゥスのように，その異なりを概念上で区別して（異なる規定概念として数え上げて），共通な概念を哲学の原理とするか，という違いがある。

固有の概念の独立性

　そして「対象」由来の概念が確かめられる。自身に合致した固有の概念と，他方，前述した二つの仕方でそれのうちに含まれたもの以外には，その対象から推論を通じてのほか認識されることはできない。しかし推論がなされるために，推論は，その単純な概念の認識を前提としている。したがって，論拠は次のように作られる。すなわち，固有の単純な概念を生じるいかなる対象も，その知性のうちに別の対象に固有の単純な概念を生じることは，一方が他方の対象を本質的に含んでいるか潜在的に含んでいなければ，ないことである。ところで，被造的な対象は非被造的な対象を本質的にも潜在的にも含んでいない。そして一方は，或る根拠のもとに或るものに従属させられる。たとえば，「本質的に後なるもの」は「本質的に先なるもの」に従属させられる。なぜなら，自身の先なるものを潜在的に含むことは，「本質的に後なるもの」という根拠に反するからである。そして被造的対象は，まったく自身に固有で，かつ，共通でないものにしたがって非被造的対象を本質的に含んでいないことは，明らかである。それゆえ，被造的対象は，非被造的存在者に固有の単純な概念を生じない。

　この段では，対象から得られる単純概念を吟味して確かめている。

　世界には，本質的な先後の秩序，あるいは，上下の秩序が見出される。しかし，本質的に先なるものの単純概念が本質的に後なるものの単純概念のうちに，まるごと含まれる，ということはない。ところで，後のものは先のものに本質的に従属するのであるから，後のものには，存在上，

先のものへの従属関係が生じている、つまり後のものには「本質的に先にある他のものを必要とする」関係は、たしかに含まれている。

しかしこの関係によって、後なるものが、先なるものの全体を実在概念において含むということはない。なぜなら、後なるものは、先なるものと本質的に別のものだからである。たとえば、「植物」の概念のうちに「動物」の概念は本質的にも潜在的にも含まれていない。同様に、「人間」の概念のうちに「天使」の概念は本質的にも潜在的にも含まれていない。

ところで、神と被造物の間の関係は本質的に先のものと後のものの関係である。先のものが後のものを含むことはあっても、後のものが先のものを含むことはない。したがって、被造物から得られる単純概念が神の単純な「何」の概念をそのうちに含むことはない。したがって、神の単純概念は、被造物を対象として得られる概念のうちにはない。

「存在の一義性」の第3証明

(36) 第三に、次のように証明される。ある主語に固有の概念は、その主語に必然的に内在して考えられるすべてをその主語について結論することの十分な根拠である。しかしながら、神自身に必然的に内在するとわたしたちが考えているすべての概念を、それを通じてわたしたちが十分に認識することができるようないかなる概念も、神について、わたしたちはもっていない。神の三位性や他の必然的な信仰箇条について、それは明らかである。それゆえ、云々。

ある主語に、ある述語をつけるのは、その述語概念がそ

第Ⅰ部　神の認識可能性

の主語の概念のうちに内在しているからである。そして，じっさい内在しているのなら，その主語について内在するすべてのものは必然的に結論できる。すなわち，述語できる。

　ところで，わたしたちは感覚される被造物からしか単純概念を得られない。「神」についての単純概念は「神の名を耳にした」ことから得ている概念に過ぎない。さらに神について知っているそれ以上のことも，すべて「たまたま耳にしたこと」に過ぎない。それゆえ神について知っていることは神に必然的に内在していると聞いて居ても，「神」の名に偶性的に結び付けて知っているだけである。個人が神自体の完全な概念を得て，そこから引き出した知識ではない。

（37）　大前提が証明される。なぜなら，諸名辞をわたしたちが認識する場合，どんな媒介もなしに，わたしたちはそれを認識している。したがって，その考えられるすべてについて，大前提は明らかである。すなわち，それは主語の概念に媒介なしに内在している。もし媒介があって内在しているなら，同じ証明が同じ主語に対比された媒介について成り立つ。そして媒介のない真理文を得るところまで至るだろう。そしてさらに，それを通して媒介となったものが学的に知られるだろう。

　神自体の概念をもつとき，それに含まれた真理文が知られている。つまり神を主語とする必然的な真理文が知られている。ところで，真理文は複数の名辞（ことば）で構成されている。それゆえ，神自体の概念を知って，それを主語とする真理文を知っていることは，それを構成する名辞を無媒介に知っていることでなければならない。

　この証明の意味を知るためには，じつは後述される第四問題の回答第230段落を知っておかなければならない。

つまり「真理文を『その諸名辞から』明瞭に知っている」状態が、その真理文を明瞭に知っている状態である。そしてそれは学問的レベルで確実な「知識」であり「真理」である。なぜなら、真理文はそれを構成する複数の名辞からのみ成り立っているからである。つまり要素から明瞭に知られているなら、その総合である全体はすでに（媒介なしに）明瞭に知られている、という主張である。

そして、もし同じ主語をもつ他の真理文の媒介を通して、その真理文が知られるというのなら、その「他の真理文」について、やはりその名辞から明瞭に知られるかどうか検討される。明瞭に知られるなら、やはりその名辞から媒介なしに知られる。そしてその真理文によって、前の真理文が明瞭に知られることになる。ちょうど自明な幾何学の公理によって、幾何学の定理が証明され、明瞭に知られるように。他方、真理文がその名辞から知られないなら、真理文は学問的な意味では「知られていない」。つまり「信じられているだけ」である。

「存在の一義性」の第4証明

(38) 同様に、第四に、次のように証明される。ある「端的な完全性」が神と被造物に共通な概念をもっているか——このときは、わたしたちが求めている真理文が得られている——、あるいは、被造物に固有な概念が得られているに過ぎないか。後者の場合、その概念は形相的に神に一致しないだろう。すなわち、神には不適合である。あるいは、「端的な完全性」は全く神に固有の概念をもっているか。この場合、神に帰属させられるべきは何もない、と結論される。なぜなら、それは「端的な完全性」であるから。すなわち、その概念が神との一致を意味して「端的

な完全性」と言われているゆえに，それは神のうちにある，ということ以外のいかなることも，それは言っていないからである。かくしてアンセルムスの教説は失われるだろう。彼は『モノロギオン』で主張している。「相対的なものを除いて，ほかのすべてにおいて，なんであれ，それでないよりもそれであるほうが端的に善いものであるものはどれも，神に帰せられるべきである。ちょうど，そのようなものでないどんなものも，神から除かれるべきであるように」。それゆえ第一に，彼によれば，何らかのものがそのようなものであることが認識され，そして第二に，それが神に帰せられる。それゆえ，それは切離されて（praecise）神のうちにあるのではない。さらに，これが確かめられる。なぜなら，他者を切離して神のうちにあるのなら，いかなる「端的な完全性」も被造物のうちにないことになるだろう[2]。このように結論づけられるのは明らかである。なぜなら，類比的概念を除いて（前提によれば）その種の完全性のいかなる概念も被造物に一致しない。ただし彼（ヘンリクス）によれば，それは「その種のもの」である。なぜなら，類比的概念は不完全であるから。そして，いかなるものにおいても，その概念はそれ自身であるよりも，より善くない。なぜなら，より善ければ，その類比的概念にしたがって神のうちに主張されることになるだろうから。

カンタベリーのアンセルムスは，北西ヨーロッパで最初の「神学」をアウグスティヌスの精神を受け継いで生み出した，事実上，最初の権威である。ここで言うアウグスティヌスの精神とは，プラトン的な精神（新プラトン主

---

2) 被造物のうちにある端的な完全性自体は，神のうちにある端的な完全性ではない。それゆえ，後者が前者を「切り離す」なら，それは神のうちにのみあって，被造物のうちにない。

義的）とともに，ストア的精神を併せもっている精神である。「一で善」なる最高のものを第一として，そのもとに世界を見る立場は新プラトン主義的であり，他方で，自由意志に生きる日常的経験に訴えて倫理を論じる面はストア的である。スコトゥスは学的確実性を神学の論理に求めて神学を大いに改革したのであるが，その精神的傾向に関して言えば，アンセルムスのストア的精神に忠実である。

この段落でスコトゥスは，アンセルムスの有名な「端的な完全性」の説を自分の証明の根拠として引いている。すなわち，一般に神の属性に数えられるものは被造物にうちに見られる完全性であり，欠陥をもつ被造物においても，それであるほうがそれでないよりもより良いものである。たとえば「正義」とか「英知」とか「偉大」とか，あるいは，「自由」とか，いずれのものも，たとえば「正義であるほうが良い」，「偉大であるほうが，そうでないより良い」ものである。これらは，それが何であれ，つねに，それであるほうがそれで無いよりも「より良い」。それゆえ，真とか善とか「存在と置き換えられる属性」以外に，アンセルムスにしたがって，このような完全性は神に述語することができる。

すなわち，端的な完全性は，被造物のうちに見出され，なおかつ，神に共通に述語されるものである。しかしここでスコトゥスの主張を理解するうえで，ラテン語「プラエキセ」praecise の意味を正確にしておかなければならない。それはスコラ哲学の用語としては，「他との関係を断絶（切断）して」と言うほどの意味で用いられる。それゆえ，すでに註に入れたように，ここでは，神の内の端的な完全性を，被造物の内の端的な完全性から「切り離して」というほどの意味である。つまり両者を切り離してしまえば，被造物のうちに見出される端的な完全性を神に述語することはできない。

第Ⅰ部　神の認識可能性

　したがって，スコトゥスは，もしも「端的な完全性」が被造物にのみ述語されるなら，神には述語できないと指摘する。他方，それが神に固有で，被造物には述語できないなら，神自身にしか述語できない。すなわち，被造物の内から知られるいかなる概念も端的な完全性ではないと，アンセルムスに反して結論しなければならない。じっさい，ヘンリクスの言う類比的概念は，不完全な概念であるから，神には述語できない。あるいはまた，事物に固有な概念が類比的であるなら，その類比的概念は，被造物に固有であって，それより良い，ということはない。そしてそれ自身より良くないなら，アンセルムスの端的な完全性の定義によれば，神には述語できない。

　(39)　さらに，この第四の論拠が確かめられる。神についての形而上学的探究は次のように進められる。あるものの形相的概念を考察し，その形相的概念からそれが被造物のうちでもっている不完全性を除去しつつ，かの形相的概念を保持し，それに至高の完全性を完全に帰属させ，かくして，それを神に帰属させる。たとえば英知（知性），あるいは，意志の形相的概念。すなわち，それがそれ自体において，かつ，それ自体に即して考察され，その概念が何らかの不完全性や限界性を形相的に含んでいないことにもとづいて，被造物の内ではそれにともなっている不完全性からそれを引き離し，英知と意志の同じ概念を保持することによって，それを神に最高度の完全性において帰属させる。それゆえ，神についてのすべての探求は，知性が被造物から受け取っている同じ一義的な概念をもつことを前提している。

　この証明は，第四の証明の論拠の説明とされている。アンセルムスの「端的な完全性」がもっている共通性による説明である。神には知性があると，あるいは，意志（自

由）が最高度にあると言えるのも，「端的な完全性」の説の共通性がよりどころになっている。すなわち，たとえわたしたちはそれを感覚されるものから抽象によって得るとしても，被造物がもつ不完全性を概念から取り除き，それに最高度の完全性を与えてから，それを神に述語することができる。この場合，その内的完全性については，除かれたり，足されたりしているが，基盤となる概念は共通に保たれている。それゆえ，この一義性を基盤に置いて「端的な完全性」が主張される。

（40）　もし君が神と一致するそれらの形相的概念は，異なる概念であると言うのなら，そこからは不合理なことが結論される。すなわち，それらの固有ないかなる概念も，それらが被造物のうちにあることにしたがって神について結論づけることはできない。なぜなら，一方の概念は他方の概念とは，まったく異なる概念だからである。すなわち，わたしたちが被造物から受け取っている英知の概念から神は形相的に英知者であると結論することは，神は形相的に石であると結論する事と変わらないからである。なぜなら，被造物の石の概念とは異なる概念が作られ，神のうちにイデアとしてあるその石の概念に，その石の属性をもたせ，かくして，その類比的概念に即して「神は石である」と形相的に言われるだろう。ちょうど「英知者」がその類比的概念に即して言われるように。

　同じことば，たとえば「英知者」を取り上げて，被造物に述語できる概念と神について述語できる概念が同じことば（名前）でありながら，異なるとするなら，つまり異なる意味（概念）で神と被造物の一部は「英知者である」と言うのなら，それは，異なる意味で被造物の一部と神の一部が「石である」と言うのと変わらない。なぜなら，神の知性のうちには被造物の石をつくったイデアとしての

「石」があるからである。この場合，一方は造られた石であるが，他方は，イデアとしての石である。

しかし，「異なる概念である」という意味でそれらを「石である」と言うのなら，「英知者」についても，被造物に言われるときと異なって，神は「英知者」である。それゆえ，被造物と神に共通的に英知者であるということも誤りだろう。なぜなら，本来は神の全体が英知者そのものである。ところが，被造物においては，たとえば，或る人間の一部，つまり或る知性が「英知者」であると言えるだけである。この違いを無視して「英知的」というとき，神自身についての類比的認識は，とても学知的であるとは言えないだろう。

概略的には，このように言える。しかし，この段落の議論は神の知性のなかのイデアとしての「石」の概念を持ち出していることによって不明瞭である。なぜなら「英知」についても，同じく神の知性のうちのイデアが考えられるからである。じっさい，被造物のうちの「英知」は，神自身の属性としての「英知」の分有ではなく，神の知性のなかのイデアの「英知」の分有だからである。この議論はあとになって蒸し返される。

「存在の一義性」の第5証明

(41) さらにこれに加えて，次のように，第五に，証明される。より完全な被造物は神についてのより完全な概念へと知性を動かす。それゆえ，神の直視が最低のレベルであったとき，それと抽象的に与えられた知との違いは，最高の被造物が最低のものと違うことと変わらないと思われる。それゆえに，もしも最低のものが何らかの抽象的認識に向けて知性を動かすことができるなら，最高のもの，

あるいは，それ以上のものは，直観的認識をもたらすことができる。しかし，この結論はありえない。

第5の証明に数えられているが，この段から (44) まで，テキストの編集者によれば，あとから付け加えられた論である。そのためか，この第5の証明はいささか乱暴に見える。つまり比例的一致があるという一方の側（左辺）の被造物のうちに，最高の存在者と最低の存在者がある。そして他方の側（右辺）に，神の認識に関して，直観（直視）と抽象がある。つまり最高の存在者と，最低の存在者との違い＝直観認識と，抽象認識との違いが考えられ，各々の違いが，等式の両側で同じだけの相違であるとするなら，被造物のうちの最低のものが，人間知性を動かして神についての抽象認識を与えるのなら，最高のもの，あるいは，最低のもの以上のものは，神についての直観認識（直視）を与えることになるだろう，しかし，これはありえない，だから，類比的認識があると言うのは間違いだ，という論理である。

(**42**)「知性認識の名辞は，種の名辞と同じほど相違しないとしても，神についての抽象知の完全性の段階は被造物の種の段階と同じだけ相違することは，ありうることである。なぜなら，知性認識のどの完全性の段階であれ，自身に近接したものとの相違よりも，知性をそれぞれ異なる完全性の段階へ動かす被造的種の間の相違のほうがより大きいから」と君が言うのなら，——反対する。抽象的知性認識のもつ相違は，純粋に数的なものではない。なぜなら，それらは別種の原因から，また，それらの固有の諸概念を通じて，それぞれ生じているのであって，それらが一義性の道を意味するような何らかの共通なものを含んでいるかぎりで生じているのではないからである。それゆえ，最低の抽象的知性認識と最低の直観知との間には存在者の

最低種と最高種の間にあるよりも，多くの，あるいは，同じほどの，中間があると結論される。もしこの結論が不合理であるのなら，結果として前提が不合理である。それゆえ，抽象的知性認識の種の数は，存在者の数より少ない。それゆえ，最低のものから始め，ここから次つぎ進んで，最高の抽象を生ずるもの以上の何らかの存在者に至る。それゆえ，その卓越したものは，神についての直観を生ずるだろう。

　前段の証明を補強する意図をもつ証明である。「知性のうちにある〈ことば〉の数は現存する種（普遍）の〈ことば〉の数ほどある，とは言えないとしても，神を認識するための抽象（普遍）認識の完全性の段階が現存する被造物の種の数と同じほどである，ということはありそうだ」と君（ヘンリクス）は言う。その理由として君は，「種を認識する知性は，自分に近接する行為の認識（直観的認識）をもつが，自分に近接する行為との違い（距離）よりも，それぞれの種の認識の間の違い（距離）のほうが，大きいから」と言う。つまりより完全な種の認識へと，知性が迫っていくなら，その段階を上がっていくことは，自分の行為よりもはるかに遠いところにある神についてのより完全な認識（直観認識）へと近づくことになるだろう，ということである。

　スコトゥスはこれに反対して，それぞれの種が異なる知性認識の像を生じるのはそれぞれの種の固有の根拠が種々あるからであって，それらが含んでいる一義性の根拠（共通性）によるものではないと言う。言うまでもなく，それぞれの種からその概念が抽象されるとき，抽象された概念はその種に属する個体のすべてに対して一義的である。しかし，異なる種の概念の間の「相違」のほうは，一義性によるものではない。またこの相違は純粋に数的なものではない。なぜなら，数的なものであれば，その間に見出され

る一致は一義性によるものだからである。

　ヘンリクスの推論では，最低種の抽象的知性認識と最低種の知的直観認識の間にある相違は存在者の最低種と最高種との相違よりも大きいか，同じであると結論される。スコトゥスはこの推論の結果は誤りであり，したがって前提も誤りであると主張している。しかし具体的な意味は明瞭ではない（スコトゥスがここで「最低種」と見なしているものが何かわからない）。ここでは，存在者のうちの最低種と最高種をそれぞれ「草」と神の似姿と見られていた「人間」としてみよう。この最低種と最高種の間の二つの完全性の相違が，認識における二つの完全性の相違「草の抽象による最初の可知的形象」（「この草」から受け取って「ことば」になる最初のイメージ）と「草についての知的直観の像」（「この草」から知性が受け取っている知覚）との間の相違と等しいかと言えば，明らかに誤りである。

　なぜなら，明らかに「草」と「人間」の種における完全性の違いのほうが，「この草」の抽象認識（ことばになったもの）と「この草」の直観認識（その場にいるものにしか指定されない知覚）の間の完全性の相違よりも，大きいに違いないからである。なぜなら，種の完全性の相違は，本来の「完全性」の相違であるが，同じ個別のものについての抽象認識と直観認識の違いは，同じ一つの完全性のなかの程度の違いだからである。たとえば，「この白」一般のイメージと，「この白」がもっている視覚上の「白さの程度の違い」，すなわち，白さの濃さの違いがもつ完全性の違いである。前者は種的なものなので，「黒」との明確な完全性の違いとなるが，後者は個別的な可能無限の完全性の違いである。

　スコトゥスは，同じものについての抽象認識と直観認識を比べれば，直観認識のほうが「より完全」であると言う。なぜなら，同じものについての認識なら，抽象認識は

対象の種的な完全性しか受け取らないが，直観認識は種的なものを含んで，個別的な完全性も併せて認識する認識の仕方だからである。それに対して，異なる種の対象についてなら，それらがもつ種的な完全性は種的な相違をもつのであるから，この完全性の違いのほうが，特定の個別のうちに含まれる完全性よりも多いという。

類比の一方の側に存在者の種的完全性の相違があり，他方の側に，抽象認識と直観認識の相違があるという説明は，はたして説明として成り立つのか。悪名高いスコラ哲学の煩瑣性と言えるかもしれない。とはいえ，このような研究が，結果として存在上のことと認識上のこととの相違を際立たせて，近代の認識批判，主観的認識論の時代を招来することになったのかもしれない。

一義性が引き起こす問題と知性能力の第一対象

(43) 同様に，もしそれがその固有のものへと動かすのなら，なぜこのように多くの知性認識の種が，同じ対象について主張されるのか？

何かが，知性を或るものの固有な認識（その対象にしか一致しない個別認識）に向けて動かすということと，或る一つのものについて，複数の種的（普遍的）な認識を知性がもつことについて，スコトゥスは疑問を提示している。

(44) 同様に，最初の結論（26）に賛同して，すべての多数性は一つに還元されると思われる。それゆえ，概念においても同じである。

同じように，もしも知性認識が「共通性」の取り出し（抽象）を目標としているとしたら，むしろ多数のものそれぞれの固有な認識に向かうのではなく，多数のものに共

通な一性に向かうと考えられるべきであろうし，それは概念の一性に向かうことを意味する。

(45) 存在者の一義性はどのようなものであるか，何に対して，また，どれだけのものに対してか，ということは，知性の第一対象の問題の内で，むしろ述べられる。

存在（ある）は多様であるが，それに対して，知性認識において生じる概念は，一性に向かう。したがって一義性の理解は，認識内のことであり，概念のことであるから，知性の対象という視点で論じられるべきことであると，次の問題設定に向けて見通しが述べられている。すなわち，概念は一義的か類義的か，いずれであるかの考察は，じつはつまるところ，知性内の「概念の分析」と，「分析された概念どうしの関係の分析」になる。

そしてそれは同時に，その考察によって浮かび上がってくる知性のはたらき，つまり知性は生まれながらに存在を対象としてどのような仕方ではたらく能力なのか，そのことを明らかにすることである。そしてそれは，知性の能力が何を「第一に対象とする能力」なのか，それを明晰にすることで明らかになる。「数」なのか，「存在」なのか，「運動・変化」なのか。そしてこのように言ってスコトゥスは，第一の学と言われる形而上学の課題は，存在の問題でありつつ，同時に人間の知性認識の在り方の問題であると，見なしている。

(46) それらの論拠に反対して主張される。すなわち，完全な二者択一についての第一の論拠 (27) に反対して主張される。そしてその回答は第8区分で主張される。そして他の論より弱い論は否定される。

以下，この (46) ― (55) まで，スコトゥスがあとか

ら付け加えている議論である[3]。そのため，スコトゥス自身によって十分に推敲されていない。

さて，ここで「第一の論拠」とは，一義性の証明のための第1の論，疑わしい概念と確実な概念の二者択一の論のことである。それについて反対するヘンリクスの論があるが，その反対論は具体的に述べられず，第8区分（第8区分の第57段落以下）で述べられ，回答されると述べている。そして反論は，弱点の多い論なので否定されるという。

追加された異論

(47) 簡略に作られた第二の論拠（35）[4]は，大前提が否定される。なぜなら，連結によって，結果は原因に属する何らかの概念を生じることができるからである。たとえ原因それ自体についてのものほど完全な概念ではないとしても。なぜなら，「経験的事実」による論証の原理について推論は知識を生ずるからである。しかしそれは原理の最完全な知識ではない。そうではなくて，それによって完全に認識された諸名辞から，原理が認識される知識が生ずるのである。概念において同様ではないなかでどうして単純に把握された結果が原因についての単純で学的な知識を生ずることができないと言えるのか？

---

3) スコトゥスの主著『オルディナチオ（神と世界の秩序についての論考）』は，スコトゥスがまだ40歳前後で死去したこともあって，完成されていない。「追加されている」というのは，いったん全体が整えられた（清書された）あとに，スコトゥスが完成を期して議論を追加するメモが欄外に残されていた部分である。

4) 第35段落の末尾「したがって，論は次のように作られる」以下。

この段落の中身は，第35段落スコトゥスの論に対するヘンリクスによる反論である。「連結によって」というのは，ことばの連結を指している。すなわち，真理文の構成，三段論法の構成などである。たとえば神の存在証明はいくつかの真理文を連ねて三段論法を繰り返している。それによって創造された事物という結果から神という原因の存在に達しているのであるから，結果から原因についての知識が得られると言うべきだろう，と異論は言うのである。もともと人間が得る概念はそれぞれ同じではない。それゆえ，単純な結果の概念から原因についての単純な学的知識が生ずることが，なぜないと言えるのか，という異論である。

スコトゥスによる課題のさらなる追求

（48） 大前提の証明のために，わたしは言う。「たとえ多義的な結果は存在する多義的な原因に向けて知性を動かすことはできないし，原因と同じ概念に向けて動かすこともできないとしても，しかし，それ自体としての原因そのものより不完全であるだけでなく，原因の多義的結果そのものにおいても不完全な，すなわち，その完全な概念と比べて不完全なそれの或る知識に向けて，知性を動かすことはできる」。しかし，大前提は次のように受け取られる。「いかなる対象も，その概念を潜在的に含んでいるか，あるいは，本質的に含んでいるのでなければ，あるものの概念に向けて知性を動かすことはできない」。このことは，原因と多義的結果の概念によって明らかである。そしてたとえある人たちによれば，知性には何らかのはたらきが帰せられ（わたしは気にしない），どのような仕方であれ，対象が要求される，その場合，それ自身に一致した概念よ

り完全な概念へと知性を動かすことはできない。そのような概念が固有の何性的概念である。それゆえ，云々。小前提が証明される。同じ原因による多義的結果のうちで原因にもっともよく類似したものは，最完全なものである。そのような最完全なものは，知的後裔 proles intellectualis であるか，この対象の完全なことば verbum perfectum である。大前提が証明される。なぜなら，その場合，知性体の完成は，記憶のすべての能力を超えるからである。

　スコトゥスはヘンリクスの反論に対して，自分が主張した第35段落の大前提の証明を補強する。まず話に出ている「多義的結果」というのは，たとえば太陽が地上のさまざまな生物を育成する場合である。結果が多様な生物の成長という多義的なものなので，その原因の原因性は，それだけ多義的と見られる。つまり太陽は一つであるが，その原因性（原因としてのはたらき）は多義的ということである。わたしたちは日々その多義的結果を見るが，言うまでもなく，その結果を取り上げ尽くすことはできない。したがって，その多義的な原因性を尽くす（完全にする）こともできない。とはいえ，或る不完全な知識はもちえる。つまり例で言えば，太陽のおかげでいろいろな生き物が生きて居られる，という知識である。言うまでもなく，神のおかげでそれをはるかに上回るものが存在している。しかしこれは原因についての完全な（ことがらを尽くした）知識ではない。

　しかしスコトゥスは，自分が提出した大前提は，そういう認識の側面を取り上げたものではないという。そうではなくて，次のことである。人間が得る概念は不完全であるかもしれないが，完全な概念に含まれているものを，そのうちに含んでいる可能性がある。そしてそれは，あるとすれば，人間がもつ概念のうちに何らかの仕方で（本質的にか，潜在的に）実質的に含まれているものである。そして，

もしもそうでなければ，神について何らかの概念を人間知性は得ることができない。

ところで，人間知性は対象を得てはたらく。しかし，その対象に完全に一致した概念をつねに，すぐさま得るのではない。じっさい，外的対象において，ある原因からさまざまな結果が生じている。その結果のうちで，もっとも原因と類似しているものが最完全な概念である。そしてそれは何性的概念（何であるか，つまり本質の概念）である。しかし，その概念は最完全な知性（神の知性）から生じたもの（後裔）であり，最完全なことばである。そのような概念を人間はもつことができない。なぜなら，それは人間知性の記憶能力（イデア的知識の貯蔵）を超えるものだからである。

（49） 次のことは絶対的に認められるべきであると思われる。神の概念は被造的対象に固有の完全な概念よりも，より完全な概念である。神についてのいかなる概念も，被造的対象のはたらきによってはわたしたちのうちに生じることはありえない。したがって，また，人間の認識能力を動かす対象に固有概念は，神には帰せられない。むしろ，神についてのその概念は，このことばより不完全である。なぜなら，多義的な結果は，原因とは，むしろ似ていないからである。それゆえ，もしもヘンリクスが石の概念を，神から石が生じる概念に帰属させると主張するならば，彼の見解から離れなければならない。正確を期して言えば，対象概念は対象に帰属させることができるが，概念は概念に帰属させることはできない。そしてこのことは，じつにありそうなことである。なぜなら，より不完全な概念からよりも，より完全な概念から，より不完全な概念が得られるから。そして，同じ知性のうちで，神についての固有の概念は石や白いものの概念より端的に不完全で

あることは,どのような仕方で合理的であるのか,そして,どのような仕方で神の認識のうちに自然的な幸福があるのだろうか(『ニコマコス倫理学』第 10 巻[5]より)？

さて,端的に認めておかなければならないことは,次のことである。すなわち,神は,被造物に固有の概念よりも完全な概念である,したがって,被造物のはたらきを受けてわたしたちが神についての概念を受け取るとき,より不完全な概念である被造物からその概念を受け取るほかない。じっさい,わたしたちの感覚を動かし,それを通じてわたしたちの知性を動かす対象は感覚的事物である。それは不完全な存在であるから,それについてどれほど完全な概念を知性が得ているとしても,それが超越的な神の完全な概念を生じることはありえない。たとえば,石や白いものが,神の概念を生じることはない。じっさい,むしろより完全な概念のうちに,より不完全な概念が含まれるのであって,その逆ではない。

したがって,ヘンリクスが主張する仕方で被造物の石から神の知性のうちの「石」,すなわち,被造物の石を生み出している石(範型)を,類比によって知ることができる,ということはない。被造的対象の概念は,その被造的対象に帰すことができるが,概念を概念に,つまり多義的結果である被造物の概念を,神のもつ被造物の創造時の概念(原因)に帰すことはできそうにない[6]。

---

5) 第 10 巻第 7 章(1177a)
6) ある概念から別の概念は得られるのかというスコトゥスの議論は,現代でも解決されていない。問題の一つは,手持ちの概念を分析しても新たな経験なしには,新たな概念は得られないということがある。これについては,経験(実験科学)を通じて理論科学が吟味される,というかたちで近代の科学の発展がある。問題の二つ目は,手持ちの概念の分析を通じて,人間能力の可能性の限界を,どの程度,あるいは,どのような仕方で,理解できるか,ということである。こちらは,おそらく,哲学にとって永遠の問題であり続ける。

しかし、スコトゥスの存在の一義性の主張は、被造物の概念から神の概念と共通の概念を得ることができるという主張である。すでに述べたように、原則として、より完全な概念から、より不完全な概念が得られる。その逆ではない。それゆえ、被造物の概念から得られる神の概念は、被造物の固有の概念より不完全な概念であるほかない。しかし、それはどのようにして神に固有な概念でありうるのか。そしてそのような神の認識のうちに、どのようにして幸福があると言えるのか。それは、これから探究吟味していかなければならない。

「白いもの」よりも不完全な「無限な存在者」の概念

　(50)　一義性に反対する同じ困難があるように見える。なぜなら神についてのすべての概念は白いものに固有の完全な概念よりも、より少なく完全であるだろうから。なぜなら、そのようなすべては、白さという特殊のうちに共通の概念として含まれているからであり、共通なものは、端的により少なく完全である。なぜなら、それは特殊の概念に対して可能的で部分的であるから。それゆえ、その意見によれば、どうして幸福は神の自然的認識のうちにあるだろう？

　前段の最後に述べられた困難が繰り返されている。被造的な感覚的事物「白いもの」の完全な概念と比べて、神についての概念は不完全である。しかしその理由は、神についての概念が「白いもの」という特殊な概念のうちに、部分としてある共通な概念だからである。つまり、この共通な概念は、特殊な概念のうちの部分であり、白さの種差による規定を受ける可能態のうちにある。したがって、よ

り不完全な概念である。そして「より不完全な概念である」ということは，それが完全であるためにはそれだけ多く，それを補完する完全性を必要とする。しかし，もし神の概念がそのように部分的で可能的で不完全なものであるなら，その認識が人に幸福をもたらすのはどのようにしてか，と疑問となる。なぜなら，幸福であるとは，「人生の完全さ」を意味するからである。言うまでもなく神の認識を伝えるカトリック教会は幸福を教えているはずである。

(51) 回答。端的に単純な概念，すなわち一義性の概念は，どの概念であれ，白のことばよりも，ポジティヴな意味で不完全である。すなわち，それはそれだけの完全性を示していない。しかしながら，受容的には，より完全である。なぜなら，それは限界性を捨象しており，かくして無限性のもとに概念されうるからである。そしてその場合，その概念は，たしかに単純である。ただし端的にではない。すなわち，「無限な存在者」は白のことばより完全であるだろう。それは神に固有のものである。しかしながら，その先立つものは，神に固有のものではなく，共通で，白さから抽象されたものである。それゆえ，一義性の道は，神に固有のすべての概念はどの被造物のことばよりも完全であることを支持しているが，別の道は，そうではない。

「端的に単純な概念」とは，それがもつ意味が一つでしかない概念である。一般的に事物は何らかの複合である。したがって単純性をもつ事物であっても，それを表すためには概念の複合が必要になる。つまり「類」などの共通的な概念に「種差」などの規定的な概念を加えて，事物の固有の概念はつくられる（定義される）。ところで「一義的概念」は，この「端的に単純な概念」である。それゆえ，それは個々の事物に固有の概念ではありえない。したがっ

て，事物を完全に表す概念が完全な概念であるかぎりでは（ポジティヴな意味では），一義的概念は事物に固有などんな概念と比べても，不完全な概念である。したがってそれは「白いもの」の概念より不完全である。

しかし，それがどんな事物の固有の概念と比べても不完全であることは，それだけ多くの補完する完全性を「受け取るもの」であることを意味する。補完する完全性とは，それを他の物から区別する完全性，つまり他のものとの間に差異を生ずる完全性である。それゆえ，完全性を受け取る容量としては，一義的概念は事物に固有のどんな概念よりも，より大きい。じっさい，それはあらゆる「有限性」を捨象していて，それゆえに，「無限性」を受け取ることができる。

つまり一義性の概念は，それによって神に固有の概念をつくることができるが，それ自体は，神に固有ではなく，被造的事物にも，固有でない。しかしそうであるがゆえに，それは，それを規定する概念（完全性の程度を表す概念）と複合したことばによって，神に固有の概念が被造物に固有の概念と比べてどのように完全であるかを明らかにできる。つまり，一義性の概念のもとに，有限か，無限か，の違いが明らかになる。一義性以外の道，つまり多義性ないし類比の道は，むしろ，どのように両者が異なるか，明らかにすることができない。

(52) しかしこの回答に反対して，二様に主張される。第一に，困難が一義性の道に反対して残っていると論じられる。なぜなら，白のことばよりもいずれも不完全な二つの概念から，そのことばよりも完全な概念が生じるとは思えないからである。しかし承認されたように，存在者の概念は，白よりも，また線よりも，同様に，無限の概念よりも不完全である。証明。なぜなら，「無限」はわたしたち

によって有限なものを通じて把握される。「有限なもの」は，線によって，あるいは，そのような属性の概念へと動かすものによって把握される。したがって無限の概念は線の概念よりも不完全である。この論が確かめられる。なぜなら肯定と否定を含む概念は，否定があるだけ，より完全ではない。あるいは少なくとも，その否定の肯定を把握することよりも完全ではない。ここで，「無限な存在者」は存在者なしには何らかのポジティヴな概念ではない。それゆえ無限性は完全な概念をつくらない。あるいは少なくとも無限な存在者の概念は有限な存在者の概念より完全であることはない。

しかし「存在者」の概念が端的に単純な概念であって，あらゆる補完する完全性の概念を受け取ることができる概念であるとしても，それ自体は，やはり，それだけ不完全な概念である。他方，「無限」は「有限」の否定であり，「一定の何か」であることを示すことができない概念である。したがって，無限の概念も，それだけ不完全な概念である。

それゆえ，その無限によって規定された概念，「無限な存在者」の概念が「有限な存在者」の概念より完全であることはない。

(53) 第二に，同様に，ヘンリクスの側で主張される。なぜなら，たとえ端的に単純な概念が被造物のことば，ないし，概念よりも不完全であるとしても，それらの多数のものが結び付けられ，一方が他方を規定して，その全体の概念はより完全なものとなるだろうと論じられているからである。ただ二つのことにおいて一義性の道は類比の道よりも大きな困難がある。第一は，類比の道では，任意の概念は規定するものか，規定されるものか，いずれも神に固有であると主張されていることである。一義性の道で

は，一方は共通であり，他方は固有である。第二は，一義性の道で，ある神に固有なものは被造物のことばより不完全であると認められている。類比の道では，全くそうではない。しかしながら，それらのうちで第一のことは不合理ではない。なぜなら，属性はよく主語を規定するからである。すなわち，人間は笑うものである。しかしながら，いずれも等しく共通である。第二のことは，その第二の論拠のために完全に容認しなければならない。対象概念についてではなく，概念について述べることによって，すなわち，把握しているはたらきについて述べることにおいて。

ヘンリクスに従う立場からの意見である。指摘されている第一点は，類比の道で神について述べられる概念は，それが規定的概念であれ被規定的概念であれ，どれも神に固有であると主張されているが，一義性の道では，規定的概念は神に固有であるが被規定的概念は被造物と共通の概念である。

第二の点は，一義性の主張では，神に固有の概念が被造物の概念より不完全なことが認められていることである。類比の主張では，そういうことがない。

しかし，第一の点は不合理ではない。なぜなら，被造物においても「人間は笑うものである」という文が，アリストテレスの権威に由来する真理文としてある。このとき，「笑いうる」という属性は人間に固有であって，人間にしか当てはまらないという意味で，「人間」という実体（主語）概念と「笑いうるもの」という属性概念の対象範囲の広さは等しい。「神は無限である」も，同様に見なすことはできる。

第二の点は，すなわち，神に固有の概念が不完全であることは，認めなければならない。しかし，心のうちにもった概念が不完全なのである。すなわち，それは，それを把握する心のはたらきが不完全なのであってその対象が不完

第Ⅰ部　神の認識可能性

全であることを意味するのではない。

(54)　それらの主張に関して十分に一致して次のように答えられると思われる。両方の見解とも，端的にではなく単純な概念は部分へと動かすもののことばよりも完全であると主張している。しかし，論じられた主張 (53) は，両方の見解に反対していると思われる。なぜなら，どれだけ結び付けられても，それらの概念のどれも被造物によって動かされて印刻されているからである。それゆえ，それはその被造物のことばより不完全である。不完全なものの集合が，どのような仕方でインテンシヴにより完全な概念をつくるのか？　さらに，論の確かめ (52) は，無限について正しく反論している。その論拠に従って，見解は放棄されることはない。なぜならいずれにも共通の困難があるからである。しかも概念の類比が概念について説明されても，等しく困難があるだろう。

「無限な存在者」は「無限な」と「存在者」と，二つの部分から成っている。両者の複合は一方の部分のみと比べれば，より完全である。しかし，いずれも被造物から生じた概念である。したがって，被造物自体よりも，あるいは，それに対応する神のことば（イデア）よりも不完全である。二つのことばが不完全であるのに，その集合がインテンシヴに，すなわち，個的な完全性の点でより完全な概念をつくると，どうして言えるのか？　これらのことは，類比の立場をとっても同様に言えることである。

(55)　おそらくこれらの主張は神に関するはたらきはインテンシヴに最完全ではないことをよく証明している。また要求されていることは，自然的な幸福がそこにあることではなく，ただそれが最完全な心象に結びつくことだけ

である。アリストテレス『動物論』第 2 巻[7]「ほんのわずかしか知らない」云々。そしておそらく神よりもある被造物がインテンシヴに愛される。しかしながら，その愛されるものは，ちょうど神のように，今は幸福をもたらしていない（これについては，第 4 巻で，「いかにして対象のうちでわたしたちは幸福であるか[8]」）。無限な存在者について，「無限」が，正確に，それのもとに対象が把握されるところの様態であったとしても，かつ，それは概念の部分ではなく，概念それ自体の様態（ちょうど神の一性についての問題のなかで，概念化された個体性と，それがそれのもとにある端的に正確な様態としての個体性が区別されるように）であったとしても，さらに，そのような仕方で，白さの確実な度合いは，この白さが受け取られる端的に正確な様態であったとしても，無限な存在者がインテンシヴに最完全ではないことは真であるだろう。そのように，わたしたちは無限な存在者を知性的に認識していない。むしろ，「一方が他方を規定している」ように，二つの概念を含むものとして認識している。そしておそらく有限の欠如をもつその概念は，たとえポジティヴなものを知性認識することを述べているとしても，何も意味していない。すなわち，もしわたしたちが必然的なものについてポジティヴな概念をもつならば，むしろ完全にポジティヴに，この神，端的な必然的存在者が，知性的に認識されている。しかし，おそらくわたしたちは不完全性の否定抜きには必然も永遠も把握することはない。すなわち，能力は，始原とも，終端とも，別の仕方であり，流動的である。ところで，永遠は「いわば」無限を意味している。なぜなら，最小の持続のうちのほうが量的完全性のうちよりも，無限性

---

7) 『動物部分論』第 1 巻第 5 章（644b）
8) Duns Scotus, Ordinatio IV dist.49 pars 1 q.1-2　邦訳なし。

はより完全であるから。ちょうど無限な大きさは無限な時間より完全であるように。

　「無限な存在者」という概念が神に固有の概念であることについて，スコトゥスはこの段落で主張できるかぎりのことを述べている。つまり神についても個別的なものについても，わたしたちの能力には限界がある。その限界をいかに認識するか。スコトゥスはその問題をこの段落で正面から扱っている。

　「無限な存在者」によって，もしも神が本当にインテンシヴに完全な仕方で認識されているのなら，それはわたしたちに幸福をもたらすはずである。神を面前に見ることが至福と言われているからである。しかし，その概念を見ても，至福は無いのであるから，神に固有の概念とは言え，それが最完全なものではないことは明らかである。

　とはいえ，その概念がまったく神と結びつかないということでもない。ところで，アリストテレスは，天体という崇高なものについては，わたしたちはわずかなことしか知ることがないが，それでも，それについて知ることは，地上にあることについて知ることよりも，わたしたちは〈楽しい〉と言っている（『動物部分論』第1巻第5章）。つまり，それ自体について十分に知ることはなくとも，わずかなところを知る（何らかのつながりがある）ことまで否定する必要はない。すなわち，もしも神について「無限な存在者」を知るとき，わたしたちのなかに何らかの満足があるのなら，その満足には，わずかながらでも神をじっさいに知ることができた喜びがあると言えるのではないか。ちょうど天体についてわずかなことを知ることができただけで「楽しい」なら，それは，わたしたちが崇高なものについてわずかでもじっさいに知ったことから得られる喜びであるだろう。同様に，「無限な存在者」を知ることに何らかの満足があるのなら，それは，神についてわたしたち

がわずかながらじっさいに知ることができたからだと、言えるのではないか。

スコトゥスは、わずかながらの希望を「無限な存在者」の概念に寄せている。つまり「無限な」は、内的固有の様態であり、それは「白さ」で言えば、個々の白がそれぞれ、その白さにおいて、つまりどれだけ純粋に白いかという完全性の度合いにおいて、それぞれ異なってあることを意味している。同じように、実体において第一義的に「ある」ところの「存在者」に関して、その「存在の完全性」において、個々の存在者それぞれが、異なる様態の完全性の度合いにおいて「ある」と想定することができると、スコトゥスは考える。そしてこの存在における様態の相違は、いわば、少ない（希薄な）程度から、大きい（強烈な）程度まで、あることが想定できる。さらに論理的な想像を加えて、無限な程度を考えるなら、それは神と一致すると想定できる。

言うまでもなく、この存在の完全性の度合いの違いは、それが個々に異なる完全性であるかぎり、抽象をもっぱらにする人間知性にはとらえることができない。しかし、偶性的性質の「白」において、感覚的に直観される違いが認識できることを根拠にして、実体的完全性の性格のうちに同様の違いがあることを類推することは、少なくとも当時としては学問的に許される類推である。なぜなら、形而上学の知識（実体についての知識）は、偶性のうちに隠れているものと想定され、その内容が抽象を通じて、あるいは吟味を通して知られると前提されているからである。

そして手の届かない天体の実体も知識の範囲とする形而上学の超越性を考えるなら、「存在の様態」の無限性は、神という存在そのものの様態に達すると、主張することができる。そしてそれは、形而上学があらかじめ研究している「『存在』との交換可能性」の保証、すなわち、存在に

固有の属性は，あらゆる存在について普遍的に言えるものであるという保証を介して，「存在概念」が神について無限な度合いで言えることを保証する。さらに，カンタベリーのアンセルムスによって開拓された神学の原理（被造物の内で端的だと言える完全性については，神に述語できる）によって，神に固有の属性，ないし，完全性，たとえば「愛」についても，人間には理解できない大きさの愛を推定することがゆるされる。

　神学者スコトゥスにしてみれば，「無限な存在者」の概念は，このことをわずかながらでも実現する概念であるから，そのかぎりで，不完全ながらもそれによってじっさいに神を知ることができる概念（根拠）なのである。

　とはいえこの段落においては，前からの文脈をうけて，その不完全性に目を向けている。

　すなわち，「無限」がどれほど正確に存在の様態を述べていても，やはりそれは神については不完全な概念である。それは一方が他方を規定することで成り立っている「複合概念」だからである。「存在者」の概念は，そのとき有限性を欠如しているものとして受け止められているが，わたしたちが具体的に被造物から「存在者」の概念を受け取るとき，どれだけ抽象が十分であったとしても，はたして完全に「有限性を抜きにした存在者」の概念が「実在概念」として得られるものかは疑問である。ましてや「無限」は，「有限」の否定（非有限）でしかない。

　同様に，神について端的に言われる「必然」と「永遠」は，やはりわたしたちが経験する「偶然」の否定と，「変化」ないし「流動」の否定として理解されるほかない。じっさい，永遠は一種の無限である。

　しかし，神の永遠は，瞬間のうちの無限である。時間の長さの無限ではない。なぜなら，時間の長さは，偶性範疇に属する「量」や「時間」における有限の「大きさ」だか

らである。神の無限は，範疇的量や範疇的時間を超えた無限である。つまり瞬間は，範疇内では時間の元素（点が線の元素であるように）であるが，形而上学的（範疇を超えた）概念としては，瞬間は偶性的時間を超えた時間の元素（実体）であると言うことができる。

そして範疇において，実体は偶性を「自体的存在性格」において超えている。したがって，範疇内の実体的完全性と見られる「大なること」（カンタベリーのアンセルムスの「より大なるものが考えられないもの」に由来する）は，偶性の「量」における「大きい」を存在において超えている。そしてその「大なること」が，さらに実体の完全性を超えて，形而上学的な端的完全性として受け止められるなら，それは，範疇（被造物の有限性）を無限に超えた完全性である。

形而上学は，以上のような推論を可能にする。つまりこの推論に学的権威を付与する。

そして，このアンセルムス神学に由来する「大なること」の無限，さらにスコトゥスが究めた「瞬間的」永遠[9]は，さきほど見たスコトゥス独自の「内的固有の様態」における「無限」の思想である。

「この神」の固有の概念

(**56**) 第三に，わたしは言う。神は旅人によって自然本性的に，特殊において，固有に，すなわち，これであり，それ自体であるかぎりのこの本質の概念のもとに，認識されることはない。しかしこれは，前述した見解のなか

---

9) 八木雄二著『聖母の博士と神の秩序』春秋社，2015 年，pp.253-256（瞬間と永遠）参照。

で述べられた論（**20**）が結論するのではない。じっさい，「ものは似像によってしか認識」されないと論じられるとき，「似像によって」は，一義性の類似性と理解するか，模倣の類似性と理解するかである。もし第一の仕方でなら，その見解によれば，神については何も認識されない。なぜなら，彼の言い方によれば神は一義性の類似性をまったくもたないからである。しかし，第二の仕方でなら，そして被造物が一般的な属性概念のもとでかの本質を模倣しているだけでなく，この本質であるかぎりで（すなわち，彼によれば，それ自体における「裸のもの」としての）この本質を模倣している。——そのように，一般的属性概念のもとに，というよりも，この本質はイデアとか範型の仕方である。——それゆえ，そのような類似性によって，被造物は，神の本質をそれ自体において，また特殊において，認識することの原理でありうる。

神について自然的認識をもつことができるかどうかという第一問題について，5つのことが述べられると第24段落で述べられ，第一のものは「神は自体的概念として認識される」（**25**），第二のものは「神は一義的概念で認識される」（**26**），この第二のもののなかで，（**27**）以下，（**55**）まで「存在の一義性」の論が5つ述べられている。そしてそれを終えて，第三のものとして，この段落につながっている。すなわち，「神は〈これ〉と言える概念で認識されない」。第四のもの「神は神に固有な複数の概念によって認識される」は，（**58**）以下。第五のもの「神は被造物の概念によって認識される」は，（**61**）以下にある。

この第3区分第1部全体としての主題は「神の認識可能性」De cognoscibilitate Dei である。その下に4つの問題が並んでいて，そのうちの第一問題「神は自然的に認識されるか」が，上述のように，第二のもののなかに入れ子状態で「存在の一義性」の5つの証明をもっているので

ある。すなわち，神が自然的に認識されることを証明する5つの内の一つに，5つの一義性の証明が入っている。

ともかくこの構成のなかで，第三に，スコトゥスは，ヘンリクスの言と一致して，神が完全な仕方では（「これ」自体として）認識されないことを認める。つまり神は知覚（直観認識）できない。しかし，それは，第20段落の末尾の論が導くのではない，という。すなわち，その箇所でヘンリクスは，被造物の存在と神における存在は，具体性をもつものとして一致はないが，属性に関しては一致があると述べ，類似した概念のもとにあると述べている。スコトゥスはそれに対して二つのことを述べている。

第一の仕方では，神と被造物の間の類似が一義的かどうかである。ヘンリクスは一義性を否定しているのだから，この仕方ではヘンリクスの言を理解することはできない。

第二の仕方では，模倣する仕方で，神自身の類似が被造物において認識されると，ヘンリクスは考えている。しかし神と被造物の間に模倣の様式があると一般に（プラトン主義で）見られるのは，神の知性のうちのイデアとその類似物（被造物）であって，「この神」ではない。

しかし，他方，一般的属性概念のもとでの「この神」の模倣としての類似ということならば，スコトゥスもかならずしも否定するものではない。というのも，属性というのは，実体と実体との間の「関係」において生じてくる「偶性」であると見ることができるからである。ところで，人間という被造物が神に対して「関係する」とき，人間は神についての「認識」をもつ。なぜなら，どんな認識も，対象との関係をもつときに得られるからである。したがって人間がもつ神認識は，人間がもつ認識であるかぎり，どれも，人間知性の属性である。それゆえスコトゥスの言う一義的存在概念も，この種の「属性」である。したがって人間は，自然的に，自分の知性の属性概念のもとに，神それ

第Ⅰ部　神の認識可能性　　103

自体（実体）についての認識をもつ，と言うことができる。それは当然，「この神」ではない。

　(**57**)　そしてそれゆえ，この結論，すなわち，わたしたちによって，それ自体におけるこの本質としての神が自然本性的に認識されることはない，ということには別の理由がある。すなわち，その認識根拠のもとに自然本性的な対象ではなく，意志的な対象があるのは，ただそれ自身の知性に対してのみだからである。そしてそれゆえ，いかなる被造的知性によっても，これであるかぎりのこの本質の概念のもとに神が自然本性的に認識されることはない。また，わたしたちによって，十分に自然本性的に知られる何らかの本質が，一義性の類似性によっても，模倣の一義性によっても，これであるかぎりのこの本質を明らかにすることはない。なぜなら，一義性は一般概念においてしかないからである。さらに，模倣は欠陥をもっている。なぜなら不完全であるから。なぜなら，被造物は神を不完全に模倣しているから。

　しかしながら，この神の認識不可能性については，別の根拠があるかどうか，すなわち，他の人たちが主張しているように，第一対象の根拠に即して不可能性があるかどうか。これについては第一対象の問題において検討しよう。

　スコトゥスは，「この神」の本質認識が人間知性には不可能であることの根拠に言及する。それはヘンリクスが示すものとは違うという。スコトゥスによれば，「この神」の本質を認識することができるのは，神自身のみであるから。しかし，その理由には，二つある。一つは，「この神」は，神自身の知性にとっての自然本性的対象，言い換えると，その知性の自然本性に即して認識できる対象であるから。もう一つは，それが「この神」の認識をもとにした神自身の知性にとっての意志的対象であるから。

知性的対象と意志的対象

　意志的対象であるためには，前もって知性的対象でなければならない。なぜなら，知性による対象認識があったうえで心に引き起こされる「欲求」が，「意志」と呼ばれるからである。

　他方，感覚による対象認識のうえに起こる欲求は，「肉欲」（欲望）である。しかし，「欲求」として受け取られることでは，意志と肉欲は同じなので，身体をもつ人間においては，両者の認知において勘違いや混乱がありうる。したがってその分別のためには，知的な作業，すなわち，はたして知的な認識によって生まれた欲求なのかどうか，という批判的検討が必要になる。哲学がもっとも繊細な考察を必要とする場面が，じつは実践的場面であるのは，たんなる肉欲に発する欲求を理性にもとづく「わたしの意志」と勘違いしてしまう（言い訳する）場合が人間にはしばしば起こるからである。

　そしてこの混乱のもう一つの原因は，欲求の対象が「このもの」と指される「個体」であることである。一方で，知性が一般的事象を対象としている認識について言えば，そこから生まれる欲求は，たんなる認識欲求である。つまり科学的データを前にして研究する知性には，欲求としては，認識欲求しか起きない。

　しかし，個別感覚が対象を認識するとき，知性はそれを直観的に受け取っている（知覚している）。したがってこの場面だけで見れば，自己の内面において，それが感覚的認識か知的認識か区別ができない。ということは，その個別的対象に対して自分がもつ欲求が，欲望なのか意志（精神的な愛）なのか区別できない。それゆえ，人間の地上に

おける実践的場面においては、勘違いやごまかしが起きやすい。

それゆえ、身体感覚をもたず、そのすべての認識が知的である神のもつ認識と意志を、感覚をあわせもつ人間が自分の経験をもとにして想像することには無理がある。したがって、その意味では、神についての論は人間の経験をもとにして理解することはできない。

神の神自身の認識と意志

神は神自身にしか認識できない、ということは、神学では一般了解済みとして扱われる。とはいえ、その理由は、神が「個」であるからか、神が「無限」であるからか、神自身を「眼前に見る」ためか、複数の理由が考えられる。スコトゥスの記述を理解するために、とりあえずここではその理由の内、神が自身を愛するための認識が「個」であることによるのか、「無限」であることによるのか、「眼前に見る」ことによるのか、見ておこう。

スコトゥスは、対象が「個」、「この神」であるから、と言っている。つまり神は神自身を「この神」として受け取っているから、神は神自身を意志する（愛する）ことができる。なぜなら、スコトゥスによれば、欲求は具体的な個々のものを対象にしなければはたらかないからである。したがって、一般的な（普遍的な）認識と、それに対する認識欲求は、原則として意志のはたらきとは見なさない。さらに、神は「無限な存在者」であるという認識は、地上の人間が神についてもつ認識であって、神が神自身についてもつ認識ではない。なぜなら、「この神」としての神認識は、明らかに、「これに限定された認識」だからである。

また、この理由ゆえに、教会がもたらす「信仰」なしに

は，人間精神は「これとしての（キリスト教によって限定された）神」を愛することはできない。なぜなら，人間は自然的には「この神」を目の当たりにして認識することができないからである。それゆえ，教会の信仰を通じてはじめて人は，直観的な知性認識（知覚）なしに「この神」を愛することができる。教会が教える信仰を通じて，この個としての神自身の愛が信者に受け取られ，それによって信者はその神を愛することができると，教会によって認知されるからである。

人間の知性認識の問題 ——知性能力の第一対象

スコトゥスによれば，人間が自然的に概念認識し，共通に学習できるものは，一般性（普遍性，共通性）のあるもののみである。そして次に，それが模倣的なものか，一義的なものかの区別がある。ところで，人間が周囲に見る被造物が模倣しているものは，神の知性のうちのイデアである。それゆえ，その認識は神自身の「個」の完全性には達しない。他方，述語概念の一義性は，一般性（共通性）でしかない。したがってこれも「個」自体には達しない。それゆえ，この神としての神の認識は人間にはない。

スコトゥスは，能力の第一対象の側面からの検討は第三問題にゆずっている。第一対象の問題とは，人間知性がもつ認識能力が，本来的に，それ自体として固有に，あるいは自然本性的に，どのような範囲を対象にしてはたらくか，という問題である。

近代では，近代科学の成果を背景にして（根拠にして）イマヌエル・カントが『純粋理性批判』と題して知性認識についての形而上学的考察を提示した。そしてそれは，人間理性の能力の範囲を限定している。

他方，中世のスコトゥスにおいては，神学的真理文を根拠にして，知性認識の形而上学的考察があった。つまり「神は人間知性の認識能力を超えているが，人間は神を一般的に認識することができる」という真理文をめぐる考察である。しかし，この考察も，人間知性の能力の範囲を限定することによってなされている。

ところで，神学は，神の存在証明を基礎としている。それゆえ，キリスト教会の神学者として目指すべき神学においては，神の認識は何らかの仕方で自然的に可能でなければならない。なぜなら主語の神が認識されないとすれば，述語の「在る」を証明する存在証明が不可能だからである。人間知性の能力の限界を明瞭に規定しつつ，その範囲で，神についての自然的認識が可能であることを明らかにしなければならない。それゆえ，スコトゥスの知性能力の第一対象の考察は，神認識を含む人間知性の認識内容は，他方で，明確に知性の生来の認識対象の範囲に限定されていることを明らかにする。

ここでの論は，その手前の論である。

神は「無限な存在者」である

(58) 第四に，わたしは言う。わたしたちは被造物には一致せず，神に固有の多くの概念に達することができる。そのような概念として，端的に完全な概念のすべてが至高の段階にある。そして，わたしたちが神をいわば最完全な仕方で記述して認識するときにもつ最完全な概念は，端的に，そして，至高の段階で，すべての完全性を把握するときにある。ところで，わたしたちに可能なうちで，より完全で，同時により端的な概念は，無限な存在者の概念である。なぜなら，それは善なる存在者，真なる存在者，

あるいは，その他の端的な存在者の概念よりも単純な概念であるから。なぜなら，「無限な」は，存在者のいわば属性ではないからである。つまり，存在者がそれについてこれこれの，と言われるものではないからである。そうではなくて，それはその存在性の固有の様態を言っている。すなわち，わたしが「無限な存在者」と言うとき，わたしは，基体と属性の関係で，いわば偶性的な概念を言っているのではなく，確定した完全性の度合い，つまり無限性の度合いにある基体それ自体の概念を言っている。——たとえば，「見られる／白」は，偶性的な概念を言っているが，それとは異なり，「濃い／白」は，むしろ白それ自体における濃さの度合いを言っている。かくして，この概念「無限な存在者」の単純性は，明らかである。

　第四に，神自体が認識できないことを明らかにしたあとで，スコトゥスは，今度は，人間が神についてのたしかな認識をもっていることを明らかにする。まず，アンセルムスが見出した属性的認識，「端的な完全性」を通じた認識をあげている。しかし，続けて，それよりも完全な認識として「無限な存在者」の概念をあげて説明している。なぜ「より完全」か，と言えば，それが属性を通した認識，たとえば真なる存在者，善なる存在者よりも，「単純」だからであるという。

　そしてなぜ「単純」かと言えば，「無限な‐存在者」のうちの「無限な」が存在者の固有の様態を指していて，存在に付帯する属性のように，存在自体から区別されるものではないからであると言う。たとえば，視覚で感覚される地平において，濃い白と言うとき，その濃さは，白自体の完全性の度合いである。白から，その「濃さ」を区別することは，視覚においてはありえない。それと同じように，知性認識される地平において，少なくとも概念上は，「存在の様態」は「存在」自体の様態であると解される。

第Ⅰ部　神の認識可能性

 それゆえ, ことばとしては複合している「無限な存在者」であるが, 一方が他方の固有の様態を意味しているかぎりでは,「或る様態のもとにある存在」を実在上で意味している。その意味で, この「無限な存在者」の概念は複合的ではなく, 単純であるとスコトゥスは言う。つまり「無限な存在者」は, 無限な様態をもつ存在自体を単純な仕方で, 実在上で指示（代示）している。

 (59) その概念の完全性が証明される。まず, その概念は, わたしたちに把握されるすべての概念のうちで, 潜在的に多くのものを含んでいる。——ちょうど存在者がそれ自体のうちに潜在的に真と善を含んでいるように, 無限な存在者は, 無限の真と無限の善と, 無限の概念のもとに, すべての「端的な完全性」を含んでいる。——また,「事実から」の論証は, 最終的に無限な存在者が「在る」ことを結論する。第2区分の第一問題で明らかなように。ところで, それらは, 最終的に被造物からの「事実からの」論証によって認識されるより, 完全な認識である。なぜなら, 被造物からそれらは遠ざけられているために, それらを被造物から結論することは困難であるから。

この段落理解のための予備的考察
―― 存在に固有な属性

 実在上の「事物」と, ことばがとらえる「概念」と,「ことば」の一致は, おそらく, パルメニデス以来, ヨーロッパ哲学の原理としてある。とはいえ, その一致については, 普遍論争にも現れているように, さまざまな見解がある。すでに述べたように, ヨーロッパの哲学は「ことば」をよりどころとして「真理」をとらえることができる

と考え，そのうえで，それが真理であることを確かめる「知の吟味」という方法を，ソクラテス以来のものとして伝えている。

そしてその伝統のなかで，議論（問答による真理の吟味）を支える能力が「理性」ないし「知性」と呼ばれた。さて，この伝統のうちで哲学の対象範囲はプラトンによって「存在」全体とされた。それゆえ，知性がとらえることのできる「存在」は「真理」であった。そしてこれとの対比で，「非 - 存在」は「非 - 真理」と同義とされた。同じことは，善悪の判断についても言える。知性が求める「存在」は知性が欲する「善」であるほかない。それゆえ，この伝統のなかで「存在」と「真理」と「善」は，親戚関係にある。

また数学の用語である「数」のなかで，「一」は，すべての数の「原理」であり，「元」である。たとえば何かの物を数えるとき，「一」を定めなければ数える（計算する）ことはできない。なぜなら，その「一」が，1人の人間なのか，椅子の1つなのか，原子の1つなのか，決めておかなければ，10という答えが出ても，それが何の10かわからない。そのため，はじめとなる「一」を定めて置く必要がある。ところでそれは，当然，真理を探究するときの「原理」である。ところでプラトンは，「イデア」に対して，それを模倣する多数の事物を仮想して，「1つのイデア」を知的探求において求めた。ここにおいても，知的探求を行う知性にとっての「存在」は，何らかの「一」である。

それゆえ，存在の真理を探究する哲学（愛智）の世界では，「存在」と「真理」と「善」と「一」は親戚関係にある。

このようにして「真」，「善」，「一」は，「存在」と親戚関係にあるものとして，「存在の固有の属性」と見なされ

た。

完全性の無限

　さて，哲学の伝統のなかで，哲学で用いられ，真理探究のよりどころとなる「ことば」は，このような歴史のうえに中世までは少なくとも成り立っていた。そしてこの歴史をもとにして，「真と善と一」は，いつでも「存在」の背景につらなるものと考えられていた。それゆえに，スコトゥスは，「存在」にはそれらの属性が「潜在的に含まれている」と言う。

　そして，次にスコトゥスは，「無限な存在者」でいう「無限」は，完全性の無限であることを考慮した状態で，アンセルムスの説を取り上げる。すなわち，アンセルムスは，真，善，一以外でも，「それでないよりはそれであるほうが良いもの」を「端的な完全性」と呼んで，それらは神に帰属させることができると論じた。たとえば，「大なるもの」，「正義」，「知恵」などである。ところで，端的な完全性は，それをもつ存在に固有の属性となる完全性である。そして完全性は，それぞれ個別に，その完全性の程度をもっている。「この白」が，「この濃さの白である」というふうに。したがって，スコトゥスによれば，最完全な「無限な存在者」の概念のうちには，これらの完全性のすべてが「無限の度合いで」含まれていることがよく表現されている。

　さらにスコトゥスは，「無限な存在者」の概念に一致する事物（もの）が存在しているという。その証明がスコトゥスの神の存在証明である。そしてそれは「第一原理論」（De primo principio）と呼ばれる独立した作品となっ

ている[10]。この段落では、同じ神の存在証明が第1巻第2区分の問題において展開されていると指摘されている。そしてその証明によって「無限な存在者」の概念は実在事物との一致をもつ「実在概念」であることが主張されている。つまりそれは現実に「在る」ことが証明されている。

しかし、スコトゥスは、無限な存在者は、有限な被造物から、その原因の秩序をさかのぼる仕方で「在る」ことを証明できていると言いつつ、神の存在証明は、第一原因、すなわち、第一原理が「存在する」ほかないことが、原因と結果の普遍的必然性を通じて主張できるだけであり、その第一原因が、「無限な存在者」という神の概念と、完全に一致することの証明（結論すること）は、普遍的必然的になされているわけではないことを認める。つまり有限から無限までは大変遠いために、それを証明することは困難なのである。

至高であることと無限であること

(**60**) もし君が、至高の善ないし至高の存在者について、それは存在者の内的固有の様態を言うし、他の概念を潜在的に含むと言うのなら、――わたしは答える。もし「至高のもの」が比較する意味で理解されるなら、それはそれ以外のものに対する比較における至高であると理解される。「無限なもの」は、それ自身に対しての概念を意味する。しかしながら、もし君が絶対的な意味で「至高のもの」を理解するなら、すなわち、事物の本性からしてその

---

10) 参照、小川量子訳「ヨハネス・ドゥンス・スコトゥス、第一原理についての論考」：上智大学中世思想研究所編、『中世思想原典集成』18、平凡社、1998年

第Ⅰ部　神の認識可能性

完全性が他のものによって超えられないものを理解しているのなら，無限な存在者の概念において，それはより明らかに把握されている。なぜなら，「至高の善」は，それ自体においては，無限なものか，有限なものか，いずれであるか指定していないからである。——そして以上のことから，前述の見解において言われていたもの，すなわち，最完全なものは，神的単純性にしたがって属性を神的存在のうちに還元することによって認識されなければならない，という見解の否認は明らかである。なぜなら，無限な概念のもとでの神的存在の認識は，単純性の概念のもとでの神的存在の認識と比べて，より完全であるから。なぜなら，単純性は被造物と共通的であるが，無限性はそうではないからである。その無限性の様態にしたがって神的存在の認識は神に一致する。

　反対論者は，「至高の善」とか「至高の存在者」と言っても，「無限な存在者」と同じだろう，なぜなら，そこで言われている「至高性」は「無限性」と同じように存在の内的固有の様態であると解することができるから，という。これに対してスコトゥスは，違うと反論する。

　第一に「至高性」は他のものとの比較で言われているのなら，それは相対的である。したがって有限であろう。また神存在の絶対性をうまく表していない。また，もし「至高性」を絶対的に理解しているなら，つまりどんな事物の本性もそれを超えることができないという「超越性」として理解しているのなら，「無限な存在者」は，それをまさに表していると十分に解されるから，このほうが良い。さらに，「至高性」は，それが無限か有限かは，明確にしていない。つまり有限な存在のうちであっても，そこには最高のものがあり，それは有限なもののうちで至高のものである。

　そして「単純性」であるが，これは「一性」と親戚関係

にある性格である。したがって端的な完全性の一つに数えることができるが，ほかの端的な完全性がそうであるように，単純性も，被造物にもある完全性である。それゆえ，それは神にのみ言うことができる完全性ではない。他方，様態の無限性は神にのみ言えることであるから，その様態における認識（概念）のみが，神に一致する。

被造物の形象を通した神の認識

　(**61**)　第五に，わたしは言う。神について認識されることがらは被造物の形象から認識される。なぜなら，より多く普遍的な普遍と，より少なく普遍的な普遍は，より少なく普遍的な同じ形象を通して認識されるからである。あるいは，両者とも，それ自身に固有のそれ自身の可知的形象をもっている。そして少なくとも知性のうちに，より少ない普遍の形象を印刻することができるものは，さらに何であれ，より普遍的な形象を生じることができる。したがって知性のうちに固有の形象を印刻する被造物は，さらに，神と被造物に共通的に一致する超越的なものの形象を印刻することができる。――そしてその場合，知性は超越的なものを把握するために自分の力で多くの形象を同時に用いる。つまり，たとえば善の形象と至高の形象と現実態の形象を，何らかの「至高の善で最高の現実態」を把握するために用いる。このことは下位の場面を通して明らかである。じっさい，想像力はさまざまな形象から複合されたものを想像するために感覚されるさまざまな形象を用いることができる。「黄金の山」**mons aureus** を想像するときに明らかなように。

　第五にスコトゥスは，第21段落で紹介されたヘンリクスの論で用いられたさまざまな段階の「普遍」概念を使っ

第Ⅰ部　神の認識可能性　　115

て自分の説を説明する。すなわち，被造物から，わたしたちは「より共通的な概念」，「より少なく共通的な概念」，さまざまな概念を受け取ることができる。そして「より多く共通的な概念」は，一般的に「より少なく共通的な概念」，すなわち，より具体的でより特殊な概念のうちに含まれている。なぜなら，概念が抽象されるとき，概念はより抽象的であればあるほど，一般により共通的，より普遍的なものになるからである。したがって被造物がもつ特殊な概念から神と被造物に共通な概念（実在概念のうちで，被造的範疇を超えたもっとも共通的な概念）が受け取られるということは，十分に可能である。

　そして知性は自分が経験したことがない，という理由から，「超越的なもの」を把握するために自分のうちにある「形象を結び付ける力」を発揮して複数の形象を同時に結び，至高の，善であり，最高の，現実態である「何か」を考えることができる。このことは，より下位の感覚的事実において，想像力で「黄金の山」を想像することができることから明らかであるという。それゆえ，同様に，「無限な存在者」の概念は知性のもつ力によって形象が結び付けられて知性に認識される。すなわち，無限な存在者の概念は神を知覚して得た概念ではない。存在を認識する知性能力の資格で「つくられた概念」である。

被造物から神の概念を「掘り出す」こと

（62）　以上のことから，前述した見解における，かの掘り出すことについて言われたことは，否認が明らかである。掘っても，そのもとになかったものが，掘ることを通して見出されることは，けして無いからである。ところで，被造物の概念のもとには，神に固有のものを表示する

何らかの概念，あるいは，形象はない。それは被造物に一致する概念とはまったく別の概念である。第二項の第2の論（35）によって明らかになっているように。それゆえ，掘ることによってそのような概念が見出されることはない。──評価力の例が付け加えられる。わたしには他の誤りの確認のために，誤りが加わっているように思われる。なぜなら，もし大人の羊が，同じ本性にとどまり，子羊に対する同じ本性的情愛をもつままでありつつ，奇跡によって，あらゆる感覚される偶性において，すなわち，色彩において，姿かたちにおいて，声において，そのほかこの種のものにおいて，まるで狼であるかのように変身させられたら，子羊は，狼から逃げるように，そのように変身した大人の羊から逃げるだろう。しかし，そのように変身した羊のうちには，有害な意図はなく，親和する思いがあるだろう。それゆえ，子羊の評価力は，感覚される形象のもとに親和する思いを見出そうと，掘ることをせず，端的に，感覚的偶性が感覚を動かすように，感覚欲求にしたがって動かされる。もし君が，変身した姿は親和する思いの偶性ではないからという理由で，そのときは親和する思いが自身をさまざまに展開していないと言うのなら，そして親和する思いは，親和する偶性なしには展開しないと言うのなら，──これは意味がない。なぜなら，子羊が評価力によって把握した有害の感知にしたがって狼から逃げるとき，狼の親和する思いは，感覚される偶性によって展開されていない（なぜなら，その場合，親和する思いは感覚される偶性と共にないので）。したがって，ここに，そもそも無い有害な意図に対する子羊の掘ることがあるのか，あるいは，ここで，たとえ掘ることにしたがって逃げないとしても，それゆえそれはそういうことではない。

　スコトゥスの論に，ふいに「掘る」という特異な概念が持ち出されていて困惑する。しかし，じつはガンのヘンリ

第 I 部　神の認識可能性

クスがこのような見解を示したことがわかっている。スコトゥスは，初期の著作『講義』（レクトゥーラ）で，それを取り上げているので，前段（62）を解説する前に，そこを訳出する。

以下，同書（レクトゥーラ），第 3 区分の第 13 段落である。

(13)　そしてその場合，わたしたちは，掘り出すことによって，被造的なものの形象を通じて神を認識すると言う。ちょうど野生獣の場合に，感覚される概念の下を掘り起こす評価力が，感覚されない概念，たとえば有害的と親和的とを認識するが，それと同じように，知性は，被造物しか表出していない被造物の形象の下を掘り起こして，知性の鋭い英知を通して，神に属するものごとと，神に述語されるものごとを，認識するのである。

「掘り出す」suffosio の頭の suf は，sub が次に来る f に当たって変化したものである。「実体」substantia，「基体」subiectum，「郊外」suburbium の頭についている接頭辞 sub と同じである。この sub は，「下に」を意味することが多いが，「何かを隔てて見えない」というイメージもある。たとえば「郊外」は，町に従属する所であって，その意味では「下に」あるが，町を守る城壁の外にあって，「壁の向こうにあって見えない」というイメージがある。どちらかというと，「実体」も「基体」も，感覚がとらえる「偶性ないし属性の下に在る」とか「下に据えられている」とかのイメージよりも，「それらに隔てられて，その向こうにあって，隠れている存在」のイメージで形而上学では言われている。じっさい，存在の秩序としては，実体のほうが偶性より先であり，上位に在る。

ところで，アリストテレスの「形而上学」は，存在全体の研究でありつつ，究極的には「実体の研究」であった。

実体が第一義的な存在だからである。このとき，実体は偶性の向こうに隠れている存在であり，諸原因や諸偶性，その他についての吟味を通じて，哲学の最終的な探究の目的となっていた。

中世においては，この形而上学の在り方が神学へと応用された。すなわち，諸実体の向こうに隠れて「神」が存在する。神学は，その神を探究するとき，形而上学の研究成果と，形而上学（哲学）の方法を用いる。すなわち，神という隠れたものを，目に見える被造物の研究にもとづいて探究するために，諸見解を吟味する。

このように，哲学ないし神学が「隠れたものを探究する」ものであるとすれば，ヘンリクスが「掘り出す」という「ことば」を議論に持ち込んだのも，類似した意味を考えてのことだと推測することができる。違いがあるとすれば，「掘り出す」内容が，動物ないし物体の真実であって，何か存在上，上位のものを探り出す意味ではない，ということにあるだろう。

じっさい，古代のギリシアでは，泥棒は家の壁の下を掘って，家のなかに侵入してその財を盗んだという。まるで狐が鶏小屋の塀の下を掘ってなかに入り，鶏を取って行くような行為である。おそらく，そういうイメージが「下を掘る」ということばにあると思われる。

じっさい，野生獣は，ときに知的な判断と思われるほどの勘をはたらかせて見せる。それは，動物に接することが多かったヨーロッパ人にはなじみの経験であっただろう。シートンの動物記「狼王ロボ」を思い起こせばいい。それゆえ，わたしたちにはおかしな論理に聞こえるが，当時の人々にはそれなりの説得力がある論であったのだろう。

ヘンリクスが，評価力とか，掘る，ということばで言いたいことは，おそらく，何かしらその対象が隠しているものまで盗み取る力によって隠れているものの認識が得られ

る，ということである。

　さて，このような見解に対して，スコトゥスの反論がある（62）。つまりもともと無いものまで掘り出すことはありえない，という反論である。また評価力については，スコトゥスは無いと見る。その証明として具体的な場合を想定する。すなわち，何かの奇跡（特殊な場合）があって，ある穏やかな羊の姿が，狼に変えられたとしよう。このとき，変わったのはその感覚的な姿，声などであって，その内面は同じである。

　しかし子羊は，狼の姿に変わったその羊から，やはり逃げるだろう。つまりその「オオカミ羊」は，子羊を捕殺する意図はもっていないし，むしろ子羊を守ろうとする思いをもっているが，子羊がそれを見抜くとは思えない。このように言うとき，ヘンリクスの側の論者が，それは親和する思いを示す偶性的条件，つまり羊の声や，摺り寄せる羊毛をもたないためだと言うのなら，それはまったく反論になっていないとスコトゥスは言う。なぜなら，その偶性的条件が無いために子羊が逃げるなら，子羊は掘り出していない（つまり評価力を発揮していない）ことになるからである。

第一問題の最初の異論に対する回答

(63) その問題の議論に対して、すなわち、第1の論(1)に対して、わたしは言う。その比較は対象による知性の最初の起動に関して理解されるべきである。なぜなら、そこでは、感覚表象は能動知性とともに最初の起動となる力を対象から得るからである。しかし、最初の起動にともなうすべてのはたらきに関して理解されるべきではない。なぜなら、知性は、最初の起動となる対象のうちに含まれたすべての対象を抽象することができるからである。そして知性がそこから抽象したところのものを考察することなしに、その抽象されたものを、考察することができるからである。そしてその抽象されたものを考察しつつ、知性は、感覚されるものと感覚されないものに共通なものを考察する。なぜなら、その共通なもののうちに、普遍における感覚されないものが考察され、同様に、感覚されるものが考察されるからである。そして、一方の抽象されたものと、他方に固有なもの、すなわち、感覚されないものがそのうちにある別の抽象されたものを考察することができる。ところで、感覚は抽象するものではない。それゆえ、すべてのはたらきには、つまり第一のはたらきにも第二のはたらきにも、何らかの固有の起動的対象が必要である。感覚表象と知性の関係は、そのような関係ではない。

最初に紹介された異論（第1段落）に対する回答である。その異論はアリストテレスによる異論である。すなわち、

感覚されたものからしか知性認識はない，したがって，感覚されない神が自然的に知性認識されることはない。これに対してスコトゥスは，アリストテレスが掲げている感覚と知性の関係は，知性が対象に関してはたらきを起こす最初の場面に関してのみ真であると言う。すなわち，認識能力は，対象との協働の結果として認識を得る。したがって，人間の認識においては，つねに，まず感覚される対象と感覚能力との協働の結果，感覚表象が得られ，その像を対象とした知性能力との協働の結果，知性は認識を得る。この認識の始まりの場面では，知性と感覚の間に必然的な順序がある。

しかし，いったん知性が抽象された形象を得たなら，知性は，その形象から，感覚されないものにも共通的なさまざまな概念を抽出することができるとスコトゥスは言う。

スコトゥスは，知性が感覚表象のうちの対象を抽象して自分のうちに形象を受け取るはたらきと，こうして受け取られた形象からさまざまな概念をさらに抽象（抽出）して考察するはたらきを区別する。そして後者のはたらきの際，かならずしも感覚表象のうちの対象に立ち返ることなく，その対象から抽象され，知性のうちに受け取られた対象（形象）を，知性は独自に考察することができる。それゆえに，スコトゥスにおいては第一のはたらきと第二のはたらきは区別できるはたらきであり，それぞれに，そのはたらきを誘発する固有の対象が別々にあると考えられる。すなわち，感覚表象の内の対象は，感覚可能な（可感的）形象であり，知性の内の対象は，知性認識可能な（可知的）形象である。そしてこの二つの形象は，一方から他方が生じる（抽象される）という順序は必然的であるが，その中身，すなわち，二つの形象は，それぞれの能力によって切り離され，独立的で，かならずしも依存的ではない。

すなわち，感覚される外界の対象存在と知性能力の関係

と，感覚された対象存在と知性に認識された対象の関係は，異なる。なぜなら，後者の関係は知性の抽象によって切り離された対象（形象）の関係だからである。

存在と認識可能性

（64） 第2の論（2）に対してわたしは言う。アヴェロエスはそのアリストテレスの例を不可能なこととして説明しているのではなく，難しいこととして説明している。そしてその理由は次のようである。なぜなら，ごく少ない事例において自然はその抽象された実体を〔ある知性には〕知ることができるようにしたのであり，そしてある知性には，知ることができないようにしたからである。ところで，その論に効力はない。なぜなら，それらの実体は可知的なものであるかぎり，わたしたちの知性によって認識される目的だということではないからである。そしてそれゆえ，もしこのことが，それらの実体と合致しないとしても，このことのために，可知的なものが無駄なものであることはないだろう。――また，なぜなら，「それらはわたしたちの知性には可知的でない」から「それゆえ，いかなる意味でも可知的でない」とは結論されない。なぜなら，それ自身によって知性認識されうるからである。そしてそれゆえ，そこには推論の誤謬がある。したがってアリストテレスの権威は多くの仕方で解釈されうるが，そうだとしても，わたしは言う。フクロウの目は直観的で自然本性的な認識のみをもつ。そしてその2つの条件に関しては，アリストテレスの権威は不可能性について説明される。なぜなら，その目にとっては，その対象を直観的に考察することはできないように，わたしたちの知性にとっては，自然本性的状態で直観的に神を認識することは不可能だからで

ある。
　アヴェロエス（1126-98）は，大文字で「註釈家」Commentator と言われる。アリストテレスの代表的な註釈をヨーロッパに提供したアラブ人である。
　その註釈によれば，アリストテレスは自然にとってもっとも明らかなことを人間が知ることが「むずかしい」ことを説明しているのであって，「不可能」だと言っているのではないと言う。じっさい，自然本性上，その知に達する人はごく少数にとどまるというのがアリストテレスが言わんとしていることである。
　異論は，天上的実体（離存的実体）について認識不可能を結論している。しかしスコトゥスは，それについても，異論には説得力はないと言う。なぜなら，離存的実体はそれ自体では可知的であるが，ただ，わたしたちの知性によって知られる目的（対象）ではないだけだからである。すなわち，天体ないし離存的実体（質料をもたない実体）は，わたしたちに知られるべきものとして存在するのではない。つまり人間は天上的実体を知らなければ生きていくことができない，ということではない。
　しかし，それが人間知性に対象として適合していないとしても，その存在が無駄だということではない。またわたしたちに可知的でないからと言って，いかなる意味でもそれが可知的ではない，と結論することはできない。なぜなら，彼ら自身の知性によって離存的実体（天使）は認識されるからである。
　ところで，アリストテレスの言辞は多くの解釈が可能なものである。それゆえ，あえて異論の解釈に沿って考えるなら，フクロウの目は自然本性的に直観的に対象を認識する。つまりフクロウは鋭い目の感覚をもっていて，闇夜でも大きな目に光を集めて対象を認識する。しかしそれだけに，太陽の光を直視することはできない（と思われる）。

それと同じように、わたしたちの知性は、太陽の光の下にある感覚されるものについては容易に認識するが、神については、自然本性的に直観することはできない。つまり神は直観的に認識できるかどうかと言えば、それはたしかに不可能であると、スコトゥスは言う。

無限の認識

（65）　第3の論（3）に対してわたしは言う。可能的に無限なものは知られない、なぜならどんなものも現実態にあるかぎりで知られるからである。しかしながら、それは、それが無限な知性によって認識されることが矛盾するから知られないというのではない。ただある知性が、その無限性の仕方にしたがって無限なものを認識することはできない、という意味である。なぜなら、その無限性の仕方、一つのあとに一つという、この仕方で認識する知性はつねに有限なものを認識していて、けして無限なものを認識していない。しかしながら、無限な知性は部分のあとに部分、ではなく、その全体を一挙に認識することができる。さらに『形而上学』第2巻について、無限数のものと無限なものについて論じられるなら、わたしは、それは同じではないと言う。なぜなら、数的に無限な数の対象の認識は、認識する能力の無限性を結論する（第2区分第一問題第2項、無限性についてのところで明らかにした[1]）からである。なぜなら、明らかに、対象からある多数性は知性における力の大きさを結論するからである。他方、ある無限のものの知性認識は、無限性を結論しない。なぜなら対象がもつような実在的在り方を、はたらきがもつ必要

1）　Duns Scotus, Ordinatio I dist.2 n.127　邦訳なし。

はないからである。なぜなら有限な根拠のもとのはたらきは，無限な根拠のもとの対象に対して全体を一括するはたらきでなければありうるからである。そして無限な対象に関して全体を一括するはたらきを，わたしたちがもたないこと，またもつことができないことを，わたしは認める。

　第3の異論は，無限なものは認識されないというアリストテレスの主張を取り上げている。それに対してスコトゥスは答えている。人間知性の無限の知り方は，一つから次の一つ，あるいは，こちらの部分から，あちらの部分，という仕方で認識することを進めてかぎりなくこの仕方で認識していくことを，無限に知る仕方としてもっている。しかしこの仕方では，じっさいには，つねに人間は有限数のものを知っているだけである。一挙にその全体を知るのでなければ無限を認識するとは言えない。しかしそれでも無限なものの或る一面について認識することは，知性（認識する側のはたらき）が無限でなくともできる。ただし，無限なものを一括で認識することはたしかに人間にはできない。そのことをスコトゥスは認める。

グレゴリウスの論の解釈

（66）　グレゴリウスの論（4）に対して，わたしは言う。その論は，被造物において神の下の観想があることだとは，かならずしも解釈されない（なぜなら，アウグスティヌス『83問題編』第30問題によれば，この「使用すべきものを享受する」は，「至高の背反」だからである）。しかし，存在者の概念のもとでのかの本質の概念は，神の，この本質であるかぎりの本質の概念よりも不完全である。そしてそれはより不完全であるから，知性認識の可能性においてより劣っている。しかしながら，観想は，それが共通

の法についてのものであるなら、そのような共通の概念のもとにある。そしてそれゆえ、この本質としての神それ自体よりも、より少ない知性認識可能性の概念のうちにある。そしてそれゆえ、それは神のもとにある実体との関係と理解されるべきである。すなわち、可知的根拠のもとの「実体との関係」、その知性認識可能性は、個体的な、この本質としての神それ自体の認識可能性より劣ったものである。

グレゴリウスは、人間が達することができるのは、神のもとにあるものまでであると言う。スコトゥスはそれを解釈するとき、神の下のものを、いずれかの被造物と解釈してはならないという。なぜなら、神を知るためとはいえ被造物の観想は「使用すべきものを享受する」ことになるからである。じっさい、観想することは、それを享受することを意味する。そして被造物は、むしろ逆に、それを使用して神を享受すべきものである。

したがって、グレゴリウスが達することができると見たものが被造物であるとしても、それを神のごとく観想するべきだと解釈することはできない。したがって、「神のもとにあるもの」というのは、神と被造物に共通の属性と解釈するべきである。それは被造物の実体と神との関係として在る。それは「この神」よりも不完全なものであり、不完全な知性によって認識することができる。

実在の個と、概念上（認識における）の個と共通なもの

(67) 第一の見解に賛同する論 (20)、すなわち、神はある種の個体性であるから、神自身と被造物に一義的に共通な概念において知性認識されえないと論じられている。

それに対してこの推論は有効でないと論じられる。なぜならソクラテスはソクラテスであるかぎり個体であるが，ソクラテスからは多くの述語できるものが抽象されうるからである。そしてそれゆえ，個体であるものから何らかの共通な概念が抽象されうるのだから，個体性は障害にならない。そして，たとえ事物においてその実存上，それ自体から，どれも個体であり，そこには他のものを個体性に収斂するものは何もないとしても，しかしながら，そうだとしても，その同じものが事物上これとして把握されうるか，あるいは，ある仕方で不分明に把握されうるのである。かくして，それは個体としてか，共通なものとして把握されうる。

　神は個体であるから一義的に共通な概念では認識されないというヘンリクスの論（第20段落）に対して，スコトゥスは個体性をもつソクラテスから共通な概念が抽象できるのであるから，対象の個体性は共通な概念の抽象の障害にはならないと論じる。そして実在する事物の内では，どれもそれ自体から個体であって，人間は，それを「このもの」として把握することができる。すなわち，各々の個体が個別化原理をもつとしても，それを認識せずに，ただその結果としての個体を「これ」として人間は認識できる。このとき，人間知性が把握している事物は各々の個体性そのものではなく，実存をとらえる感覚と一緒に認識している「これ」という像（知覚像）である。そして他方で，知性は抽象を通じてそれの共通的概念を認識する。このような意味で，スコトゥスによれば，知性は事物を個体として知覚することもあれば，「共通なもの」（不分明なもの）として把握することもある。

　(68) その見解に賛同して彼が偶性的認識について言っていること (20) は，かならずしも否認すべきこと

ではない。なぜなら，ちょうど証明されているごとく，端的にではなく，いわば偶性的に，属性において認識されるからである。

　第20段落の2段落目にある，いわば偶性を通して何であるかを知るというヘンリクスの見解は，とくに否定すべきことではないとスコトゥスは言う。すでに述べられてきたように，属性を通した神認識は，スコトゥスも認めていることだからである。

第二問題に対するスコトゥスの回答
―― 知性認識の三つの秩序 ――

　(69)　第二問題 (6) に対して，わたしは言う。提出された真理文において，知性の対象となるものの秩序が三様にある。一つは，起源の秩序，すなわち，知性認識の生成に即した秩序である。別の一つは，完全性の秩序である。第三のものは，適合性の秩序，すなわち，端的に，知性認識を原因する性格をもつものの秩序である。

　人間知性の対象となるものには，知性との関係で，三つの秩序が数えられる。一つは，知性が対象を最初に受け取ってから，それが知性の内で十全に認識されるまでの秩序ないし順序。これは知性認識のじっさいの生成過程の順序である。

　第二は，知性にとってより明らかなものがより完全なものである，という知性認識の完全性の秩序である。アリストテレスによれば感覚的な認識から始めるわれわれにとってより明らかなのは感覚される事象であるが，それ自体として明らかなのは，知性に明らかな事象である。

　ところで，それ自体として明らかなものは知性が構成する「真理文」である。つまり知性が認識するものにおいて完全なものとは，真理である。そしてこの真理文上の真理認識については，あとに続く第四問題で論じられる。

　そして，第三の，知性にとっての適合性の秩序は，次の第三問題において論じられる。すなわち，第一の適合対象とは，知性の生まれながらの認識領域を示すものである。

先んじて言えば，スコトゥスはそれを「知性の第一対象」と呼ぶ。しかも，秩序と言いながら，人間知性に，第二，第三の適合対象があるのではない。人間以外の知性を含めて，神の知性，天使の知性，それぞれの知性に適合対象があって，そこに秩序があるという意味である。

(70) 始原的な最初の二つについては，『形而上学』第9巻第7章[1]にある。「**生成にしたがってより先なるものは，実体にしたがってより後のものである**」。第三の優先性については，『分析論後書』第1巻[2]の普遍の定義のうちにある。なぜなら，「第一義的に」は，そこでは正確性ないし適合性を意味しているからである。

スコトゥスは，起源的な秩序と完全性の秩序の二つを，「始原的なもの」(プリムゥム)と呼び，アリストテレスの一つの真理文に合わせて示している。つまり生成の秩序においてより先なるものは，実体（生成の目的ないし完成）の秩序にしたがえば，より後なるものである。生成の秩序と実体の秩序が逆になるのは，生成のはじまりは不完全な状態であり，それが完成されて実体となるからである。つまり完成された実体を先頭に置けば，生成の始まりは反対側の末端になる。

他方，第三の，適合性のうちの優先性ないし先行性は，アリストテレスが『分析論後書』第1巻第4章で示している定義と一致したものだという。つまりその箇所でアリストテレスは，「内角の和が二直角に等しい」が第一義的に証明されるのは，正三角形についてではなく，また直角三角形ついてでもなく，「三角形」一般についてであると述べて，「第一義的である」ことの意味を定義している。

---

1) アリストテレス『形而上学』第9巻第8章 (1050a)
2) アリストテレス『分析論後書』第1巻第4章 (73b)

すなわち「内角の和が二直角である」は，〈第一義的に〉三角形について証明される。言い換えると，それは第一義的に「三角形の真理」であって，二等辺三角形の真理ではない。その真理が二等辺三角形にも適合するのは，それが一種の三角形であるからという理由による。すなわち，その真理が二等辺三角形に適合するのは，第二義的に，である。

つまり「適合性」ないし「正確性」とは，或る真理文との一致の秩序を示す。そして，その秩序において〈第一義的であるもの〉が，〈適合性〉の秩序において〈第一のもの〉である。つまり適合性における第一のものが，正確に真理文に一致する。

ところで，知性はさまざまな真理を受け取ることができる能力である。具体的には経験を通じてさまざまな科学的真理を見出す。形而上学は，その具体性を超えて，知性の可能性（能力）を規定する。つまり知性は能力として，或る範囲の対象の真理を認識することができる。そしてその対象範囲を示すのが「適合性における第一のもの」である。なぜなら，真理は真理文として提示されるが，それが真理であることは，論理的に証明されなければならない。そして証明されるとき，その真理は，或るものを「第一のもの」として証明される。たとえば，述べられたように，「内角の和が二直角である」は「三角形」を「第一のもの」として，それが真であることが証明される。同様に，知性が見出す真理のすべては，知性能力が適合する「第一のもの」において，証明されるのでなければならない。

ところで，スコトゥスの『神と世界の秩序についての論考』（オルディナチオ）第 1 巻の第 3 区分第 1 部は，「人間知性が神を認識することの可能性」を論じている箇所である。すなわち，神を哲学的に，つまり一種の科学として認識できるかどうかを論じている。けして神を預言者として

認識できるかどうかということでも，奇跡として認識を得ることができるかどうかでもない。あくまでも科学的真理として神を認識することができるかである。それゆえ，論理的証明が必要である。そして証明がなされるなら，その証明は，その真理が「第一のもの」において証明されなければならない。

それゆえ，第3区分第1部においては，適合性の秩序が重要であり，その「第一のもの」が何かが重要である。

(71) したがって第一に起源の秩序について述べるうちで，第一に，じっさいの認識について検討し，第二に，学習済みの認識について検討しなければならない。

第一のものに関して，あらかじめ二つのことを取り上げる。そのうちの一つは，「端的に単純な」概念とは，多くの概念に分析されないもの，たとえば存在者の概念とか，究極的差異の概念とかである。他方，単純な概念，「端的にではない単純な」概念とわたしが言うのは，何であれ，知性の単純な認識によって把握されるものである。ただし，それは区別される複数の概念に分析される。

まず，以下で，「起源的」つまり知性認識の「生成過程」を始まりのほうからたどる秩序を検討する。しかし，知性認識は二種類の認識に区別される。一つは「実際的」（アクチュアル）な認識。これは個人の具体的な経験認識である。もう一つは，「学習済みの」（ハビチュアルな）認識。これは，学問的な訓練を通じた認識，ないし，学習で獲得される認識である。つまり教師や書物を通じて得られる認識であり，いわば人類に公的な認識である。

そして実際的認識を論じていくに当たって，そのために必要な二つの用語の概念を説明する。すなわち，「端的に単純な概念」と，たんなる単純概念，すなわち，「端的にではない単純な概念」である。前者は，その概念がそれ以

上分析されることがない単純性をもつ概念である。たとえば,「存在者」,「究極的差異」の概念がある。

後者は,知性によって,たしかに実際的に一度に認識されるだけの単純さをもつ概念であるが,詳しく検討してみれば,いくつかの概念を含んだ複合性があることが分明する種類の概念である。一度に認識されるものとは,一つの名をもつもののことである。たとえば,「人間」とか,「実体」とか,「神」とか,である。したがって,たいていの概念がこの種の概念である。

雑然とした認識（名）と,分明な認識（定義）

(72) 第二に,あらかじめ次のことを承認しておく。すなわち,雑然としたものを知性が認識することと,知性が雑然と認識することは,別のことである。なぜなら,雑然としたものとは,分明でないものと同じだからである。そしてちょうど提示された真理文に関わって二様の分明性がある,すなわち,「本質的全体」が本質的部分に分けられて明らかになり,「普遍的全体」が基体的部分に分けられて明らかにされる。それと同じように二様の不分明さがある。すなわち,前述の部分に対する「全体」の不分明さである。したがって,雑然としたものとは,何らかのものが不分明なものであると,つまり前述した様式の一方の仕方で知性において認識されている。他方,何らかのものが雑然と把握されていると言われるのは,名によってわたしたちがそれを表示するときにそれが把握されている場合であり,分明に把握されていると言われるときとは,定義によってわたしたちがそれを表示するときにそれが把握されている場合である。

認識の生成過程を見ていくために,やはりあらかじめ,

区別をはっきりさせておくことがあるという。それは対象が「雑然としたもの」か，対象の認識が「雑然とした仕方」なのか，という区別である。

ところで，「雑然としたもの」confusum とは「不分明なもの」indistincum である。その反対は「分明なもの」distinctum。そして，「雑然としたもの」と「分明なもの」は，「全体」と「部分」の関係にある。すなわち，全体は部分に分割される。そしてそのとき，全体はその構成部分から認識される。スコトゥスはこのとき，全体が部分を通じて分明に（disitincte）認識されるという。

ところで，認識においての「全体」には，「本質」と「普遍」の二種がある。そしてそれぞれの「部分」とは，「本質的部分」と「基体的部分」である。たとえば，本質の全体が形相と質料の複合であるなら，その本質的部分は，形相と質料である。人間が本質的全体なら，霊魂と身体が本質的部分である。

他方，普遍の部分は，個々の特殊である。つまり基体とか，基体的個体である。たとえば，人間という普遍に対して個々人がその部分である。

ところで，スコトゥスによれば，もっとも単純な要素からの認識がもっとも分明な認識である。反対に単純な要素への区分をしない全体の認識が，不分明な認識，雑然とした認識である。スコトゥスは名によってイメージする把握は雑然とした把握であり，類と種差に区分された定義の把握は分明な把握であると言う。

最低種の認識

(73) これらのことをあらかじめ理解したうえで，第一に，わたしは雑然と把握されるものについて，実際的認

識における起源の秩序を提示する。そして，これに関して わたしは次のように言う。雑然と実際的に第一に認識され るものは最低種の形象である。それは，それの個体がより 効果的に，より強く，第一に感覚を動かすものである。そ して，それはあるべき比において感覚に現前していること が想定されている。それゆえ，もし君が，感覚が第一に， 形象的本性を感覚しないで——たとえば，それが赤い色 か，緑の色か，ただちには明らかでない状態で——そして その結果，知性がその感覚作用によって形象的本性をただ ちに把握しないような特殊な状況を君が主張するなら，わ たしは，そうであるなら，感覚に対して個体がもつべき比 が相応のものでないと主張する。つまり，その個体がもつ 本性上の可視性が感覚能力を超えているという能力の不完 全によるか，あるいは，照明とか，そのほかこの種の媒介 における不足によってか，あるいは，距離が遠すぎる，と か。

　スコトゥスは，知性認識の生成過程の「始まり」につい て述べる。そして最初に知性が認識するものは「最低種」 であるという。最低種というのは，種的な普遍性をもつ概 念であるが，そのなかでも，もっとも個体に近い種という 意味である。そして，どの個体の最低種かと言えば，その とき，その人の感覚に対してもっとも効果的に，より強く はたらいて，感覚を動かした個体の最低種だ，ということ である。

　さらにこのとき，個体は，感覚能力に適した距離，環境 にあって，感覚がその能力を十全に発揮して個体をとらえ ていることが想定されたうえでの話だと断っている。つま り「あるべき比」というのは，個体の在る状況が感覚に対 して「相応の」状況に在ることをいう。言い換えると，異 常な特殊な状況を考えて，認識の生成過程を考えないとい う立場，懐疑主義的立場ではなく，日常的常識の立場で人

間の認識能力を考えるという立場である。

したがってスコトゥスは,特殊な状況を前提にして論じる「君」に対して,それは特殊なさまざまな条件下で起きることであって,もっとも一般的な状況で起こることではないと説明する。すなわち,それが人間のもつ視覚能力を何らかの仕方で超えているために,見えない,あるいは,よく見えない,ということはあるが,それはそれでその原因を見出すことはできると,スコトゥスは見ている。すなわち,肉眼で見るには遠すぎるとか,暗すぎるとか,である。

(74) 以上によって,次の主張に対して明らかである。すなわち,「赤いものに対して同じ距離にある二つの目があって,一方はただちにそれが赤いものであることをとらえ,他方が,雑然ととらえたなら,あるべき比において,形象的本性がただちに感覚されていない」。わたしは答える。一方のあるべき比は,他方のあるべき比ではない。その受け取るものにおけるあるべき比が後者にないことにしたがって。

同じ赤いものが,光の当たり具合によって,黒く見えることもある。懐疑主義者はこの日常経験から,ただちに「赤い」という形象が同じ視覚能力をもつ視覚に受け取られないことがあると強弁する。スコトゥスは,目の良さが同じでも,受け取る対象の在る状況ないし環境が通常の良好さをもたない場合には,やはりそこには在るべき比(相互関係)はないと言う。

(75) 反対する:もしAに至るまで赤の形象を生じて,Aを超えると,色の形象を生じるとか,雑然と表象を生じるなら,Aを超えている目は,どれも赤を分明に見ていないだろう。——答える。その間に何があろうと,すなわ

第Ⅰ部　神の認識可能性

ち，固有の形象がどこにあろうと，ある距離を超えて雑然とした形象は，少なくとも目に適さず，ほかの場合より不十分であるから，より雑然とするだろう。少なくとも規定の距離を超えるなら。

たとえば船に乗っていて，ある距離を隔てると，それが色をもつものであることはわかるが，その色が何色かはわからない，ということが起こる。この問題から言えることは，一般的に感覚認識は危うく，感覚からの知性認識はかならずしも分明ではないと言えるのではないか。これが異論である。

たとえば，天体の存在は，目との距離を縮められる対象ではない。この場合，現に見えているものが分明な認識であるという保証はない。反対者の問題提起は，そうした問題の解決策はどういうものか，ということかもしれない。現代で言えば，素粒子レベルの対象認識が，素粒子の存在とそれをとらえる機器は確実であっても，素粒子の運動状態は確率の認識にしかならない，という問題である。

スコトゥスによれば，個別の感覚には，それぞれに固有の適合範囲がある。嗅覚は匂いをとらえるが，それだけしかとらえられない。触覚は直接に触れたものをとらえるが，それだけしかとらえられない。視覚もある距離の範囲が適していて，それを超えれば，近すぎても遠すぎても，対象は雑然としたものになる。知性は感覚が得るその認識を，まずはそのまま受け取るので，感覚における認識が不十分なものであるなら知性はその不十分さを避けることはできない。

しかし視覚能力において対象の条件が適したものであるなら，すなわち，距離の条件も，光の条件も，適切なものであれば，知性はその個体の最低種の概念を受け取ることができる。そしてその条件は，スコトゥスによれば，科学的認識を自覚して注意していれば，通常，得ることができ

る。

（76）　わたしは提示した結論を次のように証明する。すなわち，自然本性的原因は，それが妨げられていなければその能力の限界にしたがって自身の結果を生ずるようにはたらく。したがって，まずはそれが第一に産出する最完全な結果に向けてはたらく。知性がもつその第一のはたらきに向けて協働するすべては，純粋に自然本性的原因である。なぜなら，それらは意志のすべてのはたらきに先行するからである。そしてそれらは，妨げられない。これも明らかである。それゆえ，それらは第一に，可能なかぎり最完全な概念を産出する。ところで，それは最低種の形象の概念の産出のほかありえない。しかしながら，もしそれ以外のものであったなら，すなわち，何らかのより共通的な概念であったなら，それが，それら自然本性的原因にとり，可能な最完全な概念であるだろう。なぜなら，より共通的な概念は最低種の形象の概念よりも不完全である（ちょうど部分は全体よりも不完全であるように）から，それら自然本性的原因は，最低種の形象の概念に向けて協働しないからである。したがって，それらは，その概念をけして生ずることはないだろう。

　実際的認識においては第一に最低種の形象が認識されるという結論を，スコトゥスは次のように証明する。すなわち，自然本性的原因は，妨害がなければ，つねに最大限度にはたらいて結果を生ずる。たとえば山の斜面を転がり落ちる石は，妨害されれば止まるが，それがなければ自ら止まらないし，自然本性的な力を最大限度に発揮する仕方で転がり落ちる。同様に，感覚も，知性も，最初の認識を得る過程で協働して，自然本性的原因として最大限度にはたらく。この過程には，意志は介在しない。なぜなら知性の認識があったうえで働くのが意志だからである。

ところで，条件に即して対象が認識されるなら，その過程は最完全な認識を産出する。そしてそれは最低種の概念である。

他方，最初に認識されるものが最低種ではなく，それ以外のものであった場合，それは最低種よりも共通的な何かであるだろう。なぜなら，最低種の概念は個体にもっとも近い概念であるから。それゆえ，不完全な認識によって生ずる結果は，それより不完全な概念である。そしてそれは，より共通的な概念である。しかしこのような場合とは，認識を産出する自然本性的原因のはたらきが何らか妨害されている場合である。それゆえ，そのような場合は感覚と知性と対象の協働作用は，最低種の概念を産出しないだろう。

形而上学は最後に学ばれる

(77) 第二に，次のように。なぜなら（アヴィセンナ『形而上学』第1巻第3章）形而上学は教授の順序において最後の学科であるから。それゆえ，他のすべての学問の原理とそれらの諸名辞が形而上学の原理の前に把握されうる。しかし，最低種の形象の概念よりも共通な概念がじっさいに第一に把握されなければならないとしたら，そういうことにはならないだろう。なぜなら，その場合には，存在者やその種のことがらが第一に把握されなければならず，かくして，形而上学は教授の順序においてむしろ最初の学科であることになるだろう。それゆえ，云々。

アヴィセンナによれば，形而上学は教科のなかで最後に教えられる学科である。それゆえ，ほかの学科がそれ以前に教えられ，認識される。すなわち，ほかの学科の原理，またその原理を構成する諸名辞のすべてが実際的に先に認

識される。ところで，形而上学はもっとも普遍的な認識である。したがって他の学科は，より個別的，より特殊的な認識である。

ところで，知性が認識をもつなかで先に認識するのは，もっとも個別的，特殊的認識，最低種の認識である。もしも最低種の概念よりも，より共通的な概念が実際的認識において第一に認識されるとしたら，より共通的な概念を認識する学科のほうが教授の順序として先になるだろう。なぜなら，より共通的概念が最低種の概念より身近な概念であるなら，もっとも共通な概念を扱う形而上学がもっとも教えやすい学科となり，形而上学が教えられなければほかの学科は教えられないということになるだろうから。

知性認識と感覚認識との距離

(78) 第三に，なぜならもしそのような形象の概念よりも先に，より普遍的なものの概念を把握しなければならないとしたら，感覚を動かす個体の前にじっさいに置かれた感覚とそれから離れた知性は，第一に感覚されたこの種の個体の形象が把握される前に，大きな時間をもたなければならないだろう。なぜなら，その形象の「何」において述べられるすべての共通なものを，先に，順番に，知性認識しなければならないだろうからである。

さらに，最低種の形象は，もっとも特殊的な形象である。もしもそのような概念よりも先に，知性がより普遍的な概念を把握しなければならないとしたら，次のことを想定しなければならない。すなわち，感覚は手近な個体を認識する。しかし，知性は感覚とは全く異なる能力である。つまり知性は感覚から離れているなら，それ自身のはたらきとして，普遍の認識を先行させる。そうだとすれば，知

性は，もっとも普遍的なものから認識をもつことになるだろう。なぜなら，感覚との協働がないのなら，知性はそれ自身の認識仕方のなかでもっとも適当な認識から始めるだろうからである。そうだとしたら，知性はもっとも普遍的な認識から始めて，その個体に近い認識にたどり着くまでに，その個体について得られる普遍的な認識を，すべて得るのでなければならない。そうだとすれば，知性が感覚の前にある個体についてその特殊なものにもっとも近い概念を得るまでに，長い時間がかかることになるだろう。このようなことは経験に反する。

補足説明——じっさいの不完全な認識

(79)　それら三つの論拠の第一のものについて気づくことがある。すなわち，認識の生成過程の中途に「不完全なもの」があるときでも，その秩序は，これに見合って，第一に，その対象から定義的概念が生じるか（なぜなら，そのうちに対象を生ずることができるから）。または，何も生じないだろう。

　知性は分割による推論を通して，その概念のある原因に，完全性の何かを獲得して，なぜ第一に定義的概念を生じないのか？——答え。定義的概念は多数の部分的なものによって説明される概念である。それゆえ，部分のいずれもが，あらかじめ知性認識されていなければならない。少なくとも本性上，時間的な存在であるわたしたちにおいては。なぜなら，わたしたちにおいては，一つの概念は，諸部分によって明らかにされるからである。

　テキスト編集者の註によれば，この段落はガンのヘンリクスの見解を拾って，後に付け加えられたもののようである。そのためか，意味が取りにくい。ここでは次のように

理解しておく。知性認識の生成の秩序についての説明があったが、秩序と言えば、完全性の秩序であり、生成過程の中途に不完全なものがあっても、そのなかの完全なものによって対象についての定義的概念（完全な概念）が第一に生じるのではないか、そうでなければ、つまり完全な概念が生じないなら、何も生じないだろう。

ヘンリクスの異論は、それにも関わらず、なぜ知性は分割推論（プラトンに由来する）を通して、対象のもつ概念から、何らかの完全性を得て、ようやく定義的概念を得るのか、つまり秩序の第一段で定義的概念を知性が得ないのはなぜか、わからないから説明してほしい、という意図のことばのようである。

スコトゥスの答えは明らかである。すなわち、定義と成るのは、それを構成する複数の概念であって、あらかじめその複数の概念が認識されていなければ、それの全体である定義の概念は理解できない。つまり複数の概念が部分となって定義を構成しているのであるから、定義の概念が完全に認識されるためには部分の認識から始めなければならない。人間は時間的な存在であるから、知性のはたらきも時間を経て完成されていく。すなわち、人間は不完全なので、多くの場合、定義を得るために必要なだけの部分の認識をもたない。

「存在者」は分明に知性認識される第一のもの

(80) 第二に、わたしは諸概念のうちで分明な実際的認識について言う。そしてそれは反対に、一般的概念についてあると言う。なぜならそのような概念の第一のものは、最高度に共通なものだからである。そしてそれに、より近い概念が先立つものであり、遠い概念は後なるもので

ある。

　それをわたしは次のように明らかにする。前述の第二のもの（72）から，何であれ，その本質的根拠のうちにあるすべてのものが把握されているときでなければ分明に認識されない。存在者は，すべての何性的下位概念のうちに含まれている。したがって，いかなる下位の概念も，存在者の概念なしには分明に把握されない。ところで，存在者は分明にしか把握されえない。なぜならそれは端的に単純な概念をもつからである。それゆえ，それは他のものなしに分明に把握される。そして他のものはそれなしには分明な概念ではない。それゆえ，存在者は分明に把握されるものの内で第一の概念である。——以上から次のことが結論される。それにより近いものは，より先立つものである。なぜなら，「分明に」認識することは定義によって得られるからである。そして定義は，存在者から始めて定義されるものの概念に至るまで，分割の道を通して探求されるからである。ところで分割においては，より先に把握されたものが先に出る。たとえば，類と種差のように。それらにおいてより共通な概念が分明に把握される。

　スコトゥスは次に，実際的認識の秩序のなかで分明性の秩序を検討する。前の秩序は時間的な秩序（順序）だったからである。言うまでもなく，認識における分明性は認識の完全性である。そしてそれは「一般性」において見出される。なぜなら，認識における分明性の第一のものは，最大限度に共通なものだからである。そしてこの第一のものに近いものほど先なるものであり，それから離れたものほど，後なるものである。すなわち，分明性の秩序においての先後は，最大限度に共通な概念により近いか，より遠いかによって測られる。

　このことを証明するとき，スコトゥスは前の第72段落の論を再び持ち出して，「何」かが把握されるためには，

しかも分明に把握されるためには、その本質的概念のうちにあるすべてが把握されなければならないという。全体は、その部分がすべて把握されなければ分明に把握されないからである。ところで、「存在者」の概念は、すべての何性的下位概念のうちに含まれている。「下位のもの」というのは、一般性に対して「より特殊」、つまり「より具体的な何か」である。したがってすべての実体的な「何」、すなわち、実体の「名」が指すものには、それが何であれ、かならず「存在者」の概念が含まれている。言い換えると、存在者の概念はすべての実体的概念にもっとも共通であり、その共通性が最大のものであるので、第一に分明に把握される概念である。

ところで、ものが分明に把握されるとは、定義によって把握されることである。そして定義は、存在者から始まって、すなわち、存在者であるか、非 - 存在者であるか、前者であれば、生物であるか、非 - 生物であるかと、いわゆる分割の道を通して把握される。そして最終的に定義にたどりつくとき、そのときも、種差よりも類のほうが先である。つまりより共通的な概念が、分明な仕方でより先に把握される。

形而上学は第一の学である

(81) 第二に、わたしは、先にアヴィセンナによればということで述べた (77) 形而上学は、分明な学知の順序に即して第一のものであることを明らかにする。なぜなら形而上学は「他の科学の原理を確実なものにする」からである。したがってその認識対象は分明に認識されるなかで第一のものである。またアヴィセンナは、教える順序において最後の学であり、かつ、分明に知ることにおいて第

一のものであると主張している。このことにおいて，彼は矛盾したことを言っているのではない。なぜなら，ちょうど自明な真理文についての問いにおいて明らかにされたように，他の諸科学の原理は，諸名辞の雑然とした概念によって自明であるが，しかし，形而上学が知られることによって諸名辞の何性を分明に探究することができるからである。そしてこの意味で，形而上学以前には専門諸科学の諸名辞は把握されないし，それらの原理も知性認識されない。さらにそのように，雑然とした概念にもとづいていたために先立っては幾何学者に明らかでなかった多くのものを，幾何学者にして形而上学者であるものは明らかにすることができる。たとえば，幾何学者であるかぎりの幾何学者は，諸名辞の雑然とした概念にもとづいてただちに明証的であるものしか自明な原理として用いない。たとえば「線は長さである」とかの場合，彼らは線が類であることなど気にしていないし，それが実体か分量かも気にしていない。そのように，感覚されるものから第一に生じて来ている概念を，彼らは用いている。しかし，今や，幾何学が認識され，他の専門諸科学のあとに，続いて形而上学が共通な概念について認識される。そして探究のために，雑然と認識された専門諸科学の諸名辞の何性がその共通な概念に分割の道を通じて還元されうる。そしてそのとき，以前よりも分明に認識されたその何性にもとづいて専門諸科学の原理が認識される。さらに，雑然と認識された名辞にもとづいて先立っては明らかではなかった多くの原理が認識される。そして，いかなる意味で形而上学が第一の学であり，かつ，いかなる意味で第一の学でないか，それはこの仕方で明らかである。

　先の第77段落では，アヴィセンナは形而上学は教授の秩序においては最後のものだと言っていたが，その形而上学は，分明さに関しては第一のものであるとスコトゥスは

言う。なぜなら、アヴィセンナは形而上学が「他の諸科学の原理を確実なものにする」と言っているからという。そしてこれは矛盾ではない。なぜなら、神の存在証明に先立って検討された「自明な真理文」のところで明らかにされたように、自明な真理文とは、その真理文を構成する名辞のそれぞれから、それらの一致（真理）が明らかな真理文だからである。すなわち、科学の原理は自明な真理文でなければならない。そしてそのためには、原理となる真理文が「その名辞から明らか」であることが必要である。諸科学は、まずは感覚に頼って、雑然としたままに原理をもっている。たとえば、「光はまっすぐに進む」とか、「光は反射する」とか、「線は長さである」とか、である。

形而上学はそれが名辞から明らかかどうか、名辞から明らかにするのには何が必要か、あるいは、さらにさかのぼった原理が見出されないか検討する学である。現代的に言えば、幾何学の平行線の公理が「絶対かどうか」検討したのは、その真理性に疑問をもった学者によるが、その幾何学者は、スコトゥスによれば、上位の形而上学者として幾何学の公理に疑問をもち、それを検討したのである。同様に、さまざまな実験結果から、光についての認識や素粒子についての従来の認識が疑わしくなり、それが検討されて、相対性理論や量子力学が形成されたのは、やはり科学者が同時に形而上学者として、基礎としていた原理に疑問をもち、検討した結果だということができる。

スコトゥスによれば、形而上学は、その科学の原理を構成している「名辞」が「何を意味しているか」を分明にする「探究の可能性」を与える。そして現代においても、科学の原理が名辞から分明にされることで、むしろ原理に疑問が生じて、あらたな探究が諸科学において始まった事実がある。

言うまでもなく、中世に生きたスコトゥスはこのような

展開を予想していなかっただろう。しかし，科学者が「常識」と思って真理を主張する内容が哲学的に検討（批判的検討）され，その検討を経て，はじめて科学は真理の探求を本当のものにすることができる。そのことが，スコトゥスの論には含意されていたと言えるだろう。

実際的認識の秩序

（**82**）　**しかし，雑然として把握することの秩序を分明に把握することの秩序と比較するなら，わたしは，全体の秩序としては雑然と把握することが先であると言う。そしてそれゆえ，その秩序において第一のものは，端的な仕方での第一のものである。そしてこのことは，前に述べたアヴィセンナ「形而上学の他の専門諸科学に対する秩序」についての権威にもとづいて明らかである。**

　時間的に生きているわたしたちの認識は，認識生成の過程をもつ。それゆえ，実際的な認識の秩序においては雑然とした認識が先である。しかし，その秩序においても，端的に単純なものが第一に明析に認識される。そして先の第77段落に言及して，それは明らかであるという。

（**83**）　それに反対して論じられる。なぜなら，『自然学』第1巻[3]で言われている。「雑然としたものが先だって知られる」（すなわち「より多く普遍的である」）。これは明らかである。なぜなら，「幼児は最初，みんなを『父さん』と呼び，のちになって，各々を区別する」からである。したがって，幼児は，さきに，この人間の概念のもとではなく，人間の概念のもとに父親を認識する。

3）　第1巻第1章（184a）

以下，反論が三つ提出される。最初の反論はアリストテレス『自然学』第1巻第1章の後半にもとづいたものである。そこでは，「われわれにとって最初に明らかなものはむしろ雑然としたもの」だと述べられ，それが分析され，「普遍的なものから特殊的なものへと進むべきだ」と表現されている。また，その例として，幼児なら最初は男をすべて「父」と呼び，女をすべて「母」と呼ぶが，後になるとそれぞれ区別するようになると述べている。

　(84) この同じものをアヴィセンナは，遠くから見られるものについて明らかにしている。なぜなら，あるものが動物の概念のもとにより先に，物体の概念のもとに認識されるからである。そして人間の概念のもとによりも先に，動物の概念のもとに認識され，この人間の概念のもとによりも先に，人間の概念のもとに認識される。

　第二の反論は，アヴィセンナにもとづく。アヴィセンナは，ものが遠い距離から見ることに始まり，近づいて見るところで終わる，という認識の順序を説明している。すなわち，物体だと思い，のちに動物だと分かり，その後に人間だと分かってから，「この人間」としての認識が生じる。砂漠のような環境で，遠くから来るものを見ることに慣れた民族の発想かと思われる。

　(85) さらにこれは明らかである。なぜなら，論証するに際して複合する道は分解する道よりも先立っている。したがって，単純な概念においても同様である。

　論証は真理文を複数並べて（組み合わせて）推論して，解決を得ることで成立する。したがって，複合（組み合わせ）する道 via compositiva のほうが，分解する道 resolutoria より先だという。そして論証において見られるものは，単純な概念の把握においても同じで，複合したも

ののの認識が先にあって，分解は後である。

　(86)　第1の論 (83) に対して，わたしは言う。ちょうど二様の雑然としたもの，すなわち，「普遍的な全体」と「本質的な全体」があるように，そのように，どちらも自身の秩序において第一のものである。ところで，「端的に第一のもの」は雑然と認識することの秩序において第一のものである。なぜなら不完全なものから完全なものへの自然な経過は，中間を通っているからである。しかしながら雑然と認識することは，いわば，無知であることと分明に認識することとの間の中間である。そしてそれゆえ，雑然と認識することは，何であれ，分明に認識することよりも先である。ところで，幼児について彼が言っていることは種的形象が個体よりも先に知性認識されることである。わたしは，それは認める（種が第一の知性認識されるものであると，彼は言った）。しかし，類と種について結論することは正しくない。なぜなら，雑然とした認識の秩序において，色よりも先に白さが実際的に把握されるからである。なぜなら，色の概念のもとでの色は，この白から白さの抽象があるよりも，より大きな抽象の根拠のもとにしか認識されないからである。そしてより大きな抽象はより困難である。なぜなら，より大きな抽象は，より少なく類似したものによってあるからである。

　スコトゥスは第一の反論に対して，雑然としたものには二様のものがあり，それは普遍的全体と本質的全体だという。両方とも「普遍的なもの」である。そしてそれぞれが，それぞれの秩序において第一のものである。なぜなら，全体から部分へと分析が進むからである。それゆえスコトゥスは，自分の主張はアリストテレスの主張と何ら矛盾はないという。

　さらに，幼児がだれかれの区別なく「父」（とと）と呼

ぶことについては、個体より種が先に認識されると認める。ただし、そうだからと言って、より普遍的な類が種よりも先に認識されるのではないと言う。なぜなら、たとえば「白」の認識よりも「色」の認識のほうが、より普遍的であるが、この場合は、より普遍的な認識のほうが抽象が大きいゆえに、より難しい認識になるからである。なぜむずかしくなるかと言えば、さまざまな種よりも、種の間に共通な類を引き出すためには、個体の間の種的類似よりも小さな類似を認識しなければならないからである。

近づくものの認識について

(87) アヴィセンナの別の論 (84) に対して、わたしは言う。対象が適度な近さでないとき、対象は自身を認識することへと最完全な概念のもとに感覚を動かさず、ただ何らかの不完全な概念のもとに動かす。そしてそのとき、知性の認識はそのような対象の感覚に続いて、その感覚が個体の概念のもとにあった普遍的なものでなければならない。他方、対象がその固有で完全な概念のもとに感覚を動かすことができるようなあるべき比においてあるとき、知性はそのような感覚に続いて、雑然とした類の概念のもとによりも先に、雑然とした種の概念のもとに対象の認識をもつ。それは、そこから類が取られるより不完全な実在的概念か、あるいは、より多く離れているときに感覚を動かす根拠であり、そこから種差が取られてくるより完全な概念は、より少なく離れているときに感覚を動かす根拠である。すなわち、より効力をもつ能動的概念はより離れたものによって働く根拠ではなく、種的形相は、大きな距離では不完全な類似の根拠であり、かつ、比例した距離では完全な類似の根拠である。「したがって、色はいかなる自身

の形象も生まない」と結論されるのではなく，「その場合には，ただ，この白か，この黒か」が，結論され，そのどちらかの「この」は結論されず，ただ本性が結論される。

　反論の第二，アヴィセンナの遠くから近づくものの認識については，スコトゥスはすでに述べたように，感覚能力に比例していない（適当でない）距離の対象については能力はそのぶん不完全にはたらくので，遠いものの概念は不完全に感覚を動かすものであり，適度に近いものはより完全な仕方で感覚を動かす根拠となると言う。視覚にとって遠いものの場合，それは類についての認識へと感覚を動かすことができるのみであり，適度に近ければ，種の概念へと感覚を動かし，知性を動かすことができる。

　したがって，より離れていながら動かすことができる根拠のほうがより効力をもつ能動的概念ではない。むしろ距離によって，すなわち，より遠くの種的形相は，類の概念しかもたらさないが，同じ種的形相が適切な距離なら，種の概念をもたらす。とはいえ，類の形相の根拠が自分の形象を認識能力のうちにつくらないということではなく，遠いために，白い色のものか，黒い色のものか，判然としないが，それでも色をもつものではあると結論できるとき，そのときには，色という類の本性の形象がある。

(**88**)　**したがって，どのような仕方で，より多く普遍的な可知的形象と，より少なく普遍的な可知的形象はあるのだろうか？**

いずれも同じ感覚表象から生じると言うことができる。

　それゆえ，同じ感覚対象であるが，それが遠いか，近いかで，種が判然としないまま類の認識があるときと，分明な種の認識があるときがある。

感覚に表出されないもの

(**89**) 他の仕方で。下位のもののうちに潜在的に含まれたより普遍的なものは，可知的形象を生み出す。なぜなら，それは自体的にそのような可知的なものであるから。それは感覚される形象ではない。なぜなら，それはそのように感覚されるものではないからである。なぜなら，感覚は実存するものであるかぎりの実存するものについてあるからである。

しかし知性の対象となる形象としては，より特殊な概念のうちにより普遍的な概念が潜在的に含まれている。知性が受け取った概念は知性のうちに在る。そして心のうちの感覚表象と知性の間には，外の対象と感覚器官との間の距離はない。つまり感覚対象は感覚能力との比において不完全な認識，完全な認識を生じて，それが類の認識，種の認識の相違を生じるが，知性の対象は，知性に対して感覚においてあるのと同じ比があるのではなく，より能力の高い知性が，より普遍的な認識を分明にもつという比があるだけである。なぜなら，感覚の対象は外部に実存するものとして実存しているが，知性の普遍的対象は，実存するかしないかは無差別なものとして知性のうちに実在するからである。

(**90**) 反対。君によれば，感覚は「個体」に関してあるのではなく，個体のうちの本性に関してある。——同様に，感覚される固有の形象と，白さの固有の表象と，また別に，色の固有の表象は主張されるが，性質の固有の表象も，存在者の固有の表象も，主張されることはできない（なぜならこれらの形象はその無差別性のもとに感覚さ

第Ⅰ部　神の認識可能性

れるものの類を超えるから、これらはこの種のものであるかぎり、感覚表象のうちに映ずることはできない）けれど、——しかし、それらの固有の可知的形象が生ずる。したがって、性質と存在者の形象は、さまざまな感覚表象によって生じているものではない。すなわち、区別される大小の普遍的なものから生じているものではない。また、そこに潜在的に実存するものどもから生じているものでもない。なぜなら、それらの形象はそれらの根拠のもとで感覚表象に表出したり、また別の仕方で表出するものではないからである。これは明らかである。したがって同じ感覚表象からどちらも生じる。

　反対者が、スコトゥスに向かって、君によれば、と言っている。つまり、この段落では、「君」が「スコトゥス」である。このような表現は、このあたりの段落があとから付け加えられたものであることを示している。

　スコトゥスは、それに答えて、感覚は個体に関してあるが、個体であるかぎりの個体を認識するものではなく、感覚されるかぎりでの個別的本性（特殊的普遍）を認識すると、たしかに述べた。今ここでは次のように言う。視覚は見えるものの形象を表出する。たとえば、その白さを表象する。またそれの色も表象する。しかし、感覚は「性質」や「存在者」の表象をもつわけではない。なぜなら、「性質」や「存在者」はその無差別性が感覚認識を超えるものであるゆえに感覚に表出されることがないからである。すなわち、普遍の間の大小は、感覚に表出されない。したがって感覚はそれらの根拠のもとに形象を表出しない。とはいえ、感覚表象から受け取ったものによって「性質」と「存在者」、どちらの形象も生じる。言うまでもなく、この間には知性の抽象作用がある。それによって感覚には表出されない無差別的な形象が、同じものからさまざまに生じるのである。

含むものから含まれるものへ

(91) 第3の論(85)に対してわたしは言う。どちらにおいても,含むものから含まれるものへ進む。ちょうど複合したものにおいてあるように,単純なものにおいてある。しかし単純なものにおいて「含むもの」は,下位のものであり,複合したものにおいて「含むもの」は,結論に対する原理である。

第三の反論は85段落の論である。論証と単純概念が,複合的なものからその分析へという同様の道をとると言う。スコトゥスは,ここでの「同様」の意味が,含むものから含まれるものへと進むことであるなら,その通りだと答える。論証においては,前提から前提に含まれていたものが結論される。したがって論証においては,原理が「含むもの」である。また単純なものは名によって指示されるものの「何」である。そしてそれが含んでいる「何性」(本質)概念,その他が分析されて,より分明になる。したがって単純なものにおける「含むもの」は,下位のものである。

学習済みの(ハビチュアル)認識と潜在的認識

(92) 学習済みの,あるいは,潜在的な認識に関して,第一に,わたしがその名辞によって何を理解しているか説明する。

わたしは対象がじっさいに可知的根拠において知性に現前して,知性がただちにその概念について取り出すはたらきをもつことができる状態にあるとき,「学習済みの」と

呼ぶ。——あるものが最初に認識されたもののうちに，最初に認識されたものとしてではなく，その部分として認識されるとき，わたしはそれを「潜在的」と呼ぶ。たとえば，「人間」が認識されるとき，「動物」が最初に認識されたものとしてではなく，また理解を完全にする全体としてでもなく，認識された人間のうちの部分として認識されるとき，「動物」は潜在的であるという。これは「潜在的認識」と，十分，固有に呼ばれる。なぜなら，それはじっさいに知性に十分に近接したものだからである。なぜなら，最初の認識されたものとして，かつ，全体的な名辞として，固有の知性作用によって認識されたものでなければ，認識されたものは現実態的認識ではありえないからである。

認識の秩序における第一のものを探究するなかで，スコトゥスは，今度は「学習済みの」habitualis 認識と，「潜在的」virtualis 認識を定義する。

学習済みとは，ハビトゥス的，ということであり，ハビトゥス的状態とは，すでに自分の「所有となっている状態」をいう。プラトンはそれを「ケージのなかに入れられている鳩をつかまえる」(『テアイテトス』197C 以下) という例で説明している。すなわち，つかまえようとしている鳩は，野外ではなく，すでにケージの中（私有している状態）に居る。したがって野外でつかまえるときのようにそもそも見つけられるかどうかわからない状態ではなく，かならず見つけてつかまえることができる状態に，すでにある。あとはじっさいにつかまえるかどうかだけである。

したがって認識に関して学習済みの状態とは，その対象がすでに知性が認識できるところにあって，つまり精神の内側に取り込まれていて，あとはじっさいに知性が自身の仕方で認識すればよい状態にあることをいう。

他方，「潜在的認識」というのは，最初に認識されたも

のの部分として或る意味で認識されているが，その認識が顕在的になっていない状態の認識をいう。「人間」が認識されたとき，「動物」はその部分として潜在的に認識されているが，まだ顕在的認識になっていない。なぜならそれは知性の抽象作用によって取り出されてはじめてじっさいに認識されるからである。したがって潜在的な認識は，学習済みの認識でもある。なぜなら，いずれも実際的な認識の一歩手前にあるからである。

（93）　その学習済みで潜在的な認識に関して，生成の道においてより先に知られるのは，より共通的なものであるとわたしは言う。

これが証明される。なぜなら，ある種の秩序において，完成を実現する側のさまざまな形相が，生まれながらに，完成される側の同じものを，媒介的に，または，非媒介的に，完成させる，それと同じように，いわば本性の類似の秩序において，その完成されるものを完成させるように，同じ形相がそれ自身のうちに，潜在的に，秩序をもった諸形相の完全性を含んでいる。たとえば，もしも身体の形相と実体の形相とその他の形相が別々の形相であったなら，先だって実体の形相が形態を与え，その次に身体の形相が形態を与え，等々であるように，もしも一つの形相が潜在的にそれらの形相を含むなら，それは，いわば質料を身体の根拠のもとに完成するよりも先に実体の根拠のもとに完成するだろう。そして生成の道においては，つねにより不完全なものがより先であるだろう。なぜなら，可能態から現実態へと進むからである。したがって，ちょうどより共通的なものと，より少なく共通的なものと，多数の概念が学習済みか潜在的な概念であるなら，生まれながらに，生成の道で概念を完成する。すなわち，つねにより不完全なものがより先である。同じように，もし一つの概念が潜在

的にそれらのすべてを含んでいたら，先に，より共通的でより普遍的な概念のもとにそれを完成して，そのあとで特殊的な概念のもとで完成する。——これが起源ないし生成の秩序である。

　まず，学習済みで潜在的な認識は，全体としてすでに知性のうちに取り込まれた認識である。次に，その認識が「生成の道」において，つまり知性認識の実際的生成過程において，どのような秩序であるかを問う。そして，生成過程の視点で見ると，学習済みで潜在的な認識のうちでは，より共通的な認識がより先に認識されると，まず結論を明らかにしている。

　その証明が次のようになされる。

　証明の前半で，スコトゥスは完全性の秩序，つまりより完全，より不完全の秩序，あるいは，不完全なものが完全なものへと完成されていく秩序をとりあげる。スコラ哲学（アリストテレス）の常識では，より完全なものがより不完全なものを完成させる。したがって，より完全なものが「完成させるもの」であり，より不完全なものが「完成させられるもの」である。

　自然のなかには，この秩序で見るとき，随所に同様の秩序を見ることができる。つまりさまざまな形相が，より不完全な質料を，その形相がもっている完全性の秩序にしたがって，完成させているし，一つの形相のうちに，さまざまな「部分形相」（形相性）を認めることができるなら，そのさまざまな「部分形相」（形相性）も，同じように，完全性の秩序にしたがって質料を完成させていくと考えることができる。人間で言えば，その形相は，まず実体のなかでも「人間精神」を質料のうちにつくり，次に「人間身体」を質料のうちにつくる。

　ところが，以上述べた存在における（存在を創造する神の視点における）完全性の秩序の生成は，自然の実際的生

成の道では，生成の順序が逆転する。すなわち，より多く可能態にあるものがより先に現実態化する。植物でも，芽が出て，茎が伸び，葉が広がってから，花が咲く。したがって，この場合も，より質料的なもの，より可能態的なものが，先にじっさいに認識される。より可能態的なものとは，より不完全なものである。たとえば人間が質料のうちに生じるとき，他の動物と共通的な身体のほうが，精神よりも先に生成する。つまり人間の実体は，先に身体として生成し，次に精神を吹き込まれて完成する。そのように，より不完全なもの，より共通的なものが，より先である。

したがって，実際的な生成過程においてより先に認識される学習済みで潜在的な認識は，より共通的な認識である。

さらなる疑問と答え

(94) 反対：なぜ実際的認識においては同じようでないのか？　答え：学習済みで潜在的な認識は，動かされるべきことにおいて秩序づけられた本性に即してある（しかし持続においては同時である）。実際的な認識は，そうではなくて，継起的であり，より能力があるもの，より効力のあるものが他のものを動かし，また止める。したがって動かすことは実際的認識にあって，前者にはない。

先の証明の前半と後半のギャップから，質問がある。なぜ，より完全なものの完成が先立たないのか，という問いである。

自然宇宙には本性の秩序があって，それは完全性の秩序である。より完全なものが先に（優先して）在って，下位の完全性を秩序づけている。しかし，本性の秩序を現実化

するのは形相であり，その形相が，より現実態的なものから現実態化するための力を受けて自らが現実態化することで，はじめて下位の質料が，可能態から現実態へと生成する。

たとえば家の設計ができた状態で，その設計図のように家が建つためには実際的な力が加えられなければならない。つまり設計図に見られる完全性の秩序を語るのは形而上学である。そして運動による事物の変化過程を語るのは自然学である。そのように，神が宇宙を形相（イデア）において設計しても，それがじっさいに創造されなければ現実化しない。

つまり形相は，ちょうど家の設計図のように，現実化する力の行使を「待っているもの」である。すなわち，スコトゥスがここで「動かされるべきことにおいて（in movendo）秩序づけられた本性」と言っているのは，そのように「順序立って動かされることを待っている完全性をつくる形相」のことである。

そして設計図は，どの部分から始まるということはなく，図面全体が同時にあるように，持続する時間のうちに変化していくものでも，動いていくものでもなく，どの部分も同時にある。すなわち，時間的経過を超えた局面にある。

これに対して，材料に手が加わって，設計図にしたがって家が出来上がっていくとき，土台から作られて棟上げへと進むように，じっさいの事物の動き（自然学的運動）としては，下位のものから現実化していく。したがって学習済みの認識と潜在的認識は，実際的認識との間に同じような違いが生じる。

認識の完全性の秩序

(95) 今，完全性の秩序において，——そしてわたしは区別する。すなわち，わたしたちによって「より完全に認識されるもの」は，二様に理解される。一つは端的な意味で，もう一つは，比に即して。たとえば，太陽を頼みとした太陽を見る鷲の視力は，ろうそくを頼みとしたろうそくを見るわたしの視力よりも，端的な意味でより完全である。しかしわたしの視力は，比例的にはより完全である。すなわち，太陽の見られる可能性を頼みとして鷲の視力がもつものよりも，ろうそくの見られる可能性に対する比に即して，わたしの視力は視力の根拠をより多くもっている。

生成の秩序についての検討を終えたので，次は完全性の秩序を検討する。すなわち，認識能力と認識対象の間の関係（秩序）を「認識の完全性の視点」から見たとき，どうであるかを検討する。

スコトゥスは，より完全に認識される対象は二様に理解されるという。一つは端的な意味で，もう一つは「比」（能力と対象が合っている度合い）にしたがって。そして太陽の下で対象をとらえるワシの視力は太陽のもとでの人間の視力をはるかに上回っている。したがってワシの視力は端的により完全である。しかし人間の視力は，ろうそくの光のもとでも十分な力をもつ。ワシの視力はろうそくの光では役立たない。それゆえ，太陽の下でのワシの視力の完全性よりも，ろうそくの光の下での人間の視力の完全性のほうが，その見られる可能性の比に即しては，より完全であるとスコトゥスは言う。

認識能力の比の例では，視覚的なものしか取り上げられ

ていない。したがって、この段落では、「見られる（見ることができる）可能性」も、その範囲内で理解しなければならないが、次の段落を読むと、この「見ることができる可能性」は、「知性が見ることができる可能性」に、重ねられている。したがって、「視力の根拠をより多くもっている」というのは、見ることができる力をより多くもつことであり、知性による対象認識に寄与することまで含むと思われる。すなわち、ろうそくの光の下で、人間知性は視力によって聖書を読むことができる。

(96) その区別はアリストテレス『動物論』第2巻から得られる[4]**。そこで彼は主張している。すなわち、わたしたちは非質料的なものについて最小の認識をもつ（それは「比例的に」知性認識されるべきものである）としても、しかしながら、それは質料的なものから得ることができる大いに豊富な認識よりも、さらに希求される認識である。そしてその認識が「大いに豊富だ」というのは、かの認識されるものとの比で言うのである。**

端的か比例的かの区別は、アリストテレスの説明（『動物部分論』）から得られるという。その説明というのは、天体のような崇高なもの（天球の霊魂）について地上の人間（知性）が得られる認識はわずかだが、それがもたらす喜びは大きい、というものである。他方、人間が地上のさまざまな動物について知ることができることは、実に多い。

天体のような崇高なものは知性との間に関係がある。すなわち、それは知性によって「認識されるべき対象」として、知性との間に、ある種の比（関係）をもつ。つまり、それは知性によって「認識されることを待っている対象」

---

4) アリストテレス『動物部分論』第1巻第5章（644b）

である。それだけに，それは求められる認識なのであるが，今のところ，それについて知ることができる人はごくわずかである。それに対して，地上の動物たちは感覚を通じて人間知性を動かし，人間知性がたくさんの認識を得ることができる対象である。このような対象は，その認識が希求される対象と対比するとき，むしろより多く認識されるものである。

したがって，天上のものは，それ自体としてより完全であるが，比においてより完全なものを言えば，地上の動物のほうが人間知性にとってはより多く完全な認識対象である。

(97) それゆえ認識の「端的な完全性」の秩序について話すなら，わたしは言う。わたしたちにとって認識されうるもののうちで最完全な，しかも自然本性的なものは，神である（それゆえアリストテレスは『ニコマコス倫理学』第 10 巻[5]で至福をそのうちに主張している）。そしてその次には，宇宙のなかでは最低種の形象がより完全である。そしてその次には，それに近接した形象が，と続いて，最終の形象に至る。そしてすべての最低種の形象のあとに続くのが最完全な形象から抽象される近接した類である。そのようにつねに分析によってある。そしてそれらすべてのものについて概念がある。すなわち対象に，より実際的により完全に達することは，端的な意味でより完全な知解作用である。なぜなら知性の側で言えば，端的な知解作用はどの知解作用とも等しい，あるいは，少なくともより小さくはない本質的な完全性をもつからである。そしてそれは対象の側にはるかに大きな完全性をもっている。すなわち，その二つ，能力の完全性と対象の完全性は知解作

---

5) 第 10 巻第 7 章（1177a）

第Ⅰ部　神の認識可能性

用の最完全な原因である。

　認識のうち「端的な完全性」の秩序についての論は，複数の尺度が関わっている。すなわち，能力側の完全性の尺度と対象側の完全性の尺度である。認識は，対象のもつ力と認識能力の力との協働で生じるからである。これら二つの尺度の視点で完全なものが数えられる。したがって複雑なことになる。

　能力側の完全性から見てその能力に対応できるものが「自然本性的に」認識される範囲のものである。そしてこのなかで最完全なものは「神」である。

　次に，「最低種」が最完全なものである。言うまでもなく，事物としては「最低種」ではなく「個体」において事物は完成される。したがって存在的には，個体が最完全であるが，共通的な認識しかもつことができない人間知性にとっては，すなわち人間知性の認識上は，個体にもっとも近い「最低種」が最完全なものである。

　そしてそれに近いより一般的な種，あるいは類が，より完全なものとして後に続く。そしてそれらは最初の「最低種」のうちに潜在していたものであり，それから知性によって分析的に引き出されたものである。

　そして知性の知解作用に関して言えば，どの段階でも，知解作用の完全性は等しいと言える。つまり知性の能力側では，どんな対象についても自然本性的に能力がもっている力を最大限度に発揮するのであるから，対象による違いはない。他方，知解作用が対象としている側には，たくさんのものがあり，しかもそれらは秩序の異なるさまざまな本質的完全性をもつ。

　そしてこれらを合わせたものが，端的な完全性における完全なものの秩序である。

（98）　もし認識されるものに対する比に即して完全性

について，すなわち，より完全な認識について話すなら，わたしは言う。より完全な感覚によって感覚されるものは，そして感覚をより効果的に動かすものは，比に即してより完全に認識されるものである。わたしたちの知性は感覚の認識可能性の段階に即して認識対象にそれだけ多く達することができるからである。そして感覚から遠ければ遠いものであるほど，その認識可能性の比に即して，より少なく認識される。

次に人間知性の，対象に対する比に即して認識の完全性を検討するなら，より完全な感覚（視覚）によって感覚されるもの，その感覚に適合性があるもの，そうした個体のうちでも，その感覚に訴える力のより大きいものがより完全に認識される。したがってそのようなものが，より完全な認識対象である。

(99) 第三の第一位性，すなわち，適合性の第一位性については，引き続く問いにおいて，あるいは，ほかで述べられる。

第三の，知性能力がもつ対象との適合性についての検討は，問題をあらためて，第三問題として扱うという。

第二問題の初めの異論に対する回答
―― 存在と認識可能性 ――

（**100**）　この問題の異論に対して。第1の論（6）に対してわたしは言う。「それは第一の存在者である，それゆえ，それは第一の認識されるものである」という推論は無効である。たとえそれ自身からあるかぎりでは「それゆえ，それは第一に認識されるものである」と推論されるとしても。かくしてアリストテレスが『形而上学』第2巻[1]で述べている「真理」は，それ自体における事物の明証性，あるいは，事物自身の側からの事物の知性認識可能性の意味で理解されなければならない。しかしながら，事物が存在性に対して関わるごとく，認識可能性に対して関わるのは，固有の認識可能性の度合いに即してすべての知性認識可能なものに関わる知性によって認識されるかぎりでのことである。わたしたちの知性は，そのようなものではなく，最大限度に感覚可能なものを認識する。

　第6段落の論に対して，スコトゥスは言う。存在するものは，それが存在するかぎりで認識されるという推論は，無効である。なぜなら，それは存在と認識可能性の等しい関係を前提にしているからである。この事物（存在）の側での「認識可能性」は，「事物の真理」認識の可能性として受け取らなければならない。そしてその可能性は，知性に対するそれの「明証性」evidentia によって論じなけれ

---

1) 第2巻第1章（993b）

ばならない。

　スコトゥスは，概念に対しては，知性にとって認識が「分明なもの」distinctusであることを規準として完全性の秩序を語るが，真理の認識については，知性にとっての「明証性」を規準にしている。17世紀のデカルトの明晰・判明知と比較して，スコトゥスの区別が，より精密であることは，注意しなければならない。じっさい，スコトゥスは，「明晰」clareの語は，天使のもつ認識に限定して用いている。

　ところで，事物の側にある真理認識の可能性を，そのまま知性の側のじっさいの認識可能性として主張することができるのは，事物（存在）を，その存在するままに，存在の完全性の度合いに至るまで，完全に認識することができる知性，すなわち，神の知性だけである。けして人間知性のような不完全さをもつ知性には言えないことである。なぜなら，人間知性は感覚されるものについては最大限度の能力をもつと言えるが，他方，知的存在（知性によってのみ把握される存在）に関しては，その個別性も個別的完全性の程度も，認識することができないからである。

（異論回答）感覚による認識と論証による認識

（101）　第2の異論（7）に対してわたしは，端的な原因においてでなければ結論は無効であると言う。それは具体的な例において明らかである。たとえば，もし月の蝕が二様の能力による二重の原因によって認識されるなら，すなわち，感覚と知性によって論証を得るのなら，論証の原理が最完全に認識されなければ蝕はけして最完全に認識されない。しかしながら，次のように結論されない「それゆえ，論証の原理が認識されなければ蝕はけして認識されな

い」。なぜなら，蝕は，それによって認識が可能となる別の原因をもつからである。そして，それは端的な原因ではない。しかしながら蝕は，別の原因によって，その原因によってのようには完全な仕方で認識されえない。なぜなら，その原因，すなわち，知性による認識が可能となる論証は，別の物，すなわち，感覚によって認識されるものよりも蝕の認識の完全な原因だからである。

第7段落の異論，端的に知られるものによってしか端的な認識はない，という原則論に対して答えるにあたって，スコトゥスは月に起こる蝕の現象についての認識を具体的な例として取り上げる。すなわち，月の満ち欠けは感覚が認識している。そしてこの満ち欠けは，よく見ると，月に射す何かの影によると見ることができる。ここまでは感覚による認識である。しかし月の満ち欠けは，月に射す影による現象であることは，それについての完全な原因の認識ではない。では，何の影か，ということが問題になる。いくつかの可能性が知性において考えられて，ありえないものはつぶし（分割法），残るのは，太陽と月の間に地球が入っているから，という原因がさぐり出される。

そしてこの認識を導く論証の原理は，後述の第四問題回答（236）にあるように，光源との間に入った不透明なものは，ほかの不透明なものに対して影をつくる，という経験的に自明な原理と，地球は，太陽と月の間に入る不透明なものである，という二つの経験的に自明な原理である。このような原理の認識は，知性による認識であり，この認識は，先の感覚による認識よりも，より完全な認識である。

つまり月の蝕の認識は，感覚と知性の二つの能力を原因としてあり，またそこから得られる論証によって，完全な仕方で認識される。

しかしこのような認識は，すべての人間がもつ認識で可

能なのではない。これについても第四問題の回答（237）において，後述される。

（異論回答）被造物がもつ認識原因と神がもつ原因

（**102**）　提示されたものは次のようなことである。神の本質という，それ自身の認識の原因を除けば，どの被造物もその認識の別の原因，すなわち，それ自身の知識を生まれながらに生じるところの固有の本質をもつ。しかしながら，自身の動きによって，けして神の本質のごとくに完全な仕方で事物が認識されることはない。したがって「もし最完全なら，最完全に，したがって，もし端的に，であれば，端的に」と論じて，結果から原因へと推論があるのではない。なぜなら，その最完全な仕方で受け取られたものは端的な原因でありうる，つまり類のうちで「最完全」である。しかしながら，端的に受け取られたものは，類のうちの結果の端的な原因ではない。

異論第7段落で述べられていることは，次のように受け取ることができる。すなわち，神の本質は神自身を動かして神自身の知識の完全な原因となる。他方，被造物のほうは，そのような本質ではなく，それ自身とは別のものを動かして別のものの認識となる（ほかのものが，それを認識する）原因である。この場合の認識は完全な仕方の認識ではない。

すなわち，被造物も生まれながらに認識を生ずる本性であるが，自身のうちに，ではなく，他者のうちに知識を生ずる本性である。しかしまた，その本性は，それ自身のはたらきで他者に認識を引き起こす原因をもつが，その動きによって完全な仕方で自身を他者に認識させる力とはなら

ない。つまりある知性に，ある対象についての認識を引き起こす力を「ある現実態」と見なしたとき，その現実態はその対象についての知識をその知性に完全な仕方で引き起こす力をもたないと，スコトゥスは言う。

　この不完全さは，それが被造物であるがゆえの不完全さである。つまり知性認識の対象となる事物の側に，不完全性があって，それは知性を不完全にしか動かすことができない。したがって，それは神の本質のような意味で，つまり端的な意味で（完全性の意味で），原因ではないし，端的な意味での結果（知識という結果）を生ずるものではない。しかし，類（範疇）という被造物の範囲では，その結果（知識）は「最完全なもの」であると言える。他方，感覚に認識されたものは，類のうちの知識という端的な結果の端的な原因ではない。

　（103）　第3の異論（8）に対して。大前提は完全性の第一性について語るかぎりでは真であるが，適合性の第一性について語るかぎりでは真ではない。例：視力は，端的には色の根拠のもとに何かを対象としているのではけしてない。すなわち，それが遠くに，あるいは，不完全に見られているのではないかぎり，この色，あの色，すなわち，白とか黒の根拠のもとにあるのではない。ところで，端的に色の根拠のもとに或るものを対象とする視力は，最大限度に完全ではなく，最大限度に不完全である。「したがって，能力の最完全なはたらきはその第一対象に関してある」は，真である。すなわち，適合性において「第一のもの」ではなく，完全性において「第一のもの」である。なぜなら，それは適合的第一対象のもとに含まれたものの内で最大限度に完全なものであるから。そしてそれゆえ，ア

リストテレスは『ニコマコス倫理学』の第10巻[2]で,「行為における最完全な喜びは, 能力のもとにあるところの対象のうちで最高の対象についてある」と言っている。すなわち, その能力の適合対象のもとに含まれた最高のものに関して, 最完全な喜びはある。したがって神が第一の認識されるものであり最完全なものであることは, それが証明している。わたしはそれを認める。しかし, それは適合した第一のものではない。これについては引き続く問題において。

　第8段落の論に対して, その大前提「能力の最完全なはたらきは, 端的な意味での第一の対象についてある」は, 適合性の第一性については真ではなく, 完全性の第一性について真であると, スコトゥスは言う。

　第1の異論に対する回答で述べられたように,「完全性」には能力の完全性と, その対象側の事物の完全性とがあり,「適合性」はこれとは異なる。後述されるが, 認識能力の「適合性」は対象と能力の関係であって, 対象のみの端的な完全性ではないし, 能力のみの端的な完全性でもないからである。したがって, 人間の視力は, 適合的には, 色を第一対象としているが, 完全性としては, 色という不完全なものを対象としている不完全な能力である。

　すなわち, 視力という感覚能力の完全性について言うなら, 色をもつものしか把握できない視力は把握能力としてはまったく不完全である。しかし, 視力は, 感覚という最不完全なもののなかでは, つまり触覚や味覚ないし嗅覚と比べて, 対象の把握力は, より完全である。そしてその能力は, 色をもつもののうちの最完全なものについて, 最完全にはたらく。

　これと同様に, 知性という認識能力は, その適合対象の

---

[2] 第10巻第7章（1178a）

なかで最高のものについて，最完全にはたらく。ところで，知性の適合対象のうちで最高のものとは，神である。それゆえ，知性は神について最完全な喜びがある。このことはスコトゥスも認める。しかし，それが人間知性に適合した第一のものではない。

しかし，適合性については，続いて，第三問題で扱うと言っている。

（異論回答）否定的，欠如的に規定されていないもの

（**104**）　第二問題に向けた第一の系論においてかの見解が述べていること，すなわち，否定的に規定されていないものと，欠如的に規定されていないものについて（**22**），もし彼が起源的な第一性についてそれを理解しているなら，彼は第二問題の第一の系論（**74**）において矛盾したことを言っている。

ここから，第二問題の異論，第22段落以下でヘンリクスの見解に沿って述べられた異論に対するスコトゥスの回答がある。まずヘンリクスの見解に矛盾があるのではないか，という。

（**105**）　「否定的に規定されていないもの」は，「欠如的に規定されていないもの」よりもより多く規定されていないものであると論じられるとき，わたしは否定する。提示された見解に沿うように規定されていないものについて語るかぎり，すなわち，それはどのように最初に知性認識されたものか。なぜなら「否定的に規定されていないもの」は，個物であるから。そしてそのようなものは「欠如的に規定されていないもの」よりも，より多く規定されていな

いものではない。しかしながら否定的な規定されないことは，すなわち，規定されることに対して矛盾することは，たとえそれがある意味で欠如的に規定されないことよりも大きいとしても，そのような規定されていないものが先だって知性に生起することはない。なぜなら，前述したように，そのようなものは混雑したものではなく，認識可能なもののうちで最大限度に分明なものであるから。

　スコトゥスは人間の認識を検討していくことにおいて，ヘンリクスと同じ視点として実際的な認識の生成過程を考えている。つまりスコトゥスは，最初に知性認識の対象となるのは感覚がとらえる無規定な個体であり，知性が独自に認識するのは，それにもっとも近い「最低種」であると考えるので，ヘンリクスが最初に認識するものを「否定的に規定されないもの」と呼び，「欠如的に規定されないもの」と呼ぶとき，前者を感覚のとらえる個体と見なし，後者を知性認識の始まりと見なす。

　しかしスコトゥスによれば，前者は後者よりも規定されていないものではない。というのも，スコトゥスの論理では，個体のもつ個別性をはずしたものが抽象認識のはじめにある「最低種」であるから。

　ところが，ヘンリクスによれば，最初に認識されるものは「存在者」とか「事物」である。つまりそれが，「欠如的に規定されないもの」なのである。

　ところで，規定されないことに対する矛盾は最大限度に規定されることだとすれば，それは個体だろう。またそれは，欠如的に規定されないことより，より多く規定されることだとすれば，否定的に規定されないもののほうが「規定」することで認識（分別）する知性に先に生起することはない。そのように，スコトゥスは言う。なぜならこの場合，否定的に規定されないものは「個体」であり，欠如的に規定されないものは，スコトゥスの論理では「最低種」

第Ⅰ部　神の認識可能性　　　　　　　　　　　　173

である。個体のほうが最低種よりも知性に先に生起するということは間違いである。

　スコトゥスによれば，最初に知性に生起する欠如的に規定されないものと言えるのは，むしろ最大限度に分明な「存在者」の概念である。そしてそれは最大限度に共通な概念である。

　（106）　さらに第二の系論において彼は推論的知識において（22）神は最後に認識されるものであると論じている。なぜなら「抽象がそこからあるところのものが，先に認識されるからである」。このことは，抽象がそこから生じるものが認識され，それによって他のものが認識されるように，抽象を一つの知識から他の知識への，ある種の推論と考えるときにのみ真である。そしてもしそのように抽象を理解するなら，抽象によるそのような認識は，抽象にとって第一の認識ではない。なぜなら，もし神が被造物を通して認識されるなら，推論は神に向かってなされるので，神に属するある概念をあらかじめもたなければならない。なぜなら，推論は目的となる名辞に属する何らかの概念を前提するからである。したがって彼が受け取っている真理文は誤りであるか，あるいは，もしそれが真であるなら，神はその前に推論的に知られているものであり，前もって知られたものであると結論する。かれは，おそらく，このことを認めていたのだろう。

　スコトゥスによれば，ヘンリクスは，抽象を一種の推論的認識と考えている。しかし，抽象が推論的認識であるなら，推論を支える第一の認識は推論の前提であって，推論の最後に知られるものではない。ところで，ヘンリクスは推論によって最後に知られるものは神であると言っている。それゆえ，抽象にとっての第一の認識は神ではない。じっさい被造物を通して神が知られる。ところで，被造物

から神が推論されるとすれば、この推論を支える概念は神と被造物に属する概念でなければならない。なぜなら、論証の中項は前提と結論をつながなければならないからである。

そしてその概念は、神に属するものであるかぎり、或る意味で神であり、被造物に属するかぎり、或る意味で被造物である。

それゆえ、ヘンリクスの真理文、神が最初に知られるという真理文は誤りであるか、正しいとしたら、むしろ推論する前に、前もって神に属するものが知られているという意味であろう。すなわち、後者の意味で、はじめに神が知られていると考えたのであろうとスコトゥスは言う。

(107) ところで、彼は次のことを付け加えている (23)。すなわち、自然本性的に第一に認識されるものであるかぎりの神は、「ほかのものどもから区別されない」。なぜなら、それはそれが被造物から区別される点において把握されないからである。この点で彼は、自分の言うことに矛盾していると思われる。なぜなら、彼は以前に、神は「否定的に規定されていないもの」として知性によって自然本性的に認識される第一のものであると言っていたからである。そして彼は、この概念において神は被造物から区別されると言っている。なぜなら、それは被造物に一致しないからである。

スコトゥスによればヘンリクスはあちこちで矛盾したことを言っている。つまり或るところでは、自然本性的に最初に認識される神の概念はほかのものから、つまり被造物から区別できないと言っている。そして或るところでは、神は否定的に規定されないものとして認識され、その概念は、被造物に一致せず、被造物から区別されると言っている。スコトゥスによれば、このような矛盾した見解はまっ

たく学的真理ではない。

第三問題

――知性に適合する第一対象は何か――

（**108**）　同様に，第二問題の第3項において知性の第一対象，すなわち，適合した，かつ，端的な第一対象について触れたが，神は，旅人の知性にとって自然的な適合した第一対象であるのかどうか問われる。

能力の第一対象は適合性の視点で述べられると，すでに言われている。第三問題でこの視点から見た人間知性の第一対象が検討される。すなわち，「旅人の知性」，言い換えれば，「神に会えることを楽しみに，この世を過ごす人間の知性」にとって，その生まれもった知性の自然な力において適合する第一の対象は，はたして神であるかどうか。

（異論）「神」が第一対象である

それは次のように論じられる。

なぜなら，先行する問題から，神は第一のものである。すなわち，すべての認識可能なものの間で最完全なものである。「ところで，各々の類において第一のものは，その類のうちにある他のものの存在の原因である」と，『形而上学』第2巻[1]で言われている。明らかに「第一の熱いものは，他のすべてのものにおける熱さの原因である」。そ

---

1) 第2巻第1章（993b）

れゆえ，神は，他のすべてのものの認識の根拠である。したがって，知性の第一対象である。

人間知性の自然的適合的対象において第一のものは神であるか，という問題は，次のような見解によってまず理解されている。

アリストテレスによれば，各類のうちで第一のものは，その類のうちのほかのものの存在の原因である。たとえば，火のような，第一の熱いものは，他の熱いものがもつその熱さの原因である。ところで神は認識されるもののうちで最完全な第一のものである。それゆえそれは他のすべてのものの認識の根拠である。したがって神は知性の第一対象である。

（異論）存在するだけ認識される

（**109**）　さらに，「各々のものは，存在と関わっているように，認識と関わっている」。ところで，何ものも，分有によらない存在者からの分有によってでなければ，存在者ではない。それゆえ，分有によらない存在者を先に認識することなしには，何も認識されない。このことは，アウグスティヌス『三位一体論』第8巻第5章「わたしたちが，一方は他方よりも『より良い』と判断し，それは真であると言うことができるのは，善の知識の印刻があればこそ，である」で確かめられる。ところで，彼はそこで，「否定的に規定されない」善について語っている。彼はそれについて同じ章で「善そのものを見よ，そして君に能力があるなら，君は神を見るだろう」と言っている。このことばは，「否定的に規定されない」善についてでなければ真であるとは思われない。すなわち，それは規定されるものではない。第一の善とは，そのようなものである。

存在と認識の関係の原理を取り上げて、今度は、それを分有論と結びつけている。分有論では、他者を分有することで存在するものと、自分は他者に分有されるが、自分は他者を分有することで存在しているのではないもの（ただ他者に分有されるだけの存在）とに、存在者は二分される。そして後者の存在者が先に存在して、前者の存在者は、それを分有して存在する。そうであれば、認識も、後者の認識が先であり、それにもとづいて、前者の認識がある。

ところで、プラトンの分有論をキリスト教神学に取り入れたアウグスティヌスによれば、後者の存在とは、一なる善であり、真理である。言うまでもなく、それは神である。ヘンリクスによれば、それはまた「否定的に規定されない善」である。アウグスティヌスも「善そのものを見よ」と言っている。したがってそれは善の規準、真理の基準としてはじめに認識できるものである。

（異論）トマス・アクィナスの説

(110) この問題には1つの見解がある。彼は言っている。わたしたちの知性の第一対象は質料的事物の何性である。なぜなら、能力と対象は比例しているから[2]。

前述からの続きとして第三問題の背景を示したあと、この第三問題を論ずるために取り上げなければならない異論の代表格をスコトゥスは紹介する。

すなわち、人間知性の適合対象は質料的事物の何性（本質）であるという説である。これはアリストテレスにもとづくトマス・アクィナス（1225-74）の説である。

そしてその説を導いた原理は、能力と対象の「比例」と

---

2) トマス・アクィナス『神学大全』第1巻第84問題第7項

第 I 部　神の認識可能性

いう原理である。

（**111**）　じっさい，3様の認識能力がある[3]。ある種のものは，存在においてもはたらきにおいても質料からまったく離存している。たとえば離存知性のように。また或るものは，存在においてもはたらきにおいても質料と結びついている。たとえば器官的能力のように。それは存在において質料を完成し，存在においてと同様に，はたらく際にそこから離れることのない器官を媒介にしてはじめてはたらく。また或るものは，存在においてのみ質料と結びついて，はたらきの際には質料的器官を用いない。わたしたちの知性のように。

存在者のうちには，その本質のうちに質料をもつものと，もたないものがある。また，存在するために質料をもつものでも，存在する以外の何かのはたらきにおいて質料に依存しないものがある。このように，3様の存在の仕方があり，これに応じて（比例して）3様の認識の仕方がある。一つは，存在することにおいても認識のはたらきにおいても，質料にまったく依存しないもの。たとえば，天使のような質料をもたない存在者の知性。一つは，質料に依存して存在し，認識のはたらきにおいても質料的なもの，たとえば身体的な感覚器官の能力。つまり五官。また一つは，その存在においては身体という質料に依存して存在しているが，その抽象というはたらきにおいて，質料から離れてはたらく認識能力である。それが人間の知性である。

（**112**）　ところで，こうした能力に対して，独立した比例した対象が対応している。じっさい，完全に離存した能力には，すなわち，第一の能力には，質料から完全に離存

---

[3]　トマス・アクィナス『神学大全』第1巻第85問題第1項

した何性が対応していなければならない。第二の能力には，完全に質料的な個物が対応していなければならない。したがって第三の能力には，質料的な事物の何性が対応している。それは，たとえ質料のうちにあっても質料的個物として認識されるものではない。

　能力側の存在が質料と形相の複合ないし形相のみの存在であることと比例するように，その3様の認識能力に対応して，認識される対象が3様に存在する。そして第一の認識能力，質料から離れた存在をもつ能力に対しては，質料から完全に離れた存在の本質が対応している。そして第二の能力，感覚器官の能力に対しては，質料的な個体が対応している。そして第三の認識能力には，質料的事物のうちにある何性（本質）が対応している。

トマスの説に対するスコトゥスの論

　（113）　反対：その主張は神学者によっては支持されない。なぜなら，知性は，至福者の霊魂についての信仰によれば，同じ能力として自然本性的に存在しているあいだに，非質料的実体の何性それ自身を認識するからである。ところが，同じものとして存続する能力は，その第一対象のもとに含まれていない何かに関して，はたらきをもつことはできない。

　人間知性が質料的事物の何性を第一対象としていて，これに含まれない対象をとらえることはできないという見解は，キリスト教神学者の立場では肯定できない。なぜなら信仰の真理にしたがえば，善き魂は，死後，屍から離れて神のもとにゆき，そこで神を見ることができると約束されているからである。神は純粋な非質料的実体である。人間知性がその能力のままに，その本質を変えずに（変わるな

ら，その知性は，もとの人の知性ではない）神を見ることができるとするなら，人間知性の適合対象は質料的事物の本質を超えて，何らかの仕方で非質料的事物を含むと主張しなければならない。

（**114**）　もし君がそれは恩寵の光によって引き上げられてかの非質料的実体を認識するに至るのだと言う[4]のなら，反対。学習知の第一対象は能力の第一対象のうちに含まれている。あるいは少なくとも，それを超えない。なぜなら，もし学習知が能力の第一対象に含まれない対象，むしろそれを超えている何らかの対象に関わるのなら，そのときには，その学習知はその能力の学習知ではないだろう。それはむしろその能力を別の能力にしてしまう。この論が確かめられる。なぜなら，能力は，それがそのうちにある本性の第一の印しのうちに各々の第一対象をもつとき，能力の根拠を前提する本性は，後なる何ものによっても，別の第一対象を成り立たせることはできない。ところが，すべての学習知は自然本性的に能力を前提にしている。

　恩寵の光によって引き上げられて，という説はトマス・アクィナスの説（『神学大全』第 1 巻第 12 問題第 5 項，および，第 1 巻第 89 問題第 2 項）である。

　スコトゥスは，ハビトゥス（学習）論で反論している。

　「ハビトゥス」（学習）とは，能力が自分のはたらきを通じて「獲得すること」である。身体であれば，それを動かすことによって，幼児が歩けるようになるとか，自転車に乗れるようになるとか，ボールを上手に扱えるようになるとか，さらにスポーツ選手のように抜きんでた卓越性を得

　　4）　トマス・アクィナス『神学大全』第 1 巻第 89 問題第 2 項，第 1 巻第 12 問題第 5 項

ることが，すべて身体能力の学習（ハビトゥス）である。知性であれば，得られた「認識」はすべて学習（ハビトゥス）であり，また知的な卓越性と見られるさまざまな美徳も，経験を通じて得られる学習の一つである。たとえばキリスト教の「信仰」も，知性の学習である。

ただし信仰のうちでも「恩寵」と言われる側面は，それが神からの一方的な賜物であるかぎり，知性の側のはたらきによらないとされる。とはいえ，認識も対象から得られるものであるかぎり，やはり人間知性の創造物ではない。そのかぎりでは，やはり恩寵も含めて，知的認識も，精神的な美徳ないし卓越性も，知性が「学習して獲得したもの」（ハビトゥス）である。

したがって，ハビトゥスは能力のはたらきを前提している。信仰も，知性のはたらきがないところには成立しない。また，能力のはたらきが及ばない対象についてのハビトゥスはありえない。それゆえ，人間知性のはたらきが本性的に及ばない対象についてのハビトゥスはありえない。

したがって，スコトゥスによれば，人間知性のはたらきが本来及ばない（その第一対象にいかなる仕方でも含まれない）ものに対して，本性的に後となる特別なハビトゥス（恩寵）によって能力のはたらきがあらたに及ぶことができるようになることはありえない。

アリストテレスの見解を想定する

（115）　さらに，もしその見解がアリストテレスによって主張されるとしたら，すなわち，わたしたちの知性はほかの知性，すなわち，神の知性，天使の知性のなかにあって最低のものである。そしてその認識に際して感覚表象の能力と結びついている。そのために，ちょうど感覚表象が

共通感覚との間に何も介在しない秩序をもつように，わたしたちの知性は感覚表象との間に何も介在しない秩序をもつ[5]。そしてそれゆえ，ちょうど感覚表象が共通感覚の対象以外のものによっては動かされないように，たとえほかの仕方で同じ対象を認識するとしても，と主張したとすれば，同様に，わたしたちの知性はたんにある事情のためだけでなく，能力の本性から，感覚表象から抽象されたもの以外には知性認識することができないと彼は言うだろう[6]。

ここで問題になっている異論はアリストテレスの哲学にもとづくものである。すなわち，彼がこの問題について発言するとしたら，という仮定でこの異論が作られている。すなわち，アリストテレスは天使の知性や神の知性は前提にしていなかったが，前提にしていれば，それらのなかにあっては人間知性は最低レベルにある知性であると言うであろうし，その知性は感覚表象と結びついていると言うに違いない。

またアリストテレス『霊魂論』第 2 巻第 6 章に説明があるように，個別感覚はそれぞれ異なるものを対象としていて欺かれることがない。しかし，どの感覚にも，共通に「運動と静止と数，かたちと大きさ」が含まれている。それぞれの感覚はそれぞれ認識の限界があるが，それでも「運動と静止と数とかたち」における共通な感覚をもつことで，たとえば，嗅覚の情報と聴覚の情報，また視覚情報が結び付けられ，感覚の「表象像」がつくられる。つまりさまざまな感覚が「この事物」についての，あるいは，「あの事物」についての情報として認められ，一つの表象像として受け取られる。

---

5) トマス・アクィナス『神学大全』第 1 巻第 89 問題第 1 項
6) トマス・アクィナス『神学大全』第 1 巻第 88 問題第 1 項

したがって個別感覚とそのうちの共通部分である共通感覚は，直接に感覚表象（感覚される像）を生み出す。それと同じように，感覚表象から知性の認識が生ずるとき，その間には，介在する能力はないのであるから，感覚表象のみが知性を動かす。ちょうど共通感覚が直接に感覚表象の能力を動かして表象像をつくるように，である。それゆえ，知性は感覚表象から抽象されたもの以外のものを認識することはないと，アリストテレスは言うだろう。

具体的な原因を求める自然的願望がある

（116） これに反対して三つの仕方で論じられる。第一に，なぜなら結果を認識する知性のうちで自然的願望は原因を認識することであり，普遍的に原因を認識する知性のうちで自然的願望は，その原因を特殊において，分明に，認識することである。ところで，自然的願望は願望するものの本性からして不可能なことのためにあるものではない。なぜなら，不可能なことのためにあるとしたら無駄なことになるから。それゆえ，知性の側から言って知性が特殊において非質料的実体を認識することは，不可能ではない。そしてその認識対象から知性は，その結果であるところの質料的なものを認識する[7]。──かくして，知性の第一対象は，非質料的なものにまで及んでいる。

異論へのスコトゥスによる反論は 3 通りあって，その一つは，自然本性の願望によるものである。すなわち，結果を認識している知性は，原因を認識したい願望を自然本性的にもつ。そして普遍的に原因を認識している知性は，今度はそれを特殊において分明に知りたいという願望を自然

7） トマス・アクィナス『神学大全』第 1 巻第 88 問題第 2 項

第I部　神の認識可能性

本性的にもつ。つまり原因を一般的に知っているだけの知性は，今度はその原因を「これ」として分明にとらえたいという願望をもつ。そして自然本性的な願望は，もしそれが不可能なことなら無駄な願望になる。しかし自然に無駄はないとアリストテレスは言っている。したがって自然界の最終的な「この」原因，すなわち，非質料的実体を知りたいという願望は知性自身の能力の本性からすれば，不可能ではないに違いない。したがって知性の第一対象は非質料的な実体にまで及んでいるに違いない。その意味で，それを第一対象から外してしまってはならない。

能力の対象は最大限度に共通なもの

（117）　さらに，どんな能力であろうと，自身の第一対象の概念よりも共通な概念のもとに在るいかなる対象も認識することはできない。これは第一に，理によって明らかである。なぜなら認識できるとすると，その第一対象の概念は能力に適合したものではないことになるだろうから。そして，具体例によって明らかである。じっさい視覚はその第一対象である色か，あるいは光の概念よりも共通な概念によって何かを認識することはできない。ところで，知性は想像される概念よりも，より共通な概念のもとにある何かを認識する。なぜなら，知性は共通な存在者の概念のもとにあるものを認識するからである。そうでなければ，形而上学はわたしたちの学ではけしてないことになるだろう。したがって，云々。

　第二に，能力の第一対象はその能力の対象領域を完全にカバーして，なおかつ，過大も過小もまったくないものでなければならない。能力のそれぞれが異なる適合対象をもつことで，その能力の必要性，あるいは，存在価値，存在

意義を明らかにするからである。したがって第一対象以上に共通な根拠のもとにあるものは，その能力の力はまったく及ばない。これは第一対象の定義という「理」（ロゴス）によるものである。

　他方，事実としても，視覚はその第一対象である色や光を超えて対象をとらえることはできない。たとえば，匂いを見ることができる視覚はない。あるいは，人が何を考えているかを見ることができる肉眼はない。

　他方，知性は，感覚情報を通じて得ることができる像を組み合わせて，さまざまな像による認識をもつことができるが，知性の認識能力はそのことに限定されているのではない。なぜなら，もしもそうだとすれば，人間は「実体」ないし「本質」についての認識をもつことができないだろうから。また「抽象」や「推理」を通じて，「存在」全体について考察する形而上学という学問がある。しかし「存在」の共通性は「感覚される像」の共通性を超えているのであるから，感覚表象できるものに知性の能力が限定されているとは言えない。

　したがって，知性の第一対象は質料的事物の何性（本質）ではない。

（**118**）　さらに，第三に，そしてそれは第二のものと同じものに帰着する。すなわち，何であれ，認識能力によって自体的に認識されるものは，その第一対象であるか，あるいは，その第一対象のもとに含まれているか，そのいずれかである。存在者としての存在者は，感覚されるものよりも共通的であり，自体的にわたしたちによって知性認識される。そうでなければ，形而上学は自然学を超える学ではないことになるだろう。したがって，存在者よりも特殊なものはわたしたちの知性の第一対象ではありえない。なぜなら，そうでなければ，存在者はそれ自体においてわた

したちによってけして知性認識されないだろうからである。

　第三の反論は，実質，前段の第二のものと変わらない。感覚表象されるものに限定しての科学は，自然学である。古来，「存在者としての存在者」（存在するかぎりの存在）を研究する形而上学は，それを超えている科学である。もしも形而上学が人間の科学ではないとすれば，「存在者」はそれ自体で人間の知性には認識されないと言わなければならない。つまり存在者の一部は認識できても，それを全体としてとらえることはできないと言わなければならない。この場合，形而上学者は「存在者」ないし「存在」の研究をしていても，それは「存在者としての」存在者，あるいは，「存在であるかぎりの」存在を研究していると自負することはできない。

　形而上学（哲学）は，近代に，感覚を超えた認識は確実ではないという批判を受けて，一般知識についての批判ないし吟味となった。現代では，たとえば「人間存在の研究」であるとか，特定の「限定された存在の研究」としてのみ，「形而上学」が知られている。つまり現代の形而上学者は「存在の全体」を研究対象とすることをあきらめている。

　中世の形而上学者は，そうではなかったのである。

アリストテレス的異論は誤り

（119）　したがって，第一対象について述べられた見解（110）のうちに誤りが隠れていると思われる。すなわち，能力の本性から見た能力について語るところで，誤りが主張されている。以上のことから，次のことが明らかである。すなわち，もしその見解の道によって第一の問題が解

決されるなら[8]，すなわち，感覚されるものの何性が第一対象であって，神でも存在者でもないと言うのなら，解決は誤りから始められている。

　人間は，今現在という歴史状況のなかにつねに居る。スコトゥスによれば，その特殊性を考えて，人間知性はいまのところ，ここまでの範囲，すなわち，感覚されるものである範囲で認識をもつことが可能だ，ということと，人間知性は，それ自体の能力として，それを超えた範囲ではたらくことが可能だということは，区別されなければならない。つまり一方は「現状の範囲」を考えていて，他方は，現状を超えて「それ自体の能力の可能性」を考えている。スコトゥスは，「能力の第一対象」は，後者の視点で考えなければならないと言う。

　そして前者の視点で第一対象を考えて，感覚されるものの何性に限定するなら，神は知性の認識対象からはずれる。つまり神については，感覚も知性も，認識できないと認めなければならない。そしてそうであれば，人間が「信仰をもつ」ことは少なくとも哲学的には「根拠がない」，つまり「可能性がない」ことになる。言うまでもないが，これはキリスト教神学の立場ではとうてい容認できない[9]。したがって前者の視点で考えるべきではないということである。

（**120**）　その見解に付け加えられた比例的一致の論（112）は無効である。なぜなら能力と対象は，存在の仕方において似ている必要はないからである。じっさい，それらは動かされるものと動かすものの関係にある。そして

　　8）　トマス・アクィナス『神学大全』第1巻第88問題第3項
　　9）　この問題についてトマス・アクィナスは，彼の『神学大全』第1巻第88問題の三つの項において詳しく論じている。（日本語版トマス・アクィナス『神学大全』全集第6巻）

それは似ていないものとして関係している。なぜなら，現実態と可能態として関係しているからである。他方で，それらはたしかに比例したものではある。なぜなら，その比は，比例しているものの間の非類似を要求しているからである。ちょうど比のうちで共通的であるように。それは，質料と形相で，部分と全体で，原因と結果で，そしてほかの比例したものの間で，明らかである。したがってその種の能力の存在の仕方から，対象における類似した存在の仕方を結論することはできない。

第112段落に対するスコトゥスの反論である。スコトゥスによれば，能力と対象は動かされるものと動かすものの関係にあるだけで，存在の仕方が似ているのではない。じっさい，動かすものは現実態にあり，動かされるものは可能態にある。それらは相互に対比される。そして，対比されるものの間の，むしろ「類似しない面」で運動が生じている。エネルギーは高いほうから低いほうへ，自然に流れる。それゆえ，現実態と可能態，質料と形相，部分と全体，原因と結果と，非類似のものが対比され，それらの非類似性の間で，運動が生じる。

（異論）認識は対象と類似する

（**121**）これに反対する意見がある[10]。なぜなら，たとえ作る側の能動者は対象とは非類似であるとしても，そしてそこには受け取る者があるとしても，しかし，認識作用において作用するものは，それがはたらきかける対象に類似

10）トマス・アクィナス『神学大全』第1巻第85問題第2項，アリストテレス『霊魂論』第1巻第2章（404b-405a），第3巻第8章（431b-432a）

しなければならないからである。すなわち，認識作用における作用者は受動者ではなくむしろ能動者で，かつ，類似するものである。なぜなら，認識が類似化によって生じることにはだれもが一致しているからである。またアリストテレスもこの点に矛盾することは言っていない。したがって認識作用においては，比のみではなく，類似性も要求されている。

スコトゥスの回答への反論である。認識作用は一般的に，自己認識ではなく，「他者の」認識であるから，認識作用において能動的に対象（他者）に関わるもの，すなわち，作用者と，その対象（他者）との間に，非類似があることは認められるし，認識作用には，その認識を受け取るものが別にあることが認められる。しかし認識作用は，対象にはたらきかけてその類似像となってその像が受け取られるのであるから，この作用者は能動的に対象と類似化するものである。アリストテレスを含め，だれもがこれを認めている。したがって，認識作用においては類似性が要求されている。

（異論回答）類似するはたらきと「在り方」

(**122**) 回答。能力それ自体におけるそれ自身の存在の在り方について述べることと，能力の本性とは別ものである第二現実態のもとにあるかぎりでの能力について述べること，言い換えると，第二現実態に近接した資質をもつ能力について述べることは，別のことである。しかし，今，認識している能力が認識対象に類似することが言われた。それは真である。対象のある種の類似であるそれ自身の認識するはたらきを通して，すなわち，認識の際に近接した資質となった形象による類似を通して，認識はある。しか

し，このことから，それ自身において知性が，自然本性的に対象の存在の在り方に似た存在の在り方をもつことは，あるいは，その逆を結論することは，偶性についての誤りと言表の誤りを生ずる。たとえば，「像を入れることで似せられている銅銭は，カエサルに似せられた銅銭である，それゆえに，銅銭は，それ自体においてカエサルの在り方と類似した在り方をもっている」とは結論されない。それと同じである。あるいは，提示された真理文に即して言えば，「対象の像を通して見ている視覚は，対象に類似している，したがって視覚は対象の在り方に似た在り方をもっている」，そしてさらに同じように，「ある種の見えるものは質料をもっている。それは消滅の原因であり，混合したもののように矛盾の可能態にある。またある種の見えるものは，天体のように，そのような質料をもたない。それゆえ，ある種の視覚像はその種の質料のうちにあり，ある種の視覚像はその種の質料なしにある」。すなわち，「ある種の器官はその種の質料のうちにあり，ある種の器官はそうではない」。あるいは，さらに，提示された真理文に即して，「対象の類似であるところの神の精神のうちのイデアは，非質料的である，それゆえ，それとの類似がある石もまた，非質料的である」。したがって，認識する際の様式においてのみ感覚を超えるように「知性をその能力の本性として」感覚的対象に制限することは，その比例的一致論に即した比例的一致であるとは思われない。

　反論に対するスコトゥスの回答の趣旨は，この段落の後半の数々の具体例で明らかである。すなわち，能力それ自体は第一現実態において存在している。異論が述べる比例的一致論は，この第一現実態における能力の存在様式が対象の存在様式に似ている，という論である。しかし，認識能力が対象と似るのは，認識能力が偶性的に認識のはたらきをする際であって，それは第二現実態に属することがら

である。したがってスコトゥスによれば，比例的一致論による異論は，この二つを混同している。カエサルの像はカエサルに似ているが，カエサルの像を刻んだ銅銭がカエサルと類似した在り方をしているのではない。なぜなら，カエサルは人間であるが銅銭は銅であるから。また神の知性のうちのイデアは，非質料的在り方をしているが，それの模倣として在る地上の石は，質料的在り方をしている。

追加された論

（**123**）　アリストテレスとこの問題における「記述」[11]の考え方とは，一致する。すなわち，「感覚されるもの」を固有の意味にとり，感覚されるもののうちに本質的に，あるいは，潜在的に含まれたものを併せて理解することによって，今は，感覚される事物の何性が適合対象である。別の仕方で，何性を「種的なもの」と理解することによって（離れてあるか，あるいは，潜在的に含まれたものか，いずれも同じものに帰着する）も，感覚される事物の何性が適合対象である。したがって，今，最高の感覚能力の適合対象が知性の適合対象ではない。なぜなら，彼は，存在者に至るまで，すべてが感覚されるもののうちに本質的に含まれていると理解しているから。その無差別性のもとに，いかなる仕方でも感覚は存在者を認識しない，そしてさらに，潜在的に含まれたもの，たとえば関係も，感覚は認識しない。またここで，感覚されるもののみが知性を動かす対象であると区別すべきではない。すなわち，目的となる存在者は，あれこれの感覚されるもののうちに含まれ

11）　この「一節」は，テキスト編集者の註によれば，後の第186-187段落の一節を指している。

ているゆえに，**知性をたんに規定するだけでなく，動かしている。少なくとも，それ自体から生じたか，ほかから生じたか，記憶のうちの固有の形象によって知的実体を規定するだけでなく動かすのである。**

　以下，この123段落と124段落は，追加で挿入された論である。スコトゥスの論は，知性能力それ自体は感覚的なものに制限されないものであるが，この現況においては，つまり身体のうちにある知性の状況では，知性は感覚的なものに含まれたものしか認識することができない，という主張である。したがって現況の事態を知性そのものと見るのならば，スコトゥスの意見はアリストテレスの主張と一致する。「すなわち」の前，この段落の出だしの一文は，そのことを意味している。

　ところが，スコトゥスにとって知性は感覚的なものに制限されていない。しかしこのことは，経験的に自明なことではなく，信仰による論理によって主張されることである。信仰によれば，感覚的なものを超えて知性は神の認識をもつことがある。したがって神学者としては，知性は感覚的なものに限定されていないという立場をとる。

　他方，形而上学が感覚的なものを超えていることは，ただ「ロゴス」(ことば)がもつ論理性を通じた超越性（共通普遍性）において言えるだけである。この超越性をどの程度実在的なものと見るかが，形而上学の科学性を判断する尺度になる。スコトゥスは中世の形而上学者として，その実在性を主張していることはたしかである。そして，スコトゥスにとってのアリストテレスも，おそらく同じである。

　以上のことから，この段落の解釈が繊細になる。「何性」が，「種的な概念」と理解されることは当然として，それは，個々の物から「離れたもの」か，あるいは，個々の物に「内在している」か。この問題は一般的な哲学史ではプ

ラトンのイデア論とアリストテレスの経験主義を分ける重要なポイントであるが, スコトゥスは「同じこと」だと言い放っている。しかしスコトゥスの趣旨は, おそらく, それは本質的に含まれているか, 潜在的に含まれているか, ということと同じだ, と言う意味なのであろう。つまり本質的に含まれているは, アリストテレスの内在説につながり, 潜在的に含まれているは, プラトンの超越説につながる。

　そしてスコトゥスは, それゆえ現況の最高の感覚の適合対象が知性の適合対象と同一ということはない, と結論する。つまり最高であっても感覚は知性がとらえる「何性」をとらえることはない。最高の感覚認識とは視覚認識である。どんなに視覚が正確に対象をとらえても, それ自体は「ことば」(ロゴス) にならない。すなわち, 知性の認識にならない。スコトゥスはこのロゴスのはたらきをどの程度に見るかという点でアリストテレスの言うことに不満なのであろう。

　つまりアリストテレスは, すべてが感覚されるもののうちに本質的に含まれていると理解していて, 「存在者」の概念も, 感覚されるものに限定されて在ると見ている。しかしスコトゥスによれば, アリストテレスは存在者をその無差別性のもとにとらえていない。それに対してスコトゥスは, 知性は感覚がとらえない無差別性のもとに「存在者」の概念をとらえると言う。たとえば「関係」(感覚される事物を超えて神にまで関わる秩序) は感覚がとらえることがないものである。そして, それは無差別的にとらえられる「存在者」の概念に潜在的に含まれている。さらにスコトゥスによれば, 知性に目的としてあらわれる存在者 (人生の終端となる存在者) の概念は, さまざまの感覚されるもののうちに潜在的に含まれている。それは知性を一定のものへ制限するだけでなく, 突き動かすものである。そ

して少なくとも天使の知性においてはその記憶のうちに置かれた像が天使の知性を規定し，突き動かしているという[12]。

　（124）　それは合致しない。「能力の本性からして知性に」適合した対象はまったく存在者のもとにない。この「記述」はアリストテレスに反しているし，この問題で第一の論拠となったトマスにも反している。しかし自然的理性はこれを明らかにするのだろうか？　もしも明らかにするとしたら，それはますますアリストテレスに反する。もしも明らかにしないとしたら，わたしは「これに反対して三つの仕方で論じられる」という論によって答える。

　第一のもの（116）に対して。「aに対する自然的願望」の前提のすべては，後なるものによって証明されないかぎりは個物の多数性よりも不明瞭である。そしてもしわたしたちにおいて証明されたなら，願望のはたらきの促進性からして，そのはたらきに真なる把握が先行していることが明らかにされないかぎり無効である。そのはたらきは，真なる把握に引き続いてただちにある。第二のものに対して。「いわば一つの知性認識されるもの」であるものとしての存在者は，すでに説明されたように，感覚される何性のもとに含まれている。別の論，形而上学についてのものは，「この可知的なもの」としての存在者がわたしたちによって認識されることを証明している。しかし，もしそれが第一対象であるのなら，それは，それ自体において何か一つの可知的なものとしてではなく，それがすべてのもの

---

[12]　天使の知性には，生まれながらの形象がある，という説（生まれつきもつ概念がある，あるいは，神が与えた概念が知性の記憶にすでにある）は，アウグスティヌスに由来していて，トマス・アクィナスも，同じ立場である。つまりプラトンが人間知性に認めた生得概念を，中世のスコラでは，天使の知性に認めていた。

のうちにあって，そのすべてのものに対して完全な無差別性に即してあり，そしてその無差別性に属するどれも知性認識できる，というものである。

第二のものの大前提と第三のものの大前提が依然として得られる。その種の記号○に明らかであると思われる。なぜなら，存在者であるかぎりの存在者は，他のどの第一概念の概念よりも共通的だからである（第二概念は第一対象ではない）。かくして，それは認識されるものすべてをまとめたものであるとはまったく理解されないし，感覚的なものに対する関係でもないし，そのどれによってあるものでもない。

のちの付加であるこの段落については，一応，翻訳してみたが，この段落全体の理解は訳者の手には負えない。テキスト編集者によれば，スコトゥス自身が奇妙な記号をテキストのあちこちに，いくつもつけている。それゆえ，この段落の中間に置かれたスコトゥス自身の三つの論への言及についてのみ解釈をつける。

スコトゥスは，第116段落で，自然的願望が無駄ではないということから，感覚されるものを超えた対象を知性がもつことを主張していたが，ここでは，この証明はそれほど明らかではないと言っている。つまり個々の経験から証明される必要があるという。というのも，やはり対象の把握があってこその願望であるから，先に把握がなければ願望があるとは言えない。第117段落については，知性認識されるものはやはり感覚されるものに含まれていると認める。第118段落については，証明として成り立っているという。

以上，スコトゥスの自分の論についての批判めいた見解であると思われる。

ヘンリクスの異論とそれに対する反論

(125) 神が知性の第一対象であると主張している別の見解がある。その根拠は，問題の第一の段落，最初に論じられたときに付け加えられたものである。そして同じ根拠に即して，神は意志の第一対象であるとその見解は主張する。なぜなら，神は「ほかのすべてを欲することの根源」であるから。彼はさらに権威を根拠として加えている。アウグスティヌス『三位一体論』第 8 巻第 10 章ないし第 27 章[13]「それゆえ，なぜわたしたちは，わたしたちが正義と信ずる別の人物を愛するのか，また，わたしたちも正義でありうるために，なぜわたしたちは，姿形それ自身を愛するのではなく，正義の魂の何であるかをそこに見るのか？ またそれを愛さないのなら，わたしたちは，わたしたちが正義であると信じる人，正義であるからこそわたしたちが愛する人を，けして愛することはないのではないか？ 他方，わたしたちが正義でない間は，わたしたちが正義に価しているときよりも，それを，より少なく愛している」。

第三問題は第 108 段落で始まっている。その段落の後半に，ここにある「その根拠」が述べられている。つまり「神はすべての存在の原因であるから，すべての認識の原因でもある。したがってそれは人間知性にとっての第一対象である」。そしてこの段落では，その見解を主張するガンのヘンリクスが，神は意志（知性的欲求）の第一対象でもあると言っていることを紹介している。つまり，ヘンリクスによれば，神が「知る」ことの原因であれば，それは

---

13) 現代の版では，アウグスティヌス『三位一体論』第 8 巻第 6 章 (9)

「欲する」ことの原因でもある，ということである。

そしてアウグスティヌスの引用がある。当該箇所でアウグスティヌスはキリストの弟子（使徒）の正義を信じてそれを愛することにおいてわたしたちも正義でありうるのではないかと論じている。したがって，ここで言われている愛とか欲求は一般的なものではなく，キリスト教「信仰」の意味であり，それによって「神の前に義であろう」とする欲求をアウグスティヌスは言っている。

（126）　その見解に反対して，わたしは次のように論じる。能力の自然本性的な第一対象は，その能力に対して自然本性的な秩序をもつ。神が動かすものの根拠のもとに，わたしたちの知性に対して自然本性的な秩序をもつのは，その見解の主張によれば，おそらく，ただある属性の一般的概念のもとにのみである。そうだとすれば，神はその属性概念のもとでしか第一対象ではない。かくしてその一般的属性が第一対象であるだろう。あるいは，先に主張されたかの見解に従うかである。すなわち，神は存在者の概念のもとでしか知性認識されない。そうであれば，その普遍的概念のもとでしか神は自然本性的秩序をもたないだろう。しかし，何らかの共通なものにおいてしか知性認識されない特殊なものは知性の第一対象ではない。そうではなくて，むしろその共通なものがそれである。それゆえ，云々。

まずは，能力とその本性の（現況のではなく）第一対象は，自然本性的秩序（関係）をもっているという自明な大原則が置かれている。そして異論によると，神が知性を動かす根拠は，或る属性にもとづいて，すなわち，「正義」という属性にもとづいてである。スコトゥスの出した原則によれば，そうであるなら神ではなく，その属性概念のほうが第一対象であるだろう。つまり正義という属性のもと

に在る神が，知性を動かすのである。

　あるいは，スコトゥスが言うように，神は存在者の概念のもとに知性を動かす，すなわち，認識されるという見解に従うなら，神は存在者の概念のもとでのみ人間知性の認識するはたらきと本性的秩序をもつ。このように，特殊なものが，共通なもののもとにのみ認識されるなら，その特殊なものではなく，むしろ共通なもののほうが第一対象である。

神の知性の第一対象

　（**127**）　同様に，神は共通性にしたがって適合性の第一性をもつのではない。すなわち，神はわたしたちが自体的に知性認識しうるすべての対象について言われるのではない。それゆえ，もしそれが何らかの適合性の第一性をもつとしたら，それは潜在性にしたがってであるだろう。なぜなら，神は，すなわち，それ自身のうちに，すべての自体的に可知的なものを潜在的に含んでいるからである。しかしこのことに即して，それがわたしたちの知性の適合対象であるのではないだろう。なぜなら，ほかの存在者がそれぞれの力でわたしたちの知性を動かすからである。すなわち，神の本質はわたしたちの知性を，自分自身とほかのすべての認識すべき認識対象に向けて動かすことはない。しかしながら，神学の主題についての問題[14]においてすでに述べたように，神の本質のみが，自分自身を認識することへ，また神の知性によって認識されるほかのすべてを認識することへと，神の知性を動かす。それゆえに，神の本質は，神の知性の第一対象である。

14）　Duns Scotus, Ordinatio prol. n.152, n.200-01　邦訳はない。

神が認識対象のうちで共通性にしたがって人間知性の適合対象であったなら、どの事物を認識しても、その本質のうちに「神」があって、いずれも「神である」が述語できることになる。事実は異なる。それゆえ、神が何らかの意味で適合性の第一性であるとしたら、それは潜在性にしたがってであろう。なぜなら、神の存在のうちには、すべての認識されるものが潜在的にあるからである。しかし、このことは、神の知性にとって神の本質が第一対象であることを示すのであって、わたしたちの知性にとってのことではない。なぜなら、多くの、神ではないものが、わたしたちの知性を動かすからである。

神の本質が動かす知性は、神自身の知性のみである。

実体は第一対象ではない

（**128**）　同じ論拠によって、すべての偶性は実体に帰属する、このことにしたがって実体がわたしたちの知性の第一対象であるとは主張できないことが証明される。なぜなら、偶性は知性を動かす固有の力をもっているからである。それゆえ、実体が自分自身と他のすべてに向けて知性を動かすのではない。

同じ論によって、実体についても言うことができるとスコトゥスは言う。すなわち、神が第一に知られて、そこからほかのすべてが知られる、ということではないように、実体が第一に知られて、そこからすべての偶性が知られる、ということではない。偶性は独自に知性を動かすからである。

（**129**）　それゆえ問題に対して、わたしは簡略に言う。すなわち、神のうちに、あるいは実体のうちに、潜在的な

対象の第一性を主張することに反対して述べた論拠（127 & 128）にしたがって，わたしたちの知性の自然本性的な対象を，そのような潜在的な適合性にしたがって主張することは，けしてできない。それゆえ，いかなる第一のものも主張しないか，それ自身のうちの共通性にしたがって「適合した第一のもの」を追求しなければならない。もし存在者が，被造物と非被造物に，また実体と偶性について，多義的であるとするなら，それらはすべてわたしたちによって自体的に知性認識されるものであるから，潜在性にしたがっても，共通性にしたがっても，わたしたちの知性の第一対象であるとは主張できないと思われる。しかし，この区分の第一問題のうちで主張した存在の一義性の立場を主張するなら，ある仕方で，或るものを，わたしたちの知性の第一対象と主張することができる。

　わたしたちの知性という能力においては，本性的な秩序をもつ適合対象は神でも実体でもない。すなわち，神や実体のうちに潜在的にすべての知性認識の対象が考えられるからと言ってそれを人間知性の第一対象と言うことはできない。しかしながら，もっとも共通的と目される「存在者」の概念がさまざまなものについて「多義的」に言われるものであるなら，すなわち，実体，偶性，神，被造物，それぞれが「違う意味で存在者」であるなら，やはりどれも人間知性の第一対象とは言えない。なぜなら，それは第一対象の定義にそぐわないからである。しかし，もし第一問題のなかで検討した「存在の一義性」（univocatio entis）の立場に立つなら，知性の第一対象を主張することができる。

（130）　このことを理解するために，第一に，わたしは存在の一義性はどのようなものであり，どれだけのものかを明らかにし，第二に，このことから求めている真理文を

得よう。

　スコトゥスは，以降の論の組み立てを述べている。すなわち，第一に，存在の一義性に疑問が生じる可能性が出ることがらについて，それをどのように考えるか明らかにする。第二に，諸概念のうちにたしかに一義的に共通な存在の概念があるから，それがわたしたちの知性の第一対象であると言える，という結論を得る

「究極的差異」と「何」

　(**131**)　第一のことについて，わたしは言う。すべての自体的に可知的なものについて，存在者は一義的に「何」のうちに言われるものではない。なぜなら，究極的差異と，存在者の固有の属性については，そうではないからである。すなわち「究極的差異」は，種差をもたないゆえに究極的差異と言われる。なぜなら，それは「何」の概念と「どのような」の概念，規定される概念と規定する概念とに分解されず，ただ純粋に存在者の「どのような」の概念だからである。ちょうど，究極の類が，ただ「何」の概念のみをもつように。

　最初に問題にされている概念は「究極的差異」（differentia ultima）である。じつはスコトゥスの「存在の一義性」の主張はいくつかのスコトゥス独自の論理分析のための概念によって支えられている。

　この段落に，その三つすべてが載っている。一つは，すでに説明した「何」（クウィッド quid）である。「名」によって単純に名指されるものをいう。本質を意味する「何性」（キディタス quiditas）と区別される。もう一つは，この「何」と対になる論理的分析概念である。すなわち，「どのような」（クアーレ quale）である。

ちょうど「何」は，広く単純な〈名詞〉によって名指されるものを指すように，「どのような」は，〈修飾語〉によって広く意味されるものを指している。たとえば，「偉大な神」であれば，「偉大な」が「どのような」（クアーレ）であり，「神」が，「何」（クイッド）である。

　それによって「究極的差異」と「究極の類」が説明されている。すなわち，「何性」における差異は，種差であるが，さらに差異性の究極を求めるために，「何」（概念上規定されるもの）と「どのような」（概念上規定するもの）の区分を追求するなら，何ら一切の共通性をもたない二つに至る。たとえば，いくつかの白いものと黒いものがあるなら，それぞれの種差において，白いものは黒いものから分けられる。しかしさらに差異（相違）を追求すれば，白いものにも，いくつかのものがある。そこには白さの程度における違いもあれば，事物としての個体の違いもある。それらがもっているあらゆる共通性を排除していくなら，それでも，それらが分けられる「最終的な差異」が残る。それが「究極的差異」である。

　このとき，差異を示すのは，それについて述べられる修飾語であり，「どのような」quale を意味することばである。そして究極的差異を示すことばは，究極の「どのような」であり，そのうちには「何」を一切もたない。なぜなら，「何」に当たるものは，他の物と共通性をもつものだからである。他方，同じ理由によって，もっとも普遍的な類，つまり究極の類は，究極の範疇であり，それは，今度は「何」quid しかもたない。たとえば，「量」の範疇も「性質」の範疇も，その名をもつだけである。すなわち，「どのような量であれ，量の『何』に含まれる」，「どのような性質であれ，性質の『何』に含まれる」と言えるように。

　それゆえ，共通に存在であるとは言えないものとして，

この究極的差異と，また別の理由で，存在の固有の属性がある。スコトゥスは以下で，その理由を明らかにする。

(132) 第一のこと，すなわち，究極的差異についてわたしは二様に証明する。第一に，次のように。もし，もろもろの差異がそれについて一義的に言われる存在者を含んでいて，なおかつ，まったく同じではないのなら，それらは或る点で同じ，相違する存在者であるだろう。『形而上学』第5巻と第10巻[15]によれば，種差とは，本来的にそういうものである。それゆえ，究極的な差異は，それとは本来的に異なるものであろう。それゆえ，それはほかの差異とは相違している。もしそのほかの差異が存在者をその「何」のうちに含むのなら，存在者はそれらに，ちょうど存在者の固有性のように，ともなう。かくして差異のうちを無限に進むことになるか，これが求めている真理文であるが，存在者をその「何」のうちに含まないある差異に至って止まるかである。なぜなら，それのみが究極の差異であるから。

したがって，究極の差異が共通な概念である「存在者」を含んでいるなら，それは或る点（存在者である点）でほかのものと共通であり，同じである。したがってそれはアリストテレスが規定した種差である。種差と究極的差異は別物である。じっさい，それが種差と同じように存在者を含むなら，存在者に固有に属している属性（一，真，善）も，それにともなっている。したがってそれは種差と同じく，存在者の点で共通性を含み，それだけでなく，属性の点でも共通性をもつことになる。そうだとすれば，その差異は究極的な差異ではない。したがって差異のうちを共通

---

15) 現代の版では，アリストテレス『形而上学』第5巻第9章（1018a）と第10巻第8章（1057b）

性とは逆の方向（共通性をそぎ落としていく方向）へ進むなら，つまり差異しかないところへ進むとき，もしも存在者を含まず，それでも差異であるものに至るとすれば，それが究極的差異である。

（133）　第二に，次のように。ちょうど複合的存在者が事物において現実態と可能態から複合されているように，自体的に一つの複合概念は可能態的概念と現実態の概念，あるいは，規定される概念と規定する概念から組み合わされている。それゆえ，複合した存在者の分析は究極的に端的に単純なもの，すなわち，第一義的に異なる究極的現実態と究極的可能態に至って止まる。それと同じように，つまり，一方の何ものも，他方の何かを含まない仕方で——そうでなければ，一方が第一義的に現実態であり，他方が第一義的に可能態であることはない（じっさい，何らかの可能態性を含むものは，第一義的な現実態ではない）——諸概念のうちで，端的にではない単純な概念は，自体的に一つのものであっても，規定される概念と，規定する概念に分析されるべきである。すなわち，分析は端的に単純な概念に，つまり規定するものを一切含まない，純粋に規定される概念と，何らの規定される概念を含まない，純粋に規定する概念に至って止まる。その「純粋に規定される」概念が存在者の概念であり，「純粋に規定する」概念が究極的差異の概念である。それゆえ，それらは一方が他方をまったく含まない仕方で，第一義的に相違している。

　事物をできるだけ単純なものに分析して，その単純なものからその事物をより分明に（distincte）理解する。これはヨーロッパ科学の原理ないし志向性である。ところで，認識は概念においてなされるので，概念が不明瞭で混濁したままなら，事物の理解はより分明にならない。そしてより分明な理解によらなければ，哲学は科学にならない。そ

れゆえ、スコトゥスは用いる概念の分明化をはかる。

スコトゥスが一連の分析を通じて示すものは、概念を「共通な概念」と「共通でない概念」に区分すること、そしてその区分は、究極的には、「存在者の概念を本質的に含むもの」と「含まないもの」に区分する。そして、共通でない概念とは、「差異」の概念である。その分析を徹底することで得られる概念が「究極的差異」である。

他方、本質的に含まない概念には「付加されたもの」として述べられる概念がある。つまり「一、真、善」といった存在の属性概念である。それは、端的に分析して単純化すると、やはりそこには存在者の概念が含まれない。

スコトゥスによれば、これまでは概念の分析は徹底されず、「端的ではない」（non-simpliciter）ところまでしかなされなかった。すなわち、端的にではない「単純なもの」（simplex）の概念を事物理解の単位とすることで満足していた。アリストテレスにおける「種差」（differentia）は、そのようなものである。スコトゥスは、分析を端的なところまで推し進める。つまり「ほかのもの」を一切含まない概念に至るまで分析を徹底する。そしてそれは「規定するだけの概念」と「規定されるだけの概念」にまで分析すること、概念のなかで純粋に可能態的にしかはたらかない概念と、純粋に現実態的にしかはたらかない概念とに分析することである。そして「規定するだけの概念」として現れるのが「究極的差異」であり、「規定されるだけの概念」として現れるのが、類を超えた「存在者」の概念である。

存在者の属性

（134）　第二のこと、すなわち、存在者の属性について提示されたものを、わたしは二様に証明する。第一に、次

のように。『分析論後書』第1巻によれば[16]，属性は「自体的に第二義的に」基体に述語される。それゆえ，同じ第1巻と『形而上学』第7巻[17]によれば，基体は属性の定義のうちに付加されたもののように置かれる。それゆえ，その属性の概念のうちに存在者は付加されたものとして生ずる。なぜなら，アリストテレスが『形而上学』第4巻第3章で明らかにしているように[18]，存在者は固有の属性をもつからである。彼はそこで言っている。ちょうど線であるかぎりの線が属性をもつように，また数であるかぎりの数が属性をもつように，存在者であるかぎりの存在者には何らかの属性がある。しかし，存在者はその概念のうちに付加されたものとして生じる。それゆえ，それは属性の「何」の概念のうちに「自体的に第一義的に」ない。このことは，アリストテレス『分析論後書』第1巻によって確かめられる。「原理の位置について」で，彼は言っている。「自体的な述語」は置換されない。なぜなら，もし述語が自体的に基体について言われるのなら，その逆は，「自体的に」ではなく，偶性的に言われる。もし「存在者は一である」が自体的に第二義的に言われるのなら，「一は存在者である」は，自体的第一義的ではなく，いわば偶性的である。ちょうど「笑いうるものは人間である」のように。

　次にスコトゥスは，「存在の固有な属性」と言われる概念を取り上げる。なぜなら存在者と言われる「もの」が，この属性をいつも取る（つねに付帯する）のであって，この属性が本質的に存在者であるとは言わないからである。たとえば，一で，真で，善である「もの」は，存在者であるが，概念の正確さを究めれば，一，真，善自体は，存在

---

16) アリストテレス『分析論後書』第1巻第4章（73a）

17) アリストテレス『形而上学』第6巻第5章（1031a）

18) アリストテレス『形而上学』第3巻第2章（1004b）

者なのではなく，それらは属性として，存在者に「いつも付帯している」のである。

　たとえば，実体に付帯する偶性（たとえば性質）は，「実体ではない」。これと同じ理由で，存在者に固有な属性は，「存在者ではない」。言うまでもなく，偶性は実体なしには存在しえない。存在者に付帯する属性も，存在者なしには存在しえない。それゆえ，それらは区別されても，よく似た関係がある。スコトゥスは，この関係を，「潜在性」と呼んで「本質性」，「共通性」と区別している。

　アリストテレスの規定によれば，固有の属性は基体の定義のうちに「付加されたもの」のように置かれる。つまりその本質内のものではなく，外にあって，ただ基体に普遍的に帰属するものであるゆえに，「つねに」付加される。したがって固有の属性は，固有（もっぱらのもの）ではあっても，基体において「自体的第一義的」なものではない。たしかに固有であることによって「自体的である」が，「第二義的に」基体においてある。

　そして基体を主語にして固有の属性を述語するとき，たとえば，「存在者は善である」。属性は「自体的第二義的に」述語される。反対に，基体は属性に「偶性的に」述語される。たとえば「善は存在者である」は，偶性的な述語である。なぜなら，たとえば「善」が「存在者」の属性として存在するのは，「存在者」という，自分とは別のものに依拠するからである。すなわち，「善」が「存在者」であるのは，必然的ではなく偶性的だからである（存在者があれば，善がかならずそこに在るが，善が在るのは，存在者がたまたまそこに在ればこそである）。

（135）　第二に，次のように。存在者はいわばそれを「何」のうちに含むものであるかぎりで，非被造的存在者と，10個の類と，10個の類の本質的部分に，十分な仕方

第Ⅰ部　神の認識可能性

で分割される。少なくともそれらについて何があろうと，より多くの分割はないと思われる。したがってもし「一」や「真」が存在者を「何」のうちに含むとしたら，存在者はそれらのあるもののもとに含まれる。しかしそれは 10 個の類のどれかではない。明らかである。また，それ自体から非被造的存在者ではない。なぜなら，それは被造的存在者に一致するからである。したがって或る類のうちの種であるか，或る類の本質的原理であるかだろう。しかしそれは誤りである。なぜならどの類のうちの本質的部分もすべて，またどの類のすべての種も，限界を含んでいるからである。かくしてどの超越概念もそれ自体から有限であることになるだろう。そしてその結果，それは無限な存在者に矛盾するし，無限な存在者について形相的に言うことができない。これは誤りである。なぜなら，すべての超越概念は「端的に完全な概念」を意味しており，最高度において神に一致するからである。

　「何」というのは，本質的部分ないし本質的側面，あるいは，「規定される概念」を広く指す。「存在者」はそういう「何」として，神と 10 個の範疇とその範疇のなかの本質的部分，つまりそれらの「何」のうちに含まれている。すなわち，それらのそれぞれに分割されてある。しかし，それ以外の分割はない。「それ以外」としては，究極的差異と，存在者の属性がある。したがってこの秩序がたしかなら，属性は存在者を本質的部分（「何」）のうちに含まない。

　もしも含むとしたら，それは 10 個の範疇のうちにある。しかし，存在の属性は範疇を超越する概念である。したがって，その「内」にはない。しかし，神に自体的に属するものでもない。なぜならそれは被造物の「内」にも，あるからである。

　しかしまた，存在の属性は範疇に属する種に属するので

もない。なぜなら、範疇に属するものは被造物的限界をもつからである。そうであるなら、それは神に述語できない。しかし、一、真、善は、神に述語できる。したがって、それらは、範疇（類）には属さない。

したがって存在の属性は、端的には、存在者を本質的に含まない概念である。

（136）　第三に、論じられる（そしてここで、その結論に向かう第一の論拠が確かめられる）。なぜなら、たとえ「一」が存在者をその「何」のうちに含むとしても、端的な正確さで存在者を含むのではない。なぜなら、含むなら、その存在者は自分自身の属性だろう。それゆえ、それは存在者と別の何かを含む。そしてそれを a とすると、a は存在者を含むか、含まないか、である。もし含むなら、「一」は二重に存在者を含む。そしてそれは無限に進むだろう。あるいは、どこかで止まり、その最終のものは「一」の概念に属するが、存在者は含まないもので、a と呼ばれる。概念として存在者が含まれた「一」は属性ではない。なぜなら、同じものが自身の属性ではないからである。したがって、a であるところの別の含まれたものが第一義的に属性であり、存在者をその「何」のうちに含まない種類のものである。かくして、第一義的に存在者の属性であるどれも、以上のことから、存在者をその「何」のうちに含まない。

出だしの「結論」というのは、第 132 段落の「存在者の属性と究極の差異は、存在者が『何』のうちに含まれるものとして言われない」であり、それを導くための第 1 の論は、第 133 段落が使った分析手法である。つまり一方が他方を含まないところまで分析を進めていく手法である。ここでもその手法が取られる。

もしも「一」が、それ自身の「何」のうちに「存在者」

第Ⅰ部　神の認識可能性

を含むとすると，そこで含まれた「存在者」は「一」の一部である。さて，もともと「一」は「存在者」の属性であるから，属性の一部である「存在者」が「存在者」の属性の一部となる。そうだとすると，それには二重に存在者が含まれる。しかし，属性のうちの「存在者」は固有の属性をもつ。したがって存在者の属性が存在者を含むと，その含まれた存在者は属性をもつので，再びその属性が存在者をもつなら，無限に進むことになる。そこで，やはり存在者を含まないところで属性を受け取って，存在の属性は存在者をその「何」のうちに含まない，という結論が得られる。

知性の第一対象は「存在者」である

（137）　第二項に関して，わたしは言う。前述の4つの論から次のことが結論される。すなわち，存在者より共通なものは何もありえない，かつ，存在者はすべての自体的に可知的なものの「何」のうちに，一義的に共通的に言われることはできない，なぜなら，究極的差異と自身の属性については，そうではないから。以上のことから，すべての自体的に可知的なものに対して，その「何」におけるそれの共通性にしたがって，わたしたちの知性の第一対象であるものは何もないと結論される。しかしながら，このことに妨げられず，わたしは，わたしたちの知性の第一対象は存在者であると言う。なぜなら，そのうちには，二重の第一性が，すなわち，共通性と潜在性の第一性が共存しているからである。すなわち，すべての自体的に可知的なものは，本質的に存在者の概念を含むか，本質的に存在者の概念を含むもののうちに，潜在的に，あるいは，本質的に，含まれているか，いずれかだからである。すなわち，

すべての類と種と個別者と，類のすべての本質的部分と，非被造的存在者は，存在者をその「何」のうちに含んでいる。一方，すべての究極的差異は，それらのうちの或るものに，本質的に含まれている。そしてすべての存在者の属性は，存在者とその下位のもののうちに，潜在的に含まれている。それゆえ，存在者が「何」のうちに一義的に言われないものは，存在者が一義的に言われるもののうちに含まれている。かくして，次のことは明らかである。存在者は第一の可知的なものに対して，すなわち，類と種と個別者と，それらのすべての本質的部分と，非被造的存在者の「何」の概念に対して，共通性の第一性をもっている。なおかつ，第一の可知的なものに含まれたすべての可知的なものに対して，すなわち，究極的差異と固有の属性がもつ「どのような」概念に対して，存在者は潜在性の第一性をもっている。

　ここから第130段落で「第二に」と述べていた段階に入る。すなわち，前述の4つの論からの結論を引き出して，求めている真理文「人間知性の第一対象は存在者である」を得る。

　能力と対象の間にあると想定される本性的秩序の原則からすれば，「存在者」が第一対象であると言うことには問題があった。それは，「究極的差異」と「存在の属性」であった。いずれも正確に言えば，純粋に「どのような」を示す概念である。「何」を示す概念ならば共通的に含む「存在者」の概念を，それらは含まない。すなわち，「この」とか「あの」とか，個体指示をする概念や，「真の」とか「善なる」とか，存在者であることによって一般的に言える属性概念は，「何」の概念をもたないので，そのうちに本質的に存在者の概念を含まない。それゆえ，この二種類の概念を例外として，知性能力のもつ対象すべての間で「存在者」が共通な原理としてある。

第Ⅰ部　神の認識可能性

　したがって、「存在者が知性の第一対象」であるとすると、「或るものは、例外的に、存在者ではないにも関わらず、つまり共通な第一対象ではないにも関わらず、知性は認識できる」と言わなければならない。能力とその対象との間に想定される本性的関係がもつ必然性・絶対性から見て、例外があることは、唯一、人間知性の能力が、単純な対象をもつ能力ではないことを示している。あるいはそうでなければ、知性の第一対象が存在者以外のものであることを示している。

　しかしスコトゥスは、知性の第一対象は存在者であることを死守する立場をとる。アリストテレス的形而上学を基盤とした神学（アウグスティヌスを信頼した中世でのみ成立した神学）の伝統を受け継ぐものとして、ほかの選択肢はなかった。つまり存在者であるかぎりの存在者を知性は認識できるとすれば、神もまた存在者であるゆえに、人間はかろうじて神を認識する能力をもっていると主張することができる。

　もしもこの前提が崩れるなら、理知的であることを誇ってヨーロッパ文明に君臨するカトリック教会は、理知的でない大衆を相手に、自己を保つことができなくなる。なぜなら、神は、人間知性に自然的に認識されるものであることが証明できないなら、教会は、実在する神について自然的に（霊性抜きに）教えることができないことになるからである。それは、中世神学の崩壊であり、それはまた、一般民衆に対して理知的であることを誇っていたカトリック教会の崩壊に連鎖する。つまり教会には霊性のみが残される。

　宗教信仰を純粋に理知的行為と見なしているキリスト教ヨーロッパ文明にとって、これは生死を分けるほどの問題なのである（日本人は宗教信仰をむしろ情緒的だから大事にしなければと考えている）。それが中世の崩壊、近代の勃

興という歴史となってヨーロッパに生じた。

　スコトゥスは，中世世界の思想を守った最後の神学者となった。それが「存在の一義性」の意味であったと言い換えることもできる。つまり「存在の一義性」は，人間知性の能力を基盤としたカトリック教会の，あるいは，そのもとで信仰をもつ信者としての権利主張だとも言える。その主張に理があるとすれば，人間知性は，存在者を第一対象としている能力であるという地位を，神から与えられている（人間の自然権）のでなければならない。そしてそれを，神学者は純粋に哲学的に証明しなければならない。

　そしてこのことは，見方を替えれば，近代のカントが示した「理性批判の哲学」は，じつは中世のスコトゥスの「知性能力の吟味」と，本質的なところで似ていることを明らかにする。周知のように，カントはニュートンの物理学が自然宇宙を理解させるものであることを真であると前提にすることで，人間理性の能力を批判的に分析した。すなわち，経験的総合による必然的認識が事実可能であることを前提に（真理と仮定）して，カントは人間理性の認識構造論を組み立てた。他方，スコトゥスは，アリストテレス哲学の前提と，神認識の自然的可能性を前提にして，人間知性能力の第一対象を分析し，存在の一義性論を組み立てている。

　カントは，経験的認識によりながら，自然宇宙一般についての普遍的必然認識が可能であることを無前提に証明することは事実上できず，むしろそれがニュートンによって果たされた事実から（前提にして），人間理性には自然宇宙を理解するための生得的な範疇があることを証明した。それに対して，スコトゥスは，神認識（信仰）が人間の自然的事実であることを前提にして，知性の認識能力を，アリストテレスの範疇と「存在概念」の間の関係を徹底的に分析して人間知性は神の存在を証明できることを示

した。アプローチの違いはあるとしても，いずれの哲学も，それぞれの時代の一般的理解を前提にして，人間理性の在り方はどのようなものかというテーマを中心的な問題にしていたと言えるだろう。

「何」のうちに「存在者」が共通的である

（138）　わたしが主張したこと，前述した「何」をもつ概念のすべてにわたって，それの「何」のうちに存在者の共通性があること，これが証明される。すなわち，そのすべてについて，この第3区分の第一問題のうちで主張した二つの論によって，被造的存在者と非被造的存在者に存在者が共通であることを証明する。その証明のために，わたしはその二つの論を，ある仕方で使う。

　第一のものを，次のように明らかにする。前述した「何」をもつ概念のどれについても，それは存在者であるという確かな認識が生じる。ただし，存在者をその種の概念に収斂している差異については疑いながら，である。かくしてその概念に一致するものとしての存在者の概念は，知性がそれについては疑える下位のものの概念とは別のものである。なぜなら，かの収斂している差異は，それが収斂している同じ共通の存在者の概念を，先に想定しているからである。

　スコトゥスは，第一問題で，「存在者」の概念が「一義的」であって「類比的」ではないことを証明するために，「確実な概念」と「疑われる概念」が明確に区別されることを証明した（第27段落）。つまり，この二つが「一つに混ざって類比的になっている」概念は，学的に見て，知識ではないことを証明していた。そしてこれにもとづいて，神と被造物に存在者が一義的に言われることを証明してい

た。

　スコトゥスは，したがってここでも「確実な概念」と「疑われる概念」が区別されることを使って知性に「何」として認識されるものにおいて「存在者」がそれの「何」のうちに共通性をもって言われることを証明する。

　すなわち，「何」をもつ概念は，そのうちに「存在者」の概念をもっている。すなわち，何であれ，本質的に何かであると言われるものは，何かで「ある」ゆえに，普遍的に「存在者」の概念をもっている。このことは，「確か」である。他方，下位のもの（より特殊なもの）のうちには，それが「疑われる」ものがある。したがって，疑われる概念と確かな概念は別の概念として扱うべきであるから，「何」をもつ概念に「共通に含まれた存在者」の概念は，そうではない概念とは区別されてあることが確かである。

　他方で，共通な存在者の概念がうちに含まれない差異の概念は，確実とされた「共通の存在者」の概念を前もって想定する仕方でのみ言及することができる。すなわち，「この」や「あの」は，「もの」を先だって想定して言われる。

　（139）　第2の論を，わたしは次のように使用する。ちょうどすでに論じられたように，実体と偶性について証明することができるように，存在者が被造物と非被造物に一義的であることなしには，神はわたしたちによって自然本性的に認識されない。なぜなら，もし実体が直接にわたしたちの知性を変化させて，それのある理解に至らせることがなく，ただ感覚的な偶性だけが直接に知性を変化させるのだとすると，そのうちの何かを偶性的概念から抽象することができなければ，わたしたちは実体についていかなる「何」の概念も得ることはできないからである。しか

し，偶性的概念からそのような「何」の概念を抽象することは存在者の概念なしにはない。

　同様に，スコトゥスは，第一問題で，人間知性を自然本性的に動かすもの以外のものは知性のうちに実在概念を生み出さないことから，実在概念は，本来的に，一義的であることを証明していた（第35段落）。

　この論を用いてスコトゥスは，実体は人間知性を直接に動かさないのであるから，実体についての知的認識を主張するためには偶性の認識から実体概念が抽象できるのでなければならないと言う。ところで実体は偶性の基にある存在者である。それゆえ存在者の概念なしには実体概念の抽象はできない。つまり偶性から知られる存在者の概念のうちに潜在的に含まれている実体概念が抽象を通じて知られる。それゆえ，実体と偶性に共通的な存在者の概念があってこそ実体が知られると言うことができる。

実体は直観されない

　（140）　ところで，実体について主張されたこと，それは，わたしたちの知性をそれの現実態へと直接に変化させないことは，次のように証明される。なぜなら，現前して知性を変化させるものは何であれ，その不在は，そのときには変化を被らない知性によって，自然本性的に認識される。『霊魂論』第2巻[19]で明らかである。視覚は，光が現前しないとき闇をとらえる，そしてそのとき，視覚は変化を被っていない。したがって，もし知性が自然本性的に実体から直接に変化を被り，それに関する現実態へと変化するなら，実体が現前しないとき，知性は自然本性的にそれ

19）　アリストテレス『霊魂論』第3巻第2章（425b）

が現前しないことを認識することができると結論される。かくして，認識できるなら，わたしたちの知性は祭壇で聖化した捧げもののうちにパンの実体がないことを自然本性的に認識することができる。これは明らかに誤りである。

　実体については，人間知性はそれを直観（知覚）できないことの証明である。直観は，対象をその実存に即して認識することである。したがって，対象が無いときは，直観的に無いとわかる。それゆえ，無いとわかるかどうかで，直観があるかどうかがわかる。たとえば視覚は，光があるかどうか，直観でとらえているので，無いときは，暗闇を見て無いとわかる。

　ところで，知性は，実体については，対象の実体が無いとき，それが無いとわからない。たとえば，カトリックの教義によれば，司祭による儀式「聖餐式」を通じて祭壇上のパンからはパンの実体が失われ，替わりにキリストの身体の実体が生じているはずであるが，目で見るパンの姿かたち（偶性）には何の変化もないので，わたしたちにはわからない。したがって実体について人間知性が直観認識をもたないことは明らかである。

　以下，141 – 144 は，追加された論である。

　(141)　答え：証明（**140**）は実体の直観認識を否定している。なぜなら，その大前提は真であるから。しかし抽象については否定していない。抽象認識は対象の実在的不在に即して欠けたりしない[20]。それゆえ，不在はとらえられない。

　スコトゥスは，前の段落の証明は，実体の直観的認識を否定しているだけで，実体の抽象認識は前の段落の証明に

---

20)　八木雄二訳著『カントが中世から学んだ「直観認識」』知泉書館，2017 年，参照

よって否定されないことを注意している。抽象認識は，対象の実存に関わらない認識だからである。

（142）同様に，感覚について受け取られたことは，疑わしい。感覚は，対象の不在に際して形象を保持しないし，暗闇の形象を受け取ることもない。それゆえ，どのようにして感覚は暗闇を認識することができるのだろうか？
　視覚が暗闇をとらえることができるかどうか疑いがある。暗闇の「形象」を感覚は受け取らない。

（異論）聖体（聖化されたパン）認識

（143）第1の論（141）に反対：抽象的認識は，それの実在的現前が得られたときにその現前が捨てられることを，すなわち，その始まりの形象が得られることを必然的に先立って想定している。その人は，ただ聖体を見た。抽象的知性認識の媒体として心象を生じる実在的現前をけしてもたなかった。——別のパンを見た別の人は実在的現前をもった。それゆえ，最初の人はパンの抽象認識をもたないだろう。第二の人は，もつだろう。これはただちに経験に反する。なぜなら，どちらの人もパンを知性認識する同様のはたらきを自身において経験できるからである。
　もし，あえて否定して，「こうせよ，その最初の人がその後で別のパンを見た。それゆえ，以前にはもつことができなかったパンの抽象認識をのちにもつことができる」と言うなら，彼は自身において，反対のことを経験する。なぜなら，今と以前と，同じようにあるからである。同様に，抽象的に不在の対象を認識できる人は，実存においてそれが現前するのを直観的に認識することができるからである。そしてもし君が実体を抽象認識で認識するなら，現

前するものを直観的に認識している。そしてその場合には，実体の不在が認識できる，云々。

第140段落に反対する異論である。中世独特の言辞なのでわたしは翻訳の正確さに自信がもてない。とはいえ知性は実体についても直観できるという論である。むしろ直観で最初に得られたものの中から，その現前性がすぐに捨てられ，残った形象が抽象認識だと言っている。つまり直観があって，そのなかで，現前性が捨てられるものが抽象認識として霊魂に残ると言うのである。しかも人によって現前をもつ人と持たない人が居る，というのは経験に反すると言う。とにかく，この論理では，抽象認識があるのなら，直観認識がある。したがって実体が無いことも認識されるという論である。

（異論回答）暗闇の認識

（144） 感覚についての主張（142）に対して。暗闇は討議的に認識される。視覚によってではなく，次のような討議する能力によって。「目は反応している，そしてそれは盲目ではない，そしてそれは見ない，それゆえ，暗闇がある」。明らかである。三つの前提のうちのどの前提がなくても，その結論は帰結しない。三つの真理文のどれも，視覚がそれを認識するうえで視覚には明らかではない。すなわち，諸名辞の結合や分割は明らかでない（なぜなら，三つ目の真理文は明らかではないから。それについて多くの意見が見られる），なぜなら，視覚は自身のはたらきが内在しているとき，そのはたらきを認識しない。それゆえ，はたらきが内在しないとき，欠如を認識しない。

「暗闇の視覚認識がある」というアリストテレスのことばが説明される。なぜなら，その対象に欠如がある，それ

ゆえに，視覚を変化させない原因がある，そのように，暗闇は視覚によって把握されるのではなく，現前に即して視覚のうちにあるはたらきの欠如を用いる別の能力によって把握される。

　個別感覚は直観能力をもつから対象の不在を認識する，というのがスコトゥスの主張であったが，スコトゥスは，視覚が暗闇を認識する＝光の不在を認識するのは，視覚が直接それを認識するからではなく，一種の推論，それも，論議の吟味を通じてであると答えている。つまり「（1）目はたしかにはたらいている，（2）明るいときには見えているのだから自分の目は盲目ではない，しかし，（3）何も見ていない」という三つのことがらの検討（心の内での議論）がある。いずれのことがらも，知性による反省を通じて知られることがらである。そしてこのような検討を経て，暗闇がある，と知性は判断している。

　つまりスコトゥスによれば，知性が視覚のはたらきを管理している。その知性が，既述のような検討を経て，目が見ているのは暗闇であり，光が不在であると判断できると言う。なぜなら，視覚は，自分の能力がはたらいているのを自分で見ることはできないからである。したがって，はたらいていないときも，はたらいていないことを見ることはできない。したがって，見ているか，見ていないかは，別の能力が見る，ということである。

実体の認識と存在者

（145）　したがって実体のいかなる何の概念も自然本性的に実体から非媒介的に生じて得られることはなく，ただ第一義的に偶性から生じて，つまり抽象されて得られる。そしてこのことは存在者の概念なしにはない。

第 139 段落ですでに述べられた結論の繰り返しである。

（146） 同じもの（139）によって実体の本質的部分について提示された真理文（138）が結論される。なぜなら，もし質料がそれ自身について，また実体形相がそれ自身について，知性を現実態へと変化させることがないのなら，わたしは次のように問う。すなわち何の単純な概念が，質料，あるいは形相について，知性のうちに得られるのだろうか？　もし君が，ある関連する概念（すなわち部分の概念）が，あるいは，「偶性的」概念（すなわち何らかの質料あるいは形相の固有性の概念）が，と言うのなら，わたしは次のように問う。その「偶性的」あるいは関連する概念が帰せられる何概念とは，何の概念だろうか？　そしてもし，いかなる何概念も得られないのなら，「偶性的」な概念が帰せられるものが何もないことになるだろう。──しかしながら，知性を動かすものから印刻されたもの，あるいは，抽象されたもの以外は，いかなる何概念も得られない。つまり偶性からしかそれは得られない。──そして，それは存在者の概念であろう。かくして，存在者が実体の本質的部分と偶性との間で一義的に共通なものでなければ，実体の本質的部分のものはけして認識されない。

第 139 段落と同じ論によって実体と偶性に共通な存在者が結論される。すなわち，人間知性は感覚表象から知的対象を抽象する（引き出す）ことができる。これはアリストテレス哲学で自明なことと見られていた。ところで，逆に言えば，この原理によれば感覚表象には知的な対象が含まれている。言い換えると，感覚表象がとらえた像のうちには，感覚自体が認識できない存在が含まれている。

さて，外界に存在する対象物の実体が質料と形相の複合物であるなら，その認識において，実体質料自体が知性を動かすのかと言えば，それは否である。また，実体形相自

体が知性を動かすのかと言えば、これも否である。感覚を動かしているのは偶性範疇に属することがらなので、複合実体のもつ偶性形相が感覚を動かしていると言わなければならない。そしてそれから生じた形象に関わって、何らかの概念（ことば）が知性のうちに生じる。

ところで、知性のうちで現実態となるものがなければ、実体が抽象認識できるとは言えない。可能性としては、感覚的に受け取られたものに「関連している」という概念、つまりそれの「部分」という概念か、あるいは、「付帯している」という概念か、である。言い換えると、それは〈何かの「部分」〉という概念か、感覚される質料や形相が〈何かの固有性である〉という概念か、いずれかであろうという。

しかし、〈それが付帯している〉という概念が帰せられるところの〈部分〉がなければ、何らかの意味の「何」の概念はない。そしてその「何」の概念が、通常、実体の本質的な部分だと言われているのであるから、実体に付帯している偶性と実体の間で存在者が共通に一義的なものでなければならない。そうでなければ、「何」の概念が実体概念だと言うことはできない。

究極的差異と固有の属性と、存在者

（147）　それらの論（132-136）は、究極的差異と属性に対して、その「何」のうちに言われる存在者の一義性を結論するものではない。

第一のもの（27）について明らかにされる。なぜなら、知性はそのような或るものについて、これかあれかは疑いつつ、それが存在者であることは確かであるが、何の存在者であるかは確かでなく、ただいわば「偶性的」述語とし

て存在者であることが確かだからである。あるいは，別の仕方で，そしてより良い仕方で論ずるなら，その種のどの概念も端的に単純である。それゆえ，或るものに即しては把握できず，また或るものに即しては知られない，ということはない。アリストテレスは『形而上学』第9巻の最後[21)]で，端的に単純な概念について，それに関しては複合的なものの何性についてのような欺瞞はないと，明らかにしている。すなわち，何性の理解に関して，いわば形相的に単純な概念が欺瞞であると理解されるべきではない。なぜなら，単純なものの理解のうちには，真か偽かはないからである。しかし複合された何性に関しては，単純な概念は潜在的に欺瞞でありうる。なぜなら，もしその概念がそれ自体で誤りなら，それは潜在的に誤った真理文を結論するからである。しかしながら，端的に単純な概念は直接的には，形相的に間違った真理文を潜在的に結論しない。それゆえ，それについては欺瞞はない。なぜならそれについては全体的に達せられているか，達せられていないか，そして達せられていないときにはまったく知られていない，そのどれかだからである。それゆえ，いかなる端的な単純な概念についても，その或るものに即して確実で，また別のものに即して疑いがあるということは，ありえない。

　第一問題で用いた二つの論（132-138）によって，究極的差異と属性については例外的に，一義的な存在者がその「何」のうちに含まれないことが証明されている。

　第1の論，すなわち，存在の一義性についての第一の証明（27）は，確実なものと疑わしいものは区別されるという論である。すなわち，知性がもつ概念は，それが，これか，あれか，どのようなものか，疑われつつ，存在者であると確実に言うことができる。

---

21) アリストテレス『形而上学』第9巻第10章（1051b）

第Ⅰ部　神の認識可能性　　225

　このように言ってから，スコトゥスは端的に単純な概念は知られるか知られないかだけであることをアリストテレスの権威も借りて主張する。つまり，その概念については欺瞞はない。しかし複合概念のうちにある単純概念は端的に単純ではないので，欺瞞がありうるという。そしてその概念が誤りであれば，その概念を含む真理文の推論からは誤った結論が導かれるという。
　しかし端的に単純な概念は確実か疑わしいかではなく，知られているか知られていないかでしかない。したがってそれは，知られていれば確実に知られている。

　(148)　さらに，このことによって，**前述の第2の論(35) に対して明らかである。なぜなら，そのような「端的に単純なもの」は全体がそれ自体に即して把握されていないなら，まったく知られていないからである。**
　第2の論とは，第35段落の，「知性を自然本性的に動かす」かどうかの論である。つまり端的に単純な概念は一かゼロか，でしかないので，動かさないなら，知られない。

　(149)　さらに，第三の仕方で第1の論（147）に答えられる。すなわち，確実性があるところのかの概念は，疑いがあるところの概念とは別の概念である。そしてもしその概念が他方の疑わしい概念とともに受け取られるならば，それらの一方が受け取られるのだから，事実，一義的でなければならない。しかし，それらの両方の「何」に内在しなければならないのではない。そうではなくて，「何」に内在するか，規定するものに対する規定されるものとして一義的か，あるいは，名付けるものに対する名付けられるものとして一義的か，いずれかである。
　第147段落の論が引き継がれて，ここで答えられる。

すでに述べたように，一義的であると言われる概念は，端的に単純なので，知られていれば，つねに確実でしかない。ところで，疑わしい概念と確実な概念が区別されて，なおかつ，どちらも受け取られるものであるなら，それらの間で或る確実な概念が一義的でなければならない。たとえば，神か被造物か，偶性か実体か，いずれか疑わしい概念においても，それとは区別される確実な概念が一義的に見出される。すなわち，まずそれらの差異によって規定される「何」のうちに見出される。また名付けられる「何」のうちに見出される。ところで，「固有の属性」は，存在者を名付けられるものである。それゆえ，一義的な概念は規定されるものとしてか，名付けられるものとしてか，いずれかで十分であると言う。

存在の一義性の確認

（150）　それゆえ簡略に言えば，存在者はすべてのものにおいて一義的である。しかし端的にではなく単純な概念においては，存在者はそれの「何」について一義的に言われる。端的に単純な概念においては，一義的であり，規定されるものとして，あるいは，名付けられるものとして，一義的である。しかしながら，それらについては，存在者はそれの「何」のうちに言われるものとして一義的ではない。なぜなら，そうでなければ，それは矛盾を含むからである。

　究極的差異と存在の属性という例外的なものについても，存在の一義性が主張できる。しかし，それは両者の「何」においてではない。スコトゥスはその結論を繰り返している。

（151）　以上のことから，二様の第一性が，すなわち，端的にではなく単純なすべての概念に対してはそれの「何」に共通であることの第一性と，すべての端的に単純な概念に対しては，それ自体においてか，その下位のものにおいてか，潜在していることの第一性が，いかなる仕方で存在者のうちに共存しているか明らかである。そしてその二様の第一性の共存は，それが知性の第一対象であることのために十分なものである。ただし存在者は，すべての自体的に可知的なものに対して正確にどちらの第一性をももつのではない。わたしはそれを例によって証明する。なぜなら，もし視覚が，一般的に色のすべての属性と差異とすべての種と個別のものについて自体的に認識する能力であるとしたら，他方，また，色は色の差異と属性においてその「何」のうちに含まれていないが，それでも視覚は今それがもつのと同じ第一対象をもつからである。なぜならあらゆることによって検討しても，ほかの何も，それにとって適合したものではないからである。したがってそうであれば，すべての自体的な対象のうちに第一対象が含まれていない，ということではなく，どの自体的対象も，それを本質的に含んでいるか，または，それを本質的にか，潜在的に含んでいる何かのうちに，含まれているか，いずれかなのである。かくして，それのうちに共通性の二様の第一性が共存している。すなわち，それ自体からの第一性と，それ自体のうちにか，それの下位のもののうちに潜在していることの第一性である。そしてそのような二重性は，特定の能力の第一対象の定義にとって十分なものである。〔以下，スコトゥスによる追加〕：もし「善」が意志の第一対象と主張されたなら，いかなる仕方で「真理」が自体的に意志欲求の対象なのであるか？　というのも，真理は，それ自身に対して，「善」を，第一義的に述語されるものとしても，潜在的なものとしても，もたないからである。さ

らに，その下位のものも，それを本質的にも，潜在的にも，もたないからである。

この段落は，すでに述べられてきた結論と同じである。ただ，さらに包括的に述べている。

〔追加された文〕の内容は残された問題である。「善」と「真理」は属性どうしなので，一方が他方を，本質的にも潜在的にも，含むのではない。それは何らかの下位の存在者の属性として，つまり下位の存在を通して結びついている。そうだとすると，意志は「善」なるものを欲求するときは「真」なるものを欲求すると言うべきであろう。しかし，それを第一対象とするなら，意志の第一対象と「真理」との関係はどういうものであるか。学者は意志的にさらなる知識を欲求するのであるから「真理」は「善」と同様に，意志の欲求対象であると言えるのか。しかし，述べられたように，「真理」と「善」は直接的には，無関係である。つまり真理は善を本質的にも，潜在的にも，含まない。

〔異論〕一義性に対するアリストテレスによる異論

（152） 存在者の一義性の論に反対して論じられる。

アリストテレス『形而上学』第3巻[22]によって。なぜならその箇所の彼によれば，存在者は類ではない。なぜなら，同じ箇所の彼によれば，存在者が類であれば種差は自体的に存在者でないことになるだろう。しかしながら，もしも多数の種差の「何」において存在者が共通に言われるなら，それは類であると思われる。

---

22) アリストテレス『形而上学』第3巻第3章（998b）

スコトゥスの「存在の一義性」の主張はアリストテレスの考えに沿うものではなく，いわば超えるものであるから，アリストテレスの主張はそのままではスコトゥスの見解に反対するものである。ここで挙げられている反論はどれもアリストテレスの意向に沿うものであり，その意味でアリストテレス理解としては正しいものである。

　ところで，アリストテレスにおいては，一義的であるものは複数の種を包括する「類」である。したがって，もしも存在者が一義的であるなら，それは類であると言わなければならない。

　しかし種差は，種の間の差異である。それは種の属性であって本質ではない。なぜなら，種と種の間の差異は，種と種の間の「関係」だからである。したがって，種差が存在者であると言われるのは，「属性的に」であって，「本質的に」ではない。それゆえ，アリストテレスによれば種差は「類比的に」存在者である。それゆえ，アリストテレスによれば，存在者は一義的ではなく，類比的である。

　他方，複数の種差について一義的に言われるものがあるとすれば，それは類であると言わなければならない。なぜなら，種を超えて一義的なものは類であるから。すなわち，多数の種差がもつ基礎概念において存在者が共通に言われるとしたら，それは類である。

　(**153**)　さらに同じことを『形而上学』第4巻のはじめ[23]に，彼は主張している。すなわち，存在者はもろもろの存在者について，ちょうど「もろもろの健康的なものについて健康が言われる」ように，言われる。そして形而上学は，すべてのものがそれについて「一つのものに即して」ではなく，「一つのものに向かって」言われるから，

---

23)　アリストテレス『形而上学』第4巻第2章 (1003a)

すなわち，一義的にではなく，類比的に言われるから，「一つ」の学なのである。それゆえ，形而上学の主題は一義的ではなく類比的である。

散歩が健康的であるとか，食事が健康的であるとか，さまざまなものがさまざまな意味の違いを含んで健康的と言われるように，さまざまなものが，存在者と言われる。そして形而上学が一つの学であるのは「一つのものに即して」（secundum unum）ではなく，一つのものを目指して（ad unum），すなわち，実体存在を目指して，一つだからである。つまり最終的に実体という第一義的な存在者を明らかにするために，論理について研究し，原因について研究し，偶性について研究する。いわば頂上に実体存在があり，その裾野を形成しているのが偶性その他のイメージである。地上の自分たちにはもっとも近い感覚的事物は頂上の実体からはもっとも遠いところに在る。しかし感覚的事物から始めて頂上の実体存在を目指して昇っていくのが，アリストテレスの形而上学の研究である。

スコトゥスの形而上学の研究は，哲学と信仰の歴史の末に，「実体」の名を存在の側の彼方のものとしてではなく，すでに予測される「基体」の意味（概念）として神学の名で行われることになっていた。さらに，信仰において神を実体として受け取らなければならない。つまり神を論究する神学は神について人間のもつ認識の在り様がどのようなものか吟味しなければならなかった。そのためにスコトゥスにおいて形而上学ないし存在論は，認識論による土台をもたなければならないものになっていたのである。

ところで，すでに述べられたように，実体が知られるとすればそれは偶性から知られなければならない。そしてそれが可能であるとすれば，少なくとも実体は何らか偶性と同一義の「存在者」であると言えなければならない。それゆえ，スコトゥスにおいては，形而上学（神学）は「存在

者」を「一つのもの」として，その「一つのものに即して」存在の全体を研究する学になっていた。

（**154**）　さらに同じことを『形而上学』第7巻[24]で言っている。偶性が存在者であるのは，それが存在者の偶性だからである。ちょうど論理学者たちが「非存在がある」とか「知られないものが知られる」と言うように，また器が「健康的なもの」と言われるように。そうした例のすべてにおいて，多数のものについて言われていることに，一義性はない。

　内容は同じ，多様なものが存在と言われているが，そのようなところには一義性はないという意見である。

（**155**）　そしてポルフェリオスは，「もしだれかがすべてのものを『存在者』と呼ぶなら，彼はそれらを多義的に命名している」と言っている。

　古代の末にアリストテレス論理学の入門書を書いたポルフェリオス（233?-304?）は，「『存在者』は一般に多義的に言われている」と述べているという。

（**156**）　同様に，アリストテレスは『自然学』第1巻で，「はじめに」と言って，パルメニデスとメリッサに反対して論じている[25]。「存在者は多様な仕方で言われる。それゆえ，もしすべてものが一つの存在者であるなら，それはこの一つの存在者か，あの一つの存在者か，である」。もし，存在者が一義的であるのなら，そのようにはならない。ちょうど「すべての人間は一つの人間である。それゆ

---

24)　アリストテレス『形而上学』第7巻第1章（1028a），第4章（1030b）
25)　アリストテレス『自然学』第1巻第2章（185a）

え，その一つの人間か，あの一つの人間か」と推論されたりしないように。

この見解（異論）によれば，アリストテレスが当該箇所で言っていることばは，存在が一義的であるとするならおかしなことを言っていることになるだろう，という。つまり不可解なことになるから，存在者が一義的であるという主張は間違いであるというのである。

まず，もしも，すべてのものが一つの存在者であるなら，その一つは，一体，この存在者か，あの存在者かと，皮肉交じりに訊ねることができると，アリストテレスは言っている。それはちょうど，「すべての人間は一人の人間である，それゆえ，その一人とは，あの人のことか，あの人のことか」と訊ねるようなものだと，アリストテレスはさらに言っている。

アリストテレスはパルメニデスたちに対してそのように訊ねているのであるから，アリストテレスの考えでは，存在は一義的ではない。

(157) 同様に，論理によって。もし存在者が 10 個の類に対して一義的であるなら，存在者はそこへ何らかの差異を通じて降りるだろう。それゆえ，二つの差異があるとすると，つまり a と b があるとすれば，それらは存在者を含むのか。その場合には，どの最高類の概念のうちにも無駄が含まれている。あるいは，それらは存在者を含まないのか。その場合には，非存在が存在者の理解のうちに含まれている。

10 個の範疇の上に「存在者」がある。もしそれが 10 個の範疇に対して一義的であるとするなら，存在者はそれぞれの範疇の間の差異を受け取って，それぞれの範疇に下りる。このとき，差異は存在者を含むのか，含まないのか。含むなら，範疇間の差異は存在者である。存在者は各範疇

に下りたとき差異の存在者を受け取るので，各範疇には存在者が二重にあることとなる。他方，それが存在者を含まないとすれば，各範疇は範疇間の差異の「非存在」を含むことになる。いずれも不合理である。

（異論回答）類と一義性

（158）　第 1 の論（152）に対して。『形而上学』第 3 巻の論はアリストテレスがその前口上であらかじめ述べているように，彼は討議する問題の対立する諸部分を論議するつもりであるから，結論を出していると言うべきではない。しかし，対立した二つの論のうち，どちらか一方の論が詭弁でないのなら，結論は得られない（それゆえ，アヴェロエスは，そこの討議の第一の問題に対する最初の論に際して，その註釈で，次の推論は誤りであると言っている。「もしも矛盾対立するものが同じ学に属するなら，矛盾対立しないものは，同じ学に属しない」）。さらに，たとえその論を特別に取り上げて，それが結論することを支持すべきではないとしても，じっさい，彼は論を進めている。すなわち，同じ箇所で，「なぜなら，もし『一』が類であるか，『存在者』が類であるなら，いかなる種差も，『一』でも『存在者』でもないだろう」（わたしは問う。彼は「自体的に第一の仕方ではなく」種差は「存在者」であるか「一」である，かくして結論は「一」について不合理ではないと推論しようとしているのか，あるいは，端的に否定を推論しようとしているのか。そしてその場合には，結論は無効である。なぜなら，「理性的なもの」が「動物」に対して種差であるから，したがって「理性的なものは動物ではない」というのではなく，「自体的に第一の仕方で動物ではない」ということだからである）。しかしながら，

その論が有効であると主張するなら，提示された真理文よりもむしろ反対の真理文を結論する。なぜなら，その論は多義性のために存在者から類の概念を引き離す（むしろ，もしそれが 10 個の類に対して多義的であるのなら，それは 10 個の類であるだろう。なぜなら，名によってどれだけのものが指示されようが，同じ概念は類の同じ概念をもつからである）のではなく，最小限の共通性のために，存在者から類の概念を引き離すからである。なぜなら，種差について「自体的に第一の仕方で」それは述語されるからである。そしてこのことによって存在者は類ではないと結論されうる。

第 152 段落の論に対して，アリストテレスは『形而上学』第 3 巻の当該箇所で結論を述べているのではないとスコトゥスは言う。前口上で述べられているように，さまざまな難問について，あらかじめ論じておこうという意図で論じているだけであるという。したがって，そこから一定の結論を導くべきではないとスコトゥスは言う。

とはいえ，アリストテレスが論を有効に進めている過程がそこにもあることは事実である。すなわち，「なぜなら，もし『一』が類であるか，『存在者』が類であるなら，いかなる種差も，『一』でも『存在者』でもないだろう」。スコトゥスは，アリストテレスのこの推論について問う。すなわち，この推論は，種差は「自体的に第一の仕方ではなく」，「存在者」であるか「一」である，かくしてそれらが類であることは不合理ではないと結論しようとしているのか，あるいは，端的な否定，「種差は類ではない，したがって，それは存在者ではない」を結論しようとしているのか。

これについての検討のために，スコトゥスは自体的に第一の仕方と自体的に第二の仕方を，述語に関して区別する。「第一の仕方」というのは実体範疇の述語である。す

なわち,「それはそれ自身である」という述語であり, 内実は同義反復である。たとえば,「ソクラテスは人間である」。他方,「第二の仕方」というのは偶性範疇の述語である。すなわち,「それは実体自身とは一致しない」が「実体を前提している」。たとえば,「人間は理性的なものである」。その主語と述語を逆にすると偶性的な述語となる。たとえば,「理性的なものは(偶性的に)人間である」(理性的なものは, かならずしも人間ではない。天使かもしれない, あるいは, 神かもしれない)。そして範疇全体は, 実体も偶性も完全に「何」において抽象化されている(完全に名詞化されている)ので, 10 個の範疇はどれも自体的に存在者であり, 一である。

それゆえ,「自体的に第一の仕方」ではないのなら, 種差は偶性範疇に属しつつ, 存在者であると言えるし, 一であると言える。つまりそれらが種差に対して類であることは, 不合理ではない。

それともアリストテレスは, 端的な否定, つまり, 種差は類ではないと結論しようとしているのか。スコトゥスは, 結論は無効であると言う。なぜなら,「理性的」が「動物」に対して種差であることが確かであるなら,「理性的なものは動物ではない」と結論されるべきではなく,「理性的なものは, 自体的に第一の仕方で動物ではない」と結論されるべきだからである。

しかしながら, その論が有効であると主張するなら, スコトゥスは提示された真理文よりもむしろ反対の真理文を, その主張は結論するという。なぜなら, もし存在者が 10 個の範疇に対して多義的であるのなら, 存在者は 10 個の範疇に分かれて別々であるだろう。しかし, そうだとしても, 存在者の多義性のために存在者から類の概念が引き離されることはない。つまり存在者は, それぞれの範疇(類)において, その類の一部である。したがって, 多義

性のためにではなく，むしろ共通性が最小であるために，存在者から「類の概念」が引きはがされる。つまり存在者は類を超えた共通性をもつ。なぜなら，種差についても存在者は述語されるからである。そしてこのことによって，存在者は類ではないと結論される。

（異論回答）差異と一義性

（**159**） そしてこのことがいかなる仕方で真であるかを検討するために──しかしながら存在者は，「自体的第一の仕方で」究極的差異については述語されないから──，わたしは差異について，次のように区別する。すなわち，或る差異は究極の本質的部分から取られる差異である。それは類がそれから取られるところのものとは別の事物であり，別の本性である。ちょうど，もし多数の形相を仮定するなら，類は，先行する本質的部分から受け取られ，種差は，究極の形相から受け取られると言われるように。その場合，ちょうど存在者が，その種差がそこから受け取られる本質的部分の「何」において言われるように，抽象されたその種の差異の「何」において，存在者は言われる。すなわち，「知性的霊魂は存在者である」は，存在者が「何」において言われる差異である。人間と白に，存在者が言われるその同じ存在者を受け取りつつ，もし「理性的であること」がその種の差異であるなら，「理性的であることは，存在者である」では，存在者が「何」において言われる差異である。しかしそのような差異は，いずれも究極のものではない。なぜなら，そのようなもののうちには，ある仕方で区別される多数の実在性が含まれているからである（それは第2区分の第一問題で述べた，本質とペルソナ的

固有性の間にある非-同一性の区別である[26]。あるいは別のところで説明するように[27]，より大きい区別がある）。そしてその場合，その種の本性は何らかのものとの関わりで把握される。すなわち，ある実在性と完全性にしたがって把握され，またある実在性にしたがっては知られない。そしてそれゆえ，そのような本性の概念は端的に単純ではない。一方，究極的実在性，あるいは，その究極的実在性から究極的差異が受け取られる本性の「実在的完全性」は，端的に単純である。そのような実在性は存在者をその「何」のうちに含まず，端的に単純な概念をもつ。それゆえ，その実在性を a とすると，「a は存在者である」は，「何」のうちにではなく，偶性的に言われる。そしてこれ，つまり a は，かの実在性，すなわち，その種の実在性から取られたところの抽象された差異を意味している。

スコトゥスは，すでに言及されたように，二種類の差異を区別している。一つは種差であり，もう一つは究極的差異である。したがって差異に存在者が述語できることについて詳しく検討するなら，二種類の差異について明らかにしなければならない。

ところで，実体は質料と形相の複合であると説明されている。知性が受け取る概念はそこから受け取られる。アリストテレスにおいて実体は一つの質料と一つの形相の複合であると説明されていた。すなわち，ある実体本質を最終的に規定している実在性がその実体の形相であり，その実在性によって規定されている実在性の全体が質料である。人間で言えば「知的霊魂」が形相であり，それ以下のものが感覚的霊魂を含めて「身体を構成している」ものとし

---

26) スコトゥス『神と世界の秩序について』（オルディナチオ）第 1 巻第 2 区分の第 388-410 段落　邦訳なし。

27) スコトゥス，同上書，第 2 巻第 1 区分第 4-5 問題の第 273-274 段落　邦訳なし。

て，相対的に質料である。そして質料も形相も，現実態にある実在性として，知性を動かして概念を生じる。

ところがスコトゥスの頃，この形相唯一説に対して形相多数説があった。つまり一個の実体を形成する形相を多数認め，そのうちで，より現実態的な形相とより可能態的な形相を考える説である。この場合，「人間」の例に当てはめれば，まず種を規定する実在性「知的霊魂の形相」があり，これが形相としては「究極形相」である。その下には，より可能態的な類を規定する実在性「感覚的霊魂の形相」がある。さらにその下には，「栄養的霊魂」が考えられる。これ以下の実在性は質料と見なされる。つまり四元素（地，水，火，風）の形相による構成物と見なされる。ただし，文脈によってスコトゥスにおいても，栄養的霊魂は質料に組み入れられる。

究極形相から受け取られるのが種差の概念である。その下の形相から類の概念が受け取られ，類と種差において実体概念が受け取られる。ところで，この形相多数説は，プラトン的アウグスティヌスの流派の考え方から生じていると見られている。というのも，知性を動かす力をもつものを，すべて，それぞれ形相として受け取っているからである。

スコトゥスのここでの言い方は，形相多数説が真であるならば，と仮定しているので，完全にその立場をとることを宣言しているわけではない。他方，スコトゥスは別のところでは，「ある人たちによれば」と言って，形相唯一説の論理を用いた説明をしている。この立場の説明においては，「知的霊魂」は，「実体形相と栄養的霊魂を含んでいる」と彼は言う。つまり，下位の霊魂と「実体性格」を知的霊魂（知性）は含んで，人間の実体をつくる実体形相となっているという説明である。そして形相を持ち出すことによって，類とは区別される種差についても「抽象された

第Ⅰ部　神の認識可能性

もの」として受け取ることが分かりやすくなる。なぜなら，形相は，抽象された概念の「形」だからである。

　そして抽象されたものは，「何」をもつ。つまり何らかの「名」で名指しされるものをもつ。そして，それについて普遍的に，つまり共通的に存在者が述語される。したがって白という偶性でも，「白いもの」として名指しされるものであるかぎり，存在者がその「何」において述語される。

　一方，一つの形相のうちにも複数の形相性を数えることができるとスコトゥスは言う。これは「形相的に区別される」ないし「形相的非 - 同一性」と呼ばれるものである。スコトゥスは，神のうちにそれを見出している。つまりテキストのなかで指摘されたペルソナ論の箇所で，ペルソナの固有性と本質の間に，それがあると言う。つまり父と子と聖霊は，同一の神であるから，同一の本質をもつが，それと同時に，それぞれが異なるペルソナである。神のうちに見出されるこの異なる性格が，「形相的非 - 同一性」である。それは，形相と質料，あるいは，形相と形相，あるいは，実体と偶性の間の区別とは異なる区別である。

　その意味で，形相的区別は，同じ実在性のなかの完全性（形相性）の区別とも言われる。じっさい，この区別は神の属性（超越概念）について言われる。したがって存在の属性についても言えることである。また，究極的差異についても言われる。つまり形相的区別は究極的差異と種差の間にある。これらはいずれも完全性である。つまり存在の属性は存在の完全性であり，究極的差異は実体の究極的完全性である。

　ところで，「端的に単純なもの」は，究極的に規定するものと，究極的に規定されるもの，並びに，究極的に名付けるものと，究極的に名付けられるものという4つである。究極的に規定されるものと究極的に名付けられるもの

は同じであるので実質は3つ，究極的差異と，存在の固有の属性と，共通的な存在者である。これ以外のものは，他の実在性や完全性との関連を含むものなので，端的に単純ではないと言われる。

（160）したがってわたしは前に，いかなる端的に究極的な差異も，端的に単純であるがゆえに，存在者をその「何」のうちに含まないと言ったのである。しかし，本質的部分，すなわち，事物のうちの本性であり，類がそこから取られる本性とは別の本性の部分から取られる或る差異があり，その差異は端的に単純ではなく，存在者をその「何」のうちに含んでいる。そしてそのような差異は，その「何」において存在者であることから，存在者の極小の共通性のために，類ではないと結論される。なぜなら，いかなる類も，下位の差異の「何」のうちにあるとは言われないからである。また，形相から取られた差異についても，究極形相の実在性から取られた差異についても，同様だからである（第8区分で明らかになるように[28]）。なぜなら類の概念がそこから取られるところのものは，つねに，それ自身に即して，種差の概念がそこから取られるところの実在性に対して，すなわち，種差が形相から取られるならその形相に対して可能態にあるからである。

究極的差異とは異なり，種差は事物の本質的部分のうち，類が取られてくるのとは別の部分から取られる差異である。こちらの差異には，その「何」のうちに存在者が含まれている。たとえば「理性的なもの」のうちに，存在者が含まれている。そして，存在者は類の「何」のうちにも含まれているので，存在者は種差のうちにも，類のうちに

---

28) スコトゥス，同上書，第1巻第8区分第1部第三問題の第106段落　本書499ページ。

第Ⅰ部　神の認識可能性

も，共通に含まれていることとなる。それゆえ，存在者には類と種差の区別に関わらない小さな共通性がある。

　すなわち類の共通性は，種差の共通性と完全に区別される。その理由は，類に属するものの間にある共通性を生じる実在性は，種差の共通性を生ずる実在性に対して可能態にあり，現実態にある種差の実在性とは区別されるからである。そして，より広く適合する共通性はそれだけより多く可能態にあり，共通性はより小さい。そして存在者はさらに広く，類とも種差とも，共通性をもつ。それは共通性が極小なものであるだけ，それだけ，その区別に関わらないからである。

　（161）　そして，もし君がこれに反対して，次のように論じるなら，すなわち，「理性的」が存在者を「何」の仕方で含み，同じようなどの差異（すなわち，その究極的実在性から取られたものではなく，本質的部分から取られたもの）もそうであるなら，類にそのような差異を付けるのは存在者が二重に言われることになるから無効ではないかと。わたしは答える。より下位の二つのものがより上位の第三のものに対して，一方が他方を形容し，かの共通なものは，特殊に，自分自身を形容するという関係で関わっているとき，たとえば存在者に対して下位のものである「白」が，存在者に対して下位のものである「動物」を形容する。それゆえ，「動物は白い」が形容の仕方であるように，「存在者」は，「白」に対しては上位にあって「動物」を形容することができるとき，存在者は特殊的に，動物から受け取られている。すなわち，もしその形容するものが存在的であるとしたら，「或る存在者は存在的である」は真である。そしてわたしは「付帯的な形容」を認める。それは駄弁ではないし，まったく同じものが自身を形容することでも，同じ仕方で概念を形容することでもない。た

とえば,「理性的な動物」で言えば,動物のうちに存在者がその「何」のうちに含まれていて,理性的な,のうちには,形容する仕方で存在者が含まれている。そしてちょうど「理性的であること」が存在者であるように,「理性的な」は,存在者によって形容されている。それゆえ,「理性的であること－動物」は駄弁であるが,「理性的な動物」は駄弁ではない。ちょうど「白さ－動物」は駄弁であるが,「白い動物」は駄弁ではないように。

この段落では名付けする修飾のはたらき（デノミナティオ）を「形容する」と訳している。名詞を修飾する様式である。つまり属性は「存在者」に対して「形容するもの」である。すでに述べたように,これは規定と被規定のように,一方が他方を「限定する」側面を主眼としたことばではなく,いわば衣服を着せるように,完全性を付け加える側面に主眼を置いたことばである。そしてこの二つは,この段落にあるように,かならずしも排斥し合うものではない。つまり「理性的」は「動物」を「規定する」と言うこともあれば,「形容する」と言うこともある。

ところで,提出された異論によれば,種差にも類にも,その「何」のうちに存在者が言われるのなら,類と種差をもつ定義においては存在者が二重に言われている。これは駄弁であって正確な定義にならないのではないか,という異論に,スコトゥスは答えている。

スコトゥスの答えは,結局,形容詞と名詞の仕方で,「理性的―動物」と言われているのであるから,同じ仕方で存在者が言われているのではなく,一方は形容する仕方で言われていて,その意味では異なった仕方で存在者が言われている。それゆえ駄弁ではない,ということである。

（異論回答）類の内の一性

（162）『形而上学』第 4 巻について言われている他の論（153）に対して，わたしは次のように答える。すなわち，アリストテレスは『形而上学』第 10 巻[29]で，同じ類のもろもろの種の間に本質の秩序があることを認めている。なぜなら彼はその箇所で，類のうちに他のものの尺度となる一つの第一のものがあると主張しているからである。ところで，測られるものは，尺度に対して本質的秩序をもっている。しかしながら，そのような属性に煩わされずに，彼はどの類の概念も「一つのもの」であると認める。そうでなければ類は多数の種差の「何」において述語されないだろう。なぜならもし類が，もろもろの種の概念とは別の，「一つ」の概念をもたないとしたら，いかなる概念も多数のものの「何」のうちに言われず，ただどれも，それ自身について言われるだけだろう。そしてそのときには何ものも，種についての類として述語されるのではなく，同じものについての同じものとして述語されるだけである。

第 153 段落の異論に対して，アリストテレスは本質存在のうちには尺度となるものと，その尺度によって測られるものがあることを述べているとスコトゥスは言う。つまり尺度となるものは，何かを測るときの単位になる。それが「一」である。ほかのものは，それによって測られる。そしてそこでは多様なものが測られて，本質的な秩序がある。

しかしスコトゥスは，そのような属性に妨げられずに，

29） アリストテレス『形而上学』第 10 巻第 2 章（1054a）

と言っている。つまり秩序をもつという属性は切り離してアリストテレスはどの類にも「一」がある，つまり類的共通性があると言っているという。じっさい，もしもさまざまな種の間に一つの類的共通性がないとしたら，種について類という別のものを述語することができないことになるだろう。そうであったら，種には種を述語するだけ，つまり同語反復で言うことしかできなくなる。

（163）　同様に，アリストテレスは『自然学』第7巻[30]で「類のうちには多義性が潜んでいる」と言っている。その多義性に即しては，類に即した比較はできない。しかしながらそれはさまざまな概念を設定する論理学者にとっての多義性ではなく，実在を扱う哲学者にとっての多義性である。なぜならそこには本性の一性がないからである。したがってそのように，『形而上学』と『自然学』に取りあげられるすべての権威は，この質料についての言であり，属性であるところの実在の多様性に即して説明される。範例において明らかにしたように，多様な属性から抽象された概念の一性はそのことと両立する。その場合，わたしは，偶性であるところの全体が実体に対して本質的な属性をもち，なおかつ，この全体とあの全体とから，共通な概念が抽象されうることを認める。

　類のうちには，異なるさまざまな種がある。したがって類のうちには多義性がある。とはいえ，種の間の違いを比較するためには類的共通性を土台にしなければならない。すなわち，ここで言われている多義性は実在を扱う哲学者にとっての多義性である。つまり実在する種における多義性である。論理的概念の多義性ではない。範例において明らかにしたというのは，前段落で本質的秩序という範例

---

30)　アリストテレス『自然学』第7巻第4章（249a）

で，という意味である。そこでは，さまざまな秩序に妨げられずに概念の一性が主張できる，ということであった。そして偶性の全体が実体の属性（実体に付帯する関係）である。つまり各々の実体には，それぞれの属性がある。そこには，実体と属性，また属性間の秩序がある。しかし，偶性の全体と実体の全体から，それらに共通な概念が抽象できる。

（異論回答）定義と存在者

（164）『形而上学』第7巻について言われた論（154）に対して，わたしは答える。その課題に関して最後の節のことばが，アリストテレスのすべての権威ある説を解決する（それは「ところでそれは明らかに」で始まっている）。じっさい，彼はそこで「第一義的で端的な『定義』と『そもそも何であったか』は実体について述べられると言い，ただそれだけではなく，別のものの定義があって，端的であるが第一義的ではない」と言っている。そして彼はそれをそこで証明している。なぜなら，名前の「何」を示すことばは定義であるから。ことばがそれ自体であるものは「自体的に一つ」である。「他方，『一』は存在者と同じように言われる」。そして「自体的一」を君は理解しなさい。自体的「存在者は，たしかにこれであり，この或るものであり，それとは別に分量，また別に性質を意味する」——これは「自体的存在者」について真である。なぜなら，彼は第5巻で「自体的存在者」を10個の類に分割しているからである。それゆえ，それらのいずれも「自体的に一つのもの」である。かくしてそれらのことばは，定義である。そして彼はその箇所で，次のように結論している。「人間についての言表と定義がそれにもとづいている根拠

において，白のそれと実体のそれは異なっている」。なぜなら，「実体」の定義は自体的で第一義的であるが，「白」の定義は端的で自体的であるが，第一義的ではないからである。それゆえ，「白い人間」の定義は二義的で偶性的である。それゆえ，その章では，彼は第一に，そのような「偶性的存在者」について扱っている。「白い人間」とは，その種のもので，それの定義はないだろう。したがって，「存在者」とは，「何」であるか，あるいは，「定義をもつこと」である。それらのどれも，端的に，偶性についても属性についても，ちょうどまた実体についても，同じように言われるが，等しく第一義的にではない。そして秩序に妨げられずに一義性が十分にありうる。

第154段落の異論に対して，スコトゥスはアリストテレスの『形而上学』の記述をふんだんに取り込みながら答えている。

前に述べたように，範疇の全体が自体的存在者である。したがって同様に，自体的一である。つまり「このもの」である。それについては定義がある。「白」についても，それ単独では定義がある。しかしそれは偶性であり，二義的に自体的であるので，「白い人間」は偶性的存在である。すなわち，その複合全体は実体ではないので，定義はない。なぜなら定義は必然的に真でなければならないので，偶性的に真なる複合は定義できないからである。他方，「何」をもつものは，「定義をもつ」。そしてそれは存在者である。また偶性や属性は二義的に存在者であるが，その種の秩序にさまたげられずに（最小の共通性によって）存在者は一義的である。

（165）　ポルフェリオスの論（155）に対して。彼は「多義的に彼は述べる」と言って，別のことを述べている。だれが「述べる」のか？　アリストテレスが，であり，彼

について話している。『論理学』のうちのどこで彼がこれを言っているのか見つからない。『形而上学』のうちでは言っており，もうすでに説明している。だれかがポルフェリオスの権威を扱うことを欲して，いかなる仕方でアリストテレスの権威にもとづいて，そのことばが彼自身の真理文にとって有効か説明できるとしても，わたしは関わりたくない。

第155段落の異論に対しては，スコトゥスの態度はそっけない。異論のことばに当たるものが「論理学」のなかには見つからず，どうやらそれらしいものは『形而上学』にあるが，それについては前段落で説明済みだという。

（166）『自然学』第1巻について論じられたもの（156）に，わたしは答える。パルメニデスとメリッソスの見解に対して，それは否定すべきである（存在者は「多くの仕方で」言われるという原理を受け入れるべきである。すなわち，多義的にではなく「多くの仕方で」，すなわち，「多くのもの」について言われる）。それらに関するパルメニデスたちの理解を検討しなければならない。たとえば，もし「すべては一個の動物である」と彼らが言っているなら，彼らに反対することは，「動物」を区別することだろう。そしてそれについて彼らが何を理解しているか，問うことだろう。すなわち，すべては「一個の人間なのか，あるいは，一個の馬なのか」と。それと同様に，存在者が一義的であるとすれば，アリストテレスの論はパルメニデスたちに反対するに無効であると君が言うなら，わたしは答える。その結論は，ただ雑然としたままにとどまる述語に下りることによっては明確に支持できず，むしろ陳述の形式と推論に誤りがある。しかしながら，もしパルメニデスたちがアリストテレスが考えたように，「すべては一つのものである」は，「雑然とした一」ではなく，何らか規定

された「一」について話していると理解しているのなら，すべては「この一」であるか，「かの一」であるかと，先立つものまで理解が進んで，正しく結論される。

　第156段落の異論は，パルメニデスとメリッソスに言及した異論である。しかし注意しなければならないのは，アリストテレスは彼らの見解を自然学的な見解として説明していることである。すなわち，パルメニデスが存在は一であると言っていることを，存在物が一個であることと，彼は説明している。スコトゥスはアリストテレスを通じてしかパルメニデスを知らない。すなわち，わたしたちがもっているパルメニデスの詩文にスコトゥスは接していない。

　したがってスコトゥスの「存在の一義性」をパルメニデスの存在論と安易に結びつけるのは哲学の歴史としては見当違いである（両者の比較が現代における形而上学の研究としてなされることは有意義であるとしても）。じっさいパルメニデスの詩が目指している「ある」は，むしろ判断（裁判）の「ある」であり，これはむしろトマス・アクィナスの「判断」の「ある」の思想と一致する。他方，スコトゥスの哲学には「判断」の思想はまったくない。

　ところで，この段落内容は次のようなものである。パルメニデスたちの見解，原理において存在は多くの仕方で言われる，という見解は，アリストテレスの主張とはまったく相容れない。そうであるから，反対すべきことは明らかであると述べている。しかし，その見解に反対する方法としては，「存在」ということばでパルメニデスたちが理解しているものが何か，それをはっきりさせることであると言う。つまり安易に雑然としたままの「存在概念」（物体的な存在概念）に帰着するなら，あるいは，それを用いて研究するなら，誤りを犯すことになるとスコトゥスは見ている。とにかく「存在概念」を明晰に「一つのもの」とし

てゆけば，おのずとスコトゥスの見解が正しいことが結論されるというのが，彼の主張である。

（異論）知性の第一対象は「真」である

(167) これまで存在者について見て来たが，さらに疑問が残っている。すなわち知性の第一対象は超越する何か別のもの，すなわち，存在者と等しい共通性をもつ何か別のものであると，主張することができるかどうか。

そして，できると主張される。すなわち，「真」が知性の第一対象であって，存在者が，ではない。このことが三様に証明される。

知性の第一対象として「存在者」が適当であることが検討されてきた。その根拠が明らかにされたと言える。しかし，そうであるなら，存在と置き換えられる「真」や「善」も第一対象と言えるのではないか，という疑問が残る。あるいは，むしろ「真」のほうが適当ではないか，以下，この問題について検討される。

(168) 第一に，次のように。『霊魂論』第 2 巻[31]によれば，区別される能力は明確に区別される対象をもつ。知性と意志は区別される能力である。したがってそれらは明確に区別される対象をもつ。このことは，もし存在者が知性の第一対象であると主張されるなら，維持できないと思われる。しかし，もし「真」が主張されるなら，区別された対象の指定がうまくできる。

能力が異なるなら，その第一対象も異なる。ところで知

31） アリストテレス『霊魂論』第 2 巻第 4 章（415a），第 6 章（418a）

性と意志は異なる能力である。したがって「真」が知性の第一対象であると指定されるなら，知性と意志の対象をうまく区別して指定できる。

　（169）　第二に，次のように。存在者はそれ自体からして感覚されるものと感覚されないものに共通的である。ところで，或る能力の固有の対象は或る固有の根拠のもとに，その対象である。それゆえ，存在者が知性の固有の対象であるためには，感覚される存在者を除去する何かによって存在者が可知的な存在者に限定され，制限されなくてはならない。しかしそのように制限するものは，「真」であると思われる。それはそれ自体から，証明することの，あるいは，可知的であることの根拠である。

　知性は共通な存在者を対象としながら，その固有の根拠としては，可知的であることをもつ。それゆえ，感覚される存在者にも共通な存在者を対象としつつ，その可感的存在者を排除するものが知性の固有の対象として規定されるべきだろう。そしてそれは「真」であると思われるという。

　（170）　同様に，第三に，次のように。対象がある能力に固有のものであるのは，かならず，それが能力を固有に動かすことにしたがってである。しかしながら，何かが能力を動かすのは，かならず，それが能力に対してある関係をもつことにしたがってである。それゆえ，存在者は，それが絶対的なものであり，知性に対していかなる関係性ももたないことに即しては，近接的でも直接的でもない対象である。一方，存在者が，知性に対して明確に関係をもつと言えるのは，真理に即してである。なぜならアンセルムス『真理論』によれば，「真理は精神によってのみ把握し

うる正直(せいちょく)である」[32]から。

「存在者」は，それが「存在者として」知性を動かすのではなく，「真なるものとして」知性を動かすという。つまり存在者は「真」を通じて，はじめて知性を動かす。「存在者」は，その独立性において，他のものとの「関係なし」には，知性のはたらきと関係することができない。すなわち，「絶対者」は，絶対者であるかぎりでは，他者と関係をもたない。「存在者」としての「存在者」は，そういうものであるから，それ自体では知性と関係をもつこと，つまり動かす・動かされるという関係をもたないという。異論はさらにアンセルムスの定義を引いている。その定義には，真理は知性にのみ把握されるもの，すなわち，知性を固有に動かすものであり，正直であると言われている。

（異論回答）真の概念

(171) しかしわたしは，この「真理」の結論に反対して，次のように論じる。第一対象，すなわち，適合対象は，共通性にしたがってか，あるいは，潜在性にしたがってか，あるいは，両方の共存する第一性にしたがって適合している[33]。「真」はそれらのどの仕方によっても知性に適合していない。明らかになったように，存在者は適合している。それゆえ，云々。

小前提の最初の部分の証明。「真」は自体的に可知的な

---
32) アンセルムス『真理論』第11章
33) このヴァチカン版編集者は，テキスト校訂において，「等しい」aequatur を取っている。しかし，訳としてわかりづらくなるので，他の異本が伝えている（異本の内容も，ヴァチカン版は，詳しく載せてくれている）adaequatur をこの訳では使用した。

すべてのものについて，その「何」のうちに言われない。なぜなら，存在者について「何」のうちに言われないし，存在者に対して自体的に下位のものについても，同じだからである。

　小前提の第二の部分が第三の部分といっしょに証明される。なぜなら「真」に対して下位のものどもは，たとえそれを本質的に含んでいるとしても，すべての可知的なものを潜在的に，あるいは，本質的に含んでいないからである。なぜなら，石において言われる「この真」は，石を本質的にも潜在的にも含んでいない。むしろその逆に，石であるところの「その存在者」が，真を含んでいる。かくして他のどの存在者についても，またそれらの真理についても，同様である。

　スコトゥスは能力の適合対象の基準を大前提にして，「真」はこの規準に当てはまらないと言って反駁している。大前提の正しさについてはすでに明らかにされてきた。すなわち，共通性と，共通に言われなくてもその共通なものに潜在しているという関係性の普遍性があれば，それはその能力の第一対象であると言える，という基準である。

　これに当てはめると，「真」は「存在の属性」なので，すでに明らかにされているように「存在者」のもつ「何」のうちには「真」は含まれない。それゆえにまた，下位の類や種差の「何」のうちには「存在者」は含まれているが，「真」は含まれていない。それらについて言われる「真」は，すべて，「属性」として潜在的に言われているだけであって，共通して言われているのではない。

　また，真である下位のものには真が含まれているが，それはすべての知られるものに含まれている，ということではない。たとえば，この石は「この真」であると言えても，その真は，この石の属性である。つまり「この石」は，本質的にではなく，潜在的に「この真」であると言え

るが，その真は，「この石」を本質的に，また潜在的に含んでいない。つまり「この真」と言っても，「何」かわからない。他方，「この石」は，存在者を本質的に含み，「何」かわかる。そのうえ，それが知性に認識された概念であれば，「真」であることも潜在的に含まれている。

(**172**) 同様に，「真」は，存在者と存在者に対して下位のもののどれにとっても，その属性である。それゆえ存在者を，あるいは，存在者に対して下位のどれであれそれを真の概念のもとに知性認識する際には，それは偶性的にのみ認識され，「何」の概念にしたがって認識されない。しかし，『形而上学』第7巻第1章[34]によると，「『何』の概念に即した認識はどの」認識も，それについての「第一の認識」であり，「最完全な認識」である。したがって，いかなるものの認識であれ，真の概念のもとに正確にある認識は対象の第一の認識ではない。かくして真理は対象を認識する際の端的な正確性としては，第一の概念ではない。

スコトゥスは，存在者を真の概念のもとに認識するのは，存在者を偶性のもとに認識することだからその認識は偶性的であるという。アリストテレスによれば，存在者は実体として認識されるとき最完全な認識となる。ところで，実体の概念は「何」であるかの概念である。それは「真」である概念ではない。それゆえ，真であることにもとづく認識は第一の認識ではない。

(**173**) 『分析論前書』第2巻[35]によって，論が確かめられる。ラバとしてのラバの知識は，これとしての「このラ

---

34) アリストテレス『形而上学』第7巻第1章（1028a-b）
35) アリストテレス『分析論前書』第2巻第21章（67a）

バ」の無知と両立する。なぜなら，学習知と対比させながら下位のものを上位のものから引き離すとき，その学習知は，上位のものについて第一義的にあるからである。それと同様に，その属性の対象は，学習知と，あるいは，能力と対比させるなら，ますます引き離されて別のものとなるだろう。

知性は感覚される「この具体的なもの」から抽象的に「知識」を獲得する。この獲得された知識が「学習知」（ハビトゥス）である。それゆえ，本を通じてラバとは何かを知っていても，目前のそこに居る動物がラバかどうかわからない，ということはありうる。なぜこのようなことが起こるかと言えば，「抽象」（引き出すこと）を通じて学習知は，「この具体的なもの」から「引き離されている」からである。そのために学習知は第一義的には下位の具体的なものについてあるのではなく，上位の普遍的なものについてある。つまり学習知が具体的なものの知識であるのは，むしろ偶性的にである。

真という属性は，対象の「何」のうちに本質的に含まれていないゆえに，対象の「何」（存在者を含んだ実体的なもの）よりも，具体的なものから引き離されている。つまり学習知が〈この何〉から引き離されているよりも，それの属性についての知識は，同じものからさらに大きく引き離されている。また知性能力も，属性についてよりも「何」（実体的なもの）に関して動くので，やはり属性から離れている。

（174）　同様に，能力が獲得するものの対象は自然本性的に能力の対象に先行しない。ところで，知性が獲得する形而上学の第一対象は存在者である。それは自然本性的に「真」に先行する。そして存在者の属性である「真」は，形而上学の第一主題ではない。したがって，云々。

すでに述べたように，能力がはたらいてその結果，その能力が獲得するものは，能力の最初のはたらきに後行するものである。したがって知性が手に入れる知識は，知性能力のはたらきに対して後行する。形而上学は知性が獲得する知識である。ところで形而上学の第一対象は「存在者」である。他方，「真」は，その属性であるので，それは「存在者」に先行することはない。逆に，存在者が真に先行する。なおかつ，「真」は，形而上学の第一対象ではない。したがって「真」が知性能力の第一対象であることはない。

(175)「反対して」の論に対して，わたしはそれらの論を反対側へ導くことによって，答える。

第1の論（168）に対して，次のように。なぜなら，意志は知らないものに関わって働くことはできない。そのように，意志は，全くその根拠が知られていない対象の形相的概念のもとに，対象についてはたらくことはできない。したがって，その概念にしたがって意志にとって何らかの対象となるすべての概念は知性によって認識されうる。かくして意志の対象となるものに対立して区別されるようなものは，知性の対象の第一の概念ではありえない。たとえその概念によって対象が区別されるとしても。

第168段落の異論に対して，スコトゥスは知性の対象と意志の対象がある仕方で区別されるとしても，意志がはたらくとき，そのはたらきが対象にできるものは，知られたもの，知性がとらえたものの範囲内のものでなければならないと言う。なぜなら，欲求のうちで「意志」と呼べるものは，「ロゴス」（理）に関わってはたらくもののみだからである。それがない欲求は感覚的欲求である。したがって，ロゴス（理性）がとらえたものでなければ，つまりは知られたものでなければ，意志の対象にならない。すなわ

ち，自然本性的に，意志の対象は知性の対象のうちに含まれる。それゆえまた，知性の対象であることの性格は，意志の対象であることの性格と対立しない。それゆえそれは，区別されるとしても，対立的に区別されることはない（第151段落に追加された一文がこの箇所の論と関係していると，テキスト編集者の註にある）。

（176） さらにこのことは，存在者のどの属性についても，すなわち，真の概念の下の真なるものや，善の概念の下の善なるもののように，区別された知識があることによって明らかである。なぜなら，アヴィセンナ『形而上学』第6巻最終章「もしある学がすべての原因についてあるとすると，それは目的因についてあることによってもっとも卓越した学である」によれば，その概念は，多数の人たちによれば，善である。

スコトゥスは，存在者の全体は，存在者の属性のそれぞれのものの下に，下位のものをもっており，それらは区別されるという。つまり真の概念のもとに言われるものがあり，善の概念のもとに言われるものがある。そしてそれぞれについての知識がある。明示されていないが前者は「論理学」，後者は「倫理学」ということだろう。

しかしスコトゥスが根拠に挙げているアヴィセンナのことばは，形而上学についてのことばである。つまり形而上学は四原因のすべてについて探究する学（知識）である。そのなかに「目的因」があり，この概念に沿って考えると，目的となるものは，他のものより卓越したものであるから，それについての研究はもっとも卓越した学である。そして多数の哲学者たちは，「目的」とは「善」であるということにおいて一致している。

（異論回答）認識能力とその対象

（177）したがって，対象の区別についてあった，議論のうちに受け取られた論（168）に対して，わたしは答える。もろもろの区別された能力は，相互に三つの仕方で関わっている。すなわち，それらはまったくばらばらにあるか，秩序をもってあるか，そしてその場合，ちょうど上位の認識能力と下位の認識能力のように，同じ類のうちに秩序をもってあるか，それとも，自身の欲求と認識能力のように，異なる能力の類のうちに秩序をもってあるか，である。

同じ 168 段落について，スコトゥスはどのように吟味していくか。まずは区別された能力の関係として三つの仕方をあげている。つまり，まったくばらばらであるか，同じ類として秩序があるか，それとも，それぞれ区別された類のうちで相互に秩序があるか，である。

（178）第一の仕方では，区別された能力は完全に区別された対象をもつ。なぜなら，それらはばらばらなのであるから，それらのどれも，ほかの能力が対象にしている対象に関しては，自体的にはたらく能力ではないからである。そのようなものとして視覚と聴覚のような外的感覚がある。

まず，ばらばらである場合，認識能力はそれぞれ違う対象をもつ。つまりほかの能力が対象にしているものを対象にすることがない。たとえば聴覚が対象にしているものを，味覚は対象にしない。

（179）第二の仕方で，区別された能力は秩序をもった

対象をもっている。すなわち，ちょうど上位の能力が下位の能力が関わることができるどんなものにも自体的なはたらきをもつことができるように，上位の能力の第一対象は自分自身のもとに下位の能力の第一対象を含み込んでいる。そうでなければ，それは上位の能力に適合した対象ではないだろう。それゆえ視覚の第一対象はそれ自身の共通性に即して，共通感覚の第一対象のもとに下位のものとして含まれている。

　第二の場合は，上位の能力の対象が下位の能力の対象を含んでいる場合である。視覚に対して共通感覚は上位にあって，その力で感覚表象の像をつくる。ところで，共通感覚は，かたちや数，運動など，感覚器官がとらえるもののなかで，共通にとらえられるものを，とらえる感覚能力である。その共通性を通じて，諸感覚がとらえているものが「ある一つの像」についての感覚情報であることが見えてくる。つまり「一つの像」となって現れる。「白い，匂いの良い，動かないもの」というふうに。それは視覚の対象も，嗅覚の対象も，含んでいる。したがって共通感覚の第一対象は視覚の第一対象を含んでいる。

（180）　第三に，諸能力は次のように関わっている。すなわち，もし欲求能力が認識能力に，どの対象に関しても，はたらくことに際して適合しているとしたら，各々の第一対象は同じものであり，対象の側から同じ形相的概念のもとにある。しかしながら，もし欲求能力が，或る認識されるものにははたらきをもつが，或る認識されるものにははたらきをもたないとしたら，その場合には，欲求能力の対象は，認識能力の対象に対して下位にあるだろう。

　第三の場合は，欲求能力と認識能力が働く対象が完全に重なっているとしたら，第一対象は同じだということである。また，欲求能力のほうが認識能力の一部の対象につい

第Ⅰ部　神の認識可能性　　259

てだけはたらくとしたら，欲求能力の対象は認識能力の対象の下位にある。

　（**181**）　求めている真理文に向けて。知性と意志は第三のもののうちに生ずる。そしてもし意志がすべての知性認識されるものに関して，そしてどんな概念のもとでもはたらきをもつことができると仮定されるなら，意志の対象と知性の対象は同じ形相的概念のもとに同じだと主張されるだろう。もし，そうではなくて，意志は，知性認識されるもののうちでただ目的であるもの，あるいは，目的に向かう存在者に関してだけはたらきをもち，観想されるものについてははたらきをもたないということなら，意志の対象は知性の対象に関して，ある仕方で特殊なものだと主張される。しかし，存在者が知性の対象であることは，つねに定まるだろう。

　知性の対象が「存在者」であるという，求めている真理文に向かってスコトゥスは論じる。すなわち，認識能力と欲求能力は上記の第三の場合に当たる。しかしそこにおいても，二つの能力の対象が完全に重なる場合と，一部が重なる場合がある。ところで，意志は，知性によって認識されるもののうちで目的自体か，目的に向かう過程にあるもの，すなわち，目的達成のための手段になるものに限って，はたらきをもつ。ただ理解することのみの対象（理論的対象，観想する対象）については意志ははたらかない。

　すなわち，意志の対象は知性の対象の部分であって，それゆえ下位にある。

（異論回答）抽象という知性認識の特有化

　（**182**）　第2の論（169）を，わたしは反対へ導く。な

ぜなら，前述の区別によれば，上位の能力に比例した対象は下位の能力に固有な対象に対して共通なものである。そのように，感覚されるものと感覚されないものからの抽象にしたがって受け取られた存在者は，真に知性に固有の対象である。なぜなら，そのように上位の能力である知性は，感覚されるものについてと同様に，感覚されないものについても，はたらきをもちうるからである。それゆえ，その抽象作用は特有化の作用ではないと見えるのであるが，上位の能力に関しては，十分に特有化の作用なのである。このことによって，わたしは論に対して答える。すなわち，感覚されるものと感覚しえないものとに対する存在者の共通性は，はたらきをもつ能力，知性のような能力を，自体的に両方の対象に関してはたらくように特有化する根拠である。そして，たとえそのように共通的な存在者のもとに感覚されるものが含まれているとしても，共通的な存在者は，感覚されるもの，つまり感覚の対象ではない。そうではなくて，ただ知性認識されるものであり，知性に適合したものである。なぜなら，下位のものに固有な関係は，上位のものに固有ではないに違いないからである。「感覚されるもの」と彼が言っているのは，これである。それは或るものの性質に，完全に，そしてそれだけに一致している。しかし「知性認識されるもの」は，たとえ或る存在者，つまり感覚されないものに一致しているとしても，完全に，それだけにではない。むしろ，共通な存在者を除いては，どんなものに限っても，知性認識されるものは一致しない。つまり「この或るもの」とか，「何か個体的な知性認識されるもの」とかが一致するのではなくて，共通な存在者だけが，すべての知性認識されるものに共通なものとして，知性認識されるものに一致する。そしてそれは前述した或る共通性に即してである。

　第169段落の異論をスコトゥスは否定する。下位の能

力に固有な対象は上位の能力の固有の対象ではないが，それらに共通な対象は，ありうる。すでに述べたように，上位の能力の対象の一部が下位の能力の対象であることがある。知性と感覚がこの関係にある。それはちょうど，共通感覚と一部の感覚器官の感覚との関係のようなもので，共通感覚は，下位の感覚器官がとらえる対象のなかの「共通なところ」を根拠として，感覚表象のうちに「一つの像」を結ぶことができる。

同じように知性は，「共通な存在者」を根拠として可知的な像を知性のうちに特有化する。「抽象」というと，「普遍化」と受け取られ，「特有化」とは反対のイメージであるが，ほかの能力にはできない，その能力だけがはたらくことができる対象として対象を特有化するはたらきが，知性の抽象であると考えることができる。その根拠が共通な存在者なのである。

知性に特有化された（抽象された）対象は，感覚が対象にできないものであるが，感覚された対象から引き出された対象であるのだから，感覚が対象にするもののうちにある。したがって可知的な対象は，感覚される対象をうちに含む，共通な存在者を根拠にしてできている。それゆえ，可知的な対象（知性認識されるもの）は共通な存在者と一致する。

（183）　第3の論（170）を，わたしは反対のものに導く。なぜなら，動かすものがそれによって動かすところの形相が，能動者の，あるいは，作用者の根拠と言われるように，能力を動かす対象であることにしたがって，それは「対象の根拠」であると，異論の主張者は言うからである。そのような対象の根拠は能力に対しての関係ではありえない。そしてその仕方で，アリストテレスは『霊魂論』

第2巻[36]で述べている。そこで彼は視覚の第一対象を示している。彼は言っている。「対象として，視覚がそれについてあるのが，『見られるもの』である」，「自体的に第一の仕方でではなく，第二の仕方で。すなわち，それは見られるものという概念のうちに置かれる」。しかしながら，もしも，能力の対象の形相的概念がその能力に対する関係であったなら，視覚の第一対象は，自体的に第一の仕方で「見られるもの」であっただろう。なぜなら，見られる可能性であることは，対象の形相的概念であっただろうし，そしてその場合，第一対象を示すことは容易であっただろうから。なぜなら，どの能力の第一対象であれ，その能力に対して相互に関係するものであっただろうから。たとえば，視覚は「見えるもの」が，聴覚は「聞こえるもの」が，第一対象であろう。そういう仕方で，アリストテレスは能力の第一対象を示さなかった。そうではなくて，何か独立的なものを，たとえば，視覚は「色」を，聴覚は「音」を，等々，である。それゆえ，もし「真」が知性に対する形相的な関係を意味する（それについてはほかで[37]）のなら，求める真理文はそれに反している。なぜなら，以上から，その根拠は対象の形相的概念ではなく，それとは別の何かであると結論されるから。

第170段落の異論の主張者は，能力を動かす対象は能力に関係するものであると述べている。しかし「存在者」は絶対的で知性との関係性を述べていないので，知性の対象とは言えないという。この異論は一般受けするわかりやすさをもっている。したがってスコトゥスの反論はかなり

---

36) アリストテレス『霊魂論』第2巻第7章（418a）

37) Duns Scotus, Quodl., q.8 n.13-14：『任意討論集』第8問題邦訳なし。英訳：John Duns Scotus, God and Creatures, The Quodlibetal Questions, tran.&intro. Notes & golossary by Felix Alluntis and Allan B. Wolter, 1975, Princeton Univ. Press

難解である。

　スコトゥスは，能力を動かす対象の形相的根拠は能力に対して関係するものではないという。もしも関係するものを対象として指示するなら，視覚の対象は「見えるもの」，聴覚の対象は「聞こえるもの」と言えば，それで良い。それなら，知性の対象は「知られるもの」である。アリストテレスもこのような仕方で能力の対象を指示しているところもあるが，他方，別のところでは，独立したもの（絶対的なもの）をあげている。たとえば，視覚の対象は「色」であるとか，聴覚の対象は「音」であるとか。

　スコトゥスが「存在者」が知性の第一対象であるというのは，それが知性の対象となる根拠になる概念だからである。「知られるもの」は知性の対象を一般的に述べているが，実質は同語反復である。それ（対象）が知性に知られることになる根拠は何かと問うなら，むしろ知性に知識を生じさせる「原因」を言うべきである。したがって，それは「関係」ではなく，やはり何か絶対的なものである。他方，「真」は，むしろ知られることによって見えてくる対象の属性である。

（184）　したがって，以上のことから明らかである。すなわち，知性の第一対象として「存在者」ほど合致していると主張できるものは何もない。また何か潜在的に第一のものもない。また何か別の超越的なものもない。なぜなら，ほかのどの超越的なものについても，真についての証明がなされたのと同じ論によって，明らかにされるからである。

　以上で，スコトゥスは知性の第一対象は存在者であるという真理文に対して反論となるものについて，誠実に答えたので，一応，証明を終える。

人間知性の現今の状況

(185) しかし、一つの疑問が残る。もし存在者がその最大限度の共通性に即して知性の第一対象であるのなら、なぜ、存在者のもとに含まれるどんなものも、自然本性的に知性を動かすことができないのか。第一問題に対する第1の論 (25) において論じられたように。そして動かすことができるなら、神は自然本性的にわたしたちによって認識されるはずであり、すべての非質料的実体も認識されるはずである。しかし、これは否定される。むしろすべての実体について否定される。また実体のすべての本質的部分について否定される。なぜなら、述べられた (137) 通り、存在者の概念のうちにあるもののみが、何らかの「何」の概念のうちに把握されるからである。

スコトゥスは第一問題のなかの第25段落の異論に言及して、疑問を提示する。もしも知性の対象が、すべての存在者であるのなら、わたしたちは、なぜ神をそれ自体で認識することができないのか。あるいはまた、実体自体を認識することができないのか。なぜならわたしたちは、どの実体を取り上げても、「存在者である」こと以上のことは、実質何も知ることがないからである。

(186) わたしは答える。能力の第一対象は、或る状態の能力に適合したものが示されるのではなく、能力の根拠から能力に適合したものが示される。たとえば、視覚の第一対象は、ろうそくによって照らされてじっさいの視覚に適合しているものがそれだと言われるのではなく、視覚の本性からあるかぎりで、それ自体から生まれながらに視覚に適合しているものが視覚の第一対象だと言われる。しか

第Ⅰ部　神の認識可能性

しながら，すでに証明されたように，知性の第一対象，すなわち，適合対象については，第一の見解，つまり質料的事物の何性が第一対象であると主張している見解に反対して，第一対象の根拠において，能力の本性からして，わたしたちの知性に適合しうるものは最大限度に共通なもの以外には何もありえない。しかしながら，特定の状況にある（pro statu isto）知性には，感覚される事物の何性が動かす根拠において適合している。それゆえ，特定の状況にあっては，その第一の動かすものの下に含まれていないほかのものは，自然本性的に，知性は認識しない。

　知性能力の第一対象は，知性能力のみを取り出して，つまり感覚との協働状態から知性能力を切り離して，そのはたらきの対象を規定しなければならないとスコトゥスは言う。たとえば，視覚の適合対象はろうそくの光の下で見えるものではなく，視覚能力自体のはたらきの対象の本性をとらえなければならない。言うまでもなく，本来は，明るい太陽の光の下での視覚対象を考えなければならない。この例の出し方はいかにも中世をほうふつとさせる。「ろうそくの光の下」というのは，薄暗い屋内（修道院や教会堂の中，あるいは，夜中のその室内）で，ろうそくの光を頼りに，文書を見ている，おそらく，そういう彼自身の状態を指している。

　スコトゥスは，知性能力それ自体の本性からして，その根拠において，能力の第一対象は何かと言えば，対象となるものすべてに最大限度に共通なもの，すなわち，「存在者」を指定すべきであると答えるが，その一方，人間知性は，知性だけで単独にはたらいているのではなく，ちょうどろうそくの光のもとではたらく視覚のように，ある状況の下ではたらいている。そして今ある状況のもとでは，知性は感覚を動かすものの何性を対象としてはたらいている。つまり今ある現実は，感覚される事物の何性が知性能

力の適合対象となっている。

　(**187**)　しかし, この状況の理由はなにか？　わたしは答える。この「状況」は,「安定した定常状態」, 確固とした英知の法であると述べる以外にはないように思われる。そのしっかりと固められた法とは, 或る状況にあるために, わたしたちの知性は感覚表象のうちに形象が映じているものについてのみ認識する。そしてこれは, 原罪の罰のためか, あるいは, それがはたらく際に霊魂の複数の能力がもつ本性的調和のためか。すなわち, わたしたちは, 上位の能力と下位の能力が両者とも完全なはたらきをもつとき, 下位の能力がはたらく同じものについて上位の能力がはたらくのを見る。そして事実としては, わたしたちが知性認識する普遍のどれも, その個体を, わたしたちはじっさいに感覚表象していることを経験する。しかしその調和は, 事実上, 一つの状況にあるためであって, 知性がそれゆえに知性であるところの本性によるものではない。さらに, それが身体のうちにあるゆえに, というのでもない。なぜなら, もしも身体のうちにあることでそうだと言うなら, 栄光に満ちた身体のうちにあるとき, 知性は必然的に同じ調和をもつことになるだろう。これは誤りである。それゆえ, その状況が純粋に神の意志によるものであれ, 罰する正義によるもの (アウグスティヌスはこの原因を,『三位一体論』第 15 巻の最終章[38]で言っている。「何の故か, なぜしっかりと見据えることによっても, 弱さなしに, 君はその光を見ることができないのか。そしてだれが君に対してそんなことをしたのか, 不当とはならずに」。) であれ, あるいは, わたしは言うが, これがすべての原因か, あるいは, ほかに何かあるのか, 少なくとも, 知性能

---

38)　アウグスティヌス『三位一体論』第 15 巻第 27 章

力の根拠と本性からして，すべての知性認識可能なものに共通な何かを除いて，知性の第一対象であるものはない。たとえ，この状況において知性が動く際に適合している第一対象は，感覚される事物の何性であるとしても。

スコトゥスは，知性それ自体の能力としての第一対象は「存在者」であることを放棄せずに，「この現実の状況」を，知性能力にとっては，むしろ「一つの特別な状況」であると考えて，わたしたちが生きているこの状況では人間知性は感覚表象されたものについてのみ動き，認識することができると言う。

では，この状況は，どういう状況なのか。

知性が今は特別に身体のうちにあるからなのか，と言えば，それはキリスト教会の教義によって否定される。なぜなら，死後，最後の審判の前に，人は身体と共に復活し，天国に生きるとき，栄光に包まれる。このときは，人間知性は身体とともにありながら，非質料的な実体を，つまり天使とか神とかを認識することができると言われているからである。

では，わたしたちが今この状況にあるのは，原罪の罰によるのか。スコトゥスは，アウグスティヌスのことばを引きながら，結局，わからないと結論している。

（188）　そしてもし君が，「共通の存在者」が現在の状況で共通な適合対象であったとしたら，自然本性的な能動知性の照明光よりも大きな照明光の内でなければ離存実体が知性を動かすことはないだろうと言うなら，その論は無意味だと思われる。なぜなら，第一に，もしそのように大きな照明光が必要なら，知性が知的能力であることの根拠の側から見て，なぜ，今，そのような照明光をもつことができないか，ということの理由がない。じっさい，それ自体から言えば，知性はそのような照明光の受け取り手であ

るから。もしもそうでなければ、それが同一のままである間、その照明光をけして受け取ることができないだろう。なぜなら、第二に、二つの能動者がある結果に協働するとき、それらの一方が他方のためにより十分に補完することができるなら、それだけ他方のうちに必要な完全性は少ない。もし一方が他方の代わりに、完全に補完するときには、他方のうちに完全性はまったく必要ない。しかしながら可能知性が動くことのために対象と照明光は協働する。それゆえ、対象がより完全で、むしろ照明光に替わって補完することができるなら、それだけ小さな照明光で十分であり、あるいはむしろ、より多くの照明光を必要としない。ところで「第一の可知的なもの」は最大限度の光であり、最大限度に知的照明光を補完することができる。それゆえ、現況において考えるなら、わたしたちの知性に適合した第一対象のもとに、わたしたちの知性を動かすうえで、光それ自身の側から見て、照明光の側に不足はないだろう。

　スコトゥスにおいて、光（lux）と照明光（lumen）は区別される。前者が女性名詞で後者が中性名詞なので、代名詞でうけていても区別できる。前者は、光源の光である。たとえば、ろうそくで言えば、燃える芯の光である。この光は闇のなかでかなり遠方まで届く。他方、照明光はろうそくの近辺にしか届かない。しかし、この照明光に照らされて、ものが見える。つまり後者はものが見えるように照明する光であり、前者は、その光をつくっている光源である。この二つが当時の科学では区別された。

　能動知性の光も離存実体の光も、それ自体は光源の光でありつつ、対象を照らしてくれる照明光を放っている。他方、この段落の文において純粋に「光」であると言われているのは「可知的なもの」、つまり知性が知る対象である。そして「第一の可知的なもの」が最大限度の光である。す

第Ⅰ部　神の認識可能性

なわち，神である。第二以下があるなら，それは天使のような離存実体である。

　これらは光源なので，照明されなければそれが「何か」は見えない。なぜなら光源はまぶしいだけで，その実体は見えないからである。燃えているろうそくが，「ろうそく」と見えるのは，その光源が発している照明光によって照らされているからである。光源だけを見れば，それが「ろうそくの火」であるかどうかわからない。それと同様に，光源としての神は，それとして（つまり神として）見えない。たとえ何かが見えても，光だけが見える。（同様に，能動知性が可能知性のために認識対象を照明する光を出すとしても，その光源としての能動知性は，可能知性には見えない）。したがって，神が見えるときには，神は，神自身を照らし出す光を生じている。そして神は無限の力をもつので，当然，それはいくらでもできる。

　さて，スコトゥスは，異論を唱える「君の意見」を紹介して，それに答えている。すなわち，離存実体が見えるときには，人間知性は自分がもつている能動知性の照明光より大きな照明光によって照らされている，という。この意見は，角度を変えてみれば，人は死んだとき，恩寵の光によって知性が特別に引き上げられることによって神の尊顔を拝することができると言ったトマス・アクィナスの意見だと言うことができる。

　しかしスコトゥスは，照明光の大小は，それを受ける可能知性の力を変えるものではないと見ている。そもそも可能知性の同一性は，可能知性自体の同一性でなければならない。ところでその本性は，照明光を通じて対象（可知的形象）を受け取る能力である。したがって，それが変わってしまったら，別の知性になる。知性は個人の本質を構成する主要な部分なのであるから，その知性が変われば，別の人物になっている。したがって，受け取る照明光によっ

て知性の力が変わることはありえない。それゆえ，たとえ神の光源がもつ力によって，可能知性が受け取る照明光が変わるとしても，受け取る知性自体の能力が変わるのではない。つまりその知性の能力がもつ第一対象の本性に，変化は起こらない。

　また，もしも離存実体自体が照明光を発して質料的事物を認識している可能知性に能動知性より大きな照明光を与えるとしたら，その照明光を現に受け取って実体の認識がないのはなぜか，やはり，わからない。また，可能知性が動かされて認識が成立するためには，照明光と対象が一致してはたらかなければならない。つまりその協働作業の結果として認識がある。そうだとすれば，同じ結果を得るために，一方の完全性が高まるなら，他方の完全性は，むしろ低くてかまわないはずである。もしも一方の完全性が完璧であるなら，他方の完全性などなくてもよいはずである。つまり照明光の完全性が，能動知性がもつものよりかなり大きなものなら，能動知性の光など小さくても，あるいは，無くても，可能知性において対象の認識が成立するはずである。しかし，離存的実体の認識はわたしたちにはない。

第三問題のはじめの異論に対する回答

　(**189**)　その問題の最初の論に対して，わたしは答える。第1の論(**108**)に対して，わたしは言う。任意のものに対して不完全なものを対比するとき，不完全なものに対する原因は，つねに「最完全なもの」ではない（完全な白いものが，すべての見えるものが見えることの原因ではないように）。あるいは，たとえそれが原因であるとしても端的に正確に適合した原因ではない。そしてたとえそれが最大限度に動かすものであっても，端的に正確に適合しているものではない。しかしながら，問題においてわたしたちが話している知性の第一対象は能力に第一に適合したものでなければならない。

　完全性の秩序のなかでは，より完全なものが上位にあって，それが下位の，より不完全なものの原因であると当時は見られていた。この論理はカンタベリーのアンセルムス『モノロギオン』の神の存在証明にその典型を見ることができるし，同様の論理は，デカルト『方法序説』の第4部にも見ることができる。この秩序内では，最完全なものは直接的に，あるいは，間接的に，下位のものすべての完全性の原因である。

　しかし，複数の異なる完全性の秩序を考えるなら，一方の秩序の不完全な事物を他方の秩序の不完全な事物と比較してその原因を考えるとき，秩序が異なっているのだから一方の秩序における完全なものが他方の秩序における不完

全なものの原因であるとは言えない。

　ところで，人間の認識には，対象と照明光の協働が必要である。つまり対象事物と認識能力側にはたらく力の協働である。それぞれが，別の秩序と考えられる。たとえ究極の頂点の神においてはそれらの秩序は一つに集約されるとしても，質料的事物の範囲で見れば，両者には異なる完全性の秩序がある。すなわち，対象事物の秩序と，それを認識する能力側の秩序である。このとき，一方の秩序における最完全なものが，他方の完全性の原因と言うことは，少なくとも，端的に正確ではないとスコトゥスは言う。

　たとえば，当時のアリストテレス自然学の理解としては，視覚の対象は「色」であり，そのなかで「白」という色が第一の色であった。（近代的な言い方にすれば，白はすべての色の波長の光を反射する色として最完全である）。しかし，最完全な白が，すべての「見えるもの」の，その「見えること」の原因であるとは言えない。

　スコトゥスは，事物の完全性と能力の完全性を，つまり対象事物の完全性と認識能力の完全性を分けて，別々のものと考えることを主張する。ところで，人間知性は動物の感覚能力よりも完全な認識能力である。それは能動知性の光の照明によって対象の形象を引き出して認識する。しかし能動知性は，感覚表象に映らなければ対象を抽象しないものである。それゆえ，対象事物側の完全性に応じて認識があるとしても，対象は感覚されるものでなければならない。人間知性の認識における対象事物と能力の比例的関係は，通常，このような関係である。

　このとき，より完全な天使の知性や神の知性の力（照明する力）は，自然的な人間知性の認識のはたらきとは無縁である。そして事物としても，広義には，天使も神も事物である。そしてそこには神を頂点とした完全性の秩序が存在するが，天使や神は，事物としては感覚されるものでは

第Ⅰ部　神の認識可能性　　273

ないので人間知性の対象圏外にある。

　それゆえ，対象事物の完全性と能力の完全性の秩序が別々であるなら，能力側の最完全なもの，すなわち，神の知性が人間知性を照明する第一原因と考えることはできない。他方，事物側の最完全なものである「神」が，人間知性に対してその認識を「照明する」第一原因であるとは，さらに言えない。それゆえ，両者の協働として成立する認識の観点から神を人間知性の適合対象と見るのは，むしろ誤りである。

（異論回答）存在の分有と認識

　（190）　第2の論（109）に対して，わたしは言う。もし，「**分有された存在者のいかなるものも分有によらない存在者によってのほか，存在者であると認識されない**」と推論されるべきだと，また，「**それは認識された分有によらない存在者の概念によってのほか認識されえない**」と推論されるべきだ[1)]と，正しく，主張されるなら，その場合，4つの項目がある。なぜなら，結論において，「分有によらない存在者によって認識されたものがある」が主張されているが，その項目は第二の真理文のうちにはなかったからである。そして論証の形式のうちに示されているその欠けたものの実在概念は，この第3区分の第二問題の最初の論に対する答え（100）のうちで，すでに述べたものである。なぜなら，たとえ認識可能性は存在性に比例してあるとしても，「どれでも，それがもつ認識可能性のレベル

---
　1)　校訂版では，「結論されるべきではない」となっている。本文に書いたように，内容からすると否定文では意味が取れないと考えて肯定文にした。

に即して認識している知性に」比してのほか，それはじっさいの認識されることのうちにないからである。したがって，わたしはここで言う。たとえ分有された存在性は，分有によらないものの認識可能性を必然的に結論するとしても，かくして，それは分有されたものの認識可能性を，分有によらないものの認識を可能とするためにもつとしても，認識されたものとしての分有によらないものが認識可能なものであることによって「認識されること」があるのではない。そうではなくて，それ自身に「ある」を与える原因としての分有によらないものによって，認識されることがある。そしてこれは，第1区分の第四問題「享受について」の議論で触れたことである[2]。

第2の論とは，第109段落の異論を指しており，ここではその最初の部分についてスコトゥスは反論する。その部分は，存在の側と認識の側とに比例した関係があると主張しており，それぞれ，分有されざる存在者と分有された存在者，分有されざる存在者の概念（認識）と分有された存在者の概念（認識）の4つが，その項目となっている。そして，これらの項目の結合を通して，「分有されざる存在者の概念（認識）」によって「分有された存在者の概念（認識）」が受け取られると結論されるべきであると，異論(109)は言う。

それに対するスコトゥスの反論である。ただし訳文は校訂されたテキスト通りにしていない。内容を見るかぎり「また」のあとの原文にある否定辞 non をそのまま訳すと異論の内容とは合わなくなる。スコトゥスの議論は，「結論される」と主張していることに対して反対する論を展開しているからである。

さて，この段落のなかの第二の真理文とは，異論のうち

---

[2] Cf. Duns Scotus, Ordinatio I d.1 n.148 (II 99) 邦訳はない。

の「何ものも，分有によらない存在者からの分有によってでなければ，存在者ではない」という小前提を指している。しかし，これには，大前提にされている真理文のうち，認識の側面が抜けている。すなわち，大前提は「各々のものは，存在と関わっているように，認識に関わっている」である。それゆえ，小前提には，先の真理文とともに「であれば，分有によらない存在者の認識によってでなければ，分有による存在者の認識はない」がもう一つの結論として入り，そこから，「それゆえ，分有によらない存在者の認識をまってでなければ，分有による存在者の認識はない」と結論しなければならない。

　すなわち，スコトゥスは，じっさいには，わたしたちの知性はある実在概念を欠いていると見ている。その実在概念とは，分有されざる存在者の概念である。それは先の第二問題のなかの第100段落で論じたことである。つまりすべてを認識する知性（神の知性）なら，異論が主張している通りに，分有されざる存在者（イデア）が認識され，それを通して分有された存在者が認識されると言うことができる。しかし，分有されざる存在者は，わたしたちには認識されないから，それによってわたしたちのもつ認識があるとは言えない。むしろ，ただ，分有されざる存在者によって分有された存在者に「存在」（ある）が与えられ，この「存在」を通して，分有されたものが認識される。このことは，第1区分の第四問題で，すでに言及したことだとスコトゥスは言う。

（異論回答）共通な善

（191）『三位一体論』第8巻の論（109）に対して，わたしは，それは「共通善」の認識について述べられてい

て,「印刻されている」と述べられていると言う。すなわち,個物によって知性に容易に印刻される。なぜなら,普遍的な概念は容易に,任意のものにおいて生ずるから。

わたしはこのことをアウグスティヌス自身によって,すなわち同巻の第7章[3]にあることばによって証明する。彼は言っている。「わたしたちは人間本性に印刻された知識を尺度としてもっている。そしてそれにしたがって何であれわたしたちは見て,人間であると認識し,人間の形相を認識する」。そして,彼が「尺度として印刻されたもの」と言っているその人間の知識——すなわち感覚されるものから容易に抽象されたもの——にしたがって,わたしたちはそれが人間であるか否か,或るものについて判断する。そのように,さらにわたしたちは同じものによって,もしそれが生起するものどものうちにあるときには,「人間性」における卓越性を判断することができる。このことは,白の印刻された知識で明らかである。それによってわたしたちは,生起したものが「白いもの」であると判断するだけでなく,これが,他のものよりも白いと判断する。同じようにわたしはここで言う。つまり第5章で述べられている「善」は——それの「知識が知性に自然本性的に印刻されている」——「共通善」であり,それによってわたしたちは生起するものどもについて,これはあれよりも,より良いと判断する。

同じ第109段落の異論の中盤,「印刻された善によって,わたしたちは判断している」という部分について,スコトゥスはこんどは一転してアウグスティヌスの見解に沿ったことを述べている。つまりわたしたちが判断のよりどころとしている概念は「尺度として印刻されている」と言うことに,スコトゥスは同意している。ただし,アウグス

---

[3] アウグスティヌス『三位一体論』第8巻第4章

ティヌスは，基本的にそのような概念は生得的に知性に刻み込まれていると見ているが，スコトゥスは，個体的な経験からの抽象によって知性に容易に生じる概念であると見ている。そして，人間の形相が認識されるなら，それを尺度として，人間としての卓越性を，個々人について測ることができると考えている。すなわち，「白」の概念にもとづいて，「より白い」かどうかを判断できるように，「人間」の概念にもとづいて，「より優れた人間である」かどうかを判断できると見る。そして「共通な善」についても，同様に，それによって，どちらが「より良い」か，判断できると見る。

　スコトゥスの主張を理解するためには，スコトゥスにおいて，人間知性は認識の源泉を三つもっていると考えておく必要がある。一つは個別感覚を通した直観（知覚）である。対象を実存するかぎりで，「ここに，今」（hic et nunc）認識している。それは「形象」をもたないので，直に「ことば」（ロゴス）にならない。ただし，その感覚された形象は名付けられるなら知性のうちに記憶され，本人は思い出すことができる。それゆえ，人間はこの直接経験の記憶を用いて他者の体験の内容を，追体験することができる。

　二番目にあるのが感覚表象の像からの「抽象」によって得られる認識であり，「形象」をもつ認識である。それは「ことば」（ロゴス）によって形を与えられる認識であり，知性認識，あるいは「知識」と言われる。したがってこの「形象」はことばのもつ共通性によって「普遍」であり「種」である。この認識は感覚からの抽象認識なので，やはり直接経験を基にした認識である。

　つまり人間知性は「ここに，今」の経験において，直観（知覚）と抽象の二重の認識を同時にもつ。したがって自分の直接経験の認識を何か思い出すとき，わたしたちは二

重の認識を同時に思い出すのだ。そのなかで一般的なことばに成る部分が抽象認識である。一般的なことばにできない部分，たとえば，独特の臭いであるとか，独特の味であるとか，独特の手触りであるとか，独特の色，光，など，共通の「ことば」で第三者に伝えることのできないものは，直観認識である。ただし，直観も知性（ロゴス）のはたらきなので，自分のなかでは，「あのときの，あの匂い」という仕方で自分にだけわかる「ことば」で名付けることはできる。

　三番目が，学習知である。それは獲得される認識とも言われる。アリストテレスの用語では，「所有」（ハビトゥス）である。かつての日本の事情で言えば，論語や四書五経を通じて学ぶ人生，あるいは，人間についての知識である。現代ではヨーロッパの自然科学的知識がこの種の知識の典型であろう。ヨーロッパでも，古くは人間理解についての経験的知識が教養として学ばれていた。その第一の源泉は，言うまでもなく「聖書」である。それ以外はキケロやセネカなどの人生論である。

　スコトゥスにとってはこの種（学習知）の知識として，「アリストテレス」に代表されるもろもろの知識があった。この知識においては，「人間」は単純に感覚から抽象されて得られるだけの知識，つまり「種」としての知識である。それは学的吟味を経てすべての人間について一義的な概念である。もう一つは，キリスト教会が権威と認めている者たちからの知識である。アウグスティヌスもその一人である。そして「人間」について学ぶ最大級の源泉は，聖書のなかに書かれている神＝人「イエス・キリスト」の存在である。

　スコトゥスがここで「人間の形相」と，アウグスティヌスにならって言っているのは，「イエス」の姿であると考えるべきだろう。人間イエスがもつ卓越性を最高として，

それとの距離で，人々の人間性が測られる。言うまでもなく，このとき「人間の概念」は，個々人の間で一義的ではない。とはいえ，個々人についての実際経験を土台にして，聖書も読まれるのであるから，そこからの抽象概念が理解の基盤になっていることは，たしかである。つまりイエスの人間像であっても，それは天から降って来たものではなく，地上の経験から抽象された概念（理解）によるものである。

スコトゥスは，それを正確に理解してもらうために，「白さ」を例にしている。スコトゥスが何を最高度の白さとして思っていたかは，わからない。ろうそくの白か，白骨の白か，石の白か，いずれにしろ，何か「真っ白なもの」があればこそ，「その白」との比較で，つまり思い出してか，じっさいにそれを横に並べてか，眼前の「この白」の白さ（白さの完全性の程度）を，わたしたちは測ることができる。「人間の完全性」も，わたしたちはイエス・キリストという尺度を得て（信仰を得て），個々人において，そして自己においても，測ることができると，スコトゥスは言うのである。

最後に，スコトゥスは，アウグスティヌスが言う「共通善」も同様の善であると言う。したがって，この共通善は異教徒のアリストテレスにも通じる一義的な概念ではない。あくまでもキリスト教会が教える善である。つまりスコトゥスの言う「共通善」(bonum in communi) はおそらく一義的概念ではなく，人が具体的に学んで生きるべき形相概念であり，あくまでも「わたしたちに共通の（キリスト教会の）善」であろう。

（192） そして彼が語っているものは，「欠如的に規定されない」善であり，「否定的に規定されない」善（神はこの善において知性認識される（109））ではない。この

ことは，次のことによって明らかである。なぜなら，同じところ——数え上げられる多数の個別的善について——と述べているところで，彼は言っているからである。すなわち，「この善と，あの善，『この』を取り，『あの』を取れ，そして『善そのもの』を見よ，君に可能であるかぎり」——すなわち，「被造物向きの善がもつ制約概念を取り去って，善一般の概念を見なさい」，そしてここにおいて「君は神を見た」のだと言っている。そこにおいて，神は個別のうちに「この本質」としてではなく，第一の共通概念においてのように，自然本性的にわたしたちによって見られる。

同じ第109段落の終盤の部分で，異論は神を「否定的に規定されないもの」と言っているが，むしろ「欠如的に規定されないもの」が，アウグスティヌスの言う「共通善」であるとスコトゥスは言う。なぜなら，アウグスティヌスは，『三位一体論』第8巻3章で，「この善」，「あの善」から，「この」や「あの」を取れ，そうすれば，「共通善」が君に見えてくると言っているからである。ところで，何かを「取り去る」なら，それがそこから「欠如する」。

したがって，共通善（わたしたちの善）＝神は，否定的ではなく，「欠如的に」規定されない善であると言う。それは「無限な」善である。すなわち，欠如的に規定されないことが，「無限」の意味である。そしてキリスト教会を通じて学ぶ（知る）神は，個別的本質においてではなく，「存在者」という第一の共通概念において（つまりその概念にもとづいて），自然本性的に認識される（誰でもごく自然に学ぶことができる）と，スコトゥスは言う。

普遍的真理認識と感覚認識

（**193**）　彼がその前の第3章で[4]，「神は真理である」と言っていることも同じ様に理解しなければならない。「わたしは，直接に感覚表象されて妨げられるとき，真理は何であるか追求することを求めない」。これをわたしは次のように理解する。普遍的概念が個体的なものから抽象されるとき，それがより普遍的である分，知性はそのような概念のうちに長くとどまることがなかなかできない。なぜなら，前述したように，「わたしたちが普遍を知性認識する」ときはいつも，「わたしたちはその個体を感覚表象しているから」である。そしてより容易に，より長く，わたしたちが知性認識することができる普遍は，感覚表象のうちに映じている個体の類似物である，——そして最大限度の普遍は，その個体からより遠いものであるから，その最大限度の普遍の概念のうちにとどまることはむずかしい。したがって，最大限度の普遍概念のうちに神を把握するとき，「わたしはこれが何であるか追求することを求めない」，つまりわたしはその普遍がそれのうちに取り上げられる或る特殊な概念，感覚表象により近く，より特殊的な概念に，下降することを求めない。じっさい，感覚表象のうちに生起して映じているようなものに下降することは，「ただちに，神がそれのうちに理解されている真理の静謐さが放棄される」。なぜなら，そのとき，ただちに具体的な真理が知性認識され，それは，神には一致しないからである。——神には，非具体的な共通な真理が一致するからであ

---

　　4)　現代の版では，アウグスティヌス『三位一体論』第8巻第2章

る。

　アウグスティヌスの作品は，ときに文芸的な趣をもつ。それゆえ，スコトゥスも彼の文に解釈を施す。つまりアウグスティヌスが感覚的なものが真理追求の妨げになると言っているところに解釈を施している。すなわち，一般的に，感覚表象にその個体があるものについて，知性は普遍的な概念をもっている。そしてその種の普遍概念については，比較的容易にその普遍を理解し，理解を保つことができる。ところが，感覚的なものから遠い普遍であればあるほど，人間知性はそのうちにとどまることがむずかしくなる。そのため，神がそのうちに理解される普遍的な真理になると，そのうちにとどまることがむずかしく，つい感覚に近い概念に下りてそれを考えてしまうが，そうすることは，むしろ真理について考える邪魔になる。神は最大限度に共通な真理であって，特殊な個体的真理ではないからである。アウグスティヌスが述べていることは，そういう主旨なのだと，スコトゥスは言う。

追加された異論とそれに対する回答

　（194）　反対。――第5章，あるいは，第10章[5]：「もし君が善それ自体を見通すことができたなら，君は神を見通したことになるだろう，そしてもし君が愛によってそれに固着するなら，君は引き続いて至福であるだろう」。至福は，普遍的善，すなわち「欠如的に規定されないもの」のうちにはない。

　同様に，第10章，あるいは，第26章[6]：「正義であろう

---

5)　同じく，同上，第8巻第3章
6)　同じく，同上，第8巻第6章

とするために，人が見る正義の形相に固着しないでいて，どうして正義であることができるだろうか？」。正義の形相が形成されるのは，普遍的概念からではない。

　この段落は，校訂版テキストの編集者によれば，あとから追記された段落である。前半は第192段落のスコトゥスの論に対する反対論，後半は第193段落に対する反対論である。前半はアウグスティヌスの別の語句を引いて，善それ自体が神であり，それは「欠如的善」とは言えないと主張している。後半は，個体的な事例を通して（抽象して）普遍概念としての「正義」を知るとはアウグスティヌスは言っていない，と主張している。

（195）　さらにその第8巻第5章，善と意志について，「人は，それが善であるということ以外の理由で自分以外のものを愛するとき，それに固着することで，それらの善が由来するところの善そのものを愛さないことを，恥じる」。同じものによって，わたしはそれに対して言う。

　論は，最高善そのものは，分有された善よりも愛されるべきであることをよく証明している。しかし，それは適合性の第一性において第一のものであることを証明しているのではない。なぜなら，たとえそれはほかのものにおける善性の根拠であるから，そのゆえに，ほかのものが愛される根拠であるとしても，愛されるものとしてのかのものは，愛されるものどもとしてのそれ以外のものどもが愛される根拠ではない。なぜなら，かのものが愛されることなしに，何らかのものを愛慕することはできるからである。すなわち，「享受すべきものを使用することで，あるいは，使用するべきものを享受することで」で明らかなように。

　さらにこの段落に至っても，最初の部分はアウグスティヌスの権威による同様の反対論である。スコトゥスはこれらに対して，やはり同様の論（抽象された普遍概念にもと

づいて学習される尺度の認識）によって答えている。

すなわち，最高善がほかの分有された多数の善よりも愛されるべきものであることは真実であるが，だからと言ってそれが人間知性の第一対象，適合性において第一のものであるという結論にはならない。というのも，神は他のものがもつ善性の根拠であり，それによって他のものが愛されることは事実であるとしても，それだけが，つまり神だけが，他のものが愛される根拠になるということは，事実に反するからである。

じっさい，アウグスティヌスは，使用すべきものが享受され，享受されるべきものが使用されることがあると言っている。たとえば，使用の道具であるはずの金銭が目的となり，本当に大事なものが，その金銭のために使用されている。現代で言えば，消費すべきものが貯めこまれ，貯めこまれるべきもの（「天に積むべき宝」）が消費されている。そしてアウグスティヌスは，それは意志の転倒であると言う。それゆえ，明らかに人間がもつ知性は，神とは別のものを，神以外のものを愛する根拠として（誤って）認識することがある。

正義と愛 (1)

(**196**) そしてアウグスティヌスのその意図は，第9巻第7章[7]から集められる。彼はその箇所で「正義があることが，信じられる」という理由によって，或るものを愛することについて取り扱っている。もし後になって，正義がないことが見つかったら，彼は言っている。「ただちに，わたしがそれによって彼のうちに安んじていたところの

---

7) 同じく，同上，第9巻第6章

愛，打ち返された，あるいは，反響して来た愛は，それにおいてわたしがそのような彼を愛したところの，かの形相のうちに永続する」。すなわち，もしわたしが正義を愛したなら，そして彼のうちに正義があることを信じたゆえに彼を愛したなら，「不正なもの」をわたしが見つけたとき，意志はそこから引き返すが，しかし依然として対象としての正義それ自体の愛は留まる。それは何らかの分有された正義のことではなく，正義の共通な概念のことである。それはそれ自体のために愛され，それがうちにあるものならどれも，それのために愛される。

　スコトゥスは，アウグスティヌスの陳述の最終的な主旨を説明する。じっさい，アウグスティヌスは個人的な経験（個体的なもの）を踏まえてそれについて説明している。ある人のうちに正義があると信じられるときがある。しかし，あとになって，その人が不正を冒していることを知るときは，自分が知っている正義の形相に戻り，そこにとどまる，と言っている。そして正義の形相とは，正義の共通な概念であるとスコトゥスは言う。

　ただし，ここでも正義の形相は，キリスト教会に共通なものである。

事物に向かう起動因としての意志

　以下，197-200 も，追加された議論である。

　（**197**）　反対：意志は，普遍的なものについてあるのではない。なぜなら，それはそれ自体におけるものとしての事物に向かうものだから。またなぜなら，友愛の愛は，肉欲の愛と同様に，現前的に，あるいは，可能的に，実在的実存にしたがってあるものに関わるものだからである。

　反対論：意志は普遍的なものに向かうものではなく，個

体的な，実際的具体的なものに向かう。じっさい肉欲の愛は，まさに個体的，具体的なものに向かう愛であるが，友愛の愛も，同様だからである。それゆえ，意志が普遍的なものにもとづいて作用する，というのは誤りである。

　（198）　わたしは答える。倫理的な善性の始原となる意欲は，知性のうちの実践的な第一の諸原理に一致している。すなわち，倫理的善性の諸原理は，知性のうちの実践的真理の諸原理である。──さらに，善，すなわち，欲求対象の根拠は，どれも普遍的に知性認識されることは明らかである。そして，もしそのように意志に示されるなら，なぜ，示された固有の対象に関して意志ははたらきをもつことができないのか？──第三に：単なる個体としての「個体」についての欲求は，自身に固有な「普遍的」認識力をもたない。

　言うまでもなく，理論と実践の関係は大きなテーマになる。それを明らかにするためにスコトゥスはここで三つの基本的な主張をしている。一つは，知性が獲得する実践的原理は意志がもつ倫理的善の原理と同一であること。二つ目は，意志の欲求が対象について起こるとき，その対象は知性の普遍的認識に即してあること。三つ目は，たんなる個体（まったくの具体的な個物）についてはたらく欲求は，それ自身では普遍的認識力をもたないこと。

　スコトゥスは，この三つの主張の根拠についてここでは説明していない。おそらく，このテーマは，『神と世界の秩序について』（オルディナチオ）のプロローグの問題「神学は実践的学であるか」という問題のもとに，すでに詳細に扱っているからであろう。

　したがって，いくらか補って説明する必要がある。まず，「意志」は，知性による対象の認識（ロゴス化）にもとづいて，欲求がロゴス化することで生じる能力である。

第Ⅰ部　神の認識可能性

つまり「意志」という名で呼ばれるものが，そういうものであることは，哲学ないし神学の伝統のなかで過去においてすでに培われたものである。ところでまた，「実践」（プラクシス）は，「意志のはたらき」を指す。すなわち，「実践」ということばは，目に見える行動を指すのではなく，それを決定する意志のはたらきを指す。

したがって，意志がはたらく原理は知性が普遍的に認識するもののうちで実践の対象となる可能性をもつものである。つまり正しい行為を取る課題に関わっているものである。ところでそれは，知性が獲得した（学習した）実践的原理，すなわち，実践学の原理である。具体的には，聖書において見出されるキリストの教え，ということだろう。

それゆえ，知性が意志に提供できるロゴスは，まずは普遍的なものである。つまり普遍的な教えである。また，ロゴス（ことば）は，普遍的なもの，共通的なものであるほかない。ところで，意志が対象として見出すもの，そこから「意志」が生ずる原理となるものは，端的に，ロゴスであり，それは，実践的な知性がそこから生ずる原理となるものである。

他方，スコトゥスは，個体についての直観認識（知覚）を認めている。スコトゥスが認めている直観は，感覚がとらえるものを，そのかぎり（対象が現存するかぎり）で，知性が受け取っている認識である。したがってそれは知性による認識でありながら，特定の場面で意識された個別的な「ロゴス化」である。つまり「あの人は，あのとき，これこれであった」という種類の認識である。それは，そのように特殊的にロゴス化はされても，普遍的認識（一般的道徳原理）との関係づけは，推論的になされる。

すなわち，個別のものについての普遍的判断は，知性によって，あらためて実践的三段論法によってなされる。たとえば，「だからあの人は，根はいい人だ」という判断が

される。しかしこれは知性の判断である。それゆえ, それがすぐさま原因となって意志が個別の対象に向かってはたらくことを意味しない。なぜなら, 意志は欲求としては個別のものに関わるからである。ちょうど知性が直観を通して個別のものに関わるように。そして個別のものに関わるときに, ことに誤りが生じやすい。(195)で述べられたように, じっさいの生活では, 感覚的欲求と意志的欲求は混同されて, 享受すべきものを使用して, 使用すべきものを享受してしまいがちである。

前記三つ目に述べていることは, このことだろうと思われる。

(199) かの比喩「事物に向かう愛の運動」に対して：——これは原因的に, である。なぜなら意志は愛慕対象の事物それ自体につながることを命じているからである。しかし, それは形相的にではない。というのも, 意志は自身のはたらきについて能動的であって, 事物に関してあるのではないからである。すなわち, それは知性が把握するよりも現存するものの大きな根拠のもとでの働きである。むしろ, 愛慕と抽象的知性認識は, 対象として実存するものの等しい根拠のもとに, 事物に関してある（そのように, 現前するものについて, 見ることと享受とがある）が, 愛慕は, 起動的に事物に向けて動かす。なぜなら, それは命令的だから。抽象的知性認識は, そうではない。

反論197の「意志は事物に向かう」という前半に対するスコトゥスの回答である。スコトゥスによれば, 意志が事物に向かう動きは意志の命令する動きである。自覚的行動は意志が身体に指示して生ずるからである。スコトゥスは, この命令的なはたらきを「原因的な」, あるいは, 「起動的な」意志のはたらきと呼んでいる。これと対照して言われているのが「形相的な」はたらきである。後者の「形

相的な」はたらきは，むしろ知性の抽象認識を意味している。なぜなら，抽象はその抽象された形象の形に，白板の知性が刻まれることだからである。

後者の形相的な意志のはたらきにおいては，愛慕 desiderium という意志のはたらきは抽象する知性のはたらきと等しく，実存している対象の概念を受け取って，対象の形象に対してはたらいている。たとえば，何かを見て知性がその認識を抽象して受け取り，それを享受する，というとき，対象について知性のはたらきがあり，それを享受する意志のはたらきがある。このとき，対象は同じような「実存性」をもつものとして，両者に受け止められている。

他方，意志が他の能力に対して「命ずる」はたらきをする際には，たとえば身体の一部を動かすとか，知性をあることがらに特別に集中させるように命ずるときには，意志は，自分一個の知性を含めて個体的な事物自体に関わることを命じており，このはたらきは「原因的な」はたらき，つまり他の能力の個別的運動の原因となるはたらきである。このとき，意志は個体的な事物それ自体という，個体的具体的なものを対象とした運動の原因となる。それゆえ，抽象的知性がとらえる対象よりも大きな実存性のもとにある対象に対して起動因となるはたらきをしている。

正義と愛（2）

（**200**）　第 2 の論（**197**）に対してわたしは言う。普遍的に示された人間は友愛の愛によって愛される。そしてそれに即して「この人間」が愛される。さらに，それと同じく，正義が普遍的に把握され[8]，そしてそれゆえ，「この正

8）　ヴァティカン校訂では，「把握され」concipitur ではなく，「肉

義」がこれに即して愛慕される。

　第197段落の後半の「また」の後の論に対して、スコトゥスは答えている。普遍的に示される人間とは、キリスト教会が普遍的に教えている人間キリストである。それは神によって造られた「本来的な人間」であり、「あるべき人間の姿」である。それが抽象を通じて把握される。つまり抽象を通じた「ことば」を通して学ばれる。その人間は私利のためにではなく、「友愛の愛」のゆえに愛される。そしてこの規準に即して、「この人間」という具体的な個人が、その「人間性」を測られ、その程度に即して「友愛の愛」によって愛される。これと同じく、正義がキリスト教会のもとに普遍的に知られ、それがどの程度目前の「この正義」のうちに見出されるかによって、それをもつ人がそれぞれに愛慕される。

　（201）　さらに、第8巻第10章ないし第27章[9]のかの権威の説明「どのようにしてわたしたちは、ほかのものを愛するのか」云々は、述べられたように、明らかである。その権威において言われている「形相」、すなわち「わたしたちが正義の心をそこに見るところ」は、「共通な正義」そのものと理解されるべきである。たとえば「共通な人間の」形相は、わたしたちが、何が人間であるために要求されるかを、それによって見るものであり、その形相によってわたしたちは、人間がそこに生起しているかいないかを、判断している。同じ巻の第7章によれば、「したがってこの共通な形相を愛することなしには、わたしたちが正義であると信じるもの、その形相によって愛するところの

欲され」concupistur, になっているが、ここでは前者のことばを取る異本にしたがう。
　9)　現代の版では、アウグスティヌス『三位一体論』第8巻第4章

第Ⅰ部　神の認識可能性

ものを，わたしたちは愛さない」。——もし君が共通な人間の形相を愛さないのなら，愛される人間の形相に即して君が人間を愛することは，けして起きない。「そしてわたしたちが正義ではない間，わたしたちは，あるべきよりも少なく，共通な正義を愛している」。なぜなら，起動的な意欲によって愛さなければならないからである。すなわち，その意欲によって欲するものが，いわばそれ自身の生の規準を守ることとして選ぶそれを，わたしたちはある種の意欲によって，すなわち，正義であるには十分ではない，たんなるお気に入りの意欲によって愛しているからである。したがってここには「欠如的に規定されない」正義がある。それに即してわたしたちは「正義の心」について判断する。そしてわたしたちは，わたしたちが正義であると信じる心を，その愛されるものに即して愛するのである。

　第125段落にある引用されたことばの説明は第196段落で説明したことで明らかであると，スコトゥスは言う。したがって，ここでも同様の説明が共通な正義の形相と共通な人間の形相において展開されている。それは無内容な抽象的概念ではなく，むしろイデア的，つまり「理想的」内容をもつ。この形相を得ることによって人は本来的な愛によって人を愛することができるのであって，それがなければ，あるいはこの規準に即してでなければ，人はただ，その人が感覚的に気に入っている，ということにもとづいて愛するだけである。

　そしてその形相に即して，起動的な意欲（命令する意欲）によって「いわばそれ自身の生」を守ることを選ぶことで，愛するのでなければならない。このとき，守らなければならない「それ自身の生」とは，「神から直接に受け取っている生」，つまり「生命としての神の分有」を指すか，あるいは，キリスト教の教えとは異なる俗世の生のこ

とを指している。そして俗世の生を守る正義は，お気に入りの，あるいは，都合だけの正義である。しかしいずれにしろ，起動的意欲が命じているのは，それを選ぶことである。

　形相とか普遍的なものが抽象されて知られると言うと，むしろ内容の無いものと思われがちであるが，スコトゥスはその抽象を通じて，教会のもとで学ぶこと（神の隠れたはたらきを見出す教え）と，俗世で学ぶだけの教えがあることを暗示している。後者は，お気に入りだけの愛慕によって愛する正義である。そしてその正義を正義の尺度として，「この」とか「あの」とかの具体的な判断がなされる。

　他方，スコトゥスが，「したがってここには」と述べているのは，教会のうちにあるもう一つの正義のことであろうと推測できる。つまり「欠如的に規定されない」正義とは，無限な神の正義であり，キリスト教徒である「わたしたちは」，それにもとづいて，個々人の正義の心を判断すると言うのである。

第四問題

――真理認識の可能性――

　(**202**)　**認識可能性の主題に関して，最後にわたしは問う。何らかの確実で信頼できる真理が非被造の特別な照明なしに，旅人の知性によって自然本性的に認識されうるか。**

　ここまで第一問題から第三問題まで知性能力とその対象の比例関係において人間知性の認識可能性が論じられてきた。すでに多くの問題が論じられてきたが，残っている問題は感覚を通じて知性が真偽を判断している「真理」の認識可能性である。ところで，「真理」は「学問的知識」を指す。したがって問題にされるのは学問的真理の認識可能性である。つまり第一問題から第三問題までは，いわば「神」に関する超越的判断の可能性が論じられてきたのであるが，今度は，その手前の地上的真理を含めたすべての真理についての判断の可能性が論じられる。

　しかし感覚経験のほうが人間には「わかりやすい」というアリストテレスの立場からすれば，地上的真理判断の可能性のほうが確かなはずである。なぜなら，それがあやしいなら，神についての超越的判断は，どんなに「できる」と論じられても疑わしくなるからである。したがって真理認識の可能性の論として，この第四問題はむしろ地上的真理の認識可能性を吟味することによって，啓示的真理を含めたすべての真理の認識について吟味する。

　じっさい，問題文では，どんな知性によるかと言うと，

「旅人の知性」になっている。これは第一問題を取り上げたとき述べたように,「カトリックの信仰をもつ知性」である。しかし第四問題の問題文は,神からの特別な照明なしに,という限定がつけられている。したがってこの問題文が問うているのは,信仰をもつ人間は地上的真理の一般的な学問的知識に関してばかりか,聖書という啓示の理解に関しても,神からの特別な照明(信仰の光)なしに,それを確実に知ることができるかどうかである。

つまりスコトゥスは啓示的真理と地上の学問的真理を区別せずに同じ真理認識として取り上げている。しかしそれはスコトゥスが神による特別な照明を認めないことと裏表の関係にある。なぜなら神からの特別な照明によって真理が知られると一般に考えられるのは,啓示的真理であり,地上的真理ではないからである。それゆえ,神の特別な照明を認めるなら,二様の真理は区別されて,それぞれについて異なる認識可能性が主張されなければならない。そして,これに対して,二様の真理が区別されないなら,どちらも特別な照明が必要であると論じるか,あるいは,どちらにも特別な照明は不要であると論じるか,いずれかでしかない。

スコトゥスはここで二様の真理を区別していないのだから,言うまでもなく後者である[1]。

スコトゥスは,問題を掲げたあと,スコラ(大学で行われている哲学)の常道にならってまずそれができないこと(異論)を,すなわち,真理の認識には神からの特別な照明が必要であることを,アウグスティヌスの権威によって

---

1) 第一問題のはじめ(13-15)で,スコトゥスは第3区分の基本的視野として「特別な」状態を前提にしないことを述べている。ガンのヘンリクスの研究者側からの批判は,加藤雅人著『ガンのヘンリクスの哲学』創文社,1988年,第二章第三節「スコトゥスの照明説批判」にある。

論じる。

異論の紹介

わたしはそれができないことを次のように証明する。

アウグスティヌス『三位一体論』第9巻第6章ないし第15章「われわれは侵し難い真理を直視して、そこから人間精神がどのようにして、永遠の根拠にもとづいてあるべきか、規定することにしよう」。そして同巻第15章「われわれが何かについて、正しく、あるいは、誤って証明したり反証したりするとき、われわれは、われわれを超えて持続する規範によって肯定することを、あるいは否定することを確証するのである」。そして同巻第17章「精神の視力を超えた語りつくし難いほどに美しい学芸を単純な知性認識によって把握する」。そして同巻第8章ないし第18章[2]「時間的なもののすべてがそれにもとづいて造られたところのかの真理のうちに、われわれは形相を見る。そしてわれわれは、われわれにおいて、いわば『ことば』として、その形相から真なる知の把握を得るのである」。

引用は4か所からある。

第一の引用文は、人間精神が神のもつ真理を見ることによって永遠のイデアにもとづいて生きるべきことを述べよう、と言っている。つまりアウグスティヌスは、生きているうちに、ある仕方で神のうちのイデアを見ることができると言っている。

第二の引用文は、われわれは何かについて判断するとき、そしてそれを確証するとき、自分たちを超えた規範にもとづいて判断し、確証していると言っている。この「規

---

[2] 現代の版では、第7章

範」は神の内のイデアか，それに類するものを指しているのであろう。

　第三のものは，わたしたちは通常の精神的洞察力を超えた，言い表せないほどの美を，直観的に把握することがあると言っている。

　第四のものは，地上の時間的なもの，変化しているもの，それらはすべて神のイデアによって作られている。わたしたちはそのイデアを見ると言う。それはわたしたちのうちで「ことば」となって把握されると言っている。とはいえ，教会の教義によれば，死後の至福直観においてしか直接に神の姿を見ることはできない。したがってアウグスティヌスのことばは「比喩的」に受け取るほかない。

　つまり神のうちにあるイデアを見ることは通常の人間の認識では無理である。それゆえ，特別な照明が必要であるという論であると解釈される。

(203)　同様に，第12巻第2章「物体的なものどもについて，永遠的な根拠にしたがって判断することはすぐれた理性に属する」。

　アウグスティヌスは，優れた理性の持ち主は神の内の永遠的イデアにもとづいて物体的なものどもについて判断する，と述べている。

(204)　同様に，同第12巻第14章ないし第32章「さまざまな場にある感覚される事物だけでなく，不可変の根拠がある」，云々。彼がその箇所で神における永遠的な真なる根拠について考えているのは，同じところで，彼が「それに達するものは，わずかである」と言っていることで明らかである。他方，もし彼が第一の諸原理を考えているのであったなら，それに達するものはわずかな人たちで

はなく，多くの人たちである。なぜなら第一の諸原理はすべての人に共通に知られるものだから。

　また別の箇所からの引用。アウグスティヌスは不可変の根拠があると言っており，それに達するものは少数であると言っている。したがって，それはみなが知ることができる第一の諸原理（矛盾律，等）ではなく，神の内の永遠的根拠（イデア）であると見られる。

　（205）　同様に，同書第14巻第15章ないし第34章，不正な人について述べて，「人間的な習俗において多くのことを直截に賛美し，批評する」と，アウグスティヌスは言う。「彼はどの規範によって判断するのか」云々。そして最後に言っている。「かの書かれた規範が，かの光の書のうちにでなければ，どこにあるのか」。──その「光の書」とは神の知性である。したがって彼は，不正なものはかの光のうちに，正しくは何がなされるべきか見ていると言っている。そしてかの光は，何らかの刻印，つまりかの光から印刻された何かだと言っていると思われる。というのも，同じところで彼は言っている。「そこから，すべての正しい法が人間の心のうちに，遠くからやって来る。ただし，いわば移住によってではなく，印刻によって。ちょうど，印章が指輪から蜜蝋のうちに移り，指輪が残るのではないように」。したがって，その光が人間の心のうちに正義を刻印するのだとわかる。ところで，それは非被造的な光である。

　アウグスティヌスは堕落したローマの習俗によって人々がものごとを賛美したり批評したりしていると述べている。すなわち，どういう規範で賛美や批評を行うかが問題であると考え，本来の規範は神のところにあると言っている。したがって真の判断の規範が神のところから人間の心に印刻されなければならない。印刻というのは，判断規範

自体は神のもとにあって，その写しが，人間にもたらされるという意味である。そしてそれは特別な照明によって人間の心にもたらされると言う。

（206）　同様に，『告白』第12巻[3]：「われわれ二人が『真』を見るとき，君はわたしのなかにそれを見るのではないし，わたしは君のなかにそれを見るのではない。そうではなくて，われわれ二人は，精神を超えたもののうちに，つまり不可変の真理のうちに，それを見るのである」。ところで，多くの箇所において，アウグスティヌスの多くの言表がこの結論を証明する。

「真理」というものは，各自の主観のなかに見出されるものではなく，主観を超えたところに見出される不可変のものである。真理は客観的（第三者的）判断のよりどころであるから当事者（第一者と第二者）のうちにとどまるものであってはならない。これは一般的に認められた主張である。それゆえ真理は，当事者たちがどうすれば自分たちの主観的地平を超えて認識を得ることができるかという問題を解決しなければ得られない。異論は，この解決として特別な照明を取り上げている。

（207）　その反対に：

「ローマ信徒への手紙」1章：「神の見えざることがらは，世界が創造されて以来，造られたものを通して知られ，見られるものとなっている」。その「永遠的な根拠」は，神の見えざることがらである。それゆえ，それは被造物から知られる。したがって，永遠的なものの直視以前に被造物に属する確かな認識が得られる。

有名な聖書の一句が引用されて，その反対が明らかであ

---

[3]　第25章

ると証明される。すなわち，真理（神）は直接には見えないが，被造物を通して知られるという使徒パウロ「ローマ信徒への手紙」の一句である。それゆえ，永遠的な根拠であるイデアも被造物から知ることができる。

ヘンリクスの異論の説明

（208）　この問題に関して，次のような一つの見解がある。すなわち，一般的な諸概念はその相互の間に本性的な秩序がある。提示された課題を受けて，二つ，すなわち，存在者と真の概念について，わたしたちは述べる。

　第一の概念は存在者の概念である。このことは，『原因論』第4真理文によって明らかにされる。「被造的事物のうちで第一のものは，『ある』である」。そしてこの第一真理文の註釈に，次のように言われている。「『ある』は，ほかのものにまして強く内在している」。そしてその理由は，「存在性」は絶対的であり，「真理」は範型に対する関係を言うからである。以上のことから，存在者は，存在性の概念のもとに認識され，真理の概念のもとに認識されるのではないと結論される。

　さらにこの結論は知性の側から明らかにされる。なぜなら存在者は単純な知性認識によって把握されるからである。そしてその場合，それが真なるものであると把握される。しかし真理の概念は，結合・分割する知性のはたらきなしには把握されない。単純な知性認識は結合と分割より前にある。

　ここからスコトゥスは，ガンのヘンリクスの見解を彼の『定期討論の大全』Summa quaestionum ordinariarum にもとづいて簡略に説明している。

　偽ディオニシウス『原因論』のことばから見て，「存在」

は事物に第一に内在していて，その事物において絶対的に（他者との関係なしに）言われる。他方，「真理」は，事物の範型に対する関係で言われる。また「存在」は単純な知性認識として受け取られるが，「真理」は結合・分割する知性のはたらきによってはじめてとらえられる。ここで結合・分割するとは，主語の概念と述語の概念を結合して「肯定真理文」をつくる，また反対に，それらを分割して「否定真理文」をつくることを言う。

（**209**）　ところで存在者の知について，すなわち，それは真なるものであるか問われるなら，知性は純粋な自然本性から「真なるもの」を知性認識することができると言われる。――このことが証明される。ダマスケヌスによれば，「本性的能力が固有のはたらきに関与しないこと」は不合理だからである。そしてこのことは天体について述べているアリストテレス『天体論』第 2 巻[4]によれば，高度な本性においてはさらにまして不合理なことである。したがって知性の固有のはたらきは「真なるもの」を知性認識することであるから，自然が知性に，このはたらきを行うのに十分な本性的能力をゆるし与えないことは不合理であるだろう。

　ところで，存在者を単純に知ることは知性のはたらきであると認められるなら，それはまた存在者を「真なるもの」として認識することも，知性の能力に自然本性的に付与されていると認められる。そしてこれが自然本性的に固有のはたらきであるなら，知性がそのはたらきをすることは当然であり，できないと言うことは不合理である。

（**210**）　他方，もし真理の認識について話すなら，次の

---

4) 第 2 巻第 8 章（290a）

ように答えられる。プラトン『ティマイオス』によれば、二様の範型がある。被造的範型と非被造的範型である（すなわち、造られた範型と造られざる範型、すなわち、被造の範型と被造でない範型である。「被造の範型」は事物から生じた普遍的形象であり、「非被造的範型」は神の精神のうちのイデアである）。ちょうどそのように、範型に対する二様の合致があり、二様の真理がある。

　この段落で、真理判断の根拠ないし規準となるものが事物の概念なのか、それとも神のなかのイデアなのか、ヘンリクスの見解が述べられる。ところで中世では、プラトン作品は、唯一『ティマイオス』だけを読むことができた[5]。そこには神（デミウルゴス）による世界の造成が語られている。神はイデアを範型として世界をつくる。そして人は、造られた世界のものを見て、そこから範型を知る。したがって後者の範型とは、事物について知られる概念である。それゆえ、範型には二様の範型がある。そして、それぞれの範型との合致が真理であるので、二様の真理があるという。

　一つは、被造的範型に対する合致である。そしてこの意味で、アリストテレスは事物の真理は認識される形象と事物との合致によって認識されると主張した。そして同様のことを、アウグスティヌスは『三位一体論』第8巻第7章で主張していると思われる。すなわち、わたしたちは感覚されるものから、一般的、また特殊的、事物の認識を集め、それにもとづいて各々の事物について生起する真理

---

5) 私見によれば、プラトン自身の作品のなかで唯一、この作品だけが、神による世界の造成を述べ、ソクラテスの問答をほとんどもたない。中世のキリスト教社会でこの作品のみが読むことを許された。その理由は、ソクラテスのダイモーンにあったと思われる。拙著『裸足のソクラテス』春秋社、参照。

を，それはこれこれであると，あるいは，これこれであると，わたしたちは判断する。

　造られた事物の範型とは，人間が神によって造られたものを見て，そこから得る認識である。つまりそれの概念，形象である。これを語るヘンリクスは，今度はアリストテレスの認識論を語る。そしてその概念と，もとの事物との合致（その通りであること）の確認が判断であり，真理の認識である。

　ヘンリクスが，地上の事物の認識についてはプラトンではなくアリストテレスに従う理由は，プラトンでは事物の認識は「イデアの想起」で説明されているからである。イデアの想起は人間の霊魂が地上に現れる「前に」イデアの世界に「居た」ことが前提になる。つまり誕生以前の魂が前提になる。しかしキリスト教では人間の魂は誕生の時に神が創造するものである。したがってヘンリクスもプラトン説は採れない。

（211）　しかし，わたしたちにおいて獲得されるそのような範型によって，事物についてまったく確実で不可謬の真理知が得られるということは完全に不可能ではないか。——そしてこのことが，彼らによれば，三つの論によって証明される。第1の論は，範型が引き出される事物の側から受け取られる。第2の論は，それがそのうちにある基体の側から受け取られる。そして第3の論は，範型それ自体の側から受け取られる。

　わたしたちが受け取る概念が事物と合致しているとき，「それは，この概念のものである」と言うように，事物と概念が一致していることが真理であると判断できる。

　しかし，この真理判断が疑われる。つまり，わたしたちが受け取る概念が確実に事物と合致する真理であると，どうして言えるのか？

第Ⅰ部 神の認識可能性

むしろその概念によっては確実な判断は不可能ではないのか？　ということが，三つの仕方で論じられる。一つは事物の側から。一つは基体（主体）の側から。一つは，範型の側から。

第1の論は次のようなものである。すなわち，そこから範型が抽象されるその対象は変化している。したがって，それは何らかの不可変的なものの原因でありえない。しかし真理概念のもとにある，或るものの確実な知識は，不可変の概念によってその或るものにおいて得られる。したがって，それは変化するものの範型によって得られるものではない。——この論は，アウグスティヌス『**83問題編**』**第9問題**で言っている論だと言われる。すなわち，「感覚されるものには，真理を期待すべきではない」。なぜなら，「感覚されるものは，絶えず変化している」からである。

　第一に，事物の側から。事物は絶えず変化している。その事物から受け取る概念は，確実な真理が判断できる概念であることは疑わしい。なぜなら，確実な真理が判断できる概念は不可変の概念でなければならないからである。ところが，その概念が取られてくる事物は絶えず変化しているのであるから，その概念も変化のもとにある。つまり事物の概念自身は変化を内包している。

　ヘンリクスは，事物の概念は事物の変化に応じて変化していると考えている。このように言うヘンリクスは，知性は感覚がとらえるものを，普遍的（抽象的）に，ただ「その都度，写し取っている」という理解をもっている。つまり知性の認識は感覚認識の変化に一々応じて概念をもつという理解である。このような理解は，彼の「可知的形象の否定」と対応している。すなわち，ヘンリクスは，知性は対象の概念を得るとき，一々感覚表象にあるいは記憶された感覚像に回帰することを主張する。スコトゥスのよう

に，能動知性によって抽象された可知的形象が可能知性に受け取られて，それが可能知性のうちに残る，という理解をヘンリクスはもたない。

 (**212**) 　第2の論は次のようなものである。すなわち，霊魂は，それ自体から変化するものであり，誤りを受け取るものである。したがって霊魂よりも変化しやすいものによって正しいものとされたり，誤らないように規準を与えられたりすることはけしてない。しかし，感覚されるもののうちの範型は霊魂自身よりも変化しやすい。したがってその範型は霊魂自身が誤らないように規準を完璧に与えることはない。——この論は，アウグスティヌス『真の宗教』のことばが言っていることである。「すべての学芸の法は」云々。

　ここでは，霊魂は単純に「心」のことである。すなわち，こころの状態はつねに変化している。真理も受け取るが，誤りも受け取る。ところで，事物も変化している。すでに述べたようにその範型（概念）も変化している。そうであれば，変化している事物のうちにある範型から真理という不可変の規準を与えられることによって，変化しやすい心が事物についての真理判断ができるのか。アウグスティヌスも感覚されるものの範型から真理判断の規準が与えられることはないと論じている。

 (**213**) 　第3の論。すなわち，真理知が確実で不可謬なものであるのは，「真なるもの」を，真らしきものから区別することができる根拠をもつときのみである。なぜなら，「真なるもの」を誤りから，あるいは，真らしきものから区別することができないのなら，自分は誤っているのではないかと疑うことができるからである。しかし，前述した被造的範型によって「真なるもの」を真らしきものか

ら区別することはできない。それゆえ，云々。——小前提の証明。すなわち，そのような形象は，自らを表出するのに，それ自身として表出するか，あるいは他の仕方で，ちょうど，夢のなかでのように，心のなかの投影として表出するか，いずれかである。もしも投影としてそれを表出するなら，誤謬がある。もしそれ自身としてなら，真理がある。したがって，そのような形象によっては，それがそれ自身として表出しているか，あるいは，心の内の投影として表出しているか，十分には区別できない。したがって，それは真と偽を区別するのに十分ではない。

　ヴァーチャルリアリティ（仮想現実）の技術が進む現代になって，ここにある論はむしろ現実的になった。この段で「心の内の投影」と訳したオブイエクトゥム（obiectum）は，近代では一律に「対象」と訳されるが，もともとは，「こちらから離れる方向へ投げ出されたもの」を意味する。心の内のスクリーンに投影されているもの，というほどの意味である。これと対になるのがスブイエクトゥム（subiectum）で，こちらは「こちらの下へ投げ出されたもの」で，「主体」，「主語」，「基体」，「主題」と訳される。

　前者の語「オブイエクトゥム」が中世から近代に移る際に受け止め方が大きく変わり，しかもその意味が一律に「客体」を意味することになった理由は，近代科学の進歩が哲学用語にもたらした一大変化だと推察される。

　この語は，もともと，むしろ主観性の意味をもつことばだった。古代中世においては「投げ出された場」と見られているのが，「心の中」だからである。

　中世の終わり，とくにアラビア科学の影響力が強かったイギリスの大学で，現代では錬金術と噂されるアラビア科学の伝統から「実験」（この語も，もとはたんに「経験」を意味する語であった）の重視がゆっくりと進んだ。そしてそれは，アリストテレスの自然学からの脱却を意味し

た。ところで、アリストテレスの自然学が「主題」にしたのは、「質料的なもの」である。すなわち、「マテリア」materia が、自然学の「主題」subiectum とされていた。

アリストテレスからの脱却をはじめた科学者は、「対象」obiectum がもつ「こちらから離れた」ところを、彼らの経験において「心の外」と受け止めることが多くなった。彼らが「主題」としたもの、つまり扱うことがらが、心の外のことがらに集中したからである。こうして、この語「対象」は「客観性」の意味を強めた。さらに、科学の発達は、科学界の用語の用い方を社会全体が積極的に受け入れる動機になった。こうしてこの語は一律に現代の「対象」の意味をもつことになったと考えられる。スコトゥスの時代は中世の終わりに当たるので、その移り行きの初端にあたる。

「オブイエクトゥム」は、ここではそれゆえ、「心のなかに表出したもの」が「それ自身から離れたところに投げだされている」ことを意味している。前者の意味だけなら、当然、「心のなかの形象」を意味するだけだから、可知的形象のような「認識されたもの」と同じ意味になる。客体とずれた「主観性」の意味は、「それ自身から」の意味を連想する「オブ」ob において生ずる。すなわち、この接頭辞において、「実体事物（客体）から離れている」ことが連想され、客観的でない、という意味をもつのである。

したがって、訳文のなかの「心の内の投影」の語は、以上のような意味であると受け止めてもらいたい。つまり「対象」とは、心のなかで「自分に見えるもの」である。「心象」とも訳せる。心の外に本当にその通りで在るか、疑わしい対象である。

ヘンリクスの見解は、「真理」を見分けるためには、「偽」と、また「真らしきもの」（真と見えるもの）を、「真理」から区別できなければならない、という主張である。とこ

ろで，わたしたちが事物から受け取る「対象」概念は，そのために十分に頼りになる確実なものか。

　このように考えるなら，疑わしいということである。なぜなら，それは「心のなかの形象」であるほかない。ところでそれは実体事物そのものの形象か，それとも，それから離れた偽りの形象か，それだけを見ているわたしたちにはどちらか区別できない。ちょうど仮想現実の映像しか見ることがなければそれが「仮想」なのかどうかわからないのと同じである。じっさいテレビ画面でニュースの正確さを確認するしかないとき，わたしたちはカメラの位置の特殊性から生まれる「偽」を区別することができない。

　(214)　以上のことから，次のことが結論される。確実な学問知と不可謬な真理を人間が知る，ということが，もしも起きているなら，それは事物から感覚を通して受け取られた範型が，どれほど純粋にされ，どれほど普遍なものとされようとも，それを注視することによって人間に起きていることではない。そうではなく，そのためには非被造的範型に目を振り向ける必要がある。そしてその場合，次のように主張すべきである。認識されざるものとしての神が，範型の概念をもつ。そしてそれを注視することによって信頼できる真理が認識される（なぜなら「認識されるもの」は，一般的属性であるから）。しかしそれは被造的本質の固有の概念であり，裸の範型としての認識の根拠である。

　この段で，「範型」と「イデア」と「概念」は同義であり，「概念」と認識ないし存在の「根拠」が同義である。「範型」はエクセンプラール（exemplar）の訳である。現代英語では「具体例」を意味することから推察できるように，「典型的な例」という意味である。わたしたちは「典型的な事例」をもとにしてさまざまなイメージを「種的に

区別している」。たとえばわたしたちは「典型的な赤の事例」を経験して，それを基にして，それと似た色を「赤」と認識している。それは理想形を基にした認識であるとも言える。それゆえ，それはまた「イデア」とそれを分有しているものどもについての認識である。それゆえ，そこから「概念」と認識の根拠との同義性が起こるし，イデアの側面で言えば，存在の根拠との同義性も起こる。

以上のことから，ヘンリクスの見解がプラトン的な論理（ことば）で説明されていることがわかる。

さて，この段で述べられているのは，前段で指摘された疑惑があるにも関わらず，じっさいには信頼できる知識が「科学」として人間が手にしているのはなぜかという問題提起であり，その答えが，人間はそれと気づかずに「神のもつ範型」を見ているからであるという主張である[6]。

一般庶民が，と言う意味ではない。当時の学者の典型は神学者であり，神学者はつねに「神」に目を向けているから，本人にはわからない仕方で神のもつ範型を見ているというのである。また，じっさいに「認識されるもの」は「一般属性」であると言う意味は，範型そのもの（本質）が認識されるのではなく，それを尺度として（それに照らされて）それを分有する地上の事物が認識されるとき，事物は本質において認識されているのではなく，本質的範型に固有に「帰属するものとして」認識されている，という意味である。それゆえ，それは「範型そのもの」を意味する「裸の範型」ではない。

---

[6] 近代のカントにも似たような問題提起がある。すなわち，人間には科学の命題のような普遍的必然的判断をする根拠がないように思えるのに，近代科学はその命題を見つけたという事実がある。この課題の解決として，カントは，範型論ではなく，理性のうちに，人間自身には見えない理性の装置（共通な判断をもたらす規則）が先天的にあると考えた。

第Ⅰ部　神の認識可能性

（**215**）　しかしながら，どのような仕方で範型が認識の根拠で，なおかつ，「認識されるもの」ではないと主張されるのだろうか。その理由は，たとえば太陽の光線がその発光するところからいわば曲がってやって来るときと，まっすぐにやって来るときがあるからである。すなわち，第一の仕方でやって来る光線のなかでは，太陽は見ることの根拠であるとしても，それ自体として見られるものではない。他方，第二の仕方でやって来る光線のなかで太陽は認識することの根拠であるとともに，認識されるものである。したがって，その非被造的光が，いわばまっすぐに知性を照らすとき，それは「見えるもの」として他のものをそれ自体において見ることの根拠である。他方，それはこの世におけるわたしたちの知性をいわば曲がって照らしている。それゆえ，それはわたしたちの知性にとって「見えるもの」ではないが，見ることの根拠である。

　前の段で述べられたことは，結局，神の範型自体は「知られずに」居ながら，他のものを「知る根拠」になっている，ということである。それがどのような仕方で可能なのか。ヘンリクスは「直線的な光」と「曲がった光」という二つの光で説明する。現代の宇宙理論では光が重力場において曲がることは周知の事実である。したがって，ここにある説明は「よくわかる説明」である。じっさい光は直行してくると思ってわたしたちはものを見がちである。ところが重力によって曲がっていると，在らぬ場所にそれが在るように見える。つまり本当は発光の在り処が見えていないのに，地上のわたしたちを照らしている光はわたしたちに届いているから，ほかのものがそれによって見える。つまり非被造的光は曲がってわたしたちの知性を照らしているから，それ自体は見えないが，ほかのものが照らされて見える，というのである。

（216）　ところで、それは見ることのはたらきに対してどのような三様の根拠をもつかと言えば、すなわち、見るはたらきを鋭くする光の根拠、形象を変性させて見るはたらきに形象をつくる刻印の根拠、あるいは、範型の根拠、である。そして以上のことから、さらに、特別な天上から来るものの必要が結論される。なぜなら、ちょうどその本質がわたしたちによって自然本性的に、それ自体において見られないように、その本質が被造物に対して範型であるかぎり、範型は自然本性的には見られない。なぜなら、アウグスティヌス『神を見ること』[7]によれば、神が見られることは神の権能のうちにあるからである。「神が欲すれば、見られるが、神が欲しなければ、見られない」

訳文では、インフルエンティア（流入）を「天上から来るもの」と訳した。かつて星から来るものと考えられた病気が、「インフルエンザ」と言われて今日に至っているからである。

さて、目に見えない天上からの光は曲がってやって来る。そしてそれは見る力を知性に与え、概念をつくり、その概念を、その事物の形相の典型例とすることで、知性が認識を得る根拠とする。こうして天上から来る光は、わたしたちの知性が事物を知る根拠となる。しかし、それ自体は見ることができない。というのも、神は、神自身が見られることを欲しないかぎり、見ることはできないからである。

（217）　**最後に、真理についての完全な知は、二種類の範型が精神のうちで協働するときにあるということが付け**

7）　アウグスティヌスの書簡147　パウリナ宛書簡、『神を見る』第六章

加えられる。すなわち，一つは，ものに内在する範型，すなわち，被造的範型，他の一つは，上から来る範型，すなわち，非被造的範型，——このようにして，わたしたちは完全な真理のことばに出合うのである。

被造的範型とは事物の概念である。こちらは感覚表象を通じてそのつど抽象されたものが知性に受け取られる。これは自然本性的な人間精神のはたらきであるから無自覚的である。つまりその過程は，内面の視力で見えるものではない。他方，非被造的範型は，神の内のイデアであり，それ自体は見えないものであるが，知性が真理を判断するときに特別な仕方で（前段では，光の比喩で説明されている）はたらくとされている。こちらは，全く認識されない。したがって二様の範型がともにはたらく状態がどういう状態か現実にはわからない。ただ，感覚が受け取った被造的事物から，そのつど被造的範型が受け取られ（印刻され），何か特別な照明によって非被造的範型が作用して，知性の内でその一致が認識されると言うのである。

ヘンリクスに対するスコトゥスの反論

（218）　この見解に反対して，わたしは第一に，それらの論は真なる見解を基礎づける根拠とはならないし，アウグスティヌスの意向に沿うものでもなく，むしろアカデミア派の見解に沿うものであることを明らかにする。第二に，わたしはそれらの論によって導かれると思われるアカデミア派の見解がいかなる意味で誤りであるのかを明らかにする。第三に，わたしはそれらの論に対して結論に不足があると答える。第四に，わたしはその見解が結論するものに反対して論じる。第五に，わたしは問題を解決する。第六に，アウグスティヌスのものであるかぎりでその論は

アウグスティヌスの意向を結論するが，ここで導かれているような論をいかなる仕方で結論しないか，わたしは明らかにする。

　前段までのヘンリクスの見解に対して，スコトゥスは以下の要領で順番に論じていく。

　第一に（219-228），それ（211-213）はアウグスティヌスの意向に沿うものではなく，むしろアウグスティヌスが対峙したアカデミア派の懐疑説であることを明らかにする。

　第二に（229-245），人間知性がいかにして真理に到達できるかを明らかにすることによってアカデミア派の懐疑説がどのような意味で誤謬であるのかを明らかにする。

　第三に（246-257），範型なしには真理が把握できないとの三つのヘンリクスの論（211-213）に対してその結論不足を指摘する。

　第四に（258-260），ヘンリクスの懐疑説が結論するもの（214-217）に反対する。

　第五に（261-279），総合的な問題解決があることを明らかにする。

　第六に（280），アウグスティヌスの意向を解釈する。

　議論の背景となることがらに触れておきたい。

　まず「アカデミア派」という名前が懐疑主義を意味するものとして登場する。これはアウグスティヌスの著作『アカデミア派駁論』に由来する。アウグスティヌスの当時，プラトンが開いたアカデメイアでは懐疑主義が盛んであったと推測されている。プラトンと言えばイデア論くらいしか知らないと，プラトンと懐疑主義の結びつきは不思議に思われるかもしれない。しかし，アリストテレスの『形而上学』第1巻第6章によれば，プラトンは，はじめヘラクレイトス学派のクラテュロスによる懐疑主義「感覚的なものはたえず変化しているので，それについては，真理認識はない」を学び，のちに，ピュタゴラス学派の天上的真

理探究へ向かった。したがって，プラトンの哲学のなかには乗り越えなければならないものとして感覚認識についての懐疑主義が本質的に織り込まれている。つまりプラトン哲学のうちには，真理探究のためには感覚を超えていかなければならないという理解が深く内蔵されている。

　もう一つ知っておかなければならない。すなわち，懐疑主義は哲学の「専門化」を通じて，むしろ生じやすくなる。ここで哲学の専門化というのは，哲学の論が哲学の専門用語を用いてなされることをいう。プラトンで言えば「イデア」と「その分有」，アリストテレスで言えば，「質料と形相」，「実体と偶性」，「範疇，その他」である。これに対して，専門化を拒絶したのがソクラテスである。アリストテレス『弁論術』第2巻第23章に，プラトンの言い方が専門家じみていることに対して，アリスティッポスが「わたしたちの友は，けしてそんな風には語らなかった」と言ったことが伝わっている。ここで友とは，ソクラテスのことである。プラトンの著作に登場するソクラテスと，じっさいのソクラテスの違いについて述べられたものだろう。

　ソクラテスの非専門的哲学の精神は，いくらかストア哲学へ受け継がれる（ストア哲学も，のちにはごく一部専門用語をもつ）。そしてその精神は，アウグスティヌスにも伝わるのである。アウグスティヌスが『告白』など，専門家らしからぬ仕方で（近代で言えば，モンテーニュのように）人生哲学を語る側面をもつのは，おそらく，この歴史による。そして，非専門的であるとき，人は日常感覚を完全に離れてものごとを論じることはない。それゆえ，感覚への不審も，極端なものにはならず，むしろ通常の状態では，感覚認識を信頼しつつ，真偽を論じる。

　じっさい感覚認識を完全に否定していては，日常，何の行動もとれないし，何も言えない。それゆえ，ことばに関

して日常言語の立場にとどまるなら、或る種の条件下で感覚認識を警戒するとしても、どんな感覚も否定するということは不可能である。それゆえ、通常の生活から離れないなら、哲学者も極端な懐疑主義には陥らない。他方、通常の生活から離れることができる専門家の立場は、むしろ他の哲学者批判のために、懐疑主義を許容する。

スコトゥスは、まず専門家として、専門家の議論に応じて真理認識を論じるが、同時に、極端な懐疑主義からは日常的行為の現実を指摘しつつ、距離を置く。すなわち、この段でスコトゥスは専門家の懐疑主義を「アカデミア派」と言っている。それは現代語で言えば、「アカデミズム」である。この専門性と非専門性のバランスの絶妙さが、じつはスコトゥス神学を際立たせている。

(219) 第一に、それらの論 (211-213) は、確実な自然本性的認識は不可能であると結論するように思われる。

第1の論 (211) に対して。なぜなら、もし対象がつねに変化しているなら、それについて、不可変の概念のもとにいかなる確実性も得ることはできないからである。むしろいかなる光の下であれ、確実性は得られないだろう。なぜなら対象の在り方とは違った仕方でそれが認識されるとき、確実性はないからである。したがって変化するものを変化しないものとして認識することに確実性はない。さらに、その論の前提、すなわち、「感覚されるものはつねに変化している」というのは、誤りであることが明らかである。なぜなら、『形而上学』第4巻[8]で、この見解はヘラクレイトスによって主張されたものと言われているからである。

第211段落にある第1の論、対象はつねに変化してい

---

8) アリストテレス『形而上学』第4巻第5章 (1010a)

る，に対する反論である。もしも事物が変化しているなら不可変の概念（ことば）によって事物についての確実な認識は得られない。しかし，事物は変化しているが，事物を「対象」（心象）として受け取ったとき，その対象も事物と同様に変化しているのか，という問題がある。

　すでに述べたように，「ことば」は一定の意味を指示して「真理」を述べ，他方，事物は変化している。したがって，「ことば」と，ことばが指示している「対象」がどちらも一定でないのならば，両者の一致はありえない。すなわち，対象の在り方と異なる在り方では，対象を真に認識することはできない。したがって，対象が変化するなら（スコトゥスは対象には変化しない側面があると見ている），その通りに変化する仕方で認識しなければ，その認識は確実な認識とは言えない。しかし感覚される事物はつねに変化しているというのは，ヘラクレイトスの説であり，アリストテレスによって排された説である。したがってスコトゥスによれば明らかに誤りである。すなわち，「ことばの対象」は変化し続けているものではなく，対象には変化しない側面（本質ないし本質的属性）がある。

　ここでスコトゥスは「事物」と「対象」を区別して，「対象の在り方」の変化を問題にしている。「対象」は，当時の概念では「心の内の映像」である。すなわち，能動知性による抽象化を経た「可知的対象」を指している。他方，心の外の事物は，抽象されていないものである。それはさまざまな影響のもとに変化している。ところで，哲学が真理主張するのは「ことば」であり，この「ことば」が言い留めているのは，正確には「事物」ではなく，心のうちに映じている「対象」である。

　すなわち，この段落の背景には，「事物そのもの」は変化の可能性をもつ（被造物は変化のもとにある）が，真理を主張する「ことば」は，抽象化された「対象」の恒常性

を直接には指している、というスコトゥスの主張がある。

（220）　同様に、もしわたしたちの霊魂のうちにある範型の可変性のために確実性はありえないとしたら、霊魂のうちにあるいかなるものも、すなわち、知性のはたらきそのものも、基体からして変化するものなのだから、霊魂のうちのいかなるものによっても、霊魂は誤ることがないように正されることはないと結論される。

同様に、第2の論（第212段落）に対してスコトゥスは、もし知性のうちの概念が変化するために認識の確実性がありえないと主張するなら、霊魂という基体自身が変化するものであるから、そのうちに在るいかなるものをもってしても、霊魂の誤りを正すことはできないだろう、という。すなわち、知性のうちの概念である「可知的対象」が事物そのものと同様に変化しているとするなら、ましてや、概念を受け取っている基体としての知性もまた事物であり、やはり変化しているのだから、知性が神から特別の照明を得ても知性は誤りから正されることはありえないだろうという反論である。

ここから次のことが推察できる。すなわち、スコトゥスにとっては、むしろ「ことば」が規定する真理の不変性によって人間知性は正され、なおかつ、真理にとどまることができる。すなわち、人間知性は感覚と同様に誤りがちな能力であり、真理を作り出すことはできない。むしろ知性は、本来、「ことば」を通じてそれを受け取る能力であり、それによってはじめて真理にあずかることができる能力だという理解があったのであろう。

（221）　同様に、その見解によれば、内在する被造の形象は、天上から来る形象と協働する。しかし確実性と矛盾するものと協働するとき、それは確実性を得られない。な

第Ⅰ部　神の認識可能性

ぜなら，ちょうど，一方が必然的で他方が偶然的である真理文からは偶然的真理文しか結論されないように，確実なものと確実でないものが或る認識のために協働するとき，確実な認識は生じないからである。

　異論は，天上から来る確実な形象と協働することで，事物に内在する不確実な概念から確実な概念が得られるとしている（第217段落）。しかし一般に推論において，必然的真理文と偶然的真理文の組み合わせからは偶然的真理文しか結論されない。それと同じく，確実な概念を得ても不確実な概念との組み合わせがあれば，不確実な真理文しか結論として得ることはできない。したがって，天上からくる形象を想定しても，それは確実な真理認識の獲得に役に立たない。

　(222)　さらに第3の論 (213) について同じことが明らかである。なぜなら，もし事物から抽象された形象自身がすべての認識に協働するなら，そして，それがいつそれ自身としてのそれを表出し，いつ対象としてのそれ自身を表出しているか判断することができないとしたら，ほかにどんなものが協働しようと，「真なるもの」を真らしきものから区別する確実性を得ることはできないからである。したがって，その論は完全な不確実性を結論し，アカデミア派の見解を結論すると思われる。

　第213段落の論は，「真」と「真らしきもの」の区別ができないことを主張している。そしてその論では，形象がそれ自身を表出しているなら真であり，心の内の映像（対象）を表出しているなら偽であると言われている。ところで，真が真らしきものと区別できないという見解は，前者と後者が区別できないという見解である。すなわち，心のうちにある形象が，事物それ自身を表出しているか，それとも，ただそれらしきものを表出しているだけか，いずれ

かわからない，ということである。

　それを受け取っている人間知性はそれらを区別することができない。しかしそうであるなら，ほかのものがどんなに協働しても，区別するのは人間知性だから，やはりどちらかわからないだろう。したがって，どれをとっても，結論は懐疑主義を支持することになる。

　ヘンリクスは，神の特別な照明によってそれがわかると主張しているのであるが，その特別な照明が他と区別されて「分かる」ということではない。そうであれば，ヘンリクスの説は懐疑主義を乗り越えられない。

アウグスティヌスの見解

（223）　しかしながらこの結論はアウグスティヌスの意向に沿うものではない。それをわたしは証明する。

　アウグスティヌス『ソリロキア』第2巻[9]「諸学の証明を，だれもがまことに真なるものであると，いかなる疑いもなしに認めている」。そしてボエティウス『ヘブドマディブス』「霊魂に共通の概念は，それを聞くだれもが明らかだと言う」。そしてアリストテレス『形而上学』第2巻[10]「第一の諸原理は，ちょうど家の玄関のように，すべての人に知られている。なぜなら，ちょうど家の内部は隠れていても，玄関は明らかなように，第一の諸原理はすべての人に知られているからである」。

　異論がもつ懐疑主義的結論はアウグスティヌの見解ではない。じっさい，彼は諸学問の証明を疑いのないものと認

9）　現代の版では，アウグスティヌス『ソリロキア』第1巻第8章

10）　アリストテレス『形而上学』第2巻第1章（993b）

めている。またボエティウスも，共通の概念はだれにとっても明らかだと言う。そしてアリストテレスは，ちょうど家の中は明らかでなくても，家の玄関は人々に知られているように，第一の諸原理はみなに知られていると言っている。このように3名の権威者が第一の諸原理は確実な認識であることを認めている。

(**224**)　これら3名の権威から次のように論じられる。すなわち，種のすべてに一致しているものは，種の本性にともなうものである。したがって，だれもが第一の諸原理について不可謬の確実性をもつとすれば，そしてさらに，『分析論前書』第1巻[11]の完全な三段論法の定義によれば，完全な三段論法の形は，だれにとっても自然本性的に明証であるとすれば，――ところで，結論の知識は，諸原理の明証性と三段論法の推論の明証性にのみ依存しているのだから，――したがって，自明な諸原理から論証されるどんな結論も，だれにとっても自然本性的に知られるものである。

ところで，人間という種を構成する人すべてに一致していることは，人間の自然本性に属することがらである。それゆえ，第一の諸原理がだれにとっても確実であるとすれば，その原理を前提とする三段論法から結論されることも，人間にとって，やはり確実なことであると言うことができる。そして結論の確実性も，人間に自然本性的に知られることである。すなわち，特別な照明は不要である。

(**225**)　第二に，次のことが明らかである。すなわち，アウグスティヌスは感覚的経験を通して知られたものどもの確実性を認めている。そうであるからこそ，『三位一

---

11)　アリストテレス『分析論前書』第1巻第1章（24b）

体論』第15巻第12章ないし第32章で言っている。「われわれは身体の感覚を通して学んだものを，真であるか疑うことから離れよう。たしかにそれを通して，われわれは天と地と海と，それらのなかにあるすべてを学んだのである」。もしわたしたちがその真理を疑わず，なおかつ，明らかなように，だまされていないのならば，わたしたちは感覚を通して知ることについて確実である。なぜなら，疑いと欺瞞が排除されるとき，確実性は得られるからである。

アウグスティヌスも，感覚を通して学んだことを疑うことは止めようと言っている。懐疑主義に同調せず，日常的な常識にとどまるべきだ，ということである。これをうけてスコトゥスは，疑いが無いのなら確実な認識が得られているという。

（226）　さらに，第三に，アウグスティヌスは，われわれの行為について確実性を認めていることは明らかである。同書第15巻第12章ないし第31章「眠っていようと目覚めて居ようと，彼は生きている。なぜなら，眠ることも，夢のなかで見ることも，生きている者にあることだからである」。

さらにアウグスティヌスは，自分の活動（行為）は確実に知られることだと言っている。アウグスティヌスが指摘しているのは，「わたしが生きている」という事実である。

（227）　もし君が「生きる」ことは第二現実態ではなく第一現実態であると言うのなら，同じ箇所に続いて言われている。「もしも或るひとが，『わたしが生きている』ことをわたしは知っていると言うのなら，たとえ何度最初に知ったことに反省を加えようとも，「欺かれえない」。そして同じ箇所で，「だれかが，『わたしは幸福でありたい』と

第Ⅰ部　神の認識可能性

言ったとき,『君はおそらく欺かれているのではないか』と，どうやって無礼にも応えられるだろう。——また同じところで，繰り返して「無限に『わたしは，わたしが欲していると知っている』」云々。同じく，「もしもだれかが『わたしは誤ることを欲しない』と言ったなら，その人が誤ることを欲しないというのは，『真』ではないのだろうか」。——彼は言う。「そしてほかにも，『人間は何も知ることはできない』と強く主張するアカデミア派の見解に反するものが見出される」と言っている。同じところに続けて，三巻本の『アカデミア派駁論』について言っている。「それを理解した人は，真理の把握の不可能を論じたアカデミア派の多くの論にも動じないだろう」。

「第一現実態」とは，たんに在ることを指す。他方，たんに在るだけでなく，何かの行為，何かの活動があるとき，それが「第二現実態」である。命をもつものが，たんに在るとは，生きて在ることである。したがって，たんなる生きる活動は，第二現実態ではなく，第一現実態である。しかしそうであっても，それを自覚できる活動は第二現実態である。アウグスティヌスは，「わたしが生きている」ということについて，「欺かれることはない」と言っている。

この一連のアウグスティヌスの考察はデカルトの方法的懐疑のヒントになったと言われているものである。それゆえ，デカルトの（ゆえに）「われ在り」も「生きて在る」ことを含み，さらに「考えて生きて在る」ことを含むことが推察される。そして「考える」はたらきは自覚できる第二現実態である。

（228）　同様に，同所，第15章ないし第38章。「けして見失うことができないものとして知られるそれは，また霊魂自身の本性に属している，——わたしたちが『わたし

たちは生きている』と知っていることは、その種のものである」。——このように、第一のものは明らかである。

アウグスティヌスは「わたしたちは自分たちが生きていると知っている」と、それが自覚される活動であると言っている。したがって、確実な認識があることは明らかである。

確実に認識されるもの

（229） 第2項目に関して、認識されるいかなるものについてもアカデミア派の誤りが居座ることがないように、前述の3つの認識されるもの（223-228）について、いかなる仕方で言われるべきであるか検討しなければならない。すなわち、第一に、自明な諸原理と結論について、第二に、経験を通して知られるものについて、第三に、わたしたちの行為について、それぞれ、誤ることのない確実性が自然本性的に得られるかどうか。

第218段落に挙げられた6項目のうちの2番目の項目、確かな認識と思われる3種類の認識の確実性について検討する。1つが、学問知において、その原理となる知識と、そこから受け取られる結論の知識について。2つ目が、通常の経験的知識について。3つ目が、自分の行為（活動）の知について、である。これらについては第223段落以下で、アウグスティヌスも言及していることがすでに述べられた。つまりアウグスティヌスもそれらを確実な認識としてもつことができると認めている。したがってここでは、スコトゥス自身の方法でこれらの知識の確実性を彼は論じる。

第Ⅰ部　神の認識可能性

原理の確実性

（230）　それゆえ，諸原理の確実性に関して，わたしは次のように言う。自明な諸原理の名辞は一方の名辞が他方の名辞を明証的必然的に含むような同一性をもっている。それゆえ，それらの名辞を組み合わせて真理文をつくる知性は，それらの名辞を把握しているということにもとづいて，知性自身のうちに真理文を構成するその名辞自身に対して名辞を組み合わせるはたらきが合致する必然的根拠をもっている。そしてさらにその知性は，その合致の明証的根拠をもつ。そしてそれゆえ，それらの名辞のうちにその明証的根拠が知性に把握される合致は，知性自身に必然的に明らかである。したがって，ちょうど白いものと白いものとが類似性なしにはありえないように，知性のうちでその名辞の把握と名辞の組み合わせの把握がありながら，その組み合わせが名辞に合致しないことはありえない。ところで，名辞に対する組み合わせがもつこの合致が，真理文の真理である。それゆえ，このような名辞の組み合わせは，真であることなしにはありえない。そして同じように，その組み合わせの把握と名辞の把握は，名辞に組み合わせが合致していることの把握，すなわち，真理の把握なしにはありえない。なぜなら，第一に把握されたものは，明証的にその真理の把握を含んでいるからである。

　すでに述べたように，知性（理性）の基盤は「ことば」（ロゴス）に在る。知性がことばを使用しているというのではなく，魚が水において生きるように，知性は「ことば」において知性であることができる。知性は「ことば」なしに「論」をなすことができないからである。あるいは，知性は「ことば」なしでは「理」（ことわり）を知る

ことができない。つまり或る能力が「ことば」を己のものとすることで、「知性」が生成する。あるいは育つ。その意味で、知性は、また理性（ロゴス）と言われる。したがって「原理の確実性」を論じているこの内容は知性存在の自己証明である。

そのために、論はさまざまな同語反復の重なりに聞こえる。つまり「ロゴスは、ロゴスだ」と言っているように聞こえる。しかし、すでに述べたことだが、名辞（ことば）なしに理性（ロゴス）はない。なぜなら、ことばを駆使する能力が「理性」ないし「知性」だからである。優秀な理性（真理を把握した理性）だけを「理性」と呼ぶのは、理性が自分の主張が真理であると主張していることに過ぎない。

それゆえ、正確には、優秀な理性も優秀でない理性も、ことばを使っているときは理性を使っている。そしてそのなかで、ことばを真理に即して使っている理性が優秀な理性である。

したがって、スコトゥスが、「名辞を把握している知性」というとき、そこで言われていることは、名辞を把握することで現実態化した知性能力であると理解しなければならない。すなわち、逆に言えば、「名辞を把握していない知性」は可能態にとどまる知性能力であることを意味している。そしてその現実態化した知性が優秀な知性であるなら、知性は真理（名辞の一致）を把握する。なぜなら、名辞は現実態化した知性自身の様態であり、その一致も同様であるから、これらのことは知性が知性としてはたらいていることと同等のことである。そして知性が反省能力をもつなら、それは知性自身に「自明」のことである。なぜなら、名辞自身から、そしてそれと同等の知性自身から、一致が明らかだからである。

訳文は、ことば数が多いと感じ、そのためにわかりにく

く感じるかもしれない。しかし，アマデウス・モーツァルト（18世紀）の逸話がある。彼が自分の曲を，ある国王の前で演奏して聞かせたとき，国王が「音符が多過ぎるのではないか」と不満を言ったら，彼は，「陛下，音符は必要なだけあります」と答えたそうである。じつは「作曲」も，真理文の「構成」も，ラテン語で同じ compositio である。美しい曲を構成するために，モーツァルトが「必要なだけ音符を使った」と言ったのなら，スコトゥスも，おそらく，真理文を構成するために「必要なだけのことばを使った」と言うだろう。したがってスコトゥスの言葉（名辞）は，そこに必要なだけ述べられていると考えなければならない。つまりわたしたちの理性が「未熟で不足している」だけ，スコトゥスのことばが「多過ぎる」と感じるのである。

学問知の基礎概念

以下，ここで言われていることを理解するために必要な事項をまとめて説明しておこう。

前掲の段落で「原理」と言われているのは，始原となる理（ことわり）を意味する。ところで，それは学問知において推論の前提（すなわち，推論の始原）となる真理文（命題）である。ところで，真理文が真であると確信される根拠となるのには，三つの場合がある。第一に，自分が直接それを経験していて，確信できる場合。第二に，他者であっても，十分に信頼できる人，あるいは，信頼できる組織を通じて聞いた場合，第三に，自分が，それが名辞から「自明」であることが分かるときである。

さて，第一の場面と第二の場面は信仰の確信に寄与する根拠である。そして第三の場面は学知の真理の確信の根拠

となる。学問知は「原理」ないし「前提とされる真理文」を基盤として、そこから必然的に推論できる結論を含んでいる。そして「真理文」は、複数の名辞（語）の組み合わせである。

ところで、或る文の真理性が「自明」であるとは、その文がもっている複数の語のもつ意味だけから、その真理性が明らかな文である。たとえば、幾何学の公理「二つの点を通る直線は、ただ一本である」という公理を取り上げるとしよう。スコトゥスが言っている「一方の名辞が他方の名辞を含む」というのは、主語の名辞と述語の名辞のことである。先の公理であれば、「二つの点を通る直線は」が主語の名辞であり、「ただ一本である」が述語の名辞である。そして一方は他方を必然的に含んでいることが明証的である。それゆえ、この文は、自明であり、公理とされた。

ところで、複数の真理文を通じて「結論される真理文」は、前提となった複数の真理文に「潜在的に含まれていた真理文」である。それゆえ、結論の真理文に書かれる内容は前提となった真理文のうちに、すでに不明瞭に書かれている内容である。つまり言えることは、結論の真理文は複数の真理文に「潜在的に」含まれているが、「顕在的・明示的」ではないかぎり、それはまだ「知識」の段階にはない。なぜなら学問知は、明証的でなければならないからである。したがって論証は、不明瞭に潜在的でしかなかった知識を明瞭にして顕在化することである。

一般的に、明証的でない認識を「吟味する」ことで、そこから明証的な知識を引き出すことが哲学者が行う「証明」である。他方、前提にもとづき結論を引き出す証明、すなわち、複数の真理文を組み合わせる「論証」は、形式を明確にした証明だと言える。それは既存の真理文のうちに不鮮明に潜在しているものを論証を通じて引き出して、

「真理」ないし「知識」と言えるものに替えることである。したがって，その前後で知の状態は替わっている。すなわち，結論の真理文は，前提となった複数の真理文と異なっている。それゆえ，その意味で，未だ「ことば」になっていない（不明瞭な）真理が，証明を通じて，真理（「ことば」において明瞭なもの）と成る，と言うことができる。

また，真理文は，肯定文か，否定文か，いずれかである。ところで，一方の名辞と他方の名辞を結び付ける名辞は，「ある」を意味する。すなわち，肯定的真理文がある。たとえば，「これは白いものである」。反対に，名辞と名辞を切り離す名辞は「ない」を意味する。すなわち，否定的真理文がある。「これは白いものではない」。そして実在に関する学知の真理文が示すものは，ある「一定の現象」である。特定の個別の事物を指すだけではない。個別の事物が何であるか，どうであるか，を指すのである。

たとえば，「彼はソクラテスである」は，彼（個別の事物）の名前が，何であるかを指している。じっさい，そこには複数のことば（文）による「名付け」がある。したがって，実在についての学問知は，本来的に，一定の実在の現象についての文による名付けである。ただし，学問知であるためには，それは一定の普遍的に見られる現象の名付けでなければならない。

これに対して，名辞についての学問知（論理学）は，名辞の関係を規定することによって学問（理性）の世界のなかで名辞を一定の正確なものにする。一般に，名辞（語）の定義，たとえば「人間は理性的動物である」は，「人間」，「理性的」，「動物」，「ある」，の4つの名辞が結び付けられて，3つの名辞の関係を，「ある」が肯定的に規定している。それによって一つの名辞「人間」が複数の名辞の組み合わせとして展開され，人々の間でより正確な共通理解が生じる。あるいは，「色が類である」とか，「白はその種

である」、という規定も、類、または種という区分概念をもつことで、論理的である。そしてなおかつ、複数の名辞の関係を示すことで、名辞についてのより正確な共通理解を生じる。

ところで、名辞（語）が実在を正確に指しているなら、その名辞を結び付けている定義の真理文も、ある実在を正確に指すことができる。つまり実在との一致は、名辞の関係がそれぞれの名辞が指す「実在どうしの関係」を指している、という仕方で在る。他方、実在との一致を問わない論理的真理文は、名辞の関係のみを明らかにしている。したがって、実在が確かめられないものについても可能的真理文がある。

したがって、論理的な定義の真理文か、それとも、実在の本質的現象を表している真理文か、区別がむずかしいことがある。先の人間の定義も、その意味では、人間の本質的現象を表す真理文であると実在的に受け取ることができる。とりあえず言えることは、名辞の意味を名辞の間で規定することができるとき、たとえば、辞書にある名辞の説明のようなものであるとき、その規定は、まず論理的（rationis）であることが必要である。それが実在的であるかどうかは、経験との照合が必要になる。

スコトゥスがこの段（230段）で説明しているのは、「自明な真理文」の確実性である。ところで、原理が自明な真理文であることによって、はじめて必然的な真理文が結論できる。ただし、それが論理的真理文かどうかの区別はしていない。経験的な実在現象の普遍的な真理文であろうと、論理的真理文であろうと、それが「自明」であるならば、哲学において「原理」（始原）として取り上げて、論

証を組み立てることができるからである[12]。

　さて、以上のことを念頭にして、この段落を理解しなければならない。知性が、ある真理文を「自明である」と判断する根拠は何か。スコトゥスが取り上げる問題はこれである。スコトゥスによれば、それは、名辞が相互の間で同一性（一致）があること、つまり一方の名辞が他方の名辞を必然的に含んでいること、それが知性のうちで把握されること、つまりそれをもつ知性に、その名辞どうしが一致していることが、その名辞自身から明らかであるとき、知性は、その名辞の組み合わせに同意せざるをえない。このようなときに知性は、その真理文は自明であると判断する。すなわち、そのとき、名辞がそのように組み合わされること（真理文）が、その名辞どうしの一致から明らかである。そしてこの一致が真理文の真理であるから、真理であることなしに、名辞の、この組み合わせはない。

原理の確実性と矛盾律の確実性

　(231)　この論は、アリストテレス『形而上学』第4巻[13]の類似した例によって確かめられる。その箇所で彼は、第一の諸原理に対立するものはいかなる知性にも生じないと言っている。すなわち、「『同じものがあり、かつ、ないということはありえない』、なぜなら、そうでなければ対立する見解が同時に精神のうちにあることになるからである」。このことは、とくに対立する見解について、すなわち形相的に矛盾するものについて、真である。なぜなら、

---

12)　したがって、形而上学は、自然学とは区別されて「論理学」であるという理解は、間違いではない。
13)　アリストテレス『形而上学』第4巻第3章（1005b）

或るものについて「ある」という見解と、その同じものについて「ない」という見解は、形相的に矛盾しているからである。

　自明な原理には、知性は同意して真であると言うほかないことは、アリストテレスにも類似の陳述があるとスコトゥスは言う。それは「矛盾律」である。すなわち、どれを取り上げても、同じものについて同時に、「ある」と言いつつ、「ない」と言うことはできない。これに対して、同じものについて（たとえば、君は君自身と）は、「同じである」、「一致している」と言うほかない。これが、「同一律」である。スコトゥスは矛盾律に当たる原理は、形相的に矛盾するものについて真であると言う。「形相的に」というのは、「姿形が明らかであるようす」を意味しており、ここでは「ことばを明確に規定しているかぎりで」という意味である。

　ところで、すでに説明したように、知性能力は「ことば」をもつが、正しい知性は、正しいことば（ロゴス）がつくる知性である。つまりじっさいには、知性能力はロゴスによって正され、それによってはじめて「ロゴス」（理性ないし知性）となる。したがって不明瞭な言葉遣いをしている能力は、いまだ真に知性であるとは言いがたい。したがって、本当の知性（現実態化した知性）なら、矛盾したことは考えることができない。

　言い換えると、矛盾律も同一律も、だれにでも分かる一般常識に過ぎない。

　そしてそれを「知」に適用するのが哲学である。「知る」を「知る」となし、「知らぬ」を「知らぬ」となすという命題は、孔子の言であると同時に、ソクラテスの「無知の自覚」が意味するところである。ソクラテスが「知らないことを知らないと思う」と、弁明の場で述べていることは周知のことである。すなわち、知らないことを知っている

第Ⅰ部　神の認識可能性

と考えるなら、知に関して矛盾律が侵されている。知っていることを知らないと考えても、矛盾律が侵されている。それゆえ、知らないことを知らないと考えなければならないし、知っていることを知っていると考えなければならない。そしてそれを守るためには、自分が何を知っていて、何を知らないか、その知を吟味して明らかにしなければならない。

そして「存在」をめぐる知を吟味するのが、形而上学である。

したがって、だれにでもわかる矛盾律・同一律が大上段に述べられるのは、文明社会のなかに「知」と称するものが積み上げられ、真偽が見分けられなくなっているからに過ぎない。哲学は、この意味では、文明社会に広がる怪しげな情報流通の手練手管との戦いなのである。

（232）　同様に、形相的と言うほどでないならば、何らかの知性認識の真理文における矛盾が精神のうちに起こることを、わたしは論じよう。じっさい、もし知性のうちに「全体」と「部分」と、それらの組み合わせの知があったなら、それらの知は、ちょうど必然的原因のように、名辞に対する真理文の合致を含んでいる。そのとき、もし知性のうちにその真理文は誤りであるという見解が成立したなら、――矛盾した知が成立したことになるだろう。それは形相的な矛盾ではないが、一方の知が他方の知と一緒になって、かつ、真理文に対して対立した知の必然的原因があることになるだろう。これは不可能なことである。たとえば、白いものと黒いものが同時に成立することは、それらは形相的に対立するものであるゆえに不可能であるように、白いものと、端的に黒いものの原因であるものとが同時に成立することはありえないことである。――そのように、矛盾することなく、それなしにはありえないことが必

然的である。

　「形相的」と言われるのは、すでに述べたように、「ことばの意味が明瞭（完全）となっている」ことであり、それによって完成している知性のはたらき（知性認識）である。言うまでもなく、精神には未熟な状態がある。しかし、今自分が未熟であるからと言って未熟なロゴスを規準として知の確実性を論じることは無意味だろう。学問知は、知の完成形を意味しているからである。

　例として取り上げられている「全体」と「部分」を組み合わせた真理文とは、「すべて、全体は、その部分よりも大きい」という論理的な真理文である。「全体」と「部分」と「より大きい」の名辞が知性にあって、それらの名辞の意味がこれらの名辞の間の必然的一致を原因する。それを否定すれば矛盾が生じる。つまりある知性（能力）が、それを誤りであると判断すれば、矛盾した知が成立することになる。

　実在を指す単純な名辞であれば、それはより明らかである。たとえば、「白は黒ではない」という真理文の真理は明らかである。そしてそうであれば、「白の原因に端的に連なるもの」は「黒の原因に端的に連なるもの」と矛盾することも明らかである。しかし、後者のほうが、知性には名辞が明瞭となりにくいだけ、認識を誤ることになる可能性は大きい。しかし、この事実は、自明な真理文の真理が自然本性的に知性に認識されないことを結論するものではない。むしろ個々の名辞が自然本性的に知られるなら、その組み合わせの真理も自然本性的に知られることが必然的であることを示している。逆に言えば、名辞が自然本性的に知られなければ、必然的に、真理文の真理も自然本性的に知られない。

三段論法による結論の確実性

（233） 第一の諸原理について確実性が得られたなら，どのようにそれらから導かれた結論について確実性が得られるかは，完全な三段論法の形式の明証性のために明らかである。というのも，結論の確実性は，原理の確実性と推論の明証性のみによっているからである。

アリストテレスが示した三段論法は，形式的に間違いようのない推論であるゆえに，前提にできる真理文があれば，そこから確実な結論が得られることはあらためて証明しなければならないことではない。つまりその証明は，すでにアリストテレスが『分析論』で詳細に行っている。現代的に言えば推論とは一種の計算である。すなわち，アリストテレスは，文と文の計算方式を研究したのである。数学の自明性は古くから常識である。三段論法（文と文の計算方式）の自明性もそれに類したことである。

感覚は知識を得る「機会」occasio

（234） しかし，もしすべての感覚が名辞に関して欺かれていたら，知性はその原理と結論の知において誤らないであろうか？

わたしは答える。その知に関して，知性は感覚を原因としてもつのではなく，機会としてもつだけである。なぜなら，知性は感覚から受け取ったもの以外には単純な知をもつことができないからである。しかしながら，ひとたび受け取ったなら，それ自身の力によって単純な知を同時に組み合わせることができる。そしてもしその単純な知の根拠

から組み合わせ〔構成された文〕が明証的に真であるのなら，知性は固有の力と名辞の力によって，その組み合わせ〔構成された文〕に同意するのであって，外界の名辞を受け取る感覚の力によって同意するのではない。例：もし「全体」の概念と「より大」の概念を感覚から受け取って，知性が「全体はすべて，その部分よりも大きい」という真理文を組み合わせるなら，知性は自身の力とその名辞の力によって疑いようもない仕方でその真理文に同意する。そしてそれは，たとえば「ソクラテスは白い」という真理文に事物において名辞が一つになっているのを見ることによって同意するように，事物において名辞が結びついているのを見ることによって同意するのではない。そうではなく，むしろ，わたしは言う。たとえそのような名辞を受け取る感覚がすべて誤っていたとしても，あるいは，さらに欺かれやすく，或る感覚は誤り，或る感覚は真であるとしても，知性はそのような原理に関して欺かれることはない。なぜなら，知性はつねに自らにおいて真理の原因となる名辞をもっているからである。たとえば，もし仮に生まれつき視力の無いひとに一種の奇跡が起こって，睡眠中に白と黒の形象が印刻され，そしてそれらが後にも残っているなら，目覚めている間に，知性はそれらから抽象して「白いものは黒いものではない」という真理文を組み合わせるだろう。そしてそれに関しては，たとえ名辞が誤った感覚から受け取られていたとしても，知性は欺かれないだろう。なぜなら彼の知性が到達した名辞の形相的概念は，この否定真理文の真理の必然的原因だからである。

名辞が知られなければ，それから構成される真理文は知られない。では，名辞の認識に誤りがあれば真理文の認識は誤るのであろうか？

知性は，名辞が指している「何か」を，その名辞の「概念」（形象）として受け取っている。受取先は感覚表象で

ある。問題は，この受取先の感覚表象で誤りが生じているとき，あるいは，個別感覚，共通感覚で誤りが生じているとき，それは知性が受け取っている「概念」の誤りを生じるからそこから必然的に，真理文の誤りが起こるのではないか，という問題である。

スコトゥスは，感覚の誤りは自明な真理文についての知性の判断には波及しないと言う。つまり自明な真理文の判断は知性がすでに受け取っている「概念」が真理文の「名辞」（ことば）であることを基盤にしていて，現在（そのつど）の感覚と実在との一致・不一致とは切り離して考えるべきだという主張である。言い換えると，自明な真理文の真理は，知性がすでに受け取っている概念（個々の名辞）がどのような概念であるかによって，それらの間の必然的一致がその知性に対して明瞭であるかどうか吟味され，それによって必然的に決まるから，感覚段階での誤りはおよそ関係がない（抽象によって切り離されている）ということである。

たとえば幾何学において公理は，「それが真であると仮定すれば」，これ・これの証明が成り立つ，という仕方で理解されている。これは，公理と呼ばれる自明な真理文が真理文の真理の証明のために，かならずしも実在との一致が必要ではないことを意味している。必要なのは，ことば（ロゴス）自体がもつ論理性のみである。現代科学が，実験とともに数学的真理性をよりどころとしていることも，周知のことだろう。たとえば素粒子のふるまいについての量子力学的理解は，むしろ知性はその実験結果が示す確率的な意味を自身の基礎概念に組み込んで名辞を理解しなければならない[14]ことを示している。つまり知性は，実験を

---

14) R.P. ファインマン『光と物質のふしぎな理論——私の量子電磁力学』釜江常好・大貫昌子訳, 岩波現代文庫（学術177），岩波

通して感覚的に見出された事実を受け取るとき，その現場からは離れて，その受け取られた事実（ことばにされた事実）にもとづいて判断する。言い換えると，学問的判断においては，知性はことばになっていない感覚においてではなく，自分が受け取った概念（ことば）においてはじめて判断ができる。それ以外の場所では，真偽を判断できない。

ドゥンス・スコトゥスの論理学はアリストテレス由来の名辞論理とストア哲学由来の命題論理のハイブリッドである。名辞論理は名辞（ことば）を単位とする論理で，既成概念のもつ論理性を明らかにする。たとえば「人間はすべて死ぬものである。ところでソクラテスは人間である。それゆえソクラテスは死ぬものである」。他方，命題論理は偶然的現象を表す命題（真理文）を単位とする論理で仮設的，条件的である。したがって，或る条件内で（偶然の仮定のなかで）結論を出す。たとえば，「或るものたちが同一世帯であれば，一方と他方の経済状態は同一である。ところで，ソクラテスとクサンティッペは同一世帯である。したがってソクラテスが貧しければクサンティッペも貧しい」。ところで（234）段落は名辞論理を基礎とする論であり，次の（235）段落は命題論理を基礎とする論である。

経験された認識を確実にする原理命題

（**235**）　第二の認識されるものについて，すなわち，経験を通して知られるものについて，わたしは言う。たとえ経験がすべての個体についてのものではなく，多数のものについてのものであるとしても，また，つねに，ではな

書店，2007 年　参照

く，多くの場合にあることとしても，経験するものは，つねに，すべての個体において，事実がそのようであることを不可謬的に知る。——そしてこのことは，次のような霊魂のうちに眠っている真理文によってある。すなわち「何らかの自由ではない原因によって多くの場合に起きていることは，何であれ，その原因の自然本性的結果である」。この真理文は，たとえその名辞を誤った感覚から受け取っていても，知性には明らかである。なぜなら，自由でない原因はその原因が秩序づけられている結果とは反対の結果を，自由でなく「多くの場合に」，あるいは，自身の形相からは秩序づけられることのない結果を「多くの場合に」生ずることはできないからである。しかし，偶発的原因は偶発的結果の反対のものを，あるいは，生ずるはずのないものを，生ずることに秩序づけられている。——それゆえ，それからしばしば生ずる結果は，けして偶発的原因によるものではなく，もしそれが自由でない原因であるなら，それは自然本性的原因であるだろう。ところで，その種の結果は，「多くの場合に」その種の原因によって起きている。これは経験を通して受け取られるものである。なぜなら，ある特定の本性が見出されるとき，ときにある特定の偶性とともに見出され，またときにある特定の偶性とともに見出されて，いかに偶性がさまざまであるとしても，その本性には，つねに或る結果がともなっていることが見出されるからである。したがってその種の結果は，その本性に偶然起こる何かによってではなく，その本性それ自身によって，その本性に生じているのである。

　確実な認識が得られる二番目のものとして，経験からの認識が検討される。近世哲学において事実経験にもとづく命題の導出を説明するに当たっては，アリストテレスの「帰納法」が用いられたが，スコトゥスは全く異なる方法を提示している。つまりスコトゥスは科学を偶然の経験か

ら得られる自明な真理文と、それにもとづく演繹的推論の結果に限定している。

　では、どのようにして自明な真理文が偶然の経験から得られるのか。経験は、直接的には感覚的であり、偶然的である。そもそも経験するとは、或る個別の現象に「たまたま出合う」ことである。そして「出合う」ことは、「偶然である」ことと同義である。他方、科学が原理とすることができる真理文は、必然的、普遍的、不変的でなければならない。ヒュームが言うように、どれほどの数を集めても、個別の現象との出会い（経験）は個別的で偶然的であるのだから、普遍性や必然性の根拠にならない。なぜなら、普遍的真理文が示しているのは個別の場合の「すべて」であり、「普遍の現象」だからである。

　人間の経験がすべての個別の現象を経験することはありえない。なぜなら、個々人の人生にはかぎりがあるからである。それゆえ経験できる事例は限られている。しかし、スコトゥスによれば、せいぜい多数の事例を経験するだけであるとしても、あるいはまた、「つねにそうである」という経験を、人はもつことができず、せいぜい「多くの場合にそうである」という経験をもつことができるだけであるとしても、つまりその事実を認めつつ、そこから、「すべてについて、つねに」という普遍的必然的真理文を得ることができると、スコトゥスは主張する。

　どのようにして個別の「多数」から「全部」が、「多数」の事例から「普遍」が、導出されるのか。スコトゥスは、その根拠となるのが人間知性のうちに眠っている或る自明な真理文であるという。すなわち、個人的な個別の経験から普遍的な真理文をつくる際には、「飛躍」がある。しかし、その飛躍は、根拠（理由）のない飛躍ではなく、根拠のある（原理をもつ）飛躍だというのである。

　その根拠（ロゴス）となるのが、「何らかの自由ではな

第Ⅰ部　神の認識可能性　　339

い原因によって多くの場合に起きていることは，何であれ，その原因の自然本性的結果である」という真理文である。スコトゥスは，これは「霊魂のうちに眠っている真理文」(propositio quiescens in anima) だという。おそらくそれは，学者が自分の経験から普遍真理文を導くとき，自覚せずに用いている真理文（原理）だという意味だろう。スコトゥスは，まずこの真理文の自明性を証明する。すなわち，この真理文は個々の感覚経験から明らかなのではなく，名辞（ことば）から明らかな真理文であることを証明する。

　まず，「自由でない原因」とは，自由意志によって選択されるはたらきではない，という意味である。すなわち，あるはたらきがあって，その結果が生ずる。そのとき，そのはたらきが自由でない原因によるはたらきであったなら，そのはたらきには，通常，ある一定の結果がともなう。そしてその結果とは反する結果を通常は生ずることがない。生ずるとしても，それはかえって何か特別な場合である。じっさい，自由なはたらきがそこに介在して，あえて反対の結果にそのはたらきを結び付ける場合は，除かなければならない。つまり自由でない原因がはたらいていながら，しかも自由な原因が介在せずに（自由でなしに），その原因が，通常生ずる結果とは反対の結果を「多くの場合に」生ずることはありえない。

　ところで，自由でない原因とは自然本性的な原因である。そしてそれが形相をもつなら，その形相は自然本性的にはたらく原因としかならない。したがって，形相が通常つねに関係する結果がある。つまり形相が原因となって生ずる結果があれば，それは「多くの場合に」同じであり，その反対の結果を生ずることはない。

　したがって，以上の吟味の結果，「何らかの自由でない原因は，云々」の真理文は自明である。

ところで，事物には，その本性と，その本性にたまたま付帯する偶性がある。本性は，その事物の実体を生じている性格なのであるから，その事物の同一性そのものである。その事物はその本性なしにはありえない。他方，偶性のほうは，それでなくても事物はありえるし，真逆の偶性が同じ事物に生じることがありえる。つまり同一事物において，偶性は，時間によって，あるいは周りの条件によって，変化する。それゆえ，一般的に，本性から生じた結果は，異なる時間，異なる条件のなかで，同じであることが多くの場合に見られ，偶性から生ずる結果は，ときによって異なるのが，事例を重ねるほどに見られる。

 それゆえ，先の自明な真理文を根拠にして，それが本性の結果か，偶性の結果か，見分けることができる。そして本性の結果なら，その結果は，その本性を原因とした結果であると，必然的普遍的に言うことができる。

十分な原因説明と不十分な原因説明

（236） しかし，さらに，ときには結論に関わる経験が受け取られることがあることに，注意しなければならない。たとえば，月はしばしば欠ける。そしてそのとき，そうであるという事実を結論として置き，その結論の原因を分割の道によって探究する。そしてときに，経験された結論から出て，諸名辞から明らかな原理に到達する。そしてそのときには，以前にはただ経験から明らかであっただけの結論が，そのように諸名辞から明らかな原理によって，より確実に，すなわち，自明な原理から導かれるものとしてある。そのことゆえに，それは認識の第一の類として知られる。――そのように次の真理文は自明である。「透明なものと光るものとの間に置かれた不透明体は，その透明

第Ⅰ部　神の認識可能性

なものに対する光の放射を妨げる」。そしてもし分割の道を通して，大地が太陽と月の間に置かれたそのような物体であることがわかったなら，月の満ち欠けは最大限度に確実な根拠にもとづく証明（なぜなら，原因にもとづく証明だから）によって，知られているのであって，原理が見出される前に結論が知られていたときのように，たんに経験によって知られているのではない。

　すでに述べたように，スコトゥスは科学的原理の真理文の発見を帰納法では説明しない。しかし，人間がその原理的真理文を発見することが感覚経験抜きにできるとは考えていない。また，感覚経験さえあれば，だれにでも原理の発見が容易であるとは言わない。スコトゥスはその方法を探るためにじっさいの科学知について検討している。すでに古代の科学者の間で，月の満ち欠け（蝕）は地球という円い天体による影によって生じていることが知られていた。では，この知識はどのようにして科学者のものになったのか。スコトゥスはこの知識からさかのぼって，知識の原理となるものを考究し，「透明なものと光るものとの間に，云々」の真理文を得ている。

　ここで「透明なもの」と言っているのは月のことである。月は明るく輝いて見えるので，透明なガラスかダイヤモンドのような塊であると中世では考えられていた[15]。また，現代では地球表面の大気は，特殊なもので，宇宙一般のものではないことは常識に属するが，当時はそのような認識がなかったことも付け加えておく。このような内容が，スコトゥスが科学者の間で知られている月の蝕に関する真理認識であった。したがってこのことを前提にして，この部分の考察を見ていかなければならない。

　スコトゥスは，宝石のように光り輝く月に満ち欠けがた

15）　ガリレオ・ガリレイ著『天文対話』参照

びたび生じている事実経験から出発する。この経験を示す真理文を結論の位置に置き，この結論を導く前提となる原理的真理文を探すのである。すなわち，その前提から，「それゆえ，月はしばしば満ち欠けを生じる」が結論される前提部分を見出そうとする。スコトゥスは，それを「分割の道」と言っている。これはプラトンが原理（始原）を探究する方法として述べていたものである。ものごとにあたって，二つの対立する選択肢を見出し，その一方をたどっていくことによって，より始原になるものに到達する，という吟味の方法である。

　たとえば，ここでは，「月の満ち欠け」は，「月に当たった影であるか」「影でないか」という二つが出され，一方の「影である」が選択され，次に「月自身の影」か，それとも，「月以外のものの影」かの選択肢が出され，「月以外のもの」が選ばれ，次に「影を生ずるもの」は照明を遮るものであるが，それは「透明なもの」か，「不透明なもの」かの二つのうちで，不透明なものが選ばれ，月以外のもので，不透明なものとして，「地球」か「地球以外のもの」が選択肢となり，地球が選ばれるなら，そして光を発生するものとして，太陽が見出されるなら，先の真理文が導かれる。

　つまり月が透明なもので，そこに影が生じている。その影は何から生じるかと言えば，月を照明する光を何ものかが遮るからである。そして照明を遮るものは，不透明なものでなければならない。そして太陽が光って照明していることは明らかだから，照明を遮る不透明なものが，地球であると合点すれば，明白な説明が可能になる。つまり月の蝕を説明することができることばが出そう。そして自明な原理があれば，それによって，月の蝕が自明なことがらとして説明できる。そして明瞭に説明できることが，知識（科学）である。

そして、その真理文によって、観察される月の満ち欠け現象が自明な仕方で説明され、確実な科学知が成立する。この知の状態は、たんなる経験の状態とは異なる状態にある。

属性的真理認識 ―― 妥当な（aptitudinalis）認識

(**237**) しかしながら、ときに原理に関わる経験があるが、分割の道を通じてさらに名辞から明らかな原理を見出すことができず、その名辞が経験を通して、しばしば結びついていることが知られているという「多くの場合に」「真」である原理にとどまることがある。たとえば、この特定の種類の草は熱い。すなわち、わたしたちは別の先立つ中項を見出すことなく、すなわち、ことばに即して属性が基体について論証されることを通じて知るのではなく、経験に即して最初に知った状態にとどまっている。たとえその場合でも、不確実性と誤謬の可能性は、かの真理文「何らかの自由でない原因によって多くの場合に起こる結果は、その原因の自然本性的結果である」によって排除されている。だとしても、その認識は学的認識としては最下級のものである。そしてそこでは、おそらく、諸名辞の結合の実際的認識が得られているわけではなく、ただ妥当な認識が得られているだけである。じっさい、もしも属性が基体とは別の独立した事物であるとしたら、それは矛盾なしに基体から離すことができる。そして経験するものは、それがなぜそのようにあるかの認識を得るのではなく、それは生まれながらにそのようでありがちである、という認識を得るのである。

しかし、自明な真理文に達することができず、多くの事例でそのようであることが経験される、という真理文で満

足するしかない場合があるという。つまり蓋然的に説明できるだけであって，必然的に説明することができない状態の知識である。また「中項」というのは，三段論法のなかで，前提から結論を導き出す鍵となる名辞である。すなわち，三段論法は，大項（大名辞）と小項（小名辞）と中項（中名辞）の組み合わせで成り立っている。大前提が大項と中項の組み合わせ，小前提が，小項と中項の組み合わせなら，結論は，中項を通じて，大項と小項の組み合わせとなる。ここから，三段論法の場面を超えて実在の場面で，一般に「中項」が「原因」であると言われる。つまり結論で言われることが，わたしたちが経験する結果であるとすれば，中項は，それを生じる原因であると見られるのである。

具体例にある，「熱い草」が何を指しているかは，残念ながらわからない。ただしヨーロッパにも日本なら漢方として知られている薬草の認識が，種々ある。アラビアで言えば，アヴィセンナがその種の専門家として，現代までイスラム社会（イラン）でその名をとどろかせている。したがって，スコトゥスの言は，おそらく，口にすると体熱が上がる効用をもつ草が言われているのだろう。この種の知は，多くの場合に事実であることが，経験的に確かめられているが，それがその草の本性によるものか，それとも，その本性に多くの場合に付帯している属性によるのか，明確にできない。属性であれば，本性から切り離すことができるからである。（言うまでもなく，属性と本性の区別が，どこで分かるのか，と現代から見れば大いに疑問となるところである）。しかしそれでも，「多くの場合に」そうであるなら，それはとりあえず，その本性によるものと推測してもよい。「よい」と言える理由は，その根拠が，先の自明な真理文「何らかの自由でない原因によって，云々」にあるからである。

つまりこの真理文に基礎づけることができる内容であれば，その経験を原因から説明することができず，蓋然的説明にしかならないとしても，「科学知」であると言うことができるとスコトゥスは言う。スコトゥスの科学理解がどのようなものかは，現代では，かえってよく理解できる。じっさい，現代の量子力学は確率的現象を予測計算することができるだけで，量子の運動を原因から説明できているのではない。精密に組み立てられた実験が教える確率的事実にもとづいて，素粒子の行動の確率を正確に計算できることを，周囲にある宇宙の正しい「知識」としている。

本来，科学は，自然を利用する技術であるから，これで十分なのである。つまりアリストテレスは原因から知ることを求めたが，宇宙の現象はノーベル賞科学者ファインマンによれば「面白い」だけである。現象の原因が知られなくとも，自然現象が計算できれば何らかのコントロールが可能になる。言い換えれば，現代科学は，ただ予測値の計算方法の発見を目指している。それ以上は要求されない。一般向けに蓋然的説明がなされれば良い。たとえば，光は最短時間で目的地に到達する道を選ぶ。なぜかはわからない。じっさい現代においても多くの事柄がはっきりと原因から知られているとは言えず，一般的な「パターン」によって知られているのみである。

それゆえ，以上のように，スコトゥスの「経験科学」の理解は近代を超えて，むしろ現代に近いと言うことができる。

自己の行為（自覚的行為）の認識の確実性

(238) 認識されるもののうちで第三のもの，すなわち，わたしたちの行為について，わたしは，それらの多く

のものは第一のもので、かつ、自明なもののごとく確実性があると言う。これは『形而上学』第4巻[16]で明らかである。そこでアリストテレスは、「すべての現れは真である」と主張する論について述べている。すなわち、その論は、「今、われわれは目覚めているのか、眠っているのか」と問う。「しかしながら、そのような疑いはすべて同じことであると言える。なぜなら、彼らはすべてのものに『根拠がある』と考えているからである」。そしてそのあとで言っている。「彼らは理由のないものに理由を求めている。なぜなら、論証の原理には、論証はないからである」。それゆえ、そこでの彼によると、「わたしたちは目覚めている」は、論証の原理のごとく自明である。それが偶然的であることは、それが原理であることの妨げにならない。なぜなら、別のところ[17]で述べたように、偶然的なことがらのうちにも秩序があるからである。すなわち、或るものは第一の無媒介のものである。――すなわち、偶然的なもののうちを無限に進むこと、あるいは、何らかの偶然が必然的原因から起ること、それらのどちらも不可能である。

　スコトゥスは確実な認識を主張できる第三の種類として自分の自覚的行為、あるいは自覚的状態を挙げる。「わたしが見ている」とか、「わたしは今手を動かしている」とか、「歩いている」とかの認識である。スコトゥスはアリストテレスのことばを引いて、彼もそれを「論証の原理」と同等に「確実である」と考えていたと言う。つまりいわばそれは認識の出発点であり、たとえそれが偶然的なものであっても、それはそれが原理的なもの（始原である）ことについては、何ら妨げにならないと言う。そしてスコトゥスによれば、偶然的なものが必然的なものを原因とし

---

16) アリストテレス『形而上学』第4巻第6章 (1011a)
17) Duns Scotus, Ordinatio prol.,n.169　邦訳はない。

　　　　　第Ⅰ部　神の認識可能性　　　347

て生ずることはありえないから，偶然的なものにも第一の偶然があるのでなければならない。そしてそれは第一のものであるなら，無媒介のものである。そして他のものが媒介していないなら，それは第一の原因（始原）であると結論する。

　したがって，自分の自覚的行為に属する認識は科学知の原理とすることができると言う。じっさい，データを得る実験をしている科学者が，自分が今「この仕方で」実験していること，そこから，実験結果を得たものが「これ」であると，確実に認識できないとすれば，すべての科学は夢想に過ぎないだろう。

　(239)　そして「目覚めていること」は自明なことのように確実性がある。さらに，同様に，わたしたちの能力のうちにある他の多くの行為（「わたしが知性認識している」，「わたしが聞いている」）について，また完成現実態である他の行為についても，確実性がある。なぜなら，たとえわたしが外在する白いものを見るとき，それを或る基体のうちに，あるいは，或る離れたところに見るのは，その間や器官のうちに，あるいは，他の多くの過程で錯覚が起こりうるゆえに確実性がないとしても，わたしが見ていることは，たとえ感覚器官のうちで錯覚が生じていた（たとえばその器官のうちに，現前する対象からではなく，現前する対象から自然に生じるようにはたらきがあるとき，最大限度にその錯覚が見られる）としても，確実である。したがって，もし能力が自身のはたらきをそのような位置においてもつとき，それが能動であろうと受動であろうと，あるいは，その両方であろうと，そこに真にあるものは視覚像と言われるものである。しかしながら，錯覚が固有の器官のうちにではなく，器官と見えてなんらか近接するもののうちに生じているとしても，――たとえば，もし錯覚が

神経の束のうちに生じているのではなく，白いものから自然に生じるように形象の印刻が眼球のうちに生じているとしても，それでも視覚は見ている。なぜなら，そのような形象が，あるいは，そのうちに自然に見られるものが，見られているからである。なぜなら，眼球は，その神経の束のうちにある視覚器官に対して十分な距離をもっているからである。このことはアウグスティヌス『三位一体論』第11巻第2章，目をつぶっても目のなかに視覚の残像が見られる，またアリストテレス『感覚と感覚されるもの』，眼球をむりに摘み上げることから生じ，増加する火は，まぶたを閉じたあとでも見える，という言によって明らかである。これらの視覚像は，たとえ最大限度に完全な視覚像ではないとしても，真なる視覚像である。なぜなら，ここには形象と本来的な視覚器官の間に十分な距離があるからである。

　自分が目覚めていることは，自分に直接的で無媒介であるから，第一のものである。しかも，それは自覚されている。自覚されているということは，知性が把握している，ということである。つまり感覚的であっても，それを知性が直観している[18]。そうであるかぎり，偶然的であっても，知性はそれを「原理」として受け取ることができる。

　「完成現実態」（actus perfectus）というのは，アリストテレスの用語である。たとえば「見る」という視覚のはたらき自体は，「見ている」状態で，同時にすでに「見終わっている」ので，はじめから「完成状態のはたらき」であると言われている。つまりそこには開始，中途，終了という過程がない。

---

18)　直観については，八木雄二訳著『カントが中世から学んだ「直観認識」——スコトゥスの「想起説」読解』知泉書館2017年，参照。

第Ⅰ部　神の認識可能性

　開始，中途，完成という状態をしばしばもつのは客体の状態である。他方，主体の状態を取って見ると，視覚や聴覚などの感覚作用は，作用があるときに，すでに「完成」している。したがって「わたしが見ている」，「わたしが聞いている」という主体の（自覚的）はたらきは，偶然的であっても第一のものであり，なおかつ，つねに完成しているのであるから，それを通じて知性が受け取っている「直観」（知覚）は，さらに科学知の原理（経験知の基盤）として十分な資格（確実性）をもつと言える。

　そのうえスコトゥスは，懐疑説が生じる種になる「錯覚」を取り上げる。視覚像は，つまり「見ている」というはたらきは，眼球に続く「神経の束」にあるとスコトゥスは，言う（これは当時すでに解剖学的知識があったことをうかがわせる）。したがって眼球に映った「像」は，すでに「見る」視点そのもののところから離れたものである。それゆえ眼球にある視覚像すら，視覚（視覚神経の束）にとっては対象であって，視覚主体の「見ている」はたらきとは区別される。したがって眼球の外の離れた対象との間にある何らかのものによって錯覚された像が眼球に生じていても，それは「自然本性的に，そのように」生じていると言うことができる。しかも，「わたしが見ている」ということは，それとは区別されることである。眼球に生じる変化は，すでに述べたように，視覚自体から距離がある。それゆえ，目を摘み上げると赤い色が見えるとしても，それを見ている「わたしの視覚作用」があることを，疑う理由にならない。

　それゆえ，錯覚という事実は，主体の直観作用が今，あるかどうかまで疑う理由にならない。

錯覚にだまされない判断

（240）　しかし，感覚のはたらきのもとにあることがらについての確実性はどのような仕方で得られるのか。たとえば，外在するものが白いものか熱いものか，どのように明らかなのか。

わたしは答える。
その種の認識されるものに関しては，同じものが，さまざまな感覚において対立して現れるか，あるいは，対立して現れないかである。しかし，それを認識するすべての感覚は，それについて同じ判断を下す。
では，客体が主体との間に距離をもつとき，その客体についての判断はどのようにして真なる仕方でなされうるのか。
スコトゥスは，わたしたちはたった一つの感覚器官で対象を判断するのではないと言う。対象の異なる側面をとらえる複数の感覚器官をもっている。たとえば，視覚で認識したものを，近づいて触覚で確認することもできる。そして同一の対象を共通感覚において同じ感覚表象にまとめ上げている。つまり多くの感覚を通じて，一つの感覚的イメージをもつ。そのとき，感覚情報が対立しているときと，そうでないときがある。それらの間に対立があれば，一つのものとして受け取ることができなくなる。対立がなければ，一つのものとして受け取ることができる。

（241）　もし第二の仕方であるなら，感覚と，前述の真理文「或るものから多くの場合に起きていることがある，もしその或るものが，自由な原因でないのなら，それが，

第Ⅰ部　神の認識可能性　　351

起きていることの自然本性的原因である」によって，その種の認識の真理について確実性が得られる。それゆえ，それが現前することによって，「多くの場合に」そのような感覚の変化が起きる。したがって，変化，すなわち，生じた形象は，その種の原因の自然本性的結果である。したがって，その外在するものは，白いものか，あるいは，熱いものか，あるいは，それから「多くの場合に」生じた形象を通して自然に現前するような或る何かである。

　したがって，第二の仕方で，すなわち，同じものが対立して現れないとき，白いものか，熱いものか。感覚情報が対立せず，或る種の一致をもってあるとき，感覚作用は一瞬一瞬完成状態にあるのだから，短い時間のうちに何度も同じ経験をもつことができる。それゆえ，少なくとも「白く見える」こと，「熱く感じる」ことは，自然本性的結果として，その対象の自然本性と結びつけることができる。

（242）　他方，もし異なる感覚が異なる判断を外在する或る視覚像についてもったなら，——たとえば，視覚は，一部が水中にあり一部が大気中にある棒が折れていると告げる。視覚は，つねに太陽が，それが現に在るよりも小さいと告げるし，すべての遠くの視覚像は，それが現に在るより小さいと告げる——その種のものごとにおいても，何が真であり，どの感覚が誤っているか，感覚のすべての判断よりも確実な，霊魂のなかに眠っている真理文と，協働する多くの感覚のはたらきによって，確実性がある。すなわち，或る真理文がつねに感覚のはたらきについて，どの感覚が真で，どの感覚が誤りであるか，知性に正しい規準を与える。そしてその真理文において知性は，感覚が原因であるごとくそれに依存するのではなく，機会のごとく，それに依存するのである。

　感覚情報が一致しない時，たとえば，水のなかに入れた

棒が折れ曲がって見える。そのときはどのように判断すべきか。

わたしたちは，一瞬の感覚情報だけで対象について判断することは誤りやすいことを知っている。じっさい，すでに積み重ねた経験を通じて，遠くのものはそれだけ小さく見えることを知っている。あるいはまた，水のなかに棒を突っ込めば，それが折れて見えることを知っている。しかし，舟をこいでいるとき，オールを水に入れるたびごとにオールが折れているのではないことを，わたしたちは知っている。棒を水のなかに入れたままで，手で触って，折れていないことを確かめることもできる。このとき，どの感覚で確かめればよいか知性が判断できる。そしてそのとき知性は，感覚情報を自分の判断の必然的原因として用いるのではなく，機会として，つまり，そのとき与えられた選択肢の一つとして用いるのである。

(243) 例：知性は，次のような眠っている真理文をもっている。すなわち，「より硬いものが，押したとき身を引く柔らかいものに当たって，折られることはけしてない」。この真理文は名辞から自明な真理文であり，たとえ名辞が誤った感覚から受け取られたとしても，知性はそれについて疑うことはできない。むしろ反対のものは矛盾を含む。ところで，棒は水よりも硬く，水は棒に場所を譲る。これは視覚も触覚も，いずれの感覚も告げていることである。それゆえ，「棒は折れていない」と結論される。しかし感覚は，それが折れていると判断する。したがって，棒が折れているかどうかに関して，どの感覚が誤っており，どの感覚がそうではないか，知性は感覚のすべてのはたらきよりも確実なものによって判断する。

大気中と水中を通る光の違いから生じる錯覚，水中に入れた棒が折れて見えるについて，スコトゥスは，わたした

ちの知性は何らかの自明な真理文を原理として判断していると言う。たとえば「より硬いものが，云々」の真理文である。つまりスコトゥスによれば，わたしたちは日常的にこの種の真理文を無自覚的に構成していて，それに照らして何が真であるか判断している。

(244)　同様に，ほかの部分から，すなわち，「量と量が重なり合うとき，それは他方とまったく等しい」。これは，諸名辞の知がどれほど誤った感覚から受け取られていようとも，知性には明らかである。しかし，同じ「量」が，遠い視覚像と近い視覚像に重ね合わせられることは，視覚も触覚も同様に告げている。それゆえ，近くの視覚像であれ，遠くの視覚像であれ，「量」は等しい。——それゆえ，遠くの視覚像は小さいと告げる視覚が誤っている。

　距離の違いをもつ対象の視覚像についても，わたしたちはかならずしも間違った判断をしていない。つまり遠いものが小さく見えることは理解されている。

(245)　この結論は，自明な原理と，「多くの場合に」そのようであることを認識している二種類の感覚のはたらきによって結論される。そしてこのように，理性が感覚の誤りを判断するところでは，感覚を原因として感覚から得た何らかの端的な知によってこれを判断しているのではなく，たとえ感覚のすべてが欺かれていても，そこにおいては欺かれることのない何らかの感覚を機会としてもつ知と，一つの感覚からか，あるいは，複数の感覚から「多くの場合に」得られる知をもって判断している。そして後者が真であると知られるのは，すでに何度も示されてきた真理文，すなわち「多くの場合に起こることは」云々，によるのである。

　錯覚に惑わされない判断の根拠をわたしたちがもつこと

の証明のまとめである。

対象どうしの関係の不可変性の認識

（246）　第三の項目に関して，上述のこと（230-245）から3つの論（211-213）に対して答えなければならない。

第1の論（211），対象の変化についてのものに対して，——前提が誤っている。またそれはアウグスティヌスの見解でもない。そうではなくて，ヘラクレイトスと彼の弟子クラチュロスの誤りである。『形而上学』第四巻[19]において，彼らは何も語らず指を動かすだけだったと言われている。そして前提が真であったとしても，結論は妥当しない。なぜなら，それでもアリストテレスによれば「すべてのものは継続して動いている」という確実な認識が得られるからである。——さらに，次のように推論されない。「もし対象が変化するものなら，対象から生じたものを不可変の概念のもとに表示することはできない」。なぜなら，対象における可変性は認識を生じる根拠ではなく，可変的な対象それ自身の本性が認識を生じる根拠であるから。したがって，対象から生じた認識は，本性それ自身を表出している。したがって，もし本性が本性であるがゆえに別のものに対して何らかの不可変な関係をもつとしたら，その別のものと本性とは，それら自身の範型を通して不可変的に一つになって表示されるだろう。したがって，二つの可変的なものから生じた二つの範型を通して，——可変的であるかぎりではなく，本性であるかぎりで——それらの結合の不可変性の知が得られる。

第三の項目とは，ヘンリクスの3つの論が認識を過小

19）　アリストテレス『形而上学』第4巻第5章（1010a）

第Ⅰ部　神の認識可能性　　　355

評価しているというものである。

　第211段落の異論に対して。スコトゥスによれば，知性認識，つまり概念認識の対象となるものは，変化しているのではない。感覚の五官はその都度の感覚認識を受け取るので，変化をそのまま受け止めて変化していくが，それは知性のうちに受け取られている概念（形象）ではない。概念のうちに受け止められている対象は何らか恒常的なものである。そうでなければ「ことば」（ロゴス）にならない。あるいは，「ことば」で指示することができない。対象が変化し続けているから真理の認識はできないと主張したのは，アリストテレスによれば，ヘラクレイトスと，その弟子のクラチュロスである。アウグスティヌスも，そのようなことは言っていない。

　すなわち，対象の概念認識は対象の不可変性（本性）による認識であって，可変性は概念認識を生じない。そして，概念認識された対象がほかのものと不可変的な関係をもっている場合には，それら二つは，一つに結合するものとして認識されるだろうとスコトゥスは言う。つまり一つの真理文のなかで，結びつけて述べられると言う。

（247）　たとえ変化するものとしての対象が認識を生じさせるのではないとしても，もしそれが変化するものであるなら，どういう仕方でそれは別のものに対して不可変の関係をもつのか。

　わたしは答える。関係が不可変であるのは，次のような理由によってである。すなわち，名辞の間に対立した関係はありえないから。じっさい，そんなことはありえない。ひとたびそれらの名辞が置かれたら，一方の名辞の破壊によってか，両方の名辞の破壊によって，対立した関係は破壊されてしまうだろう。

　変化するものが他のものと，どのようにして「不可変の

関係」（habitudo immutabilis）をもちうるのか，という反論者の疑問に対して，スコトゥスは，対立的破壊的関係は相互に破壊的であるから一瞬も成立しないと言う。スコトゥスは，このように言うことで，反対に，一致の関係は関係する名辞が存在するとき，それらが共存している事実によって名辞の本性において不可変的に（必然的に）成立することを示唆している。

（248）　反対：もし両方の名辞の同一性が破壊されるなら，どういう意味で真理文は「必然的」と承認されるのか。

わたしは答える。事物がないとき，その実在的同一性はない。しかし，その場合でも，それが知性のうちにあるのなら，知性の対象であるかぎりで同一性があるし，そうであるかぎりでの必然がある。なぜなら，そのような「ある」のうちで，名辞はそのような同一性なしにはありえないからである。他方，名辞が知られていないことがありえるように，それはないことがありうる。それゆえ「必然的真理文」はわたしたちの知性のうちで或る条件のもとに，すなわち，誤謬に変化しないという理由においてある。他方，「端的な必然」は神の知性のうちにしかない。名辞が端的に必然的な同一性を何らかの「ある」のうちにもつことは，神の知性のうちのかの「ある」のうちでしかないように。

「名辞の同一性の破壊」とは，名辞の本性の破壊ないし消滅を意味している。具体的事物は生成消滅するから，事物についての真理文は必然的ではありえないのではないかという疑問である。

スコトゥスはそれに対して次のように答えている。事物がなければ真理文は実在のうちに一致する事象をもたない。しかし，たとえそうであっても，知性のうちの概念認

識は知性のうちに残って，その同一性（本性）を保つので，名辞の組み合わせの一致も必然的なままである。無論，その名辞がそもそも知られていなければ，その名辞の組み合わせもない。しかし，いったん知られ，その組み合わせの一致が知られるなら，それは真理でないものにはけしてならない，という意味で，知性のうちで「必然的真理」である。

たしかに，事物とその関係は無くなることがありえるので，また，人間知性自身が無くなることがありえるので，真理文の必然性は絶対的ではない。あくまでも条件付きのものであり，二義的，相対的である。絶対的であるのは神の知性においてだけである。

(249)　さらに表示するものがそれ自体において変化するものであっても，不可変の概念のもとに何かを表示することができることは明らかである。なぜなら，神の本質は不可変の根拠のもとにあるが，知性には，何らかのまったく可変的なものによって，形象であるか，はたらきであるかによって，それは表出されるだろうからである。これは類似例によって明らかである。なぜなら，有限なものによって無限な概念のもとにある何かが表出されうるからである。

さらに，表示するもの，つまり，ことばが，変化するものであるとしても，不可変の概念によって真理文の名辞が表示されることは可能だとスコトゥスは言う。じっさいに，神の本質は「無限な存在者」という有限のことばによって有効に表示されている。

(250)　第2の論（212）に対して，わたしは言う。霊魂のうちには二様の変化可能性がある。一つは，肯定から否定へ，そしてその逆の変化の可能性。──たとえば，無

知から知へ，あるいは，非知性認識から知性認識へ，──もう一つは，反対のものから反対のものへ。たとえば，正直から欺瞞へ，そしてその逆の変化の可能性。

ところで，どのような対象に対しても霊魂は第一の変化の可能性において変化しうる。そしてそれが存在しているうちは，そのような変化可能性は霊魂からけして除去されない。しかし，第二の変化可能性において霊魂が変化しうるのは，名辞から明証性をもたない真理文に関してのみである。それに対して，名辞から明らかな真理文に関しては，第二の変化可能性において変化しえない。なぜなら，把握された名辞自身が，組み合わされた真理文が名辞自身に対してもつ合致の必然的かつ明証的原因だからである。それゆえ，たとえ霊魂が端的な意味で，正から誤へ変化しうるとしても，霊魂は「それ自身とは別の何ものによっても正しくされえない」という結論とはならない。少なくとも，ひとたび名辞が把握されたなら，知性がそれについては誤りえない対象に関しては正されうるのである。

第212段落の精神側の変化を指摘する異論に対して，スコトゥスは言う。

霊魂には二様の変化がある。一つは，肯定から否定，否定から肯定。これはまた，無知から知，知から無知への変化でもある。あるいはまた，知性認識から非知性認識へ，非知性認識から知性認識への変化でもある。つまりこれらは霊魂に起きる同種の変化である。もう一つは，霊魂と実在との関係に起きる変化（一致，不一致）であって，正から偽へ，偽から正へ。あるいは，正直から欺瞞へ，欺瞞から正直へ。

第一の種類の霊魂に起きる変化は，霊魂が対象を認識する可能性がもつ変化である。これがなければ，むしろ霊魂は対象をあらたに認識することができない。したがって認識能力をもつ霊魂にとっては変化は本質的なものである。

けして除去されない。

　第二の種類の霊魂の変化は，対象の認識があいまいであるときに起こる。つまり誤った判断が起こる。しかし，名辞から明らかな真理文（自明な真理文）は不可変であるから，それによって，誤った認識は正される。

　したがって，いずれの変化も，確実な認識の不可能を結論するものではない。むしろ確実な認識に向かって霊魂が変化することは，人間霊魂にとって自然本性的である。

夢の問題

　（251）　第3の論（213）に対して，わたしは言う。たとえそれは或る種のわかりやすさをもつとしても，むしろ可知的形象を否定している見解に反する結論が出る。なぜなら，夢のなかの像のごとく感覚されるものを表出することができる形象は，感覚表象であって，可知的形象ではないからである。したがって，可知的形象を用いずに，対象がそれ自身を現前させる感覚表象のみを知性が用いるならば，対象がそれ自身を明らかにする何らかのものによって，「真」を「真らしきもの」から区別することはできないと思われる。しかし，知性のうちに形象を置いたとしても，その論は効力がない。なぜなら，知性がそれを睡眠中に用いることは起きないから，知性は可知的形象を，対象それ自身の代わりとして用いることはできないからである。

　第213段落の真と真らしきものの区別の論に対して，その論は，むしろ可知的形象を否定しているヘンリクスの主張に反する結論が出ると言う。ヘンリクスは，可知的形象抜きに認識を説明する。ヘンリクスによれば，知性は可知的形象なしに，つねに感覚認識にもどって，感覚認識を

再確認しながら事物を認識している。ところが，その感覚表象は信頼できない。したがって，確実な真理認識は神からの照明によってしかない。そして形象と言えば，感覚的形象しか心のうちにはないのであるから，夢のなかで見るものは感覚表象の像でしかない。したがって，ヘンリクスの説にしたがうと，像はつねに感覚的に過ぎず，真らしきものしかない。それゆえ，たしかに真を真らしきものから区別することはできない。なぜなら感覚像しかないからである。

それに対して可知的形象の存在を認める場合，それは知性のうちにあって，知性がはたらいているときにのみ，知性は可知的形象を用いることができる。したがって，知性がはたらいていない睡眠中には，それははたらかない。つまり睡眠中に見る像は，感覚像でしかない。したがって知性による誤った判断が可知的形象にもとづいて睡眠中に起こることはない。睡眠中に判断があるとすれば，それは判断に見えながら，じつは感覚の「反応」に過ぎない。

（252）　もし君が，「もし感覚表象が自身を対象として表出することができるなら，知性はそれによって感覚表象の力の誤りによって誤りうる。あるいは少なくとも，夢を見ている人や狂気の人において明らかなように，知性は，はたらくことができないように枷をはめられる」と反対するなら，――次のように言える。すなわち，たとえそのような誤りが感覚表象のうちにあるとき，知性は枷をはめられているとしても，知性は誤らない。なぜなら，そのときには知性は何らのはたらきもしていないからである。

ヘンリクスは感覚的判断に引きずられて知性が誤ることは起こるだろうと言う。それに対してスコトゥスは，知性がはたらいていないときに人に誤りがあっても，それは知性の誤りとは言えないという。つまりそういう状態での判

断は，知性の自覚的判断ではない。知性の判断は知性が受け取った概念（ことば）において自覚的になされるものである。したがって感覚的印象から生じた判断は知性の判断ではない。

（253）　しかし知性はいかにして感覚表象の力が誤っていないときを確実に知るのか，すなわち，それを誤らないことが，知性が誤らないためには必要ではないか。

わたしは答える。次の真理は知性のうちに眠っている。すなわち，「能力は，本来の状態にあるかぎり，比例した対象に関して誤ることはない」。幻像が自身を対象のごとく表出するのは本来でない状態にあるが，目覚めているときには感覚表象の力が本来の状態にあるのは，知性に明らかである。なぜなら，知性にとっては「知性認識するもの」が目覚めていることは自明であるから。他方で，感覚表象の力は，目覚めているときと同じように，夢のなかにおいても，縛られていない。

次のような異論側の主張がある。すなわち，知性は感覚を通じて認識を得る。そうであるなら，知性が誤らないためには感覚が誤らないことが必要である。知性が自身において誤らないことはわかっても，感覚がいつ誤っていて，いつ誤っていないか，どのようにしてわかるのか。

スコトゥスによれば，知性のうちには，とくに気づいていなくても，次のような認識（知性のうちに眠っている命題）がある。すなわち，能力というものは本来的状態にあることもあれば，異常な状態にあることもある。そして能力というものは正常な状態になければ，その能力の対象に関して誤りやすいが，正常な状態なら対象を正しくとらえる。

ところで，知性は自分が目覚めているかどうか，それについては自明である。つまり知性は自分のはたらき（こと

ばを駆使するはたらき）を自覚できる能力である。そして知性は，感覚が本来的状態にあるかどうか判断できる。そして感覚は，目覚めているときも，眠っているときも，その本性的はたらきを行っていて，内的に制限されていることはない。

懐疑主義を反駁する

（254） しかし，それでもはたらきについて述べられた確実性について，次のように反対する主張がある。「わたしは自分が見ていると思われ，自分が聞いていると思われるのに，しかしじっさいには，わたしは見ていないし，聞いていない。したがって，このようなことには確実性がない」。

しかし感覚作用について，事実は見ていないのに見えるとか，あるいは，聞こえていないのに聞こえるということは，あるのではないかと言われる。

（255） わたしは答える。

『形而上学』第4巻[20]にあるように，真理文を否定している人に反対して，真理文は真であることを示すことと，真理文を認めている人に対して，真理文はどのような仕方で真であるかを示すことは，別のことである。アリストテレスは，第一原理を否定している人に反対しては，「対立する見解が同時に霊魂のうちにある」（彼らはこれを前提にしている）という不合理な事実に導くのではなく，別の不合理な事実，つまりそれ自体は不合理ではないとしても，より明白な不合理な事実に導いている。他方，第一原

---

20) アリストテレス『形而上学』第4巻第2章（1005a-1006a）

理を受け入れている人たちに対しては，それがどのように明らかであるかを示している。なぜなら，「その反対のものは精神のうちに入って来ることができない」と言っているからである。——これは明らかである。なぜなら，「入って来るなら，対立した見解が同時に成り立つことができることになるから」。そこにある，このような結論は，前提よりさらに不合理である。

アリストテレスは，原理となる真理文を否定している人に対しては，それが真理であることを明らかにしている。すなわち，対立したことが同時に成り立つことは反対のものが精神のうちに入って来ることよりも不合理であると言う。そして真理文の真理を認めている人に対しては，なぜそれが真理であるかを明らかにしている。

（256）　ここでは，そのようにしよう。もし君が何事も自明ではないと認めるなら，わたしは君と討論する気はない。なぜなら，君が頑迷固陋で納得する人ではないことが確かだからである。それは君の行動から見て明らかである（アリストテレスは『形而上学』第4巻[21]でそのような仕方で反対している）。すなわち，夢見ている君が，まるでそれが近くにあるように見て求めていたものを，目覚めたあと，君は追求したりしないだろう。つまり目覚めているときにそれが近くにあれば，君がそれを追求するようには。しかしながら，君が何らかの真理文が自明であると認めて，なおかつ，夢見ているときに明らかなように，それが何であれ，能力が本来の状態にないときには誤りうる，という真理文をめぐることであるなら，或る真理文が自明であると知られるためには，能力がいつ本来の状態にあっていつ本来の状態にないか，そしてその結果，わたしたち

21）　アリストテレス『形而上学』第4巻第5章（1010b）

の行為に関して，能力がそのように本来の状態にあって，なおかつ，その能力に自明な仕方で現れていることが自明であるという知が得られることを，知ることができなければならない。

　それゆえ，反論のための反論なら，議論しても仕方ないとスコトゥスは言う。自分では対象を認識し，それに基づいて行動しているにも関わらず，その事実を認めずに「無いこと」にして議論しているとしか思えない，というのである。

（257）　だから，わたしは人を陥れるような論に対して言う。理論的なことがらで自明な一つの原理に反することを，夢見ている人が見ることは明らかである。しかしながら，そうだからと言ってその原理が自明でないとは結論されないように，彼が聞いて居るということが，聞いて居る彼に自明ではないと結論されることはない。なぜなら，どちらの場合でも，本来の状態にない能力は誤りうるが，本来の状態では誤りえないからである。そしてそれがいつ本来の状態にあって，いつそうではないか，それは自明である。そうでなければ，それとは別の真理文が自明であることを知ることができない。なぜなら，それぞれ本来の状態にある知性が，それぞれの真理文のどちらが自明であると同意するか，知ることもできないだろうから。

　とくに説明はいらない論である。

ヘンリクスの異論に対する全体的解決

（258）　見解の結論に反対する第四の項目に関して，わたしは次のように論じる。すなわち，彼は確実で信頼できる真理で，何を理解しているのか問う。それは疑いのな

い，すなわち，欺瞞のない，不可謬の真理のことか。これについては第二項目と第三項目のところで，その真理は純粋に自然本性的に得られることがすでに証明され，明らかにされた。あるいは，彼はそれを存在者の属性の真理であると理解しているのか。その場合には，存在者が自然本性的に知性認識されるのであるから，「真なるもの」もまた存在者の属性であるかぎり自然本性的に知性認識される。そして「真なるもの」がそうであるなら，抽象を通じて「真理」もまた自然本性的に知性認識される。なぜなら，基体のうちにあるものとして知性認識されるどんな形相も，それ自体において，かつ，基体からの抽象において，知性認識されるからである。あるいは別の仕方で，彼は真理によって範型との合致を理解しているのであろうか。もしその範型が被造物の範型であるなら，求めているものはすでに明らかである。しかしながら，もし非被造的な範型との合致を理解しているのなら，その範型が知られていなければ，それとの合致は知性認識されえない。なぜなら，関係は名辞が知られていなければ知られえないからである。それゆえ，永遠的な範型が知性認識の根拠でありつつ，知られない，という主張は誤りである。

　一般的にヘンリクスの意見に対する反論を論じるこの第四項目でも，スコトゥスはガンのヘンリクスが展開していた神学に反対する。そのため問題文にはヘンリクスの用語がそのまま持ち込まれている。

　ところで，ヘンリクスにおいて「確実で信頼できる」とは，「確かで，誠実で，それゆえ，間違いなく人生をかけることができる」という意味をもっている。そういう認識とは，「カトリック教会の権威のあることば」である。ヘンリクスは，それをそのまま神学の原理にできるように，感覚経験をよりどころとする人間の認識（アリストテレスの哲学）は確実ではないという神学を展開する。

それに対してスコトゥスは，教会権威のことばを，肯定的で明確な学問的権威のことば（アリストテレスその他の哲学）によって支えるべきだと考えている。つまりスコトゥスは，学問的考察に耐えることばで教会権威を明らかにすることが神学の役割だと考えている。

それゆえ，この項目でもヘンリクスの用語を自分の神学用語で分析して明らかにすることを目指す。

もしも「確実で信頼できる真理」が「欺瞞の無い不可謬の真理」の意味であったなら，それは三つの確実な認識において証明されたように，特別な照明なしに自然本性的に知られることが証明されている。

第二に，もしもそれが存在の属性としての真であるとしたら，存在者の概念は自然本性的に得られることが第一・第二問題においてすでに明らかにされているから，それの属性も自然本性的に知られることが明らかである。

第三に，範型との一致の真理を意味するのなら，被造的範型（自然的事物の形相）が抽象を通じて知られることは明らかであるから，問題ではない。もしも非被造的範型（神のうちのイデア）との一致を意味すると言うのなら，それとの一致が知られるためには，そもそもその非被造的範型が知られなければ知ることはできないのだから，神の内のイデアが知られていないとすれば（当然，直接には知ることはできない），それとの一致を知ることはできない。

（259） さらに，第二に，次のように。漠然とした知性認識である単純認識は，すべて，その認識されたものの定義を求めて，分割の道を通じて明確に認識できる。この明確な認識は最完全な認識であり，単純な認識に含まれているものだと思われる。ところで，このような諸名辞の最完全な認識から知性は，最完全な仕方で原理を，そして原理から結論を，知性認識することができる。そしてこれにお

いて知性的な知は完成されると思われる。すなわち，前述の真理以上の真理の認識が必要であるとは思われない。

　スコトゥスは，まずは，漠然として明瞭でない単純概念が，感覚表象から抽象された心像において受け取られることを認める。知性ははじめから心像を明晰に認識することはない。しかし，同じ心像についてのさまざまな経験を通じて，それをめぐるさまざまな概念が認識され，それをもとに，吟味をすれば（分割の道），知性は心像について，完全な意味での知（学問知）＝定義を得ることができる。そして複数の名辞についての学問知の吟味を通じて，原理的真理文が見出され，それによって原理から結論の真理文を導く証明が可能となる。そしてこの論証知をもって，知性の知（学問知）は完成される。したがって自然本性的な力だけで十分であり，特別な照明は必要ではない。

「永遠の光」とは何か

　(260)　同様に，第三に。君が信頼できる真理を手に入れるためには必要だと言っている永遠の光は，自然本性的に現実態にある何かを認識に先立って生じるのか，それともしないのか。もし生じるとしたら，心像のうちにか，あるいは，知性のうちにか。心像のうちにではない。なぜなら，知性のうちに「ある」をもつかぎりで，心像は実在的「ある」をもつことではなく，ただ意識上の「ある」のみをもつことだからである。したがってそれは何らかの実在的偶性を受け取ることはできない。もし，知性のうちにそれがあるのなら，非被造的光は自身の結果を媒介としてでなければ，信頼できる真理を認識することへ知性を変化させることはない。——かくして，そのような見解は非被造的照明のうちに知を主張する一般の見解と完全に等しい

と思われる。なぜなら、その見解は、知を能動知性のうちにあると見ているからである。そして能動知性は非被造的光の結果であり、被造的で偶性的な照明よりも完全である。——しかしながら、認識のはたらき以前にそれが何も生じないのなら、その光だけで認識を生じるのか、それとも、その光は、知性と心像とともに認識を生じるのか。もしその光だけで、ということなら、能動知性は、信頼できる真理の認識の際にいかなるはたらきもしないことになるだろう。これは不合理だと思われる。なぜなら、そのはたらきはわたしたちの知性のうちで最高に優れたものだからである。能動知性は霊魂のうちで最高に優れたものだからこそ、ある仕方で霊魂のはたらきに協働している。そしてさらに、ここで結論されている不合理は、前述の見解から別の道を通して再度結論される。なぜなら、そのような見解をもつものによれば、道具をもってはたらく能動者は、道具のはたらきを超えたはたらきをもつことはできないからである。それゆえ、信頼できる真理の認識の際に能動知性が力をもつことができないなら、能動知性を用いる永遠の光は、その信頼できる真理の認識のはたらきをもつことができないと、結論されてしまうだろう。すなわち、そこでは能動知性は道具の役目をもつからである。もし君が、永遠の光は、知性と心像とともに、その信頼できる真理を生ずると言うのなら、この主張は、永遠の光は「離れた原因」としてすべての確実な真理を生ずるという一般的見解と同じである。それゆえ、それは不合理な見解であるか、一般的見解と変わらないか、いずれかである。

　次にスコトゥスは、ヘンリクスの言う「永遠の光」ないし「非被造的光」が何を意味するかを検討する。永遠の光が内的なものであることは確かなことなので、スコトゥスは、その光が真理認識を生じるとすれば、それ以前に、何か現実態にあるものを知性のうちに生じるか、あるいは知

性のなかの対象（心象）のなかに生じるのか，問う。しかし知性のうちにある対象は，知性がもつ「ある」しか得ることはできない。ところで，それは実在の「ある」ではなく，知性上の，つまり意識上の，あるいは概念上の「ある」である。それは実在の「在る」を付帯的に（あとから，一時的に）受け取ることはできない。

　もしも永遠の光が何か現実態にあるものを知性のうちに生じるとしたら，それはその結果，すなわち，知性のうちに永遠の光が生じさせた「何か現実態にあるもの」が知性を動かして真理を認識させるのでなければならない。しかし，このような意味なら，それは能動知性による抽象の説と変わらない。なぜなら能動知性の光は非被造的光の結果（分有）であると，一般に考えられているからである。それは被造的事物の光の照明，たとえばろうそくの光の照明よりも端的にすぐれている。

　しかし，いずれでもないとしたら，永遠の光は，それ独自で別の認識を真理認識として生じるのか。それとも，知性と心像の協働に参画して三者で認識を生じさせるのか。もしもそれ独自でということなら，能動知性の役目がなくなってしまう。自然は必要のない者を置かないという原則に照らすなら，この説は採れない。

　また三者で真理の認識が生ずるというとき，永遠の光が能動知性の光を使って，心像と協働して，その心像について真理の認識を特別に生ずるのでなければならない。ところで，このとき，能動知性は道具として使われている。しかし，使う側は，使われる（道具）側の能力を超えて道具を使うことはできない。そうだとしたら，使う側の永遠の光は，能動知性の光を超えるはたらきをすることはできない。そうであるなら，能動知性の光による認識と比べて，同じか，劣る認識しか得られない。したがって「確実で信頼できる」特別な真理は認識できない。もしも，このと

き,「永遠の光」を「離れた原因」として考えるなら, つまりそれを「神の知性」と考えるなら, すでに説明されたように, 一般的な見解である。

アウグスティヌスの解釈

(261) したがって問いに対してわたしは言う。アウグスティヌスのことばに即して言うなら, 不可謬の真理は永遠的尺度において見られると, 認めなければならない。ここで「において」ということばは, 4つの仕方で心像において, という意味で受け取られる。すなわち, 近接心像において, 近接心像を含むものにおいて, その力のうちで近接心像を動かすものにおいて, 離れた心像において。

以下, 218段落で述べた第五項目に当たる。すなわち, これまでに検討されてきた条件においてなら, アウグスティヌスのことばを使って, 不可謬の真理は永遠の尺度において認識されると言うことができる。ところで, さらにその永遠的光の尺度において, とは, 4つの仕方で知性の心象(投映像)において, という意味で受け取られる。すなわち, (1) 近接心象において, (2) 近接心象を含むものにおいて, (3) 近接心象を動かすものにおいて, (4) 離れた心象において。それぞれの心象の意味は以下で論じられる。

可知的形象の光

(262) 第一の意味に対しては, わたしはすべての知性認識されるものは, 神の知性のはたらきによって「可知的〈ある〉」をもち, そのうちに, そのすべての真理が示現し

ていると言う。すなわち，それを認識する知性が認識されたものがもつ力によって，その認識されたものがもつ必然的真理を認識しているなら，その知性は，その認識されたものを心象として，その心象において，その必然的真理を見ている。ところで，それらは神の知性の二義的心象であるかぎりで，「真理」である。なぜなら，それらは自身の範型，すなわち，神の知性と合致しており，かつ，「光」であるから。なぜなら，それらは神の知性に明らかであり，そこにおいて不可変であり，必然的だからである。ただし，それらは二義的に永遠的である。なぜなら，「永遠性」は存在する条件だからである。そしてそれらは二義的にのみ存在をもつだけだからである。したがって，このような意味で，第一に，わたしたちは「永遠的光のうちで見る」と言うことができる。すなわち説明されたように，真理であり永遠的光である神の知性がもつ二義的心象のうちに，である。

「近接心象」は，能動知性が抽象して可能知性が受け取る概念「可知的形象」である。それは心象として知性に投映された事物の形象である。ところで，その心象がもつ真理の本源は，神の知性のうちにある。つまり本源的には，神の知性に認識されているから，心象がもつ真理は不可変で必然的真理なのである。じっさい，神の知性においても，それは近接心象である。ところで，神の知性のうちにあっても，近接心象は神の知性の力によって「ある」ものであるから，神の存在という第一義的存在に対して二義的な存在である。そして近接心象は神の知性に認識され，一致しているかぎり，真理である。そしてこのかぎりで，またこの真理は不可変的で必然的であるが，二義的永遠性しかもたない。なぜなら，第一義的に「ある」のは，神の本質であるのに対して，神の知性に認識されて「ある」のは，神の知性上の「ある」だからである。人間知性が受け

取っている近接心象は，神が創った事物の類似物である。

（263）　第二の意味も，同様に明らかである。なぜなら，神の知性はいわば書物のようにそれらの真理を含んでいるからである。アウグスティヌスという権威が『三位一体論』第14巻第15章で言っているように（「その尺度は永遠的光の書物のうちに書かれている」，すなわち，それらの真理を含む神の知性のうちにある）。そしてたとえその書物は見えないとしても，その第一の書物のうちに書かれているもろもろの真理は見られるのである。そしてそうであるかぎり「わたしたちの知性は真理を永遠の光において見る」と言うことができる。すなわち，その心象を含んでいるその書物のうちに。──そしてそれらの意味のうちで第一の意味のほうは，アウグスティヌス『三位一体論』第12巻第14章の理解にあると思われる。すなわち，「四角形の概念は不可滅的不可変的に保たれる」云々。しかしながら，そのようなものは，神の知性の二義的心象としてのみ保たれる。

複数の近接心象を含む真理，つまり諸概念の構成ないし関係は，近接心象をもつ知性のうちに含まれている。それゆえ，アウグスティヌスは神の知性のうちにもろもろの心象がある事態を「永遠の光の書物」と表現している。そしてその書物，つまり神の知性は人間に見られるものではないが，そのうちにある真理は，事物のうちに見ることができる。そしてそうであるかぎり，永遠的光のうちに真理を見ることができると言われる。

（264）　しかし，第一の意味に対して疑いがある。なぜなら，もしわたしたちがそれらの真理を神の知性のうちにあるものとして見ることがないなら（なぜなら，わたしたちは神の知性を見ることはないから），いかなる仕方で

第Ⅰ部　神の認識可能性　　373

「非被造的光のうちに見る」ことが，そのような「二義的に永遠的な光」において，わたしたちが見ることから言われるのだろうか。その永遠的光は，認識する知性のような非被造的光のうちに「ある」をもつ。

　神の知性がその近接心象を認識するとき，真理が神の知性の光において認識されるのであるが，近接心象をうちに含む神の知性は，わたしたちの視野には入らない。つまり認識する知性は視野に入らないなら，永遠の光は，視野に入らない。だとすると，どのような意味で，わたしたちは真理を「永遠の光において見る」と言えるのだろうか，という疑問が起こる。

　（265）　これに対しては，第三の意味が答える。すなわち，神の知性の二義的な心象であるそれらは，二義的にしか「ある」をもたない。ところで，何らかの真なる，実在的なはたらきは，端的に「二義的な存在者に」その存在者の力によって一致することはない。ただもしある仕方で一致するとすれば，まさに「ある」が一致するところの何らかの力によってでなければならない。したがって，ただ端的な「ある」である神の知性の「ある」の力によってこそ，まさに知性を動かすことが，その二義的な心象に一致する。そして神の知性の「ある」によってその心象は二義的な「ある」をもつのである。それゆえ，そのように近接心象のうちにわたしたちが見るように，「二義的な永遠的な光」のうちに見る。しかしわたしたちは第三の意味にしたがって「非被造的な光」のうちに，もろもろの真理を見る。ちょうど近接原因のうちに，のように。そしてその力によって近接心象が知性を動かす。

　神の知性のうちでも，神の知性の端的な「ある」が，神の知性自身を動かして，知性の近接心象の二義的な「ある」との一致を生じている。また，その近接心象がもつ二

義的な「ある」も，神の知性の端的な「ある」によって生じている。つまり知性のうちの近接心象のうちに二義的な永遠の光がある。それゆえ，そのうちに真理が見られる。

能動知性の光

（266） 同様に，第三の意味に関して，わたしたちは永遠の光を心象それ自体の原因と見なして，そのうちに真理を見ると言うことができる。すなわち，神の知性はもろもろの真理を自身のはたらきによって「可知的存在」のうちに生み出し，自身のはたらきによって，この心象，あの心象に，それぞれの「ある」を与える。そしてその結果，それらに心象たる根拠を与えて，次にその根拠によって，知性を確実な認識に向けて動かす。そしてわたしたちの知性は「光が心象の原因であるゆえに，光のうちに見る」と，本来的に言われる。類似して明らかである。なぜなら，能動知性の光のうちに知性認識すると，本来的に言われるからである。ただしその光は，心象を自身のはたらきのうちに能動的に作り出す原因か，あるいは，その力によって心象を動かす原因か，あるいはその両者でしかない。

能動知性は，知性自身のうちに心象を作り出す力（原因）であり，心象を照らす光であると見られている。そしてこの光は，神の知性の光の分有であると見られている。そして繰り返して，神の知性は，自身の力でさまざまな真理に二義的存在を与えることによって，真理を知性の心象として生み出し，その心象の存在によって知性を確実な認識（真理認識）へと動かす。それと類似して，わたしたちの知性のうちで，能動知性の力を原因として，心象が知性自身のうちに作られる。それは心象を作り出す原因とも，また心象を動かす原因とも，あるいは，両者であると言わ

れる。「動かす」というのは、何らかの仕方で知性のうちの心象に現実態化の力を与えることで、知性を動かす、という意味だと思われる。

（267）　したがって、そのような二様の原因性は神の知性にある。それは真なる非被造的光である。すなわち、それは「可知的存在」のうちに二義的な心象を生み出し、さらにその力によって生み出された二義的な心象が知性を実際的に動かす。——この解釈が、いわば三つの意味解釈を一個の十全なものにすることができる。そしてそれによって、わたしたちは永遠の光のうちで、と真に言うことができる。

　すでに述べられてきた説明によって、アウグスティヌスのことばは正しく解釈できる。

神の意志のはたらきと真理

（268）　もしも、その二つの意味を十全にする第三の意味の「原因」に反対して、次のように主張されるなら、すなわち、その場合、むしろわたしたちは光としての神のうちにではなく、意欲する神のうちに、あるいは、意志としての神のうちに、見ると言われるのではないかと思われる。なぜなら、神の意志は、どの対外的はたらきについても直接的な原理だからである。——わたしは答える。神の知性は、神の意志のはたらきに対してある仕方で先行しているかぎり、その心象を「可知的存在」のうちに生み出す。そしてそれらに関して純粋に自然本性的な原因であると思われる。なぜなら、神が或るものについて自由な原因であるのは、神が前もって自身の前に、意志のはたらきにしたがったある仕方で意志を提示しているときだけだから

である[22]。そしてちょうど意志のはたらきに先行するかぎりで知性が心象を「可知的存在」のうちに生み出すように，先行する原因としての知性は，その可知的なものと協働してそれらの自然本性的結果を生み出す。すなわち，把握され，組み合わされた可知的なものが，それ自身と把握の合致を原因するように。それゆえ，たとえそれらの名辞を組み合わせないということがありうるとしても，知性が或る組み合わせを作り，かつ，組み合わせが名辞に一致しないことは，矛盾を含んでいると思われる。なぜなら，たとえ神は意志をもって知性が名辞を組み合わせたり組み合わせなかったりすることに協働するとしても，組み合わせたときには，その組み合わせは名辞に合致しているからである。そして，この合致は，その諸名辞の概念に，必然的にともなうと思われる。そして，その概念根拠を，諸名辞はその名辞を「可知的存在」のうちに自然本性的に原因している神の知性から得ている。

原因の意味を内的な原因，つまり知性が知性のうちに心象を生じる意味で受け取って言われているが，それに反対して，対外的な原因となる神の意志（世界を創造ずる意志）として「永遠の光」を受け取るべきではないか，という主張がある。

それに対して答えられる。神の知性のはたらきは，神の

---

22) 神における知性と意志の関係秩序については，『神と世界の秩序について』（オルディナチオ）プロローグ第5部で論述される。すなわち，神の三位一体の秩序に合わせて，スコトゥスにおいても，知のはたらき（父が子を生じる）は，意志のはたらき（父と子から聖霊が生じる）に先立っている。それゆえ，意志のはたらきは，ペルソナであるゆえに独自のはたらきであるが，知性のはたらきより後であり，前もって知られて生じる。すなわち，スコトゥスによれば，神における神学（神の知）は，実践的ではなく観想的である。他方，人間の神学（聖書神学）は，人間の知性と意志を「指導する知」として，実践的神学である。

第Ⅰ部　神の認識可能性

意志のはたらきに先行して自然本性的はたらきである。したがって知性のはたらきには必然性の原因がある。他方，何らかのものについて神の自由な意志のはたらきが生ずるのは，神の知性によって自身の前に意志が意志自身の在り方で提示されたときにはじめて生ずると，スコトゥスは言う。言うまでもなく，これは神に特有のことであって，人間の意志については，このようなことはない。じっさい，わたしたちにおいて，もしも知性の前に意志が意志自身の在り方で提示されてはじめて自由な意志のはたらきがあるとすれば，知性は，意志の自由な作用の前に自分の意志の在り様を見て，「曲がっている」とか「まっすぐ」だとか，判断できるはずだからである。

　わたしたちとは異なり，神においては，意志が意志自身としてあらかじめ知性によって，永遠的に見られている。そして，意志は自由に対外的なはたらきをする。すなわち，世界を創造し，奇跡を起こす。ただし，意志は神において独自のものであるから，知性によって正されるものではない。むしろ知性のほうが自身の意志のはたらきを見て，「良い」と知る。

　他方，知性は意志のはたらきに先立って自然本性的にはたらき，名辞となる心象の認識をもち，その組み合わせを作るとき，その組み合わせがその名辞と一致しないことはありえない。なぜなら，その名辞を知性のうちに生み出したのは，神自身だからである。ゆえに，真理の必然性は，神の知性内のはたらきにおいて理解される。

永遠的尺度

（269）　以上のことから，いかなる意味で，永遠的尺度において見るために特別な照明は必要でないか，明らか

である。なぜなら，アウグスティヌスは，永遠的尺度において見るものは，諸名辞の力から必然的である「真なるもの」を除いてはないと主張しているからである。そしてそのようなものにおいて，結果に対して離れた原因であれ，近接の原因であれ，すなわち，認識を生ずる心象に対する神の知性であれ，それらの組み合わせの真理に対するそれらの心象であれ，最大限度の自然本性の性格がある。そしてさらに，たとえ「対立したものは矛盾を含む」という真理に気づくために，そのような自然本性はないとしても，離れた原因の援助のもとに，近接原因の側から自然本性がある。なぜなら，把握され組み合わされた諸名辞は，生まれながらに諸名辞に対する組み合わせの合致の明証性を自然本性的に生ずるからである。そして，たとえ神が諸名辞をこの結果にもたらすに際して広範な作用をもって動かすのであって，自然本性の必然によらないと仮定するとしても，しかし，それが広範な作用であろうと，あるいは，この結果に対する諸名辞の作用の自然本性的必然を付け足すとしても，特別な照明が必要でないことは明らかである。

「特別な照明」を，スコトゥスは，「神が特別に個人を選んで」その知性認識を照明する，という意味で受け取っている。したがって個人の違いとは無関係な自然本性的な必然における真理の認識は，神の関与があってもなくても，どのみち特別な照明は必要ではない。なぜなら，自然本性的必然には選択の余地がないからである。つまり神の知性が関与しても，あるいはしないとしても，同じ結果が生ずる。

言うまでもなく，あらかじめ神が諸名辞をそのような名辞として創造しているということは，神の知性の内で，すでに真理が必然的に成立していることを含むが，その真理を構成している名辞を人間知性が独自に必要なだけ認識するなら，人間知性は，その名辞の組み合わせである真理を

神の援助なしに得ることができる。

（**270**）　アウグスティヌスの意図は，彼自身の『三位一体論』第4巻第35章によって明らかである（哲学者たちについて語っている）。「彼らのうちの或るひとたちは，精神のまなざしをすべての被造物を超えて引き上げて，まれに，不可変的真理の光に達することができたのだろう。そして彼らは，信仰のみに生きる多くのキリスト教徒がまったくそれができないでいることを笑いものにする」。それゆえ彼は，キリスト教徒は信仰箇条を永遠的尺度において見ていないが，哲学者は，永遠の尺度において多くのものを見ていると言っているのである。

　それゆえスコトゥスは，アウグスティヌスは「永遠の光」＝「永遠の尺度」というものを，信仰の光や，神の意志に由来する特別な配慮のようなものと考えていたのではなく，あくまでも知性の優れた理解能力の意味で受け取っていたと解釈している。世に優れた哲学者はそれをもっているから，永遠的尺度において真理を認識することができている。しかし，キリスト教徒であれ，一般の人々は，ものごとを永遠の尺度で見ることができずにいる。だから学者から笑われる，ということである。

（**271**）　さらに，『三位一体論』第9巻第6章も同じである（202）。「**個々の人間精神がいかなるものであるかでなく**」云々。すなわち，そこでは偶然的なことがらが見られているのではなく，必然的なことがらが見られていると，彼は言っている。

　アウグスティヌス『三位一体論』には，ほかにも，その意図で読まれるべき箇所があると言う。第9巻第6章は，第202段落で取り上げられている箇所である。

(272) そして同書第4巻第36章[23]で，彼は哲学者たちに反対して論じている。「彼らは，『すべての時間的なものは，永遠的根拠によって生じている』と，まことに正しく論じている。だから，その通り，彼らはその永遠的根拠において，どれほどの類が動物にあり，それらの発生において個々のものに，どれほどの種子があるのか，見ることができるのか」云々。「こうしたことのすべてを，彼らはかの不可変的な学知によってではなく，いろいろな場所と時間の歴史を通して探求し，ほかの人々が経験し，書き留めたことによって，信じているのではないだろうか」。それゆえ彼は，かの偶然的なことがらは永遠的尺度において知られるのではなく，ただ感覚によって知られるか，あるいは，歴史によって信じられる，と理解している。——しかしながら特別な照明は必然的なものの認識においてよりも，むしろ信仰に際して必要とされる。必然的なものの認識では，特別な照明はむしろ最大限度に排除され，一般的なもののみで十分である。

アウグスティヌスは，哲学者たちは永遠的根拠によって時間的なことがらも認識されると言っているが，じっさいには，動物の類がどれほどあるかとか，具体的なことがらは認識していない。むしろこうしたことがらは経験を通じて探究し，記録して，信じているだけだろうと言っている。すなわち，永遠の尺度において知られると言われているのは，この種の偶然的な事柄ではなく，必然的な事柄なのである。また，特別な照明はむしろ信仰において必要とされる。信仰は偶然的な（自由な）意志のはたらきだからである。必然的なものの認識には一般的なもので十分である。特別な照明による説明は不要であり，排除されなけれ

---

23) アウグスティヌス『三位一体論』第4巻，現代版では，第16章。

「少数の人」,「純粋な霊魂」の意味

（273） 反対：それでは，アウグスティヌス『三位一体論』第 12 巻第 14 章「精神のまなざしが可知的な根拠に達するのは，ごく少数の人にあるだけである」，また，『83 問題編』第 46 問題「純粋な霊魂でなければそれらには達しない」は，何を意味するのか。

アウグスティヌスが「純粋の霊魂」と言って述べていることは何を意味するのかと，反対して問うものがいる。

（274） わたしは答える。その「純粋さ」は，邪悪なものたちの純粋さと理解すべきではない。なぜなら，『三位一体論』第 14 巻第 15 章で，彼は，不正なものは何が為されるべき正義かを，永遠の尺度のうちに見ていると主張しているからである（205）。そして第 4 巻の先に引いた章（35 章）では（270），哲学者は信仰なしに永遠的尺度のうちに真理を見ていると言っており，そして同じ問題で，だれもイデアの認識なしに知者であることはできない（同じ意味でプラトンは，おそらく，英知者を考えている）と主張している。すなわち，その「純粋さ」は，知性を引き上げることによって感覚表象のうちに示現しているものとしてだけでなく，それ自体において示現しているものとしてもろもろの真理を認識することであると，理解しなければならない。

アウグスティヌスが言う「可知的根拠に達する霊魂の純粋さ」は，邪悪な人々がもつ純粋さではなく，また，道徳的に清浄な人々がもつ純粋さでもなく，永遠的尺度のうちに真理を見る知性の，その高さの純粋さを指している。

（275） 外在して感覚される事物は「漠然とした」表象と，偶性的に「一つのもの」を感覚表象の力のうちに生じることを，すなわち，量に即して，また形や色やほかの感覚的偶性に即して，表出している。そのことを考えるべきである。そしてちょうど感覚表象がたんに漠然とした偶性的なものを表出するように，多くの人は，ただ「偶性的な存在者」に気づいているだけである。これに対して，第一の諸真理は，固有の諸名辞の概念によって，まさに真理なのである。それは，それらの名辞が，それらと偶性的に結合したすべてのものから抽象されているかぎりで真理なのである。じっさい，この真理文「すべて全体はその部分より大きい」は，「全体」が，石か丸太のうちにあるものとしてではなく，偶性的に結合したすべてのものから抽象されているものとして，第一義的に真である。そしてそれゆえ，「偶性的な概念」のうちにしか，すなわち，石の全体，ないし丸太の全体のうちにしか，全体であることを理解しない知性は，この原理の信頼できる真理をけして理解しない。なぜなら，その知性は，真理がそれによってあるところの名辞の正確な概念をまったく理解していないからである。

じっさいに霊魂の外に存在している事物は，霊魂にまずは漠然と示される。それは五官を刺激して共通感覚を通じて，偶性的に一つの物として見られるものであり，大多数の人間は，その認識だけで暮らしている。つまり感覚表象と変わらない程度の認識で生きている。それに対して，すぐれた知性をもつ少数の人だけが学問知に達する。つまり大多数の人々が述べている名辞（ことば）と同じことばであっても，その名辞は十分に抽象され正確に理解されている。そういう名辞を組み合わせて，哲学者は真理を認識している。

(276) それゆえ，永遠的根拠に達することができるのは，「少数の人」である。なぜなら「知性認識それ自体」をもつのは少数であり，多数の人は「偶性的な概念」をもつからである。しかし，その「少数」がほかの人たちから区別されるのは，特別な照明によってではない。そうではなくて，良き自然的素質のためか（なぜなら，彼らは大きな抽象力と鋭い洞察力をもつ知性をもつからである），あるいは，多くの探求を行ったためである。じっさい多くの探求によって，ある者はかの何性に到達し，等しく素質がありながら探究しなかった別の人は，知ることがない。そしてこのような意味でアウグスティヌスが『三位一体論』第9巻第6章で山のなかで見るものについて言っていることが理解される。すなわち，下では雲を見るが，うえでは信頼できる光を見る。じっさい，いつも「偶性的概念」を知性認識するだけの人は，同じ仕方で，いわば「偶性的存在者」の心象を感覚表象が表出している。そういう彼は，いわば谷のなかに居て，雲に取り囲まれている。それに対して，自体的概念が，それと結びついたほかの多くの偶性と一緒になって感覚表象のうちで示現していても，自体的な概念において正確に知性認識することによって何性を分別している人は，感覚表象を，いわば雲の大気として下のほうにもっている。そして彼は「山」のなかにあって，かの真理を認識している。そして「上方の真なるもの」を非被造的知性の力のうちのかの上位の真理，永遠的光であるところの真理として，彼は見ている。

　この段落の内容はすでに説明されたことであるから，わかりやすいものだろう。少数の人とは，特別な照明を受けている人ではなく，知性能力がすぐれているか，また，よく探究している人である。言い換えれば，神の知性のうちにある真理を探究する人は，優れた知性を持ち，他の人が

怠りがちな探究を良くする少数の人である。アイザック・ニュートンをはじめとして，近代の多くの科学者の探求を鼓舞した考え方が，ここにある。

永遠の光にもとづく神学

（277）最後の仕方で，すなわち，認識された離れた心象のうちに，という意味で，永遠の光のうちに，信頼できる真理が認識されることが考えられる。なぜなら，非被造的光は理論的存在者に関しての第一原理であり，なおかつ，実践的ことがらの究極目的だからである。そしてそれゆえ，それ自身から，実践的なものと同様に理論的なものの第一の諸原理が受け取られる。そしてそれゆえ，認識された永遠的な光から受け取られた諸原理を通じたすべてのものの認識は，理論的なものであれ，実践的なものであれ，固有の類のうちの諸原理を通じて受け取られた認識と比べて，より完全であり，より純粋である。そしてこの意味で，すべてのものの認識は神学者のものである。ちょうど神学の主題についてのかの問題において述べたように。そしてそれは，ほかのどの学問より卓越している。——この仕方で信頼できる真理が知られると言われる。なぜなら非真理を混ぜない，まったくの真理であるものによってそれが知られるからである。なぜなら第一の存在者によってそれが知られるからである。そして認識されるべき原理は，その第一の存在者の認識から受け取られる。これに対して，類のうちに認識されるべき原理が受け取られるほかの学問のどの原理も，欠陥をもった「真なるもの」である。この意味で，神のみがすべてを，まったく信頼できる仕方で認識している。なぜなら神学の主題についての問題

のうちで述べたように[24]，神のみがまさにすべてを，自身の本質を通じて知っているからである。ほかのすべての知性は心象の力によってなんらかの真理を認識することを見るとき，神とは別の心象によって動かされている。——三角形は「三をもつ」ことを，ある種，神の分有であり，神の完全性をいわば比較的に完全な仕方で表出している宇宙において，或る秩序をもつものとして認識することは，三角形が「三をもつ」ことを，三角形の定義によって認識することよりも，より優れた仕方で認識することである。そして同様に，究極の幸福，つまり神の本質それ自体に達することを求めるために「節度をもって生きるべきである」を知ることは，道徳の類いのうちの或る原理，すなわち，「実直に生きるべきである」によってその実践的認識を知ることよりも，より完全な仕方で知ることである。

永遠の光を神という「離れた心象」として受け取る仕方もある。アウグスティヌスの「永遠の光」，あるいは，その照明の意味として四つの受け取り方があると前に述べた四番目，最後のものである。この段落でスコトゥスは，最終的に神を認識することを目指している「神学」との関係を述べる。スコトゥスにおいて神学は，すでにこの問題において述べられてきたように，神がはじめから知られていることを前提にしている科学ではなく，神は「何」（神という名）として知られているだけで，それがどのようなものか，また何であるかを，アリストテレスの知や教会権威のことばなどを根拠にして探究する科学である。

そして『神と世界の秩序についての論考』（オルディナチオ）のプロローグで，すでにスコトゥスは神学について

---

24) Duns Scotus, Ordinatio prol. n.206（Ⅰ 138-9）を参照箇所としてテキストの編集者は指摘している。ただし邦訳はない。『神と世界の秩序について』（オルディナチオ）序文の第3部「神学の対象」のうちの総括を述べた部分である。

さまざまなことを明らかにしている。そのうち，主題となる神については，理論科学における第一原理であると同時に，実践科学における究極目的（第一原理）であるという。ところで，学問知は，人間にとって最完全な知である。したがって神を第一原理とする神学知は，他のどの学問の知と比べても，より完全で，より卓越している。そして神という「離れた」ものがもつ「心象」として，「永遠の光」を受け取り，それによってはじめて信頼できる真理が知られる，と言う意味を考えるなら，その言は，神学においてこそ信頼できる真理が知られる，という意味だと受け取られる。

神学の知と比べるなら，ほかの学問知は，それぞれ類（範疇）のもとにあるもの（被造物）の知であるから，部分的知であり，何らか欠陥をもつ知である。なぜなら，類のもとにある事物は欠陥をもつゆえに，その知も欠陥をもつほかないからである。それに対して，神の知性は，神自身の本質を通してすべてを認識している。それゆえ，そこには欠陥（部分性）がない。偶然的真理も必然的真理も，神の知性には，明証的に知られている。

たとえば「三角形は三をもつ」という真理文についても，それを神の完全性のいわば現れである宇宙における秩序の真理として認識することは，それをたんなる三角形の定義によって認識することよりも，より優れた認識だという。同様に，倫理学において「実直に暮らすべきである」ことを知ることよりも，神との生活（修道士の生活）を求めて，「節度をもって暮らすべきである」ことを知ることのほうが，すぐれた認識だという。

（278）　そしてこの意味で，アウグスティヌスは『三位一体論』第 15 巻第 27 章ないし第 82 章で，認識されたものとしての非被造的光について語っている。彼はその箇所

で自分自身に向かって言っている。「君は多くの真なるものを見て来た。そしてその真なるものを君はかの光から区別していた。そしてその光は，君自身を照らし，その光によって君は見て来た。眼をその光へと引き上げて，できることなら，眼を光のうちへと固定しなさい。じっさい，そのようにするなら，君は神の御言葉の誕生が神の賜物の発出と，いかなる仕方で相違しているか見るだろう」。そしてややあって，こう言っている。「このことや他のことを，その光は君の内なる眼に見せた。それゆえ，なぜ君がまなざしを，それを見ることに固定できないか，その原因は何かと言えば，たしかに，ただ弱さでしかないではないか」云々。

「永遠の光」とは神のことであると受け取れば，アウグスティヌスの『三位一体論』第15巻第27章のことばも，理解できる。

言うまでもなく，ヘンリクスも永遠の光を神のこととして一貫して受け取っている。しかしスコトゥスは，あくまでも神は，まずその名で知られているだけであって，神学的探究を通じて第一原理に迫ることで，はじめて第一原理に照らして真理を認識できると言う。そして，信仰をもてばだれでもそれができるかと言えば，知性の資質と探究の経験が必要だと言う。アウグスティヌスがここで言っていることも，そのことだと言う。

(279) 以上述べられたことから「反対する側の」アウグスティヌスの権威のすべてに対して明らかである。そしてこの主題をめぐって述べられたアウグスティヌスの権威は，「うちに」を検討するために述べられた意味のいずれかにしたがって，説明される。

以上の検討を通じて異論が提示したアウグスティヌスのことばがどのように理解されるべきか，明らかにされた。

（**280**）　第六の項目について，第一の見解のために述べられた三つの論が，たとえそこで導かれた誤った結論を結論しないとしてもアウグスティヌスによって受け入れられるかぎりで，どのような仕方で或る真なるものを結論するのか検討すべきである。

　そこで，次のことが知られるべきである。〔中断〕

　第218段落の第六の項目として，スコトゥスはさらなる検討（吟味）が必要だと言っているが，じっさいの検討が中断している。つまりこの研究の結果を記すまえにスコトゥスはケルンで亡くなった（1308年11月）。

第1卷第8区分

第Ⅰ部　神の単純性について
──第一問題から第三問題──

第Ⅰ部　神の単純性について

　スコトゥスの主著『神と世界の秩序について』（オルディナチオ）の第1巻第8区分の第1部は、ロンバルドゥスの『命題集』の区分順序にしたがって、神の単純性について4つの問題が挙げられている。第一問題と第二問題は神の単純性についての考察である。

　一般に神について、「神は正義である」、「神は最高善である」と、さまざまに言われる。この述語が生ずる問題である。つまり神はさまざまに言われる（述語される）から、その主語となる実体が複合的だと安直に考えられるが、それは間違いであって、神自体は純粋な存在であり、その意味で単純、端的な存在であると言うべきである。そのことが4つの問題を通して証明される。すなわち、神に関する述語の多様性に対して、主語自体の実在的単純性が証明される。

　そしてその証明のなかで、第三問題で、被造物に言われる概念と神について言われる概念の一義性が主張される。本書では、一義性の問題理解に必要なところだけを取り上げる。そのため、述語の多様性の根拠として主張される「形相的区別」を論じている第四問題は取り上げない。

第一問題

——神の単純性——

（**1**）『命題集』第 8 区分に関して，わたしは，神は最高度に単純なものか，そして完全に単純なものであるかを問題にする。

（異論）単純性と完全性

そうではないこと：

なぜなら，単純性は端的な完全性ではないゆえに，神において本質的なことがらとして主張されるべきではないから。——前提の証明：もしそれが端的な完全性なら，それを端的にもつものはどれも，それをもたないものより完全である。そうであるなら，第一質料は人間より完全であることになるだろう。しかるに，これは誤りである。——むしろ一般的に言って，生成消滅する被造物においては，複合したもののほうが，単純なものより完全である。

まず，問題が提出され，次に当時の神学著作のルールにしたがって，疑い（異論）が提出される。「単純性」は神について述語される「端的な完全性」に数えられないのではないかという疑問である。というのも，聖アンセルムスによれば，端的な完全性は「それ」をもつものは，「それ」をもたないものより，つねに端的に完全であるものを言うからである。たとえば，善とか，一とか，いずれの場合

も，善であるほうが，善でないよりもより良いし，一であるほうが一でないよりもより良い。

　ところで，「単純性」は，それを端的にもつもののほうがそれをもたないものよりも完全か，という疑問が起こる。じっさい，第一質料は端的に質料のみである。それゆえ，形相を併せもつものよりも明らかに単純である。しかし，形相を併せもつもの（複合物）と比べて，第一質料は完全ではない。すなわち，たんなる物体，あるいは一元素よりも，霊魂（形相）によって生きているもの，形相との複合物のほうが，より完全である。

　したがって「単純性」は端的な完全性ではない。それゆえ，それは神に述語されない。つまり「神は単純ではない」と言うべきである。この疑い（異論）は被造物についての経験からのものである。すなわち周囲の被造物については，より単純なものはより物体的なものであって，むしろ，より不完全なものである。

（異論）神形相との複合

　(2) 同様に，質料に依存することは不完全性であるが，他方，形相のうちに存在（在る）を与える力は，完全性に属する。それゆえ，もし形相が質料から分離されるなら——というのも，そのような分離には矛盾はないと思われるから——神性は，存在（在る）を与える形相でありながら，存在（在る）を与える対象に依存していない。したがって，質料と形相の複合ないし複合可能性は，少なくとも不完全性がなければ，神性を形相としている複合ないし複合可能性であると，主張することができる。

　この異論は，特異な論である。わたしたちの周囲のものは形相と質料の複合である。したがって，その複合は，一

方の質料に依存していることは事実である。そしてそのかぎりでは，質料的不完全性をもっている。しかし完全性である（複合を完成させる力をもつ）形相は，かならずしも質料に依存しない。すなわち，質料から離れて存在しうる。そうであるなら，不完全な質料から離れたその形相に存在を与える力は，間違いなく，完全性であると言うことができる。

ところで，神の特性は被造物に存在を与えてそれを存在せしめることである。なおかつ，神は自分が存在を与える被造物に依存していない。それゆえ，神は質料に依存しない形相だと言うことができる

じっさい，質料に依存しない形相は存在を与える力をもっているゆえに存在する。そしてそれは，質料との複合に存在を与える形相である。したがって，この形相と神の特性との間には類似性がある。ゆえに，質料に依存するという不完全性を考えなければ，神性をある種の形相として考えることができる。つまり神は，存在を与える形相であり，質料と複合する可能性がある。神は，その形相としての性格において，複合を生じる形相の性格をもっている。したがって，神は純粋形相であると言えても，かならずしも単純なものであるとは言えない。

（異論）神も複合実体である

(3) 同様に，『自然学』第1巻[1]によれば，或る一つのものにとって実体でないものは，何にとっても実体ではない。ところで，英知は，わたしたちにおいて偶性である。それゆえいかなるものにおいても，それは実体，すな

---

1) アリストテレス『自然学』第1巻第3章 (186b)

第Ⅰ部　神の単純性について

わち，非偶性ではない。ところで，神において英知は，それがわたしたちにおいてあるのと同じ概念に即して英知である。それゆえ，それは神において偶性である。したがって，わたしたちと同じように，神には実体と偶性の複合がある。

　アリストテレスの『自然学』の一節を権威とした問題提出である。つまり一つの事例において，もしも或るもの（A）がそれにおいて実体ではなく偶性であるのなら，その或るもの（A）は，どの事例を取り上げても実体ではなく偶性である。たとえば，或る一つの事例で，色彩は実体ではなく偶性であるなら，どの色彩を取り上げても，その色彩は実体ではなく偶性であるという主張である。

　鳥や昆虫の色彩が或る程度は特定の種（実体）の現れとして，種を識別する特性（固有の属性）に数え上げられるのであるから，この原理がどの程度一般性をもつか現実には問題である。しかし，とりあえずアリストテレスの自然理解では，色は偶性であって本質に属するものではない。

　ところで，英知は，それをもつ人も居れば，もたない人も居る。それゆえ，それは人間において偶性である。けして英知は，人間の実体ではない。それゆえ，神においても，英知は神の偶性であって実体ではない。それゆえ，神には実体と，英知という偶性の複合がある。それゆえ神は単純ではない。

(4) 反対：

『三位一体論』第 6 巻第 6 章[2]「神は真に最高度に単純である」

　アウグスティヌスの主張を，神の単純性の確実さを示すことばとして引き合いに出している。スコラ哲学はアウグ

---

2) 現代の版では第 7 章

スティヌスに従う哲学なので、これ一つで明確な反対意見となる。

以上で、神の単純性に疑問を投げかける問題について簡単な賛成、反対の意見が紹介された。

第一問題に対する回答

(5) 問題に対してわたしは答える。そして第一に、わたしは或る特殊的な名辞を通して神の単純性を証明する。第二に、共通な名辞を通して、すなわち、無限性と存在の必然性によって、それを証明する。

スコトゥスは、問題に対していくつかの視点を用意して、それぞれから言える単純性を調べる。大きくは二つの観点である。一つは、本質的部分の複合や、量的部分の複合や、実体と偶性の複合の観点である。もう一つの観点は、無限性と存在の必然性という、存在全体における普遍の観点である。

(6) 第一の仕方で次のように進められる。わたしは本質的な部分からの複合に対立した単純性を明らかにする。第二に、量的部分からの複合に対立した単純性を明らかにする。第三に、実体と偶性からの複合に対立した単純性を明らかにする。

単純性を見るための第一の道は、「本質的部分の複合」である。本質的部分とは実体的部分のことである。ところで実体を構成（複合）する部分とは、質料と形相である。したがって、本質的部分の複合とは、質料と形相の複合のことである。第二の道は、実体以外の部分的複合である。たとえば分量と分量の複合である。そして第三の道は、実体と偶性の複合である。以下、スコトゥスは、これら三種

質料と形相の複合と神の単純性

(7) 最初のもの (6) は，次のようである。質料と形相の原因は端的な第一の原因ではなく，先行する作出の原因を必然的に前提している。それゆえ，もし「第一のもの」が質料と形相の複合であるなら，その「第一のもの」は作出する原因を前提にしてはじめてある。しかしながら，作出する原因はその複合のなかにない。なぜなら自身の質料を形相に結び付けるとき，それは自分自身を作出することはないからである。——それゆえ，先立つ別の固有の作出者がある。したがって神が質料と形相の複合なら，神は第一の作出者ではないことになるだろう。その反対のことが，第2区分の第一問題で証明されている。——第一の真理文[3]の証明：質料と形相の原因は不完全性を含む。なぜなら，それは部分の概念を含むからである。他方，作出と目的の原因はいかなる不完全性も含まず，完全性を含む。ところで，本質的に自分自身に先立つものに後のものは還元されるように，不完全なものはすべて完全なものに還元される[4]。それゆえ，云々。

質料と形相は，作出因によって造りだされ，その複合は，別の質料と形相によっているのではなく，やはり両者

---

3) 以下，書名以外，通常は「命題」と訳される propositio は「真理文」，また同じく「命題」と訳される propositum は「求めている真理文」ないし「提示された真理文」と訳す。

4) 「還元される」というのは，本来あるべきところへ戻される，あるいは，導かれる，という意味である。存在の秩序は，目に見えない形而上学的秩序において，そのまま完全性の秩序であり，不完全なものは完全なものから生じている。それゆえ，不完全なものは完全なものにつねに「還元される」のである。

を結び付ける第三者（作出因）によって作出されたと言わなければならない。このような原理がスコトゥスの「神の存在証明」の要諦である。つまりスコトゥスによれば，質料と形相は，質料的実体内部の構成部分であるから，それを結びつける外部の原因が必要であるという。アリストテレスであれば，形相のもつ現実態性が質料と形相を結び付けていると言うだろう。アリストテレスにあっては，作出因は質料と形相が結合して実体となったものを動かす原因に過ぎないからである。

　それに対してスコトゥスは，質料と形相をあくまでも内部の構成者と考えて，質料と形相ができるためには，それを創造する外部の作出因が必要であり，さらにそれらが結合するためには，結合を引き起こす外部の作出因が必要だと見ている。このように，事物ができる最終的な原因性を外部化する姿勢は，もともとは，神による世界の創造を前提にすることから始まっている。しかし，それが原因性に関して全体的に明瞭になるのは，歴史的には，スコトゥスが示す神の存在証明によってであったと言えるだろう。

　ところで，この段落でスコトゥスは，質料と形相は，実体の構成部分であるから，「部分性」という「不完全性」をもっているという。他方，作出因と目的因には，部分性がない。それゆえ，そのような不完全性がない。したがって第一の目的因であり同時に第一の作出者である神が，質料と形相の複合であることはありえないという。

(8) 同じものを，わたしは次のように証明する。質料はそれ自体から形相に対して可能態にある。すなわち，それ自体からそうであるかぎり，矛盾を受け入れる可能態にある。——それゆえ，それはそれ自体から何らかの形相のもとにあるのではなく，その質料を形相の現実態へと導く何か別の原因を通して，形相の下にある。しかしながら，そ

第Ⅰ部 神の単純性について

の導く原因はまったくの形相であるかぎりの形相であるとは言えない。なぜなら，そのように質料を導くことは，形相的にその質料を現実態化することによってしかできないからである。それゆえ，質料をその現実態へと起動因的に導く何かを主張しなければならない。それゆえ，もし第一のものが質料と形相の複合であるのなら，その起動因性によってその質料が形相のもとにあるような何らかの作出者があることになるだろう。かくしてそれは，第一の作出者ではないことになるだろう。すでに述べたように。

まずスコトゥスは，質料を形相のもとに置いて複合を形成する原因性はその形相ではないという。つまり質料が或る形相のもとに，その形相と複合を形成する原因は，形相とは別の，その形相のもとへと導く起動因的な原因を考えなければならないという。アリストテレスでは，それはより現実態にある形相であるが，スコトゥスは，それは形相ではないと見ている。

したがって，もし第一のものが質料と形相の複合であるなら，質料をその形相のもとに置く起動因的現実態（作出者）が別にあることになるだろう。しかし，質料と形相の複合物の内で第一のものは，前の段（7）で述べたように，第一の作出者ではない。第二以下の作出者に過ぎない。

(9) 第三に，次のようにわたしは証明する。原因によって生じている一つの存在性は，すべて，その一性を受け取っている何らか一つの原因をもっている。なぜなら，原因によって生じたもののうちの一性は，原因のうちの一性なしにはありえないからである。それゆえ複合物の一性は，──それは原因によって生じたものであるゆえに──，その原因された存在性がそれから生じたところの何らか一つの原因を要求する。その原因性は質料の原因性でも形相の原因性でもない。なぜなら，どちらも複合物の存在性に

比して低い存在性であるから。それゆえ、その二つ、すなわち、質料と形相の存在性を除いて、別のものを主張しなければならない。——それは作出者であるだろう。かくして前述したことと同じことに帰着する。

　第三には、一性による証明がなされている。原因によって生じる結果のもつ一性は、原因のうちの一性から生じていなければならない。ところで、質料と形相をもつ結果の一性は、それらのもつ一性によると考えることはできない。すなわち、結果の一性は、質料の一性による一性でもないし、形相の一性による一性でもない。なぜなら、結果の一性は、その構成部分の一性よりも、高い段階にある一性だからである。なぜなら、それは質料と形相を統合する一性だからである。それゆえ、質料と形相とは別の、作出因の一性を、結果の一性の原因として挙げなければならない。かくして、前述と同様に、神は第一の作出因であって、質料因や形相因ではないと結論される。

量の複合と神の単純性

　(10) 第二のもの (6)、すなわち、量的な複合の欠如性を、アリストテレス『自然学』第8巻[5]と『形而上学』第12巻[6]が証明していると思われる。第一のものは、無限な能力の持ち主である。ところで、無限な能力は大きさのうちにはない。このことが証明される。なぜなら、より大きな能力はより大きなもののうちにあるからである。それゆえ無限な能力は有限な大きさのうちにはありえない。しかしながら、いかなる大きさも無限ではない。それゆえ、大

---

5) アリストテレス『自然学』第8巻第10章 (226a-b)
6) アリストテレス『形而上学』第12巻第7章 (1073a)

きさのうちにはいかなる無限な能力もない。

　第二のものは，量の複合からは無限な能力はない，という議論である。すなわち，量をいくら足していっても無限にはならない。ところで，第一のものは，先に述べられた神の存在証明からして，無限な能力をもつ（スコトゥスのテキストにおいて，神の存在証明はこの第8区分より前の，第2区分で為されている）。それゆえ，量の複合からは第一のものはありえない。それゆえ，神は量的複合ではない。

　そもそもアリストテレスによれば，能力の大きさは量的な大きさである。そしてアリストテレスは無限な大きさのものはありえないと主張している。つまり大きさをもつもの（量的なもの）は，量という範疇内に納まるものである。したがって無限ではありえない。つまり無限な能力は有限な大きさ（量的なもの）のうちにありえない。

(11) しかしその論には不足が見られる。なぜなら，無限な能力が有限な大きさのうちにあると主張する人は，それは大きさの部分のうちと大きさの全体のうちで，同じ根拠に属すると言っているからである。かくして大きいもののうちにも小さいもののうちにも，それはあると主張している。たとえば知的霊魂は身体の全体にも，身体のどの部分にも，全体があって，大きな身体に大きな知的霊魂があるのではないし，身体の部分の内よりも，全体のうちにより大きな霊魂があるというのでもない。そしてもしその霊魂に無限な知解能力が生じるなら，その能力は有限な大きさのうちにあることになるだろう。そして全体のうちにあるように部分のうちにあり，大きな部分のうちにあるように小さな部分のうちにあるだろう。かくして求めている真理文は次のようである。すなわち，大きさのうちの無限な能力は，全体の内でと部分の内で，同じ根拠に属してい

る。

　スコトゥスは有限な物体のうちに精神的に無限な能力がありうるという主張を紹介している。人間の知的霊魂（知的な生命原理）は人間の身体のうちのどの部分にも全体的に存在している。中世において，人間の形相は「知的霊魂」であり，それが質料である身体（物体）に対して形相としてはたらいて「人間」が生じていると説明されていた。知的霊魂が身体の全体にわたってはたらくことで，ある物体が「人間の身体」として成っていると考えるのがむしろ一般的であった。つまり現代のように，知性は脳という一部の臓器のはたらきであるとは考えられていなかった（知性は，心臓という局所のはたらきと考える主張もあった）。じっさい知性のはたらきは人間身体の大きさに左右されていない。したがって無限な能力が一定の分量としての大きさのうちに，その全体にも，部分にも，同じようにありうると主張された。

　(12) それゆえ，わたしはアリストテレスのことばを明らかにしながら次のように言う。すなわち，彼の結論は，無限な能力は「有限な大きさのうちになく」，大きさの広がりに偶性的に広がっている，というものである。彼のことばは次のような仕方でそれを証明している。すなわち，どのような能力であれ偶性的に広がりをもつものは，大きさにおいてより大きなもののうちに，特定の部分よりもより大きな，すなわち，より効力のある能力がある。またそれとは違った仕方で，より大きな能力がある。すなわち，形相的により濃密な能力がある。なぜなら，もしも大きな火がとても希薄で，小さな火がとても濃密であったなら，小さな火が大きな火よりもより多くの熱をもつことができるからである（そしてそれゆえ，「特定の部分より」ということばが，大前提のうちに加えられている）。さらに同

じ火における熱については，すなわち，部分と全体において等しい濃密さであるなら，より大きな火は「より大きな能力」である。すなわち，より大きな効力をもつ。

　スコトゥスは，アリストテレスの『自然学』にある論に，ある区別があることを主張する。一つは，大きさに応じた能力の存在である。これは質料的な能力であって，それゆえに，大きさに応じて，より大きなもののうちに，より大きな能力がある。しかし，これとは別の仕方で，より大きな能力がある。それをアリストテレスは認めているとスコトゥスは言う。つまりそれは，いわば「濃度」の違いに見られる能力の違いであって，スコトゥスは，これは能力の形相的な違いであると見る。たとえば同じ大きさの火であっても，その強さ（熱量）に違いがある。スコトゥスは，これを火の濃さ，希薄さの違いであるととらえて，「濃度」ないし「密度」と言う。ほかの箇所では，「内的固有の様態」の違い，あるいは，「完全性の度合い」の違いと言う。

　スコトゥスは，これをアリストテレスの権威にもとづいて主張している（つまりその解釈として導いている）。しかし，この区別は近代自然科学へのスコトゥスの大きな貢献となっている。なぜなら，ここに見られるように，スコトゥスの説は火にも熱量の違いがあることを計算に入れて考えることを科学者に促し，スコトゥスの死後には，「速さ」にも数に表される速度の違いがあって，それを計算に入れることを科学者に促して，じっさいに14世紀には落体の「加速度」の研究がオックスフォード大学で生まれたからである。

(13) そして以上のことから次のことが結論される。すなわち，すべてのその種の「偶性的広がりをもつ」能力は，有限な大きさのうちにあるかぎりでは，大きさが増加

することによってその効力において増大すると理解される。——しかし，効力において増大する能力と理解されるかぎりでは，それは効力において無限な能力ではない。そしてこのことから次のことが結論される。すなわち，すべてのその種の「偶性的広がりをもつ」能力は，それが有限な大きさのうちにあるかぎり有限な能力である。なぜなら濃密さの無限性は，効力における無限性なしにはありえないからである。そしてこのことから次のことが結論される。効力において無限な能力は有限な大きさのうちにはありえない。それゆえまた，濃密さにおいて無限な能力も有限な大きさのうちにはありえない。そしてその場合さらに，無限な大きさというものがないのなら，大きさをもつもののうちにはその種の無限な能力はないことが明らかである。

「偶性的な広がり」(extensa per accidens) とは物体的な広がりである。デカルト哲学の用語でいえば「延長実体」である。それがもつ能力はその大きさに応じたものである。ところで，「効力」(efficacium) には，前述のように，かならずしも大きさに応じていないものがある。しかしスコトゥスによれば，「効力」にも，その大きさの「度合い」(intensivum) がある。ところで，偶性的な広がりをもつものの「度合い」は「一定の限度をもつもの」であるから，「有限なもの」である。一方，無限の効力をもつためには，やはり無限である（大きさの限度をもたない）必要がある。それゆえスコトゥスによれば，偶性的な広がりをもつもののうちには無限な能力（効力）が現実にはないことが明らかであると言う。

（14）しかし，すべてのその種の能力が大きさをもつもののうちにはないということは，求める真理文にとってどういう意味があるのか？

第Ⅰ部　神の単純性について　　407

　わたしは答える。これと，先にアリストテレスが証明した結論[7]を結び付けるなら，すなわち，——その種の「能力者」は質料なしにある——求めている真理文が結論される。なぜなら，或るものは延長によって広げられるからである。あるいは，延長がそれ自体で存在するなら，或るものは延長を形作る形相であり，偶性的に広がったものである。——それゆえ，もしその無限な能力が大きさのあるもののうちに主張されるなら，その大きさの延長は何であるか，わたしは問う。証明された通り，それは無限な能力ではない。——また形相が質料を完成するように，延長が無限な能力を完成しているのでもない。なぜなら，無限な能力はすでに示された結論から言って質料のうちにはないからである。それゆえ，その形相の大きさによって延長された質料を主張すべきである。そしてその質料が無限な能力によって完成されている。ちょうど，わたしたちの質料，すなわち，わたしたちの身体が大きさによって延長をもち，延長をもたない知的霊魂によって完成されているように。しかしすでに示されたアリストテレスからの結論から言えば，質料はそのような無限の能力をもののうちに，けしてない。以上のことから，それゆえ，アリストテレスによってすでに示され，その結論において示された非質料性の在り方で，その論は効力をもつ。

　求めている真理文とは，「有限の大きさのうちに無限な能力はない」である。延長（extensio）をつくる形相は，限定されていない質料をある大きさに限定する形相である。その形相は一定の大きさに限定する形相であるから，「無限」ではない。他方，質料のうちに限定されていない可能態があっても，無限な能力があるのではない。テキストの翻訳で「能力」と訳した potentia は「可能態」とも訳

---

7)　アリストテレス『形而上学』第12巻第6章（1071b）

される。したがって，この語に関しては，わたしたちには理解がままならないところがある（致し方ない）。

またわたしたちの身体という質料は，身体的形相がもつ形相性によって身体を一定の大きさ（延長）をもつものとして完成するが，知的霊魂は，それ自体としては「広がりをもたない」。つまり延長されていない。それゆえ知的霊魂は一定の大きさをもたないゆえに，その意味で「無限な可能性」をもつ。しかしそれも質料のうちにある形相であって，そのかぎり有限な能力である。

実体と偶性の複合と神の単純性

(15) 第三の結論が特殊に，それらから証明される。なぜなら，神は質料的でも量的でもないからである。それゆえ神は質料的なものの偶性を受容しない。すなわち，質料的事物の性質のように質料的事物に合致するものを受容しない。それゆえ，それはただ霊的なものに合致したものども，すなわち，知性認識作用と意志作用，またそれらの相互作用の所有を受容するだけである。しかしこの種のことどもは，第2区分で証明されたように，その本性にとって偶性ではありえない。なぜなら，それの知解することとそれの欲することは，それの実体であり，所有であり，能力であり，その他だからである。

スコトゥスは，すでに神の存在証明を示して，神は第一の作出因であり，第一の目的因であるが，形相因でも質料因でもないことを証明している。それゆえ，神が質料的でもないし，量的でもないことは，すでに判明している。それゆえ，神が質料や何らかの分量を受け取るものではないことも，わかっている。したがって神は霊的なもの，精神的なものを受け取るだけである。霊的なものとは知性作用

第Ⅰ部　神の単純性について　　　　　409

と意志作用である。それは英知という所有を受け取り，善性をもつ。そしてこれらはすべて実体本性そのものに属する（実体本性に内在する）。外からたまたま引き起こされる偶性ではありえない。これらのことも第2区分の神の存在証明で証明されている。したがって，神は実体と偶性の複合物ではない。

　以上によって，スコトゥスは神が部分から複合したものではないことを三つの仕方で証明している。

必然存在に複合はない

　第二に，わたしは一般的な仕方で，求めている真理文を証明する。

　(16) 第一に，必然存在という根拠によって。なぜなら，もし第一のものが複合物であって，それが a と b の組み合わせであるならば，わたしは a について問う。それは，それ自体から形相的に必然存在であるか，それともそうではなくて，可能存在であるか（それらの一方は，どの事物のうちにも，すなわち，それらから或る者｛実体｝が組み合わされているすべての本性に与えなければならない）。もしそれがそれ自体から可能存在であったなら，必然存在はそれ自体から可能存在と組み合わされている。かくして，それは必然存在ではないだろう。もし a がそれ自体から必然存在であるなら，それゆえ，それはそれ自体から究極的現実態性によってある，かくして，何とであろうとも，自体的に一つのものを作らない。同様に，もしそれがそれ自体から必然的複合物であるのなら，それは a によって必然存在であるだろう。かつまた部分的根拠，b によって必然存在であるだろう。かくして，それは二重に必然存

在であるだろう。さらに，それが何かによって必然的複合物であるなら，その何かを引き抜いたなら，それはもはや少しも必然存在ではないだろう。こうしたことは，ありえないことである。

必然存在の複合はありえないという証明である。（なお，テキストにおいて第一行目が前の段落に入れられている理由は，不明である。）

ところで，スコトゥスが「一般的な仕方で」と言っているのは，存在の全体に共通的な根拠によってという意味である。つまり必然性と無限性という「存在に普遍的な根拠」（超越概念）によって証明するという意味である。

そして複合は複数のものによるので，それの一方が必然であるときと，両方が必然であるときを検討している。そして一方が必然存在でも他方が可能存在なら，それは可能性をもつのであるから，全体としては可能存在であって必然存在ではない。また一方が必然存在そのものであるなら，もはやそれはそれ自体で究極的に現実態として存在しているので，ほかのものと複合することはありえない。そして両方がそれぞれ必然存在なら，それぞれが自体的に必然的に存在するものなので，複合して存在することはありえない。また，必然存在と必然存在を結合させる何かがあったとしたら，その何かなしには，それはもはや必然存在しないだろう。なぜなら，必然存在か，可能存在か，いずれかしかないからである。

それゆえ，必然存在の複合はありえない，したがってそれは単純な存在である，という証明である。

無限存在に部分はない

（17）**第二に，わたしは無限性の根拠から，一般的に求**

めている真理文を証明する。そして第一に，神は複合可能なものではない。すなわち，すべての複合可能なものは，それ自身と他の複合可能なものから複合されている全体の或る部分でありうる。ところで，すべての部分は超えられる。他方，超えられる可能性は無限の根拠とは対立する。それゆえ，云々。

　求めている真理文は，神は単純な存在であるという真理文であり，それを今度は無限性という「存在に普遍的な根拠」によって証明すると言う。ところで，複合可能なものは複合の他方と組み合わされるのであるから，部分である。しかし部分であるものは，どれも，全体であるものによって超えられる。しかし無限性は「超えられないもの」という性質であるから，超えられるものとは対立する。したがって無限なものは部分ではない。言い換えると，部分であるものは無限ではない。それゆえ，神は複合可能ではない。

　(18) 論拠が確かめられる。そしていわば同じようなことである。——なぜなら，すべての複合可能なものは，それが組み合わされるものがもつ完全性を欠いているから複合可能である。すなわち，その複合可能なものは，それ自身のうちにすべての完全性と，その組み合わせ相手との完全な仕方での同一性をもたない。なぜなら，そうでなければ，それとの複合はありえないからである。いかなる無限なものも，それと組み合わさって何らかの仕方で同一なものとなりうるものを欠いていない。むしろ，その種のものは，それ自身のうちに，完全な同一性にしたがってすべてをもっている。なぜなら，そうでなければ，すなわち，もし自身のうちにそれと組み合わさることではじめて同一性をもつものをもつならば，より完全なものが考えられるからである。ちょうど「複合物」はそれをもち，「無限なも

の」はそれをもたないように。しかしながら，それがより完全なものと考えられるとか，それより完全なものが考えられることは，端的な無限の概念と対立する。

　証明の根拠を確かめるために完全性の根拠（概念）が用いられる。すなわち，完全性は一方が他方の不完全さを補うために組み合わせられ，それによって，一つのものに成って（完成されて）いる。つまり複合によって完全性が生じ，それの同一性が生じている。ところで，無限なものは完全性において無限なので，「完全性において欠ける」という性格をもたない。それゆえ他のものとの複合によって完成されるものではない。それゆえ，無限なものに複合はありえない。

　(19) 以上から，さらに次のことが結論される。すなわち，それは完全に非複合物である。なぜなら，それがもし複合物であるなら，有限なものどもからの複合物であるか，無限なものどもからの複合物である。もし無限なものどもからの複合物であるなら，すでに証明された通り，そのようないかなるものも複合可能ではない。もし有限なものどもからであるなら，それは無限なものではないだろう。なぜなら，ちょうど今しがた話したように，有限なものどもは完全性において何らかの無限なものに帰着しないからである。

　有限と無限の違いから複合はありえないことの確認である。有限なものが複合しても無限ではありえないこと，無限な者同士の複合もありえないこと，これらはすでに証明されている。そして，より不完全なものは，より完全なのに還元されるが，有限なものどもはその本質において部分性を免れない。それゆえ，それらは完全性において無限なものに還元されない（複合して無限なものにならない）。

第Ⅰ部　神の単純性について　　　　　　　413

異論に対する回答

　(**20**) 最初の論（1）に対してわたしは言う。単純性とは，現実態と可能態，あるいは，完全性と不完全性という複合や複合可能性を排除する意味で端的な完全性である。後続する問題において言われるように。

　単純性は端的な完全性ではないという第一段落の否定論に対して，それは複合や複合可能性を排除する意味で端的な完全性であると，スコトゥスは言う。

複合が生じる完全性

　(**21**) しかしながら単純な被造物のすべてが単純でない被造物よりも優れているとは結論されない。なぜなら端的な完全性の或るものが限界をもつ本性と矛盾することが起こるからである。かくして，もしそれが自身と矛盾するものをもつならば，それは端的に完全な本性ではないだろう。たとえば，もし犬が英知者であるなら，それは端的に完全な犬ではないだろう。なぜなら英知者は犬に矛盾するからである。同様に，ある限界をもった本性に，一つの端的な完全性と，他の端的でない完全性が矛盾することがある。——そしてその場合，ある種の完全性が合致する本性は，その完全性が矛盾する本性よりも完全であるとは結論されない。とくに，その端的な完全性が矛盾するものに他の端的な完全性が合致するとき，その端的な完全性が他の矛盾する端的な完全性よりも，より完全であるかもしれない。例：「現実態性」は端的な完全性であり，かつ，「単純性」は端的な完全性である。しかしながら，複合物には現

実態性が，単純性よりもより合致する。——質料には単純性が合致することがあるとしても，現実態性と同じほど複合物に合致することはない。他方，端的な現実態性は単純性よりも完全である。——かくして，現実態性なしに単純性が合致するものよりも，単純性なしに現実態性が合致するもののほうが端的に言って，より完全である。

　スコトゥスは，端的な完全性には条件がつくことを認めている。被造物においては，単純なものが単純でないものより，かならずしも優れているわけではないからである。スコトゥスは，その事実が起こるのは被造物がもつ限界性によると見る。すなわち，ある種の限界によって端的な完全性がそれと矛盾することが起きるという。スコトゥスは犬の本性に「英知」の完全性が加わる場合を例にあげている。犬の本性には知性が認められていない。理性的な犬というのは矛盾である。それゆえ，犬には英知がともなうことはありえない。もしも英知が認められるなら，それはもはや犬ではない。あるいはまた「現実態性」と「単純性」の両方が端的な完全性と認められても，「単純性」よりも「現実態性」のほうが，被造物においてはより完全であると言える。まず複合物においては，現実態性のほうが単純性よりも，より完全なものに合致する。また第一質料のような単純なものにおいても，単純性よりも現実態性のほうが，端的に完全である。

端的な完全性がもつ問題 ——個体的実体と本性

　(22) しかし，ここに疑いがある。一つは，端的な完全性が完全性ではないのは，いかなる仕方でだろうか。というのも，アンセルムス『モノロギオン』第15章によれば，端的な完全性の意味は，「各々のものにおいて，それでな

第Ⅰ部　神の単純性について

いよりもそれであるほうが端的により良いもの」であるから。第二の疑いは、いかなる仕方で、一つの端的な完全性が他の端的な完全性より、絶対的に、より完全であるのか。

　中世スコラ哲学においてアウグスティヌスに並ぶ権威、聖アンセルムスの「端的な完全性」の説に条件をつけたことで、当然、どのような意味でかという疑問が提示される。一つは、端的な完全性が矛盾する場合があるのかという疑問、また一つは、端的な完全性の間に、より完全であるということが起こるのかという疑問である。

　(23) 第一の疑いに対して、わたしはその陳述は次のように理解すべきであると言う。すなわち、端的な完全性はたんに自身と矛盾するものよりも良いだけでなく（すなわち、どんな肯定的なものも、自身の否定よりも端的により良く、より完全であるが、むしろいかなる否定も形相的に完全性ではない）、むしろ「それでないよりもそれであるほうがより良い」というふうに理解される。──すなわち、「それと複合可能でないどんなものよりも」──そしてその場合、「どれのうちでもより良い」と言われていることが、個体的基体であるかぎりのどれもという仕方でそれを他と切り離して正確に考察することによって理解すべきであって、その個体的基体がそのもとにあるところの本性のうちに限定して理解すべきではない。なぜなら、或るものを或る本性のうちに自存するかぎりのものと考えるとき、或る端的な完全性はそれ自身であるより、より良くないことがありうるからである。なぜなら、それはその本性と矛盾するゆえに、そのような本性のうちにあるかぎり、それ自身と複合可能でないからである。しかしながら、切り離された仕方で自存するかぎりでのそれには、それは矛盾しない。しかし、もしこの仕方でそれをもつと考えるな

ら，それは，それが自身と複合可能でないものをもつときよりも，**端的により完全な存在者であるだろう。**

まず肯定的な存在者が前提である。それはそれの否定よりも端的に完全である。というのも，いかなる否定も形相的な完全性であることはないからである。中世の存在論では，善は存在の固有の属性である。それゆえ，存在することは，完全性（良さ）と見なされる。したがって肯定的な存在は端的な完全性であり，その否定は完全性ではない。このような意味で，端的な完全性は，それと矛盾するもの（つまり否定）よりも良いことは，まず明らかである。

そしてそれだけでなく，それと組み合わせ（複合）が不可能などんなものよりも，より良い，と理解されるべきであるとスコトゥスは言う。そしてスコトゥスは，「肯定的な存在者」として「個体的な実体」を考える。先に出された例で言えば，「英知」は，「それである者のほうが，それでない者よりも，より良い」。スコトゥスは，これは個体的実体において考えるべきであって，それが属する本性において考えるべきではないと言う。というのも，たとえば犬の本性は英知とは矛盾する。それゆえ，犬の本性における「特定の個の実体」については，英知をもつことは本性と矛盾するために，犬の本性がもつ完全性とぶつかり，犬の本性的完全性を減退させてしまう。それゆえ，「この犬の本性」は英知であるより，英知でないほうが良い，ということになる。しかし，本性を切り離して個体的な実体のみを受け取るなら，それは英知との矛盾をもたない。

スコトゥスのここでの論の進め方は，じつは「受肉」の問題と関係している。つまりイエス・キリストにおいて，神のペルソナの一つ「子」が，「人間」の本性を受け取ったと理解され，それによってイエス・キリストは神であると同時に人間であるという二つの本性が同一のものにおいて実現していることが説明される。言うまでもなく，これ

第Ｉ部　神の単純性について

はカトリックの教義上，そうでなければならないのであって，スコトゥスの独自の理論ではない。そして神学は，神を第一原理とする学であるので，この教義を原理として事象が説明できなければならない。

ところで，この教義を説明できるためには個体的基体（実体）を本性から切り離して考えることができなければならない。スコトゥスはこのように考えて，受肉についても，また神の三位一体についても考察する。つまり神のペルソナをアリストテレス流の哲学の用語で個体的基体「スポジトゥム」と述べ，これを実体の本性からまったく切り離して，他者から独立したものとして受け取り，それとともに，或る本性を共有することができると考えるのである。神の三位一体で言えば，ペルソナはそれぞれまったく独立して「ペルソナ」であるかぎりは他者への依存も他者との相互交通（共通・共有）もないと考える。

しかしながら，三つのペルソナは，独立しつつ，一つの本性（神の本性）を共有しており，それによって，三つのペルソナは，それぞれが「まったく一つの神」なのである。神であるかぎりで，三つのペルソナは一つの神だと，スコトゥスは説明する。受肉の場面も，神のペルソナは，神のペルソナであるかぎり，神の本性を共有している。しかし，「子」のペルソナが人間の身体を取るとき，「子」のペルソナは神の本性を共有しながら人間の本性を受け取っており，それゆえに，イエス・キリストは神であると同時に人間であると，彼は説明する。つまりイエスのペルソナにおいて，人間本性と神の本性が混じり合わずにそれぞれ在る，という状態である。

繰り返すが，このような説明を可能にするためには個的基体と本性を切り離して考えることができなければならない。つまり一つの個的基体が，二つの本性のいずれにも同等に属するのであれば，片方の本性の名のみでそれを呼ぶ

ことができない。これを冷静に理解しようとすると，個的基体をいずれの本性とも別の，第三者として，独立して受け取るほかない。つまりいずれにも属さない基体をそれだけで独立して理解するほかない。

ところで，帰属する本性をもたないことは，まことに「孤独」である。じっさいスコトゥスは，ペルソナを「究極の孤独」と呼んでいる。言うまでもなく，観念論的（思考上のみ）にではない。スコトゥスの神学も実在論であり，神を思考上のものとは考えていない。それゆえ，たとえば人間の個体的基体と人間の本性が，ある仕方で（少なくとも思考上）切り離し可能であると，考えられなければならない。つまり「この人」を「一般的な人というもの」（人間の本性）とは無関係に考える，ということである。言うまでもなく，これは神学が神を第一原理とする学であるから要請されることであって，通常の経験における要請ではない。

したがってここでのスコトゥスの説明を一般的にわかりやすく説明することは無理がある。ただし，ひと言，推測めいたことを述べさせてもらえれば，ヨーロッパの人権思想（個人の尊重＝個人を一般性のなかにおいてとらえることを否定する思想）は，案外，このような神学思想から生じたものかもしれない。

(24) 第二の疑いに対して，わたしは「端的な完全性の秩序はどういうものか」を明らかにする必要があると言う。そして今，簡略にそれらの間に或る完全性の秩序があると想定される。すなわち，或る完全性が端的に受け取られた他の完全性より完全である。たとえどの完全性も最高度の仕方であって，無限であるがゆえに，すべての完全性が等しく完全であることがあるとしても，——そしてその場合は，どの完全性も無限である。これについては他のと

ころで述べる。

　スコトゥスは，端的な完全性が無限であるときには端的な完全性の間に秩序はないが，有限なものであるかぎり，端的な完全性にも秩序があると言う。

（異論回答）「存在」esse を与えること

　(25) 最初の第 2 の論 (2) に対して，わたしは「或るものに『存在』を形相的に与えること」は必然的に限界を据えると言う。なぜなら，そのように「ある」を与えるものは，「ある」が与えられたものを，同一性を通して含まないからである。なおかつ，それは不完全性の「ある」をそのような仕方で与えることから分離されえない。なぜなら，限界性も，あらゆる意味で依存性も，分離されえないからである。じっさい，たとえ質料への依存はそれから分離されたとしても，形相が質料にかたちを与えるときの作出的力に対する依存はつねに残っている。そしてもし「御言葉」について考えるなら，それは人間の本性に「ある」を与える，——「ある」を形相的に与えてはいない。第 3 巻第 1 区分で明らかになるように。

　スコトゥスがここで言いたいことの要諦は，「形相」は，神によって造られる被造物の一種であるから，それが「存在を与える」というとき，それは神が創造に際して「存在を与える」というときの「存在」とは違う，ということである。形相が質料に与える存在は，形相の形をつくる（一定の有限性を与える）存在であって，多様で多義的な存在を与えることではない。したがって神を形相の一種と見ることは間違っている，ということである。

　(26) 第 3 の論 (3) に対してわたしは言う。すなわち，

英知はわたしたちの内で性質であり偶性であるが，それと同じ仕方で神のうちに同じことばで言われるのではない。それはこの区分の「神は類のうちにあるか」という問題において，より良く明らかにされるだろう。

すなわち，問題は，以下，第三問題で明らかにされる。

補訳：形相的区別について（種々の同一性）
——第2区分の第2部の論述

しかし，テキストの箇所としては別の箇所であるが，密接に関連する箇所を訳しておきたい。それはスコトゥスが神のペルソナについて主要に論じている箇所に出てくる「単純性」の定義とも言うべき箇所である。すなわち，『神と世界の秩序についての論考』（オルディナチオ）第1巻第2区分第2部，第一問題から4問題のなかの第403段落である。

（403）あるいは，きわめて本来的に次のように言われる。すなわち，わたしたちは一性のうちに多くの段階を見出す。最小の第一の段階は集合の一性である。第二の段階の一性は秩序の一性である。それは集合の一性のうえに何かが加わっている。第三の段階にある一性は偶性的一性である。それは偶性的ではあるにしても，秩序のうえに形相の付与がある。つまりそのとき，合一したもののうちの一方の部分によって他方の部分にかたちが与えられている。第四の段階にあるのが自体的な複合的一性である。それは自体的に現実態的な本質原理と自体的に可能態的な本質原理による複合である。第五の段階にあるのが単純性の一性である。これが真の同一性である。（なぜなら，そこにあるどれも，どれに対しても実在的に同一であり，他の仕方

がそうであるように，たんに結合の一性によって一つではないからである）。ちょうど一性がそのようにあるように，真の同一性のうちに形相的にはいまだ同一ではないものがある。ところで，わたしが形相的同一性と呼ぶのは，それが同一であると言われるものが，それに対して同一であるものを，自身の形相的な何性的概念のうちに自体的第一義的に含んでいるものである。しかしながら，求める真理文において，本質は自身の形相的な何性的概念のうちに実体の特性を含んでいないし，逆もそうである。それゆえ，次のことが認められる。知性のすべてのはたらきに先立って，それによってそれが共有可能な本質の実在性と，それによって実体が共有不能である実体の実在性がある。かつ，知性のはたらき以前に，一方の実在性は形相的に他方の実在性ではない，あるいは，他方に形相的に同一ではない。

　スコトゥスは，一般的に「一性」ないし「同一性」と言われる段階を五段階示し，さらに真に同一性をもつと言われる単純なもののうちに，さらに区別される同一性があることを述べている。具体的には，一般に「一性」が言われる五段階は，被造物に見られる一性の段階である。まず，複数のものが一か所に集まって「一つ」になっているものは集合的一性である。たとえば動物の群れのようなものである。さらに社会的秩序があって「一つ」であるものとは，人間が集まって作っている町のようなものである。第三段階の「一つ」は，たとえば木にかたちが与えられて，木像となったもの，あるいは，机となったものなどである。第四段階が実体的に「一つ」のもの，形相と質料という本質原理がそれぞれ現実態と可能態として複合しているものである。そして最終の第五段階は，それまでのような複合のない，単純な「一つのもの」である。

　しかし，神はそのように単純に「一つのもの」である

が、そこには、実体的な複数のペルソナがあり、複数の端的な完全性が内在している。それらは、やはり区別される。スコトゥスは、この区別は知性のはたらきに先行してある区別であり（すなわち、主観的な区別ではない）、一方は他方と「形相的に同一でない」という区別であると主張している。

第二問題

―― 被造物のうちに単純なものはあるか ――

（27）これと同様に，わたしは被造物の或るものは単純であるか問う。

異 論 紹 介

そしてわたしはそれを次のように証明する。すなわち，複合物は部分から組み合わされていて，その部分は他の部分からではない，ということであるから，その部分はそれ自体において単純なものである。

第27段落で，第8区分のうちの第二の問題が提示される。すなわち，被造物のうちに単純なものがあるかどうか，である。

この問題について，一つの肯定の見解が示されている。すなわち，被造物の多くは複合物であるが，複合物というのは「部分」を複数組み合わせたものであるから，特定の「部分」を取り上げれば，それは単純であるだろう，という見解である。

（28）これに対する反対が『三位一体論』第6巻第6章にある。そこでアウグスティヌスは，いかなる被造物も単純なものそれ自体ではないと言っている。

(29) ここで他の人によって次のように言われている。すなわち,「どの被造物も現実態と可能態から複合されたものである」。なぜなら,いかなるものも純粋可能態ではないから。なぜなら,そのようなものは無いだろうから,——また純粋現実態でもない。なぜなら,そのようなものは神であろうから。

ここで,現実態と可能態という質料と形相以外のアリストテレス哲学におけるもう一つの複合の原理を,スコトゥスは提出している。言うまでもなく,質料と形相は可能態と現実態の組み合わせとなるが,可能態と現実態は質料と形相の組み合わせが無いところにも適用可能な複合原理である。すなわち,純粋質料(第一質料)は存在しえても,純粋可能態は存在しえない。なぜなら,少なくとも何らかの意味で現実態でなければ現実に存在しえないからである。他方,純粋形相(形相のみ)の存在は,形相は現実態であるから,言うまでもなく存在しえる。しかし形相を超えた存在が存在しえるか,ということでは,「純粋現実態」が存在しうる。現実態性を形相を超えた存在に適応するのなら,それは形相の限定性をもたない「存在の現実態そのもの」である。だから,存在することが必然だということになる。ところで,このようなものは神である。したがってそれは被造物ではない。それゆえ被造物は少なくとも何らかの仕方で現実態と可能態の複合でなければならない。

(30) さらに,「どの被造物も分有による存在者である」,——それゆえ,それは分有するものと,分有されるものとの複合である。

神による創造は,神が自らのうちにもつイデアを範型として世界にある事物を創造することであるとアウグスティヌスにしたがって当時の学界では説明されていた。このとき,創造されたものはイデアを分有している。つまり被造

物はどれもイデアを分有することによって「在る」。それは分有する側が，質料なのか，質料に準ずるものなのかは別として，分有するものと，分有されたもの（イデアの一部）の複合であると，通常理解された。

完全性とその欠如

（31）その結論に反対してわたしは証明する。なぜなら，もしどれにおいても事物と事物との複合があるのなら，わたしはその複合している事物を受け取り，それは単純なものなのか，複合したものか問う。もし単純なものなら，求めている真理文が得られている。——もし複合したものなら，「事物」のうちを無限に遡及することになるだろう。

スコトゥスはこの問題についての自分の立場を明らかにする。すなわち，事物と事物の複合は単純なものにまで分析されて「分析が止まる」。したがって被造物のうちに単純なものがある。もしもそうでなければ，分析が有限な被造物のうちで無限に進むことになる。これは不合理である。

（32）それゆえ，わたしは，或る被造物は単純なものであり，それは複数の事物から複合したものではないことを認める。しかしながらいかなる被造物も完全に単純ではない。なぜならそれは或る仕方で複合物であり，組み合わせ可能なものであるから。

いかなる仕方で複合したものか，わたしは次のように明らかにする。なぜなら，それはなんらかの存在性の欠如とともに存在性をもつからである。じっさい，いかなる被造物も，それ自体における存在性の「ある」が生まれながらにもつ完全性を完全にもつ仕方で存在性をもっているので

はない。そしてそれゆえ，生まれながらの存在性それ自体に合致している何らかの完全性を，それは欠いている。したがって「欠如がある」。——たとえばモグラは盲目であると言われる。「なぜなら動物の概念にしたがえばそれは生まれながらに視覚をもつはずであるが，モグラの概念にしたがって，もたないからである」アリストテレス『形而上学』第5巻「欠如」の章によれば[1]。それゆえ，それはポジティヴな事物と事物が複合しているのではなく，ポジティヴな事物と欠如との複合がある。すなわち，それがもつ或る存在性と，存在性がもつ完全性の或る度合いの欠如との複合である。その複合が〔欠如の〕受容者ではない。そうではなくて，その存在者が〔欠如の〕受容者である。すなわち，ちょうどモグラは，それ自身によれば生まれながらに見ることがないが，動物であるかぎりでは生まれながらに見ることができるように。しかしながらまた，その「ポジティヴなものと欠如と」の複合は，事物の本質のうちにはない。なぜなら，欠如はポジティヴなものの本質に属するものではないからである。

　したがってスコトゥスは，被造物のうちに事物として単純なものがあることを認める。しかしながら，その単純なものにもある種の複合があることを指摘する。それは「何らかの完全性」と，「その完全性の欠如」という複合である。言うまでもなく，「欠如」は「否定性」なので，「事物」ではない。それゆえ，これは事物と事物の複合ではない。しかし「欠如」は「可能態性」ではあるので，完全性とその欠如の複合は，ある種の現実態と可能態の複合である。

　しかし，スコトゥスはここではそのような説明はせずに，被造物の事物は単純なものであっても，それがもつ完

---

1) アリストテレス『形而上学』第5巻第22章（1022b）

全性には欠如がどこかに見られるという説明をしている。つまり本性の完全性からすれば「もつべきもの」を「欠いている」という説明である。具体例としては，「モグラの盲目」を挙げる。モグラは動物である。ところで，動物は一般的に目が見える。他方，モグラはモグラであるかぎり「盲目である」ことが本性である。したがって，動物であるかぎりでは，モグラの本性は「目が見える」という完全性を「欠いている」。ところで，モグラを「盲目の動物」と定義することができるとき，「盲目性」はポジティヴな事物ではない。したがってその定義は事物と事物の複合ではない。一方が欠如性だからである。つまり一方のみがポジティヴな存在性であり，事物である。そしてそのかぎりでは，その定義は「単純なもの」を指している。

心象における複合

(33) 前述の結果として，可能態と現実態の心象的（obiective）複合がある。なぜなら，何であれ存在者であり，かつ，存在者の或る完全性を欠いているものは，端的に言えば可能的なものである。そしてそれは端的に言えば，可能態の名辞である。そしてその名辞は必然存在である無限な存在者ではありえない。

近代では，「対象」と訳され，客体的事物を意味することば〈obiectum〉は，中世では，心のなかのスクリーンに映じた像を意味する。「心象」から「対象」へ，という意味の変化は，ガンのヘンリクスからスコトゥスを経て，学問世界において生じた歴史的変化である。注意すべきは，「心象」とはいえ，それは神が創った「知性の抽象」から生じる「もの」であるから，かならずしも個人の意志が左右する「主観」を意味するわけではない。中世において

は,「単純概念」について, まだ客体的な間違いが生じる可能性という疑いは掛けられていなかった。したがって「心象」は, ただの心の外に在る事物ではない, ということである。

さて, 述べられたように存在とその欠如は二者の事物の複合ではない。なぜなら「欠如」は「無」を意味するからである。つまり「ことば」のうえでは存在とその欠如は二つのものなのであるが, 事物上は, それと同じようにあるのではない。スコトゥスが複合を「心象的」と呼んでいるのはこのためである。「ことば」は, 事物そのものに付けられたものではなく, 心のなかに映じている対象（形象）につけられている。したがって, 現実態的な「存在」と可能態的な「欠如」の複合は, 事物上のことではない。心の内の「ことば」の上のことである。それゆえ, 心象（ことばの世界）においてのみ成立している複合は, 事物上で現実態化している複合とは別である。すなわち, その複合は「可能態」の名辞（ことば）である。他方, 現実態にある無限な存在者, 必然存在を示す名辞（ことば）, すなわち「無限な存在者」（神）は可能態の名辞ではない。

被造物の複合可能性

（34）さらにどの被造物も複合可能なものである。

これは偶性について明らかである。すなわち, それは基体と複合可能である。さらにそれは実体において明らかである。形相の実体についても質料の実体についても同じように。さらに, 自体的に生成消滅可能な実体についてそれは明らかである。すなわち, それは偶性を受容するものである。それゆえ, 自身の完全性に即してでなければ, いかなるものも偶性の非受容者ではない。——しかし, 最完全

な知性体は偶性の受容者である。なぜなら，それは自身の知性作用と意志作用を受容するものだからである。そしてそれらは，それ自身の実体ではない。なぜなら，もしもそうであれば，それ自身で形相的に至福だろうからである。その反対が第1区分ですでに証明されている[2]。またなぜなら，どの知性体も無限な数のものを知性認識できるからである。なぜならすべてのものが知性認識されるものだからである。それゆえ，もし彼自身の知性作用が彼自身の本質なら，彼は無限な本質をもつことができる。なぜなら，彼は無限なものどもについて一つの知性認識作用をもつからである。また，なぜなら，彼自身の知性作用は自身の「ある」が依存するものに依存する以外には，いかなる対象にも依存していないからである。かくして彼自身より下位の何ものも，さらに彼自身も，固有の類において知性認識できず，ただ上位の動かす対象の内で知性認識できるだけである。むしろ知性体は神において知性認識するほか，何も知性認識できない。なぜなら，他の知性体から自身の「ある」が生じるのではないからである。——それゆえ，その知性作用も同じである。なぜならまた，天使がもつことばはペルソナ的に天使から区別され，本質的には自身と同一だからである。第2区分「神の御ことば」に関して証明されたように[3]。

被造物のもつ複合性について完全性とその欠如の複合性について論じたあと，スコトゥスは事物上の複合について述べる。これは前の問題の説明で，最後に取り上げた「一性」の五段階のうち後半の諸相に対応したものである。

被造物がすべて複合可能であることについて，つまり何らかの組み合わせによってあることについて，スコトゥス

---

2) Duns Scotus, Ordinatio I, distinctio 1 n.175　邦訳なし
3) Duns Scotus, Ordinatio I, distinctio 2 n.355　邦訳なし

はさまざまなものを数え上げている。第一のものは，偶性である。偶性は基体と複合可能であり，またその基体が形相的実体であろうと，質料的実体であろうと，同様に複合可能であるという。すなわち，偶性は他の偶性を基体としても複合可能であるが，たとえば，人工物（木の寝台など）にペンキが塗られて色が付いている場合，まずは，人工物は自然物を加工してできた偶性存在であると見ることができる。それに色が塗られるとか，誰のものになるとか，さらにそこにさまざまな偶性が生じる。

他方，偶性は実体を基体として複合可能である。人間は身体をもつ質料的実体であるが，さまざまな偶性（色，大きさ，等々）を得ている。また天使は身体をもたない形相的実体であるが，何らかの大きさをもち，知性や意志のはたらきをもっている。

第二のものは，生成消滅する実体である。それも，偶性との複合が可能である。ところで生成消滅する実体とは，質料的実体と同等である。一般に，質料性が原因となって実体は生成消滅すると説明された。

第三のものは，天使の実体である。天使というのは第一に天球の霊魂である。天球というのは，天上にある透明な球である。全部で九つの天球が上下にあって，一番上にあるのが北極星が付いている天球で，その下に，星座を構成する恒星が張り付いている天球があり，太陽，月のそれぞれの天球があり，惑星（太陽系の星）の動きを説明するための複雑な大小の天球がある。天体は，これらの天球が回転することで，地上に居る人間にさまざまに動いて見えている。いわゆるプトレマイオスの天文学である。そしてこの天球を動かしているのが，天使であると説明された。そしてこの「秩序」は，不明瞭な仕方で，当時の封建的身分制の秩序の理解に関連していたと見られる。つまり神がつくった永遠的秩序である。

他方，聖書に出てくる神の軍隊としての天使の群れがある。こちらは一般に修道士の存在と重ねられた。また悪魔は一部の天使が堕落したものと見られていた。したがって悪魔も天使も同等に精神的存在である。そして善悪の戦いは古代にあった宗教のように，善なる神と悪なる神の戦いではなく，中世においては良き天使と悪魔の戦いと見られた。この側面では，天使の世界にも個別的違いがあり，偶然がある。ただし，天使は最完全な知性体である。その意味で単純なものである。しかし，述べられたように，偶性が生じている。すなわち，天使もそれぞれ自分の知性認識作用をもち，意志作用をもつ。そしてそれは神のように永遠的にではなく，そのつど，もつものである。つまりこれらの作用は天使にあっては偶性であって実体ではない。

　なぜなら，もしもこれらの作用が天使の実体であるなら，天使は形相的に（本質的に）至福でなければならないからである。なぜなら，実体はそれ自身の本質だからである。天使が形相的に至福そのものではないことは，すでに第1巻の第1区分第175段落で示されている。さらに，どの天使（知性体）も，無限なものを知性認識することができる。なぜなら，すべてのものは知性認識されるものだからである。すなわち，被造物は次つぎに造られるかぎり，無数である。そしてそれはすべて神によって知性認識されたものである。それゆえ，すべては（可能性として）知性認識されるものである。

　ところで，もしも自分の知性作用が自分の本質であったなら，それは無限な本質をもつことができる。なぜなら，それは一つの認識で無限なものの理解（知性認識）をもつことができるからである。しかし天使の知性にはそれはできない。

　ところで，天使もまた，自身が「在る」ことについては神に全面的に依存している。そして知性認識についても神

からその対象（可知的形象）を得るので，同じように神に依存している。したがってまた，天使は自身の「認識内容」（ことば）に関して自身の知性作用によるものであっても，神に全面的に依存している。そして天使自身とその認識内容は本質的には同一であるが，ペルソナ的に区別される。つまりスコトゥスは，それは神における「父なる神」のペルソナと「子なる神」（ことば）のペルソナの区別と，同等であると理解している。すなわち，形相的区別であると見ている。つまり各自天使はそれぞれの意志をもつように，それぞれの認識をもっている。

（35）最初のアウグスティヌスの論〔28〕に対して。わたしはいかなる被造物も真に単純ではないことを認める。なぜなら，前述したように，それはポジティヴなものと欠如との，心象的現実態と可能態との複合物であり，他の被造物と複合可能なものだからである。

心象的というのは，心のうちに映じた対象において，という意味であるから，「欠如」は客観的であっても認識上のものである。この認識上の可能態を認めるなら，すべての被造物はそれがたとえ事物上は単純なものであっても完全性に欠陥があるかぎり，複合的であるとスコトゥスは言う。つまり完全性に何らかの欠陥があるかぎり他のものによって補完される可能性がある。それゆえ，複合可能である。

（36）そして同じ論によって第一の見解の論〔29〕に対して明らかである。なぜならそれは，現実態性をある度合いで欠いており，純粋現実態ではないからである。ちょうど照明光がある度合いで照明光を欠いているなら，純粋光ではないように。たとえその非純粋光が他のポジティヴな存在性と混じっているのではなく，ただ光の完全性の度合

いをいくらか欠くだけであるとしても。

　被造物には純粋可能態も純粋現実態もない。すでに述べたように，生まれながらの完全性を前提にする「欠如」の視点を加えれば，この見解は理解しやすい。光の例はわかりやすいものだろう。つまり弱い光は純粋の光と比べていくぶんか光を欠いている。それは光以外の混じり物があるからではなく，光の充実度合いをいくらか欠いているから，その分，光が弱いと考えられる。

分有論における複合

　(37) 第2の論〔30〕に対して，わたしは「分有する」participareとは，いわば「部分を取る」partem capereと同じであると言う。すなわち，全体に対する部分という関係性と，取られるものに対する取るものの関係性という二重の関係性を意味している。

　第一の関係は実在的である。しかしながら，部分はそれが事物のうちの或るものという意味で受け取られるのではなく，広い意味で，すべての小さなものが大きなものの部分と言われる意味で受け取られる。ところで，もしその種の或るものが生まれながらに無限な「ある」であるなら，「ある種の有限なもの」はすべて端的に「ある種の小さなもの」である。しかしながら，どれであれ端的な完全性は生まれながらに無限な「ある」である。——それゆえ，どこにあろうと有限なものは，同様な何らかの完全性より小さなものである。そのように，それは広い意味で，部分である。

　第2の論（第30段落）は，世界は分有によって創造されたのであるから，被造物のすべては分有するものと，分有されるイデアの複合であるという論である。スコトゥス

は一般に「分有論」を説明に用いない。スコトゥス全集の編集者註によれば，直接には，イデアの分有論に触れたガンのヘンリクスの論[4]に対する主張である。

スコトゥスによれば分有には二重の関係がある。一つは「部分と全体」の関係であり，もう一つは「取るものと取られるもの」の関係である。この二つの関係は「分有」participatio のラテン語を分解して見出される関係である。すなわち，分有論はイデアの完全性の分有による事物の説明である。

したがって，アンセルムスの端的な完全性の説も，大なる神に与るかたちで被造物があるという見方を取れば，分有論の文脈に翻訳することができる。スコトゥスが「広い意味で」と言って有限な被造物が無限な神の存在を分有しているという説明を受容しているのは，それゆえである。つまり，数量的ではなく，完全性の程度として無限と比べて有限は「より小」minus であると言える。

(38) 他方，第二の関係性――すなわち，「取られるものに対する取るものの関係性」――は，論理上の関係である。被造物の内での与えるものと与えられるものとの関係のように。しかしながら，部分は三つの仕方で取られる。一つは，取られるものの「全体」が取るものの部分である仕方で。ちょうど種が類を分有するように（類の本質的部分に属するかぎりでは，種は基体ではない）。一つは，取られるものの「部分」が取るものの部分である仕方で。また一つは，すなわち，第三の仕方で，取られるものの「部分」が取るものの全部である仕方で。最初の二つの仕方では，取るものと取られるものとの関係は実在的と認められるが，第三の仕方では，実在的ではない。求める真理文の

---

4) Henricus Gand., Quodl. XI q.3 arg.2 (f. 440L)

第I部　神の単純性について

うちの関係は、その仕方の関係である。なぜなら、すべての限界をもつ完全性（しかしそれは、それ自体から言えば、取られた部分である限界性に規定されているのではない）は、限界をもつ全体だからである。取るものとしての個体的基体と取られるものとしての本性が限界をもつことで区別されることがなければ——それは、実在的区別ではない。

　スコトゥスは、「取られるものと取るもの」の関係は論理的な関係であると言っている。これは、神と被造物の関係をこのように見ることが、実在的でなく論理的だからである。すなわち、「取られるもの」と「取るもの」の関係で述べるなら、神が「取られる」側にあって、被造物が「取る」側にある。しかしこのように言うのは、文法上（ことばのうえで）のことで、神と被造物の関係を逆転させている表現である。神と被造物の関係は、むしろ存在を「与える」ものと、「与えられる」ものの関係である。たとえば、王が臣下に土地を与えるとき、王が「与えるもの」であり、臣下が「与えられるもの」である。しかしこのようすを、分有の論理で表現するとき、「臣下が王の土地を取り、王が臣下に土地を取られた」と表現することになる。

　ところで、スコトゥスは部分が取られる三つの仕方を区別している。そのうち二つの仕方は実在的であるが、第三の仕方のみは実在的ではないと彼は言う。

　第一の仕方は、たとえば人間（種）が動物（類）を「取る」（分取する）と見るとき、類の部分（種）が類の全体を「取る」と言う。一方、論理的には、種は類の部分である。つまり論理的に（ことば上）は動物の一種として人間がある。他方、実在的には、人間という種の本質部分に動物の類の本質がある。そして動物の類の本質は、他の種類の動物の全体に共通である。つまり取るもの（種）の部分

に，取られるもの（類）の本質全体が共有されている。

　しかし，個人が人間という種の本質を共有する場合は，これとは区別される。なぜなら，個人は「人間」という本質に対して「基体的部分」pars subiectiva と言われるが，種は類の「基体的部分ではない」からである。というのも，個人は人間という種の「個体的基体」（スポジトゥム）であるが，人間という種は，動物という類の個体的基体ではないからである。

　第二の仕方は，部分が部分を「取る」場合だと言っているが，具体的な例がないのでよくわからない。おそらく，個別の事物と事物の間に見られる通常の「取る，取られる」関係だろうと思われる。

　第三の仕方の関係は前段で説明した。神と被造物の分有関係の仕方である。

　なお，個体的基体とその本性との間に実在的区別がないとは，第一義的には，神のペルソナと神の本性の関係が考えられている。つまり，それは実在的区別ではなく形相的区別である。

第三問題

——神は類のうちにあるか——

（39）第3に，わたしは神が，あるいは，神について形相的に言われる或るものが類のうちにあることは，神の単純性と両立するかどうかを問う。

両立すること：

なぜなら，神は形相的に存在者である，ところで存在者は神の「何」について言われる概念である。——そしてその概念は第3区分で言われたように，神に固有の概念ではなく，神と被造物に共通の概念である；それゆえ，それが神に固有の概念となるためには何らかの限定する概念によって限定されなければならない。すなわち，その「限定するもの」は存在者の概念に対して，ちょうど「何」の概念に対する「どのような」の概念のように関係している。したがってまた，それは類の概念に対する種差の概念のように関係している。

すべての述語の形態（範疇）を数え上げることで「存在」の全体について研究するというのがアリストテレス哲学の基本戦略である。なぜなら，主語につけられる述語はつねに「〜である」と，何らかの「存在」が述べられるからである。それゆえ，どのような「ある」が述語にあるかを渉猟することで，アリストテレスは10個の範疇を数え上げたと言われる。

アリストテレス『トピカ』によれば，それは実体，量，

性質，関係，場所，時間，体位，所持，能動，受動である。「生物の類概念」に植物と動物があり，「物体の類」には，天体と地上の生成消滅する物体と，二つあるように，10個の範疇は「述語の類概念」である。ところで，何の類であれ，それぞれの類には複数の種が属する。たとえば実体の類には人間や馬や天使が種として属する。そして「種」は，一定の類のうちで「種差」をその特徴として挙げることによって定義される。たとえば犬という種は，人に飼われ人の役に立つ四つ足の動物であるというとき，動物という類のうちで，「人に飼われて，云々」という特徴（種差）をもつことで，他の動物の種類と区別される。

このようなアリストテレス哲学の方法にならうことで，中世スコラ哲学は成長した。しかし，一般に「神」については「特別扱い」が要求された。つまり「類」を「超えるもの」として神を特別に扱うことが要求されたのである。一方，アリストテレスの論理自体は言うまでもなくそのような要求には無関心である。したがってアリストテレスの論法に忠実であれば，神についても類のうちの特定の種として論じなければならない。

スコトゥスがここで掲げている問題は，神は「類の内」として扱うことができるかどうか。そして神が類のうちに扱われるなら，それは必然的に，何らかの「類」のうちの「種」として扱われる。もしもそうであるなら，地上のものが類と種差の複合であると見なされるように，神もまた，少なくとも論理上は類と種差の複合物と見なされる。つまり地上の生成消滅する実体という類，天体という永遠的実体の類があれば，神は，目に見えないが，永遠的実体の類に属する種である，という世界秩序である。このように見るなら，神は，被造物と同様に，何らかの意味で可能態と現実態，あるいは，それ以外の仕方で，何らか規定するものと規定されるものの複合として論じられなければな

第Ⅰ部　神の単純性について

らない。
　言うまでもなくキリスト教会の三位一体の教義は，このような神の規定を端的に否定する。

実 体 の 類

　(40)　さらに，アヴィセンナ『形而上学』第2巻第1章：「基体における存在者」と「基体における存在者でない」は，中間をもたない。——そして「基体における存在者でない」は，実体の意味であり，「基体における存在者」は，偶性の意味である。そういう意味で，彼は述べていると思われる。それゆえ，神は形相的に存在者であるなら，また「基体における存在者」ではない。それゆえ，神は「非基体における存在者」である。——それゆえそれは実体である。ところで実体であるかぎりの実体は，類である。

　アヴィセンナの『形而上学』によるという「基体における存在者」というのは，基体をもつことではじめて存在者たるもの，という意味である。つまりそれは，基体がないと存在しえないものである。言い換えれば，基体にとっての「偶性」である。他方，その否定，つまりほかの基体を自分の存在のために必要としないものとは，それ自体が基体であることができるものである。すなわち，実体である。ところで，述語は肯定か否定かいずれか一方でしかない。すなわち，その中間はない。とすれば，神は実体であると言うほかない。

　ところで，この段落の立論はアヴィセンナに由来する実体と偶性の区別を神に適用したものである。つまり存在者は実体か偶性かであり，神はそのどちらかと言えば，実体である。そして「実体」は範疇（述語の類）の一つである。それゆえ，それは類のうちにある。

神は種である

（41）さらに，種があるところには類がある——ポルフェリオスによれば——なぜなら，それらは相関しているから。ところで，神の本性はダマスケヌス『正統信仰論』第50章によれば，複数のペルソナに対して種である。それゆえ，云々。

ダマスケヌスは，父，子，聖霊，ペトロ，パウロ，などを個別者ととらえ，それに対して，神や人間を「種」ととらえる記述をしている。他方，アリストテレスの範疇論を研究したポルフェリオスは，種があればそれと相関して類があると言う。したがって，神の本性が種であるならば，それは「実体」という類のうちの一種と見られる。それゆえ，神は類のうちにある。

（42）同様に，英知は形相的に神について言われる。そしてこれは，それがわたしたちについて言われるのと同じ意味で言われる。なぜなら，存在者の一義性についての第3区分第一問題で主張したことは，英知の一義性を結論するからである。それゆえ，英知が神について言われる仕方の根拠にしたがえば，それは類のうちの種である。そしてこれは古の博士たちの言によって証明される。彼らは，種は神的なものに用いられると述べている。なぜなら，それは完全性を意味するからである。ただし，それは類ではない。なぜなら，それは不完全性を意味するからである。たとえば，「知識」は完全性であるが，「性質」は完全性ではない。

「神は英知である」と言われる。このとき，英知の意味は，基本的に「彼（人）は英知者である」と言われるときの意味と同じである。言うまでもなく，被造物とは異な

第Ⅰ部　神の単純性について　　441

り，神には卓越的に言われるが，それでも，英知をもつという基本的な意味は両者で同じである。ところで，「英知」は性質という類のうちにある一つの種である。ところで，英知の「種」は一つの「イデア」を示しており，古代のプラトン主義の知恵者たちは「完全性」であると言っている。それに対して，他の種との共通性の土台となる「類」は，より不完全なものである。なぜなら，それは完全性を欠いているゆえに種差によって補完されるものだからである。

(43) 反対は，博士の『命題集』のうちにあり，彼はアウグスティヌスを加えている。そしてアウグスティヌスによって，「神からは，弁論術で言われているかの範疇が除去される」と明らかにしている。

「博士」というのは，当時の神学科の教科書となっていた『命題集』を編集し，註釈を加えたロンバルドゥスである。彼は，そのなかでアウグスティヌスの真理文（命題）を引いているという。それが「神からは範疇が除去される」ということばである。つまりアウグスティヌスという権威によれば，「述語の類」（範疇）は，神には述語されない。

神の単純性と一義性

(44) ここに二つの極端な見解がある。一つは，否定的なものである。すなわち，神の単純性と，すでに第3区分の第一問題で触れた或る概念が神と被造物に共通であるという主張は両立しないという見解である。

スコトゥスは第3区分ですでに「一義性」を証明している。ところが，ある見解によれば，一義性と神の単純性は両立しない。つまり神の単純性を主張するためには一義性

は否定しなければならないという。スコトゥスは，以下，この立場の立論を紹介する。

(45) この見解に味方して，先には触れていないいくつかの論が主張されている。

第1の論は次のようなものである。すなわち，全体的に，かつ，非媒介的に矛盾した名辞のもとにあるものどもには，一義的に共通なものはけしてない。神と被造物は全体的に，かつ，非媒介的に矛盾した名辞のもとにある。すなわち，依存すると依存しない，原因されたと原因されない，他のものによって「ある」と他のものによって「ない」。それゆえ，それらに一義的に共通なものはけしてない。

スコトゥスは，第3区分では取り上げていない一義性否定の論を取り上げる。すなわち，完全に異なる二つのものの間には，共通性，すなわち一義性はない。ところで，神と被造物はこの種のものである。すなわち，矛盾対立したものである。それゆえ，それらの間には共通性，一義性は，まったくない。

(46) 同様に，第二に，次のように，かつ，それは他の論の確認である。すべての共通な概念は，共通がそれらについてあるものどもに関して，そのいずれでもない。矛盾したものどもに関していずれでもない概念はけしてない。なぜなら，それはそれらの一方であるから。それゆえ，云々。

この二番目の立論は，前の段落の論の確認にあたる。AとBに共通に言われるCは，Aでもなく，Bでもない。ところで，AとBが互いに矛盾したものであるなら，相互に，あらゆる意味で，一方に言えることは他方に言えない。それゆえ，そのいずれでもない概念Cは，無い。

第Ⅰ部 神の単純性について

(47) 同様に，第三に，次のように。第一義的に相違したものは，いかなるものにおいても一致しない。神はどの被造物とも第一義的に相違している。そうでなければ，それは一致する何かと，相違する何かをもつだろう。かくしてそれは端的に単純なものではないだろう。それゆえ，神はいかなる点でも被造物と一致しない。かくして，何らかの共通な概念において一致しない。

同じく，神と被造物は第一義的に相違している。もしも一致するものをもつならば，それらは互いに一致するものと，異なるものの二つをもっている。もしも神と被造物の両者にこの二つがあるとするなら，神もまた複合している。すなわち，それにおいて一致するものと，それにおいて異なるものの複合である。しかし神は複合物ではないのだから両者に一致したものをもたない。それゆえ，共通な概念はない。

(48) 同様に，ただ帰属の一性のみがあるところには一義性の一性はありえない。しかし，存在者の概念においては神に対する被造物の帰属の一性を主張しなければならない。それゆえ，これには，一義性はない。

帰属の一性とは，類比の一性のことで，アリストテレスが『形而上学』第4巻のなかで「存在」が実体と偶性の間で類比的だと言っていることを指している。つまり「存在」は第一義的に実体について述語され，二義的に偶性について述語される。なぜなら，実体があってはじめて偶性があるからである。これが帰属の一性，すなわち，まず実体に存在は帰属して，偶性には，後続する仕方で帰属するという一性である。これには一義性の一性はない。なぜなら，一義性の一性は先後の区別をもたないからである。ところで，神には第一義的に存在が帰属し，被造物には，第

二義的に存在が帰属する。それゆえ，神と被造物には，一義性はない。

(49) この見解に味方して，ディオニシオス『神名論』の主張が付け加えられる。すなわち，彼は神を認識する際の三つの段階を主張している。――卓越性の道と原因性の道と，否定性からの道――，そして彼は，否定性からの道を通る認識は究極的な認識であり，神から被造物に共通なものをすべて取り除いて得られる認識であると主張している。したがって彼は，被造物から抽象された或る概念が被造物に共通であったままの仕方で神のうちにあるとは理解していない。

前述のことは，ディオニシウス・アレオパギタ（500年頃）の権威によって補強される。すなわち，ディオニシウスによれば，被造物のうちに共通に見られるものをすべて取り除いて，つまりそれをすべて否定して，はじめて神の認識が得られる。したがって被造物から抽象して得られる概念は神のうちにはない，というのがディオニシウスの見解である。

(50) さらに，この見解に味方して，アウグスティヌス『三位一体論』第8巻第5章（章の中間で）「君が，この善とあの善を聞くとき（それらは別のところでは，良いものではないと言われているかもしれない），もし君が，分有によって善であるそれらなしに，それを分有することでそれらが善であるところの善そのものをとらえることができたとしたら（なぜなら，君がこの善とかの善を聞くとき，同時に君はそれ自身を知解しているからである），しかしながら，もし君がそれらを取り去って，善それ自身をとらえることができたなら，君は神を知ったのである。そしてもし君が愛をもってそれに固着するなら，継続して君

は至福であるだろう」。それゆえ，この善とあの善を知解することによって，分有によってそれらが善であるという善，すなわち，「無限な善」をわたしは知解すると，彼は言わんとしている。そしてそれゆえ，わたしはその場で，共通な善の概念をもっているばかりではなく，さらに本質的な善の概念をもっていると，彼は言わんとしている。

　アウグスティヌスはプラトンにならって善の分有論を主張している。つまり周囲に見られるどの善も，神の善を分有してはじめて善であるという立場である。そしてアウグスティヌスは，新プラトン主義のもっていた神秘主義のように，人の魂は善そのものへと至ることができると考えている。この立場は一義性の立場ではなく，むしろ帰属の一性を主張している。

神に固有な概念と一義性

　(51) その立場に反対して二つの論がある。それらは第3区分のすでに述べた問題において扱った論である。

　一つは，なぜなら，神に固有な概念はわたしたちの知性のうちに自然的に生じることがありえないからである。この現世の状態でわたしたちの知性を自然的に動かすものはどれも，すなわち，能動知性，感覚表象，事物の可知的形象のいずれも，わたしたちのうちに適合した結果を生ずるために事物の何性の概念と，各々の何性のうちに本質的に，あるいは，潜在的に含まれている概念をもっている。しかしながら神に固有な概念はいかなる仕方でもその何性のうちに含まれていない。すなわち，本質的にも，潜在的にも，それは含まれていない（本質的に含まれていないことは明らかである。なぜなら，彼は一義性を否定しているのだから。また潜在的に含まれていないことは明らかであ

る。なぜなら，より完全なものがより不完全なもののうちに含まれることは，けしてないからである）。それゆえ，云々。

　第3区分でスコトゥスが一義性を証明する論拠の一つが，人間知性が得る自然的認識のうちには神に固有な概念はないという論拠である。一見，この論拠は一義性の否定のように思われるのであるが，じつはそのように思ってしまうことがスコトゥスの言う「一義性」についての誤解を生じている。スコトゥスは，むしろ人間が認識をもつ過程を一つ一つ検討して，そこに神の概念が混じる可能性が皆無であることを確認する。つまり被造物は神ではないから，それを映す感覚表象には神の概念はありえない。能動知性の抽象はそのうちにあるものしか取り出さないのであるから，可能知性が受け取り，自ら（心）のうちに映す可知的形象のうちに神の概念があらわれることは，これも自然的にはありえない。

　こうして神の概念は，被造物から受け取られる概念には本質的にも潜在的にも含まれていないことを確認して，さらに，本質的に含まれていないことは，一義性を否定している人が言う通りなのだから，明らかだという。つまり反対者も認めているなら，むしろ疑いがないことの証明になるという論法である。

　「潜在的に含む」の意味が示されていないが，本質的に含まれるとは，それの「うちに」つねに見出されるものを意味している。これに対して潜在的に含まれるとは，それの「外に」在りながら，つねにそれと関わってあることを意味する。「固有性」とか「特有性」と言われる概念が，これに当たる。アリストテレスはそれを『トピカ』のはじめのほうで説明している。すなわち，「笑う者」という概念は，「人間」に述語されるし，逆に，「人間」が「笑う者」に述語されても，一般に真であると見られる。このよ

うなものは,「固有性」とか「特有性」と言われて,それ以外の「偶性」とは区別される。このとき,「笑う者」は,「人間」の本質に含まれていないが,本質に潜在的に含まれている。つまり人間はつねに笑うことができる者であるし,笑うことができる者と言えば,それはつねに人間を指している。この場合,「笑い」がたんに喜びの表情を意味するだけなら,ほかの動物にもありえるが,「人間の笑い」は,かならずしもそれだけではない。それゆえ,それは「人間に特有のもの」である。しかし,人間の本質のうちにそれが含まれるとは認識されない。

　ところで,神が,人間が知る概念に潜在的に含まれていないことは,不完全なもののうちに完全なものが含まれることはありえないという論拠によって証明されている。じっさい完全なものが不完全なものを含むことはあっても,その反対はありえない。なぜなら,不完全なものは何らかの完全性を「欠いている」からである。欠いているのだから,完全性を「もつもの」を本質的に含むことはありえない。また,その完全な本質概念の外に,しかしつねにその本質概念に固着して関わって「在る」こともありえない。なぜなら,「欠如」,すなわち「無」が,本質概念の外に「固有に在る」ことはありえないからである。

有意味な存在者 ens ratum

（52）他の人々の回答がある。すなわち,有意味な存在者は,それが有意味な存在者であるかぎりで（すなわち,第一存在と関係するものであるかぎり）それ自身の知識を生じる。かくしてその根拠のもとにそれを把握することは絶対的な根拠のもとにそれを把握することではなく,第一存在に関係した根拠のもとにそれを把握することである。

ところで，関係は知性のうちに相関の概念，すなわち相互の関係の概念を生ずる。――そして相互的な関係は，「それ自体において自存するものとして」把握されることはないから，ある仕方で，その関係の基礎の力によって把握されるのである。

ここで「有意味」というのは，「ことばになる」あるいは「心にはかられた」という意味である。そしてそのラテン語は，<ratum> で，「第一存在と関係するもの」で出てくる <relatum> と，親しい関係がある。言うまでもなく，この見解はスコトゥスに反対する見解なので，スコトゥスの理解ではない。とはいえ，「神のことば」に「なる」ことと，被造物が創造されてあることが，ほぼ同一のことと理解されているキリスト教会の教義が背景にある。それゆえ，「有意味な存在者」ens ratum は神のことばを根拠としてもつかぎり，それ自身の「知識」を生じる。つまりそこに生じる知識は，神の知識を根拠にもつ真正の知識である。

とはいえ，この見解の主張者は，その知識は直接にその絶対的な根拠から生じているのではないと言う。つまり人間が直接神からその知識を得ているのではない。そうではなくて，「有意味な存在者」が生じる知識は，その「有意味」が，「神との関係」によるものであるから，「神」が「その関係の基礎」になっていることから，真正の「知識」と言える，という論である。

神との関係とその基礎の絶対的認識

(53) その論に反対して，それでも次のように言うことができると思われる。ときに，何かわたしたちに，対象として自然的に現れ，知性認識される適合対象がある（どの

ような仕方でわたしたちの知性に現前するとしても）ならば，それはその対象自体についての概念と，本質的に，あるいは，潜在的にそれに含まれたものを生じることができるが，すでに述べた通り，神のうちに関係の基礎があるような何か絶対的なものは，けしてそれには含まれていない。これからそれをわたしは証明する。それゆえ，いかなる仕方でもわたしたちのうちにその絶対的なものの概念は生じないと結論される。かくして，わたしたちは神について，何らかの絶対的な概念を自然的に得ることはけしてない，と結論される。

　反対論に対してスコトゥスの反論が再開される。とにかく人間知性が自然的に対象とするもののなかには，神に固有の概念は本質的にも潜在的にも含まれない。同様に，神との関係の基礎となる概念も含まれない。スコトゥスは，これからそれを証明するという。

　(54) 前提の証明——なぜなら，述べられた回答は被造物のうちの〔神に向かう〕関係が，それ自身のために対応している関係，あるいは，対応している関係の基礎よりも先に，自然的に把握されていると想定しているからである（わたしはこれを疑っている。なぜなら，関係の終端は自然的に，関係よりも先に知性認識されるからである。同じように，基礎は，関係よりも先に認識される），——さらに，たとえ有意味な被造的事物がわたしたちによって知性認識されるのは，ただそれが〔神に向かって〕関係しているかぎりでのことであるとそれが想定しているとしても（これは第3区分の「痕跡について」**De Vestigio**[1]の問題において反証された。またそれはアウグスティヌスに反していると思われる。すなわち，『三位一体論』第7巻

---

1) Duns Scotus, Ordinatio I, dist.3 pars 2 nn.310-323　邦訳なし

第8章「すべての事物はそれ自体のために自存している，──ましてや神においては？」。──そしてアウグスティヌスは，自存するものについて，事物は自然的にそのように〔関係的に〕造られたのではないと述べている。そして自然的に，それはそれ自体において自存していると述べている。そうでなければ「すべて事物は自分のために自存する，ましてや神は」という論はなかっただろう。もし同じものが前提と結論において受け取られるなら），──わたしは言う，この見過ごされた論は，おそらく，敵対者によって否定されている。わたしは次のように論じる。すなわち，被造物のうちの〔神に向かう〕関係は，たとえそれ自身のために対応する関係の概念を自分の力で原因することができるとしても，その対応する関係は自身のうちに，その基礎となる絶対的な概念を含んでいない。なぜなら，被造物から神に向かう関係──それは逆の関係である──は，ただ，ことば上の関係であり，神の本質，あるいは，神の内の絶対的な完全性（その完全性は自然本性的にそれ自身である）を含まない。しかしながら，神の本質，あるいは，完全性は，神から被造物に向かう関係の基礎であると主張しなければならない。かくして，その関係を通して，わたしたちのうちに何らかの絶対的な完全性についての概念を生じることはできない。ただし，万が一にもありえないことであるが，別の関係が神に固有の完全性である絶対的なものを自分のうちに潜在的にもっていれば，できる。

　スコトゥスは，「関係」relatio はその基礎 fundamentum と，それの終端 terminus との間にできるものであるから，基礎と終端が知られてから，そののちにはじめて「関係」が知られると主張する。スコトゥスは，被造物のうちでの経験から「関係」を理解している。じっさい人と人との関係は，まず基礎となる人が認識されてはじめて，一方の人

と他方の人の関係が，両人を基礎として，またそれぞれを，終端（関係の目的）として認識される。そしてその関係には，方向性があって，両方向を対等に扱うことはできない。たとえば一方が他方の「上司である」という関係がある。この場合も，それぞれが近隣の関係でありうることがまず知られて（近在する実体どうし）から始まって，職場で一方が「指示を受ける」立場であることから知られる。また反対に一方が他方に対して「部下である」という関係も，両者が知られたうえで，一方が他方に「指示を与える」ことから知られる。

ところで，神に向かう被造物の関係は被造物だけからは知られない。なぜなら，基礎の一方が，あるいは，終端の一方が，被造物からは自然的に知られないからである。なおかつ，スコトゥスによれば，被造物に対する神のもつ関係は実在的であるが，被造物が神に対してもつ関係は「ことばの上」(rationis) のものである。なぜなら原因の結果に向かう関係は実在的であるが，結果から原因に向かう関係は実在的ではないからである。因果関係は双方向的ではない。すなわち，神が原因で被造物は結果であるが，人間（被造物）の側からは，この因果関係は原因と結果の実在的関係が見えてから，そのうえで言えることに過ぎない。

ただし，「ことばの上」の関係は，論証（ことばによる証明）で使える関係である。それゆえ，神の存在証明は，この関係の必然性にもとづいて証明がなされている。しかし，それは有意味な論理においてある証明であって，（スコトゥスが考える）実在的証明ではない。彼にとっての実在的証明とは，実地に検証できる（事物上で結果を出すことができる）証明である。

このような因果関係についての理解があれば，人間が知ることができる被造物の概念から，神に向かう実在的関係を引き出すことはできないと結論される。あるいは，たと

えそれができたとしても，神の絶対的な概念はそこに含まれることはない。絶対的な概念とは，他のものによらない，それ自体の概念のことである。このような概念は，スコトゥスによれば，直観的（直接的）にしか知ることができない。それゆえ，一方の基礎ないし終端から関係を通して知ることなどありえない。たとえば，二人が夫婦の関係にあることは知っていても，一方の夫しか知らないなら，夫婦の関係のみを通してその妻を知ることができるか。あの人の妻ならきっと，と想像することはできても，やはり直接に知る以外には妻の絶対的概念を得ることはできない。つまり彼の妻を本当に知ることはできないだろう。

(55) さらにそれが証明される。すなわち，彼らによれば，神の本質はそれ自体についての唯一の概念のほか，生まれながらに知性のうちに生じることはない。この推論が証明される。なぜなら，単純な知性体に関しては，それから生まれながらに得られるすべての実在概念をそれ自身は生まれながらに知性のうちに生じるからである（これはより不完全な対象には一致しない）。さらに，わたしは推論する。すなわち，それゆえ，その本質について何らかの実在的概念を生まれながらに生じる対象はどれでも，それについて生まれながらに唯一の概念を生じる。――もし唯一の概念を生じないなら，いかなる概念もそれについて生じない。しかし，いかなる被造物も神の唯一の概念を生じることはできない。なぜなら，もしもできるなら被造物からこの個体的本質である概念のもとに神が認識できることになるだろうから。それゆえ，いかなる被造物によっても――かの見解によれば――神の本質についての個体的概念は，何ら得ることはできない。

神の本質は単純な本質である。それゆえ，それは複合した概念を生まれながらに知性のうちに生じるのではなく，

唯一の概念として知性のうちに生じる。天使のような単純な知性体も同じである。つまりその唯一の概念のうちに，それが含んでいるすべての概念を含んで本質が知られる。ただし不完全な概念は完全な概念を含むことはないから，含まれたものから含むものの本質を知ることはできない。それゆえ，一般的に本質は唯一の概念を生じると見られるから，もしも神が被造物から知られるなら，それは唯一の概念として知られるのでなければならない。しかし，事実はそうではない。

概念は確実か疑わしいかのいずれか

(56) 前述の問題において扱った第2の論とは，一つの確実な概念と，二つの疑わしい概念があって，確実な概念は，それらに共通であるという論であった。

前述の問題とは第3区分で扱ったもので，その第2の論とは，一義性の証明の第二のもの（第3区分の第27段落）である。たとえば，世界の原理として疑わしい概念がある。すなわち，それは火であるか，水であるか。しかしいずれにしても，両方とも，確実に「存在者」である。このとき，「存在者」という確実な概念は，疑わしい二つの概念に「共通な概念」である。

(57) それについては三つの仕方で答えられる。第一に，ある同一の概念が「確か」で「疑わしい」：たとえば，概念がソクラテスか，プラトンか，疑わしく，或る人間の概念であることは確かである，——しかしながら，それとこれとは同じである。

一義性の証明のうちの第2の論について反論が示される。その第一が，二つの疑わしい概念と一つの確実な概

念がそれぞれあるのではなく、一つの概念が確かで、同時に疑わしい、というものである。たとえば、ある人間の概念があるが、つまりそれが人間の概念であることは確かであるが、その同じ概念がソクラテスか、あるいはプラトンか、それはわからないと見るのだ。つまり同じ概念がソクラテスにも見えるしプラトンにも見える、と受け取られる。

(**58**) その見解は無意味な主張である。なぜならたとえ同じ概念が文法的かつ論理的な意味でさまざまに異なることはありえても（文法的に、さまざまな仕方で指示することに即して。論理的に、把握するさまざまな仕方に即して。たとえば、普遍者と個体に即して、あるいは、明示的と含意的とに即して：すなわち、明示的にとは、定義が表すように。含意的にとは、定義されるものが表すように）、そしてそのような相違によって確実性と不確実性のみでなく、さらに真理と誤謬、一致と不一致が主張されうる。——しかしながら、同じ仕方で把握され受け取られた同じ概念は、それらの仕方では、またそれらの仕方であるかぎりでは、確実で、かつ、疑わしいということは、まったく同じものを、肯定し、かつ否定することである。それゆえ、もし存在者の概念が確実で、かつ被造的存在者と非被造的存在者の概念が疑わしいのなら（そしてこれは、文法的な指示のさまざまの仕方にしたがって、ではない。また論理的な把握の仕方の違いにしたがって、でもない）、それは端的に別々の概念である。そしてこれは求めている真理文である。——あるいは、それらは個別と共通という把握の仕方にしたがって、異なる概念である。これもまた、求めている真理文である。

スコトゥスは、同じ概念が文法的に、あるいは論理的に、異なる仕方で表され、受け取られることを認める。し

かし言うまでもなく, 真なる表示が真なる認識であって, 誤った仕方での表示は誤謬である。ところで, 真か偽か, 正か不正か, 疑わしいか確実か, 肯定か否定か, いずれか一方であると, 同一律・矛盾律にしたがって決定するのが, 真理を追求する哲学である。したがって同一の概念がどちらとも知れないことは, 真偽未決定であって, 真理ではない。

したがって疑わしい概念と確実な概念は別々の概念として区別しなければならない。またそれらが個別と共通という異なる把握にしたがって別々に受け取られるなら, それらは個別の概念と共通の概念という別々の概念である。そしてこれらの結論は, スコトゥスの立場が真理として求めている真理文に一致する。

近似して一つに見える概念

(59) **別の仕方で言われている。すなわち, 近似の二つの概念があって, しかしまたその近似性のために一つの概念に見える, ——そして「一つ」について確実であると見える。すなわち, その二つの疑わしく把握されたものについては確実であると思われるが, その区別されて把握された二つのものについては疑わしい。**

ほぼ似た内容のものが異なる表現で反論として挙げられている。つまり「だったらこう言ったらどうか」という種類の, 先の回答の意味を理解しない反論である。この論は, 二つなら疑わしく, 一つなら確実, という真理基準をつくって, 二つに区別されて見えるときは, それが疑わしく見え, 一つに見えるときは, 確実だと見えるだけではないか, という。

(60) 反対。ある複数の概念が何らかの一性のもとに把握されるのは、同時にか、先だって自然本性的に、その一性に想定されるそれ自身に固有の区別のもとに、それらが把握される場合にのみであるなら、知性はその一性をそれらがもつかぎりで、それらについて確実で、それらが区別されるかぎりで、それらについて疑わしいということはありえない。あるいは、知性はそれらの一性について確実で、かつ、それらの区別について疑わしくは、ありえない。あるいは、知性はその一性の概念のもとにそれらについて確実で、固有の区別の概念のもとに、それらについて疑うことはありえない。しかし神と被造物について言われる存在者を把握している知性は、──もしそれらが二つの概念であるのなら、それらの概念を一性にしたがってもつことは、自然本性的に先立って、あるいは、同時に、それらを区別された概念のもとにもつのでなければ、できない。それゆえ知性は、神と被造物について、多数の概念のもとに疑いつつ、一つの概念のもとに確実であることはできない。

　概念が「一つ」であることについて、度重なる反論が十分な理解をもっていないことを言おうとして、スコトゥスは多くのことばを積み重ね、長い一文をまずかかげている。ラテン語は英語と同様に関係する節を後につけていくことができるので、その内容を不明瞭にせずにこんなふうに続けることができるが、短くすることで簡潔になる日本語への翻訳はむずかしい。とはいえ、スコトゥス自身、掲げた長い一文がラテン語でも長すぎるものだということを理解していて、すぐそのあとに「あるいは」を二度繰り返して簡略化した二つの短い文を述べている。

　文意は次のことである。人間知性はまず個々のものを別々に区別して受け取って、それらの間の共通性を明確に認識したうえで、その共通性の明確な認識をもとにして、

第Ⅰ部　神の単純性について

同時に,「区別」を明確にすることができる。したがって,「あるもの」を「一つ」の概念として受け取ることがなければ,いくつかの異なる概念を,区別された複数の概念として明確に受け取ることはできない。つまり学知としては,共通性が認識できたうえで,区別がされるのである。したがって,区別された時点では,共通性が疑わしい状態にあることはない。同時に,そのときは区別も明確になっている。

したがって神と被造物について二つの存在者の概念が,一方で区別しがたくあって,他方で一つの存在者の概念について確実である,ということはできない。なぜなら,そもそも区別しがたいのなら,それは共通な概念のもとに認識されているからである。したがってもしも共通な概念で認識されることが,つまり一つに見えることのほうが確実なら,それが区別されることはない。したがって,複数の概念について疑わしいと言うのは矛盾がある。

しかしこれは,「類比的存在」についての批判である。なぜなら存在の類比の理解では,まず「規定されていない存在」があって,それは神の存在であるとも言えるし,被造物の存在であるとも言える。そして人間は,被造物からこの「存在概念」を得る。そして,被造物についての具体的経験から,この存在概念をさまざまに規定する区別を認識する。範疇（述語の類）の違いは,その区別の類の型である。そして神はそれらを「超えたもの」であると知って,それらを否定し,超越する存在概念を受け取り,神に述語する。このとき,被造物の間でも,また神と被造物の間でも,「存在概念」は一つでありつつ,異なる概念である。

スコトゥスは,このような存在概念の受け取り方は知性（知識を形成する能力）には本来できないと主張する。したがって,存在概念を類比的に受け止めて,神と被造物に

ついて複数の概念のもとに疑わしく、一つの概念のもとに確実だと言うことはできないと、スコトゥスは言う。

(61) 大前提の証明。なぜなら、もしaとbについて疑わしく（あるいは、aとbについて疑いがありつつ）、或る概念について（あるいは、どの概念についても）確実性があるなら、その一つの概念、あるいは、その二つの概念は、aとbが把握されるよりも自然本性的に先立って、それについて、あるいは、それらについて、確実性をもつ概念のもとに把握されている。【[2)]それゆえ、反対に、aとbについて、それらが固有の区別のもとに先立って把握されることなしに、何らかのものが、aとbについて把握されることはできないとすれば、知性はそれらについて、ある一つの概念のもとに確実で、かつ、区別の概念のもとに疑わしくあることはできない。】

スコトゥスは第60段落の大前提（ある複数の概念が、……それについて疑うことはありえない）を証明する。つまり、あれかこれかで、疑っている状態があるときでも、それとは別に、わたしたちが確実な概念をもつなら、それをより先にもっている。すなわちaかbか、それらを疑っているとき、わたしたちは二つの疑わしい概念をもっている。そしてわたしたちが何か確実な概念をもつとすれば、それが一つであっても、一つに見える二つであっても、その確実な概念はaとbが把握されるよりも自然本性的に先に把握されている。

なぜなら、知性は、知ることを本性としている能力であるから、疑わしいことよりも確実なことを先に知るか

---

2)【 】カッコ内は、テキスト編集者によれば、誰かによって挿入されている。小著は、それなしには理解しがたいと見て、スコトゥス自身の挿入と見る。

第Ⅰ部 神の単純性について

らである。じっさい，疑っている対象は「知っている対象」ではない。そして「知っている対象」は，「区別されて」distincte 知られているものであり，それは，「判明に」distincte 知られている（訳語のうち，前者は中世的である。そして後者は，近代のデカルトで使われる）。しかし，二つの概念が区別されて・判明に把握されているにも関わらず，それらについて疑いがあり，二つの概念について一つの概念が確実に見えるとすれば，「疑わしい概念が，その前に判明に知られている」と言わなければならない。これは矛盾だと言うほかない。

（62）しかしながら，関係をもつ概念が先に把握されていることが認められる。——反対。まったくバラバラなものとしてであるか，——それゆえ，一つのものに「見える」ことはない。あるいは，何らかの秩序の一性をもつものとしてであるか。このとき，あるいは自身と対立する区別の一性をもつものとしてか，あるいはどれに対しても対立する区別の一性をもつものとしてか，——そしてその場合，小前提の証明：神における存在者と被造物における存在者がもし属性をもつ二つの概念であるなら，属性の一性をそれらがもつかぎりでそれらが把握されるのは，それとこれが区別されるかぎりで把握される，すなわち，それとこれとがそれぞれの固有の概念のもとに把握されるのが，ただ本性より先立つとき——あるいは少なくとも同時であるときのみである。なぜなら固有の概念のもとにあるそれらは「秩序」と「属性」の一性の基礎だからである。

反対論として提示されている「関係をもつ概念（複数）」というのは，前段の「 a と b 」の概念のことである。そのほうが確実な概念よりも「先に」把握されることがあるだろう，という反論である。スコトゥスは，それがもしも区別されて，つまりそれぞれが他と離れたものとして受け取

られているなら，その段階で知性には「一つ」に見えていない，という。

　以下の「あるいは」は，言い方の違いであって，秩序はそもそも「上下に区別される」ことが前提（先）になる。あとの，「自身と対立する区別の一性」とは，実体と区別される「属性の一性」のことである。そしてもう一つの区別は，まさしく各々個々のものが区別されていることが前提になって複数の概念がとらえられているというもので，これも秩序と同様，区別がすでに明らかである。

　それゆえ，小前提の証明として属性の一性についてのみ証明が加えられている。神と被造物が二つのもので，それぞれが属性をもつのなら，そしてその属性のもとに二つのものが把握されるなら，やはり先だってか同時に，二つのものが区別されて把握されている。なぜなら，それらはどちらも，秩序や属性がもつ一性の基礎になるものだからである。

(63) それはアリストテレス『霊魂論』第2巻[3]の議論によって確かめられる。それは共通感覚についての議論であって，彼は白と黒の相違の認識を通じて共通感覚が共通であることを結論している。そして，その差異の認識から，彼は，彼がそれらの名辞を認識していることを結論している。なぜなら，もしも固有の概念のもとに彼がそれらを認識することなしに「差異」であるこの種の関係の概念のもとにそれらを彼が認識することができるなら，彼の議論は意味をなさないからである。それゆえ，同様に求めている真理文において，a と b が，同時にその関係，——すなわち，秩序の一性の関係——の概念のもとに認識されうるのは，固有の概念のもとに a が認識され，固有の概念の

---

3)　アリストテレス『霊魂論』第3巻第2章 (426b)

もとに **b** が認識されてはじめて可能なのである（君によれば，それらに共通なものはないから）．かくして秩序の一性のもとにその二つを把握するどの知性も，それらを，それ自体において**区別されたもの**として把握している．

　同じく，前段で問題にされていることについて，今度はアリストテレスの権威を味方にして論じている．すなわち，彼の『霊魂論』第 2 巻にある論述をスコトゥスは取り上げる．すなわち，白と黒の相違の認識を通じて，つまりまずその認識があって，はじめて共通感覚の共通性をアリストテレスは結論している．もしも差異のほうが共通という関係を通じてはじめて認識されるとしたら，アリストテレスのその議論は意味がないだろう．なぜなら，共通感覚のほうがより明らかで，それによって白と黒の差異が見えてくるなら，白と黒の差異から共通感覚を結論するのは逆だろうから．それゆえ，むしろ固有の概念のもとにそれぞれが認識されてはじめて，それらの共通性が認識されるのである．

区別された概念が一つに見える

(64)[4]「一つの概念に見える」という論に反対して，よりうまく次のように論じられる．すなわち，端的に単純な二つの概念は，知性のうちに，いずれも明晰にあるほかない．なぜなら，その種の概念はまったく知られていないか，全体的に達せられているか，いずれかだからである

───────
　4）　64 段落から 67 段落までは，テキスト（原文）の編集者によれば，あとになって付け加えられた部分である．つまり他の箇所と比べて，文（表現）の吟味が不十分である可能性があり，またより深められた議論になっている可能性がある．

(『形而上学』第9巻最終章)[5]。それゆえ，それについては知性は或る意味で確実で，別の意味で疑わしいとか，欺かれているとか，そういうことはない。それゆえ次のような論が作られる。すなわち，知性は二つの概念をもつ。もし一つのものがそこに「見える」なら，いずれの概念についても，或るものが知性には明らかである。かつ或るものが明らかでない。これが両立する。そうでなければ，つねに「一つのもの」が見えるだろう。それゆえ，いずれの概念も端的に単純でない。それゆえ，それらは第一義的に相違するものではないし，究極的に抽象されたものでもない。

同様に，二つなのに「一つに見える」という論に対してより有効と思われる論をスコトゥスは提示する。それは，概念のなかの「端的な単純な概念」を用いるものである。「端的に単純な概念」とは，さらに分解することができない概念，一つの意味しか見出されない概念である。たとえば，白や黒は端的に単純ではない。なぜなら，それぞれの色の種の特徴以外に，「色」の概念が含まれているからである。しかし，この「色」という概念は性質の一種とされるが，かと言って他の性質との間に「差異」が指摘できるほどの複数の意味内容は含まない。それゆえ，それはより端的な単純な概念である。しかし完全に端的ではない。なぜなら，「存在者」の概念を含むからである。ところが，その「存在者」の概念は，ほかの概念を含まない。それゆえ，「存在者」は端的に単純な概念である。

ところで，端的に単純な概念は「一つの意味」しかもたないので，「知られているか」，「知られていないか」のいずれかでしかない。なぜなら，異なる部分をもつなら，一部を知って他の部分を知らない，ということが起こるが，一つの意味しかもたないなら，そのようなことは起こらな

---

5) アリストテレス『形而上学』第9巻第10章（1051b）

いからである。そのような対象については，知性は一つの意味しか受け取らない。また，一つの意味でのみ受け取るので，それが疑わしいか，確実か，いずれかの仕方でのみ，それを受け取るほかない。

ところで，二つのものが「一つに見える」という反対論においては，じっさいには，知性は二つの概念をもっている。その状態でそれらが一つのものに「見える」という状態が，反対論が言っている状態である。この状態では，知性には一つのものしか見えない。ところでものは，知性に「見える」かぎりで知性自身に「明らか」である。つまり一つのものだけが明らかである。しかし同時にその知性には，何かが明らかでない。なぜなら，二つのものをもっているのに，一つのものしか明らかでないからである。

しかし，このようなことは端的に単純な概念については起こらない。なぜなら，それは知られているか知られていないかのいずれかでしかないからである。それゆえ，知性がもっている二つの概念は端的に単純な概念ではない。したがってまた，それはそれ以上分割できないものではないし，究極の抽象されたものでもない。一般に，前者「それ以上分割できないもの」とは「究極的差異」であり，後者「究極的に抽象されたもの」とは「範疇」に数えられる最高類である。

(65) 同様に，区別された概念をもつ知性は「認識された対象」を，それがもつ概念から区別できる。かの知性は，区別できない。なぜならそれは区別された概念をもたないから。——それゆえ，固有の概念ももたない。なぜなら，固有の概念は別の概念と矛盾するから。それゆえ，この概念を把握するものは別の概念と矛盾するものを把握している。たとえば，視覚は，それによってそれと黒を区別しないかぎり，黒と矛盾する何かを見ない。わたしは，概

念を形相的対象と呼ぶ。——じっさい，固有の概念のもとに二つの対象が（それらに一方は他方と第一義的に相違する），わたしによって知性認識されている。わたしが，これが何であるか区別できないとすれば，わたしはそれらの固有の概念を知性認識していない。それゆえ，何も認識していないか，あるいは，共通の何かを認識している。

「区別された概念」conceptus distinctus というのは，「明晰な概念」ないし「明確な概念」とも訳される。「対象」というのは，すでに述べたように，「心に映じたもの」，つまり「心象」である。知性は，その心象から，ことばを使って「概念」を引き出す。すなわち，心象はことば以前の認識であるから不明確であり，他の概念と区別できない。また，概念を区別してもっていない知性とは，まだ心象から概念を引き出していない知性であるから，その概念と心象との区別も，もっていない。「かの知性」とは第 59 段落にある知性を指す。この知性は，したがって，この概念については知性本来のはたらきに至っていない。それゆえ，心象のうちに含まれたさまざまな固有の概念をもっていない。他方，固有の概念は別の固有の概念と区別され，その間で矛盾する何か（相違）をもっている。たとえば，視覚が白と黒を区別するとき，視覚は，白のうちに黒には無いものを認識する。そうでなければ白と黒は区別できない。

スコトゥスは，この固有の概念，区別された概念を，「形相的対象」と呼ぶ。したがって形相的対象どうしは，第一義的に相違する。言うまでもなく「明確な区別」は「ことば」によってなされるので，それは「ことばによって（論理的に）明晰になる対象」である。したがって二つの概念があるのにそれが区別されないのなら，知性はこの対象をいまだ認識していない。それは心象を受け取っているだけの段階に居る知性である。そして心象が，二つの概

念が引き出されてくる元であるなら，心象を受け取っている知性は二つの心象に共通なものをかならず認識する。

「在るか」と「何であるか」

(66) 同様に，「在るか」どうかの認識は，「何であるか」の問題を引き起こす。『分析論後書』第2巻[6]によれば。

　前段から見ると，唐突な論である。しかし「それ」が「在るかどうか」は，「それ」が「何であるか」決まらなければ，決められない。つまり「何であるか」は，主語の位置に来るものを決める。そして「在るかどうか」は，その述語である。ところで第3区分で論じられている「一義性」は，「神の存在証明」の前段に当たる「神」は「何か」という問題としてある。つまり，神が在るかどうかは，神が何であるか，言い留めることができてはじめて妥当と成る問題である。

　そして，「それ」が「何であるか」は，「それ」の「区別された概念」である。つまり神が，被造物とは「区別された概念」として，どのように認識されるかの問題である。

類比における確実な概念

(67) 同様に，簡略に次のように論じられる。知性はそれが確実であるとき，一つの端的な概念について確実であるか，そうでないかである。他方，「類比の一性」において一つのものについて確実である。もし第一の仕方で，これについても，あれについても，確実でないなら（なぜな

---

6) アリストテレス『分析論後書』第2巻第1章（89b）

ら，いずれも個別的には疑わしいからである），それゆえ，或る第三の端的な一つのものについて確実である。これは求めている真理文である。もし第二の仕方でなら，そのように一つであるかぎり，真である。――しかしそのように一つであるものについて，わたしは論じる。すなわち，二つのものがあるとしてその二つのものについて確実であることなしには，「類比の一性」において一つのものについて確実であることはありえない。それゆえ，その二つは，知性には「一つのもの」があるとは見えない。なぜなら，それらは同時に区別された概念として把握されているからである。

簡略に，と言われているように，述べられてきたことを二つにまとめている。一つは端的な概念について，もう一つは類比的に一つの概念について。端的な概念とは，端的に単純な概念のことである。すでに証明されたように，それはそれぞれ一つの把握しかないのであるから，疑わしい概念が並んでいても，それとは別に，第三の概念として確実な概念があるのでなければならない。

また，類比的に一つの概念であると言っても，類比は，比例という関係性であるから，二つのものがなければ，それについて「類比」が言われることはない。それゆえ，類比の確実さの前にその類比が主張されている二つのものがあるのは確実でなければならない。つまり，たとえ「一つの類比」は「一つ」に見えるとしても，そのためには，そのもとに「二つのもの」が知性には確実に見えていなければならない。

何が確実で，何が疑わしいか

（68）第三の仕方で答えられる。一つの概念について確

第Ⅰ部　神の単純性について　　　467

実性があって,二つの概念について疑いがあるのではなく,二つの区別された概念について確実性があって,それらのどれかについて疑いがある。たとえば,「これが存在者であるとか,これが実体であるとか,これが偶性であるとかについては,わたしは確実であり,他方,わたしは決定的に,この存在者が実体としてあるか,それとも,その存在者は偶性であるか,疑う」。

　反対論者による返答である。その内容は,具体例から判断するしかないが,かなり詭弁的である。存在者か,実体か,偶性か,と区別して把握している者が,実体か偶性か疑う,と言っているのと同じである。ただし,哲学が前提の吟味であるという意味では,自分の把握をそれでも確実かどうか疑うことは,たしかに,哲学することである。しかし,反対論者は,神が認識されていることをむしろ主張しているのであるから,何が前提となって神の認識が主張されているか,正しい認識をもっていない。この認識なしには吟味すべき前提が本当は何か,とらえそこなうことになる。

存在者の把握が先行する

　(69) 反対。その確実性は存在者を分割するどの把握よりも先のものである。それゆえ,それは「すべての区別されるもの」の確実性より先立っている。前提が証明される。なぜなら,「これ」が何かである,あるいは,存在者であると知られる第一の把握のうちには,それ自体からあるか,他のものからあるか,それ自体によってあるか,他のものにおいてあるか,そしてその他,このような区別について把握することは,ないに違いないからである。

　スコトゥスは「存在者」の概念の把握の確実性はその存

在者を分割する概念「実体」と「偶性」の把握よりも先であることを指摘して、反対者が「存在者と実体と偶性」を等しく列挙することが誤りであると言う。つまり「それ自体からあるもの」か、「他のものからあるもの」か。すなわち、神のように、ほかのものからでなく、それ自身から存在するか、あるいは、被造物のように、それ自身からではなく、ほかのもの（神）から存在するか、という区別。また「それ自体によってあるか」、「他のものにおいてあるか」、つまり実体か、属性かの区別。これらの、存在者をまず分割する概念（規定）は、存在者の概念とは区別される。そして存在者の概念のほうが、それらの分割する概念より先に知性に認識される。したがって分割する概念が確実かどうか言われる前に、存在者の概念が確実かどうか言われる。

そしてそれが確実でなければ、それと組み合わされる概念（分割する概念）がたとえ確実であっても、組み合わせられた概念全体は、どれもけして確実でない。それゆえ、存在者の概念の確実性が想定できないとすれば、すべてが疑わしいことになる。なぜなら、「存在者」の概念は、神と被造物と実体と偶性のすべてのものについて言われる述語であるから。したがって存在者の概念が確実でなければ、知識は求められない（知識を得られる可能性はない）。

それゆえ、それは確実に認識されるか、確実な認識はまったく無いか、いずれかでしかない。

アンセルムスの端的な完全性の説

（70）さらにそれ（42）に反対して、前述の第4の論に賛同する確認がある。それは知性の究明についてあった論である。すなわち、わたしたちは自然的な探究によって神

第Ⅰ部　神の単純性について

についての知性の究明を経験する。その探究において，わたしたちは不完全性を意味する被造物のことばを被造物のうちに在ることによって在る不完全性から引き離し，そしてそのことばを，それ自体にしたがって受け止めて，わたしたちはそれを無差別的に考察する。そしてそのことばに最高度の完全性をわたしたちは当てはめる。このようにしてそれを最高度に受け止めて，わたしたちはそれを創造者に，彼自身に固有なものとして当てはめる。

　「前述の第4の論」とは，第3区分の第39段落の論を指す。

　この段の翻訳3行目，校訂版テキストでは「不完全性を意味する」となっているが，いくつかの写本では「完全性を意味する」となっていて，文脈からすれば，こちらのほうが正しいように思われる。なぜなら，じっさい，この探究は聖アンセルムスの「端的な完全性」の説による神の探求だからである。つまり「それでないよりもそれであるほうが良い」完全性が被造物のうちに見出されるなら，それがもつ被造的な不完全性を取り除き，その完全性をはだかのまま受け止め，それから最高度の完全性をもつものとして神に述語することができる。第3区分では，この探究は一般に受け入れられているものであるから，一義的な概念が認められていることは明らかであると論じている。

（71）そのようにアウグスティヌスは，『三位一体論』第15巻第3章あるいは第5章で論じている。「わたしたちは疑うことなく，創造者を被造物よりもすぐれたものと見なしている。それゆえ，彼はまた，最高度に生きていて，あらゆるものを感受しているし，理解している」。彼はこのことを次のことで証明している。「生きているもののほうが，生きていないものよりも，感覚をそなえたもののほうが，感覚しないものよりも，知性をもつものほうが

知性をもたないものよりも、不死のもののほうが死ぬものよりも、良いもののほうが悪いものよりも、好ましいものであると、わたしたちは判断している」。——この論は、もしも被造物のなかでより好ましいものとして言われているその種のものが、最高度の状態で神について言われるものと同じ概念であるということでなければ、意味の通らない論であると思われる。

(72) 同様の論はしばしば博士たちや聖人たちによってなされている。

じっさい、そのように形相的に神のうちに知性と意志が主張され、また絶対的にというだけでなく、無限性とともに主張される。——能力も、英知も、同様にまた自由意志も、同様に主張される。そしてアンセルムスは『自由意志論』第1章で、自由意志は「罪を犯す力である」という定義を否認している。なぜなら彼によれば、その場合、——そうであるかぎり——、神のうちには自由意志はないことになるからである。それは誤りである。すなわち、もし神と被造物に当てはめられる自由意志が全く別々の概念であるとしたら、彼の否認は意味のないものになるだろう。

同様に、「自由意志」についても、アンセルムスの論はその一義性を前提としている。そうでなければ、「自由意志とは、罪を犯す力である」は神にふさわしくないものであると彼が主張していることが、無意味なものになる。

ディオニシウスの否定神学

(73) さらに、これはディオニシウスが示した道である。なぜなら、彼が第三の道を通って、すなわち、第三の段階においてかの「除去を通した認識」に達するとき、わたし

第Ⅰ部　神の単純性について

はそこにおいて，その否定は正確に認識されているかと問う。——そして正確に認識されているなら神はキメラ以上に認識されていない。なぜならその否定は存在者と非存在者に共通なものであるから。あるいは，そこでは或るポジティヴなものが認識されていて，それにその否定が帰せられる。——そしてその場合，そのポジティヴなものについて，わたしはその概念が知性のうちにいかなる仕方で得られるのか問う。もし原因性と卓越性の道を通して知性のうちに前もって原因されて何らかの概念が得られているのでないなら，その否定が帰せられるポジティヴなものは，まったく認識されないだろう。

　ディオニシウスが示した神探究の道は否定神学である。徹底的な否定を通じて本当の神が認識されるという主張である。しかしスコトゥスは，全くの否定は神の認識なのか，キメラの認識なのか，区別できないと主張する。神の認識であると積極的に言うことができるためには，何らかのポジティヴ（肯定的）な認識が必要である。もしもその認識が被造物のうちから原因性と卓越性の道を通して生じているのではないなら，どんなに否定を尽くしても，それによっては何も認識されない。

（**74**）さらに，その論が確かめられる。なぜならわたしたちは，神は形相的な石だとは言わず，形相的な英知者だと言うからである。しかしながらもし概念に対する概念の帰属を正確に考慮するなら，形相的な石は，神の内の或るものに帰せられる——神のもつイデアに対するように——ちょうど，英知と同じように。

　端的な完全性の説に関して，或る問題が指摘されている。すなわち，神は英知であるとは言うが，石だとは言わない。しかし，石も，神によって創造されたものである。それゆえ神のうちにその根拠（イデア）がある。したがっ

て，もしも神は英知であると言うことができるなら，石の概念を，神の知性がもつ石のイデアに帰する仕方で神は石であると言うことができるのではないか，という疑問である。

端的な完全性としての英知と
イデアとしての英知

（75）[7]次のように答えられる。すなわち，神は，神のうちに英知のイデアがあるから英知者と言われるのではなく，神のうちにその種の端的な完全性があるから，そのように言われるのである。ただし，それは被造的英知とは別の概念である。

以下の論は，テキストに後から付加されたものであるので，スコトゥス自身において十分に検討されていない論である可能性がある。それゆえ，解釈も不明瞭になってしまう。

さて，この段は，神が英知と言われるのはそれを根拠（イデア）として被造物のうちに創造された英知とは別であって，あくまでも端的な完全性としての英知であるという反論である。

反対：
（76）「神の内の英知」の或る分有が，わたしたちの英知である。同様に，またそれはイデアの分有である。しかし，それが同じものを本質的に分有するなら，それは唯一の完全なものを分有する。

---

7) 以下，75段落―77段落まで，ラテン語テキストの編集者によれば，スコトゥスにより後から付け加えられたものである。

第Ⅰ部　神の単純性について　　　　　　　　　　473

　神がもつイデアは，一般には，神の知性のうちにあるものとして述べられる。したがって，神の本性の属性として述べられるものとは，違うものであるというのが先の論である。しかし，それに反対して，この段の見解は別のものと考える必然はないという意見である。つまり神の単純性から言えば，英知を知性のうちに限定されている個別のイデアと見るか，神の本性全体に帰属する属性と見るか，その区別は実質的にはない。いずれにしろ被造物は，神の内の完全なものを分有しているかぎり英知であると言われる。

　(77) 同様に，イデアに対するイデアを与えられたものの関係は，測るものに対する測られるものの関係である。ところで，唯一の測られるものは，唯一の測るものに対してしか照応していない，——イデアはその測るものである。それゆえ，それによって神が英知者であるところの英知は，同じものの測るものであるのだから，それはイデアと区別されない（回答：イデアは，固有の測るものであり，固有の分有されるものである。あるいはむしろ，測るものと分有されるものの関係である。——英知は，そのようなものではない。そうではなくて，測るものと分有されるものの関係の基礎であり，共通なものであり，固有のものではない。なぜなら，一つの被造物が，他の被造物と同様に，その完全性を分有するからである）。

　前段に引き続く論が後半の括弧まで展開されている。後半の括弧内がスコトゥスの回答と見られる。

　イデアとイデアを分有するものは，測るもの（尺度）と測られるものとの関係にある。ところで，イデアを分有するもの，測られるものが唯一のものであったなら，イデアも唯一のものである。つまり被造物にきわめてユニークで，たった一つのもの（他のいずれとも類似性がない）が

あったとしたら、それに対しては、ほかのイデアで間に合わせることはできない。やはり独自のイデアを想定しなければならない。この論者は、神について言われる英知はそのような英知であると言っている。

しかし、被造物のうちの英知は、少なくとも、複数の人間のうちに見出されるものであるから、その意味でユニークなものとは言い難い。この論者の言うユニークの意味が、ほかの属性とは形相的に区別される独自のもの、という意味であるなら、ここで言われているのは、前段の論と異なるところはない。

括弧内のスコトゥスの回答は、英知のイデアと、神の属性として言われる英知は区別される、という主張である。すなわち、属性として言われる英知は、むしろ尺度としてのイデアと、イデアを分有するものの間の関係の「基礎」であると言う。それは一方の固有のものではなく、両者に共通のものである。つまりそれは、或る一つの被造物が分有し、かつ、同様に（共通に）、別の一つの被造物が分有する完全性である。したがってこの英知は神の生命の英知であって、被造的実体の生命全体に見出される「生命の英知」である。他方、英知のイデアは、特定の種の内の被造物のみが個々に異なる仕方で分有する英知である。

（78）そして同様に、もし君が、わたしたちが神からの結果として何らかのものを結論して、そこにはただ比例があるのみで十分であって、類似性はいらないと言うのなら、——これは答えにならない。論を確認する。すなわち、神を原因の概念のもとに考察するなら、被造物から、よく比例的に認識される。しかしこの仕方で、被造物のうちに形相的にある何か完全なものが神のものだと認識されるのではない。そうではなくて、ただ原因的に、すなわち、神がそのような完全性の原因であるということが認識

第 I 部　神の単純性について　　　475

される。しかしながら，帰属されたものは神について形相的に言われた端的な完全性である。——それゆえ，その種のものは，神について比例の道を通じて認識されるだけでなく，さらに類似性の道を通して認識される。すなわち，その種のものにおいて，神と被造物に共通な或る概念を主張しなければならない。ただしそれは，神を原因性の道を通して考察する際の第一の道における共通なもののようにではない。

　この段にあるのは，スコトゥスが考えている「神の存在証明」と「端的な完全性」の関係である。神の存在証明のほうは，実在する原因の系列がもつ必然性の関係を背景としたものである。ただし，実在する原因の原因性は，神から被造物への関係の実在性である。しかもこの原因は，神の意志によって起こされた因果性であるから，偶然的である。他方，被造物から神へとたどることができる結果から原因への系列の必然的な関係性は実在的ではなく，論理上（ことばの上）のものである。なぜなら，実在している関係性は，原因が「何かを原因する（生じる）」実在のはたらきの関係であって，生じた側からの関係，つまり後ろを「振り向いて見える関係」ではないからである。

　すなわち原因と結果の関係性は，原因から結果の実在的方向性においてもっぱらある。また存在性においても，原因は無限な結果を生ずる力をもつが，結果は，つねに有限である。あるいは，少なくとも，原因は存在性において「より大」であり，結果は「より小」である。したがって，すでに述べたように，この大小の比例にしたがって「より小」（部分）から，より「大」（全体）の認識を得ることはむずかしい。

　しかし，被造物のうちに見出される「端的な完全性」は神に帰属的に言われるものである。それは作出因とか目的因という特定の原因によると言うよりも，神の「存在性」

にともなうものである。つまり作出因としての神が特定の被造物を原因するとき、神がもつ存在性の一部が比例的に、被造物の存在の創造においてともなう。それゆえ、それは原因との関係を考えれば、比例的に認識されるが、それとは別に、類似として認識される。

(79) その論 (70) に賛意をもってアリストテレスの権威『形而上学』第2巻第2章[8]がある。彼は「永遠的なものどもの原理は、最大限度に真である」と論じて、これをその大前提を通して証明している。なぜなら、「個々のものはどれも、一義性がほかのものに内在することにしたがって最大限度に種である」から。そして彼は火を例にあげている。そしてこのことから、「永遠的なものの原理は最大限度に真であるのでなければならない」と結論している。この結論は、永遠的なものの原理が「ほかのものにおいて真理性の一義的原因である」という小前提に効力があって、それによるのでなければ効力をもたない。なぜなら、もしその原理が多義的である、あるいは、類比的であることが小前提において受け取られていたなら、それらはアリストテレスの三段論法における四つの名辞であるから、それらは真らしからざるものである。

「その論」とは、第70段落の論である。そしてアリストテレスのことば「永遠的なものども」とは、天体のことである。ところで、「その原理は最大限度の真理である」と言う主張は、けして過去のものではない。現代でも自然科学の究極の真理は大宇宙においてよく確かめられている。じっさい、量子力学は小さなものを扱っていても、その真理は宇宙大の大きさのなかではじめて観察(検証)できる。

---

8) アリストテレス『形而上学』第2巻第1章 (993b)

ところで，原理は個別の地平にあるものではなく，種の地平にある。そして種は，個別のものに一義的に共通なものである。たとえば火は，この火も，あの火も，火であることの一義的な意味をもつ種である。そして太陽の火が，地上のものを照らす。それは永遠的な火であることによって地上のものどもを広く照らし，温める原因であり，最大限度の真である。もしも，「火」が多義的な意味で用いられるなら，たとえば地獄の炎であったり，心の情熱であったり，激しさであったりすれば，それは真理を語ることばにならないだろう。

（異論回答）矛盾した名辞のもとにある共通性

（80）対立する見解の論に対して。
　第1の論（45）に対して。小前提において「それは完全に矛盾した名辞のもとにある」，すなわち，厳密にそれらは矛盾した名辞であると理解する場合，——そのような場合，その小前提は誤りである。なぜなら，神は，厳密に言うとき，この「非‐他者から」というものではないからである。なぜなら，その否定は，やはりキメラについても言われるからである。また被造物は，厳密に言えば，その否定「非‐必然存在」ではないからである。なぜなら，それはキメラに一致するからである。——そうではなくて，神も被造物も同じだけ，矛盾した他方の名辞が一致するところの何かである。その場合，矛盾した名辞が一致しているところのものは，どれをとっても，「何らかのものにおいて一義的に言われない」と，大前提を君は受け取る。：そのような大前提は誤りである。なぜなら，或る共通なものを分割する自体的なすべてのものは，次のようなものだからである。すなわち，分割するものどもについては矛盾

した名辞が述べられるが，その分割されたものにおいては，一義的に述べられる。このようなものが求めている真理文である。すなわち，それらは自体的全体的に矛盾した述語づけを受け取ることができる。しかしながら，かつ，或る抽象されたもの——すなわち，その矛盾した名辞のもとに置かれるもの——を，得ることができる。そしてそれは両者に共通のものである。

第 1 の異論（第 45 段落）は，神と被造物は全くの矛盾対立した名辞であるから，両者の間にはまったく一致したところがない，したがって一義性はないという主張であった。「神と被造物は全くの矛盾した名辞である」がここで言う小前提である。スコトゥスはそれを否定し，続いて大前提を否定して，求めている真理文を得ている。

この論において「厳密に」と訳したラテン語「プラエキセ」praecise が効いている。このことばが意味するのは，ことばが指示する意味規定を厳密に求めて，その意味規定からはずれるところを容赦なく排除する，「切り離す」ことである。ここでは「他者から」ということばである。一般的に被造物は，神という他者によって創造されたものである。したがって被造物は「他者から」在る。

神と被造物が矛盾対立するなら，この「他者から」を否定して「非‐他者から」とすれば，それは神のみを指すことばになるかと言えば，そうは言えないというのがスコトゥスの主張である。なぜなら，キメラという想像上の生き物は実在しないのだから，神によって「創造されたもの」ではないからである。したがって，神だけでなく，キメラもまた「非‐他者から」である。

同様に，被造物は「非‐必然存在」である。この場合の「存在」は，現に「在る」を意味する「存在」である。したがって，それは「必然的に在るのではない存在者」である。つまり被造物は，神によって存在にもたらされた「偶

然 - 存在」である。これに対してキメラは，そもそも現に「在る」ものではない。それは心がもつ想像力によって，心のうちにだけ偶然的に在る。そのような「在る」は，論理的な（純粋にことばのうえの）存在に過ぎない。したがってキメラは「偶然 - 存在」でもない。つまり神によって現に創造されて「在る」もののみが，「非 - 必然存在」である。他方，言うまでもなく，神はそれ自身から在るゆえに，ほかのものに頼ることなく，それゆえほかのものの影響を一切受けることなく「在る」ゆえに，「必然 - 存在」である。

そして神と被造物は，一方は「創造されないもの」であり，他方は「創造されたもの」である。したがって互いに矛盾する二つの名辞である。しかしながら，この二つの名辞は，それでも一方の名辞が一致しているものに他方の名辞が一致している。すなわち，両者とも「存在者である」。

それゆえ，両者が矛盾しているなら一切一義的に言われるものはないという大前提は誤りである。たとえば，色を明るい色と暗い色に分ける「白」と「黒」があったとき，「白」と「黒」は矛盾している，つまり一致していないが，それらが分けている「色」においては，両者は一致している。したがって，いかに矛盾したものであれ，それらが実在するなら，一義的に言われる何かがある。それは「類」であるか，類を超えた「存在者」である。

(**81**) 「いずれでもない」の確認の論[9]に賛意をもって，わたしはさらに，両者に共通な概念は形相的にいずれでもないと言う。それゆえ，わたしは，存在者の概念は形相的に被造物の概念でも非被造物の概念でもないと認める。しかしながら，もしその概念が，矛盾したもののいずれもが

---

9) 前述「46」段落

それの述語とならないという仕方で，いずれでもないものと理解されるなら，それは誤りである。なぜなら，**動物の概念は，理性的と非理性的に関して形相的にいずれでもないが，把握された概念は，いずれでもないのではなく，真にそれらの一方だからである。じっさい，どれについても矛盾したものの一方が言われる。しかしながらどの概念も，かならずしも形相的に矛盾した概念の一方ではない。**

第46段落の異論で，共通な概念はその共通性において互いに矛盾する概念のいずれでもないと論じられた。スコトゥスは，或る意味そうであると認める。存在者の概念は神でも被造物でもない。とはいえ，「存在者は神である」とか，「存在者は被造物である」と述語できないゆえにいずれでもないと，見てはならないという。なぜなら，存在者の概念は，被造物から取られているのであるから，本来は，被造的な概念である。ちょうど動物の概念が，本来は，理性的ではない動物から取られた概念であるように。

つまり「動物は理性的である」とは一般的に言われないが，「動物は非理性的である」とは一般的に言われる。他方，人間は「理性的動物」であると言われる。したがって，わたしたちは或るものの自体的な概念を得るとき，その概念から，他の個別的な自体的概念と共通の概念を得ることがある。このとき，その共通の概念は，もともとは，はじめに受け取った自体的概念のものであるが，後に受け取られた自体的概念のうちに共通な概念があることが見出されるなら，その自体的概念にも，その共通な概念が一致する。このとき，自体的な二つの概念の全体は，形相的に矛盾する二つであったとしても，それでも，その両者は共通な概念において一致する。

第Ⅰ部　神の単純性について　　　　481

（異論回答）実在性における不一致

（82）第3の論（47）に対しては，第3項「なぜなら，神と被造物は概念において第一義的に相違するものではない」（95-127）において明らかになるだろう。しかしながら，それらはいかなる実在性においても一致しないゆえに，実在性においては第一義的に相違する。——そしていかなる仕方で，事物において，あるいは，実在性において一致することなく共通の概念がありうるかは，引き続いて述べられる。

第47段落の異論に対して，神と被造物は実在的には第一義的に相違するが，ある「実在概念」において一致するものをもつ，というのがスコトゥスの「存在の一義性」である。「共通の概念」が，事物上，あるいは，実在上，異なるものにいかなる仕方でありうるか。この大問題に答えるのは，第95段落以下の論述となる。

（異論回答）属性の一義性

（83）他の論，属性についての論に対して，属性のみが一性を支持するのではないとわたしは言う。なぜなら，属性の一性は，一義性の一性よりも小さいからである。そしてより小さいものがより大きいものを含むことはない。しかしながら，より小さな一性はより大きな一性と両立しうる。たとえば，類の一性は種の一性より小さいとしても，類において一つであり，種において一つ，という複数のものがある。ここは同様に，わたしは，属性の一性は一義性の一性を主張しないことを認めるが，属性の一性と一義性

の一性は両立しうる。ただし，次のことは形相的にその例ではない。すなわち，同じ類の種はその類の第一のものに向かう本質的な属性をもつ（『形而上学』第 10 巻[10]）。しかしながら，これと，種の間の類の概念の一義性の一性とは，両立する。そのように——そして，まして——求めている真理文のうちで次のことが必然である。すなわち，属性の一性がそのうちにあるところの存在者の概念において，複数の属性は一義性の一性をもっている。なぜなら，或る一つのものにおいて一致していなければ，測るものに対する測られるもの，超えるものに対する超えられるもの，という仕方で対比されることは，けしてないからである。なぜなら，ちょうど端的な比較は端的に一義的なものにおいてある（『自然学』第 7 巻[11]）ように，すべての比較は何らか一義的なものにおいてあるからである。じっさい，「こちらがあちらより完全である」と言われるとき，「より完全な何か」と問われるなら，両者に共通なものを指示しなければならない。すなわち，比較されるものに規定されているものはすべて，比較の名辞のどちらにも共通なものである。じっさい，人間はロバよりも完全な人間なのではなく，より完全な動物である。そしてそのように，或るものどもは存在性において比較され，存在性において一方の属性が他方の属性に対して比較される（「これはあれよりも完全である：より完全な何か？——より完全な存在者である」）なら，両方の名辞に或る仕方で共通なものは，一性でなければならない。

「他の論」（第 48 段落）と述べて取り上げる異論は，属性の一性を肯定して，それゆえに一義性は否定している。一つにはアンセルムスの「端的な完全性」の説が属性につ

---

10) アリストテレス『形而上学』第 10 巻第 1 章（1052b）
11) アリストテレス『自然学』第 7 巻第 4 章（248b）

第Ⅰ部　神の単純性について

いての説だからである。つまり権威であるアンセルムスの説は認め，スコトゥスの説は否定する，というのが異論の趣旨である。もう一つの受け止め方は，トマス・アクィナスやアリストテレスの存在の類比説が帰属性の一性を主張しているので，帰属性の一性を主張するなら，一義性の一性は否定されるから，スコトゥスの説は否定される，という異論の趣旨である。

　第一の受け止め方のほうを，まず解釈しよう。

　さて，一般に「完全性」は，補完的な概念である。つまり何らかの存在者（基体）が，善であるとか，美であるとか，ものごとを形容することばを補うことで，たんに存在者と言ったのではわからない部分がそのことばによって補完される。それはけして基体の本質部分ではないので，本質として述語されず，それの属性（その基体に帰属するもの）として述べられる。したがって人間の慣用的なことばづかい（文法上）で言えば，神について言われる「端的な完全性」は神に付帯する「属性」として言われている。

　ただし，この論理は，すでに述べたように，人間が地上的経験においてもつ「ことば」の慣用上のことであって，「神が本質的な善である」と言うことを真っ向から否定するものではない。

　言うまでもなく，ここには神学がもっていることばの「論理」の二重性がある。もともとは，人間が地上的な経験を語る「ことば」しか持たない事実があり，その同じ「ことば」で，非‐地上的な神に関することがらを「述べる」とき，後者のことばが，はたしてどのような意味で「実在」を語っていると保証できるのか，という問題がある。じっさい神については，人間は根拠とすべき「経験」をもたない。それゆえ，経験抜きの「ことば」でしか神について語れない。キリストが地上に実在しない時代に生きる人間は，聖書の字句を通してしか神を知ることがないか

らである。だとすれば，神についての述語はすべて実在的ではなく，たんに論理的（ことばの無矛盾性のみに立脚した主張）であるのか。

数学的学問や論理学は，この種の論理的学問である。したがって，たとえ神学が論理的な学であったとしても，相変わらず神学は学問であることは主張できる。しかし，神の実在を明らかにすることを使命としていた当時においては，神学は実在についての学（存在論）でなければならなかった。たとえば，後のオッカムにおいてそれが率直に語られるようになるのだが，それを放棄するとき，実在について語ろうとした中世の神学はその歴史を終える。つまりその後はマルティン・ルターに見られるように，信仰について語る神学（聖書解釈の神学）へと，神学者の思考は舵を切るのである。

スコトゥスは，神について実在的述定が可能であることを主張するぎりぎりの神学を語っている。そのために，ここでの議論のように，論理の二重性を切り崩す主張を，彼はもつ。わたしたちは，それをどのように読むべきか。ここで論じられている困難はそれを承知のうえで読むほかない。

すなわち，一義性の一性のほうが属性ないし帰属性の一性よりも大きいという彼の主張は，神学がもっている論理の二重性を切り崩すものである。なぜなら，「一義性」は，スコトゥス自身の定義に見られるように，推論を成立させるために最低限必要とする「一致」，すなわち「無矛盾性」を意味するものだからである。そのため，一義性の一性は神にまで通じるところの実存の「論理性」を主張している。他方，属性の一性は，地上の経験に見られる「ものに付帯する属性」の一性であるから，明らかに実在的一性である。一義性の一性は，地上の実在との論理的な無矛盾性だけであるから，その適応範囲は，可能的に無限である。

第Ⅰ部　神の単純性について

それゆえに、それは神まで通用するのである。

ところで、異論の概念のとらえ方では、神と被造物の両者に、その同じことばが「帰属させることができる」から、それらに共通に述語される、という見方である。つまり、ちょうど「善」は、神にも被造物にも述語されるが、それは、概念が正当に「帰属させられる」ことを意味するだけであって、わたしたちが被造物についてもつ概念が、一義的に神にまで通用するからではない、という主張である。つまり一義性の論理性が実在性をもつことについては否定している。

さらに、第二の受け止め方にしたがってスコトゥスの論を説明しよう。

「帰属の一性」には、まず実体が「基体として在って」、次に、それに複数の属性ないし、偶性が、「帰属する」という存在の在り方が想定されている。アリストテレスが『形而上学』第4巻で展開した「存在の類比」は、この存在の在り方を言っている。トマス・アクィナスも同様の存在理解を基本的にもっている。つまり帰属性の一性とは、本来的に言えば、複数の属性があっても、それらが「一つの実体に帰属する」ゆえに「一性」をもつことを意味する。アリストテレスにおいて、実体は第一義的な存在であり、それに依って、言い換えれば、それに基づいて、さまざまな属性や偶性が「存在にあずかる」。これがアリストテレスにおける「存在の類比構造」である。

伝統的な（スコトゥス以前の）キリスト教神学では、唯一の神が「第一義的な存在」であり、それに依って、多数の被造物が「存在」にあずかる。つまり実体と偶性の関係の相のもう一段上、神と被造物という関係の相に、実体と偶性の関係と同じ構造をかぶせる。

その構造が見せる一性は、類比的な一性である。これはトマス・アクィナスの神学に見られる構造であり、まさし

くアリストテレス哲学のもつ存在の類比構造の拡張版である。しかし，本来，それは一つの実体に複数の名の属性が帰属する一性であって，複数の実体に「同じ名の属性」が帰属しているゆえの「一性」ではない。後者の「同じ名をもつ属性」の一性は，むしろ一義性の一性である。なぜなら，「同じ名」をもつことによる一性は，本来，「論理的一性」であって，経験的実在の範囲の一性ではないからである。

つまり，トマスとスコトゥス両者の考え方は，基本となる「存在概念」の受け取り方，観点が，まったく異なっている。つまり一方は，具体的に，複数の実体のそれぞれに帰せられる属性についての地上的経験（各属性は，それぞれの実体に帰せられるという存在についての経験）を基盤とした類比的理解を「存在」についてもち，他方は，実体と属性についての地上的経験（実在経験）と矛盾しないかぎりでの一義的理解を「存在概念」（＝存在という名辞）についてもつ。つまりスコトゥスは，論理的一義性を実在的類比性と両立すると見る仕方で，「存在概念」を実在概念として受け取っている。

この「論理的様相」と「実在的様相」の違いを，矛盾した両立不能の様相と見るのではなく，十分に両立する様相の違いと見る立場は，スコトゥス哲学の一つの重要な特徴である。じっさいスコトゥスは，自由の根拠を説明する箇所で[12]，Aが現実となるとき，非-Aの可能性が同時にあ

---

12) スコトゥス著『レクトゥーラ』（講義録）第1巻第39区分第1－第5問題（5問題合同）。この区分においてスコトゥスは，「未来の偶然的事態についての神の知」について論じている。そのなかに，次の一文がある。「そしてこの論理的可能性に対応して実在的可能性がある。なぜなら，すべての原因はその結果に先立って知解されるからである」（52段落）。その説明になる一文は次のものである。「世界が在る以前に『世界が在りうる』は真であっただろう。もしもそのとき何らかの被造的知性が存在していたとしたら，『世界は在りうる』

第Ⅰ部　神の単純性について

ることが，意志が自由であることの根拠だと説明する。つまり現実の様相は，可能性の様相を否定してしまうのではなく，現実の様相においても（何かが実現しているときでも），その現実の背後，あるいは，可能性という別の相において，その反対のものがいつでも「ある」，そういうことが言えるときに，意志の自由が説明できると主張する。なぜなら，意志が一方に必然的に関わっているのなら，意志は自由とは言えないからである。

　ところで，純粋な可能性というものは論理的にのみ可能なことである。なぜなら，それは現実化していない事象だからである。意志の自由の場面では，反現実の可能性が，現実化した事象と同時に両立すると，スコトゥスは考える。他方において，属性の実在的な類比性と，属性の論理的な一義性を，スコトゥスは両立すると見る。そして，存在の実在的類比的理解と，論理的一義的理解を，スコトゥスは矛盾しないと受け取る。これらの態度には，明らかに通底するものがある。なぜなら，論理的理解とは，ことばによる（現実とは別の）可能性の理解だからである。スコトゥスの立場は，言い換えると，実在，現実から，その現実以外の可能性を排除しない，という立場である。

　それゆえ，スコトゥスは実在（経験）に固執した存在の「類比的理解」から離れて，ことばの論理性がもつ無限の可能性に基盤を置く存在の「一義的理解」を主張して，神学の論理的一貫性を徹底させようとしている。すなわち，一義性の主張によって，形而上学的神学ないし，存在論的

───────

と言うことが本当にできただろう。ところが，そのとき，事物上このことばに対応するいかなる実在も存在しなかった」(49段落)。なお，この箇所についての英訳，註釈は，"John Duns Scotus, Contingency and Freedom, Lectura I 39", Introduction, translation and commentary by A.Vos Jaczn, H.Veldhuis, A.H.Looman-Graaskamp, E.Dekker and N.W.den Bok, Kluwer academic publishers, 1994

神学を，数学の確実性にならい，存在の「論理的理解」にもとづく，より確実な学として体系づけようとしているのである。そしてこのことは，論理的に可能であることを実存宇宙の科学の真理として認める考え方を，彼が導き出していることを意味する。すなわちスコトゥスの神学は近代の数学的宇宙論を胎動させているのである。

（異論回答）数的区分と一義性

（**84**）さらにそれと同様に，数，あるいは，区分について，ちょうどアウグスティヌスが『三位一体論』第7巻第7章で主張しているように，論じられる。すなわち，「もし三つのペルソナが言われるなら，ペルソナであるところのものに共通なものがある」。——すなわち，数的な名辞によって規定されるものは，つねに数えられるすべてのものに（アウグスティヌスによれば）共通なものだろう。——そしてもし，それは神と被造物に固有の数のことではないと主張されるなら，わたしは，相違するもの，区別されるもの，あるいは別のものについて，次のように論じる。すなわち，神と被造物は，相違し，区別され，それぞれ別々のものである。すべての区別されるもののうちに，すなわち，単独性，あるいは，複数性で表示されるすべてのうちに，いずれの名辞に対しても共通なものがなければならない，——ということは，あらゆる例において明らかである。なぜなら人間は「ロバとは別の人間」ではなく，「別の動物」だからである。それは〈論理〉で証明される。なぜなら同等の関係のうちでは，名辞は同じ概念に属しているからである。他のものであることは，その種の関係である。それゆえ，「別のもの」と言われるどれにおいても，一つの概念に属して，相互に他のものである。したがっ

第Ⅰ部　神の単純性について

て，他性によって規定されるものは一つの概念に属しているだろう。君はこのことにもとづいて論じていない。なぜなら，基礎は同じ概念に属していると，それは結論しているから。それゆえ，小前提は「別のものについて」の記述に反している。

　この段落は，じつは後になって追加されたものである。どうやら，スコトゥス自身が推敲中のものらしく，原典には，記号が付されている。したがって前後の段落との関係があまり明瞭ではない。とりあえず他の段落との関係は無視して，この段落の中身だけを検討するほかない。

　スコトゥスは，神の三位一体を例に出している。アウグスティヌスの権威に頼って，神のうちにある三つのペルソナも，「共通なもの」があるから同じ神，すなわち，一つの神だと言われると述べる。そしてこれは神についてのみのことではなく，数えられるものすべてに言えることだと述べている。

　スコトゥスは，もし，と言って，それでもアウグスティヌスが言っている「その数」，つまり数えられるものとは，神と被造物について言われる数ではないとしたら，という異論を自ら立てる。スコトゥスがこのような異論を立てたのは，もともとの異論が，「完全に矛盾対立したものの間には共通性はまったくない，共通性がまったくないことが，矛盾対立していることだ」という主張にもとづくからだと推測される。

　スコトゥスは，矛盾対立ということばは用いず，「相違するもの」，「区別されるもの」，「別のもの」ということばを用いて，それに反論する。すなわち，AとBが相違するとか，区別されるとか，言われる場合，「Aは異なるB」だとは言えず，それらに共通のものCを持ち出して，「Aは，Bとは異なるCである」と言わなければならない。人間とロバなら，人間はロバとは「異なる動物である」とい

う具合に。

　二つの異なる名辞があって，それらが一つの概念Cに属しているのなら，概念Cは，AとBの「異なる」という関係とは別にある。つまりAとBは，相互に「他のもの」，「他性」を互いにもつものであるが，それでも一つの根拠（概念）に属している。そうだとすれば，「別のもの」という性格は，異なるAとBについて言われるものであって，共通の概念Cのことではない。

（異論回答）ディオニシウスの論

　（85）ディオニシウスについて論じられるとき第3の論（49）において，より明らかである。すなわち，ディオニシウスの意向はその見解とは反対の側にある。なぜなら，第三の段階において，否定のみにとどまるのではなく，被造物から受け取られた或る概念にとどまり，それに対して，かの否定が帰せられるからである。

　ディオニシウスの否定神学にもとづく異論（第49段落）に対しては，すでに説明した（第73段落）通りであるとスコトゥスは言う。つまり，ディオニシウスの意向（真意）は，たんなる否定を神に帰すことではなく，ポジティヴなある概念において，つまり共通な概念において，被造物の有限性を否定することなのだという。

（異論回答）アウグスティヌスの善の分有論

　（86）アウグスティヌスの論（50）に対して，わたしは答える。すなわち，「それを分有することによって他の複数のものが善であるところのかの善」（この善，かの善を

理解するときに，理解されていること），あるいは，すべての善に対して，普遍者を主張することができる。そしてその場合，その分有によって「ほかの善」がある（ちょうど種が類を分有する，あるいは，何らか下位のものが上位のものを分有するように），あるいは，その分有を原因として他のものが善であるという，本質を通して善なるものが理解されうる。そしてその場合，この善とかの善を理解するとき，わたしは本質を通して善なるものを普遍において理解している，ということは真である。ちょうどこの存在者を知性認識する際にわたしは概念の部分として存在者を認識するように，また存在者において，わたしは普遍における任意の存在者を認識している。そして彼はそのあとで「もし君がそれを自体的に知ることができるなら」と言っているので，わたしは言う。「自体的」ということばが，もし認識するはたらきに向けてではなく対象に向けて用いられているのなら，──すなわち，わたしがその善を認識しているとき，わたしは「自体的」という規定とともに，その善を普遍において認識している。すなわち，わたしが善を把握するとき，わたしはそれを，他に依存していない善であり，本質を通した善であるという規定とともに認識している。──わたしは神を共通な概念においてのみではなく，固有な概念においても知性認識しており，その場合，「自体的」と言われることによって，共通なものであった善が収斂されて神に固有なものとなるのである。そしてその概念に享受を通して固着することによって至福がある（人生の至福について語られるなら）。なぜなら，その概念は，わたしたちが自然的に神を把握するとき，もつことができる最高度に完全なものだからである。

　第50段落の論に取り上げられたアウグスティヌスは，アンモニオスと，プロティノスが生み出した新プラトン主義の哲学に傾倒していたことが知られている。プロティノ

スは，生涯のうちに数回，超越的一者との融合（一致）を果たしたと言われる。ここに提出された異論が引くアウグスティヌスの陳述（真理文）は，同種のものであると考えられる。つまり周囲に見られる個々の善から出発して，その源泉となる善に向かって上昇し，ついに究極の善に至ることができる，という主張である。

とはいえ，アウグスティヌスは中世神学の基盤をつくった大権威である。それゆえ中世の神学者はアウグスティヌスに対しては絶対的な信頼を寄せる義務がある。それゆえスコトゥスもアウグスティヌスのことばには欺瞞がないことを説明している。すなわち，アウグスティヌスは，神そのものに人間精神が個々の経験から飛躍することができると言っているのではなく，スコトゥスの意見と一致して，共通の概念を土台にして神に固有な概念を構成することができると説明しているだけであると述べる。

（87）そしてそれは，『自由意志について』という作品を書いたアウグスティヌスの意図であることは明らかである。あるいは，同じ巻の別の箇所，第3章，そこで彼は真理について言っている。「真理が何であるか，探究することを欲しないようにしなさい，なぜなら，ただちに感覚表象がそういう自分に反逆するからである」等々。これは，もし神における存在者や善の概念が被造物における概念とまったく異なるなら，真ではないだろう。なぜなら，概念が異なるなら，「真理であるもの」はよく探究されるべきであるから。なぜなら，その場合は，探究されるべき真理は神に固有のものであり，そこでは，神に固有のものである真理の概念を混乱させる感覚表象が自身に反逆することはないからである。なぜなら，その概念は自身と一致する感覚表象をもたないはずだからである。しかしながら，じっさいには，感覚表象の像は共通な真理について述べる

第Ⅰ部 神の単純性について

とき,神に一致するかぎりの真理の概念を混乱させる。**別のところで述べたように。**

　上記引用のアウグスティヌスのことばは,彼の著作『三位一体論』第8巻第2章の末尾にある。ところで,その引用にある「真理が何であるか,探究しないように」ということばは,幸福に関して感覚的な真理,あるいは,感覚認識のみに由来する真理に関することばである。つまり感覚的な幸福は追究しないほうがよい,ということである。なぜなら,感覚的なものは,いつでもそれと対立したものがあると見られるからである。たとえば,善についても,或る人が健康こそ善であると言えば,ただちにそれに抗って,お金こそ善ではないかという反論がある。これらは対立する主張であるがいずれも感覚表象のうちで言われる真理である。このように感覚的なものが提示されるなら,ただちに対立した意見が登場して混乱に陥る。

　したがってアウグスティヌスがここで用いている「真理」の概念は,おそらく,神について言われる「真理」と,感覚的なものについて言われる「真理」は異なるものだ,ということである。つまり多義的である。そして感覚的真理ではなく,神の真理のほうを「真理」のことばで受け取るなら,それは「探究されるべきである」。その真理は感覚的なものがもつ対立をもたない。それゆえ,言うまでもなく感覚表象による反逆,そして混乱はない。

　しかし,スコトゥスの立場は,じつは真理は「共通なもの」である,という立場である。じっさい真理の概念が共通であるとき,そのときはじめて一方の感覚表象の概念が,他方に対して対立,混乱を持ち込むことができる。したがって,スコトゥスの立場からもアウグスティヌスのことばは説明できる。なぜなら,「真理」が神と感覚表象に共通だからこそ,その一方,感覚表象の真理が,他方,神の真理に反逆することが,その共通の基盤をもつことで,

あると言えるからである。スコトゥスはそれについて第3区分の議論のなかで明らかにしていると述べている。

頑なな否定に対して

(88) しかしながら，もしある人々が頑固に，存在者の概念は一つであるが，それとあれとに一義的なものは何もないと主張するなら，——それはその問題の意味に相対していない。なぜなら，相異なるさまざまなものにおいて帰属性，あるいは，秩序に即して把握されるものがどれほどあるにしても，もしそれ自身の概念が，これとあれとについて異なって言われる概念をもたない仕方で一つであるのなら，その概念は一義的だからである。

哲学の問題は，哲学的な立場（ロジカルな立場）に立って問題に立ち向かうべきであって，そこから逃げて，かたくなに自己の主張にとどまろうとすべきではない。哲学の立場に立つということは，真理文の「ことば」がもつ意味を率直に受け取り，それがもつ意味の範囲を客観的に受け止めて，それ以外の要素を判断に持ち込まないことである。

スコトゥスによれば，これまでの検討の結果，或る概念が，多くのその他のものと，さまざまな関係のうちに置かれるとしても，そしてそれがどれほど大きな差異であるとしても，それにも関わらず，異なる意味をその概念が特別にもたないとしたら，それは一義的だと言わなければならない。つまりそれがほかの概念と関係することで「意味が変化する」ものが概念のなかにはあるとしても，すべての概念がつねにそうだということではない。異なる概念と関係しながら同じ意味で述べられる概念があるなら，それはやはり一義的である。

第 I 部　神の単純性について

 (89) さらにもし，ある人が頑固に，別の仕方で，すなわち，命名的な概念は一義的ではない，なぜなら，主語の概念は述語の概念ではないからと主張するなら，——この主張は子供じみていると思われる。一つの仕方で，命名的な述語は一義的な述語と多義的な述語の中間であり，他の仕方で，多義的なものと一義的なものは，論理のうえでは中間がない。第一のものは，一義的に述語されるものを一義的な述語と受け取るなら真であるという。すなわち，述語の概念は主語の概念である。そしその仕方では，命名的なものは一義的なものではない。第二のものは，述語されるところのものの概念の一性について理解するとき，真であるという。そのような意味で一義的なものは，その概念が主語の概念であろうと，主語を命名する概念であろうと，主語について偶性的に言われる概念であろうと，その概念がそれ自体において一つである。他方，多義的なものは，その概念が主語に対して関係する仕方がどのようであるにしても，その概念は別のものである。例：動物は一義的なものである。たんに，それ自身の種についてそれが言われるかぎりでだけでなく，種差によって規定されるかぎりででも一義的である。なぜなら，それは種差によって規定される一つの概念をもつからである。また他方，種差について一義的に言われることはない。すなわち，「何」において。——すなわち，その概念は異なる差異の概念であり，その異なる仕方で種々のものについて類が一義的に言われるからである。さらにその交換は，求める真理文にとっては無意味である。なぜなら，もし存在者が自身の一つの概念に即して神についてと被造物について言われるのなら，存在者の概念は主語の概念であると言わなければならない。なぜなら，両者について「何」において言われているからである。それなら，存在者の概念はいずれの仕方

でも一義的であるだろう。

　「頑固に」言い張る論者は,「命名的述語」を取り上げている。ここで「命名的」と訳したのは,「デノミナティヴ」denominativum ということばである。このラテン語自体は「名前を付与する」という意味である。何であれ,ある事柄に,ある「名」をつけて呼ぶとき,第一段階では,いささか不確かに,その対象について「らしきもの」という意味をもちつつ,名をつける。たとえば,何かが飛ぶ影が見えたとき,「鳥のようなもの」と言う。この種の言いぐさが「デノミナティヴ」である。つまり一見そのように見える,という不確かな概念である。何であれ,確認されていない対象は,まずは不確かな情報として,「何々のようなもの」と言われる。たとえば,「善い人に見える」とか,「悪い人に見える」とか。そしてその後になって「善い人である」とか,「悪い人である」とか,確定的に言われる（述語される）。したがって「存在者」ens のデノミナティヴなかたちは,「存在者らしきもの」,あるいは,「存在者のようなもの」entale である。

　「頑固に」なっている論者は,この命名的述語は一義的ではないと言う。理由は,主語の概念ではないから。つまり,述語の概念が主語の概念と確実に一致していないから,ということである。たしかに,命名的述語は,主語についての不確かな述語であるから,主語との一致は不確かである。言い換えると,主語についてその述語が「真であるか」どうか不定である。そしてこのことは,それがまだ学知を構成する「真理文」に達していないことを意味する。

　さて,スコトゥスによれば,この論は哲学に対して幼稚（哲学の論理に未熟な状態）である。つまり論理が混乱している。哲学の立場で見ると,命名的述語（不確かな述語）はそもそも一義的でも多義的でもない。その中間である。

なぜなら、すでに述べたように、どっちつかずの述語だからである。他方、哲学の論理からすれば述語は一義的か、さもなくば、多義的であって、その中間はない。

他方、その概念をそれ自体で受け取って、それがどんなものと関係しようと一つの意味を保つとするなら、一義的である。これも明らかである。それが主語の概念か述語の概念かは、どちらでもよい。主語を命名する概念（述語）であっても、また主語に偶性的に言われる概念であっても、一つの意味を保つなら、一義的である。

スコトゥスは、「動物」という類の述語の一義性を例に取り上げて、「動物」がさまざまな種類の動物について一義的に述語され、なおかつ、このとき「種差」（差異）によって規定されるという関係（種差が類を規定する状態）のもとで、「動物」は、一義的概念として種差によって規定されていることを指摘する。

他方、スコトゥスによれば、「種差」は「類」について、つまり「類」を主語として関係するとき、一義的ではない。たとえば、人間と他の動物種との間の「種差」（差異）は、理性的である。しかし「理性的」rationale は、命名的（デノミナティヴ）であり、「動物」に一義的に述語されない。

ところで、種差は、他の種類の動物と、それにおいて異なるところのものである。したがって、種差において、類は「一致」していない。それゆえ、種差において、類は多義的である。したがって「動物は理性的である」と言ったとき、スコトゥスはそれを、「動物」が「理性的」によって区別されている、という意味に受け取る。「動物」はこのとき、「理性的」によって多義的にされている。

そしてスコトゥスは、このようなさまざまの受け取り方、すなわち、或る時は命名的、或る時は論理的受け取り方をいろいろ交換しても、神と被造物と存在者の概念の関

係においては無駄なものになるという。なぜなら，存在者を，神と被造物に，一つの意味に即して述語するなら，述語することは，それが主語である（主語の概念である）ことを述べているのであるから，存在者の概念は主語の概念であると言わなければならない。つまり主語と述語は一致している。

じっさい神の「名」について，「存在者」が言われている。したがって，たとえ「存在者のようなもの」（デノミナティヴな概念）が述語されるとしても，それが神学において扱われる真理文であるなら，神と被造物に，それは一義的に述語される。

それゆえ命名的（デノミナティヴ）であっても，学知における扱い（十分に吟味された状態では）一義的である。他方，論理的（正確）には，すでに述べて来たように，言うまでもなく一義的である。すなわち，いずれの仕方でも一義的と言うことができる。しかも存在者は差異の概念ではない。したがって述語である存在者は多義的とは受け取れない。むしろ「存在者」は，差異によって規定される一義的な概念である。

(異論) 第二の極端な見解
―― 神は類のうちにある ――

（90）肯定的な見解がほかにある。もう一方の極端な見解である。それは，神は類のうちにあると主張している。そして自身の見解を支持するものとしてダマスケヌスの『要諦』[1]第10章「実体は」云々を，権威としてあげている。

神と被造物に共通の概念はないという見解と，それに対する反論を終えて，今度は，もう一つの極端な論，つまり神は「類のうちにある」という見解を取り上げる。すなわち，神を被造物と同じ類型で扱ってよいか，という問題である。スコトゥスの存在の一義性は，概念上のもの，つまり認識論的立場で生まれた主張である。つまり「存在」の側での一義性ではなく，認識されて知性のうちにある「概念」における一義性である。この観点を徹底させると，神も，人間の認識の類型である「範疇」のうちに納まるものと言ってもよいことになるだろう。しかしスコトゥスは，認識論的立場をとりながら，「存在」の側に残すべきものがあるという主張をする。つまり，神は「範疇」のうちに納めてよいものではないという主張である。

とはいえ，古代の神学者のうちには，神を「実体」とい

---

[1] Ioannes Damascenus," Instituo elementaris ad dogmata"

うことばで語るものも多かった。

（91）同様に、ボエティウスの『三位一体論』。その箇所で彼は神のうちに二つの類があると言っているように思われる。このことは、述語する際に、たんに類似の様式に即している、ということだけでは理解できない。なぜならアウグスティヌスは『三位一体論』第15巻第6章で次のように言っているからである。「もし神が善であり、正義であり、霊である、等々と言われるなら」、「究極のもののみが実体を意味しており、残りは性質を意味しているように思われる」。同様に、『三位一体論』第5巻第11章では、活動することがもっとも固有な意味で神に一致していると言っているように思われる。それゆえ、その二つの類に類似した述語様式があるだけでなく、その意味で、ボエティウスの「その二つの類について」を、それ自体においてあることとして理解しなければならないと思われる。

スコラ哲学における最大の権威はアウグスティヌス（354-430）であるが、アリストテレスの用語はボエティウス（480？-524？）の『三位一体論』を通じて頼りにされた。ボエティウスはキリスト教徒で、なおかつ、アリストテレスの権威者だからである。それゆえに、ここで両者が並べられている。

ところで、アウグスティヌスの論はたんに論理上のことであるとは言えない。なぜならアウグスティヌスの論を見ると、神の究極の実体を意味するものは「活動すること」であり、「善である、正義である、等々」が神の性質を意味すると述べており、明らかにアリストテレスの範疇（述語の類）に神を当てはめているからである。ところでまた、ボエティウスは神の三位一体を、神の「実体」と、父と子の「関係」と見て、「その二つの類について」と述べている。このこと、つまり神について言われている「実体」と

「関係」は，そのまま，実在上の「類」のこととして理解しなければならない。したがって，神は類のうちにあると諸権威は主張している。

（**92**）第三に，この見解に賛同してアヴェロエス『形而上学の第 10 巻註釈 7』（彼はテキストを『そして存在者が言われている』で始めている）の権威があると思われる。その箇所でアリストテレスは「一つの第一の実体がある」と言っており，それは他のものどもの尺度である。アヴェロエスは，それは第一動者であると主張している。それゆえ，ちょうどほかの類における「第一のもの」がその類の何かであるように，第一動者は実体の類の何かである。

またアリストテレスの忠実な註釈家として有名なアヴェロエス（1126-98）は，「一つの第一の実体」があり，それは「それ以外のものの尺度」であると述べ，なおかつそれは「第一動者」であると述べている。第一動者は神である。それゆえ神は実体の類のうちにある。

（**93**）この主張に賛同している第 1 の論は，次のように主張される。すなわち，被造的実体と非被造的実体が把握されうる。そしていずれの概念も端的に単純ではない。それゆえ，分析すると，実体の概念が二者への収斂に対して無差別なものとして残るだろう。——かくして，無差別的に受け取られたものは類の概念であると思われる。

神と被造物を実体の類のうちの異なる実体（異なって収斂された実体）として理解する見解である。つまり神という実体と，被造的実体がある。ところで，両者は実体であることは同じである。

（**94**）第 2 の論は次のようなものである。多数の単純な存在者が類のうちに主張される。たとえば天使のように，

彼らはその能力の点で言えば非質料的である。——さらに偶性が主張される。偶性も，能力の点では単純なものである。それゆえ，神の単純性は，類の概念を神から排除しない。

一般的には，類ならば種差となるものとの複合がある。それゆえ，類のうちにあるものは複合物である。しかし，類のうちに在るもののなかには単純なものがある，というのがこの見解である。たとえば天使は類のうちにあるが，それがもつ能力は単純である。そしてそれは偶性をもつが，その偶性の力も，単純なものである。それゆえ，神は単純であるがゆえに類のうちにない，ということにはならない。神は単純であっても類のうちにありうるという見解である。

（異論回答）神は類のうちにはない

(95) わたしは中間の見解を支持する。すなわち，或る概念が神と被造物に共通であることは，神の単純性と両立する。——しかしながら，或る概念は，類として共通なのではない。なぜなら，類として共通な概念は，神の「何」（名）において述べられる概念ではないからであり，また，どのような形相的な述語づけによってであれ，神について述べられたものは自体的にいかなる類のうちにもないからである。

スコトゥスは中間の見解に立つ。つまり一方の見解は，神と被造物はまったく別物で共通な概念はないという見解であり，他方は，神と被造物は共通な類のうちにあるという見解である。スコトゥスはどちらにも同意しない。そして後者に反対するために，神についての述語は「類」のうちにはないと言う。

(96) 第一の見解に反対して論じることによって，第一の部分は証明されている。

すでに (51) — (79) で，第一の見解に対して述べるべきことは，述べられている。それゆえ，以後，取り上げられるのは，第二の見解（第二の部分）である。

(97) わたしは第二の部分を，アウグスティヌス『三位一体論』第 7 巻第 8 章[2]「神を『実体』と言うことは，不適切であることは明らかである」によって証明する。——彼は，その箇所で理由を述べている。すなわち，なぜなら，実体は偶性のもとに在るから，実体と言われるからである。しかしながら神が何らかの偶性のもとに在ると言うのは不合理である。それゆえ，云々。この論は次の論を支持する。すなわち，彼は「実体は類であるかぎりで偶性のもとに在る」と，実体概念を理解しているのではない。なぜなら，彼は「実体が比較されて言われることは不合理である」と，その前に言っているからである。しかし類であるかぎりの実体は，限界をもつ。すぐ後に証明されるように。ところで限界をもつすべての実体は，偶性を受け取るものである。それゆえ類のうちにあるどんな実体であれ，何らかの偶性のもとに在りうる。神はそうではない。それゆえ，云々。

スコトゥスは，神が実体の類のうちにないことをアウグスティヌスの権威を用いて証明する。アウグスティヌスは神が実体だと言うのは不適切だと述べて，その理由も明らかにしている。すなわち，神は何らかの偶性のもとにあるのではない，ところで，実体とは偶性のもとにあるものである，それゆえ，神は実体ではない。アウグスティヌスが

---

2) 現代の版では，第 7 巻第 5 章

このように言うのは,「実体」substantiaという語が,「下に立っている」という意味のラテン語でできているからである。つまりさまざまな偶性が在って,その下に（偶性の障壁に隔てられて),人の目には隠れて,それらの偶性を支えているものが実体である,というイメージである。

ただしスコトゥスは,アウグスティヌスは「実体は類として在るかぎりで偶性の下にある」と理解しているのではないと言う。なぜなら,実体には比較が成り立たないと,アウグスティヌスが直前に言っているからだと言う。「比較が成り立たない」実体というのは,神について述べていると受け取られる。なぜなら,偶性の下に在るとは,偶性と対比した関係を述べている言明だからである。

それゆえ,スコトゥスは,アウグスティヌスから,この点では離れて,何らかの限定を受けた実体は限定されているだけ,不完全性をもつ。それゆえに,その不完全性を補完するために,偶性を受け取ると説明する。つまり地上で経験される実体は偶性に包まれているが,その理由は,その実体が不完全だからである。それゆえ実体は,完全なものである神と同じ類のうちにあるとは言えない,という論である。

(98) 同様に,アヴィセンナ『形而上学』第8巻第4章。すなわち,神は類のうちにない。なぜなら,類は「部分」であるから。ところで,神は単純である。それは部分と部分をもたない。それゆえ,神は類のうちにない。

今度はアラビアのアリストテレス哲学研究家アヴィセンナ（980-1037）の言明が持ち出される。類は部分であると言う。部分と言われるのは,実体は「類と種差」という,部分と部分から成るからである。ところで,神は単純であって,類と種差から成るものではない。それゆえ,類のうちにはない。

第Ⅰ部　神の単純性について

(99) その二つの証明は，権威と論によって，同時に真である。

すでに二つの段落で示された証明は，確かなものだという確認文である。

無限は類のうちにない

(100) 今，わたしは2つの媒介を通して求める真理文を明らかにする（そして神に固有なものどもから明らかにされる）。すなわち，第一に，無限性の概念によって。——第二に，必然存在の概念によって。

次にスコトゥス独自の方法で，神は類のうちにないことを，以下，二つの仕方で証明する。第一に，神は無限であるから，第二に，神は必然であるから。

(101) わたしは第一のものによって，二様に論じる。

第一の仕方では，次のように。すなわち，類の概念が無差別ではありえないものに至るまで無差別性をもつ概念は，類の概念ではありえない。ところで，本質的なことがらについて語るとき，神と被造物に共通的に言われるものは何であれ，有限と無限に対して無差別的である。——あるいは，何について語るときであれ，少なくともそれは，有限と有限でないものに対して無差別的である。なぜなら，神の関係は限界づけられたものではないから。ところで，いかなる類も有限と無限に対して無差別的ではありえない。それゆえ，云々。

無限性による証明についても，二つの仕方での証明をスコトゥスは提示する。その内第一のものの大前提，小前提を示す。

すなわち（大前提），類は，ある限界のなかで無差別である。たとえば，白も黒も赤も，無差別的に色である。しかし，色の類は，色でないものまで色であると言えるほど無差別ではない。どの類の無差別性も，そのような限界をもっている。したがって，類の限界を超える無差別性をもつものは，類ではない。

ところで（小前提），神と被造物について本質的に述語される共通のものは，有限と無限に対して無差別である。ところで，いかなる類も，有限と無限に対して無差別ではありえない。

それゆえ，神と被造物に共通的に述語されるものは類ではない。

（102）小前提の第一の部分は明らかである。なぜなら，何であれ，本質的完全性は神において形相的に無限である，——被造物においては有限である。

小前提のはじめの部分は，自明である。なぜなら，神に本質的に述語されるものは，神の完全性であり，それはどれも無限であるから。他方，被造物においては，どれも有限である。

（103）小前提の第二の部分を，わたしは証明する。なぜなら，種差が受け取られる実在性に対して，それ自体にしたがって可能態にある実在性から，類は受け取られるからである。ところで，先行する問いにおいて述べられたことから明らかなように，いかなる無限なものも，或るものに対して可能態にあることはない。その証明は，種の複合性と類の可能態性において成立するが，神からは複合性，可能態性，いずれも無限性に即して排除される。

類は無限ではありえないことの証明がなされる。すなわち，類の実在性は種差の実在性によって規定される。それ

第Ⅰ部　神の単純性について

ゆえ，それは種差に対して可能態にある。しかし，無限なものは可能態にあることはない。他方，神においては，複合性も可能性も，無限性に即して排除される。

(104) この前提はアリストテレス『形而上学』第 8 巻[3]の権威によって明らかである。すなわち，「限定辞（すなわち，定義）は，長さをもつ真理文でなければならない」，「その理由は，それが或るものについて或るものを指示するからである。すなわち，一方が質料であり，他方が形相でなければならない」。

前段落のはじめの部分（前提），すなわち類と種差による複合は種の定義に当たる。すなわち質料と形相の複合において，質料から類が取られ，形相から種差が取られる。

(105) さらにそれは概念によって明らかである。なぜなら，類が受け取られる実在性が真に事物の何性の全体であったなら，類だけで完全に定義が成り立つからである。さらに，類と種差が定義になることはないだろう。なぜなら，類と種差から複合された概念は，第一義的に定義の対象と同じものを述べていないだろうから。じっさい，どの一つの事物も同時にそれ自身であるから，二重にそれを表示しているかの概念は，その事物の何性と第一義的に同じものを述べていないからである。

段落の最初に出てくる「概念」ratio は，「ことば」であり「理」であり「論」である。つまり理屈から言っても，類の実在性が事物の何性の全体であるなら，種差なしに定義が成り立つはずである。もしも類が事物の何性全体を意味するなら，定義のうちの種差との複合は，対象を定義していないことになるだろう。

---

3) アリストテレス『形而上学』第 8 巻第 3 章（1043b）

（106）その論をある仕方で扱うことによって，わたしは次のように理解する。或る被造物において，類と種差は別々の実在性から（たとえば，人間のうちに複数の形相を仮定するなら，動物は感覚的形相から，理性的は知性的形相から）受け取られる。そしてその場合，類が受け取られる事物は，種差が受け取られる事物にとって，真に可能態的であり，完成されるものである。ときには，そこに事物と事物があるのではなく（ちょうど偶性においてそうであるように），少なくとも一つの事物のうちに，類が受け取られる固有の実在性と，種差が受け取られる別の実在性がある。第一の実在性をaと呼び，第二の実在性をbと呼ぶなら，aはそれ自体に即してbに対して可能態的である。すなわち，正確にaを知解して，また正確にbを知解するなら，本性の第一の瞬間において——そこにおいては正確にそれ自身である——知解されるかぎりでのaは，bによってそれ自身が完成されるものである（事物が別であったときと同じように），しかし，それはbによって実在的に完成されるものではない。すなわち，aとbは，同一性に即して第三のものに対してある。その第三のものにとって，それらは実在的には，第一義的に同じものである。じっさい，全体がまず産出されて，その全体のうちにその両方の実在性が産出される。しかしながらもし，それらの一方が他方なしに産出されるなら，それはそれに対して真に可能態的であり，それなしには，真に不完全である。

　類と種差の複合についての説明がなされている。当時は，同一の事物に複数の形相を認める立場と，一つの形相のみを認める立場があった。スコトゥスは，とくに一方に与していない。また類と種差の複合を事物と事物の複合であると見るか，実在性と実在性の複合と見るか，どちらが妥当か，これについても，それぞれの場合で判断する。

またそれらが複合するときとは、その種（実体）が創造される瞬間である。スコトゥスはそれを「本性の第一の瞬間」と呼ぶ。このように神による創造の第一の瞬間において事物の本質的存在を考えるのは、当時一般的であったかどうか、スコトゥス独自の発想なのか、いずれかは、わからない。

しかし、二つのものが同時に第三のものにおいて産出されるのではなく、神によって一方のみが産出されることが万が一にもあったなら、それはまったく不完全なものになるだろうとスコトゥスは言っている。

(107) その実在性——可能態的と現実態的な——の複合は、最小の複合である。それは類と種差の概念を満たすものである。そしてその複合は、或るもののうちで、どの実在性も無限であることとは両立しない。なぜなら、もし実在性がそれ自体から無限であったなら、どれほど正確に受け取られていても或る実在性に対して可能態にあることはない。それゆえ、神のうちでは、どの本質的実在性も形相的に無限であるので、形相的に類の概念を受け取ることができる実在性は、けしてない。

類と種差の実在性の複合は「最小」のものだと言う。もっとも緊密な複合という意味だと察せられる。そしてこの複合は実在性が無限であることとは両立しない。なぜなら、無限なものは他方に対して可能態にあることはできないから、複合が成り立たない。ところで、神はどの本質的完全性も無限であるから、複合の可能態側の一方になる実在性がない。それゆえ、神のうちには類の概念を受け取る実在性はない。

(108) 第二に、同じ媒介を使って、わたしは次のように論じる。種の概念は、たんに実在性の概念と同じ実在性

の内的固有の様態の概念ではない。なぜなら，そうであるなら，白さは類でありうるし，白さの内的固有の様態は種差でありうるだろう。しかしながら，或る共通なものが，神と被造物に収斂されるのは，有限と無限によってである。それらは，それの内的固有の度合いを言っている。それゆえ，その収斂するものどもは，種差ではありえない。またその収斂されたものと収斂するものは，種の概念が複合であるに違いない仕方で複合的な概念を構成しない。むしろその仕方で収斂するものと収斂されるものとからある概念は，種の概念がありうるよりも単純である。

同じ無限性の論を用いて，神は類のうちの種ではないことが証明される。すなわち，或る実在性とその内的固有の様態は，種の概念ではない。なぜなら，白とその白さの度合いが類と種差なら，白さの度合いの違いごとに種の異なる白があることになるだろう。白とその白さの度合いは可能態と現実態の複合（一方が他方を現実態的に規定している）ではなく，収斂されるものと収斂するものの関係にあって複合を生じない。たとえば濃度十度の白と濃度四度の白は，濃淡の違いはあっても，どちらも白である。つまり内的固有の様態の指定があっても種がもつ実在性の単純性は維持される。ところで，神の実在性を収斂している内的固有の様態は無限であり，被造物の実在性を収斂している内的固有の様態は特定の有限である。すなわち，神は無限であると言われても，「無限」がそれとは別の何かを規定して神において複合を生じているのではない。したがって無限は種差ではない。それゆえまた，神（無限な存在者）のうちの実在性のどれも，類ではない。

（109）無限性の媒介を使った論から，「偶性のもとにあることについて」述べられたアウグスティヌスのかの論（97）は明らかである。さらに前に触れた（98）「類の部

分性について」アヴィセンナ『形而上学』第8巻の論は明らかである。なぜなら，種のうちで何らかの部分的実在性であることなしには，類があることは，けしてないからである。それは真に単純なもののうちにはありえない。

最後に無限性を媒介とした証明に付け加えて，すでに説明を済ませたアウグスティヌスの論（97段落）と，アヴィセンナの論（98段落）も，神の実在の無限性を用いれば，容易に証明できる。なぜなら，偶性はその実体を偶性的に規定するものであるが，神の実在性が無限であるなら，それはいかなる不完全性ももたないので偶性による規定（補完）を受けることはできないからである。また，種の定義において類は部分である，つまり部分性なしには類であることはできない。ところで神は無限であるがゆえに部分性はない。

必然存在は類のうちにない

（110）わたしは第三に，第二の媒介を通じて，すなわち，必然存在の概念を通じて論じる。そしてアヴィセンナ『形而上学』第8巻第4章で論じられている。すなわち，もし必然存在が類をもつなら，類の概念はそれ自体から必然存在なのか，それとも，そうではないのか。もし第一の仕方でなら，「その場合には，どこであれ種差の概念のあるところに至るまで，止まらないだろう」。これを，わたしは次のように理解する。その場合，類は種差を含んでいる。なぜなら，種差なしには究極的現実態にないうえに，「それ自体から必然の存在」は究極的現実態にあるからである（しかしながら，もし類が種差を含むなら，その場合には，それは類ではない）。もしも第二のメンバーが与えられるなら，「**必然存在は必然存在ではないものから構成**

されていることになるだろう」。

　次にスコトゥスは,「必然存在」の〈概念〉を通じて論じる。まずスコトゥスは, アヴィセンナにならって論じる。すなわち,「必然存在」＝「神」が類を含むとすると,「必然存在」それ自体が類なのか, それとも, 類以外のものをもつのか。

　スコトゥスによれば, 類は種差を含まざるをえない。なぜなら, 類は種差によってはじめて究極の現実態に達するからである。ところで必然存在は,「在る」が必然的様態にあるものである。それは究極的現実態に在るほかない。つまり種差をまたずに, すでに究極的現実態にある。他方, それがもしも究極的現実態を生ずる種差であるなら, それは, それとは異なる類を含まない。

　あるいは, 類以外のものをそれがもつなら, アヴィセンナによれば, 必然存在が, 必然存在ではないものを構成部分としてもつことになるだろう。これはありえない。

（111）しかしこの論は, 必然存在は他のものと, いかなる共通なものももたないことを証明している。なぜなら, その共通な概念は「非‐必然存在」だからである。それゆえ, わたしは答える。すなわち, 認識された概念は, 必然性も, 可能性も含まない。そうではなくて無差別である。ところで, 事物のうちの概念に合致したものは,「これ」において必然存在であり,「かのもの」において可能存在である（このことは, 固有の実在性が類の概念に一致するのなら, そして他の共通な概念に一致しないなら, 言われているように, 否定される）。

　前段の論は, 必然存在それ自体は, 他のものと共通な存在を含まないことを証明している。他方, スコトゥスが言っている「共通な概念」intentio communis は,「存在・在る」esse ではない。むしろそれは「認識された概念」

intentio intellecta であり，それゆえ，「在る」esse の必然や可能には関わらない。したがって，それらに対して無差別的である。ただし，この「概念」（ことば）が指示している対象事物（存在）は，必然存在か可能存在である。

　最後の括弧内は，スコトゥスによって記号が付けられている。テキストの編集者によれば，後の 139 段落を指している。しかし，この段落全体が後に追加された思案中のものであることも手伝って，はっきり理解できない。

（112） 問いのうちに付け加えられている「神について形相的に言われるどんなものについても」に関して，わたしは同じものに即して，そのような何ものも類のうちにないと言う。なぜなら，限界づけられた何ものも神について形相的に言われることはないからである。或る類に属するどんなものも，どのような仕方でその類に属するのであれ，**必然的に限界づけられたものである**。

　第 39 段落に掲げられているこの第三問題の後半についても，これまでと同じ論によって類のうちにないとスコトゥスは言う。なぜなら，神について形相的に言われるものはどれも無限であり，限界をもたないからである。

超越者と範疇（述語形態）

（113） しかし，その場合，疑いがある。英知者であるとか，善なるものであるとか，等々，神について言われる述語は，どのような種類の述語であるのか。

　私は答える。存在者は，まず無限と有限に分けられる。次に 10 個の範疇に分けられる。なぜなら，それらの一方，すなわち「有限なもの」は 10 個の類に共通だからである。それゆえ，存在者と一致するどんなものも，有限と無限に

無差別なものとして，あるいは，無限な存在に固有なものであるかぎり，いずれも無限な存在者自身に合致する。それは類に限定されるものとしてではなく，それに先立つものとして，そしてその結果，それは超越者であり，かつ，すべての類の外にある。神と被造物に共通であるどれであれ，有限と無限に無差別なものとしての存在者に合致する種類のものである。なぜなら，それは神に一致するかぎり，無限であり，被造物に一致するかぎり，有限なものだからである。それゆえ，それらは，まず存在者に一致したのちに，存在者が10個の類に分けられる。そしてその結果，そのような種類のどれも，超越者である。

英知者であるとか，善であるとか，神について形相的に言われるものは，「超越者」ないし「超越概念」と言われる。スコトゥスはこの個別の問いにおいて，彼の存在論の全体像に言及する。すなわち，「存在者」の概念が共通に指示している対象は，神と被造物の全体に及ぶ。そしてそれは，まず内的固有の様態における無限と有限に分けられ，そのうち有限なものが十個の範疇（最高類）に分けられる。

超越者と言われるものは，「類」ないし「範疇」を超越していることを意味している。つまり特定の類に限定されるものではない，という意味である。それゆえ，それは内的固有の様態の有限と無限にも限定されないものである。なぜなら，有限なものに限定されるなら，それは同時に類に限定されるからである。

(114) しかしその場合，別の疑いがある。英知性は，すべての存在者に共通ではないのに，いかなる意味で「超越者」であると主張されるのか。

わたしは答える。すなわち「最高類」の概念は，それのもとに多数の種をもつことではなくて，別の超えてくる類

第Ⅰ部　神の単純性について　　　515

をもたないことである（ちょうど，「時間」の範疇は，たとえほとんど種をもたないか，まったくもたないとしても，超えてくる類をもたないから，最高類であるように）。そのように，それのもとに含まれる類をもたないどんなものも，超越者である。それゆえ，超越者の概念には，存在者以外に超えてくる述語をもたないことが属する。しかし，それは多くの下位のものどもに共通なものであることが起こる。

　しかし，「英知者である」は，知性をもつ存在者にのみ言えることがらである。それは特定の類に限定されているのではないかという疑いが起こる。

　スコトゥスは，超越者は，類と種の秩序の上に置かれるものであることを指摘する。ところで最高類（範疇）は，かならずしも異なるさまざまな種をもたない。たとえば時間の範疇は異なる種をもたない。それでも時間が最高類であるのは，それが上位の類をもたないからである。同じ基準が超越者にも当てはまる。超越者のなかには，一，真，善のように，下位の類のそれぞれに当てはまるものをもち，まさに類を超えて述語されるものがあるが，英知者という超越者のように，範疇以下のものにおいては，知性をもつ実体の類にしか当てはまらないものがある。しかし，それでも，有限な実体の類に述語可能性が限定されていないのであるから，超越者の一つに数えられる。

　(115) このことは，ほかのことから明らかである。なぜなら，存在者は置き換え可能な単純な属性——一と，真と，善のような——をもつだけでなく，反対のものどもが対立して区別される或る種の属性，必然存在か，可能存在，現実態か，可能態，そしてこの種のものどもをもつ。ところで，置き換え可能な属性は，特定の類に限定されずに存在者にともなっているゆえに，超越者である。それと

同じように，二者択一の属性は超越者である。そしてその択一的なもののメンバーのどれも，それ自身が特定の類に限定されないものであるゆえに，超越者である。しかしながら，その択一的なものの内，一つのメンバーは，形相的に特殊なものであり，一つの存在者にのみ合致する。——たとえば，「必然存在か可能存在か」の分割における必然存在，また「有限なものか無限なものか」の分割における無限なもの，他のものについても，同様である。さらに，そのように，英知性は超越者でありうる。そして，神と被造物に共通な他のどれも，超越者でありうる。ただし，その種の或るものは，ただ神にのみ言われ，他方，或るものは，神と或る被造物に言われる。しかしながら，超越者としての超越者は，第一の超越者，すなわち，存在者と置き換えられるもののほかには，どのような存在者についても言われるべきではない。

　特定の類に限定されずに当てはまる超越者は，また「存在者と置き換え可能な属性」あるいは，「存在者に固有な属性」と言われる。英知者はそのような属性ではない。しかし，英知者と同じように存在者と置き換え可能ではない属性が，超越者の類にはある。必然存在，可能存在，無限存在，有限存在，現実態，可能態，などである。これらの属性はやはり十個の範疇のうちの特定の範疇には属さない。それゆえ，それらに限定されないゆえに超越者である。ただし，これらの或るものは，ただ神にのみ言われ，被造物には言われない。

　このように超越者の概念は広義には多くのものがある。ただし，「第一の超越者」と言えば，存在者と置き換え可能な属性のみである。

第Ⅰ部　神の単純性について

他の諸権威の見解とその否定

（**116**）或る人は，第四の仕方で，神は類のうちにないことを証明している。なぜなら，「神はそれ自身のうちにすべての類の完全性を含んでいるから」という理由をあげて。

しかしその議論は無効である。なぜなら何かを含むものは，それを自分の様式で含むからである。さらに実体は最高類であり，下位のすべての種に受け取られるものとして潜在的にすべての偶性を含む。すなわち，たとえ神がもろもろの実体の個別者のみを原因して，個別者は自身のうちに潜在的にすべての偶性を生じるものをもっているとしても，しかしながら，このことによって，被造的実体が類のうちにあることは否定されないだろう。なぜなら，被造的実体は，偶性の様式でではなく，自身の様式で潜在的に偶性を含むからである。したがって，そのように神がすべての類の完全性を含むことのみから，神が類のうちにないことは結論されない。なぜなら，そのように含むことは，有限性を排除しないからである（じっさい，「潜在的に含む」は「無限である」ではない），そうではなくて，これは，神の絶対的な無限性から結論される。ちょうど先に[4]導かれように。

スコトゥスが，述語概念の分析を通じて神は類のうちにないことを証明するのに対して，別の証明もあるという異論が提出される。すなわち，神は被造物の全体を創造したのであるから，神はもともと被造物の全体の完全性を含ん

4）　第101段落—第109段落

でいる，それゆえ，特定の類のもとにない，という証明である。

スコトゥスは，このような証明は証明とならないという。なぜなら，「含まれるものは，含むものの様式で含まれる」という原則があるからである。神の完全性は，いわば神という実体の属性である。ところで，被造物において，実体は実体自身の様式で自身の偶性を含んでいる。したがって，たとえ実体がすべての偶性を含む場合でも，それがすべての類を超越しているとは言えない。同様に，神は個別者を創造している。他方，実体である個別者は偶性を含んでいる。しかし，そのように，神はすべての類の完全性を含むとしても，そうだからと言って，神はすべての類を超越しているとは言えない。なぜなら，有限であっても，神はすべての類の完全性を含むことはできるからである。

神は無限存在なので，何であれ，無限の様式で含むことができる。したがって，たしかにどんな類のものであれ，無限という完全性のもとに含むことができる。しかし，それは神が無限だからであって，神がすべての類を含むから，という理由によるのではない。

無限な直線

(117) しかし，これに反対して，端的な無限性は求めている命題を結論しないと主張されている。なぜならアリストテレスは，『トピカ』第5巻[5]で，直線の定義を非難しているからである（すなわち，「まっすぐであることは，その中間が両端を超えてでないものである」を），次のこ

---

5) アリストテレス『トピカ』第6巻第11章（148b23-32）

第Ⅰ部 神の単純性について

とで,すなわち,もし無限な線であったなら,それは直線でありうるだろう。すなわち,無限である場合,それは中間をもたないだろうし,両端ももたないだろう。しかしながら,それは非難すべき定義ではない。なぜなら,それは類のうちにあることが矛盾するものに一致していないからである。それゆえ,無限な線が類のうちにあることは,ありえる。したがって無限性は必然的に無限な線を類から排除するものではない。

提出された異論は,無限であるから類のうちにない,という結論はかならずしも出ないという。異論はその理由として,アリストテレスは「中間が両端を出ない」ということが,線が直であることの定義にならないと非難しているからであるという。当該箇所でアリストテレスが非難しているのは,当時の数学者の直の線分の定義が不完全なことらしい。つまり当時の数学者はそれを「限界をもつ,中間が両端を超えない線」だと定義していたらしく,アリストテレスによれば,そうだとしたら「限界をもつ」を抜きにしたときに,それは直の定義にならなければならないが,「中間が両端を超えない」では直の定義にはならない。なぜなら,無限な線は中間も両端ももたないが,直であるからと言う。

このアリストテレスの論がスコトゥスに反対する異論を支える根拠になるのは,アリストテレスが「線」を一種の「分量」（10個の範疇の一つ）と認めているからである。それゆえ,「類のうちに無限はある」とアリストテレスが認めていると解して,異論は,無限であるなら類のうちにないとは言えない,と言う。

(118) わたしは答える。第一に,権威の意向に対して。——なぜなら直線は偶性的全体だからである。そしてもしこの全体が定義されるなら,一つの定義が線に対応してお

り，別の定義が直に対応していることが指示されるだろう。定義の場で「直」に対応しているであろうものは形相的に無限と背反しない（なぜなら，まっすぐなものは形相的に無限と背反しないからである）。そして定義が形相的に矛盾するどんなものに対しても，また定義されたものが矛盾する同じものに対しても，無限は形相的に背反しないからである。しかしながら，アリストテレスが非難しているその定義のうちには，いわば直の定義（すなわち，両端の間に中間をもつ）が指示されている。それは形相的に無限と矛盾する。それゆえ，もしその定義が正しいなら，直は無限に対して形相的に矛盾しているのでなければならない。──他方，その主語，すなわち，線が，形相的に無限と矛盾するかぎり，たとえそれが無限と矛盾するのは潜在的にであるとしても，その定義は誤りである。それゆえアリストテレスは，無限な線が類のうちにありうると言おうとしたのではない。無限性は正しい理性に形相的に矛盾しないと言おうとしたのである。──そしてそれゆえ，無限性が形相的に矛盾するかの定義は，「直であるかぎりの直の」定義ではない。じっさい，彼はそれを非難していない。すなわち，「直線は幅のない長さである。その両端は等しく伸びた二つの点である」。なぜなら，ここには無限と矛盾しているものがあるからである。しかし，非難しているところでは，いわば線の定義が指示されている。直の定義ではない。すなわち，その場合，無限性はその線に矛盾しているのだから，それは正しく指示されているだろう。

　スコトゥスは，直線は偶性的存在であるが，「全体」であるという。「全体」とは「部分を欠いていないもの」であるから「完全」を同時に意味する。つまり偶性的全体とは，完全に偶性である，という意味である。そしてある定義が「直線」を定義しているなら，その一部が「直」を，

第Ⅰ部　神の単純性について

他の一部が「線」を定義していると言えなければならない。

ところで、アリストテレスが数学者の挙げている定義を批判するために「直」の定義として挙げているもの（アリストテレス自身が否定している定義）は、はたして「直」の定義になっているか。スコトゥスは、「直」は、形相的に無限と矛盾しないという。なぜなら、「まっすぐであること」は、カンタベリーのアンセルムスが端的な完全性として挙げている「正直(せいちょく)」と同じ「ことば」だからである。スコトゥスはアンセルムスの神学の継承者なので、ゆずれない点である。

しかし、アリストテレスが非難している「直」の定義は、「両端」の限界をもっている。それゆえ、その定義は無限とは矛盾する。スコトゥスは、そのためにアリストテレスはその定義を非難しているという。

他方、本来の「線」の定義は、「幅のない長さであり、その両端は等しく伸びた二つの点である」は、「両端を点としてもつ」ことから、無限とは矛盾する。それゆえ、無限と矛盾しない「直」と、無限と矛盾する「線」を合わせた「直線」は、全体として無限とは矛盾する。それゆえ、それは分量の類のうちにある。このようにスコトゥスは異論に対して回答している。

スコトゥスは類のうちに内的固有の様態としての無限を認めない立場である。ただしスコトゥスは類のうちに現実的無限を認めていないだけである。ところで、類の内というのは、被造物のうちに、ということである。つまり現実的宇宙のうちに無限を認めていない。しかし、これは、数学的世界に無限を認めないということではない。というのも、数学は、数ないしそれに類した記号のもつ論理にしたがって数学的に考えられる世界の真理ないし法則（公理）を探しているのであって、現実的宇宙の探求における理論

的応用は，あくまでも応用であって，数学の第一義的研究ではないからである。そして数学は，そのような意味で，論理的（ロゴスの世界における可能性の探求）であって，現実的ないし実在的対象の研究ではない。つまり無限を考えることは，理性が正しく動いていないことではない。無限を考えることは，正しい理性と矛盾しない。したがって，数学が無限を認めていても，現実的宇宙に無限が実在することを意味しない。

（119）しかし，実際上，別の疑いがある。無限な線は量の類のうちにありうるか。――そして，もしありうるとしたら，無限性から取られた二つの論は無効だと思われる。

わたしは答える。下位のもののなかの最高のものに，上位のものの最高のものがつながるのは，その下位のものがその上位のもののもとで，もっともすぐれた内容をもつものであるときのみである。つまり「最完全なロバゆえに，最完全な動物である」ことはなく，質料のために，「最完全な人間であるゆえに，最完全な動物である」とは言える。なぜなら，人間は動物の類いのなかで最完全なものだからである。それゆえ，最良，あるいは，最完全な存在者が存在者のうちの最完全なものにつらなるのは，それが存在者のうちで端的に最完全なものであるときのみである。しかしながら，量はそのようなものではないし，何らかの類のうちのものも，そのようなものではない。なぜなら，どれも限界をもつものであるから。むしろ端的な完全性，すなわち，それ自体から無限でありうるもの以外のものは，何もそのようなものではない。そしてそれゆえ，「最完全な量であるゆえに，最完全な存在者である」とは結論されない。また，何らかの類の事物についても，そのように結論されない。そうではなくて，ただ「最完全な真理，あるいは，最完全な善性であるゆえに，最完全な存在者で

ある」と結論される。そのように無限をともなうものは，最高の完全性を意味するだけでなく，それを超えるものがありえないものである。それゆえ，無限な存在者は，最完全なものである無限なものにのみ，端的に連なる。そしてそれのうちには存在者の概念がある。すなわち，端的な完全性を意味する存在者の概念である。そしてそれゆえ，たとえ量の概念のうちに無限な量があるとしても，量は端的な完全性ではないのであるから，無限な存在者であるとは結論されない。なぜなら，存在者であることから，完全性において超えられることができないとは結論されないからである。したがって無限な線は量の類のうちにあるだろう。なぜなら，それは限界をもつ端的な存在者であり，より完全な端的な存在者によって端的に超えられるものであるから。それに対して，「端的な無限な存在者」は類のうちにありえない。そしてその理由は，第一の無限性は類の概念が要求するすべての可能態性を除去してしまうのではなく，ただある意味で，或るものの不完全な存在性に無限性を主張するだけであるから（類の概念のうちにそれがあるかぎり，さまざまな度合いで，複合がありえる）。第二の無限性は，それを必然的に除去する。先に明らかにされたように。

　アリストテレスの論にもとづいた異論に対してスコトゥスは答えたが，それでも異論者は，無限な線はありうるのではないか，という疑いを捨てきれない。スコトゥスはそれに対して答える。

　スコトゥスの答えは，無限な量が無限の線というものでありえるとしても，それが量であるかぎり，端的に無限であることはありえないと言う。たしかに，類のなかでは最高の種が，その類の最高のものでありうる。たとえば，人間は動物の類のうちで最高の種であるから，最高の動物である。しかし，無限でありうるのは，端的に存在者であ

るものにおいて（特定の類のうちに限られるものではない）最高のものだけである。類の内で最高のものは，端的な存在者によって「超えられるもの」である。ところで，「無限」は「超えられること」が矛盾するものである。それゆえ，それは「無限」ではありえない。

アリストテレス哲学による異論に対して

（120）この見解に反対して，それでは矛盾したことが主張されることになるだろうと言われる。すなわち，神と被造物の「何」において共通な概念が認められながら，神が類のうちにないと主張するのなら。なぜなら，「何」のうちに言われるすべての概念は，もしそれが共通なものであるなら，類の概念であるか，定義の概念である。そうでなければアリストテレスが『トピカ』第1巻で教えているよりも多数の述語があるだろう。

異論の提出者はアリストテレスの範疇論を超えた述語を認めない。対象事物の「何」については，類の内の述語か，やはり類の内の定義（種の規定）しか述語されるものはないというのがアリストテレスの論である。それゆえ，神と被造物に共通な概念であってもそれは類であるか，類のうちの種である。したがって共通なものであるなら類の内のものでなければならない。スコトゥスの言うことには矛盾があるという。

（121）それに対して，矛盾はないとわたしは言う。前に引いたアウグスティヌス『三位一体論』第7巻の権威によって明らかである。その箇所で彼は，神は実体であることを否定して，神は本来的に，真に，本質であると認めている。しかし，もし本質が異なる概念，つまり多義的な概

念であるとしたら，神と被造物に一致するものとしての本質の概念は実体の多義的な概念であるだろう。かくして，その場合，本質が言われるように実体が言われるだろう。

　スコトゥスはアウグスティヌスの権威を求めて，「実体」はときに「本質」を意味する多義的述語であるという。ところで，「本質」は，じっさいに神学者の間で類を超えて言われる概念なので，スコトゥスの論に矛盾はない。

（122）同様に，アヴィセンナ『形而上学』第8巻第4章で，彼は神が類のうちにあることを否定しているが，神が実体であり，他者に依存しない存在者であることを認めている。そして彼が，被造物について言われる概念と多義的ではない「存在者」を受け取っていることは，『形而上学』第1巻で，「それ自体における存在者は原理をもたない。それゆえ，学問は絶対的な存在者の原理を追求しない。そうではなくて，或る存在者の原理を追求する」と言っていることによって明らかである。しかしながら，もし存在者が神と被造物において異なる概念をもつのなら，存在者にはそれ自体としての原理があるべきだろう。なぜなら，一方の概念に即した存在者にとって，異なる概念に即した存在者は原理であるだろうから。

　スコトゥスは次にアヴィセンナの権威を用いる。アヴィセンナは神が類のうちにあることを否定しており，かつまた実体であって，他者に依存しない存在者であると認めている。この場合の「実体」は，すでに指摘された通り，類の内の実体とは多義的な（異なる）意味であると言うことができる。他方，「存在者」については，アヴィセンナは被造物の存在者に対して多義的ではない「存在者」を受け取っていることは，明らかであると言う。なぜなら，アヴィセンナは，それ自体における存在者には原理がない，それゆえに学問はその原理を追求しないと言っているから

である。「それの原理がない」というのは、「それ」自体からさらにさかのぼって、ほかにそれの原理を見出すことはできない、という意味である。

したがって、「存在者」の意味が神と被造物で、それぞれ別であるなら、さらにそれらの原理があることになるだろう。それは指摘できないのであるから、スコトゥスによれば、それは無いのである。

(**123**) 君が「もしそれが〈何〉において言われるものであるなら、それは類であるか、定義である」と論じるなら、わたしは答える。アリストテレスは『形而上学』の第8巻[6]で、「〈何〉において言われる述語」を〈どのようなものか規定するもの〉が定義であると教えている。じっさい、彼はその箇所で、プラトンの「イデア」に反対してアンティステネスの徒の説を引いて、「定義は長いことばである」と言う彼らに賛成している。そしてそのあとで「実体には（すなわち、感覚的であろうと、知性的であろうと、複合体には）定義がありうる。しかしながら、これを構成する第一のものどもには、それ（定義）はない」と言っている。——そして、根拠を述べている。「たしかに、或るものについて、或るものを指示するものが、定義である」（これは形相的にではなく、潜在的に理解しなければならない——ほかで述べたように）；そして言っている。「たしかに、一方は質料としてあり、他方は形相としてあるのでなければならない」。以上のことから、そこでは次のことが論じられていると思われる。すなわち、「イデア」がもし定義されるものではないと想定され、かつ、もしその根拠が或る意味で「イデア」の単純性のためであるとしたら、彼は、ましてや最高の単純性があるところの

---

6) アリストテレス『形而上学』第8巻第3章（1043b）

神には，定義はないと言うだろう。それゆえ，その権威から，神についての定義として〈何〉において述べられるものは何もない，と結論される。

〈何〉は対象の〈名〉に対応するものであり，〈何性〉は，対象の〈本質〉に対応するものである。このスコトゥス独自の用語の意味については，第三区分で詳述した。たとえば「神は無限な存在者である」と言うとき，「神」という名（何）を主語として，「無限な存在者」が言われる。それが定義である。ただし神の場合，本質それ自体は認識されないので，この定義は被造物との相違を示す神に固有の概念である。ところで定義は一般に，類と種差によって示される。それゆえ，「長いことば」になる。つまり単語一つで終わるものではない。たとえば被造物の実体は，複合体であり，その複数の構成要素を示すことによって，その定義ができる。ところで構成要素の一方が質料であり，他方が形相である。形相のみで定義ができることはない。それゆえアリストテレスはプラトンのイデア論に反対した。つまり「イデア」は単純であるために，「短いことば」で表されるほかない。しかし，そうであるなら，イデアには定義がない。つまり〈何〉があっても，〈何性〉がないと結論される。したがって，神はなによりも単純であるから，プラトンは，神には定義がないと，おそらく言うだろう。

(124) 同じものを根拠として，神の〈何〉のうちに類として述べられるものは何もないと，結論される。なぜなら，類をもつものは何であれ，種差と定義をもつことができるからである。なぜなら，（『形而上学』第7巻[7]で）類は「種以外の何ものでもないか，それとも，質料としての

───────
7) アリストテレス『形而上学』第7巻第12章（1038a）

何かであるか」、そしてその場合、類は質料の概念であり、それは形相である種差をもつことができると主張しなければならない。それゆえ、神の〈何〉のうちに述べられるものが何かあるとしても、アリストテレスの権威によって破壊的にではなく、建設的に論じるなら、それは類や定義ではないと結論される。しかし君が「それは類か定義である。なぜなら、アリストテレスは〈何〉のうちに言われた述語をほかに言っていないから、それらと別のものではない」と推理するのなら、君は権威によって破壊的に論じている。そしてそれは誤った推論である。

同様に、神は単純であるから類と種差による定義をもたない。では、類をもつか、と言えば、類をもつものはかならず種差をもつから、類をもつものではないと結論される。それゆえ、神について何か述べられても、それは類でもないし定義でもない。異論者は、アリストテレスが〈何〉におけるものとして述べられるのは、類か、定義しかないと言っているから、神の〈何〉は、類か、定義であるほかないと主張するなら、その主張はアリストテレスの論を破壊的に用いていて、誤った推論をしているとスコトゥスは言う。

（125）しかし、君は言う。その場合、アリストテレスは〈何〉において言われる述語のすべてを十分に扱っていなかった。

わたしは答える。アリストテレスは『トピカ』第1巻において、問題の区分にしたがって述語を区分している。なぜなら、異なる問題は述語の相違にもとづいて異なる定義の仕方をもつからである。それゆえ、彼はそこではすべての述語を数え上げていない。なぜなら、彼は種差を数え上げていないからである（たとえ彼は類のもとに類の差異を置いているとしても）。じっさい、種差は固有の述語の

ことばをもっている。他方，さらに種は，定義とは別の，固有の述語のことばをもっている。そうでなければ，ポルフェリウスが5つの普遍語を置いたのは間違いだったことになる。それゆえ，アリストテレスはその箇所では十分に述語を区別している。なぜなら，彼は探究している諸問題がそれについて定義することの特殊的な技術を要求しているものすべてを区別しているからである。彼はその箇所で，それを扱おうとしていた。——しかしながら，超越者は，その種の述語ではない。なぜなら，それについては特別，問題になっていないからである。じっさい，問題とは，何か確実なものを想定し，かつ疑問を問うものである（『形而上学』第7巻最終章[8]によると）。ところで，存在者と事物は「霊魂のうちに最初の印象によって印刻される」（アヴィセンナ『形而上学』第1巻第5章によれば）。そしてそれゆえ，その最大限度に共通な概念については，自体的にことばにされる問題はないのである。それゆえ，それは問題となる述語のうちに数え上げられないものであったに違いない。

異論を唱えている人間は，論争に勝つことだけのためにアリストテレスのことばを集めて出しており，スコトゥスによれば，それは哲学を破壊する推論にしかならない。しかし相手は，スコトゥスの一貫した論理を背景にした反論を聞いても，アリストテレスはこの問題について十分に言っていないと言う。

自分が頼っているアリストテレスの言辞が不十分だと言うのであるから，異論はすでに破たんしていると言えるのであるが，スコトゥスは，まことに根気よく対応する。そして，たしかにアリストテレスは当該箇所では述語のすべてを扱っていないことを認める。しかしそれは，当該箇所

---

[8] アリストテレス『形而上学』第7巻第17章（1041b）

の問題が限られているからである。

　じっさい，アリストテレスの『トピカ』は，論議のトピックによって問題が立てられ，それに対応してさまざまな概念ないし区分が必要になることを，弁論のさまざまな問題場面に応じて論じている。すなわち，『トピカ』は，アリストテレスがさまざまな専門諸科学と形而上学を構成していくに当たって，その予備的考察として，どのような考えをもつべきか，あるいは，どのような問題をもつべきかが，書かれている。その意味では，アリストテレスによるアリストテレス哲学入門書となっている。とはいえ，アリストテレスからは大きく時代を隔てているわたしたちにとっては，彼の形而上学や，その他の諸科学を先によく学ばないと，むしろこの本の内容はよくわからない。

　しかしスコトゥスの時代にはどうやら『トピカ』もよく読まれていたらしい。そしてスコトゥスがここでポルフェリオスの『エイサゴーゲー』（アリストテレス『カテゴリー論』につけた序論）と関連づけているのを見ると，なるほどと思わせるところがある。すなわち，ポルフェリオスの「5つの普遍」というのは，類と種と種差と特有性と偶性である。それに対して，アリストテレスが『トピカ』第1巻で説明している概念は，定義と特有性と類と偶性の4つである[9]。

　後者では，種と種差が抜けていて，その替わりに定義がある。しかし，一般的に定義は，種を定義するものであり，なおかつ，種の定義には，類に種差がつけられる必要がある。たしかにアリストテレスは，定義についての説明のなかで種差について言及していない。その点では不足は否めない。しかし，スコトゥスが言うように，アリストテ

---

9) アリストテレス全集第2巻『トピカ』村治能就（岩波1970年2月）8-11ページ

レスは，その箇所では，そこでの問題に応じた区分の概念を説明しているだけである。

じっさいアリストテレスは，その箇所の直前に「問題に応じて命題（科学の基礎陳述）」があると言っている。そして科学的であるためには，問題に対してまず定義が作られなければならない。なぜなら多義性の誤りによって科学の基礎を揺るがせてはならないからである。つまりアリストテレスは，むしろ「定義」のために必要な概念を，定義自身を含めて四つ説明したのである。

それに対してポルフェリオスは，カテゴリー，すなわち，「述語の類」の説明のために必要な区分概念として，類と種と種差と特有性と偶性を数えた。スコトゥスは，両者はもっていた課題が違っているから，アリストテレスには種と種差についての述語（説明）がないと言うのである。

そして，両者，アリストテレスの『トピカ』とポルフェリオスの『カテゴリー論の序論』には，超越者に関する問題がない。それゆえ，超越者の概念の説明（述語）が数え上げられていない。以上の理由で，スコトゥスによれば，アリストテレスに十分な区別がないのは当然なのである。

じっさい，それに対して，イスラムの「超越神」を形而上学の課題にしていたアヴィセンナは，「事物」と「存在者」を超越者として取り上げている。ところでアヴィセンナによれば，それは最初に霊魂にもたらされる概念である。つまりそれはむしろ原理的概念であって，それによってほかの概念が説明され，ほかの概念によってそれが説明されるものではない。ところで，「説明」は，ことばによって表示されることであり，述語づけることである。それゆえ，原理的概念には真の述語がない。

（126）しかし，アリストテレスはその一般的な述語をけして教えなかったのか。

わたしは答える。『形而上学』第8巻によれば，神は類として何も言われないと彼は教えている（前にあげた権威によれば[10]）。しかしながら，『形而上学』第2巻では，「真理」は神と被造物に一義的に言われると教えている（同じところで彼は「永遠的なものどもの原理は最高に真である」と言っている）。そして同じところで彼は，存在性は神と被造物に一義的に言われると教えている。なぜなら，そのあとで（『形而上学』第2巻[11]）「個々のものはどれも，存在と関わるように，真理と関わっている」と言っているからである。さらに，彼によれば，存在者が神について言われるなら，それは「何」においてであろうことは明らかである。それゆえ，彼はこのようなことばで，含みをもって，或る述語が「何」において超越者と言われることを教えているのである。そしてそれは類でも定義でもない。——そしてほかの超越的述語が「どのような」において言われることを教えている（たとえば真なるもの）。しかしながら，それは，その普遍的なものがある類の種に一致することに即して言われる固有の属性でも，偶性でもない。なぜなら，或る類の種である何ものも，何らかの仕方で神に一致することは，けしてないからである。

異論者に一般的な述語と言われて，スコトゥスは，神が類の概念のもとに何かが言われることはないと，念を押している。そのうえで，しかしアリストテレスは，存在と真理については，「永遠的なものどもにおいては……」と言うことによって，それらは神と被造物に一義的に言われると，実質的に主張していると言う。しかし，ここに出てくる「永遠的なものども」は，アリストテレスにおいては

---

10) 第123段落から第124段落のはじめまでをスコトゥスは考えている。ここでの「権威」は，同じアリストテレスである。

11) アリストテレス『形而上学』第2巻第1章（993b）

第Ⅰ部　神の単純性について

「天体」ないし「天体の霊魂」であって，神ではない。したがってここの主張は，あくまでもスコトゥスによるアリストテレス『形而上学』の解釈である。

　この段のスコトゥスの論の意味は次のことである。すなわち，たんに超越者という語は，アリストテレスの著作にはないことはその通りであるが，それはアリストテレスが超越概念を扱っていないことを意味するのではない。ただそれを指示する「超越的述語」ということばを彼がもっていなかっただけである。実質的には，存在と真理について述べている。

　ただし，スコトゥス流の概念の位置づけを用いると，〈何〉quid に対応した超越的述語は「存在者」であり，〈どのような〉quale に対応した超越的述語は，「真」とか，「善」とか，「一」とか，「正義」とか，「英知」とか，そのほかの超越的属性である。

（127）さらに彼は，ある仕方で，『トピカ』第4巻の最後のところで，同じことを教えている。「もし，つねに或る何かであり，またそれが置き換えられないとしたら，それが類ではないことを否定することはむずかしい」と言っている。そしてそのあとで「それが置き換えられないとしても，つねにそれがともなうことをもって，それを類として用いる」と言っている。——いわば彼は，反対者に向かって次のことを述べている。「しかしながら，一方に一方の部分を与えるときでも，すべての点で従うべきではない」。——彼は答えるものに向かって述べている。すなわち，いわば，置き換えられず，かつ，ともなうものが，まったくすべて，類としての述語であるとは認めないと言っている。そしてもし「何」において言われた述語について話していないとしたら，彼が，そのようなことを類として用いることに反対して教えていることが明らかだとは

言えない。それゆえ，彼がそこで見ているのは，「何」において言われる共通な述語があっても，それは類ではないということである。——そして彼が「何」における述語づけについて述べていることは，彼が挙げている例「凪であることは静かである」によってわかる。じっさい，述語づけが抽象のうちにあるとき，それは「どのような」における述語づけ，あるいは，命名的述語づけではない。

すでに述べたように，アリストテレスの『トピカ』は理解することがむずかしい作品である。この段落は，その作品を基底にしているスコトゥスの論述なので，さらに解釈がむずかしく，それに応じて，翻訳もこなれた日本語にできない。とりあえず，アリストテレスの当該箇所の意味を日本語訳アリストテレス全集（岩波）[12]を用いて整理して，そのうえでスコトゥスの主張の註釈を試みよう。

アリストテレスは，或るもの（A）に，つねにともなうが，それ（A）と置き換えることができないものを，類ではないと言うことはむずかしい，と言っている。例として，静止は凪にともなう（＝凪は静止である）は，つねにであるが，凪が静止にともなう（静止であるが述語となる）ことは，つねにではない。つまり凪と静止は置き換えることはできない。このとき，静止はとりあえず，類として用いることができる（類でないと言うことはむずかしい）。

しかし，このことは，どんな場合にも言えるわけではない。たとえば非存在（消滅）は生成するものにつねにともなう。しかし，両者は置き換えできない。このとき，それでも非存在（消滅）は生成するものの類ではない。なぜなら，非存在（消滅）には，ふつう，種が存在しないからである。

---

12) アリストテレス全集第2巻『トピカ』村治能就（岩波1970年2月）120ページ

アリストテレスは当該箇所で，ほぼ以上のようなことを述べている。

スコトゥスは，ほぼ以上の点については，同じように受け取って，「ともなうもののすべてが類である」と，アリストテレスが認めているわけではないと述べている。そしてスコトゥスは，アリストテレスにおいては「何」において述べられているか，という視点がはっきりしていないので，彼の主張，そのようなものは「類ではない」ということが明らかではないと述べている。じっさい，スコトゥスが類ではないと主張している根拠は，アリストテレスがもっていない視点による。つまりそれが神の「何」についての述語であり，「何性」についての述語ではない，ということによるからである。

「何」についての述語は，抽象された類にはならない。他方，「何性」（何であるか）quid est の述語は，抽象された述語である。両者の違いは，後者には「である」est が含まれる点である。「である」が含まれることによって，それは本質（何であるか）を示す述語となっている。本質は抽象されたかたち（抽象名詞の姿）で表現されるからである。そして抽象された述語は述語の類の性格，すなわち，範疇の性格をもつ。なぜなら，修飾語の在り方は，名詞に依存する在り方であるが，名詞の在り方は，独立した在り方だからである。そして「抽象」は，それ自体をその他のものから「引き離す」ことを意味する。そして，そもそも範疇とは，諸概念を最高度に抽象している類であり，そのために（他のものから）独立した在り方をもつものである。

そして提示されている例「凪（休息）であることは，静かである」において，「凪であること」はラテン語原文では抽象名詞化されたかたちで示されている。他方，「静か」のほうは，抽象されていない。したがって，その述語は，

凪の「本質」を主語に置いて,「何」において述べた述語である。そして,それは「どのようなものか」の述語,命名的述語ではない。

たとえば,「ソクラテスはわたしの友だ」という主張があったとき,「わたしの友だ」は,ソクラテスの本質を示す述語ではなく,ソクラテスの「何」(ソクラテス個人の名)についての命名的述語である。命名的ということばの意味は,ソクラテスを人が日常生活において「どのように呼ぶか」の述語というほどの意味である。この述語は,「類」にはならない。なぜなら,主語は個体であるうえに,その述語は抽象されて述べられたことばではないからである。

他方,「ソクラテスはアテナイ人だ」という主張があったとき,この「アテナイ人だ」もまた,命名的である。そして今度は「ソクラテスは人間である」という述語を考えたとき,この「人間である」を,相変わらず命名的述語(日常生活の場面での述語)ととらえるか,それとも本質を示す述語(定義を探究している学的場面の述語)ととらえるかは,その受け止め方によると,スコトゥスは見ている。

たしかに「人間である」は,一般的には,本質を述べる述語として扱われる。したがって,それは特定の範疇(この場合は実体範疇)に属すると見られる。しかしもしも,本質を述べる意図なしに「生活のなかでなんとなく,みなそう言っている,という程度の意味で言われていることがら」なら,それはソクラテスを「そのように呼んでいる」だけである。すなわち,命名的でしかない。

一方,「神は偉大なものである」とか,「神は英知者である」と言うとき,人は神の本質をとらえて述べているのではない。むしろ神という名を聞いて,それについて人々が一般に結び付けている述語を「呼んでいる」だけである。

この場合も，述語は命名的である。

　そして，「ソクラテスは人間である」と言うとき，これだけでは（文脈が学的なのか日常的なのか）どちらに受け止めているか明らかでないかぎり，本質的述語か，命名的述語か，正確にはわからない。それと同様に，「神は存在者である」と言うとき，この「存在者である」という述語が，本質をとらえて述べられた述語か，それとも，神の名を聞いて，日常的に人が述べている，あるいは，考えている，という程度の述語（命名的述語）か，わからない。とはいえ，神についてはその本質を人間が認識することはできない。そのことを考えるなら，「神は存在者である」は，本質をとらえた述語とは言えないだろう。

　それゆえ，神と被造物は共通に「存在者」であると言われるとき，この「存在者」は，抽象され，学的扱いを受ける「存在者」では，まずは（第一段階としては）ない。つまり神の本質に属すると判断された述語ではない。あくまでも神の名につけられた述語である。それゆえ，本来的には，「類」とか「範疇」に属さない。とはいえ，神学でその存在が証明されるときは，「存在者」は抽象された概念の扱いを受けるので，そのときには，学的扱いを受ける「存在者」である。しかし，その概念の固有なもの（起源）からすれば，それは類（範疇）に属するものではない。たとえ神学において何性的述語として扱われることがあっても，本来的には，あくまでも命名的な述語であると言わなければならない。

（異論回答）ダマスケヌスの主張の解釈

(128) 第二の見解に賛成する論（90）に対して，すなわち，ダマスケヌスに対して，わたしは答える。彼はさま

ざまなところで多くのことばを述べて,神は類のうちにあると言っているように見える。しかし,『キリスト教入門』第8章で言っている一つのことばが,すべてを解決する。なぜなら,彼はそこで次のように言っているからである。「非被造の神性を超実体的に含む実体は,認識的に,すべての被造物を含む仕方で最高類である」。それゆえ,彼は最高類である実体が被造物を含むように神性を含むと言っているのではなく,「超実体的に」含むと言っているのである。すなわち,類上の実体において完全性を受け取って,そして不完全性であるところを除いて,──アヴィセンナはその仕方で『形而上学』第9巻で,神は「それ自体の存在者」であると言っている。

先に示された異論(第90段落)に対する回答である。スコトゥスは,ダマスケヌスの権威(著作)が多くのところで神は類のうちにあると述べていることを認める。しかし,ただ一か所『キリスト教入門』にある「超実体的」という記述をもって,ダマスケヌスの「意図」としては「実体の類を超えた仕方で」というものであったと主張する。つまりダマスケヌスが言いたかったことは,わたしたちは神を認識する際,まずは実体の概念をもって神を考えるほかないが,実体の概念がもっている不完全性(限界性)については,それを考察から削除して(実体概念を超えて),実体概念がもつ完全性のみを頼りに神について本格的に考察する,ということなのだとスコトゥスは言う。そしてこのようなことは,アヴィセンナの権威においても同じだと言う。

(異論回答)ボエティウス解釈

(**129**) ボエティウスの論(**91**)に対してわたしは,そ

の本のなかのどこにも「二つの類が神のうちにある」と言っているのを見ない。簡略に言って，類も，類の様式も，類の概念も，神のうちにはない。——なぜなら，ちょうど類と類のうちにあるものどもが限界をもつように，その様式とその概念も限界をもつからである（それのうちに基礎をもつ第一概念の定義について話すかぎり）。なぜなら，限界づけられたもののうちには限界づけられたもの以外のものが基礎づけられることはありえないからである。

第2の異論（第91段落）はボエティウスに関するものであるが，スコトゥスは，ボエティウスの著作に神のうちに二つの類があることを主張している箇所を見つけることはできないという。異論に対しては，この回答で済む。スコトゥスはそれでも，いかなる意味でも類は神のうちにないことを再度指摘する。実体という概念ないし在り方は，限界をもつもの（被造物）のうちにそのロゴス（定義）をもっている。偶性の類についても同様である。わたしたち人間は，被造物の経験しかもたないと見なされるべきだからである。そしていかなる「類」であれ，その経験においてロゴスと成る。したがって，すべては限界をもつ概念であるから，神にその概念「類」を帰すことはできない。

言及する関係 relatio と実体との関係 ad aliquid

（130）しかしながら，ボエティウスは彼の『三位一体論』第1章のうちで言っている。すなわち，（範疇を数え上げて）「これを，もし君が神の述語に置き換えるなら，交換されうるものはすべて交換される。しかし，『実体にともなう関係』はまったく述語されないものである」。——そして後に，「本質は一性を含み，関係は多数化して三性をつくる」。そして以上のことから，彼は実体と関係

が神のうちにあることをにおわせている。しかし，彼ははっきりと，類である実体も，それの属性も，神のうちにはないと，そこで言っている。なぜなら彼は次のように言っているからである。すなわち，「われわれが神と言うとき，実体を意味しているように見えるが，実体を超えた実体を意味しているのである」。その仕方でダマスケヌスは「超実体的」実体を言っているのである。それゆえ，彼が，神のうちに述語の二つの仕方があると言っている意味は，関係的と本質的という述語の意味である。そしてアウグスティヌスも『三位一体論』第5巻第6章あるいは第10章で，むしろその意味で，「それ自身に対して」と「他のものに対して」と言っている。そして神について言われるすべての形相的述語は，それらのメンバーのいずれかのもとに含まれている。そして第一のメンバーのもとには，性質と量の述語の様式と似たものをもつ多くの述語が含まれている（実体の範疇に属する種類の述語の様式と似た様式をもつもののみではない）。第二のメンバーのもとには，本来的な関係か，そうでないか，いずれにしても，あらゆる関係的なものの述語の様式と似たものをもつ，すべてのものが含まれる。

「関係」と訳されるラテン語には二つあって，一つは「実体にともなう関係」ad aliquid，もう一つは，たんなる「関係」relatio である。すなわち，一方は「或るもの」aliquid が先に在って，それに外から関わる ad 関係（偶性範疇の関係）を意味しており，後者は，もともと「言及する」refero という語から生じている語である。ところでボエティウスは，偶性範疇の関係性は神に使われないと述べているという。そして言及的関係性 relatio（ペルソナは，神と言う実体に外から関係しているのではなく，それ自体についての言及だからである）については，それによって「三つ」ということが神について言われ，本質（実体）は，

第Ｉ部　神の単純性について　　541

神が「一つ」であることを意味する，と言う。（なお，ボエティウスが「言及的関係性」を述べているのは，聖書の伝えでは，キリストが父なる神に対して，「パパ」と呼びかけたと言われているからだと思われる。）

そして次に，先に挙げたダマスケヌスのことばを引いて，ここで言われている実体と関係は，範疇を超えた意味で用いられているとスコトゥスは言う。そしてアウグスティヌスのことばをもとに，「それ自身に対して」と，「他のものに対して」という区別を，第一のメンバーと第二のメンバーと呼び，第一のメンバーには，実体的に言われることがらと，属性的に言われることがら（大いなるもの，知恵をもつもの，等々）すべてが入り，第二のメンバーには，関係的に言われることがらが入る，という区別を示している。

（131）そしてなぜすべての本質的なものが，実体に即して述語されると言われ，「実体との関係」が言われる述語が，それと対立的に区別されるのか，一方で，「実体との関係」と言われる述語が同一性を通して，ほかのものと同じように実体へ越境するのか，——その理由は，引き続く「属性について」の問いのうち，最初の解決に反対する第二の疑いのなかで示されるだろう。

先に述べたように，スコラ哲学ではふつう，範疇を超えた仕方では，実体についても，また関係についても，特段の区別なしに神について述語される。その根拠については，別のところ（第８区分の第四問題——小著には訳・解説ともに無い）で述べると言っている。

類の内の尺度──第一動者

（**132**）アヴェロエスの見解に対してわたしは，それは**教師**[13]の意図とは異なるように見えると言う。なぜならアリストテレスはその **10** 巻の第 **2** 章と第 **3** 章[14]で，実体のうちには他のものどもの尺度となる何らか一つのものがあるかと問い，それは〈一そのもの〉か，と問うている。そして彼は，プラトンに反対する立場から，それは〈一そのもの〉ではなく，〈一そのもの〉が一致する何かであることを証明している。ちょうど，一と，その類のうちのすべてのほかの測られるものについて話すとき，ほかの類のうちのすべてについて，そうであるように。そして彼は，最後に結論している。すなわち，「たしかになぜ，受動と性質と量において，〈一そのもの〉は，何らか一つのものであるが，これはそれの実体ではないのか。そして実体のうちで，同様に在るのでなければならない，なぜなら，同様に，すべてのもののうちであるから」（このことばに註釈してアヴェロエスは，上述のことばを主張している）。しかし，もし第一動者が実体の類の尺度とされるなら，この〈一それ自身〉が，尺度とされる。なぜなら，第一動者はその単純性のために，プラトンのイデア以上に，真に〈一そのもの〉だろうから。

---

13) 「教師」が大文字なら教本『命題集註解』を書いたロンバルドゥスを指すのであるが，テキスト編集者は小文字にしている。スコトゥスが書き間違えた可能性も無くはない。なぜなら，アヴェロエスを指して「教師」と言っているように見えるからである。しかし，当時の学界の常識では，アヴェロエスは，大文字で「註釈家」Commentator と呼ばれていた。

14) アリストテレス『形而上学』第 10 巻第 1 章（1052b）第 2 章（1053b-1054a）

第92段落の異論に対して，アヴェロエス自身の意図はそうではないという。もとのアリストテレス『形而上学』の記述において，アリストテレスは実体の内で尺度となる「一つのもの」はプラトンが「一そのもの」と言う「一」のイデアとは異なるものだと言っている。しかしその「一つのもの」は，他の実体の尺度となる「一つ」である。そして「一つ」であるゆえに，「一そのもの」という概念が一致するものであると言うことができる。

そして同様に，分量や性質の類においても，「一つのもの」があって，その類のうちの他のものが，それによって測られる。すなわち，アリストテレスが言っている「一つのもの」とは，それぞれの類において「単位」となるものである。ちょうどさまざまな分量の単位が「一」であって，それによってさまざまな分量が測られるように，性質にも，その他の類にも，単位（尺度）となるものが想定される。それゆえ，実体の類においても第一のものが「尺度」となって，他のものが測られる。

ところで，もし実体の類の尺度が第一動者であるとしたら，それがもつ「一つ」という性格は，尺度の単位となるものである。なぜなら，尺度となる最高の実体は類の内で最高に単純であるから，プラトンのイデア以上に，真に一つであるに違いないからであるという。

(133) それでは，何がその類の第一の尺度なのか？

わたしは答える。一性が一致する，その類の或る実体が第一の尺度である。——しかしながら，第一動者はその類の内的尺度ではない。ちょうどほかの類の内的尺度ではないように。とはいえ，それがすべてのものの外的尺度であるかぎり，第一動者から離れた偶性に属するものよりも，或る意味で，より完全な存在者である諸実体に関してより直接的な尺度である。しかしながら，類のうちのどんなも

のも，内的尺度ではない。

スコトゥスは，類のうちにある「外的尺度」と，類のうちにない「内的尺度」を区別している。そして実体の類の第一の尺度は，第一の実体であり，それは外的尺度としての第一動者であると言っている。

（異論回答）最高類としての実体と，共通の実体

（134）第1の論（93）に対して，わたしは言う。すなわち，もし君が実体を，被造的と非被造的との2つで収斂するのなら，そこで受け取られている実体は，最高類としての実体ではない（なぜなら，非被造的な実体は最高類の意味での実体と矛盾するからである。なぜなら，この意味での実体は限界を含むからである）。そうではなくて，そこでの実体を「それ自体における存在者」，かつ，「他のものにおける存在者」でないと受け取るなら，その概念は類としての実体の概念と比べてより先立つ概念であり，より共通の概念である。——それは上述したように，アヴィセンナによって明らかになっている。

第122段落で述べたように，アヴィセンナを通じて，類である実体概念より先立つ，より共通な（超越的な）実体概念が，被造的実体と非被造的実体に収斂される。なぜなら，類の概念は限界をもつ概念であるから，類としての実体は「非被造的」ということばと矛盾して，一つにならないからである。したがって，反論者が言っている実体は，類としての実体に先立つ，より共通的な実体概念である。

（135）別の論（94）に対して，わたしは次のことを認める。すなわち，事物と事物の複合は「類の内」の存在者

第Ⅰ部　神の単純性について

の必然ではない。しかし，実在性と実在性の複合は必然である。それら実在性の一方，すなわち，他と切り離して自然の第一の印しにおいて受け取られたものは，他方に対して可能態にあり，他方によって完成されるものである。しかしながら，そのような複合は無限な実在性に対する無限な実在性にはありえない。ところで，うえで明らかにされたように神におけるすべての実在性は形相的に無限である。——それゆえ，云々。

　別の論，すなわち第94段落の論に対しての回答。類の内の存在者には事物と事物の複合と，実在性と実在性の複合がある。かならずしも前者のみではない。少なくとも，実在性と実在性の複合があるのが類の内の存在者（被造物）である。そしてその一方は他方に対して可能態にあり，他方の実在性によって完成される。しかし，その実在性が無限であるなら，それはすでに無限に完成されているから，他の実在性によって完成されることはありえない。また無限の可能性であるなら，可能性は無限に完成されることはないだろう。したがって無限な実在性には，複合はありえない。

簡略な結論

　ここまでの論によって人間知性が知ることができる実在概念のようすが，ほぼ次のようなものであることが見えている。すなわち，吟味された「存在概念」は神と被造物に一義的に述語できるものであること，つまり一義的に共通であること。一義的に共通であっても「類」ないし「範疇」ではないこと。なぜなら，「類」ないし「範疇」には，どれにもそれぞれの「類」，「範疇」がもつ「限定性」があるからである。「存在概念」は，実体の類だけでなく，偶

性の類にも述語できることから，それらの限定性を超えて，つまり超越概念として一義的に共通であること。その固有の属性，「一，真，善」の概念も，同様であること。また，アンセルムスの言う「端的な完全性」の概念も，「超越概念」として，一義的であること。

他方，実在概念は，その抽象過程を通じて実在がもっている「内的固有の様態」という「完全性のさまざまな度合い」が失われていること。神においてはそれが「無限」であり，被造物は類・範疇の下にあって，それぞれの個体として，それぞれに「有限」であること。つまり「存在概念」には内的固有の様態が知性の抽象を通じて失われていること。それゆえ，よく吟味された「存在概念」には主語「何」の側にある二者の相違する点（「どのような」）が抜けている。それゆえ，無限に相違する神と被造物が一義的に共通に「存在者である」と述語できる。

なお，わたしたちが言う「神」とは，一つの「名」であり，一つの「何か」quid である。しかし，まだそれは「何であるか」quid est わからない。「神」に述語される語（概念を示すもの）は，まずはその「何」について「述語」される。それゆえ，「存在」ens は，神の本質（「何であるか」）に属するが，その前に，「神」という「何」（名）に述語される語なのである。なぜなら，人間は，何を対象とするのであれ，まずその「名」を呼んでから，次にそれが「何であるか」をあらためて求め，わたしたちの能力に可能なかぎりで，それを得るからである。

そして，「神」という名で呼ばれるものは，被造物の有限性を否定して得られる無限な存在者であり，「被造物」という名で呼ばれるものは，それとの対比において有限な存在者である。「無限」，「有限」は，内的固有の様態であり，実在性がもつ固有の完全性の程度である。それは文の内で「どのような」という修飾語であり，何かを「収斂す

第Ⅰ部　神の単純性について

る」概念である。他方,「存在者」の概念は,それによって修飾され,収斂される実在を意味する抽象概念である。
　ほぼ以上のような整理がつけられて,さらに以下,異論に対しての回答のなかで吟味される。

　(136) 最初の第1の論(39)に対して,わたしは次のことを認める。すなわち,神と被造物について「何」において言われる概念は,「どのような」という収斂するものを意味する概念によって収斂されるが,その「何」において言われる概念は類の概念ではなく,また,その「どのような」を意味する概念は種差の概念ではない。なぜなら,その「何」の概念は,有限と無限に共通な概念であるから。そしてその共通性は類の概念のうちにはありえない。——その収斂する概念は,その収斂されるものの内的固有の様態を言っており,それを完成させる何らかの実在性を言っているのではない。他方,種差は,或る類の実在性の内的固有の様態を言っているのではない。なぜなら,動物であることがどの度合いで理解されようとも,それによって,理性であること,あるいは,非理性であることが,動物であることの内的固有の様態であると理解されることはなく,依然として,動物であることは,それぞれの度合いにおいて,理性であること,あるいは,非理性であることによって,完成されるものとして理解されるからである。
　第39段落に最初に挙げられた異論に対して,スコトゥスは答える。神と被造物に「共通な概念」と,その共通概念を神と被造物それぞれの固有の概念に「収斂する概念」がある。一方は,類と種差の概念ではなく,「類を超えた共通の概念」(超越概念)である。そして,他方は,それをそれぞれに収斂する「内的固有の様態」である。それらは,類と種差の概念がもつ関係と同じではない。なぜなら,種差は類の概念に加わって種の概念をつくる(完成す

る）が，内的固有の様態は，他の実在性を補完して完成するものではないからである。内的固有の様態は同じ実在性の内的な完全性の「個別的な度合い」であって，異なる実在性のもつ「補完的完全性」ではない。

たとえば，類の実在性「動物であること」に対して，種差の実在性「理性的であること」は，別の実在性であり，前者の実在性を補完する完全性である。そのように，一方の実在性を，他方の実在性で補完するなら，すなわち，動物であることに理性的であることを加えるなら，動物のなかで最高の種「人間であること」が完成する。

それに対して，「動物であること」には内的完全性の度合いがあり，その度合いは上下するとしても，「動物であること」は変わらない。また同様に，「理性的であること」には内的完全性の相違があって，理性的であることにおいて個別の上下が生じる（理性の優秀さが違う）が，理性的であることについては変わらない。

共通な実在概念が受け取られる

（137）しかし，ここで一つの疑いがある。いかにして神と被造物に共通な「実在的」概念が，同じ類の何らかの実在性からではなしに受け取られうるのか。——そしてその場合，その概念は「類と種差の概念について」すでに論じられた（39）ように，区別する概念を意味する実在性に対して，可能態的であると思われる。そしてそうであるなら，前に作られた第一の見解のための論（47）が成り立つ。すなわち，もし事物のうちに或る区別する実在性と，それとは別に，或る区別を受けた実在性があるなら，事物は複合物であると思われる。なぜなら，それは或る一致するものと，差異を生じるものを，もつからである。

再び疑問が提出される。すなわち，類の実在性によるのではなしに，神と被造物に共通な実在概念は，どのようにして受け取ることができるのか，という疑問が湧く。そういう共通の概念を受け取ることができたとしても，それを区別する（収斂する）概念に対して，その実在概念は可能態的でなければならない。そしてそうであるなら，収斂する方は，現実態的であるのだから，やはり可能態と現実態の複合があることにならないか。

概念と内的固有の様態

　(138) わたしは答える。すなわち，それ自身の内的固有の様態とともに或る実在性が認識されるとき，その概念は，その様態抜きにその実在性が把握されるときほど端的に単純ではない。それに対して，様態抜きの概念は，その事物の不完全な概念である。また，事物はその様態のもとに把握されえる。そしてその場合は，その事物の完全な概念がある。例：白さが第10度の内的度合いの段階であったとしよう。事物においてそれがどれほど全き仕方で単純であったとしても，しかし，それはその10度の白さの概念のもとに把握される。そしてその場合，事物自身に完全に適合した概念によって把握されている。――あるいは，白さの概念のもとに，それだけで把握される。そしてその場合，不完全で事物の完全性を欠いた概念によって把握されている。しかしながら，不完全な概念はこの白とあの白に共通なものでありうる。そして，完全な概念は固有のものである。

　スコトゥスは疑問に答える。或る実在性がそれの内的固有の様態といっしょに認識されるとき，たとえば或る度合いで白さが認識されるとき，その概念はただ「白い」とい

う概念よりも単純ではない。しかしその概念は，ただ「白い」という概念よりも完全な概念である。なぜなら，具体的に実在する白さを，それがもつ度合いごと受け取っている概念だからである。他方，白い実在性をただ白いと受け取っている概念は，それと比べて不完全な概念である。しかしその概念はその白さに固有の度合いをもたない概念であるゆえに，他の白さの度合いをもつ実在性と共通な概念である。すなわち，第10度の白さの度合いをもつ白さの実在性と，第5度の白さの度合いをもつ白さの実在性は，その度合いにおいて実在的に異なる実在性であるが，白さの実在性であることのみにおいては，実在的に共通である。そして実在についてのより完全な概念は，内的固有の様態をいっしょに把握している概念のほうであって，固有性を捨象した概念は，概念として単純であっても，実在に対してより不完全な概念である。

（139）それゆえ，共通な概念が受け取られるものと，固有の概念が受け取られるものとの間に区別が必要である。それは実在性と実在性との区別ではなく，実在性と，同じ実在性の固有で内的本質的な様態との区別である。——その区別は，同じものについての完全な概念と不完全な概念を得るために十分なものである。そしてそれらのうち，不完全なものは共通なものであり，完全なものは固有のものである。しかし，類と種差の概念は，実在性どうしの区別は要求するが，同じ実在性が，完全に把握されるか，不完全に把握されるかの区別は要求していない。

それゆえ，実在についての固有な概念と，実在についての固有性のない概念（共通な概念）の間に区別が必要である。なぜなら，前者にも後者にも一つの実在性があるのみであるが，前者には後者と同じ概念があると同時に，固有な度合いの概念もあるからである。そして前者がもってい

第Ⅰ部　神の単純性について

る概念は後者と同じ一つの実在性と，その内的で固有の様態である。二つの実在性ではない。つまり前者の概念には実在の完全な把握（直観）があり，後者の概念には不完全な把握（抽象）がある。したがって，両者には，把握における完全性の区別がある。

他方，類と種差の概念には類の実在性と種差の実在性という二つの種類の実在性の区別があるが，同じ実在性が完全に把握されているか，不完全に把握されているかの区別はない。

（140）それは次のように証明される。すなわち，わたしたちが，色の実在性と種差の実在性を知性認識しようと色によって完全な仕方で動かされる知性を想定するとしよう。しかしそれが第一の実在性の概念にどれほど完全に適合した概念をもつとしても，知性はそのとき種差を意味する実在性の概念をもたないし，その逆でもない，ということではなくて，知性はそのとき，生まれながらに固有の区別された概念を意味する二つの形相的な対象をもつ。他方，事物のうちに，実在性とその内的固有の様態のような区別があるだけなら，知性はその実在性の固有の概念をもち，かつ，その事物の内的固有の様態の概念をもたない，ということはできないだろう（少なくとも，そのもとで把握される様態として，たとえその様態が把握されていなくても。ちょうど「個体性の概念と，それがそのもとに把握される様態について」ほかで[15]言われたように）。しかし，かの完全な概念において，知性はその対象に適合した一つの対象を，すなわち，事物を様態のもとに，もっただろう。

或る色（白とか黒）は，二つの実在性の複合である。つ

---

15) Duns Scotus, Ordinatio I dist.2 n.183

まり色と種差の実在性の複合である。ところで，知性は実在性を知性認識できる。だとすれば，そのうちの一つの実在性のみを，もう一つの実在性抜きに認識するかと言えば，そういうことはしない。つまり色の実在性のみを認識して種差の実在性を認識しないとか，逆に，種差の実在性のみを認識して色の実在性を認識しない，ということは考えられるはずであるが，そういうことは事実としてはない。知性は生まれながらに二つの実在性を二つの形相的対象としつつ，たとえば「白」という一つの色として，いっしょに知性認識する。

ところで，実在の側に，もしもただ一つの実在性とその内的固有の様態のみがあって，知性がそれを認識するとしたら，知性は，その内的固有の様態抜きにその実在性を認識することはできないだろうか。

スコトゥスのここでの証明は三段論法の証明ではなく経験的事実の確認による証明である。したがって，ここでの論の理解のためにはスコトゥスの認識論を知っていなければならない。

スコトゥスにおいては，実存する対象の完全な知性認識とは，直観認識（知覚）であり，これに対して抽象認識は，実存（現存）が抜け落ちた不完全な知性認識である。このような理解は，二世代前の神学者トマス・アクィナスにはない。なぜなら，トマスにおいては抽象認識のほうが神を認識するうえでよりふさわしい認識だからである。それゆえにまた，トマスには，知性の直観認識の論はない。知性の直観認識の論はスコトゥスにおいて中世哲学史上はじめて生じたものである。

さて，直観認識（知覚）が完全な認識であるとすれば，それに対して人間知性が一般的に知性認識としてもつ認識は，一般認識，すなわち，抽象認識である。それゆえ，スコトゥスにおいては，一般的な知性認識は，対象を不完全

にしかとらえていない認識として理解される。この段落で、まず知性が色の実在性をとらえる認識について述べているのも抽象認識の話である。すなわち、目前に対象が現存するかぎりの認識ではなく、時空的限定を問わない普遍的な（一般的な）対象認識である。したがって、抽象認識における色の認識であれば、それは何らかの色の「種」の認識である。わたしたちは抽象認識でふつう、この「種」の認識を得る。たとえば「白」とか「赤」とかの認識である。

ところで、さまざまな色の種から、「色」の概念が抽象される。そしてさらにスコトゥスの理解では、「色性」は「性質」の範疇に属すると認識するまで抽象される。このような分析がなされるために、色の種のうちには色の類の実在性と、それを規定（限定）して「白」とか「赤」を生じさせる種差の実在性があると、アリストテレスにしたがって想定されなければならない。二つの実在性は可能態と現実態の関係にある。そして経験的に明らかなことは、わたしたちは一方の実在性を他方の実在性なしに認識することがない。すなわち、知性が事物を認識する段階では、知性は現実態と可能態において組み合わされた（結合した）二つの実在性を引き離すことはできず、いったん知性のうちに入れたあとになって、「ことば」の論理を通じて、すなわち、類と種差を分ける論理を通じて、ようやくそれを引き離すことができる。つまり知性は種のうちに類と種差を見出す。類と種差を別々に認識して、それを総合することで種を認識しているのではない。

この事実は、実在性と内的固有の様態の二つが、まずは一つのものとして認識され、認識されたあとになって、知性のうちで区別して考察できることと一致している。しかも、実在性とその内的固有の様態を一つのものとして認識できるのは、直観（知覚）しかない。なぜなら、内的固有

の様態は個の様態だからである。「白」一般に生じる様態ではなく,「この白」,「あの白」で,それぞれ異なる白の内的固有の様態がある。

ところで,スコトゥスによれば,人間知性は個別感覚の直観認識（直感）を知性がそのまま受け取るという仕方で,知性の直観認識（知覚）がある。個別感覚（五官）がとらえる認識を超えて,知性が直観認識をもつことはない。つまり視覚が「この白」を,「白さの或る度合い」とともに認識するとき,知性もまた,それをそのまま受け取ることにおいて（そのかぎりで）直観認識（知覚）をもつ。それでも知性の直観認識は実存する対象の完全な認識であるので,その直観認識で得た概念は,現存する対象の完全な概念である。そしてそれは,まずは実在性と様態を一つにとらえている認識である。そして知性のなかで,それらが分離される。たとえば,白一般の概念と,その白の特定の度合いの概念に分離される。

すなわち,抽象認識された種の認識においても,感覚を通じて直観認識された個の認識においても,形相的に区別される複数の対象は,まずは一つのものとして認識される。そしてそのあとで,知性の考察において,分離される。

それゆえ,「存在者」も,まずは実在性として認識されるが,知性において様態とは分離される。したがって,知性の内で考察される「存在者」の概念は,それが心の外の実在においてもっていた内的固有の様態を含んでいない。

有限な概念が無限性と一致する

(141) そして君が,「少なくとも共通の概念は規定されていないもので,かつ,特殊の概念に対して可能態的なも

第Ⅰ部　神の単純性について

のであるなら，それはまた実在性に対する実在性である。あるいは，少なくともそれは無限なものではないだろう。なぜなら，いかなる無限なものもけして何かに対して可能態的ではないからである」と言うのなら，——わたしは，神と被造物に共通なかの概念は有限な概念である，すなわち，それ自体から無限な概念ではないと認める。なぜなら，もしそれが無限なものであったなら，それはそれ自体から有限なものと無限なものに共通ではないだろうから。また，それはそれ自体からポジティヴに有限ではない。すなわち，それ自体から有限性を含んでいない。なぜなら，含んでいるなら，それは無限なものには一致しないだろうから。——そうではなくて，それは有限なものと無限なものに対して無差別的である。そしてそれゆえ，それはネガティヴに有限なもの，すなわち，無限性を主張しないものであり，なおかつ，或る概念によってそのような有限性に限定される概念である。

　スコトゥスが神と被造物に共通（一義的）だという「存在者」の概念は，「様態」によって限定されるものだとしたら，それは現実態に対する可能態として，別の実在性によって規定される実在性ではないか疑問が起こる。そしてそうであるなら，その「存在者」は可能態的実在性である。そしてそうであるなら，それが現実態的に「無限」でありうることはないのではないかという疑問が提示される。

　これは，実在概念がつねに何らか特定の実在性にもとづく概念であり，実在性は，類や種差の概念をもたらす性格をもつ「特定の何か」である，という理解が背景にある。しかし，「存在者」は特定の範疇に属するものではない。つまり特定の範疇を超えた「超越概念」である。それゆえ，範疇内にある類や種差のような「特定の実在性」に限定された実在概念ではない。

ここから問題が生じる。すなわち,「ことば」によってとらえられる「実在」と,それを表出する「実在概念」との一致の範囲が「超越概念」になったときに,明確に限定することができるのかという問題がある。というのも,範疇内であるということは,事実上,被造物の内であるに等しい。被造物についての経験なら,わたしたちの通常の経験を土台にして確かめられる範囲にある。つまりその一致が確認できる。

　たとえば,トマス・アクィナスの「存在と本質について」によれば,アリストテレスにおいても実体は「それ自体で〈ある〉もの」であり,属性は「他のものにおいて〈ある〉もの」と言われるように,存在（ある）は,特定の範疇に限定されずに「述語される」。しかし,少なくともアリストテレスにおいて言うことができる「超越性」は,被造物の経験内のものであって,被造物についての経験を超えたものではない。

　したがって,アリストテレスにおいて「存在」の超越性は,特定の範疇のうちに限定されないという意味以上のものではない。つまり複数の範疇にわたって言えるということ以上ではない。

　それに対してスコトゥスの「存在」は,実体と偶性に一義的であるだけでなく,範疇全体の有限性を超えて,神についても一義的に述語できる超越性をもつと主張される概念である。

　しかしここで誤解してはならない点は,このように言うからと言ってその一義的存在概念がアリストテレスの存在概念以上の何かをポジティヴな意味で含んでいると考えてはならない。むしろ,スコトゥスの言う「存在概念」は,アリストテレスの存在概念が含んでいたままの被造的「有限性」を捨象しているからこそ,つまりそれだけ概念が空虚だからこそ（実質,存在する可能性を意味しているの

第Ⅰ部　神の単純性について

みである），被造的有限性にとらわれず，神的無限性にも一致することが可能な概念でありえている。すなわち，スコトゥスによれば，哲学的考察（吟味）を通じて得られる「存在概念」はその概念内容が空疎だからこそ，有限と無限の様態から自由な概念なのである。

言うまでもなく，この存在概念は神から得られるものではない。有限な様態をもつ被造物の概念からのみ得られる。しかも，直観によって得られるものではない。むしろ抽象によって得られる。なぜなら，直観認識は生まれながらに実在をその内的固有の様態とともに認識するが，抽象認識はその様態を把握することが，むしろできないからである。なぜなら，その様態は「具体的個的」な様態だからである。

それゆえ，有限性をさまざまな仕方で固有の様態としてもつ被造物による経験をもちつつ，神についての理解を求める人間知性（「旅人」の知性）は，吟味を通じて（概念を正確無比のものに仕上げることを通じて），有限な固有の様態を捨象した実在概念（抽象概念）を得る。その実在概念のなかで，その意味内容がすべての範疇を超えた概念である「存在概念」は，被造物の有限性を二重の意味で失った概念であると言うことができる。つまりそれは，もはや特定範疇の有限性と範疇全体の有限性をもたない。それゆえに，それは無限な様態をもつ神にも共通に述語できる可能性をもつ。そして概念として，被造物の内的固有の様態の意味を加えてやれば，すなわち，「有限な様態」で収斂すれば，被造的存在の全体が「有限な存在者」ということばでポジティヴに表現できる。逆に言えば，有限な様態を加える前の「存在者」の概念は，ネガティヴに有限な概念であると言うことができる。

このことは，スコトゥスの神学を偽ディオニシオスの権威で有名な「否定神学」と比較することを可能にしてくれ

る。すなわち、偽ディオニシオスは、内的固有の様態の見地を見出していないために、被造的事物から得られた概念の「完全否定」によってしか、神に述語できるものを見出すことができなかった。それに対して、スコトゥスは、内的固有の様態の見地をもつことによって、有限な様態の否定のみによって、すなわち、非―有限（無限）の表現をもつことによって、部分否定の神学を体系づけることができた。つまり「存在」まで完全否定した否定神学ではなく、様態のみを否定する神学を主張することができたのである。

これは疑いようもなく神学の歴史において、まったく新しい見地の神学の誕生である。そして内的固有の様態を見出すことができるのは直観認識（知覚）を認める見地においてのみであることからわかるように、このような神学はトマス・アクィナスも想像できなかった神学である。じっさい、トマスは偽ディオニシオスの否定神学については、その「完全否定」の思想をそのまま受け入れている。つまりアリストテレスの哲学を土台に据えるだけでは否定神学を乗り超えることはできなかったのである。

スコトゥスは直観認識（知覚）によって、内的固有の様態というアリストテレス哲学にはないものを見出したことによって、過去においてはだれも乗り越えることができなかった「完全否定」の神学を乗り超え、「部分否定」の神学を体系づけることに成功したのである。

（**142**）しかし、もし君が「それなら、その概念が意味する実在性は有限である」と論じるなら、――そういう結論にはならない。なぜなら、その概念は或る実在性から、その実在性に適合した概念として、すなわち、その実在性に適合した完全な概念として受け取られているのではなく、様態を抜いた不完全な概念として受け取られているか

らである。というのも，もしその概念が受け取られるかの実在性が完全な仕方で直観的に見られるなら，そこで直観しているものは，形相的に区別された対象，すなわち，実在性と様態を得るのではなく，同一の形相的対象を得るからである。――しかしながら，抽象的な認識によって認識する知性はその知性認識の不完全性のために様態のほうは得られず，形相的対象に代わる（pro）認識を得ることができる。

　前段で説明したことからこの段落の内容は理解できると思う。つまり抽象は様態抜きの不完全な概念を得るので，抽象によって知性がもつ概念は有限性をポジティヴにはもたない。ただ形相的心象を表す概念をもつ。

不完全な概念が共通である

　(143)「わたしは認める」[16]：その現実態でない概念は有限であるが形相的心象である。もしそれが規定される心象であるなら，それは形相的に有限であり，かつ，可能態的である。それゆえ，それは無限な事物に共通でない。

　結論の最後は否定されるべきである。なぜなら無限な事物は，形相的に有限な心象のうちに，不完全な仕方で知性認識されるからである。その無限な心象が生まれながらにそのような形相的心象を，様態を抜いて知性を動かし，知性のうちに生ずるに応じて。ちょうどまた，様態を抜いて動かす被造的な心象が，生まれながらに同じものを生じるように。そしてそれゆえ，それは，いわば共通で不完全な類似性のごとくに，両者に共通である。

---

16) テキスト編集者によれば第 141 段落の「わたしは……認める」への言及である。

神と被造物に共通な概念は知性認識の対象に成るのであるから一つの形相的対象である。そしてそれは有限な実在から受け取られてくる概念なのであるから，有限である。なおかつ，神と被造物の間の差異によって規定される概念なのだから可能態的でなければならない。そして有限で可能態的であるなら，それは無限で純粋現実態にある神とは一致しないと結論される。

　こういう推論に対して，スコトゥスは，共通な概念がある仕方で有限であり，可能態的であることを認めるが，そこから，そういう結論は出ないと主張する。知性のなかに映じた像は様態抜きだからである。

　ここではさらに理解を確実にするために，内的固有の様態の個別性について述べておきたい。すなわち，内的固有の様態は個別的な実在それぞれに固有であって，共通なものではない。したがって直観によってしか認識されない。そして直観は，個別感覚において事実上為され，人間においてはその局面に限定されている。つまり視覚における直接的感覚，嗅覚における直接的感覚，聴覚における直接的感覚，触覚，味覚における直接的感覚，それぞれ，そのときどきにおける，さまざまな個々の感覚である。その感覚は，知性において，「このような色彩」とか，「このような匂い」とか，「このような音」とか，他者には言葉では十分には通じない概念に抽象され，ことばになるが，「このような」の側面それ自体は，普遍概念として受け取ることはできない。つまり抽象できない。そしてこの抽象できない個々の様態が，内的固有の様態なのである。

　したがって，知性において生じるどの抽象概念にも，それ自体のうちには特定の内的固有の様態はない。被造物から得られる抽象概念は，その類・種の限定性から一般的に有限であると言われている。しかしそのとき実在においてある個々の「内的固有の様態」が「有限」ということばで

とらえられているのではない。

　また，実在性とその内的固有の様態の関係についても，知性の抽象的地平における表示としては，一方が可能態で他方が現実態である，すなわち，一方が規定されるものであり，他方が規定するものであるという関係をもつ。しかし，その関係は実在における関係を写し取ったものではない。なぜなら，完全な認識である直観においてはその両者は「一体」として認識されるからである。すなわち，二つの形相的対象として認識されるのではなく，一つの形相的対象として認識される。

　したがって知性のもつ「ことば」の表現が実在を「かならず」反映していると前提するなら（素朴実在論の立場），知性の抽象的地平における現実態と可能態の関係表示はそのまま内的固有の様態が実在性に対して現実態として関わっていると言うことができるだろう。しかし，その前提をスコトゥスの直観理論が崩している。これに対して素朴実在論の立場をとる中世のスコラ哲学は，一般にことばは実在を忠実に反映していると見る。なぜなら，世界をつくった神のことばを人間知性は或る程度読めるというのがキリスト教会の前提だからである。

　そしてこの問題状況は，スコトゥスの実在論的立場がかなり繊細なものであることを示唆してる。その繊細さは，既述のように彼の直観論によってプラトン的実在論に修正が加えられているところに読み取ることができる。すなわち，実在論の立場に立って抽象のみで言えば，二種類の「ことば」で表示されたものは「二つの形相的対象」であり，同時に「二つの〈もの〉」でなければならない。

　しかし，実在の認識に直観の認識が加わって，直観的には「一つ」でしかないのなら，しかも直観が抽象より完全な認識と認められるなら，直観によって抽象認識が修正される可能性が開かれる。すなわち，「ことば」（ロゴス）と

しては「二つ」であるが、実在においては「一つ」だと言うことができる。すなわち、ことばによる表示がかならずしも実在の正確な表示ではないことが容認される。スコトゥスの実在論が従来の立場とは異なるのは、まさにこのことによるのである。

表示する概念と表示される外的事物

（**144**）反対：無限な事物は或る有限なものではない。すなわち、もし神の「何」において或るものが述語されるなら、神はその対象である〔と言われる〕。ちょうど「人間は動物である」〔と言われる〕ように、——同様に、神は或る可能態的なものではない。

答弁。たとえ知性上の複合は概念の複合であるとしても、それは外的事物の代わりとなるものである。ちょうど記号が表示されるものの代わりとして受け取られるように。そしてちょうど多数の概念が同じ事物の記号でありうる（たとえ一つが共通なもので、他方が固有なものであっても）ように、それらの概念の複合は、それらの概念によって表示されたものどもの同一性の記号である。それゆえ、有限の概念によって表示されたものは共通な記号によって表示されたものとして神の概念によって表示されたものそれ自身である。それゆえに、「神は存在者である」は、有限な概念を知性上で神の概念の理解において組み合わせることによって真である。ところで、それは有限な表示対象を代示するのではなく、共通的に表示された無限なものを代示する。

異論の提出者は抽象による実在認識しか認めていない素朴実在論者であるから、なかなか引き下がらない。存在が「無限」だと言うなら、それが「有限」であると言うの

第Ⅰ部　神の単純性について

は矛盾である，ところで神の「何」に「存在者」が述語されるなら，そしてその「存在者」が有限な概念であるのなら，「神は有限な対象である」と言われる。このように考えてスコトゥスの説明に納得しない。そしてそれに対して，スコトゥスの論も深まる。

この段落では，スコトゥスの論は「ことば」ないし「概念」は記号として知性上で実在の代わりとなっているという「代示機能」の問題に達している。スコトゥスの言っていることばを理解するために，すでに説明して来た彼の考えをまとめて説明しておこう。

一つのもの（A）が見える。それは或る距離に在るが，近づいて触れることもできるし，匂いを嗅ぐこともできる。数種類の感覚器官で異なってとらえられているが，「一つのもの」であること（同一性）は認識できる。このような感覚的認識は，ほかの動物においても同様であろうと考えられる。

このような外界に開かれた感覚器官的認識に対して，霊魂のうちにとどまる（外界に対して直接的なアンテナをもたない）知性は，二つの経路で知性自身のうちにそれを受け取る。一つは直観（知覚）であり，もう一つは抽象である。

直観というのは，感覚が受け取っている内容を知性が直接受け取る認識経路である。それは感覚器官のそれぞれが受け取ったものと，それらを視覚認識に基づいて「一つの共通なもの」として受け取る感覚表象の認識を「そのまま」，「その瞬間，瞬間に」受け取る認識である。このとき知性は，知性自身の反省的機能を加えることで，「わたしが見ている」，「わたしが聞いている」という自己意識をもつことができる。

感覚における直感と，知性における直観の間に内容的な違いがあるとすれば，この反省的（自覚）機能をもつかど

うかである。この反省的機能は，知性がもともと「ことば」において活動する機能であるために，その「ことば」が引き起こす自覚的理解の地平ではじめてはたらくものである。感覚の段階には「ことば」がないために，感覚には反省的機能がはたらかない。

　他方，抽象は感覚表象がまとめた認識からの普遍化，すなわち，ロゴス（ことば）化において実現する認識である。たしかに，個別の感覚器官から感覚表象のうちに「一つの共通のもの」として認識がまとめられるとき，そこにはミニマムな抽象がある。異なる感覚器官がもつ異なる複数のものが「一つのもの」と認識されるのであるから，そこには捨象されるものが何かあるに違いない。とはいえ，それが何かは，言えない。なぜなら，「ことば」になる概念は，すでに知性によって抽象されたものだからである。

　ところで，知性に受け取られた異なる概念は「異なることば」によって表示（指示）される。知性が対象を理解する（認識する）とき，知性は，知性自身がそれによって成立している「ことば」（受け取る側の様式）において対象を理解する（認識する）。そしてそれは何らかの抽象において成り立つことであるから，人間知性の抽象の在り方にしたがって（受け取る側の様式で），「ことば」ないし「認識」が成り立つ。つまり，異なることばに応じて異なる概念が成り立っている。スコトゥスのことばで言えば，それぞれ「形相的に異なる対象」がある。

　ことばによって成り立つ人間知性の認識は，人間知性の有限性のうちにある。したがって，それがもつ認識自体は，有限である。それは実在をその限界性にしたがって受け取っている。しかしながら，ことばが区別しているものは，知性の優れた能力によって感覚が認識できない実在の共通性を区別している。他方，知性は外界に対する直接の認識をもたないために，感覚の直観に頼って，実在する具

体的な「個体の統一性」(個体の同一性) の認識や，対象の現前性の認識を得ている。

したがって，わたしたちが，たとえば「人間」において「理性的霊魂」と「身体」の「複合」を認識するのは，抽象のみによるのではなく，抽象の起点となる対象が，直観によって「一つのもの」であることを併せて認識しているからである。つまり私たちの知性は，直観内容を，抽象認識とともに反省することを通じて，二つの形相的対象を「一つのもの」であると同一化する認識をもつ。そしてそれにより，自分がもつ概念を，一つに組み合わせ (複合し) ている。

したがって，概念が複合されているとき，かならず実在の複合があるのではない。概念の複合があるとき，それがそのまま実在の複合と見なすことができるかどうかは，外界における実在のふるまいの直観認識によって確かめられなければならない。したがって厳密には，霊魂と身体の区別と複合は，感覚の直観によって一つであるかどうか確かめられなければ，実在的かどうかわからない。

スコトゥスは，外界の実在する表示対象は，知性の内で，「ことば」ないし「概念」という記号 (表示機能) によって表示されているという，一般論を前提にする。このとき，概念の複合があれば，それはまずは表示機能側の複合である。表示対象の複合をかならずしも意味しない。同様に，表示機能側の概念がもつ性質は，かならずしも表示対象側の性質を意味しない。それゆえ，「神は存在者である」と概念を組み合わせたとき，この組み合わせは，神の内の実在がもつ組み合わせをかならずしも意味しないし，「存在者」という概念自体，それが被造物を表示するときも，表示対象である被造物がもつ有限性をかならずしも意味しない。それゆえ「存在者」は，有限性も無限性も意味しない概念 (記号) として機能する。

（145）その場合,「神は存在者であると述語される対象である」という命題に対して, わたしは答える。すなわち, 神は存在者という共通な記号によって事物のうちに表示される。そしてそれゆえ, 知性上, この組み合わせ「神は存在者である」は真である。そしてこの組み合わせはその同一性の記号である。

前段の説明からわかる通り, 知性のうちで組み合わされる命題（真理文）は, 全体が表示機能（記号）である。表示している側の複合性は, 対象の実在のうちの複合をかならずしも意味しない。したがって「神は存在者である」と言うことができる。つまりこの命題は真である。そしてそれは「神」が「存在者」と, ある仕方で同一であることを表示している。

（146）君が「神は有限なものではない」と言うなら, それは真である。ただし, 事物のうちの同一性について話しているなら。すなわち, それが表示対象と表示対象に関するものであるなら。しかしながら, 知性上の組み合わせであるかぎりでの存在に関して話すなら, 神についての組み合わせにおいて, 知性上有限な記号を何も述語しえないというのは誤りである。これの例：「人間は動物である」——知性上の「動物」は, 知性における形相的対象であるかぎり様態が抜かれた存在者である。事物のうちに実存するソクラテスについて, 様態が抜かれたいかなる存在者も真ではない。

ここでの主張の基盤となる認識（概念）の理解については, すでに説明した通りである。つまり記号となっている概念は人間知性のものであるかぎり有限である。しかし, 記号が表示しようとしている対象については, それが神であるなら,「有限ではない」。それゆえ,「神は有限ではな

い」は真である。したがって，記号の側が有限であっても，内容によっては，無限なものにも，有限なものにも，述語することができる。というのも，記号の側には，内的固有の様態が含まれていないからである。すなわち，知性のうちの概念が有限であると言っても，特定の有限性（内的固有の様態）が概念に含まれて言われているのではない。すなわち，知性のうちの概念には無限な様態は含まれていないが，同時に，特定の有限性も含まれていない。それゆえ，「人間は動物である」と述べるとき，「人間」にも「動物」にも特定の有限な内的固有の様態は含まれていない。すなわち，様態は抽象作用によってあらかじめその概念から引き抜かれている。しかしながら，実存するソクラテスには特定の内的固有の様態が含まれている。それは現前するソクラテスに対する直観があったとき，そのときにのみ概念のうちに含まれる。あるいは，概念がその様態のもとに認識される。しかし，知的内容は抽象的認識しかないので，現前するソクラテスを得ても，人間知性はその感覚的表面についてのみ直観認識をもちうる。したがって述語内容には内的固有の様態は含まれない。それゆえ，その点での一致はない。

現存する個別者の理解

(147) それでは，これは誤りなのか？「現存するソクラテスは動物である」。——わたしは答える。すなわち，真理文はつねに複数の概念に関して成る。そしてそれは記号であり，また，表示されるものどもに関するものである。そしてそれは概念によって表示された質料的対象を代示するものである。また，それは命題によって表示されている同一性の代わりとなるものである。すなわち，もし同

一性が表示対象すなわち質料的な対象に関してのものであるなら，真理文は複数の概念の真であり，その概念は形相的諸対象である。

「実存するソクラテスは動物である」は，「実存するソクラテス」が「動物」と同一であることを表示している。この真理文は真である。たとえ「実存する」が「ソクラテス」と複合しているとしても，「実存する」の概念には実存するはたらきの内的固有の様態は含まれていない。すなわち，真理文を構成しているどの概念にも内的固有の様態は含まれていない。それゆえ，その点での不一致は起こらない。なおスコトゥスは，真理文を構成する諸名辞の概念がそれぞれの外的事物を代示して真理文の真（同一性）を構成していると言う。

(148) それがさらに次のように明らかにされうる。もし普遍的などれにも固有の個別者が想定されるなら（すなわち，事物において実体に固有の個別者，動物に固有の個別者，人間に固有の個別者，等々），その場合，類の概念のみが種差の概念に対して可能態的であるだけでなく，類に固有の個別者も，種差に固有の個別者に対して可能態的である。ところで，たとえわたしたちがこの「存在者」の概念の固有の個別者，すなわち，神における個別者を受け取り，かつ，「無限」であることの固有の個別者を受け取るとしても，それは同一の個別者であって自分自身に対して可能態的ではない。

「さらに」というのは，第140段落に続いてさらに，という意味である。テキスト編集者によれば（143-147）はあとからの追加である。範疇の秩序のうちではどの範疇でも，類と種差の間には可能態的と現実態的の関係が起きる。それによって複合がある。そのことは，類と種のそれぞれに個別者があると考えても同じであって，その場合に

第I部　神の単純性について

は，類の個別者は種差の個別者に対して可能態的であると言う。つまり個人の存在を考えて，その動物性の側面においてその個人には動物としての個別者がある。そしてまた理性の側面において，理性としての個別者がある。前者の個別者は後者の個別者に対しても可能態的に関わっている。この場合，二つの個別者は，類と種差の別をもっているから，それぞれ別々である。しかしそれらは現実態と可能態の関係にあって，人間の個別者として複合して一つになっている。つまり一個人のなかで二つの個別者は同一化している。

しかし，同じように，「存在者」の固有の個別者を受け取り，「無限」の固有の個別者を受け取るとき，その二つの個別者は同じ個別者であって，一方が他方に対して可能態的であることはない。すなわち，実在とその内的固有の様態の二つについてそれぞれ固有の個別者を考えたとき，実在には個別者も普遍者もあるが，内的固有の様態は個別的にしかない様態である。それゆえ，その個別者は実在の固有の個別者以外のものではない。

（149）しかし君は少なくとも，問うだろう。なぜ存在することは限定する個別者に対して可能態にある固有の個別者を事物としてもたないのか。つまり「無限」よりも先に「この」存在者がまず知性認識されるのか，と。

わたしは答える。なぜなら，或るものがそれ自体から「在る」esse であり，かつ，それ自身の「在る」の受け取り手であるだけではないとき，それは，それ自体から「在る」ために必然的に必要などんな条件であれ，もっている。ところで，神に一致するかぎりでの存在者——すなわち，本質による存在者——は，無限な「在る」そのものであり，「在る」そのものが一致するということだけではない（それ自体から「これ」であり，それ自体から「無限」

である)。いわば，ある仕方で，無限性は本質による存在者の様態であることがまず理解され，あとで，それが「これ」であることが理解される。それゆえ，いわば無限性よりも個体性のほうが先だってそれに一致するものと見て，なぜ「この」存在者は無限であるかと問うべきではない。しかも本質によって存在者でありうるものどもには普遍的にそういうことが見られるのである。他方，分有による存在者は本質による存在者がかくかくのものであるように，まずそれ自体から限定されるものではまったくない。かくして，本質による存在者はそのように無限であり，かつ，それ自体から「これ」である。

限定する個別者に対して限定される個別者が類のうちには想定される。すなわち，類の個別者と種差の個別者が想定される。ところが，類を超えた存在者には類と種差がなく，何かに限定される個別者がない。つまり存在者のうちに個別者はあっても，共通の存在者の地平において個別者の間で可能態的と現実態的の関係が生じない。そしてより現実態的なもの（限定するもの）が先に認識されやすいという原則からすれば，類の内では，種や種差の概念のほうが類概念よりも先に認識されやすい。たとえば，人間，馬，魚，という概念が先に知られて，そこから動物という類概念が知られる。ところが，無限な存在者については，「無限」のほうが概念上は限定する概念であるにも関わらず，先に知られず，むしろ「この存在者」が知られてから，「無限」であることが知られる。一体これはどうしてか，という疑問が起こるかもしれない。スコトゥスはこの疑問に答える。

スコトゥスは，「この存在者」が知られて，それが「無限」であることが知られるのではない，と言う。むしろ無限であることが知られることから，それは「これ」であることが知られると言う。つまり無限なものの唯一性は，そ

第Ⅰ部　神の単純性について

れが無限であることから知られるのであって,「これ」であることから知られるのではない。

しかしスコトゥスは, ここでは,「本質による存在者」, つまり「それ自身から」〈ある〉ものと,「分有によって」〈ある〉ものを対比させて, 前者は〈ある〉が要求するすべてを必然的にもつという。ところで, 神は「本質による存在者」であるが, それはたんに「〈ある〉そのもの」ではなく, 無限な〈ある〉そのものであるという。トマス・アクィナスは, 神をたんに「〈ある〉そのもの」であると規定した。スコトゥスは, トマスの定義には不足があると見ている。すなわち, スコトゥスは, 神の概念において必要な内的固有の様態がトマスの定義には欠けていると見ている。おそらくスコトゥスは, 神における「完全性の無限」こそが神の神たるゆえんという理解があると推測される。

他方, 分有による存在者は, それ自体のうちにイデアを分有する際の限定をもっている。それゆえ無限ではありえない。スコトゥスはこの段落ではプラトンのイデア論による存在者の規定方法を用いている。じつはアウグスティヌスの権威が神についてはプラトン的な論理を用いて説明している。そのためにスコトゥスも, このようにしていると思われる。

ところでイデア論の論理は, 規定するものと規定されるものという二律的仕方でことがらを説明しない。ただ, イデアは何かに分有されるものであり, イデアを分有して, 何かがそのイデアの名をもつ何かになる。この場合,「分有」というはたらきがイデア側か, 分有する側か, どちらの発動で起きるのか, プラトンの説明はない。ただイデアを分有してそのイデアの名をもつ分有者は, そのうちにイデアそのものではない, ということを説明する「或る限定」を含んでいると見ることはできる。そしてこの「或る

限定」は，アリストテレスで言えば種差ないし差異にあたる。他方，イデアそのものは，ただそれ自身のみによって，その名をもつので，その名をもつことの限定を，それ自身からもっていると言うことができる。それゆえ，イデアそのものも，何らかの限定をもつので，無限な存在者ではない。

したがって，「本質による存在者」という規定は，イデア論的語彙による規定であるが，「存在者」の名がもつ特殊性（超越性）によって，ほかのイデア，たとえば善のイデアのようなものとは，別の扱いがなされる。というのも，ほかのイデアは，それぞれ違う名をもつ異なるイデアであるが，「存在者」は，どのイデアにも共通である（超越的である）ゆえに，他のイデアとの差異を起こす限定をそれ自身のうちに含まないからである。すなわち，「本質によって善なるもの」，あるいは，「本質によってかくかくのもの」は，そうでないイデアとの間に限定する種差をもつが，「本質による存在者」は，そのような限定をポジティヴにはもたない。

(150) そしてもし君が，個別者は個別者を含む，それゆえ，共通なものは共通なものを含む，それゆえ，もし「この」存在者が「この」無限性を含むなら，共通な存在者は共通な無限性を含む，と論じるなら，――わたしはその論の運びは無効であると答える。なぜなら，個別者は共通なものが含まない或る完全性を含んでいるからである。そしてその完全性によって形相的に無限なものを含むことができる。しかし共通なものは，共通な概念であることによって，含まれる概念として無限を含まず，むしろある仕方で，それによって限定される。

異論は，個別者と共通者を類別して，個別者はどんな個別者でも含み，共通者はどんな共通者でも含むかのような

第Ⅰ部 神の単純性について

論理を展開している。言うまでもなく，異論は世界の実在的事態を見ない，あるいは，世界についての人間知性の認識の仕方を見ない。それゆえ，無理な論理である。スコトゥスは，それでも，個別者は事実として，共通なものが含まない完全性を含んでいることを根拠として反論する。その完全性とは，個別的にのみある様態である。

（異論回答）他の権威の異論に対する回答

(151) アヴィセンナ『形而上学』第2巻の論 (40) に対しては，すでに述べられたように，彼自身の『形而上学』第8巻によって明らかである。

第40段落の異論については，すでに第122段落で回答していると述べている。

(152) ダマスケヌス第50章の論 (41) に対しては，ロンバルドゥス『命題集註解』第1巻第19区分によって明らかである。ロンバルドゥスは，そこで種と言われているのは「個別者に対する或る種的類似性を表している」と主張している。しかしながらアウグスティヌスによればより大きな非類似性がある。それゆえ，アウグスティヌスは『三位一体論』第7巻で，神における種を，類と同様に否定している。それゆえ，ポルフェリオスの定義「『何』において多数のものについて述語されるものが種と言われる」は，その多数のものにおいて，種は本性に即して多数化され，他方，神の複数のペルソナにおいて，神の本性は多数化しないと，理解しなければならない。さらに種は，自身に即して，自身に対応した実在性であり，個別者の固有の実在性に対して可能態的である。他方，神の本質はいかなる仕方でも関係性に対して可能態的ではない。第5区

分の第二問題で述べたように。

第41段落の,神の本性はペルソナに対しての種であるという,ダマスケヌスの権威による異論に対して,アウグスティヌスの権威などを引いて,スコトゥスは,類や種の本性は多数化するが,神の本性はペルソナによって多数化しないものであるから,類でも種でもないという。また類や種のうちの個別者において,類や種の本性は,個別者のもつ規定性に対して可能態的である。神の本質はいかなる仕方でも可能態的な関係性をもたないという。

(異論回答) 超越者の英知と範疇内の英知

(153) 英知についての最後の論 (42) に対して,わたしは言う。すなわち,英知は,神に向かって超越して言われるかぎりで,類に属する種ではない。またその概念に即して超越するのでもない。そうではなくて,超越者であるかぎりの英知の概念に即して超越するのである。しかしながら,それがいかなる意味で超越者であるかは,最初の解決のうち,第3項で述べられた。

類に属する種として「英知」が神に述語される,という第42段落の異論に対して,スコトゥスは,神に述語される「英知」は,わたしたちのうちに見出される種としての英知ではないし,それがもつ限定された概念 (意味) によって超越者なのではないという。超越者としての英知の意味については,第114段落と第115段落で述べたという。

超越者としての「英知」は,アンセルムスの「端的な完全性」としての英知である。他方,アリストテレスの範疇論においては,「英知」は偶性的「性質」ないし「所有」の範疇に属する。ただし,アンセルムスはアリストテレス

の『形而上学』の論を知らずに「端的な完全性」の説を唱えた。

スコトゥスは，いずれをも尊重してそれぞれ別の「英知」の概念として取り扱う。

(154) しかしながら，わたしたちにあるこの英知について疑いがある。すなわち，英知の個別者は，超越者で，かつ，性質なのか，それとも，いずれか一方なのか。

どちらでもないと思われる。

なぜなら，同一のものについて「何」において言われながら，下位の選択肢ではない，いかなる同一のものも，さまざまな範疇に含まれない。ところで，超越者の英知と性質の英知は下位の選択肢ではない。それゆえ，云々。

「英知」が神について言われたり，性質として或る個人に言われたりするとき，「英知」はいずれも個体について言われている。では，この英知の個別者は，超越者でもあるし，性質でもあるのか，それとも，いずれか一方であるだけなのか，という疑問に対して，スコトゥスは回答する。

超越者であるか否かは，範疇のもとにあるどれか，という選択肢には入らない。したがって超越者の英知と性質範疇のうちの英知は範疇全体のもとにある二つの選択肢ではない。

(155) 同様に，超越者の英知は存在者の属性である。——それゆえ，第3区分で述べられたこと[17]から言って，存在者は英知の「何」において言われないし，その逆もない。それゆえ，超越者の英知が含まれているものも，その「何」に存在者を含んでいない。なぜなら，その場合，そ

---

17) 第3区分第131段落，第134段落から第136段落

れは偶性的存在者であるだろうから。なぜなら，それは本質的に基体と属性の概念を含んでいて，その基体と属性は，自体的に一つのものを生じないで，たんに偶性的に一つのものを生じるだけであるから。

　超越者としての英知は，同じく超越者である「存在者」の属性である。ところで，属性は「基体の属性」という位置にあるから，基体の外から基体に帰属する関係にある。したがって基体のうちについて言われる基体の本質には属さない。そして，基体と見られるのが「存在者」であるなら，その属性は，基体に外付けされる位置にあるから，属性はただ「付帯的に」すなわち，「偶性的に」存在者であると言える。たしかに属性が基体と置き換え可能な属性であるなら，すなわち，属性が基体に固有の属性であるなら，そのときには，つねにその属性が言われる。そうであるなら，属性はその基体に普遍的必然的に言われる性質である。しかし「英知」は，置き換えられる属性ではなく，端的な完全性として端的な存在者の属性である。しかし，端的な存在者は超越的な存在者ではない。超越的な存在者は，たんに範疇を超えているだけであって，本質による存在者ではないからである。したがって，超越的な存在者（共通な存在者）に対しては，超越的な英知は，偶性的な帰属性しかもたない。

（156）この論が有効であって，わたしたちにおけるこの英知が，超越者の英知の個別者であるか，性質の類の個別者であるか，単純にどちらかであるとしたら，──第二のものは与えられるべきではないと思われる。なぜなら，その場合，わたしたちのうちには端的な完全性がないことになるだろう。これはアウグスティヌス『三位一体論』第15巻第3章に反すると思われる。すなわち，「わたしたちの周囲の被造物がみな，大声で呼んでいる」等々。もし第

第Ⅰ部　神の単純性について

一のものが与えられるなら，すべての所有が形相的に性質の類のうちにあるのではなく，むしろすべてが端的な完全性を意味する超越者である。

　その論は無効とされたが，もしもその論が有効であるなら，つまりそのように仮定して，その結果が否定すべきことだと判明すれば，ひるがえって，前提が否定される，という議論である。

　さて，もしも「英知」が性質範疇のうちのものであるとするなら，それはわたしたちに言えることであるが，それは神には言えないものである。したがって，アンセルムスの唱えた「端的な完全性」ではない。なぜなら，アンセルムスが唱えた「端的な完全性」はわたしたちに言えることがらのなかで神にも言えることがらだからである。したがって，この結論は否定されるべきである。他方，「英知」が性質範疇のうちになく，超越者であるとしたら，「英知」に属する「知識」や「学知」，そのような所有（学習知）のすべては，超越者であることになる。しかし，そのような所有（学習知）はアリストテレスによれば性質範疇に属する。したがってこの結論はアリストテレスの論に反する。したがって否定されるべきである。

　それゆえ，前提が誤りである。

第 3 区分第 1 部

De cognoscibilitate Dei

1 Circa tertiam distinctionem quaero primo de cognoscibilitate Dei; et quaero primo utrum Deus sit naturaliter cognoscibilis ab intellectu viatoris.

Arguo quod non:

Philosophus III *De anima* dicit: "Phantasmata se habent ad intellectum sicut sensibilia ad sensum"; sed sensus non sentit nisi sensibile; ergo intellectus nihil intelligit nisi cuius phantasma potest per sensus apprehendere. Deus autem non habet phantasma, nec est aliquid phantasiabile, ergo etc.

2 Item, II *Metaphysicae*: "Sicut oculus noctuae ad lucem solis sic et intellectus noster ad ea quae sunt manifestissima naturae"; sed ibi est impossibilitas; ergo et hic.

3 Item, I *Physicorum*: "Infinitum in quantum infinitum est ignotum"; et II *Metaphysicae*: "Infinita non contingit cognoscere", ergo nec infinitum, quia eadem videtur esse improportio intellectus finiti ad infinitum et ad infinita, quia aequalis excessus, vel non minor.

4 Item, Gregorius *Super Ezechiel*: "Quantumcumque mens nostra in contemplatione profecerit Dei, non ad illud quod ipse est, sed ad illud quod sub ipso est attingit".

5 Contra: VI *Metaphysicae*: 'Metaphysica est theologia de Deo et circa divina principaliter'; ergo etc. Et in actu eius, scilicet in consideratione

actuali substantiarum separatarum, ponit felicitatem humanam, X *Ethicorum*.

6 Iuxta hoc quaero utrum Deus sit primum cognitum a nobis naturaliter pro statu isto.

Quod sic, arguitur: "Unumquodque sicut se habet ad esse sic ad cognitionem", ex II *Metaphysicae*; sed Deus est primum ens; ergo primum cognitum.

7 Item, nihil perfecte cognoscitur nisi eo perfecte cognito; ergo nihil simpliciter cognoscitur nisi eo simpliciter cognito. Consequentia apparet, quia in his quae sunt per se, 'sicut maximum ad maximum sic simpliciter ad simpliciter', et e converso, ex II *Topicorum*.

8 Item, perfectissimus actus potentiae est circa obiectum simpliciter primum; perfectissimus autem actus est circa Deum, X *Ethicorum*; ergo Deus est simpliciter primum obiectum cognoscibile.

9 Contra: Omnis nostra cognitio oritur a sensu, I *Metaphysicae* et II *Posteriorum* in fine; ergo Deus, qui est a sensibus remotissimus, non est primo cognitus ab intellectu nostro.

10 In prima quaestione non est distinguendum quod Deus possit cognosci negative vel affirmative, quia negatio non cognoscitur nisi per affirmationem, II *Perihermenias* in fine et IV *Metaphysicae*.

Patet etiam quod nullas negationes cognoscimus de Deo nisi per affirmationes, per quas removemus alia incompossibilia ab illis affirmationibus.

Negationes etiam non summe amamus.

Similiter etiam, aut negatio concipitur praecise, aut ut dicta de aliquo. Si praecise concipitur negatio, ut non-lapis, hoc aeque convenit nihilo sicut Deo, quia pura negatio dicitur de ente et de non-ente; igitur in hoc non magis intelligitur Deus quam nihil vel chimaera. Si intelligitur ut negatio dicta de aliquo, tunc quaero illum conceptum substratum de quo intelligitur ista negatio esse vera, aut erit conceptus affirmativus, aut negativus? Si est affirmativus, habetur propositum. Si negativus, quaero ut prius: aut negatio concipitur praecise, aut ut dicta de aliquo ? Si primo modo, hoc aeque convenit nihilo sicut Deo; si ut dicta de aliquo, sicut prius. Et quantumcumuque procederetur in negationibus, vel non intelligeretur Deus magis quam nihil, vel stabitur in aliquo affirmativo conceptu qui est primus.

11 Nec, secundo, est distinguendum de cognitione 'quid est' et 'si est', quia in proposito quaero conceptum simplicem, de quo cognoscatur 'esse' per actum intellectus componentis et dividentis. Numquam enim cognosco de aliquo 'si est', nisi habeam aliquem conceptum illius extremi de quo cognosco 'esse'; et de illo conceptu quaeritur hic.

12 Nec, tertio, oportet distinguere de 'si est' ut est quaestio de veritate propositionis vel ut est quaestio de esse Dei, quia si potest esse quaestio de veritate propositionis in qua est 'esse' tamquam praedicatum de subiecto, ad concipiendum veritatem illius quaestionis vel propositionis oportet praeconcipere terminus illius quaestionis; et de conceptu simplici illius subiecti, si est possibilis, est nunc quaestio.

13 Nec, quarto, valet distinguere de conceptu naturali et supernaturali, quia quaeritur de naturali.

14 Nec, quinto, valet distinguere de 'naturaliter', loquendo de natura absolute vel de natura pro statu isto, quia quaeritur praecise de cognitione pro statu isto.

15 Nec, sexto, valet distinguere de cognitione Dei in creatura vel in se, quia si cognitio discursive incipiat

a creatura, quaero in quo termino sistitur ista cognitio ? Si in Deo in se, habeo propositum, quia illum conceptum Dei in se quaero; si non sistitur in Deo in se sed in creatura, tunc idem erit terminus et principium discursus, et ita nulla notitia habebitur de Deo, – saltem non est intellectus in ultimo discursus termino quamdiu sistit in aliquo obiecto quod est principium discurrendi.

16 De cognitione Dei 'si est' et 'quid est' (Godefridus VII, 11 improbat Henricum de distinctione 'si est', et quod possibilis sit cognitio 'quid est') nota: 'quid' quod dicitur per nomen, est 'quid' quod est rei, et est includes 'si est', quia IV *Metaphysicae* – "ratio cuius 'nomen' est signum, est definitio". Tamen esse-quid nominis est communius quam 'esse' et quam 'quid' rei, quia pluribus convenit significari nomine quam 'esse'; ubi tamen coniunguntur, idem sunt, sicut non omnis color est albedo, tamen ille color qui est albedo, idem est albedini. Exemplum tamen non est omnino simile, quia color sumitur ab aliqua partiali perfectione. Non sic hic, sed totum 'quid' habet relationem ad nomen ut ad signum quod totum habet relationem ad rem ut quiditas ad suppositum. Sed prius cognosco de eodem 'quid' relationem primam quam secundam.

Nec est in hoc solo ordo cognitionum istarum, cognoscendo de eodem conceptu simplici prius relationem unam quam aliam, sed et in hoc quod conceptus simplex est quodammodo alius in multis, puta definitionibus, quia primus est confusus, secundus distinctus. Nam primus vel non explicat partes conceptus, vel si explicat, non distincte, sub compossibilitate vel incompossibilitate; secundus explicat compossibilitatem, et in hoc rationem esse veram, et ex hoc 'quid' quod exprimit esse-quid rei possibilis.

17 Secundo nota quod subiectum primae scientiae simul praecognoscitur; 'quid' dicitur per nomen et 'si est' et 'quid est'. Quia nulla scientia de suo subiecto primo quaerit 'si est' vel 'quid est', ergo vel omnino non est quaeribile, vel tantum in scientia priore; prima nulla est prior; ergo de eius primo subiecto nullo modo est quaeribile 'si est' vel 'quid est'. Ergo conceptus simpliciter simplex, ergo ens.

Quia 'ens per se', potest dubitari de compossibilitate partium conceptus – pro hoc etiam quia quod non Deus, quia nulla ratio simpliciter simplex habetur de Deo quae distinguit ipsum ab aliis – ergo de quaelibet tali est quaestio 'si est' et demonstratio quod ratio non sit in se falsa; ergo Deus secundum nullum conceptum viatori possibilem est primum subiectum metaphysicae.

Item, quidquid probatur de ipso, continetur primo virtualiter in ratione entis, quia sicut passio simplex convertibilis includitur primo in subiecto, sic et disiuncta; ergo in subiecto includitur primo quod aliqua pars disiunctae alicui enti conveniat. Ergo ens primo virtualiter includit hanc 'aliquod ens est primum', ergo et 'si est' et 'quid est'; de ista ratione ens primum primo includitur in ente; ergo et quidquid concluditur de ente primo, per rationem huius totius vel per rationem entis. Ergo metaphysica est theologia finaliter et principaliter, quia sicut est principalius de substantia quam de accidente, VII *Metaphysicae*, ita – ulteriore analogia – principalius de Deo, quia semper prius, ordine perfectionis, includitur in ratione subiecti primi particulariter pars passionis disiunctae quae est simpliciter perfectior.

18 Contra: nulla cognitio simpliciter perfectior

includitur virtualiter in minus perfecta, sed e converso; ergo nulla cognitio possibilis viatori naturaliter de Deo est perfectior conceptu entis; ergo in qua speculatione felicitas.

Si haec ratio concludit, ergo illud quod rationes ad primam partem supponunt de conceptu non simplici. Negatur secundum Henricum, immo proprius conceptus de Deo et simplex, per motionem effectus. Sed tunc ens non commune sed analogum, et ita prima scientia de ente erit de primo ad quod omnia attribuntur.

19 Est ergo mens quaestionis ista, utrum aliquem conceptum simplicem possit intellectus viatoris naturaliter habere, in quo conceptu simplici concipiatur Deus.

20 Ad hoc dicit quidam doctor sic: loquendo de cognitione alicuius, distingui potest, ex parte obiecti, quod potest cognosci per se vel per accidens, in particulari vel in universali.

Realiter per accidens non cognoscitur Deus, quia quidquid de ipso cognoscitur, est ipse; tamen cognoscendo aliquod attributum eius, cognoscimus quasi per accidens quid est. Unde de attributis dicit Damascenus libro I cap.4: "Non naturam dicunt Dei, sed quae circa naturam".

In universali etiam, puta in generali attributo, cognoscitur: non quidem in universali secundum praedicationem quod dicatur de ipso – in quo nullum est universale, quia quiditas illa est de se singularis – sed in universali quod tantum analogice commune est sibi et creaturae; tamen quasi unum a nobis concipitur, propter proximitatem conceptuum, licet sint diversi conceptus.

In particulari non cognoscitur ex creaturis quia

creatura est peregrina similitudo eius, sic quia tantum conformis ei quoad aliqua attributa, quae non sunt illa natura in particulari. Ergo cum nihil ducat in cognitionem alterius nisi sub ratione similis, sequitur, etc.

21 Item, in universali tripliciter cognoscitur: generalissime, generalius, generaliter.

'Generalissime' tres habet gradus. Cognoscendo enim quodcumque ens ut hoc ens est, indistinctissime, concipitur ens quasi pars conceptus, et est primus gradus. Et amovendo 'hoc', et concipiendo 'ens', est secundus gradus; iam enim ut conceptum non ut pars, concipitur commune analogum Deo et creaturae. Quod si distinguatur conceptus entis qui Deo convenit, puta concipiendo ens indeterminatum negative, id est non determinabile a conceptu entis qui convenit analogice, quod est ens indeterminatum privative, iam est tertius gradus. Primo modo 'indeterminatum' abstrahitur ut forma ab omni materia, ut in se subsistens et particpabilis; secundo modo 'indeterminatum' est universale abstractum a particularibus, quod est actu participatum in illis.

Post istos tres gradus generalissime concipiendi, concipitur Deus generalius, concipiendo quodcumque attributum, – non simpliciter, ut prius, sed cum praeeminentia summa.

Generaliter autem concipitur concipiendo quodcumque attributum esse idem cum suo primo attributo, scilicet 'esse', propter simplicitatem.

Nec per speciem propriam cognoscitur, quia nihil est eo simplicius, sed ad modum aestimativae, per speciem aliquam alienam ex creaturis, et hoc omnibus tribus modis praedictis.

22 Quoad secundam quaestionem, secundum istam

opinionem, distinguendum est de modo concipiendi naturaliter et rationaliter.

Primo modo Deus est obiectum primum intelligibile a nobis ex creaturis, quia naturalis cognitio procedit ab indeterminato ad determinatum. 'Indeterminatum negative' est magis indeterminatum quam 'privative indeterminatum', ergo praeconcipitur illi; et illud 'indeterminatum privative' est prius secundum cognitionem nostrum determinate, quia "ens et res prima impressione imprimuntur intellectui nostro", secundum Avicennam I *Metaphysicae* cap.5. Ergo 'indeterminatum negative' omnino primo est obiectum intellectui nostro secundum modum concipiendi naturaliter.

Rationaliter autem est cognitum posterius, creatura cognita, secundum tres gradus – generalissime, deinde generalius, et ultimo generaliter, – quia primo concipitur hoc bonum, deinde bonum universale abstractum secunda abstractione, puta quod est indeterminatum privative, deinde bonum prima abstractione abstractum, quod scilicet est indeterminatum negative, quia via ratiocinativae deductionis prius oportet cognoscere illud a quo fit abstractio quam abstractum.

23 Exponitur primum membrum, scilicet 'naturaliter', quomodo sic est cognitum primo: quia Deus ut est sic primum cognitum non distnguitur ab aliis, et propter simplicitatem, et quia non est primum nisi tantum quoad duos primos gradus generalissime concipiendi, quorum neuter pertingit ad aliquam rationem determinantem illud attributum Deo. Qualiter autem possit esse cognitum et non distingui ab aliis per intellectum cognoscentem, exemplificatur: sicut oculus primo videt lucem, licet non discernat, propter

subtilitatem, sicut discernit de colore per lucem.

24 Respondeo aliter ad primam quaestionem, et in quibusdam – scilicet in quinque – contradicam positioni praedictae. Rationes meae positionis ostendent oppositum huius positionis.

25 Dico ergo primo quod non tantum haberi potest conceptus naturaliter in quo quasi per accidens concipitur Deus, puta in aliquo attributo, sed etiam aliquis conceptus in quo per se et quiditative concipiatur Deus. – Probo, quia concipiendo 'sapientem' concipitur proprietas, secundum eum, vel quasi proprietas, in actu secundo perficiens naturam; ergo intelligendo 'sapientem' oportet praeintelligere aliquod 'quid' cui intelligo istud quasi proprietatem inesse, et ita ante conceptus omnium passionum vel quasi passionum oportet quaerere conceptum quiditativum cui intelligantur ista attribui: et iste conceptus alius erit quiditativus de Deo, quia in nullo alio potest esse status.

26 Secundo dico quod non tantum in conceptu analogo conceptui creaturae concipitur Deus, scilicet qui omnino sit alius ab illo qui de creatura dicitur, sed in coneptu aliquo univoco sibi et creaturae – Et ne fiat contentio de nomine univocationis, univocum conceptum dico, qui ita est unus quod eius unitas sufficit ad contradictionem, affirmando et negando ipsum de eodem; sufficit etiam pro medio syllogistico, ut extrema unita in medio sic uno sine fallacia aequivocationis concludantur inter se uniri.

27 Et univocationem sic intellectum probo quintupliciter. Primo sic: omnis intellectus, certus de uno conceptu et dubius de diversis, habet conceptum de quo est certus alium a conceptibus de quibus est dubius; subiectum includit praedicatum. Sed intellectus

viatoris potest esse certus de Deo quod sit ens, dubitando de ente finito vel infinito, creato vel increato; ergo conceptus entis de Deo est alius a conceptu isto et illo, et ita neuter ex se et in utroque illorum includitur; igitur univocus.

28 Probatio maioris, quia nullus idem conceptus est certus et dubius; ergo vel alius, quod est propositum, vel nullus – et tunc non erit certitudo de aliquo conceptu.

29 Probatio minoris: quilibet philosophus fuit certus, illud quod posuit primum principium, esse ens, – puta unus de igne et alius de aqua, certus erat quod erat ens; non autem fuit certus quod esset ens creatum vel increatum, primum vel non primum. Non enim erat certus quod erat primum, quia tunc fuisset certus de falso, et falsum non est scibile; nec quod erat ens non primum, quia tunc non posuissent oppositum. – Confirmatur etiam, nam aliquis videns philosophos discordare potuit esse certus de quocumque quod aliquis posuit primum principium, esse ens, et tamen propter contrarietatem opinionum eorum potuit dubitare utrum sit hoc ens vel illud. Et tali dubitanti si fieret demonstratio concludens vel destruens aliquem conceptum inferiorem, puta quod ignis non erit ens primum sed aliquod ens posterius primo ente, non destrueretur ille conceptus primus sibi certus, quem habuit de ente, sed salvaretur in illo conceptu particulari probato de igne, – et per hoc probatur propositio, supposita in ultima consequentia rationis, quae fuit quod ille conceptus certus, qui est ex se neuter dubiorum, in utroque istorum salvatur.

30 Quod si non cures de auctoritate illa accepta de diversitate opinionum philosophantium, sed dicas quod quilibet habet duos conceptus in intellectu suo,

propinquos, qui propter propinquitatem analogiae videntur esse unus conceptus, – contra hoc videtur esse quod tunc ex ista evasione videretur destructa omnis via probandi unitatem alicuius conceptus univocam: si enim dicis hominem habere unum conceptum ad Socratem et Platonem, negabitur tibi, et dicetur quod sunt duo, sed 'videntur unus' propter magnam similitudinem.

31 Praeterea, illi duo conceptus sunt simpliciter simplices; ergo non intelligibiles nisi distincte et totaliter. Ergo si nunc non 'videntur' duo, nec post.

32 Item, aut concipiuntur ut omnino disparati, et mirum quomodo videntur unus, – aut ut comparati secundum analogiam, aut secundum similitudinem, vel distinctionem, et tunc simul vel prius concipiuntur ut distincti. Ergo non videntur unus.

33 Item, ponendo duos conceptus, ponis duo obiecta formalia cognita. Quomodo sunt duo cognita formalia et non ut distincta ?

34 Praeterea, si intellectus intelligeret singularia sub propriis rationibus, quamvis conceptus duorum eiusdem specie essent simillimi (non est dubium tamen quin multo similiores quam isti duo in proposito, quia isti duo different specie) adhuc intellectus bene distingueret inter tales conceptus singularium. – Haec etiam responsio improbatur distinctione 8 quaestione 3, et una alia responsio, quae negat maiorem.

35 Secundo principaliter arguo sic: nullus conceptus realis causatur in intellectu viatoris naturaliter nisi ab his quae sunt naturaliter motiva intellectus nostri; sed illa sunt phantasma, vel obiectum relucens in phantasmate; et intellectus agens; ergo nullus conceptus simplex naturaliter fit in intellectu nostro modo nisi qui potest fieri virtute istorum. Sed

conceptus qui non esset univocus obiecto relucenti in phantasmate, sed omnino alius, prior, ad quem ille habeat analogiam, non potest fieri virtute intellectus agentis et phantasmatis; ergo talis conceptus alius, analogus qui ponitur, naturaliter in intellectu viatoris numquam erit, – et ita non poterit haberi naturaliter aliquis conceptus de Deo, quod est falsum.

Probatio assumpti: obiectum quodcumque, sive relucens in phantasmate sive in specie intelligibili, cum intellectu agente vel possibili cooperante, secundum ultimum suae virtutis facit sicut effectum sibi adaequatum, conceptum suum proprium et conceptum omnium essentialiter vel virtualiter inclusorum in eo; sed ille alius conceptus qui ponitur analogus, non est essentialiter nec virtualiter inclusus in isto, nec etiam est iste; ergo iste non fiet ab aliquo tali movente.

Et confirmatur ratio, quia 'obiectum': praeter conceptum suum proprium adaequatum, et inclusum in ipso altero duorum modorum praedictorum, nihil potest cognosci ex isto obiecto nisi per discursum; sed discursus praesupponit cognitionem istius simplicis ad quod discurritur. Formetur igitur ratio sic, quia nullum obiectum facit conceptum simplicem proprium, in isto intellectu, conceptum simplicem proprium alterius obiecti, nisi contineat illud aliud obiectum essentialiter vel virtualiter; obiectum autem creatum non continet increatum essentialiter vel virtualiter, et hoc sub ea ratione sub qua sibi attribuitur, ut 'posterius essentialiter' attribuitur 'priori essentialiter', – quia contra rationem 'posterioris essentialiter' est includere virtualiter suum prius, et patet quod obiectum creatum non essentialiter continent increatum secundum aliquid omnino sibi proprium et non commune; ergo non facit conceptum simplicem et prorium enti increato.

36 Tertio arguitur sic: conceptus proprius alicuius subiecti est sufficiens ratio concludendi de illo subiecto omnia conceptibilia quae sibi necessario insunt; nullum autem conceptum habemus de Deo per quem sufficienter possimus cognoscere omnia concepta a nobis quae necessario sibi insunt – patet de Trinitate et aliis creditis necessariis; ergo etc.

37 Maior probatur, quia immediatam quamlibet cognoscimus in quantum terminos cognoscimus; igitur patet maior de omni illo conceptibili quod immediate inest conceptui subiecti. Quod si insit mediate, fiet idem argumentum de medio comparato ad idem subiectum, et ubicumque stabitur habetur propositum de immediatis, et ultra per illas scientur mediatae.

38 Item, quarto, potest sic argui: aut aliqua 'perfectio simpliciter' habet rationem communem Deo et creaturae, et habetur propsitum, aut non sed tantum propriam creaturae, et tunc ratio eius non convenient formaliter Deo, quod est inconveniens; aut habet rationem omnino propriam deo, et tunc sequitur quod-nihil attribuendum est Deo, quia est 'perfectio simpliciter', nam hoc nihil est aliud dicere nisi quod quia ratio eius ut convenit Deo dicit 'perfectionem simpliciter', ideo ipsum ponitur in Deo; et ita peribit doctrina Anselmi *Monologion*, ubi vult quod 'praetermissis relationibus, in omnibus aliis quidquid est simpliciter melius ipsum quam non ipsum attribuendum est Deo, sicut quodcumque non tale est amovendum ab ipso'. Primo ergo, secundum ipsum, aliquid cognoscitur esse tale, et secundo attribuitur Deo; ergo non est tale praecise ut in Deo. – Hoc etiam confirmatur, quia tunc nulla 'perfectio simpliciter' esset in creatura; consequentia patet, quia nullus talis perfectionis etiam conceptus aliquis convenit

creaturae nisi conceptus analogus (ex hypothesi) – 'talis' secundum se, quia analogicus est imperfectus – et in nullo est eius ratio melior non ipso, quia alias secundum illam rationem analogicam poneretur in Deo.

39 Confirmatur etiam haec quarta ratio sic: omnis inquisitio metaphysica de Deo sic procedit, considerando formalem rationem alicuius et auferendo ab illa ratione formali imperfectionem quam habet in creaturis, et reservando illam rationem formalem et attribuendo sibi omnino summam perfectionem, et sic attribuendo illud Deo. Exemplum de formali ratione sapientiae (vel intellectus) vel voluntatis: consideratur enim in se et et secundum se; et ex hoc quod ista ratio non concludit formaliter imperfectionem aliquam nec limitationem, removentur ab ipsa imperfections quae concomitantur eam in creaturis, et reservata eadem ratione sapientiae et voluntatis attribuntur ista Deo perfectissime. Ergo omnis inquisitio de Deo supponit intellectum habere conceptum eundem, univocum, quem accepit ex creaturis.

40 Quod si dicas, alia est formalis ratio eorum quae conveniunt Deo, – ex hoc sequitur inconveniens, quod ex nulla ratione propria eorum prout sunt in creaturis, possunt concludi de Deo, quia omnino alia et alia ratio illorum est et istorum; immo non magis concludetur quod Deus est sapiens formaliter, ex ratione sapientiae quam apprehendimus ex creaturis, quam quod Deus est formaliter lapis: potest enim conceptus aliquis, alius a conceptu lapidis creati, formari, ad quem conceptum lapidis ut est idea in Deo habet iste lapis attributionem, et ita formaliter diceretur 'Deus est lapis', secundum istum conceptum analogum, sicut 'sapiens', secundum illum conceptum analogum.

41 Ad hoc etiam arguitur, quinto, sic: perfectior creatura potest movere ad perfectiorem conceptum de Deo. Ergo cum aliqua visio Dei, puta infima, non tantum differat ab aliqua intellectione abstractiva data ipsius quantum suprema creatura distat ab infima, videtur sequi quod si infima potest movere ad aliquam abstractivam, quod suprema, vel aliqua citra eam, poterit movere ad intuitivam, quod est impossibile.

42 Quod si dicas, tot gradus esse in intellectione abstractiva de Deo quot sunt species creatae, licet extremae intellectiones non tantum distent quantum extremae species, quod bene est possibile, quia quilibet gradus in intellectionibus minus distat a sibi proximo quam species creata movens ad illum distat a specie movente ad alium, – contra: differentia intellectionum abstractivarum non est tantum numeralis, quia illae causantur a causis alterius specie, et per proprias rationes illarum, non in quantum includunt aliquid commune sicut dicit via de univocatione. Ergo sequitur quod inter infimam intellectionem abstractivam et infimam intuitivam sint plures mediae quam inter infimam speciem entium et supremam, vel tot. Quod si est inconveniens consequens, et per consequens – antecedens. Ergo pauciores sunt species intellectionis abstractivae quam entium. Ergo incipiendo ab infima, hinc inde, restat alqua entis, superior illa quae causat supremam abstractivam. Ergo illa superior causabit intuitivam de Deo.

43 Item, quare ponentur tot species intellectionum de eodem obiecto, si movet ad proprium ?

44 Item, ad conclusionem principalem videtur esse quod omnis multitudo reducitur ad unum. Ergo ita est in conceptibus.

45 Qualis autem sit univocatio entis, ad quanta et ad

quae, dicetur magis in quaestione de primo obiecto intellectus.

46 Contra istas rationes instatur. – Contra primam instatur, de toto disiuncto, et illa responsio ponitur distinctione 8, et debilius improbatur quam aliae.

47 Ad secundam, ut formatur breviter, negatur maior, quia, propter conexionem, effectus potest aliquem conceptum facere de causa, licet non ita perfectum sicut causa de se: conceditur enim quod conclusio facit notitiam de principio demonstratione 'quia', sed illa non est perfectissima notitia principia sed illa qua cognoscitur ex terminis perfecte cognitis. Quare enim, non similiter inconceptibus, effectus simpliciter apprehensus causabit notitiam aliquam habitualem simplicem de causa?

48 Ad probationem maioris dico quod licet non possit effectus aequivocus in causam aequivocam exsistentem, nec in aliquid eiusdem rationis cum causa, potest tamen in notitiam aliquam eius, quae est imperfectior non solum ipsa causa in se sed etiam in ipso effectu aequivoco causae, scilicet perfecto conceptu eius. – Sed accipiatur maior sic: 'nullum obiectum potest in conceptum alicuius nisi contineat illum conceptum virtualiter vel essentialiter'. Haec videtur manifesta per rationem causae et effectus aequivoci, et licet attribuatur secundum aliquos actio intellectui (non curo), quomodocumque obiectum requiritur, sic non potest in conceptum perfectiorem conceptu sibi adaequato; talis est proprius, quiditativus; ergo etc. Probatur minor, quia effectuum aequivocorum eiusdem causae ille est perfectisssimus qui est simillimus causae: talis est proles intellectualis sive verbum perfectum huius obiecti. Maior probatur, quia tunc perfectio intelligentiae excederet totam vitutem

memoriae.

49 Absolute videtur concedendum quod nullus de Deo conceptus potest fieri in nobis per actionem obiecti creati, qui sit perfectior conceptu perfecto proprio illius obiecti, nec per consequens, ad quem attribuatur iste conceptus proprius obiecti moventis, immo magis, ille conceptus de Deo est imperfectior verbo huius, quia affectus aequivocus, dissimilior causae. Oportet ergo recedere ab opinione Henrici, si ponat conceptum lapidis attribui ad conceptum quem causata lapis de Deo. Praecise salvari potest quod obiectum conceptum attribuitur ad obiectum, non tamen conceptus ad conceptum; et hoc est bene possibile, quia de conceptu perfectiore habetur conceptus imperfectior quam de conceptu imperfectiore. Et quomodo est rationabile in eodem intellectu conceptum de Deo esse simpliciter imperfectiorem conceptu lapidis vel alibi, et quomodo erit beatitudo naturalis in cognitione Dei (ex X *Ethicorum*) ?

50 Sed videtur contra univocationem esse eadem difficultas, quia omnis conceptus de Deo erit minus perfectus conceptu proprio albi perfecto, quia omnis talis continetur in albedine ut conceptus communis in speciali, et communis est simpliciter minus perfectus, quia potentialis et pars respectu conceptus specialis. Quomodo ergo secundum illam erit beatitudo in cognitione naurali Dei ?

51 Responsio. Quilibet conceptus simpliciter simplex, scilicet univocationis, est imperfectior positive quam verbum alibi, hoc est non tantam perfectionem ponit; tamen est perfectior permissive, quia abstrahit a limitatione, et ita est conceptibilis sub infinitate: et tunc ille conceptus – scilicet 'ens infinitum', erit perfectior verbo albi, et ille proprius Deo, non autem

ille prior, communis, abstractus ab albedine. Unde via univocationis tenet quod omnis conceptus proprius Deo est perfectior verbo cuiuscumque creati, sed alia non sic.

52 Sed instatur contra hanc responsionem dupliciter. Primo, arguendo quod difficultas remanet contra viam univocationis, quia ex duobus conceptibus, quorum uterque est imperfectior verbo alibi, non videtur fieri conceptus perfectior illo verbo. Sed conceptus entis, ut conceditur, est imperfectior quam alibi, vel linea, et conceptus infiniti similiter. Probatio, quia 'infinitum' concipitur a nobis per finitum, 'finitum' per lineam, vel aliquod tale obiectum, movens ad conceptum passionis. Igitur conceptus infiniti est imperfectior conceptu linea. – Confirmatur ratio, quia conceptus includens affirmationem et negationem non est perfectior propter negationem, aut saltem non est perfectior quam concipiendo affirmationem illius negationis; hic 'ens infinitum' non est aliquis conceptus positivi nisi entis; ergo infinitas non facit conceptum perfectum, aut saltem non erit perfectior conceptus entis infiniti quam entis finiti.

53 Secundo instatur similiter, pro Henrico, quia licet conceptus simpliciter simplex sit imperfectior verbo sive conceptu creaturae, ut arguitur, tamen multi tales possunt coniungi, et unus determinabit alium, – et ille conceptus totus erit perfectior. Nec est hic maior difficultas quam ibi, nisi in duobus: primum, quod hic quilibet conceptus, sive determinans sive determinabilis, ponitur proprius Deo, ibi unus communis et alius proprius; secundum, quod hic aliquis proprius Deo conceditur imperfectior verbo creaturae, ibi nullus. Istorum autem primum non est inconveniens, quia passio bene determinat subiectum:

homo risibilis, et tamen utrumque est aeque commune. Secundum oportet omnino concedere, propter istam secundam rationem, – loquendo de conceptu, id est de actu concipiendi, non autem de obiecto concepto.

54 Quoad istas instantias videtur satis congrue responderi, quod utraque opinio conceptum non simpliciter simplicem ponit perfectiorem verbo illius quod movet ad partem. Sed instantia arguendo facta, videtur contra utramque opinionem, quia quotcumque coniungantur, quilibet illorum conceptuum imprimitur a creatura movente. Ergo est imperfectior verbo illius creaturae. Aggregatio imperfectiorum quomodo faciet conceptum perfectiorem intensive ? – Confirmatio etiam bene instat contra illud de infinito. – Non ergo propter istam rationem dimittatur opinio, quia est communis difficultas utrique, et aeque, si analogia conceptuum exponatur de conceptis.

55 Forte instantiae bene probant quod actus circa Deum non sit perfectissimus intensive; nec hoc requiritur, ut sit ibi beatitudo naturalis, sed quod coniungat obiecto perfectissimo, – II *De animalibus*: "Parum nosse" etc. Et forte intensius amatur creatum aliquod quam Deus, nec tamen illud amatum nunc beatificat sicut Deus (de hoc in libro IV, 'quomodo beatificamur in obiecto'). Istud de ente infinito verum esset, si 'infinitum' esset praecise modus sub quo obiectum conciperetur, et non pars conceptus, vel modus sic quod conceptus in se (sicut distinguitur in quaestione de unitate Dei, de singularitate ut concepta et ut modo praecise sub quo), quemadmodum etiam certus gradus intensionis est praecise modus sub quo videtur haec albedo. Sic autem non intelligimus ens infinitum, sed ut includens duos conceptus, licet 'alter deteminet alterum'. Et forte ille conceptus privativus finiti nihil ponit, quamvis det

intelligere positivum, ita quod si habemus conceptum positivum de necessario, magis perfecte positive intelligitur Deus hic, ens simpliciter necessarium. Sed nec forte necessarium nec aeternum concipimus nisi negationem imperfectionis, puta potentiae aliter se habendi vel fluxibilis, seu principia seu finis. Aeternum dicit 'quoddam' infinitum, quia in duratione minime perfectior est infinitas quam in quantitate perfectionis, sicut infinita maginitudo esset perfectior infinito tempore.

56 Tertio dico quod Deus non cognoscitur natur aliter a viatore in particulari et proprie, hoc est sub ratione huius essentiae ut haec et in se. Sed ratio illa posita ad hoc in praecedenti opinione, non concludit. Cum enim arguitur quod non 'cognoscitur aliquid nisi per simile', aut intelligit 'per simile' de similitudine univocationis, aut imitationis. Si primo modo, igitur nihil cognoscitur de Deo secundam illam opninionem, quia in nullo habet similitudinem univocationis secundum illum modum. Si secundo modo, et creaturae non tantum imitantur illam essentiam sub ratione generalis attributi sed etiam essentiam hanc ut est haec essentia (sive ut 'nuda' in se est exsistens, secundum eum) – sic enim magis est idea vel exemplar quam sub ratione generalis attributi – ergo propter talem similitudinem posset creatura esse principium cognoscendi essentiam divinam in se et in particulari.

57 Est ergo alia ratio huius conclusionis, videlicet quod Deus ut haec essentia in se, non cognoscitur naturaliter a nobis, quia sub ratione talis cognoscibilis est obiectum voluntarium, non naturale, nisi respectu sui intellectus tantum. Et ideo a nullo intellectu creato potest sub ratione huius essentiae ut haec est naturaliter cognosci, nec aliqua essentia naturaliter cognoscibilis

a nobis sufficienter ostendit hanc essentiam ut haec, nec per similitudinem univocationis nec imitationis. Univocatio enim non est in generalibus rationibus ; imitatio etiam deficit, quia imperfecta, quia creatura imperfecte eum imitatur.

Utrum autem sit alia ratio huius impossibilitatis, videlicet propter rationem primi obiecti, sicut alii ponunt, de hoc in quaestione de primo obiecto.

58 Quarto dico quod ad multos conceptus proprios Deo possumus pervenire, qui non conveniunt creaturis, – cuiusmodi sunt conceptus omnium perfectionum simpliciter, in summo. Et perfectissimus conceptus, in quo quasi in quadam descriptione perfectissime cognoscimus Deum, est concipiendo omnes perfectiones simpliciter et in summo. Tamen conceptus perfectior simul et simplicior, nobis possibilis, est conceptus entis infiniti. Iste enim est simplicior quam conceptus entis boni, entis veri, vel aliorum similium, quia 'infinitum' non est quasi attributum vel passio entis, sive eius de quo dicitur, sed dicit modum intrinsecum illius entitatis, ita quod cum dico 'infinitum ens', non habeo conceptum quasi per accidens, ex subiecto et passione, sed conceptum per se subiecti in certo gradu perfectionis, scilicet infinitatis, – sicut albedo intense non dicit conceptum per accidens sicut albedo visibilis, immo intensio dicit gradum intrinsecum albedinis in se.

Et ita patet simplicitas huius conceptus 'ens infinitum'

59 Probatur perfectio istius conceptus, tum quia iste conceptus, inter omnes nobis conceptibiles conceptus, virtualiter plura includit – sicut enim ens includit virtualiter verum et bonum in se, ita ens infinitum includit verum infinitum et bonum infinitum, et omnem

'perfectionem simpliciter' sub ratione infiniti, – tum quia demonstratione 'quia' ultimo concluditur 'esse' de ente infinito, sicut apparet ex quaestione prima secundae distinctionis; illa autem sunt perfectiora quae ultimo cognoscuntur demonstratio 'quia' ex creaturis, quia propter eorum remotionem a creaturis difficilium est ea ex creaturis concludere.

60 Si dicis de summo bono vel summo ente, quod istud dicit modum intrinsecum entis et includit virtualiter alios conceptus, – respondeo quod si 'summum' intelligatur comparative, sic dicit respectum ad extra; sed 'infinitum' dicit conceptum ad se. Si autem intelligas absolute 'summum', hoc est quod ex natura rei non posset excedi perfectio illa, expressius concipitur in ratione infiniti entis. Non enim 'summum bonum' indicat in se utrum sit infinitum vel finitum. – Ex hoc apparet improbatio illius quod dicitur in praecendi opinione, quod perfectissimum est cognoscere attributa reducendo illa in esse divinum, propter simplicitatem divinam. Cognitio enim esse divini sub ratione infiniti est perfectior cognitione eius sub ratione simplicitas, quia simplicitas communicator creaturis, infinitas autem non, secundum modum quo convenit Deo.

61 Quinto dico quod ista quae cognoscuntur de Deo, cognoscuntur per species creaturarum, quia sive univeraslius et minus universale cognoscantur per eandem speciem minus univeralis sive utrumque habeat speciem sui intelligibilem sibi propriam, saltem illud quod potest imprimere speciem minus universalis in intellectu, potest etiam causare speciem cuiuscumque universalioris: et ita creaturae, quae imprimunt proprias species in intellectu, possunt etiam imprimere species transcendentium quae communiter conveniunt

eis et Deum, – et tunc intellectus propria virtute potest uti multis speciebus simul ad concipiendum illa simul quorum sunt istae species, puta specie boni et specie summi et specie actus ad concipiendum aliquid 'summum bonum et actualissimum'; quod apparet per locum a minori: imaginative enim potest uti speciebus diversorum sensibilium ad imaginandum compositum ex illis diversis, sicut apparet imaginando 'montem aureum'.

62 Ex hoc apparet improbatio illius quod dicitur in praecendenti opinione de illa suffossione, quia suffodiendo numquam illud quod non subset suffossioni invenitur per suffossionem; non autem subset conceptui creaturae aliquis conceptus vel species, repraesentans aliquid proprium Deo, quod sit omnino alterius rationis ab eo quod convenit creaturae, ut probatum est per secundam rationem in secundo articulo; ergo per suffossionem nullus talis conceptus invenitur. – Et quod adducitur simile de aestimativa, dico quod videtur adduci falsum ad confirmationem alterius falsi, quia si maneat ovis in eadem natura et in eodem affect naturali ad agnum, mutaretur tamen – ut esset similis lupo – per miraculum in omnibus accidentibus sensibilibus, puta colore, figura et sono et ceteris huiusmodi, agnus fugeret ovem sic mutatam sicut fugeret lupum, et tamen in ove sic mutata non esset intentio noctivi, sed convenientis. Ergo aestimativa agni non suffoderet ad inveniendum intentionem convenientis, sub speciebus, sed praecise ita moveretur secundum appetitum sensitivum sicut accidentia sensibilia moverent. Si dicas quod ibi intentio convenientis non multiplicat se, quia non sunt talia accidentia convenientia tali intentioni, et intentio convenientis non multiplicatur sine accidentibus

convenientibus, – hoc nihil est, quia si agnus fugeret lupum propter perceptionem nocivi conceptam ab aestimativa, et illa non multiplicatur cum accidentibus istis sensibilibus (quia non est cum eis, tento casu), ergo aut hic est suffossio agni ad intentionem nocivi quae nulla est, aut si hic non fugit propter suffossionem, ergo nec alias.

Lectura I, dist.3
62 Et tunc dicimus cognoscere Deum per speciem creaturae suffodiendo: sicut aestimativa in bruto sub intentionibus sensatis suffodiendo cognoscit intentiones non sensatas, ut nocivi et proficui, sic intellectus, qui sub specie creaturae – quae non repraesentat nisi creaturam – ex acumine intellectus suffodit ad cognoscendum ea quae sunt Dei et dicta de Deo.

Ordinatio I, dist. 3
63 Ad argumenta istius quaestionis. – Ad primum dico quod illa comparatio debet intelligi quantum ad primam motionem intellectus ab obiecto; ibi enim phantasma cum intellectu agente habet vicem obiecti primi moventis. Sed non debet intelligi quantum ad omnem actum sequentem primam motionem: potest enim intellectus abstrahere omnem obiectum inclusum in obiecto primo movente, et considerare ilud abstractum non considerando illud a quo abstrahit – et considerando istud abstractum, sic considerat commune sensibili et insensibili, quia in illo consideratur insensibile in universali, sicut et sensibile, – et potest considerare illud abstractum et aliud abstractum, in quo sit proprium alteri, scilicet insensibili; sed sensus non est abstractivus, et ideo

in omoni actu – tam primo quam secundo – requirit obiectum aliquod proprium movens, quomodo non se habet phantasmata ad intellectum.

64 Ad secundum dico quod Commentator exponit illud simile Philosophi de difficili et non de impossibili. Et ratio sua est, quia tunc natura fecisset otiose illas substantias abstractas intelligibiles et non possibiles intelligi ab aliquo intellectu. Sed ista ratio eius non valet, tum quia non est finis istarum substantiarum, in quantum intelligibiles sunt, ut intelligantur ab intellectu nostro – et ideo si hoc non conveniret eis, non propter hoc essent frustra intelligibiles, –tum quia non sequitur 'non sunt intelligibiles ab intellectu nostro', 'ergo a nullo'; possent enim intelligi a se ipsis. Et ideo est ibi fallacia consequentis. Unde licet multipliciter posset exponi auctoritas Philosophi, dico quod oculus noctuae non habet cognitionem nisi intuitivam et naturalem, – et quantum ad istas duas condiciones potest exponi auctoritas Philosophi de impossibilitate, quia sicut est impossibile illi oculo intuitive considerare obiectum istud, sic intellectui nostro est impossibile naturaliter et etiam intuitive cognoscere Deum.

65 Ad tertium dico quod infinitum potentiale est ignotum, quia unumquodque est cognoscibile in quantum est in actu. Non tamen est ignotum sic quod repugnet sibi intelligi ab intellectu infinito, sed non potest infinitum cognosci ab aliquo intellectu cognoscente ipsum secundum modum suae infinitatis. Modus enim suae infinitatis est accipiendo alterum post alterum, – et intellectus qui cognosceret hoc modo, alterum post alterum, cognosceret semper finitum et numquam infinitum. Intellectus tamen infinitus potest cognoscere totum illud simul, non partem post partem. – Cum etiam arguitur de II *Metaphysicae*, de infinitis

et infinito, dico quod non est simile, quia cognitio obiectorum infinitorum numeraliter concluderet infinitatem potentiae cognoscentis (sicut patuit in quaestione prima secundae distinctionis, articulo 2, ad infinitatem), quia videlicet ibi pluralitas ex parte obiecti concludit maioritatem virtutis in intellectu. Sed intellectio alicuius infiniti non concludit infinitatem, quia non oportet actum habere talem modum realem qualem habet obiectum, quia actus sub ratione finiti potest esse ad obiectum sub ratione infiniti, nisi esset actus comprehensivus – et concedo quod talem actum –circa obiectum infinitum non habemus, nec possibile est habere.

66 Ad Gregorium dico quod non debet intelligi quod contemplatio sistat sub Deo in aliqua creatura (quia hoc esset 'frui utendis', quod esset 'summa perversitas', secundum Augustinum *83 Quaestionum* quaestione 30), sed conceptus illius essentiae sub ratione entis est imperfectior conceptu illius essentiae ut haec essentia est, et quia est imperfectior, ideo inferior in intelligibilitate. Contemplatio autem, de lege communi,, stat in tali conceptu communi, et ideo stat in aliquo conceptu qui est minoris intelligibilitatis quam Deus in se, ut est haec essentia. Et ideo debet intelligi ad aliquid quod est sub Deo, hoc est 'ad aliquid' sub ratione intelligibilis, cuius intelligibilitas est inferior intelligibilitate Dei in se, ut haec essentia, singularis.

67 Ad argumenta pro prima opinione. – Cum arguitur quod Deus non potest intelligi in aliquo conceptu communi sibi et creaturis univoce, quia est singularitas quaedam, – consequentia non valet. Socrates enim in quantum Socrates, est singularis, et tamen a Socrate plura possunt abstrahi praedicata. Et ideo singularitas non impedit, quin ab eo quod singulare est, possit

abstrahi alicuius conceptus communis. Et licet quidquid est ibi in re sit singulare ex se in exsistendo, ita quod nihil contrahit aliud ibi ad singularitatem, tamen illud idem potest concipi ut hoc in re vel quoddammodo indistincte, et ita ut singulare vel commune.

68 Quod dicit, pro illa opinione, de cognitione per accidens, non oportet improbare, quia quasi per accidens cognoscitur in attributo, sed non praecise, sicut probatum est.

69 Ad secundam quaestionem dico quod triplex est ordo intelligibilem in proposito: unus est ordo originis sive secundum generationem, alius est ordo perfectionis, tertius est ordo adaequationis sive causalitatis praecisae.

70 De duabus primis primitatibus habetur IX *Metaphysicae* cap.7: "Quae sunt priora secundum generationem, sunt posteriora secundum substantiam". De tertia prioritate habetur I *Posteriorum*, in definitione 'universalis', quia 'primo' ibi dicit praecisionem sive adaequationem.

71 Loquendo igitur primo de ordine originis, videndum est primo de cognitione actuali, secundo de cognitione habituali.

Quantum ad primum, praemitto duo, – quorum primum est quod conceptus 'simpliciter simplex' est qui non est resolubilis in plures conceptus, ut conceptus entis vel ultimae differentiae. Conceptum vero simplicem sed 'non-simpliciter simplicem' voco, quicumque potest concipi ab intellectu actu simplicis intelligentiae, licet posset resolvi in plures conceptus, seorsum conceptibiles.

72 Secundo praemitto quod aliud est confusum intelligere, et aliud confuse intelligere. Confusum

enim idem est quod indistinctum. Et sicut est duplex distinguibilitas ad propositum, videlicet 'totius essentialis' in partes essentiales et 'totius universalis' in partes subiectivas, ita est duplex indistinctio, duplicis praedicti 'totius' ad suas partes. Confusum igitur intelligitur quando intelligitur aliquid indistinctum, altero praedictorum modorum. Sed confuse aliquid dicitur concipi quando concipitur sicut exprimitur per nomen, – distincte, quando concipitur sicut exprimitur per definitionem.

73 His praeintellectis, primo ponam ordinem originis in cognitione actuali eorum quae concipiuntur confuse, – et quoad hoc dico quod primum actualiter cognitum confuse, est species specialissima, cuius singulare efficacius et fortius primo movet sensum, et hoc supposito quod sit in debita proportione praesens sensui. Unde si ponas aliquem casum in quo sensus non primo sentit naturam specificam – ut, non statim patet si est rubeus vel viridis color – et per consequens intellectus per illam sensationem non statim apprehendet naturam specificam, semper pono indebitam proportionem singularis ad sensum: vel propter imperfectionem virtutis, quam excedit haec visibilitas naturae talis ut naturae, vel propter defectum in medio, luminis vel huiusmodi, vel propter nimiam distantiam.

74 Per hoc patet ad hanc instantiam, 'duo oculi in eadem distantia ad rubeum, unus statim percipit ruborem, alius confuse, ergo in proportione debita non statim sentitur natura specifica', – responsio: debita uni non est debita alteri, propter improportionem in illo passo.

75 Contra: si usque ad a gignit speciem ruboris, et ultra a speciem coloris vel confuse repraesentantem, – sint

isti oculi ultra a, neuter videbit ruborem distincte. – Responsio: quidquid sit de medio, sive ubique species propria sive ultra aliquam distantiam species confuse, saltem in oculo minus disposito – ceteris paribus – erit confusior, saltem ultra determinatam distantiam.

76 Probo conclusionem propositam sic: causa naturalis agit ad effectum suum secundum ultimum suae potentiae, quando non est impedita; igitur ad effectum perfectissimum quem potest primo producere, primo agit. Omnia concurrentia ad istum actum primum intellectus sunt causae mere naturales, quia praecedunt omnem actum voluntatis, – et non impeditae, ut patet ; ergo primo producunt perfectissimum conceptum in quem possunt: ille autem non est nisi conceptus speciei specialissimae productae. Si autem aliquis alius, puta conceptus alicuius communioris, esset perfectissimus in quem ista possent, cum conceptus communioris sit imperfectior conceptu speciei specialissimae (sicut pars est imperfectior toto), sequeretur quod illa non possent in conceptum illius speciei, et ita numquam causarent conceptum illum.

77 Secundo sic, quia (Avicenna I *Metaphysicae* cap.3) metaphysica est ultima in ordine doctrinae. Ergo principia omnium aliarum scientiarum possunt concipi, et termini illorum, ante principia metaphysicae. Sed hoc non esset si oporteret primo actualiter concipi conceptus communiores quam conceptus specierum specialissimarum; tunc enim oporteret ens, et huiusmodi, primo concipi, et ita magis sequeretur metaphysicam esse primam in ordine doctrinae. Ergo etc.

78 Tertio, quia si oporteret praeconcipere conceptus universaliores ante conceptum talis speciei, tunc, sensu posito in actu de singulari movente sensum et

intellectu exsistente soluto, oporteret ponere magnum tempus antequam conciperetur species huiusmodi singularis primo sensati, quia prius oporteret intelligere praedicata communia omnia dicta in 'quid' de illa specie, secundum ordinem.

79 Quoad primam istarum trium rationum nota quod ordo, in generationibus per 'imperfectum' ut medium, respondet hic, alioquin primo causaretur ab obiecto conceptus definitivus (quia in illum potest obiectum), vel numquam causabit.

Quare non primo causatur conceptus definitivus, quid perfectionis acquiritur alicui causae illius conceptus per discursum, dividendo, etc.? – Responsio: conceptus definitivus est explicitus conceptus plurium partialium, ideo oportet utrumque praeintelligi, saltem natura – et in nobis tempore – quia unus conceptus nobis notificatur ex partibus.

80 Secundo dico de cognitione actuali distincte conceptorum, et dico quod est e converso, de conceptu generali, – quia primum, sic conceptum, est communissimum, et quae sunt propinquiora sibi, sunt priora, quae remotiora, sunt posteriora.

Hoc sic probo, quia ex secundo praemisso nihil concipitur distincte nisi quando concipiuntur omnia quae sunt in ratione eius essentiali; ens includitur in omnibus conceptibus inferioribus quidditativis ; igitur nullus conceptus inferior distincte concipitur nisi concepto ente. Ens autem non potest concipi nisi distincte, quia habet conceptum simpliciter simplicem. Potest ergo concipi distincte sine aliis, et alii non sine eo distincte concepto. Ergo ens est primus conceptus distincte conceptibilis. – Ex hoc sequitur quod ea quae sunt sibi propinquiora, sunt priora, quia cognoscere 'distincte' habetur per definitionem, quae inquiritur per viam divisionis, incipiendo ab ente usque ad conceptum definiti. In divisione autem prius occurrunt concept priora, ut genus et differentia, in quibus concipitur distincte conceptus communior.

81 Secundo probo quod metaphysica secundum Avicennam, ubi prius, est prima secundum ordinem sciendi distincte, quia ipsa habet 'certificare principia aliarum scientiarum' ; igitur eius cognoscibilia sunt prima distincte cogonoscibilia. Nec in hoc contradicit sibi Avicenna quod ponit eam ultimam in ordine doctrinae et primam in sciendo distincte, quia – sicut patuit ex quaesione illa de propositione per se nota – principia aliarum scientiarum sunt per se nota ex conceptu terminorum confuse, sed, ex metaphysica scita, postea est possibilitas inquirendi quiditatem terminorum distincte; et hoc modo termini scientiarum specialium non concipiuntur, nec principia earum intelliguntur, ante metaphysicam. Sic etiam multa possunt patere mataphysico-geometrae, quae non erant prius nota geometrae ex conceptu confuso. Exemplum: geometer in quantum geometer, non utitur pro principiis per se notis nisi illis quae statim sunt evidentia ex confuso conceptu terminorum, quails occurrit primo ex sensibilibus, puta 'linea est longitudo' etc., non curans ad quod genus pertineat linea, puta utrum sit substantia vel quantitas; sed modo, cognita geometria et aliis scientiis specialibus, sequitur metaphysica de conceptibus communibus, ex quibus potest fieri reditio per viam divisionis ad inquirendum quiditates terminorum in scientiis specialibus sic cognitis, et tunc ex illis quiditatibus sic cognitis distinctius cognoscuntur principia scientiarum specialium quam prius. Cognoscuntur etiam multa principia, quae non erant prius nota ex terminis confuse

cognitis. Et hoc modo patet, quomodo metaphysica est prima et quomodo non prima.

82 Sed comparando ordinem confuse concipiendi ad ordinem distincte concipiendi, dico quod totus ordo confuse concipiendi prior est, et ideo primum in illo ordine est simpliciter primum, – et hoc probatur ex auctoritate praedicta Avicennae, de 'ordine' metaphysicae ad alias speciales scientias.

83 Contra istud obicitur, quia I *Physicorum* dicitur: "Confusa sunt prius nota"(id est 'magis universalia'), quod patet, quia "pueri appellant primo omnes homines 'patres', post discerunt unumquemque". Igitur prius cognoscit puer patrem sub ratione hominis quam sub ratione huius hominis.

84 Hoc idem probat Avicenna de eo quod videtur a remotis, quia prius cognoscitur aliquis sub ratione corporis quam animalis, et prius sub ratione hominis quam sub ratione huius hominis.

85 Hoc etiam videtur, quia in arguendo, via compositiva est ante resolutoriam. Igitur ita est in conceptibus simplicibus.

86 Ad primum dico quod sicut est duplex confusum, scilicet 'totum universale' et 'totum essentiale', ita utrumque in suo ordine est primum. Sed 'simpliciter primum' est illud quod est primum in ordine confuse cognoscendi, quia processus naturalis ab imperfecto ad perfectum est per medium. Confuse autem cognoscere est quasi medium inter ignorare et distincte cognoscere, et ideo confuse cognoscere est ante quodcumque distincte cognoscere. – Quod autem dicit de puero, concedo quod species praeintelligitur ante singulare (dixi quod species est primum intelligibile), sed ratio non concludit de genere et specie: prius enim actualiter concipitur albedo quam color, in ordine

cognitionis confusae, quia color sub ratione coloris non cognoscitur nisi sub ratione maioris abstractionis quam sit abstractio albedinis ab hac albedine, – et ista abstractio maior est difficilior, quia est a minus similibus.

87 Ad aliud – Avicennae – dico quod quando obiectum non est debite approximatum non movet, ad cognoscendum se, sub perfectissima ratione, sed sub aliqua imperfecta; et tunc intellectio, sequens sensum talis obiecti, oportet quod sit talis universalis cuius sensus erat sub ratione singularis. Sed quando obiectum est indebita proportione, ut possit movere sensum sub propria ratione sua et perfecta, tunc intellectus, sequens sensum talem, habet notitiam talis obiecti prius sub ratione specifica confuse quam sub ratione generis confuse; non quod ratio realis imperfectior, a qua sumitur genus, sit ratio movendi quando minus distat – immo ratio activa efficacior, est ratio agendi a distantiore – sed forma specifica est ratio imperfect assimilandi a magna distantia et perfecte assimilandi a distantia proportionate. 'Igitur color nullam sui gignit speciem', non sequitur, sed: 'non tunc, sed tantum haec albedo vel haec nigredo', non 'haec' sed natura.

88 Quomodo igitur erit de specie intelligibili universalioris et minus universalis?

Potest dici quod utraque gignitur ab eodem phantasmate.

89 Aliter: universalius ut virtualiter contentum in inferior est gignitivum speciei intelligibilis, quia per se est intelligibile sic, – non speciei sensibilis, quia nec sic est sensibile, quia sensus est exsistentis ut exsistens.

90 Contra: per te sensus non est 'singularis', sed naturae in singulari. – Item, et si ponatur propria

species sensibilis et proprium phantasma albedinis, et aliud, proprium coloris, sed non potest poni proprium qualitatis nec entis, quia haec sub ista indifferentia excedunt genus sensibilium, nec possunt ut huiusmodi relucere in phantasmate, – et tamen ipsorum causantur propriae species intelligibiles. Non igitur a diversis phantasmatibus, nec ab ipsimet ut distinctis, ibi virtualiter exsistentibus, quia sub istis rationibus non sunt ibi repraesentative, nec aliter quam repraesentative, – pater. Igitur est illud.

91 Ad tertium dico quod utrobique proceditur ab includente ad inclusum – ita in simplicibus, sicut in complexis 'includens' est principium respectu conclusionis.

92 Quantum ad notitiam habitualem vel virtualem primo expono quid intelligo per teminos. 'Habitualem' voco quando obiectum sic est presens intellectui in ratione intelligibilis actu, ut intellectus possit statim habere actum elicitum circa illud. – 'Virtualem' voco quando aliquid intelligitur in aliquo ut pars intellecti primi, non autem ut primum intellectum, sicut cum intelligitur 'homo', intelligitur 'animal' in homine ut pars intellecti, non autem ut primum intellectum sive ut totale, terminans intellectionem. Hoc satis proprie vocatur 'intellectum virtualiter', quia est satis proximum intellect actu: non enim posset esse actualis intellectum nisi esset propria intellectione intellectum, quae esset ipsius ut primi et totalis termini.

93 Quantum ad istam notitiam habitualem et virtualem dico quod communiora sunt prius nota via generationis. Quod probatur, quia sicut diversae formae perficientes idem perfectibile, ordine quodam, natae sunt mediatius et immediatius perficere illud, ita si eadem forma contineat in se virtualiter perfectionem

illarum formarum ordinatarum, quasi consimili ordine naturae perficiet illud perfectibile: sicut si forma corporis, substantiae, et ceterae, essent aliae formae, et per prius informaret forma substantiae et deinde forma corporis, etc., – ita si una forma includat virtualiter omnes illas, ipsa quasi prius perficiet materiam sub ratione substantiae quam sub ratione corporis; et semper in ista via generationis imperfectius erit prius, quia proceditur a potentia ad actum. Igitur sicut conceptus plures, communiores et minus communes, habituales vel virtuales nati sunt perficere intellectum via generationis, ita quod imperfectior semper prius, ita si unus conceptus includat virtualiter omnes istos, prius perficiet sub ratione conceptus particularis. – Hoc de ordine originis sive generationis.

94 Contra: quare non similiter in actuali cognitione ? – Responsio: hic talia sunt secundum naturam ordinate in movendo (simul autem duratione), non sic ibi sed successive, et quod est potentius, fortius movet et impedit alia tunc movere ibi, non hic.

95 Nunc de ordine perfectionis, – et distinguo quod 'perfectius intelligibile' a nobis potest intelligi dupliciter: aut simpliciter, aut secundum proportionem. Exemplum: visio aquilae de sole est simpliciter perfectior respectu solis quam visio mea respectu candelae, et tamen visio mea perfectior est proportionaliter, hoc est plus habet ipsa de ratione visionis secundum proportionem ad visibilitatem candela, quam visio aquilae habet respect visibilitatis solis.

96 Ista distinctio habetur a Philosopho II *De animalibus*, ubi vult quod licet de immaterialibus habeamus minimam cognitionem–quod est intelligendum 'proportionaliter' – tamen illa est desiderabilior

cognitione magna quae potest haberi de materialibus, quae est 'magna' in comparatione ad illa cognoscibilia.

97 Loquendo ergo de ordine cognitionis 'perfectioris simpliciter', dico quod perfectissimum cognoscibile a nobis etiam naturaliter est Deus (unde in hoc ponit Philosophos felicitatem, X *Ethicorum*), et post ipsum species specialissima perfectior in universo, et deinde species proxima illi, et sic usque ad ultimam speciem; et post omnes species specialissima genus proximum abstrahibile a specie perfectissima, et sic semper resolvendo. Et ratio omnium istorum est, quod attingere actualius obiectum et perfectius est intellectio perfectior simpliciter, quia habet essentialem perfectionem ex parte intellectus aequalem cum qualibet alia intellectione, vel non minorem, et habet perfectionem multo maiorem ex parte obiecti, – quae scilicet duo, perfectio potentiae et perfectio obiecti, sunt causa perfectissimae intellectionis.

98 Si loquamur de perfectione sive de notitia perfectiore secundum proportionem ad cognoscibile, dico quod a perfectioribus sensibus sensibilia, et eos efficacius moventia, sunt perfectius cognoscibilia secundum proportionem, eo quod intellectus noster plus attingit ad illa secundum gradus cognoscibilitatis eorum; et quae sunt remotiora ab illis, sunt minus cognoscibilia, secundum proportionem suae cognoscibilitatis.

99 De primitate tertia, scilicet adaequationis, dicetur in sequenti quaestione, vel alibi.

100 Ad argumenta huius quaestionis. – Ad primum dico quod consequentia non valet, 'est primum ens, ergo est primum cognitum', licet sequitur 'ergo est primum cognoscibile' quantum est de se; et ita debet intelligi 'veritas' de qua loquitur Philosophus II *Metaphysicae*, pro evidentia rei in se sive pro intelligibilitate eius ex

parte sui. Non autem oportet quod res sicut se habet ad entitatem sic se habeat ad cognosci, nisi in cognosci ab intellectu illo qui respicit intelligibilia omnia secundum gradum proprium cognoscibilitatis eorum, quails non est noster, sed maxime cognoscit sensibilia.

101 Ad secundum dico quod consequentia non valet nisi in causis praecisis. Patet in exemplo: si eclipsis est cognoscibilis ex duplici causa per duas potentias, videlicet per sensum et per intellectum habentem demonstrationem, numquam cognoscitur perfectissime nisi perfectissime cognito principio demonstrationis, non tamen sequitur 'ergo numquam cognoscitur nisi cognito principio demonstrationis'; habet enim aliam causam, qua cognosci potest, quia ista non est praecisa causa, – tamen per aliam non potest cognosci ita perfecte sicut per istam, quia ista causa, scilicet demonstratio qua potest cognosci ab intellectu, est causa perfectior cognitionis suae quam alia qua potest cognosci, scilicet per sensum.

102 Ita est in proposito. Quaelibet creatura praeter causam cognitionis suae, quae est essentia divina, habet aliam causam illius cognitionis, videlicet essentiam propriam, quae nata est gignere notitiam sui. Numquam tamen per motionem suam ita perfecte cognoscitur res sicut per essentiam divinam. Non sequitur igitur ab effectu ad causam, arguendo: 'si perfectissime, perfectissime, – igitur si simpliciter, simpliciter', quia illud perfectissime sumptum potest esse causa praecisa, 'perfectissime' in genere; sumptum tamen simpliciter, non est causa praecisa effectus in genere.

103 Ad tertium dico quod maior est vera loquendo de primitate perfectionis, sed non de primitate adaequationis. Exemplum: numquam est visio circa

aliquid sub ratione coloris praecise, ita quod non sub ratione huius vel illius coloris, puta albi vel nigri, nisi illud videatur a remotis vel imperfecte. Visio autem sub ratione coloris praecise non est perfectissima, sed imperfectissima. 'Perfectissima igitur operatio potentiae est circa primum obiectum eius', verum est – non 'primum' adaequatione, sed 'primum' perfectione, quia videlicet est perfectissimum contentorum sub primo obiecto adaequato. Et ideo dicit Philosophus X *Ethicorum* quod 'delectatio perfecta est in operatione circa optimum obiectum eorum quae sunt sub potentia', hoc est circa optimum contentum sub obiecto adaequato illius potentiae. Probat igitur ratio ista quod Deus est primum cognitum, hoc est perfectissimum, quod concedo, sed non primum adaequatum – de quo in sequenti quaestione.

104 Quod dicit illa opinio, in primo membro ad secundam quaestionem, de indeterminate negative et privative, si intelligat de primitate originis, contradixi sibi in primo membro secundae quaestionis.

105 Et cum arguitur quod " 'indeterminatum negative' est magis indeterminatum quam 'indeterminatum privative' "– nego, loquendo de indeterminatione ad propositum, qualis scilicet est in primo intellecto, quia 'indeterminatum negative' est singulare, et tale non est magis indeterminatum quam 'indeterminatum privative'. Indeterminatio autem negativa, scilicet repugnantia ad determinari, etsi sit aliquo modo maior quam indeterminatio privativa, non tamen tale indeterminatum prius occurit intellectui, quia tale non est confusum sed distinctissimum cognoscibile, sicut prius dictum est.

106 Quod arguit etiam in secundo membro quod notitia rationali Deus sit ultimum cognitum, quia

prius cognoscitur 'illud a quo fit abstractio', hoc non est verum nisi ponendo abstractionem quemdam discursum ab uno noto ad aliud, ita quod illud a quo fit abstractio est cognitum per ipsum. Et si ita intelligat abstractionem, talis cognitio per abstractionem non est prima cognitio abstracti. Si enim ita cognoscitur Deus per creaturam, oportet aliquem conceptum praehabere de Deo, ad quem discurritur, quia discursus praesupponit aliquem conceptum de termino ad quem est, Vel igitur propositio quam accipit est falsa, vel si sit vera, concludit Deum esse praecognitum antequam cognoscatur rationaliter, quod forte concederet.

107 Quod autem addit quod Deus ut est primum cognitum naturaliter 'non distinguitur ab aliis', quia non concipitur in aliquo in quo discernitur a creatura, in hoc videtur contradicere sibi ipsi. Praedixit enim quod est primum cognitum naturaliter ab intellectu ut est 'indeterminatum negative', – et dicit quod in hoc conceptu distinguitur a creatura, quia istud non convenit creaturae.

108 Iuxta illud quod tactum est in tertio articulo secundae quaestionis de primo obiecto intellectus, id est adaequato et praeciso, quaeritur utrum Deus sit primum obiectum naturale adaequatum respectu intellectus viatoris.

Arguitur quod sic:

Quia – ex praecedenti quaestione – Deus est primum, hoc est perfectissimum inter omnia cognoscibilia; 'primum autem in unoquoque genere, est causa essendi talia aliis in illo genere', ex II *Metaphysicae*, ut patet: 'primum calidum est causa caloris in omnibus aliis'; igitur Deus est ratio cognoscendi omnium aliorum, igitur est primum obiectum intellectus.

109 Praeterea, 'unumquodque sicut se habet ad esse,

sic se habet ad cognitionem'; sed nihil est ens per participationem nisi ab ente imparticipato; ergo nec cognoscitur nisi prius cognito ente imparticipato. – Hoc confirmatur per Augustinum VIII *De Trinitate* cap.5: "Non iudicaremus aliud esse 'melius' alio, cum verum dicimus, nisi esset impressa notitia boni". Videtur autem loqui ibi de bono 'indeterminato negative', de quo in eodem capitulo dixit, "vide ipsum bonum, si potes, Deum utique videbis": quod non videtur verum nisi de bono 'indeterminato negative', quod scilicet non est determinabile, – quale est primum bonum.

110 In ista quaestione est una opinio quae dicit quod primum obiectum intellectus nostri est quiditas rei materialis, quia potentia proportionatur obieccto.

111 Triplex autem est potentia cognitiva: quaedam omnino separata a materia et in operando, ut intellectus separatus; alia coniuncta materiae et in essendo et in operando, ut potentia organica, quae perficit materiam in essendo et non operatur nisi mediante organo, a quo in operando non separatur, sicut nec in essendo; alia est coniuncta materiae in essendo solum, sed non utitur organo materiali in operando, ut intellectus noster.

112 Istis autem correspondent absoluta obiecta proportionate: nam potentiae omnino separatae, scilicet primae potentiae, correspondere debet quiditas omnino separata a materia; secundae, singulare omnino materiale; igitur tertiae correspondet quiditas rei materialis, quae etsi in materia, tamen cognoscibilis non est ut in materia singulari.

113 Contra: istud non potest sustineri a theologo, quia intellectus, exsistens eadem potentia naturaliter, cognoscet per se quiditatem substantiae immaterialis, sicut patet secundum fidem de anima beata. Potentia autem manens eadem non potest habere actum circa

aliquid quod non continetur sub suo primo obiecto.

114 Quod si dicas, elevabitur per lumen gloriae, ad hoc quod cognoscat illas substantias immateriales, – contra: obiectum primum habitus continetur sub primo obiecto potentiae, vel saltem non excedit, quia si habitus respicit aliquod obiectum quod non continetur sub primo obiecto potentiae, sed excedit, tunc ille habitus non esset habitus illius potentiae, sed faceret eam non esse illam potentiam sed aliam Confirmatur ratio, quia cum potential, in primo signo naturae in quo est potential, habeat tale obiectum primum, per nihil posterius natura praesupponens rationem potentiae potest fieri aliud obiectum primum eius. Omnis autem habitus naturaliter praesupponit potentiam.

115 Si etiam haec opinio poneretur a Philosopho, puta si poneret quod intellectus noster propter infimitatem suam intellectus alios, scilicet divinum et angelicum, et propter coniunctionem eius cum virtute phantastica in suo cognoscere, habet ordinem immediatum ad phantasma sicut phantasmata habent ordinem immediatum ad sensum communem, et ideo sicut phantasia non movetur ab aliquo nisi quod est obiectum sensus communis, licet alio modo idem obiectum cognoscat, – ita diceret quod intellectus noster, non tantum propter statum aliquem sed ex natura potentiae, non posset aliquid intelligere nisi abstrahibilia a phantasmate.

116 Contra hoc arguitur tripliciter. Primo, quia desiderium naturale est in intellectu cognoscente effectum ad cognoscendum causam, et in cognoscente causam in universali est desiderium naturale ad cognoscendum illam in particulari et distincte; desiderium autem naturale non est ad impossibile ex natura desiderantis, quia tunc esset frustra; ergo

non est impossibile intellectum, ex parte intellectus, cognoscere substantiam immaterialem in particulari ex quo cognoscit material, quod est effectus eius, – et ita primum obiectum intellectus non excedit illud immateriale.

117 Praeterea, nulla potentia potest cognoscere obiectum aliquod sub ratione communiore quam sit ratio sui primi obiecti, – quod patet primo per rationem, quia tunc illa ratio primi obiecti non esset adaequata; et patet per exemplum: visus enim non cognoscit aliquid per rationem communiorem quam sit ratio coloris vel lucis, quod est suum obectum primum; sed intellectus cognoscit aliquid sub ratione communiore quam sit ratio imaginabilis, quia cognoscit aliquid sub ratione entis in communi, alioquin metaphysica nulla esset scientia intellectui nostro; igitur etc.

118 Praeterea, tertio, et redit quasi in idem cum secundo: quidquid per se cognoscitur a potentia cognitiva, vel est eius obiectum primum, vel continetur sub eius obiecto primo; ens ut ens est communis sensibili, per se intelligitur a nobis, alias metaphysica non esset magis scientia transcendens quam physica; igitur non potest aliquid esse primum obiectum intellectus nostril quod sit particularius ente, quia tunc ens in se nullo modo intelligeretur a nobis.

119 Videtur igitur quod falsum supponantur in dicta opinione, de obiecto primo, et hoc loquendo de potentia ex natura potentiae. Ex hoc apparet quod si per viam istius opinionis solvatur prima quaestio, dicendo quod illa quiditas sensibilis est primum obiectum intellectus – non Deus vel ens – solution innititur fundamento falso.

120 Congruentia etiam quae adducitur pro illa opinione, nulla est. Potentiam enim et obiectum non oportet

assimilari in modo essendi: se habent enim ut motivum et mobile, et ista se habent ut dissimilia, quia ut actus et potentia; sunt tamen proportionate, quia ista proportio requirit dissimilitudinem proportionatorum, sicut communiter est in proportione, – sicut patet de materia et forma, parte et toto, causa et causato, et ceteris proportionibus. Ergo ex modo essendi potentiae tali, non potest conclude similis modus essendi in obiecto.

121 Contra hoc obicitur, quia licet agens factivum possit esse dissimile obiecto, quod est ibi passum, tamen operans in operatione cognitiva oportet assimilari obiecto circa quod operatur, quod non est ibi passum sed magis agens et assimilans. Omnes enim concordabant in hoc, quod cognition fit per assimilationem, nec Aristoteles in hoc eis contradixit. Igitur hic requiritur non tantum proportio sed etiam similitudo.

122 Responsio. Aliud est loqui de modo essendi ipsius potentiae in se, et aliud est loqui de ipsa in quantum ipsa est sub actu secundo, vel dispositione proxima ad actum secundum, qui sit aliud a natura potentiae. Nunc autem est quod potentia cognoscens assimilatur cognito. Verum est, per actum suum cognoscendi, qui est quaedam similitudo obiecti, vel per speciem, disponentem de proximo ad cognoscendum, – sed ex hoc concludere ipsum intellectum, in se naturaliter, habere modum essendi similem modo essendi obiecti, vel e converso, est facere fallaciam accidentis et figurae dictionis; – sicut non sequitur 'aes assimilatur Caesari quia per figuram inductam assimilatur, ergo aes in se habet simile modum essendi modo essendi Caesaris'; vel magis ad propositum, 'oculus videns per speciem obiecti, assimilatur obiecto, igitur

visus habet similem modum essendi modo essendi obiecti', et ita ulterius, 'sicut quaedam visibilia habent materiam, quae est causa corruptionis et in potential contradictionis, ut mixta, quaedam carent tali materia, ut corpora caelestia, ideo erit quidam visus in materia tali, quidam sine materia tali', vel 'quodam organum tale, et quoddam non tale'; vel adhuc magis ad propositum, 'idea in mente divina, quae est similitude obiecti, est immaterialis, ergo et lapis cuius est, est immaterialis'. Propter igitur illam congruentiam non videtur congruum artare 'intellectum ex natura potentiae' ad obiectum sensibile, ut non excedat sensum nisi tantum in modo cognoscendi.

123 Concordant hic Aristoteles et 'articulus', quod quiditas rei sensibilis est nunc obiectum adaequatum, intelligendo 'sensibilis' proprie, vel inclusi essentialiter vel virtualiter in sensibili. Aliter, intelligendo quiditas 'specifica' (vel remota vel virtualiter inclusa, in idem redit utrumque). Non igitur nunc est adaequatum obiectum eius quod supremae sensitivae, quia intelligit omne inclusum in sensibili essentialiter, usque ad ens, sub qua indifferentia nullo modo sensus cognoscit, – et etiam inclusum virtualiter, ut relationes, quod non sensus. Nec oportet hic distinguere quod solum sensibile est obiectum motivum: ens terminativum – quia inclusum in sensibili sic vel sic – non tantum terminat sed movet, saltem intelligentiam per propriam speciem in memoria, sive a se genitam sive ab alio.

124 Discordat: – obiectum adaequatum 'intellectui ex natura potentiae' nihil sub ente. Hoc 'articulus' contra Aristotelem, et bene contra Thomam hic prima ratio. – Sed numquid ratio naturalis hoc ostendit? Si sic, multo plus contradicitur Aristoteli; si non, respondeo ad illa 'Contra hoc arguitur tripliciter':

Ad primum: omne antecedens de 'desiderio naturali ad a' obscurus est quam pluralitas, nisi probetur a posteriori; et si in nobis probetur, ex promptitudine ad actum desiderii, non valet nisi ostendatur quod illum actum praecedit apprehensio vera. Ille actus statim sequitur apprehensionem veram. – Ad secundum: ens ut est 'quoddam unum intelligibile' continetur sub quiditate sensibili, supra exposita. Alia, de metaphysica, probat quod ens ut 'hoc intelligibile' intelligitur a nobis, sed si esset primum obiectum, hoc esset secundum totam indifferentiam ad omnia in quibus salvatur, non ut aliquod unum intelligibile in se, – et quidlibet illius indifferentiae posset intelligi. Ideo non est obiectum adaequatum pro nunc.

Habetur adhuc maior secundae et maior tertiae. Videntur apparentes ad tale signum. Ens enim in quantum ens, communius est quocumque alio conceptu primae intentionis (secunda intention non est primum obiectum), et sic intelligitur nulla contraction omnino cointellecta – nec habitudine ad sensibile, nec quacumque.

125 Alia est opinio, quae ponit Deum esse primum obiectum intellectus, cuius rationes fundamentales sunt illae quae adductae sunt ad primam partem quaestionis, arguendo ad principale. Et propter easdem ponit Deum esse primum obiectum voluntatis, quia 'rationem volendi omnia alia', sicut adduxit auctoritatem VIII *De Trinitate* 10 vel 27:"Cur ergo alium diligimus quem credimus iustum, et non ipsam formam, ubi videmus quid sit iustus animus, ut et nos iusti esse possimus? An vero, nisi istam diligeremus, nullo modo diligeremus illum quem credimus esse iustum, quem ex ista diligimus? Sed dum iusti non sumus, minus eam diligimus quam ut iusti esse valeamus".

126 Contra istam opinionem arguo sic: primum obiectum naturale alicuius potentiae habet naturalem ordinem ad illam potentiam; Deus non habet naturalem ordinem ad intellectum nostrum sub ratione motivi, nisi forte sub ratione alicuius generalis attributi, sicut ponit illa opinion; ergo non est obiectum primum nisi sub ratione illius attributi, et ita illud attributum generale erit primum obiectum, vel secundum opnionem illam quam prius tenui, quod Deus non intelligitur nisi sub ratione entis, non habebit naturalem ordinem nisi sub tali conceptu universali. Sed particulare quod non intelligitur nisi in aliquo communi, non est primum obiectum intellectus, sed magis illud commune. Ergo etc.

127 Praeterea, certum est quod Deus non habet primitatem adaequationis propter communitatem, ita quod dicatur de omni obiecto per se intelligibili a nobis. Ergo si aliquam habet primitatem adaequationis, hoc erit propter virtualitatem, quia scilicet continet virtualiter in se omnia per se intelligibilia. Sed non propter hoc erit obiectum adaequatum intellectui nostro, quia alia entia movent intellectum nostrum propria virtute, ita quod essentia divina non movet intellectum nostrum ad se et ad omnia alia cognoscibilia cognoscenda. Sicut autem praedictum est in quaestione de subiecto theologiae, essential Dei ideo est primum obiectum intellectus divini, quia ipsa sola movet intellectum divinum ad cognoscendum se et omnia alia cognoscibilia ab illo intellectu.

128 Per easdem rationes probatur quod non posset poni primum obiectum intellectus nostri substantia propter attributionem omnium accidentium ad substantiam, quia accidentia habent propriam virtutem motivam intellectus. Ergo substantia non movet ad se et ad

omnia alia.

129 Ad quaestionem ergo dico breviter quod nullum potest poni obiectum intellectus nostri naturale propter adaequationem talem vrtualem, propter rationem tactam contra primitatem obiecti virtualis in Deo vel in substantia. Vel ergo nullum ponetur primum, vel oportet quaerere 'primum adaequatum' propter communitatem in ipso. Quod si ens ponatur aequivocum creato et increato, substantiae et accidenti, cum omnia ista sint per se intelligibilia a nobis, nullum videtur posse poni primum obiectum intellectus nostri, nec propter virtualitatem nec propter commmunitatem. Sed ponendo illam positionem quam posui in prima quaestione huius distinctionis, de univocatione entis, potest aliquo modo salvari aliquod esse primum obiectum intellectus nostril.

130 Ad quod intelligendum, primo declare qualis sit univocatio entis et ad quae, et secundo, ex hoc, propositum.

131 Quoad primum dico quod ens non est univocum dictum in 'quid' de omnibus per se intelligibilibus, quia non de differentiis ultimis, nec de passionibus propriis entis. – 'Differentia ultima' dicitur quia non habet differentiam, quia non resolvitur in conceptum quiditativum et qualitativum, determinabilem et determinantem, sed est tantum conceptus eius qualitativus, sicut ultimum genus tantum quiditativum habet conceptum.

132 Primum, videlicet de differentiis ultimis, dupliciter probo. Primo sic: si differentiae includant ens univoce dictum de eis, et non sunt omnino idem, ergo sunt diversa aliquid-idem entia. Talia sunt proprie differentia, ex V et X *Metaphysicae*. Ergo differentiae illae ultimae erunt proprie differentes: ergo aliis

differentiis differunt. Quod si illae aliae includunt ens quiditative, sequitur de eis sicut de prioribus, – et ita esset processus in infinitum in differentiis, vel stabitur ad aliquas non includentes ens quiditative, quod est propositum, quia illae solae erunt ultimae.

133 Secundo sic: sicut ens compositum componitur ex actu et potentia in re, ita conceptus compositus per se unus componitur ex conceptu potentiali et actuali, sive ex conceptu determinabili et determinante. Sicut ergo resolution entium compositorum stat ultimo ad simpliciter simplica, scilicet ad actum ultimum et ad potentiam ultimam, quae sunt primo diversa, ita quod nihil unius includit aliquid alterius – alioquin non hoc primo esset actus, nec illud primo esset potential (quod enim includit aliquid potentialitatis, non est primo actus) – ita oportet in conceptibus omnem conceptum non-simpliciter simplicem, et tamen per se unum, resolvi in conceptum determinabilem et determinantem, ita quod resolutio stet ad conceptus simpliciter simplices, videlicet ad conceptum determinabilem tantum, ita quod nihil detrminans includat, et ad conceptum determinantem tantum, qui non includat aliquem conceptum determinabilem. Ille conceptus 'tantum determinabilis' est conceptus entis, et 'determinans tantum' est conceptus ultimae differentiae. Ergo isti erunt primo diversi, ita quod unum nihil includet alterius.

134 Secundum, videlicet propositum de passionibus entis, probo dupliciter. Primo sic: passio 'per se secundo modo' praedicatur de subiecto, I *Posteriorum,* – ergo subiectum ponitur in definitione passionis sicut additum, ex eodem I, et VII *Metaphysicae.* Ens ergo in ratione suae passionis cadit ut additum. Habet enim passiones proprias, ut patet per Philosophum

IV *Metaphysicae* cap. 3, ubi vult quod sicut linea in quantum linea habet passiones, et numerus in quantum numerus, ita sunt aliquae passiones entis in quantum ens: se dens cadit in ratione eorum ut additum, – ergo non est 'per se primo modo' in ratione quiditativa eorum. – Hoc etiam confirmatur per Philosophum I *Posteriorum*, 'De statu principiorum', ubi vult quod 'praedicationes per se' non convertuntur, quia si praedicatum dicatur de subiecto, per se, non est e converso 'per se' sed per accidens. Igitur si ista est per se secundo modo 'ens est unum', haec 'unum est ens' non est per se primo modo sed quasi per accidens, sicut ista 'risibile est homo'.

135 Secundo sic: ens videtur sufficienter dividi – tanquam in illa quae includunt ipsum quiditative – in ens increatum et in decem genera, et in partes essentiales decem generum; saltem non videtur habere plura dividentia quiditative, quidquid sit de istis. Igitur si 'unum' vel 'verum' includant quiditative ens, continebitur sub aliquo istorum. Sed non est aliquod decem generum, patet, – nec ex se est ens increatum, quia convenit entibus creates; igitur esset species in aliquo genere vel principium essentiale alicuius generis: sed hoc est falsum, quia omnis pars essentialis in quocumque genere, et omnes species cuiuscumque generis, includunt limitationem, et ita quodcumque transcendens esset de se finitum, et per consequens repugnaret enti infinito, nec posset dici de ipso formaliter, quod est falsum, quia omnia transcendentia dicunt 'perfectiones simpliciter' et conveniunt Deo in summo.

136 Tertio argui potest (et in hoc confirmatur prima ratio ad istam conclusionem), quia si 'unum' includit ens quiditative, non includit praecise ens, quia tunc illud

ens esset passio sui ipsius; ergo includit ens et aliquid aliud. Sit illud *a*: aut igitur *a* includit ens, aut non. Si sic, 'unum' bis includeret ens, et esset processus in infinitum, – vel ubicumque stabitur, illud ultimum quod est de ratione 'unius' et non includit ens vocetur *a*. 'Unum' ratione entis inclusi non est passio, quia idem non est passio sui, – et per consequens illud aliud inclusum quod est *a* est primo passio, et est tale quod non includit ens quiditative; et ita quidquid est primo passio entis, ex hoc non includit ens quiditative.

137 Quantum ad secundum articulum dico quod ex istis quattuor rationibus sequitur – cum nihil possit esse communius ente et ens non possit esse commune univocum dictum in 'quid' de omnibus per se intelligibilibus, quia non de differentiis ultimis nec de passionibus suis, – sequitur quod nihil est primum obiectum intellectus nostri propter communitatem ipsius in 'quid' ad omne per se intelligibile. Et tamen hoc non obstante, dico quod primum obiectum intellectus nostri est ens, quia in ipso concurrit duplex primitas, scilicet communitatis et virtualitatis, nam omne per se intelligibile aut includit essentialiter rationem entis, vel continetur virtualiter vel essentialiter in includente essentialiter rationem entis: omnia enim genera et species et individua, et omnes partes essentiales generum, et ens increatum includunt ens quiditative; omnes autem differentiae ultimae includuntur in aliquibus istorum essentialiter, et omnes passiones entis includuntur in ente et in suis inferioribus virtualiter. Ergo illa quibus ens non est univocum dictum in 'quid', includuntur in illis quibus ens est sic univocum. – Et ita patet quod ens habet primitatem communitatis ad prima intelligibilia, hoc est ad conceptus quiditativos generum et specierum

et individuorum, et partium essentialium omnium istorum, et entis increati, – et habet primitatem vitualitatis ad omnia intelligibilia inclusa in primis intelligibilibus, hoc est ad conceptus qualitativos differentiarum ultimarum et passionum propriarum.

138 Quod autem supposui communitatem entis dicti in 'quid' ad omnes conceptus quiditativos praedictos, hoc probatur – de omnibus illis – duabus rationibus positis in prima quaestione huius distinctionis, ad probandum communitatem entis ad ens creatum et increatum. Quod ut pateat, pertracto eas aliqualiter.

Primam sic: de quocumque enim praedictorum conceptuum quiditativorum, contingit intellectum certum esse ipsum esse ens, dubitando de differentiis contrahentibus ens ad talem conceptum, – et ita conceptus entis ut convenit illi conceptui est alius a conceptibus illis inferioribus de quibus intellectus est dubius, et ita alius quod inclusus in utroque inferior conceptu, nam differentiae illae contrahentes praesupponunt eundem conceptum entis communem, quem contrahunt.

139 Secundam rationem pertracto sic: sicut argutum est etiam quod Deus non est cognoscibilis a nobis naturaliter nisi ens sit univocum creato et increato, ita potest argui de substantia et accidente. Si enim substantia non immutat immediate intellectum nostrum ad aliquam intellectionem sui, sed tantum accidens sensibile, sequitur quod nullum conceptum quiditativum poterimus habere de illa nisi aliquis talis possit abstrahi a conceptu accidentis; sed nullus talis quiditativus abstrahibilis a conceptu accidentis est, nisi conceptus entis.

140 Quod autem est suppositum de substantia, quod non immutat intellectum nostrum immediate ad actum

circa se, hoc probatur, quia quidquid praesens immutat intellectum, illius absentia potest naturaliter cognosci ab intellectu quando non immutatur, sicut apparet II *De anima*, quod visus est tenebrae perceptivus, quando scilicet lux non est praesens, et ideo tunc visus non immutatur. Igitur si intellectus naturaliter immutatur a substantia immediate, ad actum circa ipsam, sequeretur quod quando substantia non esset praesens, posset naturaliter cognosci non esse praesens, – et ita naturaliter posset cognosci in hostia altaris consecrata non esse substantiam panis, quod est menifeste falsum.

141 Responsio: probatio improbat cognitionem substantiae intuitivam, quia de illa est maior vera, non de abstractiva, quae non deficit propter absentiam realem obiecti; nec ergo absentia percipitur.

142 Item, quod accipitur de sensu, dubium est ; quomodo sensus, cum non retineat speciem in absentia obiecti nec recipiat speciem tenebrae, poterit cognoscere tenebram ?

143 Contra primum: cognitio abstractiva necessario praesupponit aliquando haberi realem praesentiam illius a quo ipsa derelinquitur, vel species, quae est eius principium. Qui tantum vidit eucharistiam, numquam habuit realem praesentiam obiecti causativi, mediate, intellectionis abstractivae, – alius qui vidit alium panem, habuit; ergo primus non habebit cognitionem abstractivam panis, secundus habebit, quod statim est contra experientiam, quia uterque potest simile actum intelligendi panem experiri in se.

Si proterve negetur, 'esto, ille primus postea vidit alium panem, ergo poterit postea in cognitionem abstractivam panis, in quam prius non potuit', – oppositum experitur iste in se; similiter enim se habet nunc ut prius. Item, qui potest obiectum absens cognoscere abstractive, potest illud praesens in exsistentia cognoscere intuitive: et si cognooscis substantiam cogniti abstractive, ergo praesens intuitive, – et tunc absentia etc.

144 Ad instantiam de sensu. Tenebra cognoscitur arguitive, non a visu sed a potentia sic arguente: 'oculus respicit, et non est caecus, et non videt, – ergo tenebra est' ; patet. Aliqua trium praemissarum praetermissa, non sequitur conclusio. – Nulla trium propositionum est nota visui ut cognoscenti ipsam, vel coniunctionem vel divisionem extremorum (quia nec tertia, de qua plus videtur), quia non cognoscit actum suum quando inest; ergo nec privationem quando actus non inest.

Exponitur Aristotelis 'visus est tenebrae': quia est privatio sui obiecti, ideo est causa non-immutationis visus, et sic percipitur tenebra non a visu sed ab alia potentia, utente privatione actus in visu pro praesentia.

145 Nullus igitur conceptus quiditativus habetur naturaliter de substantia immediate causatus a substantia, sed tantum causatus vel abstractus primo ab accidente, – et illud non est nisi conceptus entis.

146 Per idem concluditur etiam propositum de partibus essentialibus substantiae. Si enim materia non immutat intellectum ad actum circa ipsam, nec forma substantialis, quaero quis conceptus simplex in intellectu habebitur de materia vel forma ? Si dicas quod aliquis conceptus relativus (puta partis) vel conceptus 'per accidens' (puta alicuius proprietatis materiae vel formae), quaero quis est conceptus quiditativus cui iste 'per accidens' vel relativus attribuitur ? Et si nullus quiditativus habetur, nihil erit cui attribuatur iste conceptus 'per accidens'. – Nullus autem quiditativus potest haberi nisi impressus vel abstractus ab illo quod movet intellectum, puta

ab accidente, – et ille erit conceptus entis: et ita nihil cognoscetur de partibus essentialibus substantiae nisi ens sit commune univocum eis et accidentibus.

147 Istae rationes non includunt univocationem entis dicti in 'quid' ad differentias ultimas et passiones.

De prima ostenditur, quia aut intellectus est certus de aliquo tali quod sit ens, dubitando utrum sit hoc vel illud, tamen non est certus quod sit ens quiditative, sed quasi praedicatione 'per accidens'; vel aliter, et melius: quilibet talis conceptus est simplciter simplex, et ideo non potest secundum aliquid concipi et secundum aliquid ignorari, – sicut patet per Philosophum IX *Metaphysicae*, in fine, de conceptibus simpliciter simplicibus, quod non est circa eos decepto, sicut est circa quiditatem complexorum, – quod non est intelligendum quasi intellectus simplex formaliter decipiatur circa intellectionem quiditatis, quia in intellectione simplici non est verum vel falsum. Sed circa quiditatem compositam potest intellectus simplex virtualiter decipi: si enim ista ratio est in se falsa, tunc includit virtualiter propositionem falsam. Quod autem est simpliciter simplex, non includit virtualiter, proximo, nec formaliter propositionem falsam, et ideo circa ipsum non est deceptio: vel enim totaliter attingitur, vel non attingitur, et tunc omnino ignorantur. De nullo ergo simpliciter simplici conceptu potest esse certitudo secundum aliquid eius, et dubitatio secundum aliud.

148 Per hoc etiam patet ad secundam rationem supra positam, quia tale 'simpliciter simplex' omnino est ignotum nisi secundum se totum concipiatur.

149 Tertio etiam modo potest responderi ad primam rationem, quod ille conceptus de quo est certitudo est alius ab illis de quibus est dubitatio ; et si ille certus

idem salvatur cum alterutro illorum dubiorum, vere est univocus, ut cum alteruto illorum accipitur, – sed non oportet quod insit utrique illorum in 'quid': sed vel sic, vel est univocus eis ut determinabilis ad determinantes vel ut denominabilis ad denominantes.

150 Unde breviter: ens est univocum in omnibus, sed conceptibus non-simpliciter simplicibus est univocus in 'quid' dictus de eis; simpliciter simplicibus est univocus, sed ut determinabilis vel denominabilis, – non autem ut dictum de eis in 'quid', quia hoc includit contradictionem.

151 Ex his apparet quomodo in ente concurrat duplex primitas, videlicet primitas communitatis in 'quid' ad omnes conceptus non-simpliciter simplices, et primitas virtualitatis – in se vel in suis inferioribus – ad omnes conceptus simpliciter simplices. Et quod ista duplex primitas concurrens sufficiat ad hoc quod ipsum sit primum obiectum intellectus, licet neutram habeat praecise ad omnia per se intelligibilia, hoc declare per exemplum, quia si visus esset per se cognitivus omnium passionum et differentiarum coloris in communi et omnium specierum et individuorum. et tamen color non includeretur quiditative in differentiis et passionibus colorum, adhuc visus haberet idem obiectum primum quod modo habet, quia discurrendo per omnia, nihil aliud esset sibi adaequatum; igitur tunc non includeretur primum obiectum in omnibus per se obiectis, sed quodlibet per se obiectum vel includeret ipsum essentialiter, vel includeretur in aliquo essentialiter vel virtualiter includente ipsum: et ita in ipso concurreret duplex primitas, scilicet communitatis, ex parte sui, et primitas virtualitatis, in se vel in suis inferioribus, – et ista duplex sufficeret ad rationem primi obiecti talis potentiae. || Si 'bonum'

ponatur primum obiectum voluntatis, quomodo 'veritas' est per se volibilis, cum ipsa non habeat 'bonum' pro primo praedicabili nec virtuali, respectu sui, nec etiam, cuius inferius contineat ipsum essentialiter vel virtualiter ? ||

152 Contra istam univocationem entis arguitur: Per Philosophum III *Metaphysicae*, quia secundum ipsum ibi, ens non est genus, quia tunc secundum ipsum, ibidem, differentia non esset per se ens; si autem esset commune dictum in 'quid' de pluribus differentibus specie, videretur esse genus.

153 Idem etiam in IV *Metaphysicae*, in principio, vult quod ens dicitur de entibus sicut 'sanum de sanis', et quod metaphysica est 'una' sicientia non quia omnia illa de quibus est dicantur 'secundum unum', sed 'ad unum', scilicet non univoce sed analogice. Ergo subiectum metaphysicae non est univocum, sed est analogum.

154 Idem etiam VII *Metaphysicae* dicit quod accidentia non sunt entia nisi entis, sicut logici dicunt 'non-ens esse' et 'non-scibile esse scibile', et sicut vas dicitur 'salubre'. In omnibus istis exemplis non est univocatio eius quod dicitur de pluribus.

155 Et Porphyrius: "Si quis omnia 'entia' vocet, aequivoce – inquit – nuncupabit".

156 Item, I *Physicorum*: "Princiopium est "– contra Parmenidem et Melissum – "quoniam ens multipliter dicitur" ; et aruguit, quod non sequeretur si ens esset univocum, sicut non sequitur 'omnis homo est unus homo, ergo iste unus homo vel ille unus homo'.

157 Item, per rationem: si ens esset univocum ad decem genera, ergo descenderet in illa per aliquas differentias. Sint ergo duae tales differentiae, *a* et *b*: aut ergo istae includunt ens, et tunc in conceptu cuiuslibet generis

generalissimi includitur nugatio, aut ista non sunt entia, et tunc non-ens erti de intellectu entis.

158 Ad primum. Quamvis argumenta III *Metaphysicae* non oportet dicere quod concludant, quia Philosophus intendit ibi arguere ad oppositas partes quaestionum quas disputant, sicut ipse praemittit in prooemio – duo autem opposita non possunt concludi nisi alterum argumentum sit sophisticum (unde Commentator eius dicit, in primo argumento ad primam quaestionem ibi disputatam, esse fallaciam consequentis: 'si contraria pertinent ad eandem scientiam, ergo non-contraria non pertinent ad eandem scientiam'), – quamvis etiam istud argumentum, specialiter, non oportet tenere quod concludat: infert enim, ibidem, "quare si 'unum' genus, aut 'ens', – nulla differentia, nec 'una' nec 'ens' erit"(quaero aut intendit inferre quod 'non per se primo modo' erit differentia 'ens' vel 'unum', et sic conclusio non est inconveniens de 'uno', aut intendit inferre negativam absolute, et tunc consequentia non valet: non enim si 'rationale' est differentia respectu 'animalis', sequitur quod 'rationale non est animal', sed quod 'non est per se primo modo animal'), – tamen tenendo quod argumentum valeat, concludit oppositum magis quam propositum: removet enim ab ente rationem generis, non propter aequivocationem (immo, si esset aequivocum ad decem genera, esset decem genera, quia idem conceptus, quocumque nomine significetur, habet eandem rationem generis), sed removet rationem generis ab ente propter nimiam communitatem, quia videlicet praedicatur 'primo modo per se' de differentia, et per hoc posset concludi quod ens non sit genus.

159 Et ad videndum quomodo hoc verum sit – cum tamen praedicatum sit quod ens non praedicatur 'per

se primo modo' de differentiis ultimis – distinguo de differentiis, quod aliqua potest sumi a parte essentiali ultima, quae est res alia et natura alia ab illo a quo sumitur conceptus generis, sicut si ponatur pluralitas formarum, et genus dicatur sumi a parte essentiali priori et differentia specifica a forma ultima. Tunc sicut ens dicitur in 'quid' de illa parte essentiali a qua sumitur differentia talis specifica, ita dicitur in 'quid' de tali differentia in abstracto, ita quod sicut haec est in 'quid' 'anima intellectiva est ens' – accipiendo eundem conceptum entis secundum quem dicitur de homine vel de albedine – ita haec est in 'quid' 'rationalitas est ens', si 'rationalitas' sit talis differentia. Sed nulla talis differentia est ultima, quia in tali continentur realitates plures, aliquo modo distinctae (tali distinctione vel non-identitate qualem dixi in quaestione prima distinctionis secundae esse inter essentiam et proprietatem personalem, vel maiore, sicut alias explanabitur), et tunc talis natura potest concipi secundum aliquid, hoc est secundum aliquam realitatem et perfectionem, et secundum aliquam ignorari, – et ideo talis naturae conceptus non est simpliciter simplex. Sed ultima realitas sive 'perfectio realis' talis naturae, a qua ultima realitate sumitur ultima differentia, est simpliciter simplex; ista realitas non includit ens quiditative, sed habet conceptum simpliciter simplicem. Unde si talis realitas sit a, haec non est in 'quid' 'a est ens', sed est per accidens, et hoc sive a dicat illam realitatem sive differentiam in abstracto, sumptam a tali realitate.

160 Dixi igitur prius quod nulla differentia simpliciter ultima includit ens quiditative, quia est simpliciter simplex. Sed aliqua differentia, sumpta a parte essentiali – quae pars est natura in re, alia a natura a

qua sumitur genus – illa differentia non est simpliciter simplex, et includit ens in 'quid': et ex hoc quod talis differentia est ens in 'quid', sequitur quod ens non est genus, propter nimiam communitatem entis. Nullum enim genus dicitur de aliqua differentia inferior in 'quid', neque de illa quae sumitur a forma neque de illa quae sumitur ab ultima realitate formae (sicut patebit distinctione 8), quia semper illud a quo sumitur conceptus generis, secundum se est potentiale ad illam realitatem a qua accipitur conceptu differentiae, sive ad illam formam si differentia sumatur a forma.

161 Et si arguas contra istud quod si 'rationale' includit ens quiditative et quaelibet differentia consimilis (quae scilicet sumitur a parte essentiali, non ab ultima realitate eius), igitur addendo talem differentiam generi erit nugatio, eo quod ens bis dicetur, – respondeo quod quando duo inferiora ad tertium sic se habent quod unum denominat alterum, illud commune, particulariter, denominat se ipsum: sicut 'albedo', quae est inferior ad ens, denominat 'animal', quod est inferius ad ens. Et ideo sicut est denominative ista 'animal est album', ita 'ens' quod est superius ad 'album' potest denominare 'animal', sive ens particulariter, sumptum pro animali: puta si illud denomintivum esset entale, haec esset vera 'aliquod ens est entale'. Et sicut ibi concedo 'denominationem accidentalem' sine nugatione, nec tamen idem omnino denominat se, eodem modo conceptum, ita hic, 'animal rationale', nam in animali includitur ens quiditative, et in rationali includitur ens denominative ; et sicut 'rationalitas' est ens, ita 'rationale' denominatur ab ente: esset ergo hic nugatio, 'animal-rationalitas', non hic, 'animal rationale', – sicut esset hic, 'animal-albedo', non hic, 'animal album'.

162 Ad aliud, quod dicitur de IV *Metaphysicae*, respondeo quod Philosophus X *Metaphysicae* concedit ordinem essentialem esse inter species eiusdem generis, quia ibi vult quod in genere est unum primum quod est mensura aliorum. Mensurata autem habent essentialem ordinem ad mensuram, et tamen, non obstante tali attributione, concederet quilibet 'unum' esse conceptum generis, alias genus non praedicarentur in 'quid' de pluribus differentibus specie. Si enim genus non haberet 'unum' conceptum, alium a conceptibus specierum, nullus conceptus diceretur de pluribus in 'quid', sed tantum quilibet de se ipso, et tunc nihil praedicaretur ut genus de specie, sed ut idem de eodem.

163 Consimiliter, Philosopus VII *Physicorum* dicit quod 'in genere latent aequivocationes', propter quas non potest esse comparatio secundum genus. Non tamen est aequivocatio quantum ad logicum, qui ponit diversos conceptus, sed quantum ad realem philosophum, est aequivocatio, quia non est ibi unitas naturae. Ita igitur omnes auctoritates quae essent in *Metaphysica* et *Physica*, quae essent de hac materia, possent exponi, propter diversitatem realem illorum in quibus est attributio, cum qua stat tamen unitas conceptus abstrahibilis ab eis, sicut patuit in exemplo. – Concedo tunc quod totum quod accidens est, attributionem habet essentialem ad substantiam, et tamen ab hoc et ab illo potest conceptus communis abstrahi.

164 Ad illa quae dicuntur de VII *Metaphysicae* respondeo quod littera ultimi paragraphi, de illa materia, solvit omnes auctoritates Philosophi (quae incipit ibi 'Palam autem Illud'). Ibi enim dicit Philosophus quod "quae primo et simpliciter 'definitio' et 'quod quid erat esse', substantiarum est; et non

solum, sed aliorum simpliciter est, non tamen primo". Et probat hoc ibi, quia ratio significans 'quid' nominis, est definitio, si illud cuius per se est ratio, est 'per se unum'. "'Unum' vero dicitur sicut et ens", et intellige 'per se ens'; per se "ens autem, hoc quidem, hoc aliquid, aliud quantitatem, aliud qualitatem significat", – quod verum est de 'ente per se', quia 'ens per se' in V divisit in decem genera: ergo quodlibet istorum est 'unum per se', et ita ratio istorum est definitio. Et hoc concludit ibi: "Quapropter erit hominis ratio et definitio, et aliter sicut albi, et substantiae", quia 'substantiae' per se et primo, 'albi' simpliciter et per se sed non primo, 'albi hominis' secundum quid et per accidens. Unde in illo capitulo tractat principaliter de tali 'ente per accidens', cuiusmodi est 'homo albus', quod eius non sit definitio. 'Ens' igitur, vel 'quid', vel 'definitionem habere', et quodcumque istorum, simpliciter dicitur de accidente vel de attributis sicut et de substantia, sed non aeque primo. Et non obstante ordine, potest bene esse univocatio.

165 Ad Porphyrium. Ipse allegat alium, dicendo "aequivoce, inquit". Quia 'inquit'? Aristoteles enim, de quo loquitur. – Non invenitur ubi hoc dixerit in *Logica*. In *Metaphysica* dicit hoc, sicut allegatum iam est et expositum. Si quis vellet tractare auctoritatem Porphyrii quomodo ratio eius ex auctoritate Aristotelis valet ad propositum suum, posset exponi, sed nolo immorari.

166 Quod arguitur de I *Physicorum*, respondeo: ad opinionem illam Parmenidis et Melissi. destruendam (principium est accipere quod ens dicitur 'multipliciter', non aequivoce sed 'multipliciter', hoc est 'de multis'), inquirendum est de quo illorum intelligent, – sicut si dicerent 'omnia esse unum animal', contra eos esset

distinguere 'animal', et quaerere de quo illi intelligunt – aut omnia esse "unum hominem, aut unum equum". – Item, cum dicis quod argumentum Philosophi non valeret contra eos, si ens esset univocum, – respondeo quod consequentia illa, descendendo sub praedicato stante confuse tantum, non tenet formaliter, sed est figura dictionis et fallacia consequentis; tamen si ipsi intellexerunt, sicut Philosophus imponit eis, quod 'omnia sunt unum' non loquendo de 'uno confuse', sed 'uno' aliquo determinato, bene sequitur – ad antecedens sic intellectum – quod omnia sunt 'hoc unum', vel 'illud unum'.

167 His visis de ente, restat ulterior dubitatio, – utrum posset poni aliquod aliud transcendens primum obiectum intellectus, quod videtur habere aequalem communitatem cum ente.

Et ponitur quod sic, et hoc quod 'verum' sit primum obiectum intellectus et non ens. – Quod probatur tripliciter.

168 Primo sic: distinctae potentiae habent distincta obiecta formalia, ex II *De anima*; intellectus et voluntas sunt distinctae potentiae; igitur habent distincta obiecta formalia, quod non videtur posse sustineri si ens ponatur primum obiectum intellectus, – sed si 'verum' ponatur, bene possunt assignari distincta obiecta.

169 Secundo sic: ens est commune, de se, ad sensibile et insensibile ; obiectum autem proprium alicuius potentiae est obiectum eius sub aliqua propria ratione ; ergo ad hoc quod ens sit proprium obiectum intellectus, oportet quod determinetur, et contrahatur ad ens intelligibile per aliquid per quod excludatur ens sensibile. Sed tale contrahens videtur esse 'verum', quod dicit de se rationem manifestativi vel

intelligibilis.

170 Item, tertio sic: obiectum non est proprium alicuius potentiae nisi secundum quod est proprium motivum potentiae ; non movet autem aliquid potentiam nisi secundum quod habet aliquam habitudinem ad eam ; ens ergo, secundum quod est absolutum et non habens aliquam habitudinem ad intellectum, non est proximum et immediatum obiectum. Illud autem secundum quod ens formaliter habet habitudinem ad intellectum, est veritas, quia – secundum Anselmum *De veritate* – "veritas est rectitudo, sola perceptibilis mente".

171 Sed contra istam conclusionem de 'veritate' arguo sic: primum obiectum, hoc est adaequatum, vel aequatur secundum communitatem, vel secundum utramque primitatem concurrentem; 'verum' nullo istorum modorum adaequatur intellectui, ens – adaequatur, ut patuit; ergo etc.

Probatio primae partis minoris: 'verum' non dicitur in 'quid' de omnibus per se intelligibilibus, quia non dicitur in 'quid' de ente, nec de aliquo per se inferiore ad ens.

Secunda pars minoris probatur cum tertia, quia inferior ad 'verum' licet includant ipsum essentialiter, non includunt omnia intelligibilia virtualiter vel essentialiter, quia 'hoc verum' quod est in lapide non includit essentialiter vel virtualiter lapidem, sed e converso, 'illud ens' quod est lapis includit veritatem, – et ita de quibuscumque aliis entibus et eorum veritatibus.

172 Item, 'verum' est passio entis et cuiuslibet inferioris ad ens; ergo intelligendo ens vel quodcumque inferius ad ens praecise sub ratione veri, non intelligetur nisi per accidens, et non secundum rationem quidditativam. Sed cognitio 'cuiuscumque secundum rationem

quiditativam, est prima cognitio' et 'perfectissima' de eo, ex VII *Metaphysicae* cap.1.Igitur nulla cognitio de aliquo, praecise sub ratione veri, est prima cognitio obiecti, – et ita nec veritas est prima ratio, praecise, cognoscendi obiectum.

173 Confirmatur ratio: ex II *Priorum*, cum scientia mulae ut mula stat ignorantia 'huius mulae' ut haec.Sicut enim – comparando ad habitum – inferius extraneatur suo superiori, de quo superiore est primo ille habitus, ita multo magis extraneabitur obiectum suae pssioni, comparando sive ad habitum sive ad potentiam.

174 Item, obiectum habitus naturaliter non praecedit obiectum potentiae ; sed obiectum primum metaphysicae, quae est habitus intellectus, est ens, quod est prius naturaliter 'vero', – et non 'verum', quod est passio entis, est primum subiectum metaphysicae; igitur etc.

175 Ad rationes 'in oppositum' respondeo, ducendo illas ad oppositum.

Primam sic, quia sicut voluntas non potest habere actum circa ignotum, ita non potest habere actum circa obiectum, sub ratione formali aliqua obiecti quae ratio sit penitus ignota.Igitur omnis ratio secundum quam obicitur aliquid voluntati, est cognoscibilis ab intellectu, – et ita non potest esse prima ratio obiecti intellectus illa quae distinguitur contra rationem volibilis, si qua sit talis.

176 Hoc etiam patet de quibuscumque passionibus entis habetur distincta notitia, ita de bono sub ratione boni, sicut de vero sub ratione veri, quia – secundum Avicennam VI *Metaphysicae* cap.ultimo – "si aliqua scientia esset de omnibus causis, illa esset nobilissima quae esset de causa finali", cuius ratio, secundum multos, est bonitas.

177 Ad illud igitur quod accipitur in argumento, de distinctione obiectorum, respondeo: potentiae distinctae tripliciter se habent ad vicem – aut sunt omnino disparatae, aut sunt ordinatae, et tunc vel in eodem genere, sicut cognitiva superior et inferior, vel in alio genere potentiarum, ut cognitiva ad suam appetitivam.

178 Primo modo potentiae distinctae habent obiecta omnino distincta, quia nulla earum – ex quo sunt disparatae – est per se operativa circa obiectum circa quod alia.Talis sunt sensus exteriores, ut visus et auditus.

179 Secundo modo distinctae habent obiecta subordinata, ita quod sicut potentia superior potest habere per se actum circa quodcumque circa quod potest potentia inferior, ita obiectum primum potentiae superioris continet sub se primum obiectum potentiae inferioris, alioquin non esset illud obiectum adaequatum superiori. Unde obiectum primum visus, secundum suam communitatem, continetur ut inferius sub primo obiecto sensus communis.

180 Tertio potentiae sic se habent, quod si appetitiva adaequetur cognitivae operando circa quaecumque obiecta, idem esset obiectum primum utriusque, et sub eadem ratione formali, ex parte obiecti; si autem appetitiva habeat actum circa aliqua cognoscibilia et aliqua non, tunc obiectum appetitivae erit inferius ad obiectum cognitivae.

181 Ad propositum.Intellectus et voluntas cadunt in tertio membro: et si voluntas ponatur habere actum circa omne intelligibile et sub quacumque ratione intellectum, ponetur idem esse obiectum tam voluntatis quam intellectus, et sub eadem ratione formali; si non, sed quod voluntas tantum habeat actum circa

intelligibilia quae sunt finis vel entia ad finem, et non circa mere speculabilia, tunc ponetur obiectum voluntatis aliquo modo particulare respect obieci intellectus, sed semper stabit quod ens est obiectum intellectus.

182 Secundam rationem duco ad oppositum, quia obiectum proportionatum potentiae superiori, est commune ad obiectum proprium potentiae inferioris, ex praedicta disitnctione, – et ita ens, secundum quod abstrahens a sensibili et insensibili, est vere proprium obiectum intellectus, quia intellectus tamquam potentia superior potest habere actum tam circa sensibile quam circa insensibile.Unde ista abstractio, quae videtur esse non-appropriatio, est sufficienter appropriatio respectu potentiae superioris. Per hoc respondeo ad rationem quod communitas entis ad sensibile et insensibile est ratio appropriandi ipsam potentiae operativae circa utrumque obiectum per se, qualis est intellectus. Et licet sub ente sic in communi contineatur sensibile, non tamen ipsum in communi est sensibile, hoc est obiectum sensus, – sed tantum intelligibile, adaequatum intellectui, quia non oportet respectum proprium inferioris esse proprium superioris. Talem dicit hoc quod est 'sensibile', qui convenit qualitati alicui, omni et soli, – sed 'intelligibile' etsi conveniat alicui enti, ita quod non sensibile, non tamen omni et soli: immo nulli soli nisi enti in communi ; non ut est 'hoc aliquid', ut quoddam intelligibile singulare, sed ut est commune ad omne intelligibile, et hoc secundum modum aliquem communitatis praedictum.

183 Tertiam duco ad oppositum, quia 'rationem obiecti' dico esse illam secundum quam obiectum motivum est potentiae, – sicut ratio activi vel agendi dicitur esse illa forma secundum quam agens agit. Talis autem ratio

obiecti non potest esse respectus ad potentiam, – et isto modo loquitur Philosophus II *De anima*, ubi assignat primum obiectum visus. Dicit quod "illud cuius est visus ut obiecti, est 'visibile'", 'non per se primo modo sed secundo, ita quod ipsum ponitur in ratione visibilis'. Si autem formalis ratio obiecti potentiae esset respectus ad talem potentiam, tunc obiectum primum visus esset 'visibile' per se primo modo, quia ipsa visibilitas esset ratio formalis obiecti, et tunc facile esset assignare prima obiecta, quia obiectum primum cuiuscumque potentiae esset correlativum ad talem potentiam, puta visus 'visibile', auditus 'audibile', quo modo Philisophus non assignavit prima obiecta potentiarum, sed aliqua absoluta, puta visus 'colorem', auditus 'sonum', etc. Unde si 'verum' dicat formalem respectum ad intellectum (de quo alias) sequitur oppositum propositi in hoc. Ex hoc enim sequitur quod ratio illa non sit ratio formalis obiecti, sed aliqua alia ab ea.

184 Patet igitur ex dictis quod nihil potest ita convenienter poni obiectum primum intellectus sicut 'ens' – neque aliquod virtuale primum, neque aliquod transcendens aliud, quia de quolibet alio transcendente probatur per eadem per quae probatum est de vero.

185 Sed restat unum dubium. Si ens secundum suam rationem communissiam sit primum obiectum intellectus, quare non potest quodcumque contentum sub ente naturaliter movere intellectum, sicut fuit argutum in prima ratione ad primam quaestionem: et tunc videtur quod Deus naturaliter posset cognosci a nobis, et substantiae omnes immateriales, quod negatum est; immo negatum est de omnibus substantiis et de omnibus partibus essentialibus substantiarum, quia dictum est quod non concipiuntur in aliquo

conceptu quiditativo nisi in conceptu entis.

186 Respodeo. Obiectum primum potentiae assignatur illud quod adaequatum est potentiae ex ratione potentiae, non autem quod adaequatur potentiae in aliquo statu: quemadmodum primum obiectum visus non ponitur illud quod adaequatur visui exsistenti in medio illuminato a candela, praecise, sed quod natum est adaequari visui ex se, quantum est ex natura visus. Nunc autem, ut probatum est prius – contra primam opinionem de primo obiecto intellectus, hoc est adaequato, quae ponit quiditatem rei materialis primum obiectum – nihil potest adaequari intellectui nostro ex natura potentiae in ratione primi obiecti nisi communissimum; tamen ei pro statu isto adaequatur in ratione motivi quiditas rei sensibilis, et ideo pro isto statu non naturaliter intelliget alia quae non continentur sub isto primo motivo.

187 Sed quae est ratio huius status ? – Respondeo. 'Status' non videtur esse nisi 'stabilis permanentia', firmata legibus sapientiae. Firmatum est autem illis legibus, quod intellectus noster non intelligat pro statu isto nisi illa quorum species relucent in phantasmate, et hoc sive propter poenam peccati originalis, sive propter naturalem concordantiam potentiarum animae in operando, secundum quod videmus quod potentia superior operatur circa idem circa quod inferior, si utraque habebit operationem perfectam. Et de facto ita est in nobis, quod quodcumque universale intelligimus, eius singulare actu phantasiamur. Ista tamen concordantia, quae est de facto pro statu isto, non est de natura intellectus unde intellectus est, – nec etiam unde in corpore, quia tunc in corpore glorioso necessario haberet simile concordantiam, quod falsum est. Undecumque ergo sit iste status, sive ex mera

voluntate Dei, sive ex iustitia puniente (quam causam innuit Augustinus XV *De Trinitate* cap.ultimo: "Quae causa" – inquit – "cur ipsam lucem acie fixa videre non possis, nisi utique infirmitas ? et quis eam tibi fecit, nisi utique iniquitas ?"), sive – inquam – haec sit tota causa, sive aliqua alia, saltem non est primum obiectum intellectus unde potentia est et natura, nisi aliquid commune ad omnia intelligibilia, licet primum obiectum, adaequatum sibi in movendo, pro statu isto sit quiditas rei sensibilis.

188 Et si dicas, dato quod 'ens in communi' esset obiectum commune adaequatum pro statu isto, non tamen moverent substantiae separatae nisi in maiore lumine quam sit lumen naturale intellectus agentis, – ista ratio nulla videtur: tum quia, si tale lumen requiritur, non est ratio ex parte intellectus unde talis potentia est, quare modo non possit habere tale lumen, est enim de se receptivus talis luminis, alioquin – manens idem – numquam posset illud recipere; tum quia, quando aliqua duo agentia concurrunt ad aliquem effectum, quanto unum illorum plus potest supplere vicem alterius, tanto minor perfectio requiritur in alio, – quandoque autem nulla, si illud supplet totam vicem eius ; ad immutationem autem intellectus possibilis concurrunt obiectum et lumen: ergo quanto obiectum est perfectius et magis potest supplere vicem luminis, tanto sufficit minus lumen, vel saltem non requiritur maius. Sed 'primum intelligibile' est maxime lux et maxime potest supplere vicem luminis intellectualis; ergo quantum est ex parte sua, si concipiatur sub primo obiecto adaequato intellectui nostro, pro statu isto, non esset defectus ex parte luminis, quin posset movere intellectum nostrum.

189 Ad argumenta principalia istius quaestionis

respondeo. – Ad primum dico quod quod non semper 'perfectissimum' est causa respecu imperfectorum, comparando imperfecta ad quodcumque tertium (sicut perfectum album non est causa visibilitatis omnibus visibilibus), aut si sit causa, non tamen praecisa et adaequata, – et si maxime motivum, non tamen praecisum et adaequatum. Primum autem obiectum intellectus de quo loquimur in ista quaestione debet esse primum-adaequatum potentiae.

190 Ad secundam rationem dico quod si recte arguatur debet inferri quod 'nullum ens participatum potest cognosci nisi sit ens ab ente imparticipato', et non debet inferri quod 'non potest cognosci nisi per rationem entis imparticipati cogniti'; tunc enim sunt quattuor termini, quia ponitur in conclusione 'esse cognitum per ens imparticipatum', qui terminus non fuit in propositione secunda. Et ratio realis istius defectus, assignati in forma arguendo, dicta est prius in respondendo ad primum argumentum secundae quaestionis huius distinctionis, quia etsi cognoscibilitas sequitur proportionaliter entitatem, non tamen sequitur eam in cognosci, nisi comparando 'ad illum intellectum qui cognoscit quodlibet secundum gradum suae cognoscibilitatis'. Ita dico hic quod licet entitas participata concludat de necessitate cognoscibilitatem imparticipatam, et ita participatam habeat cognoscibilitatem propter cognoscibile imparticipatum, non tamen 'cognosci' per cognoscibile imparticipatum ut cognitum, sed ut causam dantem sibi 'esse'; et hoc tactum est in argumento quodam 'de frui' quaestione quarta primae distinctionis.

191 Ad illud VIII *De Trinitate* dico quod loquitur de cognitione 'boni in communi', quae 'impressa' est – hoc est de facili imprimitur in intellectu a singularibus,

quia intentiones universales facilius in quolibet occurrunt.

Hoc probo per ipsum eodem libro cap.7, ubi dicit: "Habemus regulariter infixam humanae naturae notitiam, secundum quam quidquid tale aspicimus, hominem esse cognoscimus vel hominis formam". Et sicut secundum istam notitiam hominis, quam dicit 'infixam regulariter' – hoc est faciliter a sensibilibus abstractam – iudicamus de quocumque utrum sit homo vel non, ita etiam per idem possemus iudicare eminentiam in 'humanitate' si illa esset in occurrentibus, quod apparet de notitia impressa albedinis, per quam non tantum iudicamus occurrens esse 'album', sed hoc esse albius altero. Ita dico hic: illud 'bonum' de quo loquitur cap.5 – cuius 'notitia impressa est naturaliter intellectui' – est 'bonum in communi', et per illud iudicamus de occurrentibus hoc illo esse melius.

192 Et quod loquatur de bono 'indeterminato privative', et non de bono 'indeterminato negative' (in quo bono intelligatur Deus), videtur per hoc, quia ibi – enumerates multis particularibus bonis – dicit: "Bonum hoc et bonum illud, tolle 'hoc' et tolle 'illud', et vide ipsum 'bonum', si potes" – hoc est, 'tolle illa contrahentia rationem boni ad creaturas, et vide rationem boni in communi', et in hoc 'vidisti Deum' sicut in conceptu communi primo, in quo potest naturaliter a nobis videri, et non in particulari ut 'haec essentia'.

193 Consimiliter intelligendum est illud quod praemittit cap.3, ibi 'Deus est veritas': "Noli quaerere quid sit veritas, statim obicient se phantasmata". – Hoc intelligo sic: quando conceptus universalis abstarahitur a singulari, quanto est universalior tanto difficilius

potest intellectus diu sister in tali conceptu, quia, ut praedictum est, quandocumque 'intelligimus universale, phantasiamur eius singulare; et illud universale facilius et diutius possumus intelligere, quod est similius singulari relucenti in phantasmate, – et universalissima sunt remotiora ab ipso singulari, et ideo difficillimum est stare in conceptu illorum universalissimorum. Concipiendo igitur Deum in conceptu universalissimo, 'noli quaerere quid hoc est', noli descendere in aliquem conceptum particularem in quo ille universalior salvatur, qui particularior propinquior est phantasmati. Descendendo enim ad talem qui magis relucet in phantasmatibus occurrentibus, 'statim amittitur illa serenitas veritatis, in qua intelligebatur Deus', quia statim intelligitur veritas contracta, quae non convenit Deo – cui conveniebat veritas in communi concepta noncontracta.

194 Contra. – Capitulo 5 vel 10: "Si potueris per se perspicere bonum, perspexeris Deum, et si amore inhaeseris, continuo beatificaberis". Beatitudo non est in bono universali sive 'indeterminato privative'.

Item, capitulo 10 vel 26: "Unde iusti esse poterint, nisi inhaerendo ipsi formae quam intuentur, ut inde formentur ?" Formari forma iustitiae non est ab universali intellectu.

195 Per idem etiam dico ad illud VIII cap.5 de bono et voluntate, "pudeat, cum alia non amentur nisi quia bona sunt, eis inhaerendo non amare bonum ipsum unde bona sunt".

Bene probat ratio quod ipsum bonum summum magis est amandum quam bona participata, non tamen probat quod sit primum amatum primitate adaequationis, – et quia etsi ipsum sit ratio bonitatis in aliis, et ita ratio aliorum ut amatorum: potest enim aliquid adamari ipso non amato, sicut patet 'utendo fruendis vel fruendo utendis'.

196 Et ista intentio Augustini colligitur ex cap.7 IX, ubi tractans de dilectione alicuius quia 'creditur esse iustus', si postea inveniatur non esse iustus, "statim" – inquit – "amor ille, per quem ferebar in eum, repulsus et quasi repercussus, in ea forma permanet in qua eum talem amaveram"; hoc est si dilexi iustitiam, et ipsum quia credidi in ipso esse iustitiam, si inveniam 'iniustum', resilit voluntas ab eo, sed adhuc stat dilectio ipsius iustitiae ut obiecti. Istud non est de iustitia aliqua imparticipata, sed de communi ratione iustitiae, quae amatur propter se, et quodcumque in quo est ista, propter illam.

197 Contra: voluntas non est universalium, tum quia tendit in rem ut in se, tum quia tam amor amicitiae quam concupiscentiae est alicuius secundum exsistentiam realem, praesentem vel possibilem.

198 Respondeo. Primis principiis practicis in intellectu correspondet aliqua volitio, quae est principium bonitatis moralis sicut illa principia sunt principia veritatis practicae in intellectu. – Patet etiam quod quaecumque ratio boni vel appetibilis potest intelligi in universali: et si sic ostendatur voluntati, quare non potest habere actum circa proprium obiectum ostensum? – Tertio: appetitiva 'singularis' ut singularis tantum, non habet cognitivam 'universalis' propriam sibi.

199 Ad illam metaphoram 'motus animae ad res': – hoc est causaliter, quia imperat coniungi rei desideratae in se, non autem formaliter, nisi quia voluntas est activa sui actus, sed non circa rem, sub maiore ratione exsistentis quam apprehendatur ab intellectu; immo

desiderium et intellectio abstractiva sunt rei sub ratione aeque exsistentis ut obiecti (ita visio et fruitio praesentis), sed desiderium movet effective ad rem quia est imperium, non sic intellectio abstractiva.

200 Ad secundum dico quod homo in universali ostensus amatur amore amicitiae, et propter illud amatur 'hic homo': sic etiam iustitia in universali concupiscitur, et ideo 'haec iustitia' huic.

201 Ita etiam patet expositio illius auctoritatis VIII cap.10 vel 27, 'Cur alium diligimus' etc.: in illa auctoritate 'forma', "ubi videmus quid sit 'iustus animus'", debet intelligi ipsa 'iustitia in communi' – sicut forma 'hominis in communi' est illa per quam videmus quid requiratur ad esse hominem, et per quam formam iudicamus illud quod occurrit esse vel non esse hominem, secundum ipsum in eodem, cap.7; 'nisi igitur hanc formam in communi diligeremus, non diligeremus illum quem credimus esse iustum, quem ex ista forma diligimus' – sicut si non diligas formam hominis in communi, numquam occurrens, propter formam hominis dilectam diliges; 'et dum non sumus iusti, minus diligimus iustitiam in communi quam oportet', quia diligimus quadam volitione seu complacentia simplici, quae non sufficit ad esse iustum, sed oportet eam diligere volitione efficaci, qua videlicet volens eligeret ipsam in se tamquam vitae suae regulam observare. Es igitur hic iustitia 'indeterminata privative', secundum quam de 'mente iusta' iudicamus, et propter quam dilectam diligimus mentem quam credimus esse iustam.

202 Ultimo – quantum ad materiam istam cognoscibilitatis – quaero an aliqua veritas certa et sincera possit naturaliter cognosci ab intellectu viatoris, absque lucis increaturae speciali illustratione.

Arguo quod non:

IX *De Trinitate* cap.6 vel 15: "Intueamur inviolabilem veritatem, ex qua definiamus qualis esse mens hominis sempiternis rationibus debeat". Et ibidem, cap.15: "Aliis supra nos regulis manentibus vel approbare vel improbare convincimur, quando aliquid, recte vel non recte, probamus vel improbamus". Et ibidem, cap.17: "Artem ineffabiliter pulchram, super aciem mentis, simplici intelligentia capientes". Et eodem, cap.8 vel 18: "In illa veritate, ex qua temporalia sunt facta omnia, formam conspicimus, atque inde conceptam veracem notitiam tamquam 'verbum' apud nos habemus".

203 Item, libro XII cap.2: "Sublimioris rationis est iudicare de istis corporalibus secundum rationes sempiternas".

204 Item, in eodem XII cap.14 vel 32: "Non solum rerum sensibilium, in locis positarum, stant incommutabiles rationes" etc. Et quod intelligat ibi de rationibus aeternis vere in Deo, probatur hoc quod ibidem dicit quod "paucorum est ad illas pervenire", si autem intelligeret de primis principiis, non est paucorum pervenire ad illa, sed multorum, quia omnibus sunt communia et nota.

205 Item, libro XIV cap.15 vel 34, loquens de iniusto, qui "multa recte laudat et vituperat in moribus hominum", ait: "Quibus regulis iudicat ? " etc.: et in fine ait: "Ubi sunt illae regulae scriptae, nisi in libro illo lucis ? "– 'Liber' ille 'lucis' est intellectus divinus ; igitur vult ut in illa luce iniustus videt quae sunt iuste agenda, et quod in aliquo impresso vel per aliquod impressum ab illo, videtur, ut ibidem dicit: "unde omnis lex iusta in cor hominis non migrando sed tamquam imprimendo

transfertur, sicut imago ex anulo et in ceram transit et ceram non relinquit". Igitur in illa luce videmus, a qua imprimitur in cor hominis iustitia. Illa autem est lux increata.

206 Item, XII *Confessionum*: "Si ambo videmus 'verum', nec tu in me nec ego in te, sed ambo in ea quae supra mentem est, incommutabili veritate". Multae autem sunt auctoritates Augustini, in multis locis, ad probandum hanc conclusionem.

207 Ad oppositum:

Rom.1: *Invisibilia Dei a creatura mundi, per ea quae facta sunt, intellecta conspiciuntur.* Istae 'rationes aeternae' sunt invisibilia Dei, ergo cognoscuntur ex creaturis; igitur ante visionem istarum habetur certa cognitio creaturarum.

208 In ista quaestione est opinio una talis, quod intentiones generales habent inter se ordinem naturalem. De duabus, quae sunt ad propositum, videlicet de intentione entis et veri, loquamur.

Intentio prima est entis, – quod probatur per illud *De causis* propositionis quartae, "Prima rerum creatarum est 'esse'", et in commento primae propositionis, "'Esse' est vehementioris adhaerentiae"; et ratio est, quia 'entitas' est absoluta, 'veritas' dicit respectum ad exemplar. Ex hoc sequitur quod ens possit cognosci sub ratione entitatis licet non sub ratione veritatis.

Haec etiam conclusio probatur ex parte intellectus, quia ens potest concipi simplici intelligentia, et tunc concipitur illud quod verum est; sed ratio veritatis non concipitur nisi intelligentia componente et dividente. Compositionem et divisionem praecedit simplex intelligentia.

209 Si autem quaeratur de notitia entis, sive eius quod verum est, dicitur quod intellectus ex puris naturalibus

potest sic intelligere 'verum', – quod probatur, quia incoveniens est "naturam esse expertem propriae operationis", secundum Damascenum, et hoc magis incoveniens est in natura perfectiore, secundum Philosophum II *De caelo et mundo*, de stellis. Igitur inconveniens quod natura non concesserit intellectui illa quae sufficient ad hanc operationem.

210 Sed si loquamur de cognitione veritatis, respondetur quod sicut est duplex exemplar, creatum et increatum, secundum Platonem in *Timaeo* (videlicet exemplar factum et non-factum, sive creatum et non-creatum: 'exemplar creatum' est species universalis causata a re, 'exemplar increatum' est idea in mente divina), ita duplex est conformitas ad exemplar et duplex veritas.

Una est conformitas ad exemplar creatum, et isto modo posuit Aristoteles veritates rerum cognosci per conformitatem earum ad speciem intelligibilem: et ita videtur Augustinus ponere VIII *De Trinitate* cap.7, ubi vult quod rerum notitiam, generalem et specialem, ex sensibilibus collectam habemus, secundum quam de quocumque occurente veritatem iudicamus quod ipsum sit tale vel tale.

211 Sed quod per tale exemplar, acquisitum in nobis, habeatur omnino certa et infallibilis notitia veritatis de re, hoc videtur omnino impossibile, – et hoc probatur triplici ratione, secundum istos: prima sumitur ex parte subiecti in quo est, et tertia ex parte exemplaris in se.

Prima ratio est talis: obiectum illud a quo abstrahitur exemplar est mutabile, igitur non potest esse causa alicuius immutabilis; sed certa notitia alicuius de aliquo sub ratione veritatis, in eo habetur per rationem immutabilem; igitur non habetur per tale exemplar. – Haec dicitur ratio Augustini 83 *Quaestionum* quaestione 9, ubi dicit quod "a sensibilibus non est exspectanda veritas", quia "sensibilia sine intermissione mutantur".

212 Secunda ratio talis est: anima est ex se mutabilis et passiva erroris, igitur per nihil mutabilius ea potest rectificari sive regulari ne erret; sed tale exemplar in ea est mutabilius quam ipsa anima sit; igitur illud exemplar non perfecte regulat animam ne erret. – Haec dicitur ratio Augustini *De vera religione*, "Lex omnium artium" etc.

213 Tertia ratio: notitiam veritatis nullus habet certam et infallibilem nisi habeat unde possit 'verum' discernere a verisimili, quia si non possit discernere 'verum' a falso vel a verisimili, potest dubitare se falli; sed per exemplar praedictum creatum non potest discerni 'verum' a verisimili; ergo etc. – Probatio minoris: species talis potest repraesentare se tamquam se, vel alio modo se tamquam obiectum, sicut est in somniis. Si repraesentet se tamquam obiectum, falsitas est, si se tamquam se, veritas est. Igitur per talem speciem non habetur sufficiens distinctivum, quando repraesentat se ut se, vel ut obiectum, et ita nec sufficiens distinctivum veri a falso.

214 Ex istis concluditur quod certam scientiam et infallibilem veritatem si contingat hominem cognoscere, hoc non contingit ei aspiciendo ad exemplar a re per sensus acceptum, quantumcumque sit depuratum et universale factum, sed requiritur quod respiciat ad exemplar increatum. Et tunc modus ponendi est iste: Deus non ut cognitum habet rationem exemplaris, ad quod aspiciendo cognoscitur sincera veritas (est enim 'cognitum' in generali attributo), sed est ratio cognoscendi ut nudum exemplar et propria ratio essentiae creatae.

215 Qualiter autem possit esse ratio cognoscendi et non

'cognitum', ponitur exemplum, quia sicut radius solis quandoque derivatur quasi obliquato aspect a suo fonte, quandoque directo: quod videtur in radio primo modo derivato, licet sol sit ratio videndi, non tamen ut visus in se, – eius autem quod videtur secundo modo in radio, sol est ita ratio cognoscendi quod etiam est cognitus. Quando igitur ista lux increata intellectum quasi directo aspectu illustrat, tunc ut 'visa' est ratio videndi alia in ipsa. Intellectum autem nostrum pro statu viae quasi obliquato aspect illustrat, et ideo est intellectui nostro ratio videndi non 'visa'.

216 Ponitur autem qualiter habeat triplicem rationem respectu actus videndi, scilicet: lucis acuentis, specie immutantis et characteris sive exemplaris configurantis; et ex hoc concluditur ultra quod requiritur specialis influential, quia sicut illa essentia non videtur naturaliter a nobis in se, ita , ut illa essentia est exemplar respectu alicuius creaturae, naturaliter non videtur, secundum Augustinum *De videndo Deum* – in eius enim potestate est videri: "si vult, videtur, si non vult, non videtur".

217 Ultimo additur quod perfecta notitia veritatis est quando duae species exemplars concurrunt in mente: una inhaerens, scilicet creata, alia illapsa, scilicet non creata – et sic contingimus verbum perfectae veritatis.

218 Contra istam opinionem primo ostendo quod istae rationes non sunt rationes fundamentales alicuius opinionis verae, nec secundum intentionem Augustini, sed sunt pro opinione academicorum, – secundo ostendo quomodo illa opinio academicorum, quae videtur concludi per istas rationes, falsa sit, et tertio respondeo ad rationes istas quatenus minus concludunt ; quarto arguo contra conclusionem istius opinionis, quinto solvo quaestionem, sexto ostendo quomodo

rationes istae quatenus sunt Augustini concludunt illam intentionem Augustini, non illam ad quam hic inducuntur.

219 Primo. – Istae rationes videntur concludere impossibilitatem certae cognitionis naturalis.

Prima, quia si obiectum continue mutatur, nec potest haberi aliqua certitudo de ipso sub ratione immutabilis; immo nec in quocumque lumine posset certitudo haberi, quia non est certitudo quando obiectum alio modo cognoscitur quam se habet. Igitur nec est certitudo cognoscendo mutabile ut immutabile. – Patet etiam quod antecedens huius rationis, videlicet quod 'sensibilia continue mutantur', falsum est; haec enim est opinio quae imponitur Heraclito, IV *Metaphysicae*.

220 Similiter, si propter mutabilitatem exemplaris quod est in anima nostra non posset esse certitudo, cum quidquid ponitur in anima subiective sit mutabile, etiam ipse actus intelligendi, sequitur quod per nihil in anima rectificatur anima ne erret.

221 Similiter, secundum istam opinionem species creata inhaerens concurrit cum specie illabente. Sed quando aliquid concurrit quod repugnat certitudini, non potest certitudo haberi: sicut enim ex altera de necessario et altera de contingenti non sequitur conclusio nisi de contingenti, ita ex certo et incerto, concurrentibus ad aliquam cognitionem, non sequitur cognitio certa.

222 Idem patet etiam de tertia ratione, quia si species ipsa abstracta a re concurrat ad omnem cognitionem, et non potest iudicari quando illa repraesentat se tamquam se et quando se tamquam obiectum, ergo quodcumque aliud concurrat, non potest haberi certitudo per quam discernatur 'verum' a verisimili. – Istae igitur rationes videntur concludere omnem incertitudinem et opinionem academicorum.

223 Quod autem ista conclusio non sit secundum intentionem Augustini, probo:

Augustinus II *Soliloquiorum*: "Spectamina disciplinarum quisque verissima esse nulla dubitatione concedit"; et Boethius *De hebdomadibus*: "Communis animi conceptio est quam quisque probat auditam"; et Philosophus II *Metaphysicae*: "Prima principia sunt omnibus nota sicut ianua in domo, quia sicut ianua patet licet interior domus lateant, ita prima principia sunt omnibus nota".

224 Ex his tribus auctoritatibus arguitur sic: quod convenit omnibus alicuius specie, sequitur naturam specificam. Igitur cum quisque habet certitudinem infallibilem de primis principiis, et ultra, cuilibet est naturaliter evidens forma syllogism perfecti, ex definitione syllogismi perfecti I *Priorum* – scientia autem conclusionum non dependet nisi ex evidentia principia et ex evidentia illationis syllogisticae – igitur cuilibet naturaliter scita potest esse quaecumque conclusio demonstrabilis ex principiis per se notis.

225 Secundo apparet quod Augustinus concedit certitudinem eorum quae cognoscuntur per experientiam sensuum ; unde dicit XV *De Trinitate* cap.12 vel 32: "Absit, ut ea quae didicimus per sensus corporis, vera esse dubitemus; per ea quippe didicimus caelum et terram et mare, et omnia quae in eis sunt". Si non dubitamus de veritate eorum, et non fallimur, ut patet, ergo certi sumus de cognitis per viam sensus, nam certitudo habetur quando excluditur dubitatio et deceptio.

226 Patet etiam tertio quod Augustinus concedit certitudinem de actibus nostris – ibidem, XV cap.12 vel 31: "Sive dormiat sive vigilet, vivit, quia et dormire et in somniis videre viventis est".

227 Quod si dicas 'vivere' non esse actum secundum sed primum, sequitur ibidem: "Si aliquis dicat, scio me scire 'me vivere'", "falli non potest", etiam quotiescumque reflectendo super primum scitum; et ibidem: "Si quis dicat 'volo esse beatus', quomodo non impudenter respondetur, 'forte falleris ? "– et ibi reflectendo "in infinitum 'scio me velle'" etc. Ibidem: "SI quispiam dicat 'errare nolo', none eum errare nolle 'verum' erit ? "– "Et alia", inquit, "reperiuntur, quae contra academicos valent, qui 'nihil sciri ab homine posse' contendunt". Sequitur ibidem de tribus *Contra academicos* libris: "quos qui intellexerit, nihil eum contra perceptionem veritatis argumenta eorum multa movebunt".

228 Item, eodem, 15 cap.vel 38: "Illa quae ita sciuntur ut numquam excidere possint, et ad naturam ipsius animae pertinent, – cuiusmodi est illud quod 'nos vivere' scimus". – Sic patet primum.

229 Quantum ad secundum articulum – ut in nullis cognoscibilibus locum habeat error academicorum – videndum est qualiter de tribus cognoscibilibus praedictis dicendum est, videlicet de principiis per se notis et de conclusionibus, et secundo de cognitis per experientiam, et tertio de actibus nostris, – utrum possit naturaliter haberi certitudo infallibilis.

230 Quantum ergo ad certitudinem de principiis, dico sic: termini principiorum per se notorum talem habent identitatem ut alter evidenter necessario alterum includat, et ideo intellectus, componens illos terminos, ex quo apprehendit eos – habet apud se necessariam causam conformitatis illius actus componendi ad ipsos terminos quorum est compositio, et etiam causam evidentem talis conformitatis; et ideo necessario patet sibi illa conformitas cuius causam evidentem

apprehendit in terminis. Igitur non potest in intellectu apprehensio esse terminorum et compositio eorum quin stet conformitas illius compositionis ad terminos, sicut stare non potest album et album quin stet similitudo. Haec autem conformitas compositionis ad terminos est veritas compostionis, ergo non potest stare compositio talium terminorum, quin sit vera, et ita non potest stare perceptio conformitatis compositionis ad terminos, et ita perceptio veritatis, quia prima percepta evidenter includunt perceptionem istius veritatis.

231 Confirmatur ratio ista per simile, per Philosophum IV *Metaphysicae*, ubi vult quod oppositum primi principia non potest in intellectu alicuius venire, scilicet huius "'impossibile idem esse et non esse', quia tunc essent opiniones contrariae simul mente"; quod utique verum est de opinionibus contrariis, id est repugnantibus formaliter, quia opinio opinans 'esse' de aliquo et opinio opinans 'non esse' de eodem, sunt formaliter repugnantes.

232 Ita arguam in proposito repugnantiam aliquam intellectionum in mente, licet non formalem. Si enim stat in intellectu notitia 'totius' et 'partis' et compositio eorum, cum ista includant sicut causa necessaria conformitatem compositionis ad terminos, si stet in intellectu haec opinio quod ipsa compositio sit falsa – stabunt notitiae repugnantes, non formaliter, sed notitia una stabit cum alia et tamen erit causa necessaria oppositae notitiae ad illam, quod est impossibile. Sicut enim impossibile est album et nigrum simul stare, quia sunt contraria formaliter, ita impossibile est simul stare album et illud quod est praeise causa nigri – ita necessario quod non potest esse sine eo absque contradictione.

233 Habita certitudine de principiis primis, patet

quomodo habebitur de conclusionibus illatis ex eis, propter evidentiam formae syllogismi perfecti, – cum certitudo conclusionis tantummodo dependeat ex certitudine principiorum et ex evidentia illationis.

234 Sed numquid in ista notitia principiorum et conclusionum non errabit intellectus, si sensus omnes decipiatur circa terminos?

Respondeo – quantum ad istam notitiam – quod intellectus non habet sensus pro causa, sed tantum pro occasione, quia intellectus non potest habere notitiam simplicium nisi acceptam a sensibus; illa tamen accepta, virtute sua potest simul componere simplicial, – et si ex ratione talium simplicium sit complexio evidenter vera, intellectus virtute propria et terminorum assentiet illi complexioni, non virtute sensus a quo accipit terminos exterius. Exemplum: si ratio 'totius' et ratio 'maioritatis' accipiatur a sensu, et intellectus componat istam 'omne totum est maius sua parte', intellectus virtute sui et istorum terminorum assentiet indubitanter isti complexioni, et non tantum quia vidit terminos coniunctos in re – sicut assentit isti 'Socrates est albus', quia videt terminos in re uniri. Immo dico quod si omnes sensus essent falsi, a quibus accipiuntur tales termini, vel quod plus est ad deceptionem, aliqui sensus falsi et aliqui sensus veri, intellectus circa talia principia non deciperetur, quia semper haberet apud se terminos qui essent causa veritatis: utpote si alicui caeco nato essent inpressae miraculose in somnis apecies albedinis et nigredinis, et illae remanerent post, in vigilia, intellectus abstrahens ab eis componeret istam 'album non est nigrum'; et circa istam non deciperetur intellectus, licet termini accipiatur a sensu errante, – quia ratio formalis terminorum, ad quam deventum est, est necessaria causa veritatis huius nagativae.

235 De secundis cognoscibilibus, scilicet de cognitis per experientiam, dico quod licet experientia non habeatur de omnibus singularibus sed de pluribus, neque quod semper sed quod pluries, tamen expertus infallibiliter novit quia ita est et semper et in omnibus – et hoc per istam propositionem quiescentem in anima: 'quidquid evenit ut in pluribus ab aliqua causa non libera, est effectus naturalis illius causae'; quae propositio nota est intellectui licet accepisset terminos eius a sensu errante, quia causa non libera non potest producer 'ut in luribus' effectum non libere ad cuius oppositum ordinatur, vel ad quem ex sua forma non ordinatur. Sed causa casualis ordinatur ad producendum oppositum effectus casualis, vel non ad illum producendum, – ergo nihil est causa casualis. Iste autem effectus evenit a tali causa 'ut in pluribus'; hoc acceptum est per experientiam, quia inveniendo talem naturam, nunc cum tali accidente, nunc cum tali, inventum est quod quantacumque esset diversitas accidentium, semper istam naturam sequebatur talis effectus. Igitur non per aliquod accidens isti naturae, sed per naturam ipsam in se, sequitur talis effectus.

236 Sed ulterius notandum quod quandoque accipitur experientia de conclusione, puta quod luna frequenter eclipsatur, et tunc, supposita conclusione quia ita est, inquiritur causa talis conclusionis per viam divisionis: et quandoque devenitur ex conclusione experta ad principia nota ex terminis, et tunc ex tali principio noto ex terminis potest conclusio, prius tantum secundum experientiam nota, certius cognosci, scilicet primo genere cognitionis, quia ut deducta ex principio per se noto, – sicut istud est per se notum quod 'opacum, interpositum inter perspicuum et lumen, impedit

multiplicationem luminis ad tale perspicuum'. Et si inventum fuerit per divisionem quod terra tale est corpus, interpositum inter solem et lunam, scietur certissime demonstratione propter quid (quia per causam), et non tantum per experientiam, sicut sciebatur ista conclusio ante inventionem principii.

237 Quandoque autem est experientia de principio, ita quod non contingit per viam divisionis invenire ulterius principium notum ex terminis, sed statur in aliquo 'vero' 'ut in pluribus', cuius extrema per experimentum scitum est frequenter uniri, puta quod haec herba talis specie est calida, – nec invenitur medium aliud prius, per quod demonstretur passio de subiecto propter quid, sed statur in isto sicut primo noto, propter experientias: licet tunc incertitudo et fallibilitas removeantur per istam propositionem 'effectus ut in pluribus alicuius causae non liberae, est naturalis effectus eius', tamen iste est ultimus gradus cognitionis scientificae.. Et forte ibi non habetur cognitio actualis unionis extremorum, sed aptitudinalis. Si enim passio est alia res, absoluta, a subiecto, posset sine contradictione separari a subiecto, et expertus non haberet cognitionem quia ita est, sed quia ita aptum natum est esse.

238 De tertiis cognoscibilibus, scilicet de actibus nostris, dico quod est certitudo de multis eorum sicut de primis et per se notis, – quod patet IV *Metaphysicae*, ubi dicit Philosophus de rationibus dicentium 'omnia apparentia esse vera', quod illae rationes quaerunt "utrum nunc vigilemus an dormiamus; possunt autem idem omnes dubitationes tales: omnium enim 'rationem' hi dignificant 'esse' "; et subdit: "Rationem quaerunt quorum non est ratio, demonstrationis enim principii non est demonstratio ". Ergo per ipsum, ibi, 'nos vigilare' est per se notum sicut princiium

demonstrationis; nec obstat quod est contingens, quia, sicut dictum alias, ordo est in contingentibus, quod aliqua est prima et immediata, – vel esset processus in infinitum in contingentibus, vel aliquod contingens sequeretur ex causa necessaria, quorum utrumque est impossibile.

239 Et sicut est certitudo de 'viligare' sicut de per se noto, ita etiam de multis aliis actibus qui sunt in potestate nostra (ut 'me intelligere', 'me audire'), et de aliis qui sunt actus perfecti. Licet enim non sit certitudo quod videam album extra ostium vel in tali subiecto vel in tali distantia, quia potest fieri illusio in medio vel organo, et multis aliis viis, tamen certitudo est quod video etiam si illusio fiat in organo (quae maxime illusio videtur, puta quando actus fit in ipso organo non ab obiecto praesente, qualis natus est fieri ab obiecto praesente), et ita si potentia haberet actionem suam posita tali positione, vere esset illud ibi quod visio dicitur, sive sit actio sive passio sive utrumque. Si autem illusio fieret non in organo proprio sed in aliquo proximo, quod videtur organum – sicut si non fieret illusio in concurs nervorum, sed in ipso oculo fieret impressio speciei qualis nata est fieri ab albo – adhuc visus videret, quia talis species, vel quod natum est videri in ea, videretur, quia habet sufficientem distantiam respectu organi visus quod est in concurs nervorum istorum, sicut apparet per Augustinum XI *De Trinitate* cap.2, quod reliquiae visorum remanentes in oculo oculis clausis videntur, et per Philosophum *De sensu et sensato*, quod ignis qui generatur ex elevatione oculi violenta et multiplicatur, usque ad palpebram clausam videtur. Istae verae sunt visiones, licet non perfectissimae, quia hic sunt sufficientes distantiae specierum ad organum principale visus.

240 Sed quomodo habetur certitudo eorum quae subsunt actibus sensus, puta quod aliquid extra est album vel calidum, quale apparet ?

Respondeo.

Aut circa tale cognitum eadem opposita apparent diversis sensibus, aut non, sed omnes sensus cognoscentes illud, habent idem iudicium de eo.

241 Si secundo modo, tunc certitudo habetur de veritate talis cogniti per sensus, per istam propositionem praecedentem 'quod evenit in pluribus ab aliquo, illud est causa naturalis eius, si non sit causa libera'. Ergo cum ab isto, praesente, 'ut in pluribus' evenit talis immutatio sensus, sequitur quod immutatio, vel species genita, sit effectus naturalis talis causae, et ita extra erit album vel calidum, vel tale aliquid quale natum est praesentari per speciem, genitam ab ipso 'ut in pluribus'.

242 Si autem diversi sensus habeant diversa iudicia, de aliquo viso extra – puta visus dicit baculum esse fractum, cuius pars est in aqua et pars in aere; visus semper dicit solem esse minoris quantitates quam est, et omne visum a remotis esse minus quam sit – in talibus est certitudo, quid verum sit et quis sensus erret, per propositionem quiescentem in anima, certiorem omni iudicio sensus, et per actus plurium sensuum concurrentes, ita quod semper aliqua propositio rectificat intellectum de actibus sensus, quis sit verus et quis falsus, in qua propositione intellectus non dependet a sensu sicut a causa sed sicut ab occasione.

243 Exemplum. Intellectus habet istam propositionem quiescentem: 'nullum durius frangitur tactu alicuius mollis sibi cedentis'. Haec est ita per se nota ex terminis quod, etiam si essent accepti a sensibus

errantibus, non potest intellectus dubitare de illa, immo oppositum includit contradictionem. Sed quod baculus sit durior aqua et aqua sibi cedat, hoc dicit uterque sensus, tam visus quam tactus. Sequitur ergo 'baculus non est fractus', sicut sensus iudicat ipsum fractum, – et ita quis sensus erret et quis non, circa fractionem baculi, intellectus iudicat per certius omni actu sensus.

244 Similiter, ex alia parte: quod 'quantum applicatum quanto, omnino est aequale sibi', hoc est notum intellectui quantumcumque notitia terminorum accipiatur a sensu errante; sed quod idem 'quantum' possit applicari viso propinquo et remoto, hoc dicit tam visus quam tactus ; ergo 'quantum', visum sive a prope sive a remotis, est quale, – ergo visus dicens hoc esse minus, errat.

245 Haec conclusio concluditur ex principiis per se notis, et ex actibus duorum sensuum cognoscentium 'ut in pluribus' esse ita. Et ita ubicumque ratio iudicat sensum errare, hoc iudicat non per aliquam notitiam praecise acquisitam a sensibus ut causa, sed per aliquam notitiam occasionem a sensu, in qua non fallitur etiam si omnes sensus fallantur, et per aliquam aliam notitiam, acquisitam a sensu vel a sensibus 'ut in pluribus', quae sciuntur esse vera per propositionem saepe allegatam, scilicet 'quod in pluribus evenit' etc.

246 Quantum ad tertium articulum, ex istis est respondendum ad illas rationes tres.

Ad primam, ad illud de mutatione obiecti, – antecedens est falsum; nec est opinio Augustini, sed error Heracliti et dispuli sui Cratyli, qui nolebat loqui sed movere digitum, ut dicitur IV *Metaphyicae*. Et consequentia non valet dato quod antecedens esset verum, quia adhuc – secundum Aristotelem – posset haberi certa cognitio de hoc quod 'omnia continue moverentur'. – Non sequitur etiam, 'si obiectum est mutabile, igitur quod gignitur ab eo non est repraesentativum alicuius sub ratione immutabilis', quia mutabilitas in obiecto non est ratio gignendi, sed natura ipsius obiecti quod est mutabile ; genitum igitur ab ipso repraesentat naturam per se. Igitur si natura, unde natura, habeat aliquam immutabilem habitudinem ad aliud, illud aliud per suum exemplar et natura ipsa per suum exemplar repraesentantur ut immutabiliter unita: et ita per duo exemplaria, generate a duobus mutabilibus – non in quantum mutabilia sed in quantum mutabilia sed in quantum naturae – potest haberi notitia immutabilitatis unionis eorum.

247 Quamvis non in quantum mutabile gignat, si tamen est mutabile, quomodo eius ad aliud est habitude immutabilis ?

Respondeo: habitudo est immutabilis sic, quia inter extrema non potest esse opposita habitude, nec non esse ista, positis extremis, sed per destructionem extremi vel extremorum destruitur.

248 Contra: quomodo propositio 'necessaria' affirmatur, si identitas extremorum potest destrui ?

Respondeo: quando res non est, non est identitas eius realis, – sed tunc si est in intellectu, est identitas ut est obiectum intellectum, et necessaria secundum quid, quia in tali 'esse' extrema non possunt esse sine tali identitate ; tamen illa potest non esse, sicut extremum potest esse non intellectum. Ergo 'propositio necessaria' in intellectu nostro secundum quid, quia immutabilis in falsam; sed 'simpliciter necessaria' non nisi in intellectu divino, sicut nec extrema habent identitatem simpliciter necessario in aliquo 'esse' nisi in illo 'esse' intellecto.

249 Patet etiam quod repraesentativum in se mutabile

potest repraesentare aliquid sub ratione immutabilis, quia essentia Dei, sub ratione immutabilis repraesentabitur intellectui per aliquid omnino mutabile, sive illud sit species sive actus; hoc patet per simile, quia per finitum potest repraesentari aliquid sub ratione infiniti.

250 Ad secundum dico quod in anima potest intelligi duplex mutabilitas: una ab affirmatione in negationem, et e converso, – puta ab ignorantia ad scientiam vel a non-intellectione ad intellectionem, alia quasi a contrario in contrarium, puta a rectitudine in deceptionem, vel e converso.

Ad quaecumque autem obiecta, est mutabilis anima prima mutabilitate, et per nihil, formaliter in ea exsistens, tollitur ab ea talis mutabilitas. Sed non est mutabilis secunda mutabilitate, nisi circa illa complexa quae non habent evidentiam ex terminis. Circa illa vero quae sunt evidentia ex terminis, mutari non potest secunda mutabilitate, quia ipsi termini apprehensi, sunt causa necessaria et evidens conformitatis compositionis factae, ad ipsos terminos. Ergo si anima est mutabilis a rectitudine in errorem, absolute, non sequitur quod 'per nihil aliud a se potest rectificari': saltem rectificari potest circa illa obiecta circa quae non potest intellectus errare, apprehensis terminis.

251 Ad tertium dico quod si aliquam apparentiam haberet, magis concluderet contra opinionem illam quae negat speciem intelligibilem, quia illa species quae potest repraesentare sensibile tamquam obiectum in somniis, esset phantasma, non species intelligibilis. Igitur si intellectus solo phantasmate utatur per quod obiectum est sibi praesens, et non aliqua specie intelligibili, non videtur quod per aliquod in quo obiectum sibi relucet posset discernere 'verum' a

verisimili. Sed ponendo speciem in intellectu, non valet ratio, quia intellectus non potest uti illa pro se ut pro obiecto, quia non contingit uti illa in dormiendo.

252 Si obicis 'si phantasma potest repraesentare se ut obiectum, igitur intellectus per illum errorem virtutis phantasticae potest errare, vel saltem potest ligari ne possit operari, utpatet in somniis et in freneticis', – potest dici quod etsi ligetur quando est talis error in virtute phantastica, non tamen errat intellectus, quia tunc non habet aliquem actum.

253 Sed quomodo sciet vel erit tunc intellectus certus, quando non errat virtus phantastica, quam tamen non errare requiritur ad hoc quod intellectus non erret?

Respondeo. Ista veritas quiescit in intellectu, quod 'potentia non errat circa obiectum proportionatum, nisi indisposita': et notum est intellectui virtutem phantasticam non esse indispositam in vigilia tali indispositione quae facit phantasma repraesentare se tamquam obiectum, quia per se notum est intellectui quod 'intelligens' vigilat, ita quod virtus phantastica non est ligata in vigilia, sicut in somniis.

254 Sed adhuc instatur, contra certitudinem dictam de actibus, hoc modo: 'videtur mihi quod videam vel audiam, ubi tamen nec video nec audio; igitur de hoc non est certitudo'.

255 Respondeo.

Aliud est contra negantem aliquam propositionem ostendere eam esse veram, aliud est alicui admittenti eam ostendere quomodo sit vera. – Exemplum IV *Metaphysicae*. Contra negantem primum principium non inducit Philosophus istud incoveniens quod 'opiniones contrariae simul essent in anima' (hoc ipsi concederent sicut praemissam), sed inducit eis alia inconvenientia, manifestiora eis licet non in se. Sed recipientibus primum principium ostendit quomodo sit notum, quia ita quod 'oppositum eius non possit venire in mentem', – quod probat, quia 'tunc possent opiniones contrariae simul stare'. Talis conclusio est ibi magis inconveniens quam hypothesis.

256 Ita hic. Si concedis nullam esse per se notam, nolo disputare tecum, quia constat quod protervis, et non es persuasus, sicut patet in actibus tuis (quomodo obicit Philosophus IV *Metaphysicae*): somnians enim de aliquo quasi in proximo obtinendo, et postea evigilans, non prosequeris illud, sicut prosequereris si ita esses proximus in vigilando ad illud consequendum. – Si autem admittis aliquam propositionem esse per se notam – et circa quamcumque potest potentia indisposita errare, sicut patet in somniis, – ergo ad hoc ut aliqua cognoscatur per se esse nota, oportet quod possit cognosci quando potentia est disposita et quando non, et per consequens potest haberi notitia de actibus nostris quod potentia est ita disposita, quod illa est per se nota quae apparet sibi per se nota.

257 Dico tunc ad formam huius cavillationis, quod sicut apparet somnianti se videre, ita posset sibi apparere oppositum unius principii per se noti, speculabilis, et tamen non sequitur quin illud principium sit per se notum, et ita non sequitur quin sit per se notum audienti quod audiat, quia circa utrumque potest potentia indisposita errare, non autem disposita: et quando sit disposita, et quando non, hoc est per se notum – alias non posset cognosci quae foret per se nota, utrum illa cui intellectus sic dispositus, vel cui sic, assentiret.

258 Circa quartum articulum, contra conclusionem opinionis arguo sic: quaero quid intelligit per veritatem certam et sinceram ? Aut veritatem infallibilem, absque

dubitatione scilicet et deceptione, – et probatum est prius et declaratum, in articulo secundo et tertio, quod illa potest haberi ex puris naturalibus. Aut intelligit de veritate quae est passio entis, et tunc cum ens possit naturaliter intelligi, ergo et 'verum' ut est passio eius, et si 'verum', igitur et 'veritas' per abstractionem, quia quaecumque forma potest intelligi ut in subiecto, potest intelligi ut in se et in abstracto a subiecto. Aut, alio modo, intelligit per veritatem, conformitatem ad exemplar: et si ad creatum, patet propositum; si autem ad exemplar increatum, conformitas ad illud non potest intelligi nisi in illo exemplari cognito, quia relatio non est cognoscibilis nisi cognito extremo. Ergo falsum est quod ponitur exemplar aeternum esse rationem cognoscendi et non cognitum.

259 Praeterea, secundo sic: intellectus simplex omne quod intelligit confuse, potest cognoscere definitive, inquirendo definitionem illius cogniti per viam divisionis. Haec cognitio definitive videtur perfectissima, pertinens ad intellectum simplicem. Ex tali autem cognitione perfectissima terminorum potest intellectus perfectissime intelligere principium, et ex principio conclusionem; et in hoc compleri videtur notitia intellectualis, ita quod non videtur cognitio veritatis necessaria ultra veritates praedictas.

260 Item, tertio: aut lux aeterna, quam dicis necessariam ad habendum sinceram veritatem, causat aliquid prius naturaliter actu, aut non. Si sic, aut igitur in obiecto, aut in intellectu: non in obiecto, quia obiectum in quantum habet 'esse' in intellectu, non habet 'esse' reale sed tantum intentionale, – igitur non est capax alicuius accidentis realis; si in intellectu, igitur lux increate non immutat ad cognoscendum sinceram veritatem nisi mediante effectu suo, – ad cognoscendum sinceram

veritatem nisi mediante effectu suo, – et ita aeque perfecte videtur opinio communis ponere notitiam et ita aeque perfecte videtur opinio communis ponere notitiam in lumine increato sicut ista positio, quia ponit eam videri in intellectu agente, qui est effectus lucis increatae et perfectior quam esset illud lumen accidentale creatum. – Si autem nihil causat ante actum, aut ergo sola lux causat actum, aut lux cum intellectu et obiecto. Si sola lux, ergo intellectus agens nullam habet operationem in cognitione sincerae veritatis, quod videtur inconveniens: quia ista operatio est nobilissima intellectus nostril, igitur intellectus nostri, igitur intellectus agens, qui est nobilissimus in anima, concurreret aliquo modo ad istam actionem. Et hoc etiam inconveniens, quod illatum est ibi, concluditur ex opinione praedicta per aliam viam, quia secundum sic opinantem, agens utens instrumento, non potest habere actionem excedentem actionem instrumenti; ergo cum virtus intellectus agentis non possit in cognitionem sincerae veritatis, sequitur quod lux aeterna utens intellectu agente non poterit in actionem istius cognitionis sincerae veritatis, ita quod intellectus agens habeat ibi rationem instrumenti. Si dicas quod lux increata cum intellectu et obiecto causet istam veritatem sinceram, haec est opinio communis, quae ponit lucem aeternam sicut 'causam remotam' causare omnem certam veritatem. Vel ergo erit ista opinio incoveniens, vel non discordabit a communi opinione.

261 Ad quaestionem igitur dico quod propter verba Augustini oportet concedere quod veritates infallibiles videntur in regulis aeternis; ubi potest ly 'in' accipi obiective, et hoc quadrupliciter: vel sicut in obiecto proximo, vel sicut in continente obiectum proximum,

vel sicut in eo virtute cuius obiectum proximum movet, vel sicut in obiecto remoto.

262 Ad intellectum primi dico quod omnia intelligibilia actu intellectus divini habent 'esse intelligibile', et in eis omnes veritates de eis relucent, ita quod intellectus intelligens ea et virtute eorum intelligens necessarias veritates de eis, videt in eis sicut in obiectis istas veritates necessarias. Illa autem in quantum sunt obiecta secundaria intellectus divini, sunt 'veritates' quia conformes suo exemplari, intellectui scilicet divino, et sunt 'lux', quia manifestae, et sunt immutabiles, ibi, et necessariae. Sed aeternae sunt secundum quid, quia 'aeternitas' est condicio exsistentis, et illa non habent exsistentiam nisi secundum quid. Sic igitur, primo, possumus dici 'videre in luce aeterna', hoc est in obiecto secundario intellectus divini, quod est veritas et lux aeterna, modo exposito.

263 Secundus modus patet similiter, quia intellectus divinus continent istas veritates quasi liber, sicut illa auctoritas Augustini dicit, *De Trinitate* XIV cap.15 (quod 'istae regulae scriptae sunt libro lucis aeternae', id est in intellectu divino in quantum continet istas veritates), et licet ille liber non videatur, videntur tamen illae veritates quae sunt scriptae in libro illo primo. Et eatenus posset dici 'intellectus noster videre veritates in luce aeterna', hoc est in libro illo sicut in continente obiectum. – et alter istorum modorum videtur esse de intellectu Augustini XII *De Trinitate* cap.14, quod "ratio quadrati corporis manet incorruptibilis et immutabilis", etc. Non autem manet talis nisi ut est obiectum secundarium intellectus divini.

264 Sed contra primum modum est dubium. Si enim non videmus istas veritates ut sunt in intellectu divino (quia

non videmus divinum intellectum), quomodo dicemur 'videre in luce increata' ex hoc quod videmus in tali 'luce aeterna secundum quid', quae habet 'esse' in luce increata sicut in intellectu cognoscente ?

265 Huic respondet tertius modus, qui talis est: illa ut sunt obiectum secundarium intellectus divini non habent 'esse' nisi secundum quid; operatio autem aliqua vera, realis, non competit alicui praecise 'enti secundum quid' virtute sui, sed si aliquo modo competit sibi, hoc oportet esse virtute alicuius cui competit 'esse' simpliciter; igitur istis obiectis secundariis non competit movere intellectum praecise nisi virtute 'esse' intellectus divini, quod est 'esse' simpliciter et per quod ista habent 'esse' secundum quid. Sic ergo in 'luce aeterna secundum quid' sicut obiecto proximo videmus, sed in 'luce aeterna increata' videmus secundum tertium modum, sicut in causa proxima, cuius virtute obiectum proximum movet.

266 Iuxta hoc etiam potest dici quod, quantum ad tertium modum, videmus in luce aeterna sicut in causa obiecti in se: nam intellectus divinus producit ista actu suo in 'esse intelligibili', et actu suo dat huic obiecto 'esse' tale et illi tale, et per consequens dat eis talem rationem obiecti – per quas rationes post movent intellectum ad cognitionem certam. Et quod proprie posset dici intellectum ad cognitionem certam. Et quod proprie posset dici intellectum nostrum 'videre in luce quia lux est causa obiecti', apparet per simile, quia proprie dicimur intelligere in lumine intellectus agentis, cum tamen illud lumen non sit nisi causa activa vel faciens obiectum in actu suo vel virtute cuius obiectum movet, vel utrumque.

267 Ista igitur duplex causalitas intellectus divini – quod est vera lux increata, videlicet quae producit obiecta

secundaria in 'esse intelligibili', et quod est illud virtute cuius secundaria etiam obiecta product movent actualiter intellectum – potest quasi integrare unum tertium membrum, propter quod dicamur vere videre in luce aeterna.

268 Et si obiciatur contra istos duos modos integrantes tertium membrum 'de causa', quia tunc magis videtur quod diceremur videre in Deo volente, vel in Deo ut voluntas est quam in Deo ut lux est, quia voluntas divina est immediatum principium cuiuslibet actus ad extra, – respondeo: intellectus divinus in quantum aliquo modo prior est actu voluntatis divinae producit ista obiecta in 'esse intelligibili', et ita respectu istorum videtur esse causa mere naturalis, quia Deus non est causa libera respectu alicuius nisi quod praesupponit ante se aliquo modo voluntatem secundum actum voluntatis. Et sicut intellectus ut prior actu voluntatis producit obiecta in 'esse intelligibili', ita ut prior-causa videtur cooperari illis intelligibilibus ad effectum eorum naturalem, scilicet ut apprehensa et composita causent apprehensionis conformitatem ad se. Videtur ergo quod contradictionem includit, intellectum aliquem talem compositionem formare et compositionem non esse conformem terminis, licet possibile sit illos terminos non componere, quia licet Deus voluntarie coagat ad hoc quod intellectus terminos componat vel non componat, tamen cum composuerit, ut illa compositio sit conformis terminis hoc videtur necessario sequi rationem terminorum quam habent ex intellectu Dei, causante illos terminos in 'esse intelligibili' naturaliter.

269 Et ex isto apparet qualiter non est necessaria specialis illustratio ad videndum in regulis aeternis, quia Augustinus non ponit in eis videri nisi 'vera'

quae sunt necessaria ex vi terminorum. Et in talibus est maxima naturalitas – tam causae remotae quam proximae – respectu effectus, puta tam intellectus divini ad obiecta moventia, quam illorum obiectorum ad veritatem complexionis de eis. Et etiam, licet non tanta sit naturalitas ad perceptionem illius veritatis quod 'oppositum contradictionem includat', tamen naturalitas est a parte causae proximae, coassistente sibi causa remota, quia termini apprehensi et compositi, sunt nati naturaliter causare evidentiam conformitatis compositionis ad terminos Et si ponatur quod Deus coagat terminis ad hunc effectum influentia generali, non tamen necessitate naturali: sed, sive sit influentia generalis sive – quod plus est – necessitas naturalis influendi terminis ad hunc effectum, patet quod non requiritur illustratio specialis.

270 Assumptum de intentione Augustini patet per ipsum, IV *De Trinitate* cap.35 (loquitur de philosophis): "Nonnulli eorum potuerunt aciem mentis ultra omnem creaturam levare, et lucem incommutabilis veritatis quantulacumque ex parte attingere, qui christianos multos, ex sola fide viventes, nondum posse derident ". Ergo vult quod christiani credita non vident in regulis aeternis, sed philosophi vident in illis necessaria multa.

271 Idem etiam IX *De Trinitate* cap.6: " Non qualis uniuscuiusque hominis mens " etc.; quasi diceret: contingentia non videntur ibi, sed necessaria.

272 Et in eodem IV, cap.36, arguit contra istos philosophos: " Numquid quia verissime disputant 'aeternis rationibus omnia temporalia fieri', propterea potuerunt in ipsis rationibus aspicere quot sunt animalium genera, quot semina singulorum in exordiis ? " etc. "Nonne ista omnia, non per illam incommutabilem scientiam sed per locorum ac

temporum historiam quaesierunt, et ab aliis experta atque conscripta crediderunt ? "Ergo intelligit quod per regulas aeternas non cognoscuntur illa contingentia, quae tantum per sensus cognoscuntur, vel per historias creduntur, – et tamen specialis illustratio magis requiritur in credendis quam in cognitis necessariis: immo ibi maxime removetur illustratio specialis, et sufficit sola generalis.

273 Contra: quid igitur dicit Augustinus XII *De Trinitate* cap.14, quod " paucorum est mentis acie pervenire ad rationes intelligibiles " ? – et 83 *Quaestionum* quaestione 46, 'non nisi purae animae ad illas pertingunt' ?

274 Respondeo: ista 'puritas' non debet intelligi a vitiis – quia XIV *De Trinitate* cap.15 vult quod iniustus videt in regulis aeternis quid iustum faciendum sit, et IV libro capitulo praeallegato vult quod philosophi vident veritatem in regulis aeternis sine fide, et quaestione eadem vult quod nullus potest esse sapiens sine cognitione idearum (eo modo quo Platonem concederent, forsan, sapientem esse) – sed ista 'puritas' debet intelligi elevando intellectum ad considerandum veritates ut relucent in se, non tantum ut relucent in phantasmate.

275 Ubi considerandum est quod res sensibilis, extra, causat phantasma 'confusum', et 'unum' per accidens, in virtute phantastica, repraesentans scilicet rem secundum quantitatem, secundum figuram et colorem et alia accidentia sensibilia. Et sicut phantasma repraesentat tantum confuse et per accidens, ita multi percipiunt tantum 'ens per accidens'. Veritates autem primae sunt praecise tales ex propria ratione terminorum, in quantum illi termini abstrahuntur ab omnibus per accidens coniunctis cum eis. Non enim

haec propositio 'omne totum est maius sua parte' primo vera est ut 'totum' est in lapide vel ligno, sed ut 'totum' abstrahitur ab omnibus quibus coniungitur per accidens. Et ideo intellectus qui numquam intelligit totalitatem nisi in 'conceptu per accidens', puta in totalitate lapidis vel ligni, numquam intelligit sinceram veritatem huius principia, quia numquam intelligit praecisam rationem termini per quam est veritas.

276 'Paucorum' ergo est pertingere ad rationes aeternas, quia paucorum est habere 'intellectiones per se', et multorum est habere 'conceptus' tales 'per accidens'. Sed isti 'pauci' non dicuntur distingui ab aliis propter specialem illustrationem, sed vel propter meliora naturalia (quia habent intellectum magis abstrahentem et magis perspicacem), vel propter maiorem inquisitionem, per quam aeque ingeniosus pervenit ad cognoscendum illas quiditates, quas alius, non inquirens, non cognoscit. Et isto modo intelligitur illud Augustini IX *De Trinitate* cap.6, de vidente in monte, et vidente inferius aerem nebulosum et superius lucem sinceram. Qui enim tantum intelligit semper 'conceptus per accidens' – eo modo quo phantasma repraesentat obiecta talia quasi 'entia per accidens' – ipse est quasi in valle, circumdatus aere nebuloso. Sed qui separat quiditates intelligendo praecise eas conceptu per se – quae tamen relucent in phantasmate cum multis aliis accidentibus adiunctis – ipse habet phantasma inferius quasi aerem nebulosum: et ipse est in 'monte' in quantum cognoscit illam veritatem, et videt 'verum supra' ut illam veritatem superiorem in virtute intellectus increati, quae est lux aeterna.

277 Ultimo modo, potest concedi quod cognoscuntur veritates sincerae in luce aeterna sicut in obiecto remoto cognito, quia lux increata est primum

principium entium speculabilium et ultimus finis rerum practicarum: et ideo ab ipso sumuntur principia prima, tam speculabilia quam practica, – et ideo cognitio omnium, tam speculabilium quam practicabilium, per principia sumpta a luce aeterna ut cognita, est perfectior et purior cognitione sumpta per principia in genere proprio. Et hoc modo cognitio omnium pertinent ad theologum, sicut dictum est in quaestione illa de subiecto theologiae, et est eminentior alia quacumque. – Hoc modo sincera veritas cognosci dicitur , quia per illud cognoscitur quod est tantum veritas, non habere aliquid permixtum non-veritatis, quia per primum ens, a quo cognito sumuntur principia cognoscendi in genere, est 'verum' defectivum. Hoc modo solus Deus cognoscit omnia tantum sincere, quia, ut dictum est in quaestione de subiecto theologiae, solus ipse novit omnia praecise per essentiam suam; omnis alius intellectus moveri potest ab obiecto alio, ad cognoscendum veritatem aliquam virtute eius. – Cognoscere enim triangulum 'habere tres' ut est quaedam participatio Dei et habens talem ordinem in universe quod quasi perfectius exprimit perfectionem Dei, hoc est nobiliore modo cognoscere triangulum 'habere tres' quam per rationem trianguli; et ita cognoscere quod 'temperate vivendum est' propter beatitudinem ultimam consequendam, quae est attingendo essentiam Dei in se, perfectius est cognoscere istud cognoscibile practicum quam per principium aliquod in genere moris, puta per hoc quod 'honeste vivendum est'.

278 Et isto modo loquitur Augustinus de luce increata ut cognita, XV *De Trinitate* cap.27 vel 82, ubi se ipsum alloquens ait: "Multa vera vidisti, et ea, quae discrevisti ab ista luce, qua tibi lucent vidisti. Attolle

oculos ad ipsam lucem, et eos in eam fige, si potes: sic enim videbis quomodo distat nativitas Verbi Dei a processione Doni Dei " ; et paulo post: "Haec et alia oculis tuis interioribus lux ista monstravit. Quae est ergo causa cur acie fixa ipsam videre non poteris, nisi utique infirmitas ? " etc.

279 Ex dictis patet ad omnes auctoritates Augustini 'ad oppositum', – et secundum aliquem dictorum modorum videndi 'in' exponi possunt auctoritates Augustini quae occurunt de ista materia.

280 De sexto articulo videndum est quomodo tres rationes factae pro prima opinione aliquid verum concludunt in quantum accipiuntur ab Augustino, licet non concludant illam conclusionem falsam ad quam inducuntur.

Ubi sciendum est.

第 8 区分第 1 部

De simplicitate Dei

1. Circa distinctionem octavam quaero utrum Deus sit summe simplex, et perfecte talis.

   Quod non:

   Quia simplicitas non est simpliciter perfectionis, ergo non est ponenda in Deo ut essentialis. – Probatio antecedentis: si esset simpliciter perfectionis, ergo quilibet habens eam simpliciter esset perfectior non habente eam, et ita materia prima esset perfectior homine, quod falsum est, – immo generaliter, in creaturis corruptibilibus vel generabilibus compositiora sunt perfectiora.

2. Item, perfectionis est in forma posse dare esse licet imperfectionis sit dependere a materia; ergo si prima ratio separetur a secunda, quia non videtur contradictio in tali separatione, potest deitas esse forma dans esse licet non dependeat ab illo cui dat esse, et ita potest poni sine imperfectione compositio materiae et formae vel componibilitas saltem deitatis ut formae.

3. Item, quod uni est non-substantia, nulli est substantia, ex I *Physicorum*; sed sapientia in nobis est accidens; ergo in nullo est substantia vel non-accidens. Sed in Deo est sapientia secundum eandem rationem secundum quam est in nobis; ergo est ibi accidens, et ita compositio subiecti et accidentis.

4. Contra: VI *De Trinitate* cap. 6 : 'Deus vere et summe simplex est'.

5 Ad quaestionem respondeo, et primo probo simplicitatem divinam per media quaedam particularia, secundo ex mediis communibus, scilicet infinitate et necessitate essendi.

6 Primo modo procedendo, ostendo simplicitatem oppositam compositioni ex partibus essentialibus, secundo oppositam compositioni ex partibus quantitativis et tertio oppositam compositioni ex subiecto et accidente.

7 Primum sic: causalitas materiae et formae non est simpliciter prima, sed necessario praesupponit casusalitatem efficientem priorem, – ergo si Primum esset compositum ex materia et forma, praesupponeret causalitatem efficientis; non autem huius, quia istud non efficit se, coniungendo materiam suam cum forma, – ergo alterius efficientis, prioris; ergo Deus non esset primum efficiens, cuius oppositum probatum est distinctione 2 quaestione 1. – Probatio primae propositionis: causalitas materiae et formae includit imperfectionem, quia rationem partis, causalitas autem efficientis et finis nullam imperfectionem includit, sed perfectionem; omne imperfectum reducitur ad perfectum sicut ad prius se essentialiter; ergo etc.

8 Idem probo sic: materia de se est in potentia ad formam, et hoc in potentia passiva et contradictionis, quantum est ex se, – ergo non est de se sub aliqua forma, sed per aliquam aliam causam, reducentem materiam ipsam ad actum formae; ista autem causa reducens non potest dici tantum forma in quantum forma, quia sic non reducit materiam nisi actuando formaliter ipsam materiam; ergo oportet ponere aliquid reducens effective materiam ad istam actualitatem. Ergo si Primum esset compositum ex materia et forma, esset aliquod efficiens per cuius efficientiam esset

materia eius sub forma, et ita ipsum non esset primum efficiens, ut prius.

9   Tertio sic: omnis entitas una causata habet aliquam unam causam a qua est eius unitas, quia non potest poni unitas in causato sine unitate in causa. Unitas ergo composite, cum sit causata, requirit aliquam unam causam a qua sit ista entitas causata. Illa causalitas non est materiae nec formae, quia utraque est entitas deminuta respectu entitatis compositi; ergo praeter illas duas, materiae scilicet et formae, oportet ponere aliquam aliam, – illa erit efficiens, et ita redit idem quod prius.

10 Secundum, scilicet carentiam compositionis quantitativae, probare videtur Philosophus VIII *Physicorum* et XII *Metaphysicae*, quia Primum est potentiae infinitae; potentia autem infinita non est in magnitudine: et hoc probatur, quia maior potential est in maiore magnitudine; nulla autem est magnitude infinita; ergo nec aliqua potentia infinita in magnitudine.

11 Sed istud argumentum videtur deficere, quia qui poneret potentiam infinitam esse in finita magnitudine, diceret ipsam esse eiusdem rationis in parte magnitudinis et in tota magnitudine, et ita in maiore et in minore: sicut anima intellectiva est tota in toto et tota in qualibet parte corporis, nec maior in maiore corpore, nec maior in toto corpore quam in parte; et si animam istam consequeretur infinita potentia intelligendi, ipsa esset in magnitudine finite, et ita in parte sicut in toto et in parva parte sicut in magna. Ita diceretur in proposito, quod potentia infinita in magnitudine esset eiusdem rationis in toto et in parte.

12 Declarando ergo rationem Aristotelis dico quod conclusio sua est ista, quod potentia infinita 'non

est in magnitudine finita' extensa per accidens ad extensionem magnitudinis. Hoc probat ratio sua hoc modo: quaecumque potentia est extensa per accidens, ceteris paribus maior est – id est efficacior – in maiore magnitudine, et non sic maior, id est formaliter intensior, quia parvus ignis potest plus habere de calore quam magnus si magnus sit multum rarus et parvus densus (et ideo addendum est in maiore 'ceteris paribus'); exemplum etiam est de calore in eodem igne, qui licet sit aequalis intensionis in parte et in toto, tamen maior ignis est 'maioris potentiae', id est efficacior.

13 Et ex hoc sequitur omnis talis potentia 'extensa per accidens' quamdiu est in magnitudine finita, potest intelligi crescere in efficacia per augmentum magnitudinis, – sed quamdiu intelligitur potens crescere inefficacia non est infinita in efficacia; et ex hoc sequitur quod omnis talis potentia 'extensa per accidens' quamdiu est in magnitudine finita, est finita, quia infinitas intensiva non potest esse sine infinitate in efficacia; et ex hoc sequitur quod potentia infinita in efficacia non potest esse in magnitudine finita, – nec ergo potentia infinita intensive; et tunc ultra : cum non sit aliqua magnitude infinita, patet quod non est aliqua talis potentia infinita in magnitudine.

14 Sed quid hoc ad propositum, quod omnis potentia talis non sit in magnitudine?

Respondeo. Coniungendo huic illam conclusionem quam prius probavit Philosophus, – quod tale 'potens' est sine materia – sequitur propositum. Quia enim extensione extenditur aliquid, vel si extensio essset per se exsistens, aliquid esset forma informans extensionem, extensa per accidens, – ergo si potentia ista infinita poneretur in magnitudine, quaero quid est ista extensio magnitudinis? Non ipsa potentia infinita, sicut probatum est, – nec ipsa perficit istam sicut forma materiam, quia non est in materia, ex conclusione praeostensa: ergo oporteret ponere materiam extensam ista magnitudine, quae materia perficeretur potentia infinita, sicut materia nostra vel corpus nostrum extenditur magnitudine et perficitur per animam intellectivam non extensam; sed nulla materia est in habente talem potentiam, ex praeostensa conclusione a Philosopho. Ex ista ergo immaterialitate – praeostensa per Philosophum et modo ostensa in ista conclusione – habet ista ratio efficaciam.

15 Tertia probatur conclusio specialiter ex istis : quia enim Deus non est materialis nec quantus, ideo non est capax accidentis alicuius materialis, convenientis rei materiali sicut qualitas rei materialis; ergo tantum est capax illorum quae conveniunt spiritibus – puta intellectionis et volitionis, et habituum correspondentiuum – sed talia non possunt esse accidentia illi naturae, sicut probatum est distinctione 2 quia intelligere eius et velle eius sunt substantia eius, et habitus et potentia, etc.

Secundo probo generaliter propositum.

16 Primo ex ratione necesse-esse, – quia si Primum sit compositum, sint componentia a et b; quaero de a, si sit ex se formaliter necesse-esse, aut non, sed possibile-esse (alterum istorum oportet dare in quacumque re, sive in omni natura ex qua aliquid componitur). Si est ex se possibile-esse, ergo necesse-esse ex se componitur ex possibili, et ita non erit necesse-esse; si a est ex se necesse-esse, ergo est ex se ultima actualitate, et ita cum nullo facit per se unum. Similiter, si ex se est necesse-esse compositum, erit necesse-esse

per a, et pari ratione erit necesse-esse per b, et ita erit bis necesse-esse; erit etiam compositum necesse-esse per aliquid, quo sublato nihil minus erit necesse-esse, quod est impossibile.

17 Secundo ostendo generaliter propositum ex ratione infinitatis, – et primo quod Deus non sit componibilis: per hoc, quod omne componibile potest esse pars alicuius totius compositi quod est ex ipso et alio componibili; omnis autem pars potest excedi; contra rationem vero infiniti est posse excedi, ergo etc.

18 Et confirmatur ratio, et quasi idem est, – quia omne componibile caret perfectione illius cum quo componitur, ita quod illud componibile non habet in se omnem et omnimodam identitatem cum illo, quia tunc non posset cum illo componi; nullum infinitum caret eo cum quo potest esse aliquo modo idem, immo omne tale habet in se secundum perfectam identitatem, quia alias posset intelligi perfectius, puta si haberet illud in se sicut 'compositum' habet et illud 'infinitum' non habet; contra rationem autem infiniti simpliciter est quod ipsum posset intelligi perfectius vel aliquid perfectius eo.

19 Ex hoc sequitur ulterius quod sit omnino incompositus, – quia si sit compositus, aut ergo ex finitis, aut ex infinitis: si ex infinitis, nullum tale est componibile, ex probatis: si ex finitis, ipsum non erit infinitum, quia finite non reddunt aliquid infinitum in perfectione sicut modo loquimur.

20 Ad primum argumentum dico quod simplicitas est simpliciter perfectionis secundum quod excludit componibilitatem et compositionem ex actu et potentia vel ex perfectione et imperfectione, sicut dicetur in sequenti quaestione.

21 Nec tamen sequitur quod omnis creatura simplex

sit perfectior creatura non simplici, quia aliquid quod est simpliciter perfectionis potest repugnare alicui naturae limitatae, et ita illa non esset simpliciter talis natura perfecte si haberet illud quod sibi repugnat : ita canis non esset simpliciter perfectus canis si esset sapiens, quia repugnat sibi sapientia. Similiter, alicui naturae limitatae potest repugnare una perfectio simpliciter et alia non, – et tunc non sequitur illam naturam esse perfectiorem cui convenit talis perfectio quam cui repugnant, maxime quando illi cui ista repugnat convenit alia perfectio simpliciter, quae forte simpliciter est perfectior illa alia, repugnante. Exemplum : 'actualitas' est perfectio simpliciter et 'simplicitas' est perfectio simpliciter; composito autem convenit maior actualitas, licet non maior simplicitas, – materiae autem licet conveniat simplicitas, non autem actualitas est perfectior simplicitate, – et ita, simpliciter, perfectius potest esse illud cui convenit actualitas sine simplicitate quam illud cui convenit simplicitas sine actualitate.

22 Sed hic videntur dubia: unum, quomodo perfectio simpliciter est quae non est perfectio ubicumque, cum de ratione simpliciter perfectionis sit quod 'ipsum sit simpliciter melius, in unoquoque, quam non ipsum', secundum Anselmum, *Monologion* 15; secundum dubium est, quomodo una perfectio simpliciter est perfectior alia absolute.

23 Ad primum dico quod ista descriptio sic debet intelligi, quod perfectio simpliciter est melius non tantum suo contradictorio (ita enim quodcumque positivum est melius et perfectius simpliciter sua negatione, immo nulla negatio est perfectio aliqua formaliter), sed intelligitur sic 'ipsum est melius quam non ipsum' – id est 'quolibet sibi incompossibili' – et

tunc debet intelligi hoc quod dicitur 'in quolibet est melius', considerando praecise quolibet in quantum suppositum, non determinando in qua natura illud suppositum subsistat. Considerando enim aliquid in quantum subsistit in aliqua natura, potest aliqua perfectio simpliciter esse non melior sibi, quia incompossibilis sibi ut est in tali natura, quia repugnat tali naturae; tamen ei in quantum praecise subsistens est non repugnat, sed si hoc modo consideretur illam habere erit simpliciter perfectius ens quam si haberet quodcumque sibi incompossibile.

24 Ad secundum dubium dico quod requirit declarationem 'quis sit ordo perfectionum simpliciter'. Et modo, breviter, supponatur quod sit aliquis ordo perfectionis inter eas, ita quod aliqua ex ratione sui est perfectior alia praecise sumpta, licet quando quaelibet est in summo tunc sint omnes aeque perfectae, quia infinitae, – et quaelibet tunc est infinita. De hoc alias.

25 Ad secundum principale dico quod 'dare alicui esse formaliter' necessario ponit limitationem, quia sic dans esse non includit per identitatem illud cui dat esse; nec potest separari a sic dare esse imperfectio, quia nec limitatio, nec etiam dependentia omnimoda: licet enim separetur ab eo dependentia ad materiam, semper tamen manet dependentia ad efficiens virtute cuius forma informat materiam. Et si instetur de Verbo, quod dat esse naturae humanae, – non est hoc dare esse formaliter, sicut patebit libro III distinctione 1.

26 Ad tertium dico quod sapientia secundum illam rationem secundum quam est species qualitatis et accidens in nobis, non est eiusdem rationis in Deo, sicut melius patebit distinctione ista, quaestione illa 'Utrum Deus in genere'.

De simplicitate Dei

Ordinatio I, distinctio 2 pars 2 quaestio 1-4

403 Vel, ut propriissime, dicatur: sicut possumus invenire in unitate multos gradus – primo, minima est aggregationis; in secundo gradu est unitas ordinis, quae aliquid addit supra aggregationem; in tertio est unitas per accidens, ubi ultra ordinem est informatio, licet accidentalis, unius ab altero eorum quae sint sic unum; in quarto est per se unitas compositi ex principiis essentialibus per se actu et per se potentia; in quinto est unitas simplicitatis, quae est vere identitas (quidquid enim est ibi, est realiter idem cuilibet, et non tantum est unum illi unitate unionis, sicut in aliis modis) – ita, adhuc ultra, non omnis identitas est formalis. Voco autem identitatem formalem, ubi illud quod dicitur sic idem, includit illud cui sic est idem, in ratione sua formali quiditativa et per se primo modo. In proposito autem essentia non includit in ratione sua formali quiditativa proprietatem suppositi, nec e converso. Et ideo potest concedi quod ante omnem actum intellectus est realitas essentiae qua est communicabilis, et realitas suppositi qua suppositum est incommunicabile; et ante actum intellectus haec realitas formaliter non est illa, vel, non est formliter eadem illi sicut prius expositum est quid est 'formaliter'.

Ordinatio I, distinction 8 pars 1 quaestio 2

27 Iuxta hoc quaero utrum aliqua creatura sit simplex.
   Et arguo quod sic: compositum componitur ex partibus, et illae non ex aliis, ergo partes illae sunt in se simplices.

28 Oppositum huius est VI *De Trinitate* cap.6, ubi dicit Augustinus quod nulla creatura est in se simplex.

29 Hic dicitur quod 'quaelibet creatura est composita ex actu et potentia' : quia nulla est pura potentia, quia tunc

non esset, – nec purus actus, quia tunc esset Deus.
30 Praeterea, 'quaelibet creatura est ens per participationem', – ergo est composita ex participante et participato.
31 Contra istam conclusionem arguo, quia si in quolibet sit compositio ex re et re, accipio illam rem componentem et quaero si est simplex aut composita; si simplex, habetur propositum, – si composita, erit processus in infinitum in 'rebus'.
32 Concedo ergo quod aliqua creatura est simplex, hoc est non composita ex rebus. Tamen nulla creatura est perfecte simplex, quia aliquo modo composita est et componibilis.

Quomodo composita, declaro sic, quia habet entitatem cum privatione alicuius gradus entitatis. Nulla enim creatura habet entitatem secundum totam perfectionem quae nata est esse entitatis in se, et ideo caret aliqua perfectione quae nata est compotere entitati in se, et ideo 'privatur', – sicut talpa dicitur caeca 'quia nata est habere visum secundum rationem animalis, non secundum rationem talpae', secundum Philosophum V *Metaphysicae* cap.'De privatione'. Componitur ergo non ex re et re positivis, sed ex re positiva et privatione, scilicet ex entitate aliqua quam habet, et carentia alicuius gradus perfectionis entitatis, – cuius ipsum non est capax, tamen ipsum ens est capax: sicut talpa secundum se non est nata videre, tamen secundum quod animal, nata est videre. Nec tamen ista compositio 'ex positive et privativo' est in essentia rei, quia privatio non est de essentia alicuius positivi.
33 Ad istam etiam sequitur compositio potentiae et actus obiective: quidquid enim est ens, et caret aliqua perfectione entis, est simpliciter possibile, et terminus

potentiae simpliciter, cuius terminus non potest esse ens infinitum, quod est necesse-esse.

34 Est etiam quaelibet creatura componibilis :

Quod patet de accidente, quod est componibile cum subiecto. In substantia etiam patet, tam de forma quam de materia. De substantia etiam per se generabili et corruptibili, patet quod est receptive accidentis; nulla ergo esset non-receptiva nisi propter suam perfectionem. – Sed perfectissima intelligentia est receptiva accidentis, quia capax est suae intellectionis et volitionis, quae non est sua substantia: tum quia tunc esset formaliter beata se ipsa, cuius oppositum est probatum distinctione 1. Tum quia quaelibet intelligentia potest intelligere infinita, quia omne intelligibile; ergo si intellectio sua esset sua essentia, posset habere essentiam infinitam, quia haberet unam intellectionem infinitorum. Tum quia intellectio sua non dependeret ab aliquo obiecto nisi a quo dependeret suum 'esse', et ita nihil inferius se – nec etiam se – posset intelligere in genere proprio, sed tantum in obiecto superiore movente; immo nihil posset aliqua intelligentia intelligere nisi in Deo, quia ab alia intelligentia non causatur suum esse, – ergo nec eius intellectio. Tum quia verbum angeli esset personaliter distinctum ab eo, et idem sibi essentialiter, sicut probatum est distinctione 2 de Verbo divino.

35 Ad argumentum principale Augustini concedo quod nulla creatura est vere simplex, quia composita – modo praedicto – ex positione et privatione, actu et potentia obiective, et componibilis alii creaturae.

36 Et per idem patet ad argumentum de prima opinione; non enim est actus purus qui caret aliquo gradu actualitatis, sicut non est lux pura quae caret aliquo gradu lucis, licet cum illa luce impure non misceatur

aliqua alia entitas positive sed tantum carentia perfectioris gradus lucis.

37 Ad secundum dico quod 'participare' est idem quoddammodo quod 'partem capere', ita quod duplicem relationem importat – et partis ad totum et capientis ad captum.

Prima est realis. Nec tamen sumitur pars pro eo quod est aliquid rei, sed extensive, prout omne minus dicitur pars maioris; omne autem 'finitum tale' est simpliciter 'minus tale' si aliquod tale natum est esse infinitum; quaelibet autem perfectio simpliciter nata est esse infinita, – ergo ubicumque est finita, ipsa est minor aliqua perfectione simili, et ita pars extensive.

38 Secunda vero relatio – scilicet 'capientis ad captum' – est relatio rationis, sicut in creaturis inter dans et datum. Tripliciter tamen pars capitur: aut sic quod 'totum' captum est pars capientis, sicut species participat genus (quantum ad partes essentiales generis, non subiectivas), aut 'pars' capti est pars capientis, aut – tertio modo – 'pars' capti est totum ipsum capiens. Primus duobus modis relatio capientis et capti potest concede realis, tertio modo non: iste modus est in proposito, quia omnis perfectio limitata (quae tamen ex se non determinatur ad limitationem, quae est pars capta) est ipsa tota limitata, nisi quod ibi distingui potest suppositum capiens et natura capta – sed non est sic distinctio realis.

39 Tertio quaero utrum cum simplicitate divina stet quod Deus, vel aliquid formaliter dictum de Deus, sit in genere.

Quod sic :

Quia Deus formaliter est ens, ens autem dicit conceptum dictum de Deo in 'quid' – et iste conceptus non est proprius Deo, sed communis sibi et creaturae, sicut dictum est distinctione 3; ergo oportet quod ad hoc quod fiat proprius, quod determinetur per aliquem conceptum determinantem; ille 'determinans' se habet ad conceptum entis sicut conceptus 'qualis' ad conceptum 'quid', et per consequens ut conceptus differentiae ad conceptum generis.

40 Praeterea, Avicenna II *Metaphysicae* cap.1: 'ens in subiecto' et 'ens non in subiecto' non habent medium, – et videtur loqui secundum quod 'ens non in subiecto' est ratio substantiae et 'ens in subiecto' est ratio accidentis. Deus ergo cum sit ens formaliter, et non 'ens in subiecto', ergo est 'ens in non-subiecto', – ergo est substantia: substantia autem ut substantia est genus.

41 Praeterea, ubi est species ibi est genus – secundum Porphyrium – quia sunt correlativa; natura divina est species respectu personarum, secundum Damascenum cap.50; ergo etc.

42 Item, sapientia formaliter dicitur de Deo, et hoc secundum eandem rationem secundum quam dicitur de nobis, quia illae rationes quae positae sunt distinctione 3 quaestione 1 de univocatione entis, concludunt de univocatione sapientiae; ergo secundum illam rationem secundum quam sapientia dicitur de Deo, est species generis: et hoc probatur per dictum antiquorum doctorum, qui dicunt quod species transfertur ad divina, quia dicit perfectionem, licet non genus, quia dicit imperfectionem, – ut 'scientia', non 'qualitas'.

43 Contra est Magister in littera, et adducit Augustinum, – et ostendit per eum quod 'removentur a Deo illa praedicamenta artis dialecticae'.

44 Hic sunt duae opiniones extremae. – Una negativa, quae dicit quod cum simplicitate divina non stat quod sit aliquis conceptus communis Deo et creaturae, de qua tactum est supra distinctione 3 quaestione 1.

45 Ad hoc ponuntur quaedam rationes prius non tactae.

Prima est ista: illis quae sunt totaliter et immediate sub extremis contradictionis, nihil est commune univocum; Deus et creatura sunt totaliter et immediate sub extremis contradictionis – dependere et non dependere, causatum et non causatum, esse ab alio et non ab alio; ergo nihil est eis commune univocum.

46 Item, secundo sic, et est confirmatio alterius rationis: omnis conceptus communis est neuter respectu illorum quibus est communis; nullus est conceptus neuter respectu contradictorum, quia est alter eorum; ergo etc.

47 Item, tertio sic: primo diversa in nullo conveniunt; Deus est primo diversus a quacumque creatura, alioquin haberet quo conveniret et quo differret, et ita non esset simpliciter simplex; ergo Deus in nullo convenit cum creatura, et ita nec in aliquo conceptu communi.

48 Item, ubi tantum est unitas attributionis, non potest esse unitas univocationis; sed oportet ponere unitatem attributionis creaturae ad Deum in ratione entis; ergo in hoc non est univocatio.

49 Ad hoc adducitur intentio Dionysii *De divinis nominibus*, qui ponit tres gradus cognoscendi Deum – per eminentiam, causalitatem et abnegationem – et ponit illam cognitionem per abnegationem esse ultimam quando removentur a Deo omnia illa quae sunt communia creaturis: igitur non intelligit ipse quod aliquis conceptus qui est abstractus a creaturis, remaneat in ipso secundum quod fuit communis creaturae.

50 Ad hoc etiam est Augustinus VIII *De Trinitate* cap.5 (in medio capituli): "Cum audis bonum hoc et bonum illud (quae possent alias etiam dici non bona), si potueris sine illis quae participatione bona sunt

perspicere ipsum bonum cuius participatione bona sunt (simul enim et ipsum intelligis cum audis hoc bonum et illud bonum), si autem potueris illis detractis percipicere per se bonum, perspexeris Deum, et si amore adhaeseris, continuo beatificaberis". Ergo vult dicere quod intelligendo hoc bonum et illud bonum, intelligo bonum cuius participatione illa sunt bona, hoc est 'bonum infinitum': ergo non habeo ibi tantum conceptum boni in communi sed etiam boni per essentiam.

51 Contra istam positionem sunt duae rationes, quae tactae sunt superius distinctione 3 quaestione praedicta.

Una 'quia non posset conceptus iste proprius Deo causari naturaliter in intellectu nostro': quidquid enim est naturaliter movens intellectum nostrum pro statu isto, sive intellectus agens sive phantasma sive species rei intelligibilis, habet pro effectu adaequato causare in nobis conceptum illius quiditatis et eorum quae continentur in tali quiditate essentialiter vel virtualiter; conceptus autem ille proprius neutro modo continetur; in illa quiditate, nec essentialiter nec virtualiter (quod non essentialiter, patet, quia negans univocationem, – quod non virtualiter, quia perfectius numquam continetur in minus perfecto); ergo etc.

52 Responsio aliquorum est quod ens ratum facit notitiam de se in quantum est ens ratum (hoc est, in quantum est relatum ad primum ens), et ita concipere illud sub ratione illa, non est concipere illud sub ratione absoluta, sed sub ratione relata ad primum ens; relatio autem habet causare in intellectu conceptum correlativum, sive relationis correspondentis, – et cum concipiatur 'ut in se subsistens' relatio correspondens, concipietur tamen aliquo modo virtute fundamenti istius relationis.

53 Contra istud argumentum videtur stare, quod si est aliquod adaequatum obiecto naturaliter a nobis cognoscibili et intelligibili (qualitercumque sit praesens intellectui nostro), potest facere conceptum de se et de his quae includit essentialiter vel virtualiter, et secundum iam dicta nullo modo includitur illud absolutum quod est fundamentum relationis in Deo, ut probabo: ergo sequitur quod nullo modo fiat in nobis conceptus illius absolute, et ita nullum conceptum alicuius absoluti poterimus de Deo habere naturaliter.

54 Probatio assumpti, – quia licet dicta responsio supponat quod relatio in creaturis prius naturaliter concipiatur quam relatio sibi correspondens vel fundamentum relationis correspondentis (quod credo esse dubium, quia terminus relationis naturaliter praeintelligitur relationi, sicut et fundamentum), – licet etiam supponat quod res creata rata non intelligitur a nobis nisi in quantum relata (quod improbatum est distinctione 3 quaestione 'De vestigio', et videtur esse contra Augustinum VII *De Trinitate* cap.8 "Omnis res ad se subsistit, – quanto magis Deus? "– et loquitur Augustinus de subsistentia ut quo naturaliter non est res creata, et naturaliter in se subsistit, alioquin non esset argumentum 'si omnis res ad se subsistit, quanto magis Deus', si idem accipiatur in praemissis et in conclusione), – his, inquam, quae forte ab adversario negarentur, arguo sic: relatio in creatura licet habeat in virtute sua causare conceptum relationis sibi correspondentis, tamen illa relatio correspondens non includit in se aliquem conceptum absolutum in quo fundetur, quia relatio creaturae – e converso – ad Deum, quae est tantum rationis, non includit essentiam divinam vel aliquam perfectionem absolutam in Deo (quae perfectio est naturaliter ipsa), quam tamen

essentiam vel perfectionem oportet ponere esse fundamentum relationis Dei ad creaturam; et ita non posset per relationes istas causari in nobis aliquis conceptus de perfectionibus absolutis nisi relatio altera haberet in se virtualiter illud absolutum quod est propria perfectio Deo, quod est impossibile.

55 Istud etiam probatur, quia secundum eos essentia divina non est nata facere de se nisi conceptum unicum in intellectu, – ergo non est natus haberi de ea nisi unicus conceptus realis. Haec consequentia probatur, quia omnem conceptum realem quantum ad intelligentiam simplicem natum haberi de ea, ipsa nata est facere de ista essentia aliquem conceptum realem, natum est facere illum unicum qui natus est haberi de ea, – quod si non illum, tunc nullum de ea; sed nulla creatura potest illum unicum causare, quia tunc ex creatura posset cognosci sub ratione qua est haec essentia singularis; ergo per nullam creaturam – secundum illam positionem – potest haberi aliquis conceptus singularis de essentia divina.

56 Secunda ratio tacta in quaestione praedicta, erat de conceptu uno certo, et duobus dubiis, qui certus est communis illis.

57 Respondetur illi tripliciter. – Primo, quod aliquis conceptus est idem 'certus' et 'duobus': ut conceptus Socratis vel Platonis dubius est, conceptus alicuius hominis certus, – et tamen iste et ille idem.

58 Hoc nihil est, quia licet conceptus idem possit diversificari penes modos grammaticales et logicales (penes grammaticales, ut penes quoscumque modos diversos concipiendi, sicut penes universale et singulare, vel penes explicite et implicite: explicite, sicut definitio exprimit, – implicite, sicut definitum exprimit), et per istas differentias possit poni non

tantum certitudo et incertitudo, sed veritas etiam et falsitas, congruitas et incongruitas, – tamen quod idem conceptus eodem modo conceptus vel acceptus, secundum istos modos vel quantum ad istos modos sit certus et dubius, hoc est idem omnino affirmare et negare. Ergo si conceptus de ente est certus et conceptus de ente creato et increato est dubius (et non est hoc propter modos significandi grammaticales, nec penes modos concipiendi logicales), vel ergo erit simpliciter alius et alius conceptus, quod est propositum, – vel conceptus diversificatus penes modum concipiendi particularis et communis, quod est etiam propositum.

59 Aliter dicitur quod sunt duo conceptus propinqui, tamen et propter istam propinquitatem videntur esse unus conceptus, – et videtur certus de 'uno', hoc est de illis duobus dubie conceptis, dubius autem de illis duobus distincte conceptis.

60 Contra. Quando non possunt aliqui conceptus concipi sub unitate aliqua nisi simul vel prius naturaliter concipiantur sub distinctione propria sibi, quae supponitur illi unitati, non potest intellectus esse certus de eis in quantum habent illam unitatem et dubius de eis in quantum sunt distincti; vel sic: non potest intellectus esse certus de illa unitate illorum et dubius de distinctione eorum; vel sic : non potest intellectus esse certus de eis sub ratione illius unitatis et duobus de eis sub ratione alicuius propriae distinctionis. Sed intellectus concipiens ens dictum de Deo et creatura, – si sint duo conceptus, non potest habere conceptus istos secundum aliquam unitatem nisi prius naturaliter habeat eos sub ratione distinctorum, vel simul; ergo non potest esse de eis sub ratione unius, dubitando de eis sub ratione multorum.

61 Probatio maioris, quia si certitudo esset de aliquo conceptu (vel de quibuscumque conceptibus) dubitando de a et b (vel cum dubitatione de a et b), ille unus vel illi duo conceptus concipiuntur prius naturaliter – sub ea ratione sub qua est certitudo de illo vel de illis – quam concipiantur a et b

62 Conceditur tamen quod praeconcipiuntur qui habent habitudinem. – Contra. Aut ut omnino disparati, – ergo non 'videntur' unus; aut ut habentes aliquam unitatem ordinis vel distinctionis contra se, vel quamcumque, – et tunc probatio minoris: ens in Deo et ens in creatura, si sint duo cenceptus habentes attributionem, non possunt concipi in quantum habent unitatem attributionis nisi prius natura – vel saltem simul – concipiantur iste et ille in quantum sunt distincti, puta iste sub propria ratione et ille sub propria ratione, quia isti sub propriis rationibus sunt fundamenta unitatis 'ordinis' et 'attributionis'.

63 Confirmatur istud per argumentum Philosophi II *De anima*, de sensu communi, quem concludit esse commune per cognitionem differentiae albi et nigri, ex cuius differentiae cognitione concludit quod cognoscit extrema. Si enim posset cognoscere ista sub ratione huiusmodi respectus qui est 'differetia', absque hoc quod cognosceret sub ratione propria, tunc argumentum suum non valeret. Ergo similiter in proposito, non possunt simul cognosci a et b sub propria ratione et b sub propria ratione (cum per te nihil sit eis commune), et ita quicumque intellectus concipit istos duos sub unitate ordinis, concipit eos ut distinctos in se.

64 Melius arguitur sic, contra illud 'videntur unus conceptus':

Conceptus duo simpliciter simplices non sunt

in intellectu nisi uterque sit ibi distincte, quia talis conceptus aut omnino ignoratur aut totaliter attingitur (IX *Metaphysicae* cap.ultimo); ergo de illo non est intellectus certus secundum aliquid, et dubius vel deceptus secundum aliud. Formetur ergo ratio sic: intellectus habet duos conceptus; ergo aliquid sibi patet de utroque conceptu si 'videntur' unus, et aliquid non patet – constat – alioquin semper videntur 'unus'; ergo neuter conceptus est simpliciter simplex, ergo non primo diversi et abstractissimi.

65 Item, intellectus habens conceptum distinctum potest illo distnguere 'obiectum cognitum' ab illo conceptu quem habet; hic non potest distinguere, quia non habet habet conceptum distinctum, – ergo nec proprium, quia conceptus proprius est conceptus alii repugnans; ergo concipiens hunc, concipit repugnans alteri, verbi gratia, visus non videt aliquid repugnans nigro quin per illud distinguat illud a nigro. Conceptus voco obiecta formalia. – Quod enim duo obiecta sub propriis rationibus (quarum una est primo diversa ab alia) sint intellecta a me et non possum distinguere quid est hoc, ergo proprias rationes non intelligo; ergo nihil, vel aliquid commune.

66 Item, cognito 'si est' restat quaestio 'quid est', II *Posteriorum*.

67 Item, brevius arguitur sic: intellectus quando est certus, aut est certus, aut est certus de conceptu simpliciter uno, aut non, sed uno 'unitate analogiae'. Si primo modo, et non de hoc nec de illo (quia de utroque in particulari est dubius), ergo est certus de aliquo tertio simpliciter uno, quod est propositum. Si secundo modo, verum est, in quantum est sic unus, – sed de illo qui est sic unus arguo: non potest esse certus de uno 'unitate analogiae' nisi sit certus de duobus ut duo sunt;

ergo illi duo non videntur intellectui esse 'unus', quia simul concipiuntur ut distincti conceptus.

68 Tertio modo respondetur quod non est certitudo de conceptu aliquo uno, et dubitatio de duobus, sed certitudo de duobus disiunctis et dubitatio de alterutro illorum : ut puta, 'certus sum quod hoc est ens, hoc est substantia vel accidens, dubito tamen utrum sit determinate hoc ens, ut substantia, vel illud ens quod est accidens.

69 Contra. Illa certitudo praecedit omnem apprehensionem quorumcumque dividentium ipsum ens, ergo praecedit certitudinem 'de toto disiuncto'. – Anticedens probatur, quia non oportet in prima apprehensione qua 'hoc' scitur esse aliquid, vel ens, apprehendere a se vel ab alio, per se vel in alio, et sic de aliis disiunctis.

70 Contra istud etiam est confirmatio ad quartum argumentum supra dictum, quod erat de inquisitione intellectus quam habemus de Deo per naturalem: in qua illas rationes creaturae quae dicunt imperfectionem de se separamus ab imperfectione cum qua sunt in creaturis, et eas secundum se acceptas consideramus ut indifferentes, et eis attribuimus perfectionem summam; et sic acceptas in summo, attribuimus eas Creatori ut proprias sibi.

71 Ita arguit Augustinus XV *De Trinitate* cap.3 vel 6: "Quoniam rebus creatis Creatorem sine dubitatione praeponimus, oportet eum et summe vivere, et cuncta sentire atque intelligere". Hoc probat ipse ex hoc quod "viventia non viventibus, sensu praedita non sentientibus, intelligentia non intelligentibus, immortalia mortalibus, bona malis praeferenda iudicamus", – quod argumentum non videtur valere sit alia, ut praeferuntur in creaturis, non essent eiusdem

rationis cum illis quae talia in summo attribuuntur Deo.
72 Consimilia argumenta frequenter fiunt sive habentur a doctoribus et a sanctis.

Ita enim formaliter ponitur in Deo intellectus et voluntas, et non tantum absolute sed cum infinitate, – ita potentia et sapientia; ita ponitur liberum arbitrium: et Anselmus *De libero arbitrio* cap.1 reprehendit illam definitionem quod liberum arbitrium 'est potestas peccandi', quia secundum eum tunc – secundum hoc – non esset in Deo liberum arbitrium, quod est falsum; quae improbatio nulla esset si secundum aliam rationem omnino diceretur liberum arbitrium de Deo et de creatura.

73 Haec etiam est via Dionysii, quia quando per tertiam viam sive in tertio gradu, pervenerit ad illam 'cognitonem per remotionem', quaero an praecise cognoscatur ibi illa negatio, – et tunc non plus cognoscitur Deus quam chimaera, quia illa negatio est communis enti et non-enti; aut cognoscitur ibi aliquod positivum, cui attribuitur illa negatio, – et tunc de illo positivo quaero quomodo conceptus eius habetur in intellectu: si per viam causalitatis et eminentiae non habetur aliquis conceptus, prius causatus in intellectu, nihil omnino cognoscetur positivum cui attribuatur illa negatio.

74 Confirmatur etiam ista ratio, quia non dicimus Deum formaliter lapidem, sed formaliter sapientem: et tamen si praecise consideretur attributio conceptus ad conceptum, ita posset formaliter lapis attribui ad aliquid in Deo – ut ad ideam suam – sicut sapientia.

75 Respondetur quod Deus non dicitur sapiens quia est in eo idea sapientiae, sed quia est in eo talis perfectio simpliciter, licet alterius rationis a sapientia creata.

Contra :

76 Illius 'sapientiae in Deo' est sapientia nostra quaedam participatio, similiter et ideae: idem autem non participat essentialiter nisi unicum perfectum.

77 Item, relatio ideati ad ideam est relatio mensurati ad mensuram; sed unicum mensuratum non nisi ad unicam mensuram refertur, – idea est mensura eius; ergo cum sapientia, qua Deus est sapiens, sit mensura eiusdem, non distinguitur ab idea (responsio: idea est mensura propria et proprium participatum, vel magis, relatio mensurae et participati, – sapientia non sic, sed est fundamentum relationis mensurae et participati, et commune, non proprium, quia ita participat una creatura perfectionem illam sicut alia).

78 Et similiter, si dicas quod de Deo concludimus aliquid per rationem effectus, ubi sufficit tantum proportio et non similitudo, – hoc non respondet, sed confirmat argumentum, quia considerando Deum sub ratione causae, ex creaturis bene cognoscitur proportionaliter, sed hoc modo non cognoscitur de Deo aliqua perfecti, quae est in creatura formaliter, sed causaliter, scilicet quod Deus sit causa talis perfectionis. Attributa autem sunt perfectiones simpliciter dictae de Deo formaliter, – ergo talia cognoscuntur de Deo non solum per viam proportionis sed etiam per viam similitudinis, ita quod oportet ponere aliquem conceptum commune in talibus Deo et creaturae, qualis non est communis in prima via cognoscendo Deum per viam causalitatis.

79 Ad istud est auctoritas Philosophi II *Metaphysicae* 2, qui arguens 'principia sempiternorum esse verissima', probat hoc per istam maiorem, quia 'unumquodque est maxime tale secundum quod aliis inest univocatio', et exemplificat de igne; et ex hoc concludit quod

'sempiternorum principia necesse est esse verissima'. Ista consequentia non valet nisi in virtute istius minoris, quod principia illa sempiterna 'sunt causa univoca veritatis in aliis'. Si enim accipiatur in minore quod illa principia sunt aequivoca vel analoga, erunt quattuor termini in syllogismo Philosophi, quod non est verisimile.

80 Ad argumenta opinionis oppositae.

Ad primum. Aut intelligit in minore quod 'illa sunt sub extremis contradictionis totaliter', hoc est, quod praecise sunt illa extrema contradictionis, – et sic illa minor est falsa; Deus enim non est praecise hoc 'non ab alio', quia ista negatio dicitur de chimaera, nec creatura est praecise ista negatio 'non necesse esse', quia hoc convenit chimaerae, – sed tam Deus quam creatura est aliquid cui convenit alterum extremum considerationis. Accipe tunc maiorem quod quaecumque sunt talia quibus conveniunt extrema contradictionis 'ipsa non univocantur in aliquo': ista maior est falsa, nam omnia per se dividentia aliquod commune sunt talia quod de ipsis dicuntur extrema contradictionis, et tamen univocantur in ipso diviso. Ita in proposito: possunt ista secundum se tota recipere praedicationem contradictionis, et tamen possunt habere aliquid abstractum – vel substratum illis extremis illius contradictionis – quod est commune ambobus.

81 Ad confirmationem 'de neutro' dico quod conceptus etiam communis duobus, est neuter formaliter, et ita concede conclusionem quod conceptus entis non est formaliter conceptus creati nec increati; si autem intelligatur quod iste conceptus est ita neuter quod neutrum contradictoriorum dicatur de eo, falsum est. Ita est enim de rationali et irrationali, quod conceptus

animalis est respectu eorum neuter formaliter, et tamen illud quod concipitur non est neutrum, sed vere est alterum istorum. Alterum enim contradictoriorum dicitur de quolibet, et tamen non oportet quemlibet conceptum esse formaliter alterum conceptum contradictoriorum.

82 Ad tertium patebit in tertio articulo 'quia Deus et creatura non sunt primo diversa in conceptibus'; sunt tamen primo diversa in realitate, quia in nulla realitate conveniunt, – et quomodo possit esse conceptus communis sine convenientia in re vel realitate, in sequentibus dicetur.

83 Ad aliud, de attributione, dico quod attributio sola non ponit unitatem, quia unitas attributionis minor est unitate univocationis, et minor non concludit maiorem; tamen minor unitas potest stare cum maiore unitate, sicut aliqua quae sunt unum genere, sunt unum specie, licet unitas generis sit minor quam unitas specie. Ita hic, concedo quod unitas attributionis non ponit unitatem univocationis, et tamen cum ista unitate attributionis stat unitas univocationis, licet haec formaliter non sit illa exemplum: species eiusdem generis (X *Metaphysicae*), et tamen cum hoc stat unitas univocationis rationis generis in ipsis speciebus. Ita – et multo magis – oportet esse in proposito, quod in ratione entis, in qua est unitas attributionis, attributa habeant unitatem univocationis, quia numquam aliqua comparantur ut mensurata ad mensuram, vel excessa ad excedens, nisi in aliquo uno conveniant. Sicut enim comparatio simpliciter est in simpliciter univoco (VII *Physicorum*), ita omnis comparatio in aliqualiter univoco. Quando enim dicitur 'hoc est perfectius illo', si quaeratur 'quid perfectius?', ibi oportet assignare aliquid commune utrique, ita quod omnis comparativi

determinabile est commune utrique extremo comparationis; non enim homo est perfectior homo quam asinus, sed perfectius animal. Et ita, si aliqua comparantur in entitate in qua est attributio unius ad alterum ('hoc perfectius est illo: quid perfectius? – ens perfectius'), oportet unitatem esse aliquo modo communem utrique extremo.

84 Ita etiam posset argui de numero vel de distinctione, quia omnia distincta vel numerate habent aliquid commune, sicut vlt Augustinus VII *De Trinitate* cap.7 : "Si tres personae dicantur, commune est eis id quod est persona", – ita quod determinabile termini numeralis semper sit commune (secundum Augustinum) numeratis omnibus. – Et si instetur quod non est proprie numerus Dei et creaturae, arguo de diverso vel distincto vel alio, sic: Deus et creatura sunt diversa vel distincta, vel Deus est aliud vel alius a creatura. In omnibus istis deteminabile distinctionis, sive expressae singularitatis vel pluralitatis, oportet esse commune utrique extremo, – patet in omnibus exemplis, quia homo non est 'alius homo ab asino', sed 'aliud animal'. Istud probatur ratione, quia in relationibus aequiparantiae extrema sunt eiusdem rationis; alietas est talis relatio; ergo in quibuscumque 'aliis' est alietas unius rationes, mutua, et per consequens determinabile alietatis erit unius rationis. Huic non innitaris, quia concluderet quod fundamentum sit eiusdem rationis, unde minor est contra articulum 'de alio'.

85 Cum arguitur de Dionysio, patet potius in tertio argumento, quod intentio Dionysii est ad oppositum, quia in tertio gradu non statur in sola negatione sed in aliquo conceptu accepto a creatura, cui attribuitur illa negatio.

86 Ad Augustinum respondeo quod 'illud bonum

cuius participatione alia bona sunt'(quod intelligitur intelligendo hoc bonum et illud), vel potest poni universale ad omnia bona, et tunc eius participatione sunt 'alia bona' (sicut species participat genus, vel aliquod inferius participat superius) vel potest intelligi bonum per essentiam, cuius ut causae participatione alia bona sunt, et tunc verum est quod intelligendo hoc bonum illud bonum, intelligo bonum per essentiam, sed in universali, sicut intelligendo hoc ens intelligo ens ut partem conceptus, et in ente intelligo quodcumque ens in universali. Et cum subdit 'si potes illud per se nosse', dico quod ly 'per se' si referatur non ad actum cognoscendi sed obiectum, – puta quod cognoscam illud bonum, quod cognosco in universali, cum ista determination 'per se', ita scilicet quod concipiam bonum cum tali determinatione quod sit bonum non dependens et bonum per essentiam, – intelligo Deum non tantum in conceptu communi sed in conceptu proprio, et tunc per hoc quod dicitur 'per se' contrahitur bonum quod erat commune et fit proprium Deo: et isti inhaerendo per fruitionem, est beatitudo (loquendo de beatitudine viae), qui iste conceptus est perfectissimus quem possumus habere concipiendo naturaliter Deum.

87 Et ista apparet esse intentio Augustini *De libero arbitrio*, – vel alias in eodem libro cap.3, ubi dicit de veritate : "noli quaerere quid veritas sit, quia statim obicient se phantasmata", etc.; quod non esset verum si esset omnino alius conceptus entis vel boni, in Deo, a conceptu illorum in creatura. Tunc enim bene esset quaerendum 'quid veritas', quia tunc esset veritas quaerenda quae est propria Deo, nec obicerent se ibi phantasmanta perturbantia conceptum veritatis ut est propria Deo quia ille conceptus non habet phantasma

sibi correspondens. Perturbant autem conceptum veritatis ut convenit Deo, loquendo de veritate in communi, sicut alias est expositum.

88 Si autem aliqui proterviant, unum esse conceptum entis, et tamen nullum esse univocum isti et illi, – istud non est ad intentionem istius quaestionis, quia quantumcumque illud quod concipitur sit secundum attributionem vel ordinem in diversis, si tamen conceptus de se unus est ita quod non habet aliam rationem secundum quam dicitur de hoc et de illo, ille conceptus est univocus.

89 Si etiam alio modo proterviat aliquis, quod conceptus denominativus non est univocus, quia ratio subiecti non est ratio praedicati, – haec videtur instantia puerilis, quia uno modo praedicatum denominativum est medium inter praedicatum univocum et aequivocum, alio modo aequivocum et univocum sunt immediata apud logicum. Primum verum est accipiendo praedicatum univocum quod univoce praedicatur, hoc est quod scilicet ratio eius sit ratio subiecti, et isto modo denominativum non est univocum. Secundum verum est intelligendo de unitate rationis eius quod praedicatur; sic univocum est cuius ratio est in se una, sive illa ratio subiecti sive denominet subiectum, sive per accidens dicatur de subiecto, aequivocum autem cuius ratio est alia, quomodo cumque illa ratio se habent ad subiectum. Exemplum: animal est univocum, non tantum ut dicitur de speciebus suis sed ut determinatur per differentias, quia habet unum conceptum determinabilem per eas, et tamen non dicitur de differentiis univoce, ita quod in 'quid', – ita quod ratio eius sit ratio differentiarum, quo modo dicitur univoce de speciebus. Ista etiam altercatio nihil est ad propositum, quia si ens dicatur

secundum unum conceptum sui de Deo et creatura, oportet dicere quod ratio entis est ratio subiecti: dicetur enim de utroque in 'quid', et ita erit univocum utroque modo.

90 Alia est opinio affirmativa, in alio extremo, quae ponit Deum esse in genere, – et habent pro se etiam auctoritatem Damasceni, in *Elementario* cap.10 : "Substantia" etc.

91 Item, Boethii, in libello *De Trinitate,* ubi videtur dicere quod duo genera manent in divinis. Hoc non potest intelligi tantum secundum modum aliquem similem praedicandi, quia XV *De Trinitate* cap.6 dicit Augustinus sic: "Si dicatur Deus bonus, iutus, spiritus" etc., "solum ultimum quod dixi, substantiam significare videtur, et reliqua qualitates"; item, V *De Trinitate* 11, videtur dicere quod actio propriissime conveniat Deo. Ergo non tantum manent modi praecandi similes duobus istis generibus, et ita videtur quod oporteat intelligere Boethium 'de illis duobus generibus' quod in se maneant.

92 Tertio, ad hoc videtur auctoritas Averrois X *Metaphysicae* comment 7 (et incipit textus "Et ens dicitur"), ubi Philosophus dicit 'aliquam esse unam primam substantiam', quae sit mensura aliarum. Commentator vult quod illa sit primum motor. Ergo sicut in aliis generibus 'primum' est aliquid illius generis, ita primus motor est aliquid de genere substantiae.

93 Ad hoc ratio prima ponitur talis, quia potest concipi substantia creata et substantia increata, et neuter conceptus est simpliciter simplex. Ergo resolvendo, remanebit ratio substantiae, indifferens ad utrumque contrahens, – et sic indifferenter accepta videtur esse ratio generis.

94 Secunda ratio est, quia multa entia simplicia ponuntur in genere, sicut angeli, secundum ponentes eos esse immateriales, – accidentia etiam, secundum ponentes ea esse simplicia. Ergo simplicitas Dei non excludit rationem generis ab eo.

95 Teneo opinionem mediam, quod cum simplicitate Dei stat quod aliquis conceptus sit communis sibi et creaturae, – non tamen aliquis conceptus communis ut generis, quia nec conceptus dictus in 'quid' de Deo, nec qualitercumque formali praedictione dictus de ipso, est per se in aliquo genere.

96 Prima pars probata est arguendo contra primam opinionem.

97 Secundam partem probo per Augustinum VII *De Trinitate* cap. 8: "Manifestum est Deum abusive dici 'substantiam'". – Ratio sua est ibi, quia substantia dicitur eo quod substat accidentibus; absurdum est autem dicere quod Deus substet alicui accidenti; ergo etc., Haec ratio sic tenet: non intelligit quod ratio substantiae sit 'substare accidentibus ut substantia est genus', quia praemisit ibi quod "absurdum est ut substantia relative dicatur". Sed substantia, ut est genus, est limitata, sicut statim post probatur; omnis autem substantia limitata capax est accidentis; ergo substantia quaecumque quae est in genere, potest substare alicui accidenti, – Deus non, ergo etc.

98 Item, arguit Avicenna VII *Metaphysicae* cap.4, quod Deus non est in genere, quia genus est 'pars'; ergo Deus non est in genere.

99 Istae duae probationes sunt simul verae per auctoritatem et rationem.

100 Nunc ostendo propositum duobus mediis (et declaratur ex his quae sunt propria Deo): primo, ex ratione infinitatis, – secundo, ex ratione necesse-esse.

101 Ex primo arguo dupliciter.

Primo sic: conceptus habens indifferentiam ad aliqua ad quae non potest conceptus generis; sed quidquid communiter dicitur de Deo et creatura, est indifferens ad finitum et infinitum, loquendo de essentialibus, – vel saltem ad finitum et non finitum, loquendo de quibuscumque, quia relatio divina non est finita; nullum genus potest esse indifferens ad finitum et infinitum, ergo etc.

102 Prima pars minoris patet, quia quidquid est in Deo perfectio essentialis, est formaliter infinitum, – in creatura, finitum.

103 Secundam partem minoris probo, quia genus sumitur ab aliqua realitate quae secundum se est potentialis ad realitatem a qua accipitur differentia; nullum infinitum est potentiale ad aliquid, ut patet ex dictis in quaestione praecedente. Probatio ista stat in compositione specie et potentialitate generis, sed utraque removetur a Deo, propter infinitatem.

104 Assumptum hoc patet auctoritate Aristotelis VIII *Metaphysicae*: "Oportet terminum" (id est definitionem) "esse propositionem longam", "eo quod significat aliquid de aliquo, ita quod oportet illud esse materiam, illud vero formam".

105 Appartet etiam per rationem, quia si illa realitas, a qua accipitur genus, esset vere tota quiditas rei, solum genus complete definiret, – genus etiam et differentia non definirent, quia ratio ex eis composita non indicaret primo idem definito: unaquaeque enim res est semel ipsa, et ideo illa ratio quae bis exprimeret eam, non indicaret primo idem quiditati illius rei.

106 Hanc rationem aliqualiter petractando intelligo sic, quod in aliquibus creaturis genus et differentia accipitur ab alia et alia realitate (sicut ponendo

plures formas in homine, animal accipitur a sensitiva et rationale ab intellectiva), et tunc illa res, a qua accipitur genus, vere est potentialis et perfectibilis ab illa re a qua accipitur differentia. Aliquando, quando non sunt ibi res et res (sicut in accidentibus), saltem in una re est aliqua propria realitas a qua sumitur genus et alia realitas a qua sumitur differentia; dicatur prima a et secunda b: a secundum se est potentiale ad b, ita quod praecise intelligendo a et praecise intelligendo b, a ut intelligitur in primo instanti naturae – in quo praecise est ipsum – ipsum est perfectibile per b (sicut si res esset alia), sed quod non perficitur realiter per b, hoc est propter identitatem a et b ad aliquod totum, cui realiter primo sunt eadem, quod quidem totum primo produciter et in ipso toto ambae istae realitates producuntur; si tamen altera istarum sine altera produceretur, vere esset potentialis ad eam et vere esset imperfecta sine illa.

107 Ista compositio realitatum – potentialis et actualis – minima est, quae sufficit ad rationem generis et differentiae, et ita non stat cum hoc quod quaelibet realitas in aliquo sit infinita: realitas enim si eset de se infinita, quantumcumque praecise sumpta, non esset in potentia ad aliquam realitatem; ergo cum in Deo quaecumque realitas essentialis sit formaliter infinita, nulla est a qua formaliter possit accipi ratio generis.

108 Secundo, ex eodem medio, arguo sic: conceptus speciei non est tantum conceptus realitatis et modi intrinseci eiusdem realitatis, quia tunc albedo posset esse genus, et gradus intirinseci albedinis possent esse differentiae specificae; illa autem per quae commune aliquod contrahitur ad Deum et creaturam, sunt finitum et infinitum, qui dicunt gradus intrinsecos ipsius; ergo ista contrahentia non possunt esse differentiae, nec

De simplicitate Dei

cum contracto constituunt conceptum ita compositum sicut oportet conceptum speciei esse compositum, immo conceptus ex tali contracto et contrahente est simplicior quam possit esse conceptus speciei.

109 Ex istis mediis de infinitate, habet evidentiam ratio illa Augustini supra dicta 'de substare accidentibus'. Habet etiam evidentiam ratio Avicennae VIII *Metaphysicae* 'de partialitate generis' supra tacta, quia numquam est genus sine aliqua partiali realitate in specie, quae non potest esse in vere simplici.

110 Arguo tertio ex secundo medio, scilicet ex ratione necesse-esse, – et est argumentum Avicennae VIII *Metaphysicae* cap.4: si necesse-esse habet genus, ergo intentio generis vel erit ex se necesse-esse, vel non. Si primo modo, "tunc non cessabit quosque sit differentia"; hoc intelligo sic: genus tunc includet differentiam, quia sine illa non est in actu ultimo et 'necesse ex se' est in actu ultimo (si autem genus includit differentiam, tunc non est genus). Si detur secundum membrum, sequitur quod "necesse-esse erit constitutum ab eo quod non est necesse-esse".

111 Sed haec ratio probat quod necesse-esse nihil commune hbet cum alio, quia illa intentio communis est 'non-necesse esse'; unde respondeo: intentio intellecta nec includit necessitatem nec possibilitatem, sed est indifferens; illud autem in re quod correspondet intentioni, in 'hoc' est necesse-esse, in 'illo' possibile (hoc improbatur si intentioni generis correspondet propria realitas, et non sic alii intentioni communi, – sicut dicitur

112 Quoad illud quod additur in quaestione 'de quocumque formaliter dicto de Deo', dico quod nihil tale est in genere, propter idem, quia nihil dicitur formaliter de Deo quod est limitatum; quidquid est

alicuius generis, quomodocumque sit illius generis, est limitatum necessario.

113 Sed tunc est dubium, quia sunt illa praedicata quae dicuntur de Deo, ut sapiens, bonus, etc.

Respondeo. Ens prius dividitur in infinitum et finitum quam in decem praedicamenta, quia alterum istorum, scilicet 'finitum', est commune ad decem genera; ergo quaecumque conveniunt enti ut indifferens ad finitum et infinitum, vel ut est proprium enti infinito, conveniunt sibi non ut determinatur ad genus sed ut prius, et per consequens ut est transcendens et est extra omne genus. Quaecumque sunt communia Deo et creaturae, sunt talia quae conveniunt enti ut est indifferens ad finitum et infinitum: ut enim conveniunt Deo, sunt infinita, – ut creaturae, sunt finita; ergo per prius conveniunt enti quam ens dividatur in decem genera, et per consequens quodcumque tale est transcendens.

114 Sed tunc est aliud dubium, quomodo ponitur sapientia 'transcendens' cum non sit communis omnibus entibus.

Respondeo. Sicut de ratione 'generalissimi' non est habere sub se plures species sed non habere aliud superveniens genus (sicut hoc praedicamentum 'quando' – quia non habet superveniens genus – est generalissimum, licet paucas habeat species, vel nullas), ita transcendens quodcumque nullum habet genus sub quo contineatur. Unde de ratione transcendentis est non habere praedicatum superveniens nisi ens, sed quod ipsum sit commune ad multa inferiora, hoc accidit.

115 Hoc patet ex alio, quia ens non tantum habet passiones simplices convertibiles, – sicut unum, verum et bonum – sed habet aliquas passiones ubi

opposita distinguuntur contra se, sicut necesse-esse vel possibile, actus vel potentia, et huiusmodi. Sicut autem passiones convertibiles sunt transcendentens qui consequuntur ens in quantum non determinatur ad aliquod genus, ita passiones disiunctae sunt transcendentes, et utrumque membrum illius disiuncti est transcendens quia neutrum determinat suum determinabile ad certum genus: et tamen unum membrum illius disiuncti formaliter est speciale, non conveniens nisi uni enti, – sicut necesse-esse in ista divisione 'necesse-esse vel possibile-esse', et infinitum in ista divisione 'finitum vel infinitum', et sic de aliis. Ita etiam potest sapientia esse transcendens, et quodcumque aliud, quod est commune Deo et creaturae, licet aliquod tale dicatur de solo Deo, aliquod autem de Deo et aliqua creatura. Non oportet autem transcendens, ut transcendens, dici de quocumque ente nisi sit convertibile cum primo transcendente, scilicet ente.

116 Aliqui probant, quarto modo, Deum non esse in genere quia "continet in se perfectiones omnium generum".

Sed istud argumentum non valet, quia continens aliquid, continent illud per modum sui. Substantia etiam, quae modo est genus generalissimum, ut accipitur pro omnibus speciebus inferioribus continet virtualiter omnia accidentia: ita quod si Deus sola individua substantiarum causaret, illa haberent in se virtualiter unde causarent omnia accidentia, et tamen propter hoc non negarentur substantiae creatae esse in genere quia continent virtualiter accidentia per modum sui, non per modum accidentium. Ita igitur ex hoc solo quod Deus continet perfectiones omnium generum, non sequitur ipsum non esse in genere, quia sic continere non excludit finitatem (ista enim 'virtualiter continere', non est 'esse infinitum'), sed ex absoluta infinitate Dei sequitur hoc, sicut prius deductum est.

117 Sed contra hoc instatur quod infinitas simpliciter non concludit propositum, quia Philosophus V *Topicorum* increpat definitionem linea rectae (hanc scilicet, 'recta linea est cuius medium non exit extrema'), per hoc, quod si infinita linea esset, recta esse posset, – tunc autem non haberet medium, nec extrema sive fines; non est autem aliqua definitio increpanda quia non convenit illi cui incompossibile est esse in genere; ergo non est incompossibile lineam infinitam esse in genere, et per consequens infinitas non necessario excludit a genere.

118 Respondeo, primo ad intentionem auctoritatis, – quia linea recta est totum per accidens, et si hoc totum definiatur, assignabitur una definitio correspondens lineae et alia correspondens rectae. Illud quod correspondebit 'rectae' loco definitionis, non contradicet formaliter infinito (quia rectum non contradicit formaliter infinito), et cuicumque repugnant formaliter definitio, et eidem repugnabit definitum; quod autem in definitione illa quam increpat Philosophus assignatur tamquam definitio recti (hoc est, habere medium inter extrema), istud formaliter repugnant infinito: ergo oporteret quod si ista definitio esset bona, quod rectum formaliter repugnaret infinito, – sed hoc est falsum, licet virtualiter repugnet infinito, quatenus subiectum suum – scilicet linea – repugnant formaliter infinito. Non ergo intendit Philosophus dicere quod linea infinita potest esse in genere, sed quod rationi recti non formaliter repugnet infinitas, – et ideo illa definitio cui formaliter repugnant infinitas, non est 'recti in quantum rectum': non enim increpasset

istam 'linea recta est lognitudo sine latitudine, cuius extrema sunt duo puncta aeque protensa', quia hic aliquid esset repugnans infinitati, sed illud assignaretur tamquam ratio lineae, non tamquam ratio recti, – et tunc bene assignaretur quia illi lineae repugnat infinitas.

119 Sed alia est dubitatio, ad rem, utrum linea infinita possit esse in genere quantitatis, – et sic, non videntur valere duae rationes sumptae ex infinitate.

Respondeo. Numquam ad summum in inferiore sequitur summum in superiore nisi illud inferius sit nobilissimum contentum sub illo superiore, sicut non sequitur 'asinus perfectissimus, ergo perfectissimum animal', sed gratia materiae sequitur 'perfectissimum homo, ergo perfectissimum animal', quia homo est perfectissimus animalium; ergo non sequitur optimum sive perfectissimum ens ad perfectissimum aliquod eorum quae continentur sub ente, nisi illud sit simpliciter perfectissimum contentum sub ente: quantitas autem non est tale, nec aliquid alicuius generis – quia quodlibet est limitatum – immo nihil est tale nisi quod est perfectio simpliciter, quod ex se potest esse infinitum; et ideo non sequitur 'perfectissima quantitas, ergo perfectissimum ens', nec ita sequitur de aliqua re alicuius generis, sed tantum sequitur 'perfectissima veritas vel bonitas, ergo perfectissimum ens'. Ita ergo cum infinito, quod non tantum dicit perfectionem summam sed etiam non possibilem excedi, non sequitur infinitum ens nisi praecise ad infinitum tale quod est perfectissimum, in quo est ratio entis, quod scilicet dicit perfectionem simpliciter. Et ideo licet esset quantitas infinita in ratione quantitates, cum tamen quantitas non sit perfectio simpliciter, non sequeretur quod sit ens infinitum, quia non sequeretur quod sit ens quod non potest excedi in perfectione. Esset igitur linea infinita in genere quantitas, quia limitatum ens simpliciter et excesum simpliciter a simpliciter perfectiore ente, sed 'infinitum ens simpliciter' non potest esse in genere: et ratio est, quia prima infinitas non tollit omnem potentialitatem quam requirit ratio generis, sed tantum ponit infinitatem secundum quid alicuius imperfectae entitatis (in qua ut illa est, bene potest esse compositio, in quocumque gradu – ita ut illa – ponatur), secunda necessario tollit, sicut declaratum est prius.

120 Contra ista opponitur quod tunc ponerentur contradictoria, concedendo conceptum communem dictum in 'quid' de Deo et creatura et negando Deum esse in genere; omnis enim conceptus dictus in 'quid', si est conceptus communis, vel est conceptus communis, vel est conceptus generis vel definitionis, alioquin erunt plura praedicata quam docuit Aristoteles I *Topicorum*.

121 Ad istud dico quod non sunt contradictoria. Quod patet auctoritatibus Augustini VII *De Trinitate*, ubi prius, – ubi Deum negat esse substantiam et concedit quod proprie et etiam vere est essential. Sed si esset conceptus alius, aequivocus, essentiae ut convenit Deo et creaturae, ita posset esse conceptus aequivocus substantiae, – et ita tunc posset dici substantia, sicut essentia.

122 Similiter, Avicenna VIII *Metaphysicae* cap.4, ubi negat Deum esse in genere, concedit eum ibi esse substantiam et ens non in alio. Et quod accipiat 'ens' non aequivoce ab illo conceptu secundum quem dicitur in creatura, videtur per ipsum I *Metaphysicae*, ubi dicit quod "ens in se non habet principia, quapropter scientia non inquiret principia entis absolute, sed alicuius

entium". Si autem ens haberet alium conceptum in Deo et creatura, bene entis esset principium secundum se, quia entis secundum unum conceptum esset ipsum ens principium secundum alium conceptum.

123 Cum arguis 'si est dictum in quid, ergo est genus vel definitio', – respondeo: Aristoteles VIII *Metaphysicae* docet quale 'praedicarum dictum in quid' sit definitio. Inducit enim ibi contra 'ideas' Platonis, dicta antisthenicorum, – quos in hoc approbat, dicentes, "terminum esse rationem longam". Et post subdit quod "substantiae est cuius contingit esse terminum (puta compositae, sive sensibilis sive intellectualis), primorum autem ex quibus haec, non est"(supple, definitio), – et subdit rationem: "siquidem, aliquid de aliquo significans, est definitio" (hoc debet intelligi virtualiter, non formaliter, – sicut alias dictum est); et subdit : "oportet hoc quidem esse ut materiam, illud vero ut formam". Ex quo videtur ibi arguere quod 'idea' si poneretur non esset definibilis, et si ratio sua aliquo modo valeat propter simplicitatem 'ideae', multo magis negaret ipse definitionem a Deo, cuius est summa simplicitas. Sequitur ergo ex auctoritate eius quod nihil est dictum de Deo in 'quid' ut definitio.

124 Ex eodem sequitur quod nihil est dictum in 'quid' de Deo ut genus. Quidquid enim habet genus, potest habere differetiam et definitionem, quia (in VII *Metaphysicae*) genus 'aut nihil est praeter species, aut si est, est quidem ut materia', et tunc cuius est genus, oportet ponere ipsum posse habere differentiam tamquam formam. Si ergo aliquid est dictum de Deo in 'quid', arguendo ex auctoritate Aristotelis constructive, non destructive, sequitur quod illud non sit genus vel definitio; sed cum infers 'est genus vel definitio, quia Aristoteles non dixit alia esse praedicta in quid, ergo

non sunt alia', – argues ab auctoritate destructive, et est fallacia consequentis.

125 Sed dices: Aristoteles non tradidit sufficienter omnia praedicata dicta in 'quid'.

Respondeo. Philosophus in I *Topicorum* distinxit praedicata propter distinctionem problematum, quia diversa problemata habent diversum modum terminandi ex diversitate praedicatorum. Non ergo enumerat ibi omnia praedicata, quia non differentiam specificam (licet differentiam generalem collocaverit sub genere), et tamen differentia specifica habet propriam rationem praedicati; species autem etiam habet propriam rationem praedicati, aliam a definitione, alioquin male poneret Porphyrius quinque universalia. Ideo ergo sufficienter distinxit ibi praedicata, quia distinxit omnia de quibus problemata quaerentia requirunt specialem artem terminandi, quam ibi intendebat tradere. – Transcendentia autem non sunt talia praedicata, quia non sunt de eis problemata specialia: problema enim supponit aliquid certum et quaerit dubium (ex VII *Metaphysicae* cap.ultimo), ens autem et res "imprimatur in anima prima impressione" (secundum Avicennam I *Metaphysice* cap.5), et ideo de conceptibus illis communissimis non sunt problemata per se terminabilia. Non ergo oportuit ea numerari inter praedicata problematum.

126 Sed numquid Aristoteles ista praedicata generalia numquam docuit?

Respondeo. Ex VIII *Metaphysicae* docuit nihil dici de Deo ut genus (ex auctoritate praeallegata), et tamen docuit univoce dici de Deo et creatura 'veritatem' II *Metaphysicae*, sicut supra allegatum est (ubi dicit 'principia sempiternorum esse verissima'); et in hoc docuit entitatem dici univoce de Deo et creatura, quia subdit ibi (II *Metaphysicae*) quod "sicut unumquodque se habet ad esse, sic se habet ad veritatem"; patet etiam – secundum eum – quod si ens dicatur de Deo, hoc erit in 'quid'. Ergo implicite in istis docuit aliquod praedicatum transcendens dici in 'quid', et non esse genus nec definitionem, – et alia praedicata transcendentia dici in 'quale' (ut verum), et tamen non esse propria nec accidentia secundum quod ista universalia competunt speciebus aliquorum generum, quia nihil quod est species alicuius generis competit Deo aliquo modo.

127 Docuit etiam idem, aliquo modo, IV *Topicorum* in fine: "Si sequitur" – inquit – "aliquid semper et non convertitur, difficile est separare quod non sit genus". Et subdit postea: "Uti ut genere eo quod semper est consequens, cum non convertatur", – quasi dicat, hoc expedit opponent; et subdit : "altero autem alteram partem dante, non in omnibus est obedire", – quasi dicat, hoc expedit respondent, non concedere omne consequens non-convertibile esse praedicatum ut genus, et si non loqueretur de praedicato dicto in 'quid', non haberet apparentiam illud quod docet, opponentem uti tali ut genere. Ergo innuit ibi quod aliquod est praedicatum commune dictum in 'quid', quod non est genus. – Et quod loquatur de praedicatione in 'quid', videtur per exempla sua, 'tranquillitas est quies'. Praedictio enim in abstractis, non est praedicatio in 'quale' vel denominativa.

128 Ad argumenta pro secunda opinione. – Ad Damascenum respondeo. Licet multa verba dicat, in diversis locis, quae videntur dicere Deum esse in genere, unum tamen verum – quod dicit in *Elementario* cap.8 – solvit omnia. Ibi enim dicit sic: "Substantia, quae continent super-substantialiter

increatam deitatem, cognoscibiliter autem et contentive omnem creaturam, genus generalissimum est". Non ergo dicit substantiam quae est generalissimum continere deitatem sicut continet creaturam, sed 'super-substantialiter', hoc est, accipiendo illud quod perfectionis est in substantia seundum quod est genus, et reliquendo illud quod est imperfectionis, – quomodo dicit Avicenna IX *Metaphysicae*, Deum esse 'ens per se'.

129 Ad Boethium dico quod nusquam invenitur dicere in libello illo quod 'duo genera manent in divinis'. Nec, breviter, genera, nec modi generum, nec rationes eorum manent ibi, – quia sicut genera et ea quae sunt in eis, limitata sunt, ita et modi et rationes eorum (loquendo de rationibus primae intentionis, quae fundantur in istis), quia in limitato non potest aliquid fundari nisi limitatum.

130 Dicit tamen Boethius – in libello suo *De Trinitate* cap.1 – quod (enumerates praedicamentis) "haec si quis in divinam praedicationem converterit, omnia mutantur quae mutari possunt: 'ad aliquid' vero omnino non praedicatur aliquid", – et infra, "essentia continent unitatem, relatio multiplicat trinitatem"; et ex istis accipitur quod innuat substantiam et relationem manere in divinis. Sed expresse dicit ibi, quod nec substantia quae est genus, nec aliquid eius, manet ibi; dicit enim : "Cum dicimus Deum, substantiam significare videmur, sed eam quae sit ultra substantiam", quomodo Damascenus dixit substantiam 'super-substantialiter'. Intendit ergo quod duo modi praedicandi sunt in divinis, scilicet praedicati relativi et essentialis, quos modos Augustinus magis exprimit – V *De trinitate* 6 vel 10 – 'ad se' et 'ad aliud', et omnia praedicata formaliter dicta de Deo sub altero istorum

membrorum continentur: sed sub primo membro continentur multa praedicata quae habent simile modum praedicandi qualitati et quantitati (non sola autem illa quae habent simile modum praedicandi illis quae sunt de praedicamento substantiae), sub secundo membro continentur omnia quaecumque habent simile modum praedicandi quibuscumque relativis, sive sint relativa proprie sive non.

131 Et quare omnia essentialia dicantur praedicari secundum substantiam, et contra ea distinguantur praedicata dicta 'ad aliquid', cum tamen praedicata illa dicta 'ad aliquid' per identitatem transeant in substantiam sicut et alia, – ratio assignabitur in sequenti quaestione 'De attributis', dubitatione secunda contra solutionem principialem.

132 Ad Averroem dico quod non videtur habere intentionem magistri, quia Aristoteles in 2 et 3 cap. illius X quaerit an in substantiis sit aliquid unum quod sit mensura aliorum, an hoc ipsum unum. Et probat – ex intentione contra Platonem – quod non sit ipsum unum, sed aliquid cui convenit ipsum unum, sicut est in omnibus aliis generibus, loquendo de uno et de omnibus aliis mensuratis in illis generibus. Et concludit, in fine: "Quare siquidem, in passionibus et qualitatibus et quantitatibus, ipsum unum aliquid unum, sed non hoc ipsius substantia; et in substantiis necesse est similiter se habere, – similiter enim se habet in omnibus" (super quam litteram ponit Commentator verba praeallegata). Sed si primus motor poneretur mensura ipsius generis substantiae, hoc ipsum unum poneretur mensura, quia primus motor – propter simplicitatem suam – multo verius esset hoc ipsum unum quam idea Platonis.

133 Quid ergo est mensura prima illius generis?

Respondeo: aliqua substantia illius generis prima, cui convenit unitas. – Non est autem primus motor mensura intrinseca illius generis, sicut nec aliorum. Quatenus tamen est mensura extrinseca omnium, aliquo modo, est mensura immediatius substantiarum, quae sunt perfectiora entia, – quam accidentium, quae sunt remotiora ab ipso. Nullius tamen generis est mensura intrinseca.

134 Ad rationem primam dico quod si substantiam contrahas cum creata et increata, non accipitur ibi substantia ut est conceptus generis generalissimi (increata enim repugnant substantiae hoc modo, quia substantia hoc modo includit limitationem), sed accipitur substantia ibi pro 'ente in se' et non 'ente in alio', cuius conceptus prior est et communior conceptu substantiae ut est genus, – sicut patuit per Avicennam ubi supra.

135 Ad aliam rationem concedo quod compositio rei et rei non requiritur in ente 'in genere', sed requiritur compositio realitatis et realitatis, quarum altera – praecise sumpta in primo signo naturae – est in potentia ad alteram et perfectibilis per alteram: talis autem compositio non potest esse realitatis infinitae ad realitatem infinitam; omnis autem realitas in Deo est infinita formaliter, sicut supra declaratum est, – ergo etc.

136 Ad primum argumentum principale concedo quod iste conceptus dictus de Deo et creatura in 'quid' contrahitur per aliquos conceptus dicentes 'quale' contrahentes, sed nec iste conceptus dictus in 'quid' est conceptus generis, nec illi conceptus dicentes 'quale' sunt conceptus differentiarum, quia iste conceptus 'quiditativus' est communis ad finitum et infinitum, quae communitas non potest esse in conceptu

generis, – isti conceptus contrahentes dicunt modum intrinsecum ipsius contracti, et non aliquam realitatem perficientem illum: differentiae autem non dicunt modum intrinsecum realitatis alicuius generis, quia in quocumque gradu intelligatur animalitas, non propter hoc intelligitur rationalitas vel irrationalitas esse modus intrinsecus animalitatis, sed adhuc intelligitur animalitas in tali gradu ut perfectibilis a rationalitate vel irrationalitate.

137 Sed hic est unum dubium, quomodo potest conceptus communis Deo et creaturae 'realis' accipi, nisi ab aliqua realitate eiusdem generis, – et tunc videtur quod sit potentialis ad illam realitatem a qua accipitur conceptus distinguens, sicut prius argutum est 'de conceptu generis et differentiae', et tunc stat argumentum superius factum pro prima opinione, quod si esset aliqua realitas distinguens in re, et alia distincta, videtur quod res sit composita, quia habet aliquid quo conveniat et quo differat".

138 Respondeo quod quando intelligitur aliqua realitas cum modo suo intrinseco, ille conceptus non est ita simpliciter simplex quin possit concipi illa realitas absque modo illo, sed tunc est conceptus imperfectus illius rei; potest etiam concipi sub illo modo, et tunc est conceptus perfectus illius rei; potest etiam concipi sub illo modo, et tunc est conceptus perfectus illius rei. Exemplum: si esset albedo in decimo gradu intensionis, quantumcumque esset simplex omni modo in re, posset tamen concipi sub ratione albedinis tantae, et tunc perfecte conciperetur conceptu adaequato ipsi rei, – vel posset concipi praecise sub ratione albedinis, et tunc conciperetur conceptu imperfecto et deficient a perfectione rei; conceptus autem imperfectus posset esse communis albedini illi et alii, et conceptus

perfectus proprius esset.

139 Requiritur ergo distinctio, inter illud a quo accipitur conceptus communis et inter illud a quo accipitur conceptus proprius, non ut distinctio realitatis et realitatis sed ut distinctio realitatis et modi proprii et intrinseci eiusdem, – quae distinctio sufficit ad habendum conceptum perfectum vel imperfectum de eodem, quorum imperfectus sit communis et perfectus sit proprius. Sed conceptus generis et differentiae requirunt distinctionem realitatem, non tantum eiusdem realitatis perfecte et imperfecte conceptae.

140 Istud potest declarari. Si ponamus aliquem intellectum perfecte moveri a colore ad intelligendum realitatem coloris et realitatem differentiae, quantumcumque habeat perfectum conceptum adaequatum conceptui primae realitatis, non habet in hoc conceptum realitatis a quo accipitur differentia, nec e converso, – sed habet ibi duo obiecta formalia, quae nata sunt terminare distinctos conceptus proprios. Si autem tantum esset distinctio in re sicut realitatis et sui modi intrinseci, non posset intellectus habere proprium conceptum illius realitatis et non habere conceptum illius modi intrinseci rei (saltem ut modi sub quo conciperetur, licet iste modus non conciperetur, sicut 'de singularitate concepta et modo sub quo concipitur' dicitur alibi), sed in illo perfecto conceptu haberet unum obiectum adaequatum illi, scilicet rem sub modo.

141 Et si dicas 'saltem conceptus communis est indeterminatus et potentialis ad specialem conceptum, ergo et realitas ad realitatem, vel saltem non erit infinitus, quia nullum infinitum est potentiale ad aliquid', – concedo quod conceptus ille communis Deo et creaturae est finitus, hoc est non de se est infinitus, quia si esset infinitus, non esset de se communis finito

et infinito; nec est de se positive finitus, ita quod de se includat finitatem, quia tunc non competeret infinito, – sed est de se indifferens ad finitum et infinitum: et ideo est finitus negative, id est non ponens infinitatem, et tali finitate est determinabilis per aliquem conceptum.

142 Sed si arguas 'ergo realitas a qua accipitur, est finita', – non sequitur; non enim accipitur ab aliqua realitate ut conceptus adaequatus realitati illi, sive ut perfectus conceptus illi realitati adaequatus, sed deminutus et imperfectus, in tantum etiam quod si illa realitas, a qua accipitur, videretur perfecte et intuitive, intuens ibi non haberet distincta obiecta formalia, scilicet realitatem et modum, sed idem obiectum formale, – tamen intelligens intellectione abstractiva, propter imperfectionem illius intellectionis, potest habere illud pro obiecto formali licet non habeat alterum.

143 'concedo': Conceptus non actus ille est finitus, sed est obiectum formale. Si est determinabile, ergo formaliter finitum et potentiale, ergo non commune rei infinitae.

Ultima consequentia est neganda, quia res infinita imperfecte intelligitur in obiecto formali finito, pro quanto illud obiectum infinitum natum esset facere in intellectu tale obiectum formale, si deminute moveret, sicut et obiectum creatum deminute movens natum est idem facere; et ideo est commune utrique, quasi similitudo communis et imperfecta.

144 Contra: res infinita non est aliquod finitum; Deus est illud obiectum si illud praedicatur in 'quid' de Deo, sicut 'homo est animal', – similiter, Deus non est aliquid potentiale.

Responsio. Quamvis compositio apud intellectum sit conceptuum, tamen est pro re extra. Sicut signa accipiuntur pro significatis, et sicut plures conceptus possunt esse signa eiusdem rei (licet unum commune, aliud proprium), ita compositio illorum conceptuum est signum identitatis significatorum per ipsos conceptus. Quia ergo significatum per conceptum finitum, ut per signum commune, est id ipsum quod significatum per conceptum Dei, ideo haec est vera 'Deus est ens', componendo conceptum finitum apud intellectum conceptui Dei; sed non est pro finito significato sic, sed pro infinito communiter significato.

145 Tunc ad illam propositionem 'Deus est hoc obiectum, ens', respondeo: Deus est illud quod in re per ens ut per signum commune significatur, et ideo apud intellectum haec compositio est vera 'Deus est ens', quae compositio est signum illius identitatis.

146 Cum dicis 'Deus non est aliquod finitum', verum est, loquendo de identitate in re, quae scilicet est significata et significatorum; loquendo autem de esse ut est compositio apud intellectum, quod de Deo in compositione nihil potest praedicari quod est apud intellectum signum finitum, falsum est. Exemplum huius: 'homo est animal', – 'animal' apud intellectum, ut est ibi obiectum formale, est ens deminutum. Nullum ens deminutum est verum de Socrate exsistente in re.

147 Ergo haec est falsa 'Socrates exsistens est animal'? – Respondeo: semper compositio fit conceptuum, et est signum et significatorum; sed est pro obiectis materialibus, quae significantur per conceptus, et pro identitate, quae significatur per compositionem, ita quod si identitas est significatorum, scilicet obiectorum materialium, compositio est vera conceptuum, qui sunt obiecta formalia.

148 Istud etiam potest ulterius declarari. Si cuiuslibet universalis ponatur esse proprium individuum (puta

in re, proprium individuum substantiae, proprium individiuum animalis, proprium individuum hominis, etc.), tunc non tantum conceptus generis est potentialis ad conceptum differentiae, sed proprium individuum generis est potentiale ad proprium individuum differentiae. Si autem accipiamus proprium individuum huius conceptus 'ens' quod individuum in Deo, et proprium individuum huius quod est 'infinitum', idem individuum est, nec est potentiale ad se ipsum.

149 Sed saltem quaeres: quare entitas non habet proprium individuum in re, quod sit in potentia ad individuum determinantis, ut primo intelligatur 'hoc' ens quam 'infinitum'?

Respondeo, quia quando aliquid est de se esse et non tantum capax ipsius esse, de se est habens quamlibet condicionem necessario requisitam ad esse; ens autem ut convenit Deo – scilicet ens per essentiam – est ipsum esse infinitum et non aliquid cui tantum convenit ipsum esse (ex se est 'hoc' et ex se 'infinitum'), ut quasi per prius intelligatur, aliquo modo, infinitas esse modus entis per essentiam quam ipsum intelligatur esse 'hoc': et ideo non oporteat quaerere quare 'hoc' ens sit infinitum, quasi prius conveniat sibi singularitas quam infinitas. Et ita est universaliter in his quae possunt esse entia per essentiam. Nihil per participationem tale primo determinatur ex se ut sit tale per essentiam, et ita ut sit infinitum tale et ut sit de se 'hoc'.

150 Et si arguas, individuum includit infinitatem 'haec', et ens in communi includet infinitatem in communi, – respondeo quod consequentia non valet, quia individuum includit aliquam perfectionem quam non includit commune, et propter illam perfectionem potest formaliter includere infinitum, et tamen commune – ex ratione conceptus communis – non includit

ipsum ut conceptum inclusum, sed est aliquo modo determinabile per ipsum.

151 Ad Avicennam II *Metaphysicae*, patet per ipsum VII *Metaphysicae*, sicut dictum est.

152 Ad Damascenum 50 cap., patet per Magistrum 19 distinctione, quod ponit ibi speciem 'pro aliqua similitudine specie ad individua'; est tamen maior dissimilitudo, secundum Augustinum, et ideo Augustinus *De Trinitate* negat ibi speciem, sicut et genus. Unde illa definitio Porphyrii 'species dicitur quod praedicatur de pluribus in quid', debet intelligi quod in illis pluribus plurificetur species secundum naturam, in personis autem divinis non plurificatur natura divina; species etiam secundum se habet realitatem correspondentem sibi, potentialem ad propriam realitatem individui, essentia autem divina nullo modo est potentialis ad relationem, sicut dictum est distinctione 5 quaestione 2.

153 Ad ultimum, de sapientia, dico quod non est species generis ut transfertur ad divina, nec secundum illam rationem transfertur, sed secundum rationem sapientiae ut est transcendens. Quomodo autem tale possit esse transcendens, dictum est in solutione principali, articulo tertio.

154 Dubium tamen est de hac sapientia quae est in nobis, utrum sit individuum sapientiae transcendentis et qualitatis, an alterius tantum.

Et quod non utriusque, videtur :

Quia nihil idem continetur sub diversis praedicatis, dictis in 'quid' de eodem, non subalternis; sapientia autem transcendens et qualitas non sunt subalterna; ergo etc.

155 Item, sapientia transcendens est passio entis, – ergo ens non dicitur de ea in 'quid', nec e converso,

ex distinctione 3; ergo nec aliquid in quo includitur sapientia transcendens includet ens in 'quid', quia tunc illud esset ens per accidens: includeret enim essentialiter rationem subiecti et passionis quae non faciunt aliquid unum per se, sed tantum per accidens.

156 Si haec argumenta valeant, et haec sapientia in nobis sit tantum individuum sapientiae transcendentis vel tantum generis qualitatis, – non videtur secundum dandum, quia tunc non esset in nobis perfectio simpliciter, quod videtur esse contra Augustinum XV *De Trinitate* cap.3: 'omnis circa nos creatura clamat' etc.; si primum detur, ergo non omnis habitus est formaliter in genere qualitatis, sed omnes sunt transcendentes qui important perfectionem simpliciter.

おわりに

　一般世間の定年の年齢を超えた。
　わたしは繰り返しスコトゥスの存在の一義性に関する研究をそのたびに不満を残しながら続けて来た。わたしの修士論文も博士号請求論文も、存在の一義性に関する研究である。その自分がこの年齢に至ってついに関係するテキスト部分の全訳とその釈義を公刊できるまでになった。研究者としては出来過ぎているように思えてならない。じっさい、ほんの数年前まで、こんなことは自分にはどうせできないだろうと思っていた。やってみるきっかけになったのは、じつは前著『カントが中世から学んだ「直観認識」』で公刊した全訳と釈義の試みであった。
　そしてわたしが前著の試みに踏み込めたのは、数年前にその部分のラテン語テキストを読んでいて思いのほか、それがすんなり日本語になる印象があったからである。たしかに、十分な吟味なしに出してしまったところもあって、今回、いくつかの箇所の訂正を末尾に載せた。つまり一部に誤訳があった。しかしたとえそういうところがあったにしても、日本語にはとてもならないとそれまで思えていたスコトゥスの思考が、存外、日本語になるものだというのが、前著でのわたしの驚きだった。
　この前著での経験が踏み台になって、今回、存在の一義性の部分のテキスト全訳に立ち向かうことができた。修士課程のときから何度も読んでいたのではないかと、読者は

いくぶん訝しく思われるかもしれない。しかし，かつて読んだときには，そこに書かれている半分以上のことばが理解できなかった。そのとき作ったノートは，あちこち空白のまま残され，それを見ると，当時の辛さがよみがえる。

　そういう部分を老いを感じ始めた今になってあらためて読み直してみるのは，わたしにとって，じつは勇気のいることだった。じっさい，「やはり読めなかった」という辛い結果をこの年齢になってあらためて味わうというのは，たとえ他人には隠せる（恥はかかずに済む）ことだとしても，やはりおじけづいてしまう辛さである。

　ところが，前著で案外に「読めた」ことを励みにして，恐る恐る翻訳を進めてみたところ，かつて何のことかまったく不可解であった論述が，今回は次つぎにその内容の理解が得られていく。それは望外の喜びであった。正直，これはどうしたことだろうと，ひとり幸福にひたっているとき，ふと手元にあった『論語』のことばに，思い当たった。

　「六十にして耳順う」。

　自分が六十歳を迎える年の年賀状で同窓の友人にこのことばの意味を尋ねられたときには，まったく意味がわからなかった。しかし，孔子のことばも，「大体，六十歳前後に」の意味なのかもしれない。じっさい，わたしは六十歳を四，五年過ぎて，それまで自分の一面的な思いにとらわれて読めなかったスコトゥスの大量の文が，とつぜん，素直に読めるようになった。

　これが「耳が順う」の意味だとすれば，孔子が言うように，これは年齢のせいなのかもしれない。そして年齢を重ねてこの歳になって，わたしは研究者冥利に尽きるような喜びに浸れることになった。本当に「夢のよう」である。この年齢になって孔子の偉大さに気づきながら，自分ながら不思議な思いにとらわれる—人生には，こんな幸福が

おわりに

あったのか，と。

　さらに，昨年出した本のなかで訳したもの（クセノポン著『饗宴』）のなかにも，ソクラテスの弟子が，哲学を学ぶとまったくお金をかけることなく，自分の心の中だけで十分に楽しみを見つけることができると言っていたことを思い出して，「そうか，このことか」と，あらためて合点する日々を迎えている。

　この拙き哲学研究者の終活は，六十五歳を過ぎて，思いのほかの大成功で終わりそうである。

　　万感の感謝を込めて　　令和元年　夏

解題　スコトゥスにおける「存在の一義性」

「存在の一義性」をめぐる歴史的経緯

ドゥンス・スコトゥス (1265-1308) が存在の一義性を主張するとき，じっさいに彼が主著の紙上で論争相手としたのは直前の世代にパリ大学で有力な教授であったガンのヘンリクス (? -1293 年)[1]であった。またほぼ同時期，パリ大学ではなく南仏の聖フランシスコ修道会（小さき兄弟団）の学院では，オリヴィ (1248-98) という学者が神学を研究教授して多くの人から敬愛されていた。

その時期（1275 年頃 -1295 年頃）は，トマス・アクィナス (1225 ? -1275) はすでに世を去っていたy。そしてスコトゥスがオックスフォード大学やパリ大学などで教授活動に入るのは，その時期の後，1297 年以降である。それぞれ哲学・神学の論争は異なる時代状況にあった。すなわち，トマスの時代，ガンのヘンリクスとオリヴィの時代，スコトゥスの時代の三つの時代が区別されなければならない。この時代の哲学・神学を理解するためには，それぞれに活躍していた年代を 20 年間あるいは 10 年間と見ておく必要がある。

そして，さらに中世哲学の運命を見る上では，スコトゥ

---

[1]　現在のベルギー，都市ガンの出身，1265 年からパリ大学学芸学部で教え，1275 年から 1292 年まで神学部教授。教会の参事会員の役職を勤めていた。加藤雅人著『ガンのヘンリクスの哲学』創文社，1998 年

スの死後の哲学の状況を知る必要がある。とくにカエタヌス（1468-1534）によって15世紀末以降，トマス学派（ドミニコ会）によるスコトゥス学派（フランシスコ会）の「存在の一義性」論を批判する議論があった。類比か一義性かという議論である。そのため20世紀にトマス主義がスコトゥス主義に先んじて復権したとき，スコトゥスの存在の一義性の説は類比説をとるトマス神学を直接に批判する説として一般に喧伝されるようになった。

しかし，無論，このような見方は，歴史の事実を曲げている。

存在論という名

まず「存在論」と呼ばれるものが北西ヨーロッパの13世紀に至るまで，どのような歴史をたどったのか，概観しておかなければならないだろう。

ちなみに，「存在論」という名称は現代において過去の哲学の歴史を総覧するために作られた名称であって，古代から近代に至るまで，この名で呼ばれた学問があったわけではない。あったのは「形而上学」という名の学問である。これは中世にあった哲学論争を「普遍論争」と呼び慣わしていることと類似のことである。当時の人たちが自分たちの論争を「普遍論争」と呼んでいたわけではない。彼らは，種概念に当たるものの実在について論争していただけである。ちなみに「スコラ哲学」という呼び名も，近世に至って作られた名であって，中世の神学者は，自分たちの哲学を「スコラ哲学」とは呼んでいない。

プラトン哲学

プラトンは，天体や数的なものに特化していたピュタゴラスの哲学を学んでいたが，ソクラテスの徳に関する問答にも大きな影響を受け，「存在の全体」についての学問

解題　スコトゥスにおける「存在の一義性」　739

（真理探究）をアカデメイアの地で「哲学」と呼んで立ち上げた。じっさい、当時から真理ないし知恵を探究する学問は、すべて「哲学」（愛智）と呼ばれていた。

　プラトンは、「ある」を語ったピュタゴラス学派のパルメニデスにならって哲学の対象を「存在の全体」と考え、さらにその全体を何らかの仕方で分類、枚挙することを考えた。プラトンはこれを「分割法」と呼ぶ。この方法はアリストテレスに至って、「類と差異（種差）」の区分法となり、またアリストテレスは、最高類として 10 個の範疇を数え上げた。そして「論理学」（名辞論理学）をまとめあげた。

　他方でプラトンは、問答で人間の生きる道を吟味していた有徳の知恵者ソクラテスの影響を強く受けて、哲学の対象の方向性（目的性）として「善」を、存在の全体を超越して全体を方向づける根拠として定めた。他方、プラトンは、ピュタゴラスの哲学から全体の統合的理解の根拠として数の原理である「一」を受け取っていた。さらにプラトンは、理性を納得させる原理である「真理」を、天上の真理を語るパルメニデスから受け取っていた。こうして「一、真、善」は、存在の全体に超越する普遍的な性質として、アリストテレスの哲学に受け継がれることになった。

　このようにヨーロッパにおける〈存在論〉は、「善」による方向性をもちつつ、存在の全体を「一」の概念のもとに分類整理して、客観的に（「真」なるものとして）とらえる学問として、アリストテレスのもとで完成した。近代の哲学史観では、以後、この二つの方向性、すなわち、善の方向性と、真ないし一の方向性は、その哲学がいずれに力点を置いていたかという違いにより、プラトン主義か、アリストテレス主義か、という名で対立的に呼ばれるようになった。つまり原則的に、イデアとその分有、あるいは、イデアとその想起を挙げながら、善の超越的方向性

を重視した存在論を主張するなら、それはプラトン主義者であり、経験知を材料としながら、一の超越的方向性を重視した存在論（下位の秩序の多に対して上位の一が対応する）を主張するなら、それはアリストテレス主義者と見られる。古代の最後に登場した新プラトン主義は、「一と善」を最高位に置くことで、プラトンの名を冠しているが、じつは両者の総合の視点をもつ。

アリストテレスの哲学

アリストテレスの「存在論」（形而上学）は、それゆえ、一の超越的方向性のもとに十個の範疇（類）を置いている。

ところで、第一の範疇（最高類）は「実体」（真実在）である。他の範疇は実体を基にして生起する「偶性」の類である。そして一般的に偶性範疇の内容は感覚がそのときどきにとらえる内容であり、一方から他方へ変化する。他方、その基にあると見なされる「実体」は、何らか変化を免れた知性の対象となる真実在（ウーシア）と見なされた。偶性はこの実体を基にして、それにさまざまに依存した仕方で生成し、存在し、消滅する、あるいは、変化する。人間は感覚においてこのような偶性をとらえ、この偶性のようすから、その基にあって恒久的と想定される「実体」を知性（抽象作用）によって認識する。

したがって、実体はさまざまであるが、偶性の存在から類推できる存在である。このとき、一般的に実体の存在と偶性の存在は「類比」（アナロギア）の関係にあると言われる。このアナロギアは数学の分野の「比例」から転用された語である。すなわち、「実体存在」と「偶性存在」は、幾何学にある二つの相似する三角形のイメージから受け取ることができる。すなわち、比較的に大きくて立派な偶性の基には何かすぐれた実体がある。他方、そうではない偶

性の基には，ささいな実体がある。天体は美しく立派な力強い実体であり，地上のものは弱小な実体である。それぞれの実体はそれぞれにふさわしい（相似した）偶性をもっている。

それゆえ，一般的に「存在」について述べれば，実体を基体存在として，それに依存する仕方で偶性はつねに在る。すなわち，実体と偶性に「存在」は類比的に述べられる。これがアリストテレスにおける「存在の類比」である。

他方，プラトン学派においても，すでに優れた存在である「イデア」と，それを劣った仕方で受け取っている分有者の存在の関係は，全体と部分の関係，一と多の関係にある。そしてそれは，やはり比例的（類比的）である。それゆえ，「存在の類比的理解」はプラトン主義者においても認められる。つまりアリストテレスにおいては実体と偶性の間で，プラトンにおいてはイデアとイデアを分有するものの間で，それら（存在者の全体）がもつ比例的在り方が考えられていた。そして，さらに元をただせば，存在の全体を「比例」において見る見方はピュタゴラス学派の幾何学的宇宙理解の存在全体への応用であった。

中世期——アヴィセンナ，トマス・アクィナス，ガンのヘンリクス

アリストテレスの存在論は，その後，アラビアの哲学者アヴィセンナ（980-1030）によって創造神による世界の「実存」ないし「現存」を取り入れたかたちで受け取られた。すなわち，アヴィセンナのもとで「実存」（現に「在る」）を含む「存在論」として，アリストテレスの形而上学は北西ヨーロッパの神学者に提供された。

一方，北西ヨーロッパのキリスト教社会は「プラトン」に親近感を懐いていたアウグスティヌスを最大の権威とし

て神学研究を進めていた。しかし俗世の大学におけるアリストテレス崇拝は教会権威によっても排除できなかった。トマス・アクィナス（1276年没）はアリストテレスに忠実な仕方で「存在の類比」を受け取り、アヴィセンナ（イブン・シーナー）がアリストテレス哲学に加えた「エッセ」（実存ないし現存）を生かした存在論、つまり「存在している者であるかぎりの存在の類比」の神学を作り上げた。

　トマス以後の時代を代表するのがガンのヘンリクスである。トマスやスコトゥスは托鉢修道会に属する修道士であったが、彼は修道士ではない。パリ大学で神学を教えた大学人であると同時に、教会の参事会員（教会のお目付け役）で、大学に神学の教授ポストを占有する托鉢修道会と対立した人間であった。彼は、パリ司教タンピエのもとで、信仰に反する教えとなる命題をまとめて1277年の禁令を発布した。その命題にはトマスの命題も含まれていた。この禁令はパリ大学神学部における一般の教授活動をじっさいにしばった。また、パリ大学神学部における「反アリストテレス哲学」、その反対の「プラトン的志向」を強く促した。そしてヘンリクスは、アウグスティヌスにあったプラトン的な概念を多用して「神存在に到達するための存在の類比認識」を唱え、また「真理認識」にはキリスト教の「信仰」（特別な照明）が不可欠であると主張した。

　スコトゥス——ガンのヘンリクスを否定する存在論
　ガンのヘンリクスが死去してまもなく、ドゥンス・スコトゥスは大学で教授職に就いた。したがってスコトゥスの存在の一義性の説は、以上のような歴史を直接の背景にしている。つまり、論争相手のガンのヘンリクスは「神」（真理）の「認識」として、プラトン的な「類比」を語り、またアウグスティヌスの権威に訴えながら、真理認識には

神による「特別の照明」が必要であると語っていた。スコトゥスはそれを否定すべく「一義性」を主張し、信仰抜きの感覚経験にもとづく真理認識を主張した。こうした議論が生じたことで、トマスの時代には「存在」にあった哲学の課題[2]はガンのヘンリクスのはたらきを通じて神を対象とする存在認識（概念）、つまり存在の「認識論的課題」に移っていた。

トマスにおいて類比が主張される「存在」は、一般的に存在している「具体的な存在」である。それは感覚経験される偶性から、地上と天体の各種実体までの具体的な存在の類比構造である。トマスはこの「存在」の類比構造を実存の意味を含む「エッセ」をまじえて神と被造物にも拡張する。そしてそれを「存在の類比」として語っていた。

他方、ガンのヘンリクスを経て、スコトゥスが一義性を主張しているのは、具体的な存在ではなく、「存在概念」の一義性である。言い換えると、知性の外に存在する具体的な存在者ではなく、人間知性に抽象を通じて「認識された存在者一般」の一義性である。したがって、トマスとスコトゥスの間には「具体的な存在の地平」と「存在に関する概念の地平」という隔絶がある。この議論の場の変化をもたらしたのがガンのヘンリクスであった。

ガンのヘンリクスは、トマスのようなアリストテレス的な存在探究には同意せず、被造物を創造した神への信仰と、カトリック教会が公式に認める権威者の見解を重視した存在探究を主張した。ところで、「信仰」をもつとは学問が認める真なる認識（知識）をもつことではなく、教会が認める真の認識（教義ないしそれに準じる権威者の見解）を前提として考えることである。それは過去の人々の信仰

---

[2] じっさい、わたしの知るかぎり、トマスの原テキストには、概念を意味する conceptus はほとんど見られない。

に頼る認識であり、現存の経験的根拠にもとづかない認識である。そのかぎり、信仰は真偽があいまいな「思惑」であり、人間の間の一つの「見解」に過ぎない。しかし、ヘンリクスは信仰を規準とした認識によってのみ、信頼のできる確かな真理が認識できると主張した。

大学の神学——アンセルムスのアウグスティヌス主義

しかし、神への信仰にもとづいて存在の真理を探究することは、当時の大学において追究

されていた神学の立場とは異なっていた。大学にあった神学は、信仰を抜きに神の存在を（究極の真理と見立てて）探究神学であった。この神学は、11世紀の末から12世紀のはじめにかけて活躍したカンタベリーのアンセルムスから生じたストア的科学であった[3]。彼は、アウグスティヌスにしたがうことを表明しつつ、可能な限り信仰から離れて（信仰を括弧に入れて）、日常的な平易なことばで真理

---

3) アンセルムス著『モノロギオン』序「神の本質に関する黙想について、またこの黙想と関わりある諸問題について、私は数人の修道者と日常的な言葉で語り合ったことがあるが、それを自分たちの黙想に供するために、一種の典範として記述してほしいという要望が彼らからしばしば熱心に寄せられた。しかも、黙想を書き下す場合の形式についても、彼らは内容の難易あるいは私の能力に関わりなく、自分たちの希望に準じて次のように提起した。すなわち、そこで行う証明はどのような事も聖書の権威に全く頼らず、個々の研究を通して達した結論はどれも平易な文体、一般向きの立証、そして単純な討議によるもので、それは推理の必然性が簡潔に要求し、真理の明晰性が明らかに証明するものであることを表示してほしいとした。さらに彼らは、単純でおよそ愚かしい反論でさえも無視しないでほしいと切望した」（古田暁訳『アンセルムス全集』聖文舎、1980年）。引用の内、日常的言葉で語り、聖書の権威に頼らず、平易な文体による一般人向きの立証、推理の必然性、真理の明晰性、反論に対して真摯に答える、ということが、スコトゥスが受け取った「アンセルムス哲学」（中世神学の正規の伝統）の精髄である。

解題　スコトゥスにおける「存在の一義性」　745

を探究した。すなわち，アンセルムスは，聖書の権威に頼らずに，どこまで理性のみで信仰の内容を証明できるか，言い換えれば，キリスト教信仰がどれだけ理性的（合理的）なものであるかを，明らかにしようとした。

　トマスもスコトゥスもこの伝統を忠実に継承している。すなわち，真理認識に際して信仰を括弧に入れて探究することが「神学」であるという立場で，アンセルムス以来，中世の神学（アウグスティヌス主義）の伝統は守られていた。ヘンリクスの哲学は，その伝統からの逸脱であった。

　また一般の哲学史の論調では，ガンのヘンリクスとドゥンス・スコトゥスはプラトン・アウグスティヌス主義者であり，他方，トマス・アクィナスはアリストテレス的アウグスティヌス主義者と見なされている。しかし，じっさいのアウグスティヌスには複雑な側面がある。すなわち，彼自身には，プラトン主義（天上的概念で説明をする）の側面と，ストア主義（専門用語を用いずに一般人にもわかりやすい説明をする）の二側面がある。

　なおかつ，アウグスティヌスは，哲学者となったのちにキリスト者となった人物であったから，彼の哲学自体は，キケロから学んだもので，聖書抜きにあった。そして，彼自身の経験から，それはキリスト教信仰と矛盾しないものであった。それゆえアウグスティヌスの哲学は，信仰を端的に前提とする哲学ではない。そしてアウグスティヌス自身はプラトン主義者と言いつつ，古代ローマに生きたゆえに平易な説明をするストア哲学の影響下にあった。そのためアウグスティヌスを信じたアンセルムスは，信仰を括弧に入れて平易な日常的なことばで真理を追究することを信仰に反することとは考えなかった。

　それに対してヘンリクス自身は，ほかの神学者よりも自分の方がアウグスティヌスに忠実であると信じていた。しかし彼のアウグスティヌス理解はアンセルムスほど正確な

ものでなかったと思われる。ヘンリクスは，プラトン的な概念を用いて信仰を認識の要とする立場がアウグスティヌスの本旨であると考え，アウグスティヌスのストア的な側面を見失っていた。そして彼は，大学で繰り返し「討論集会」を開催して学生を自分の思想に強力に導いていた。そのためか，ヘンリクスがとった立場が一般に本来の「アウグスティヌス主義」の意味とされている。つまり，ヘンリクスが広めた一般受けする神学の主張によって，アンセルムスが示したアウグスティヌス主義神学の本筋が見失われてしまった。そしてそれが現代の中世哲学の理解までも支配しているのである。

しかしながら，当時，カトリック教会による伝道がいかに世間の隅々にまで行き渡っていたとしても，「信仰箇条（内容）」，すなわち，「神の教え」であれば誤りのない「学的真理」であると主張することは，大学の場においては通用しなかった。なぜなら，「大学」は，11世紀後半から若い人々の間に広まり始めた哲学運動（普遍論争）が12世紀末のアリストテレスの哲学の全作品の流入を梃子にして学的真理の追究の場として北西ヨーロッパに生まれたからである。

それゆえ，大学の場では，信仰ゆえに真理なのではなく，反対に，神の存在が学問的（アリストテレス的）に真理であると言えてこそ，その信仰は公共的（普遍的）真理であると主張することができた。そういう立場が，中世の大学における神学の立場であった。当時，俗世の大学（パリ大学，オックスフォード大学）に神学部が生まれたのは，教会の力が強かったからではない。なぜなら，俗世の大学は教会に保護されて成ったのではなく，学生と教授の組合として成っていたし，何よりも学生の支払う講師料によって教授は生活していたからである。

解題　スコトゥスにおける「存在の一義性」　747

アウグスティヌス主義の変容

　中世の神学がアンセルムス以来，つねに「神の存在証明」を第一として来た理由がそこにある。信仰を括弧に入れ，俗世にあった学問（ほぼアリストテレス哲学）によって神の存在が証明できることではじめて神学が俗世の大学の講座で論じられた。すなわち，神学は，現実の宇宙，現実の世界を統一的に論じる「科学」であることが，その証明によって根拠づけられた。だからこそ，その科学を学ぼうと，授業料を払う学生が授業に集まったのである。

　中世の学生は，カトリック教会への信仰によって大学で神学を学んでいたのではない。なぜなら，信仰熱心なうえに神学を学ぼうというのなら，聖フランシスコ会や聖ドミニコ会など，修道会がもっていた学院で十分に学ぶことができたからである。スコトゥスもパリ大学で教えたあと，ケルンの聖フランシスコ会の学院に籍を移した。

　じっさい，アンセルムスの神の存在証明は『モノロギオン』では，プラトンの「善」の概念を根拠にしてなされている。すなわち，経験される善のすべてが，「それ」を通して善であると言える「共通の善」（神）が在るのでなければ，わたしたちの周囲に善は在り得ない。したがって，周囲の善が存在していることは明白であるから，その基になる神は，存在していると考えなければならない。そういう仕方で神の存在が証明されている。

　他方，『プロスロギオン』においては，セネカ（ストア哲学者）の神の概念が持ち込まれている。すなわち，「それより大なものが考えられ得ないもの」が神であると言う。そして「より大」のものがあらゆる大のものを超えて存在しなければ思考の範囲を超える「より大」が，実際上，より大ではないという矛盾に陥るという仕方で，アンセルムスは神の存在を証明している。

　こちらの証明は，ストア的である。なぜなら，この証明

で使われている神の定義「それより大なものが考えられないもの」は、ストア学派の哲学者セネカの作った定義であるうえに、アンセルムス自身、聖書を信じない「愚かなものにも理解される」と、その証明のなかで言っているからである。じっさい愚か者にも理解できるということは、先の定義が、ストア学派が信条とした非専門性、すなわち、議論に用いることばの日常的一般性をアンセルムスが守っていたことを示している。

そして、アンセルムスの証明は、たしかに、いずれも聖書の信仰にもとづく証明ではない。プラトン的な世界観か、ストア的世界観にもとづいている。つまり、プラトン的世界では、高次元のイデア的世界に最高善があって、それをさまざまに分有する諸善が低次元の周囲に見られ、わたしたちは、それにもとづいて、低次元の諸善からイデア的世界にある「共通な善」を見出すことができる。あるいは、ストアには現存する宇宙を超えた世界はないが、アンセルムスはそれを変えて（アンセルムスの意識のなかでは、ストア的世界観はそもそも存在しない）、現前する宇宙の領域を超えて、「より大」のものがあると考えられる世界観をもとに、「最大のもの」を考えるなら、それは実質、神をおいてない、と論じたのである。

大学で神学が論じられたのは、このように哲学者が聖書の字句を前提にしないで神について論じたからである。それは、神学者がアンセルムスにならって、信仰を括弧に入れて神を含めた存在の全体について、理性の名のもとに論じたからである。それが、アンセルムスが『プロスロギオン』の序で述べた「クレドー・ウトゥ・インテッリガム」(credo ut intelligam)、すなわち、「わたしは（あなたを）信じます、しかし、願わくば、理解したいのです」という命題（信条）に即した神学であった。

じっさい、後に、スコトゥスは、同じことを『第一原理

についての論考』の冒頭で述べている。すなわち，聖書（「創世記」）に記された神が自分自身について述べたことば「われは在りて在るものなり」を引いて，「あなたは〈真の在る〉であり，〈完全な在る〉でおられる。このことを，できることなら，わたしは知りたいと願う」[4]。

したがって，それに反して確実な知については信仰の光に頼るべきだと主張するガンのヘンリクスの神学は，アンセルムス流の神学からの逸脱であり，中世にあった大きな伝統から見れば，まさしくアウグスティヌス主義神学の崩壊の兆しと見ることができる。現代の中世哲学研究の大御所エティエンヌ・ジルソン（1884-1978）によると，中世神学の伝統がこわれたのはスコトゥス神学を起点にしてウィリアム・オッカム（1285？-1348？）において，ということになっているが，いくらか修正の余地がある。

じっさい，スコトゥス神学は，聖書の絶対的な権威を取り戻そうとするヘンリクスの神学に対して，アンセルムス以来の理性的な神学を守る最後の抵抗であったと見るほうが，むしろ真実なのである。しかしスコトゥスを師と仰いだオッカムは，存在論を維持することをあきらめ，「論理学」と呼ぶ認識論，あるいは，完全な概念論の立場に退いた。これによって中世神学（アンセルムス流の神学ないしアウグスティヌス主義の神学）は，オッカムにおいて確実な仕方で終わったのである。

スコトゥスの認識論的存在論

すでに述べたように，ガンのヘンリクスは神の認識（信仰）を真理認識のための第一の認識として語った。スコ

---

4) スコトゥス『第一原理についての論考』第一章（一一二），日本語訳は，上智大学中世思想研究所編『中世思想原典集成』18所収，小川量子訳，平凡社，1998年

トゥスは，それを否定するために，同じ土俵，すなわち，同じ論議の地平に立って反論した。そこにあったのは具体的な存在者の地平ではなく，存在の認識から生じる「概念の地平」であった。その概念は，実在の認識から生ずる概念であるかぎりでは実在概念であるが，具体的な存在を直接指して言われる「存在するもの」ではない。

つまりトマスの時代では，「実在」の研究としてのみ論じられていた形而上学が，スコトゥスにおいて実在についての「学的認識」であるという理解に移っている。実在世界に想定される「存在構造」と，それを人間知性が理解する「認識構造」は別に扱われる，というのが，スコトゥスが見出した立場である。議論の基盤がこのようになった時点で，スコトゥスの哲学はトマス・アクィナスの哲学の前提から離れている。したがってトマスとの関係でスコトゥスを理解することは注意すべきことになる。

ところで，概念が生ずる過程，すなわち，感覚表象から能動知性による抽象化を経て実在概念が生ずる過程は，人間の意識にはのぼらないブラックボックスである。じっさい，自分が今持つ「存在概念」が実在概念であるというたしかな証拠は残念ながら手に入らない。それはちょうどわたしの身体の一部で細胞が更新され，遺伝子の傷が治され，心臓の鼓動が調整されている事実は，おそらく確かであっても，それがどのようになされているか，わたし自身には分からない。それと同じである。スコトゥスは内側の意識上の「概念」を手の上に載せて，感覚経験において「これ」と示すことはできなかった。

しかしスコトゥスは当時のアリストテレスの権威にもとづいて，それは実在的（実在から取られた）存在概念であると主張する。そして彼は，感覚を抽象して知性がもつ存在概念が，神と被造物の間で，また実体と偶性の間で，一義的であると主張した。

解題　スコトゥスにおける「存在の一義性」　751

　誤解のないように付け加えて置けば，スコトゥスは，わたしたちが日常の生活において一般的に口にする「存在」概念が，神と被造物に「一義的な存在概念」であると主張したのではない。むしろ，庶民の日常的段階では，わたしたちは漠然とした多様な（多義的な）存在概念をもっている。ただ，哲学者は，学的探究（吟味）を通じて，一つの「明晰な存在概念」をもつと言うのである。

　すなわち，その概念は，抽象概念を正確に吟味する学的探究を通して，はじめて手に入る概念である。そして，それを根拠にしてはじめて「神学」は正しく展開することができる。スコトゥスの存在の一義性はそういう主張なのである。

　逆に言えば，一義的な存在概念のもとに展開されない「神学」は不完全なものか，あるいは，間違ったものであるというのが，スコトゥスの主張である。この意味で，スコトゥスはヘンリクスに対しても，またトマスに対しても，反対している。しかし繰り返すが，彼の論は，わたしたちのもつ概念は一義的なもの以外にないことを主張しているのではない。学問的厳密性を離れるなら，類比的概念を彼は否定していない。この意味では，つまり神学の学問性を離れてなら，スコトゥスはヘンリクスにも，またトマスにも，反対していない。

概念の一義性と神の存在証明

　スコトゥスによれば，神の名で呼ばれる存在者について地上で経験される存在者の知識をもとにして何らかの学問的に認められる証明が可能であるためには，そもそも「存在者」が一義的でなければならない。なぜなら，学的証明となる論証は名辞（ことば）の一義性を前提にした三段論法の推論だからである。じっさい，ことばが指しているものが何を指しているか，聞く人によってずれ（多義性）が

生ずるなら、ことばによる証明（論証）は学問的（科学的）証明とは言えない。

ところで、形而上学的に行われる「神の存在証明」は、神という名で呼ばれる「存在者」がじっさいに存在することを地上で経験される「存在者」についての一般的知識、たとえば、原因から結果が必然的に生ずる、あるいは、上位の一つの原因から下位の存在のうちに多数の結果が生ずる、ということを前提にして、論証するものである。スコトゥスは、神の存在証明を詳述している『第一原理論』の冒頭で、次のように述べている。すなわち、「主よ、あなたがご自身について述べられた〈存在者〉からはじめて、あなたご自身である〈真の在る〉について、わたしたちの自然的理性が、どれほどの認識に到達できるものなのか、それを探究するわたしを、助けたまへ」。

しかしこのとき、「存在者」の認識が異なるとすれば、つまり神と呼ばれる「存在者」のもつ意味内容が、地上で経験される「存在者」の意味内容と少しでも異なるなら、論証（客観的真理の明晰化）は成り立たない。なぜなら、論証は地上で普通の人間が経験する「存在者」からはじめて神について言われる「存在者」が存在する（と考えるほかない）ことを、必然的な関係を通じて証明するものだからである。つまり神からの預言として信者が教会から受け取った「存在者」が、地上で自然的に受け取る「存在者」の概念と同じでなければ、あるいは、一義的でなければ、論証された存在が神と呼ばれる存在者の存在のことであることが明らかではない。

神は、じっさいに人間が経験できるものではない。それゆえ、それは「ことば」を通じてしか述べることができない。そのとき、ことばが直接指定している概念が、一方と他方で異なるなら、その論は無効である。あるいは無用の混乱を起こす。一般に優れた人の教えが一部で誤解されや

解題　スコトゥスにおける「存在の一義性」　753

すいことは諸「宗教」において明らかである。学問は，それを最大限無くすために，ことばの多義性を極力排除して論じる。まさにそのための知の吟味（哲学）である。それを通じてはじめて人は日常的地平を超えることができる。

　したがってスコトゥスが概念の一義性を主張したのは，経験しがたい神について，「神学」という学問を人間知性が得るための最低限の条件を守るためだと言うことができる。

概念の一義性と具体的な存在

　スコトゥスが主張した一義性は「概念」の一義性である。神と被造物が，それぞれの存在の「具体的な全体」において一義的であるということではない。それゆえ，カエタヌスのようにスコトゥスの存在の一義性をトマスの存在の類比と直接に対比させる理解は，端的な誤りである。

　じっさい，具体的な実在の地平においては，神は第一の存在であり，被造物は，下位の存在である。その実在の本性にもとづいて，宇宙の秩序がある。つまりそれぞれの存在の具体的な中身において，完全性の相違がある。それにしたがってそれらの間に「秩序」が生じている。この秩序を「存在」のうちに理解するなら，「存在」は多義的であるか，類比的である。なぜなら，秩序は，高低優劣の違いがあってこその秩序であるから，その違いを内に含む「存在」は，多義的であるか，類比的であるかである。一義的ではありえない。

　この「存在地平」から離れて，スコトゥスは人間知性に受け取られた概念を徹底的に分析する。そして「存在」に含まれていた完全性の相違を，その概念（存在概念）の外へ取り出す。スコトゥスは，それを「内的固有の様態」と呼ぶ。

　それは度合いをもった完全性の相違である。個々の具体

的な存在における完全性の程度の違いは，数値で表すことができる。色で言えば，第10度の白さとか，第5度の白さとか，である。この完全性の程度を考えることによって，スコトゥスにおいて神はどの実在性も内的固有の様態が無限であり，被造物はさまざまな程度に（個々に違って）有限である，と区別される。

したがって，存在も，一も，善も，真も，あるいは，正義も，愛も，英知も，神においては内的固有の様態における無限において完全であり，被造物においては，感覚には見えない仕方で，それぞれにおいて有限で，異なって，それだけ不完全である。このように，スコトゥスによれば，被造物はアリストテレスが見た類と種の秩序をもつだけでなく，超越的な側面においても，神との間に，また被造物の間に，このような完全性の秩序（程度の相違）をもって「在る」。この神と被造物が具体的に「在る」構造は，したがって比例的であり，類比的である。しかしスコトゥスは，その違いとなる内的固有の様態を，概念上，「存在」から引き離したことによって，概念上で「存在」は一義的だと言えたのである。

じっさい神学は，普遍を論じる学問であるかぎりでの限界があるために，あるいは，人間知性には限界があるために，個々の完全性（内的固有の様態）の違いをとらえることはできない。たとえば，神が個々人に賜る「愛」の個々の違いは，それぞれの愛の内的固有の様態の違いである。そのために，具体的な神の愛は，「普遍概念」によって知ることはできない。普遍概念によって理解されるのは，一義的な普遍的側面のみである。具体的な愛の深さは，一般的（共通的）知識として定着できない。また，同種の正義や英知についても，普遍概念を通して知ることができるのは，学的に扱うことができる一面でしかない。

しかし，スコトゥスによれば，存在から抽象された一般

解題　スコトゥスにおける「存在の一義性」　755

的な概念において，すなわち，特別に内的固有の様態を引き離した概念において，存在の一義性が主張されるし，それにおいて，はじめて神と被造物について学的に論じることができる。すなわち，存在についても，愛についても，同じことば，同じ概念を用いて，神と被造物について，ことばの概念上で，一義的に論じることができる。そのかぎりで科学としての神学が成立する。

　このように，スコトゥスによれば，人間の神学で扱える信仰内容は形而上学で事物を扱うことができる一義的な概念（抽象概念）の側面にかぎられる。しかし，逆に言えば，信仰はその知を超えなければならないことが明らかになる。すなわち，信仰者は，抽象的な理論のうちにとどまっているのではなく，個々の具体的な知覚の地平という実在の地平に出て，言い換えると，日々に知覚され経験される具体的な人間，具体的な行為のうちに，神の愛を理解しなければならない。

　たとえば，スコトゥスによれば，共通な善，共通な正義は，信者にとって共通な「イエス・キリスト」の教えにおいて具体的に理解され，実践されなければならない。スコトゥスが，人間にとっての神学，すなわち聖書神学を，「理論学」ではなく，「実践学」として規定したのも，このような理解が基底にあるからである。

存在の一義性と信仰

　他方，スコトゥスの精妙な論理は，次のことも明らかにしている。すなわち，神と呼ばれる「存在者」を人間が「存在概念」として受け取ることは，神を（どのような存在者であれ）ひとつの「存在者」として，人の精神がそれを「受け取る」ことである。そしてそれは，結局，直接には認識していない神の存在を「信ずる」ことにほかならない。つまり，神と被造物に存在が一義的であると言う主張

は,「その一義性が神にまで通じる」ことであるから, 神にまで通じる存在概念をもつことは, 言い換えれば, 信仰をもつことを意味する。

すなわち, 学としての神学は, アンセルムスにしたがって信仰を括弧に入れるべきであるが, 完全に信仰を括弧に入れる（神が存在者であることを信じない）なら, その「神学」は成り立たない, そのことが, むしろ彼の精妙な論理を通じて明らかにされたと言うことができる。つまりアンセルムス以来の中世神学は, 信仰を括弧に入れて学問であろうとしたのであるが, 検討の結果, 完全には無理であることが, スコトゥスの論理によって判明したのである。

このことは, 信仰と知識（学知）の違いを学知の側から見定める研究が, スコトゥスにおいて, 一つの答えを出したことを意味する。

神の存在の実在性

したがってスコトゥスの一義性の研究は, 理性的信仰を学知の世界に取り込むことを目指しながら, 見方を替えれば, 信仰を学知の世界から完全に追放する根拠を明らかにしたと言うことができる。したがって, スコトゥスが中世神学を崩壊させたというのも, 一理ある見方である。しかし, スコトゥス自身は, 神の「存在概念」は学知を構成することができると主張する。スコトゥスは概念の区別に関して天才的な哲学者である。したがってわたしたちがもつ存在概念のうちに取り込まれている「実在性」が, 神の「実在性」に通じているという彼の主張を, 一概に否定することはできない。

つまりここでわたしが言う「神」とは, キリスト教会が規定する「神」に限定してのことではない。素朴に, どこの世界でも, 内心に訴えてくる「神」が実在すること, すなわち, それが「実在性」を宿していることを, スコトゥ

スの存在の一義性は主張している。

　すなわち，わたしたちはスコトゥスが「キリスト教神学」の地平を前提にしていると素朴に考えるが，スコトゥスの論は，それとは別に（見方を替えれば），すべての民族宗教，あるいは，広く，個人的な宗教のいずれにおいても受け取られている「神的実在性」を，「存在の一義性」の論において主張していると言うことができる。そのように考えるなら，スコトゥスの存在の一義性の説は，「普遍的神」を括弧に入れていないが，ただ「キリスト教信仰の神」（特殊）を，しっかりと括弧に入れている。つまり，それ抜きに，各地の民族宗教を含めて「神」を実在として受け取っている，と言うことができるだろう。

　そしてこの点に目を向けると，広く「信仰」が，どのような仕方でわたしたちの世界に関わっているか，すなわち，わたしたちの「思考」世界において，つまり「ことば」において成立し，わたしたちの精神生活を基礎づけているものの中に，「神」が，どれほど深く広範に置かれているか，あらためて考えさせられる。

　スコトゥスの哲学は，論理的精妙さにおいて圧倒されるだけでなく，それがもつ懐の深さに圧倒される内容を，じつはもつのである。

スコトゥスにおける科学

　なお，第3区分の第4問題は，一般的な科学の真理認識の課題を論じている。すなわち，わたしたちは有限回数の経験しかもたないが，その限定づけられた経験数から，時間空間的条件を超えた「普遍的真理」を主張できる根拠は何か，スコトゥスはそれを詳らかにしている。これは，近世においてヒューム (1711-70) が問題にしたことである。そしてその解決策として出されたのがカント『純粋理性批判』であったことは周知のことだろう。そしてスコ

トゥスは，この課題の解決を，カントとは異なる仕方で示していた。カントがこれに気づかなかったとすれば，たしかに奇妙である。

　スコトゥスは，一人一人の直接経験（知覚）が，その明証性（エヴィデンシー）ゆえに，名辞（ことば）を受け取る知性自身の命題の構成力を通して，科学の普遍命題・公理（原理的真理文）をつくることができると主張している。つまりその命題の真理性の根拠は，ひとり一人の知覚認識の明証性であると言う。そしてこのことは，ひとり一人の知覚経験が既成の普遍命題を批判して，それを改善する根拠にもなることを明確にしている。

　スコトゥスの分析によって，科学の根拠となる認識は，知性の「直観認識」（「知覚」）と知性のもつ命題の構成力であることが浮かび上がる。なぜなら，科学の普遍命題は，直観認識（知覚）から得られる「名辞（ことば）の構成」，ないし，「組み合わせ」compositio だからである。スコトゥスは，観察実験と矛盾のない命題（真理文）の構成に真理の根拠を求める近代科学を準備していたと言える。

　そして同時に，スコトゥスが行った吟味は，人間の科学の限界を示している。つまりスコトゥスは，私たちの知識（科学）はそれが事物の本性そのものを示すものか，それとも，それに近い，属性の認識にとどまるものか，わからないことを指摘している。現代科学で言えば，相対性理論は宇宙の本性を示すのか，あるいは，量子力学は事物の本性を示すのか，それとも，それらはわたしたちとの関係を通じて生まれる宇宙や事物の属性に過ぎないのか，スコトゥスによれば，それは永遠にわからない。

　スコトゥスはこの点から言えば量子力学などの現代科学をも射程に収めている。

　そしてその吟味は，一義性の吟味によって明らかにされた神学の限界とともに，信仰と知識について，現代のわた

したちに多くのことを示唆している。信仰にもとづく混乱が世界を変えてゆこうとしている今日，わたしたちがスコトゥスから学べることは思いのほか多いと言わざるをえない。

(前著)『カントが中世から学んだ「直観認識」』の訂正表

---

99 段落 (p. 42)
(誤) なぜなら,最高位の能力は自身よりも上位の能力ではないし,あるいは,自身のはたらきを保持する能力でもないからである。
(正) なぜなら,感覚能力は自身についての能力ではないし,あるいは,自身のはたらきを省みる能力でもないからである。

104 段落 (p. 47)
(誤) (彼らは道から離れたところに巣を作り,子どもたちに餌をやる,等々)
(正) (鳥は,巣を作り,ヒナに餌をやる,等々)

64 段落 (p. 108)
(誤) なぜなら,能動知性と対象は可知的形象の十全な原因だからである。しかも対象が,外在する対象であるか,感覚表象であるかにおいて,違いはない(これについては,彼らも認めている)。なぜなら,見解に反対するなかで論じたように,可知的形象を生ずることに対する十分なはたらきという規準で言えば,感覚表象と,その対象である事物との間に,どちらかがより優っている,ということはないからである。
(正) なぜなら,能動知性は対象と一緒になることで可知的形象を現実態化するうえで十全な原因である。それなしでも,能動知性は感覚表象の対象と一緒になることに変わりはな

い（これについては，彼らも認めている）。なぜなら，見解に反対するなかで論じたように，可知的形象を生ずるためには十分であるのだから，感覚表象のうちに，表象された事物より卓越しているものは何もないからである。

147 段落（p. 134— p. 135）
（誤）　感覚能力はある仕方で，形相的にある全体形相を含んでいる。それは身体と結合したものであり，混合したものである。そして完全な霊魂はそのような全体に対応したはたらきに対して比例的にある。
（正）　感覚能力は，形相的にある種の全体形相を含んでいる。それは四元素が混合した身体と，その種の全体に比例的に対応したはたらきに向けて，身体を完成させる霊魂〔感覚的霊魂〕が結合したものである。

152 段落（p. 144—145）
（誤）　そうであるなら，「ここ」と「今」を超えて，もろもろの本来的に言われる個物がある。すなわち，個物で在るかぎりの個物ではなく，本性に属する個物である。たとえそれは内的な個物性，あるいは，付加された個物性において個物であることによってでなければ，何らかの本性に属するものではないとしても。しかしながら本性は，個別性を形相的に含まない。また本性は自体的に，それに即して本性に内在する正確な根拠としての個体性を前提にしない。
（正）　もしそうであるなら，個体的に固有なものは，「ここ」と「今」を超えてある。すなわち，「ここ」と「今」は本性に属するものでありえるが，個物としての個物に属するものではない。すなわち，「ここ」と「今」は，内的な，あるいは，付加された個体性による個物であることなしには，何らかのものに属さないとしても，しかしながら，「ここ」と「今」は，形相的に個体性を含まない。また，いわば端的な概念である個体性に即して「ここ」と「今」は内在しているが，それらは自体的に，個体性を前提していない。

(前著)『カントが中世から学んだ「直観認識」』訂正表 763

152 段落の解説付加

　　反対者は，個物であるかぎりの個物であることと，「ここ」に「今」あるものであることを同一視している（一致していると見ている）。スコトゥスは，それを否定している。つまり「ここ，と今」は，「実存と現前」と同一視されるが，個物の個体性とは同一視されない（一致しない）。なぜなら，実存は，個体性とではなく，本性と一致するから，という。しかし本性のみは，普遍であるから，「ここ」や「今」と一致しない。たしかに，個体性をもつことで，本性が「ここ」や「今」の属性をもつと言える。しかし，「ここ」や「今」という属性条件は，個体性という条件を前提にしているのではない。

　　スコトゥスのこの主張は，普遍実在論と一致している。スコトゥスにとって，神は，「この神」であるが，個体性をもつ神ではない。あくまでも「唯一の本性」である。つまり普遍であるが，唯一であるから，「これ」と指示することができる。他方，被造物は，その有限性，不完全性ゆえに，個体性（個別化）なしには〈「これ」であって「あれ」でない〉ものにはならない。ところで，神の本性は，その実存と必然的に一致している（実存するから，「ここ」と「今」においても「在る」＝「つねに現前する」）。他方，被造物の個物は，実存と必然的に一致していない（偶然的にのみ在る）。言うまでもなく，被造物の本性は，個物であることなしには偶然的に実存しない。しかし，だからと言って，実存は個体性を前提にしていると言うことはできない。その理由は，すでに述べたように，スコトゥスにおいては，実存は本性を前提にしていて，不完全性の一種である個体性を前提にしていないから，ということである。

159 段落（p. 161）
（誤）　過去の
（正）　受動の

人 名 索 引

アインシュタイン　69
アヴィセンナ　46-48, 139, 144-48, 150, 151, 256, 344, 439, 504, 511, 512, 525, 529, 531, 538, 544, 573, 741, 742
アヴェロエス　122, 123, 233, 501, 542, 543
アウグスティヌス　59, 75, 125, 177, 178, 195, 197, 198, 213, 238, 266, 267, 276, 278-85, 290, 294-98, 301, 303, 304, 310-13, 318-22, 348, 354, 355, 370, 372, 375, 378-81, 383, 385-88, 397, 415, 423, 424, 432, 441, 444, 445, 449, 450, 469, 488-93, 500, 503, 504, 510, 511, 524, 525, 540, 541, 571, 573, 574, 576, 741, 742, 744-47, 749
アリストテレス　10-754
アンセルムス　28, 44, 75-77, 99, 100, 108, 111, 250, 251, 271, 394, 414, 415, 434, 468-70, 482, 521, 546, 574, 577, 744-49, 756
アンティステネス　526
オッカム　749
オリヴィ　737
カエサル　191, 192
カエタヌス　753
カルヴァン　x
カント　106, 214, 218, 308, 348, 733, 757, 758, 761
キケロ　745
クサンティッペ　336

クラチュロス　354, 355
グレゴリウス　14, 125, 126
孔子　59, 60, 330, 734
ゴデフリドゥス　26, 27, 30
ジルソン　749
セネカ　278, 747, 748
ソクラテス　59, 60, 63, 66, 110, 127, 235, 301, 313, 327, 330, 334, 336, 453, 454, 536, 537, 566-68, 735, 738, 739
ダマスケヌス　38, 300, 440, 499, 537, 538, 540, 541, 573, 574
タンピエ（パリ司教）　742
ディオニシオス　444, 557, 558
デカルト　166, 271, 321, 406, 459
トマス・アクィナス　47, 178, 179, 181, 183, 184, 188, 189, 195, 248, 269, 482, 485, 552, 556, 558, 571, 737, 741, 742, 745, 750
ハイデッガー　xiv
パルメニデス　109, 231, 232, 247, 248, 739
ピュタゴラス　11, 57, 312, 738, 739, 741
ファインマン　335, 345
プトレマイオス　430
プラトン　47, 57, 63, 66, 75, 76, 102, 110, 142, 155, 178, 193-95, 238, 301, 302, 308, 312, 313, 342, 381, 441, 445, 453, 454, 491, 526, 527, 542, 543, 561, 571,

738, 739, 740-42, 745, 747, 748
フランシス・ベーコン　x
ヘラクレイトス　312, 314, 315, 354, 355
ヘンリクス (ガンの)　26, 27, 30, 35, 36, 38-43, 45-51, 53, 75, 77, 81, 82, 85-89, 93, 94, 102, 103, 114, 116, 118, 119, 127, 128, 141, 142, 171-74, 178, 197, 294, 299, 301-04, 306, 308, 309, 311, 312, 318, 354, 359, 360, 364-66, 368, 387, 427, 434, 737, 741-46, 749, 751
ボエティウス　318, 319, 500, 538-41
メリッサ　231
モーツァルト　325
ルター　x, 484
ロンバルドゥス　7, 393, 441, 542, 573

書　名　索　引

『エイサゴーゲー』　530
『エゼキエル註解』　14
『神を見ること』（書簡「見神」）　310
『感覚と感覚されるもの』　348
『ガンのヘンリクスの哲学』　294, 737
『キリスト教入門』　538
『形而上学』　12, 13, 15, 16, 18, 19, 26, 33, 46, 55, 62, 70, 124, 130, 139, 165, 176, 204, 207, 224, 228, 229, 231, 233, 234, 243–47, 253, 256, 312, 314, 318, 329, 346, 354, 362, 363, 402, 407, 426, 439, 443, 461, 476, 481, 485, 504, 507, 511, 525–27, 529, 532, 533, 538, 542, 543, 573, 575
『原因論』　299
『告白』　298, 313
『三位一体論』　177, 197, 266, 275, 276, 280, 281, 290, 295, 301, 319, 348, 372, 379–81, 383, 386, 387, 397, 423, 444, 449, 469, 488, 492, 500, 503, 524, 539, 540, 573, 576
『自然学』　13, 147, 148, 231, 244, 247, 396, 397, 402, 405, 482
『実践理性批判』　xvii
『自由意志について』　492
『自由意志論』　470
『純粋理性批判』　i, xvii, 106, 757
『真の宗教』　304
『神名論』　444
『真理論』　250, 251
『正統信仰論』　440
『ソリロキア』　318
『定期討論の大全』　299
『ティマイオス』　301
『天体論』　300
『動物部分論』　96, 97, 161
『トピカ』　17, 437, 446, 518, 524, 528, 530, 531, 533, 534
『ニコマコス倫理学』　15, 18, 89, 162, 170
『83問題編』　125, 303, 381
『光と物質のふしぎな理論―私の量子電磁力学』　335
『プロスロギオン』　28, 747, 748
『分析論後書』　18, 130, 207, 465
『分析論前書』　253, 319
『方法序説』　271
『命題集』　393, 394, 441
『命題集註解』　542, 573
『モノロギオン』　75, 271, 414, 744, 747
『要諦』　499
『霊魂論』　10, 183, 189, 217, 249, 261, 262, 460, 461

事項索引

ア　行

愛　21, 59, 66, 96, 99, 104–06, 110, 116, 197, 198, 282–86, 288–92, 444, 737, 739, 754, 755
愛慕　283, 288–90, 292
赤いもの　136
アカデミア派　311, 312, 314, 317, 321, 322
悪魔　431
アナロギア　740
「ある」　16, 17, 28, 98, 216, 248, 274, 327, 330, 356, 367, 369, 371, 373, 374, 419, 425, 429, 433, 437, 442, 487, 739
「在る」　9, 22, 23, 26, 28–30, 44, 107, 109, 112, 369, 425, 431, 447, 478, 479, 512, 513, 569, 741, 754, 763
「在るかどうか」　22, 23, 26–28, 31–33, 465
或る博士　38
安定した定常状態　266
意向　229, 311, 312, 318, 490, 519
意志　76, 77, 103–05, 138, 197, 227, 228, 249, 250, 255, 256, 259, 266, 283–89, 339, 375–77, 379, 380, 408, 409, 427, 429–32, 470, 475, 487, 492
――作用　408, 409, 429, 431――
――の転倒　284

意識上　367, 369, 750
依存　52, 55–57, 121, 179, 319, 351, 395, 396, 417, 419, 429, 431, 432, 442, 491, 525, 535, 740, 741
一，真，善　204, 206, 207, 210, 515, 546, 739
一義性　1, 51, 53, 54, 58, 59, 61, 63, 66, 72, 74, 78–85, 90–94, 101–03, 106, 201, 202, 214, 223, 224, 226, 228, 229, 231, 233, 236, 246, 248, 393, 440–46, 453, 465, 470, 476, 478, 481–88, 497, 499, 733, 737, 738, 742, 743, 751, 753, 755–58
――の一性　443, 481–84, 486
――の道　80, 91–94
一義的　33, 36, 51, 52, 54, 55, 57–61, 63, 67, 68, 77, 81, 84, 91, 92, 98, 101, 102, 106, 118, 126, 127, 130, 131, 202, 204, 205, 207, 208, 210–12, 215–17, 221–27, 229–32, 245–47, 254, 278, 279, 371, 382, 421, 436, 442, 443, 462–64, 469, 476, 477, 479, 481, 482, 485–87, 494–98, 507, 508, 522, 532, 545, 546, 555, 556, 750–55
一般属性　39, 308
イデア　57, 78, 79, 88, 95, 101, 102, 106, 110, 159, 191, 192, 194, 275, 291, 295–97, 299, 301, 302, 307,

事項索引

308, 311-13, 366, 381, 424, 425, 433, 434, 441, 471-74, 526, 527, 542, 543, 571, 572, 739, 741, 748
犬　413, 414, 416, 438
今の状態　16, 24
色　27, 29, 30, 50, 69, 116, 135-37, 149-53, 169, 170, 185, 186, 227, 262, 263, 272, 278, 308, 327, 349, 382, 397, 430, 462, 479, 506, 551-53, 560, 754
因果性　475
因果関係　451
印刻する　114
インテンシヴ　95-97
インフルエンティア（流入）　310
疑い　59, 60, 62, 65, 66, 215, 219, 223-25, 318, 320, 334, 346, 364, 372, 394, 395, 414, 415, 418, 428, 446, 456, 458, 459, 466, 467, 513-15, 522, 523, 541, 548, 558, 575
疑っている概念　59
永遠
　——的尺度　370, 377-81
　——的な範型　365
　——的なもの　298, 476, 532
　——の光　367-69, 372-76, 379, 384-87
英知　52, 76-79, 117, 266, 381, 396, 397, 409, 413, 414, 416, 420, 440, 441, 470-74, 513-16, 533, 536, 574, 575, 576, 577, 754
　——者　52, 78, 79, 381, 413, 440, 471-73, 513-16, 536
　——の法　266

エッセ　9, 47, 742, 743
エピソード記憶　vii, viii
演繹的推論　49, 338
延長　58, 406-08
黄金の山　114, 115
狼　45, 116, 118, 119
大きさ　69, 97, 99, 124, 183, 402-08, 430, 476
大きな火　404, 405
多くの場合に　337-40, 343, 344, 350, 351, 353
置き換えられる属性　76, 576
置き換え可能な単純な属性　33, 515
お気に入りの意欲　291

カ　行

懐疑主義　135, 136, 312-14, 318, 320, 362
概念の一義性　53, 106, 393, 482, 751, 753
下位の概念　62, 143
確実性　76, 225, 314, 316, 317, 319, 320, 322-24, 328, 329, 332, 333, 343, 345-47, 349-51, 362, 454, 458, 466-68, 487
確実な概念　59, 62, 63, 85, 215, 216, 226, 317, 453, 455, 458, 459, 465, 466
学習　106, 132, 154-59, 181, 182, 254, 278, 284, 287, 577
　——済み　132, 154-59
　——知　181, 254, 278, 577
獲得　132, 141, 181, 182, 254, 255, 278, 286, 287, 302, 317
学問　31, 32, 35, 51, 52, 56, 74, 98, 132, 139, 186, 293, 294, 307, 318, 322, 325-

27, 332, 336, 366, 367, 382, 384, 386, 427, 483, 484, 525, 738, 739, 743, 746, 747, 751–54, 756
——的真理　　293, 294
加速度　　405
柳　　360
仮想現実　　305, 307
可知的形象　　67, 82, 114, 151–53, 269, 303, 304, 306, 359, 360, 370, 371, 432, 445, 446, 761, 762
合致　　67, 71, 122, 195, 263, 301, 302, 323, 331, 358, 365, 371, 376, 378, 408, 413, 414, 426, 512, 514, 516
可能性　　5, 8, 32, 44, 60, 87, 89, 98, 101, 103, 122, 125, 126, 131, 146, 160, 163–67, 188, 202, 214, 223, 262, 273, 274, 287, 293, 294, 315, 332, 343, 357, 358, 395, 396, 408, 410, 411, 413, 428, 431, 432, 446, 461, 468, 472, 486, 487, 512, 515, 522, 542, 545, 557, 561
——の様相　　487
可能態　　34, 90, 156, 158, 159, 189, 191, 205, 206, 238, 240, 241, 324, 400, 407, 413, 420, 421, 424–28, 432, 433, 438, 506–10, 515, 516, 523, 545, 548, 549, 553, 554, 555, 559–62, 568–70, 573, 574
可能知性　　11, 67, 68, 268–70, 304, 371, 446
可変的　　57, 303, 35–57, 371, 372, 379, 380
神
　　——の意志　　266, 375, 376, 379, 475
　　——の三位性　　72
　　——の存在証明　　23, 28, 33, 86, 107, 111, 112, 146, 271, 400, 403, 408, 409, 451, 465, 475, 747, 751, 752
　　——の賜物　　387
　　——の直視　　79
　　——の似像　　40
　　——の御言葉　　387
感覚器官　　11, 65, 68, 152, 179, 180, 258, 261, 347, 350, 563, 564
感覚的形相　　508
感覚表象　　10–12, 49, 66–68, 120, 121, 151–53, 182–84, 186, 187, 222, 258, 261, 266, 267, 272, 277, 281, 282, 303, 311, 334, 335, 350, 359–61, 367, 381–83, 445, 446, 492, 493, 563, 564, 750, 761, 762
眼球　　348, 349
関係の基礎　　448–50, 473
関係の終端　　449
還元される　　83, 399, 412
頑固に　　494–96
完成現実態　　347, 348
完全性の度合い　　98, 108, 166, 405, 432, 548
完全なことば　　87, 88
観想　　14, 125, 126, 259, 376
頑迷固陋　　363
記憶　　87, 88, 193, 195, 277, 303
機会 occasio　　333, 351–53
幾何学　　17, 31, 32, 55–57, 74, 145, 146, 326, 335, 740, 741
　　——者　　145, 146
　　——の公理　　74, 146, 326
　　——の定理　　74

事項索引

起源的　130, 132, 171
記号　27, 30, 196, 489, 513, 521, 562, 563, 565-67
基準（規準）　166, 178, 252, 290, 291, 301, 304, 332, 351, 455, 515, 744, 761
基礎　9, 70, 107, 146, 229, 311, 325, 335, 336, 345, 448-52, 459, 460, 473, 474, 488, 531, 539, 757
帰属　35, 36, 50, 52, 53, 74, 77, 88, 111, 200, 208, 308, 418, 443-45, 471, 473-75, 482-85, 494, 576
　——性の一性（帰属の一性）　482-85
奇跡　116, 119, 132, 334, 377
基体　27, 30, 108, 117, 133, 134, 207, 208, 230, 302, 303, 305, 316, 343, 347, 365, 415, 417, 418, 428, 430, 434-36, 439, 483, 485, 576, 741
　——的部分　133, 134, 436
規定されない存在者　41, 42, 47, 49
規定的　91, 94
起動因　285, 289, 401
吟味　31, 63, 71, 89, 90, 98, 110, 118, 187, 214, 221, 230, 257, 278, 293, 326, 331, 335, 339, 342, 367, 388, 461, 467, 498, 545, 546, 547, 557, 733, 739, 751, 753, 758
欺瞞　45, 224, 225, 320, 358, 364, 366, 492
君によれば　152, 153, 460
キメラ　21, 29, 470, 471, 477-79
究極
　——的現実態性　409

　——的差異　132, 133, 202-06, 209-12, 223, 224, 226, 236, 237, 239, 240, 463
　——的に抽象されたもの　462, 463
　——の形相　236
　——の幸福　385
　——の孤独　418
　——の類　202, 203
　——目的　384, 386
狂気の人　360
享受　125, 126, 274, 283, 284, 288, 289, 491
教授の順序　139, 140
共通
　——感覚　183, 184, 258, 261, 335, 350, 382, 460, 461
　——善　275, 276, 279, 280
　——な形相　290
　——な正義　290, 291, 755
協働　67, 121, 138, 139, 141, 162, 265, 268, 270, 272, 273, 310, 316-18, 351, 368, 369, 376
切り離す　59, 75, 327, 344, 478
近接性　39, 63
偶性　33, 38, 39, 52, 55-58, 70, 73, 98-100, 102, 108, 116-19, 127, 128, 191, 200, 201, 207, 208, 216-18, 221-23, 226, 230, 231, 235, 237, 239, 244-46, 253, 254, 313, 337, 340, 367, 368, 382, 383, 396, 397, 398, 404-09, 420, 428, 429-31, 439, 443, 447, 467, 468, 485, 495, 497, 502-04, 508, 510, 511, 517-20, 530-32, 539, 540, 543, 545, 556, 574, 576, 740, 741, 743, 750
　——的　38, 52, 55, 73, 98,

100, 108, 119, 127, 128, 191, 207, 208, 216, 217, 222, 223, 235, 237, 246, 253, 254, 368, 382, 383, 404–07, 420, 495, 497, 511, 519, 520, 574, 576
　――的広がり　405, 406
偶然的　317, 336, 338, 346–49, 379, 380, 386, 475, 479, 486, 763
偶発的　337
草　68, 82, 343, 344
具体性　38, 40, 41, 43, 102, 131
具体的　28–30, 34, 40, 41, 44, 62, 82, 85, 99, 105, 115, 119, 131, 132, 144, 166, 167, 184, 254, 279, 281, 286, 287, 289, 290, 292, 356, 380, 421, 436, 457, 486, 550, 557, 564, 743, 750, 753–55
具体例　185, 191, 307, 344, 427, 467
組み合わせ　30–32, 148, 186, 317, 323, 326, 327, 329, 331–34, 344, 357, 376–78, 382, 409, 411, 412, 416, 423–25, 429, 468, 562, 565, 566, 758
区別された概念　456, 461, 463, 464, 465, 466, 551
雲　383
暗闇　218–21
黒　47, 82, 136, 151, 169, 203, 331, 332, 334, 460–64, 479, 506, 551
継起的　158
経験　58, 67, 69, 70, 76, 85, 89, 99, 105, 115, 118, 131, 132, 136, 141, 167, 182, 193, 194, 196, 214, 219, 220, 266, 277–79, 285, 293, 305, 306, 308, 319, 322, 325, 328, 336–43, 344, 345, 349, 351, 352, 365, 367, 380, 387, 395, 418, 450, 457, 468, 483, 484, 486, 487, 492, 504, 539, 552, 553, 556, 557, 733, 740, 743, 745, 747, 750–53, 755, 757, 758
「経験的事実」による論証　85
形而上学者　145, 146, 187, 193
形而上学の探究　77
啓示的真理　293, 294
形象　44, 45, 67, 82, 114–17, 121, 122, 135–40, 149, 151–53, 162, 190, 193, 195, 219, 220, 223, 266, 269, 272, 277, 289, 301–07, 310, 316, 317, 334, 348, 351, 355, 357, 359, 360, 370, 371, 428, 432, 445, 446, 761, 762
形相
　――性　157, 239, 408
　――多数説　238
　――的概念　77, 78, 255, 258, 259, 262, 334
　――的区別　239, 393, 420, 432, 436
　――的対象　463, 464, 552, 559, 560, 561, 565, 566
　――的同一性　421
　――的な石　471
　――的な英知者　471
形容　241, 242, 483
　――する仕方　242
系論　171, 173
結合・分割する知性　299, 300

欠陥　　76, 103, 384, 386, 432
欠如　　41, 43, 46-50, 96, 99,
　　171-73, 220, 221, 279, 280,
　　282, 283, 291, 292, 402,
　　425-29, 432, 433, 447
　——的　　41, 43, 46-50,
　　171-73, 279, 280, 282, 283,
　　291, 292
原因性　　87, 375, 400, 401,
　　444, 471, 475
　——の道　　444, 475
限界　　28, 56, 77, 89, 91, 97,
　　107, 138, 183, 209, 210,
　　413, 414, 419, 435, 503,
　　505, 506, 513, 519, 521-23,
　　538, 539, 544, 564, 754, 758
玄関　　318, 319
言及する関係 relatio　　539
現況　　193, 194, 198, 268
現今の状態　　16
現今の状況　　264, 267
原罪の罰　　266, 267
現実態　　34, 52, 114, 115,
　　124, 155, 156, 158, 159,
　　169, 189-91, 205, 206, 217,
　　222, 223, 238, 241, 320,
　　321, 324, 330, 347, 348,
　　367-69, 375, 400, 401, 409,
　　410, 413, 414, 420, 421,
　　424, 426-28, 432, 433, 438,
　　509-12, 515, 516, 549, 553,
　　555, 559-61, 568-70, 761
　——性　　400, 409, 413,
　　414, 424, 432
現実の様相　　487
建設的　　528
幻像　　361
限定辞　　507
限定する　　70, 107, 188, 242,
　　407, 437, 556, 569, 570, 572
厳密に　　477, 478, 565
「子」　　416, 417

効果的　　135, 163
郊外　　117
光線　　309
幸福　　15, 35, 36, 89-91, 95-
　　97, 320, 385, 493, 734
効力　　122, 150, 151, 158,
　　359, 404-07, 476
超える　　87, 88, 113, 136,
　　137, 153, 186, 191, 229,
　　369, 438, 482, 506, 523, 747
五官　　179, 355, 382, 554
個々の　　11, 43, 91, 98, 105,
　　134, 193, 196, 332, 335,
　　339, 379, 380, 456, 460,
　　476, 491, 492, 532, 560,
　　744, 753-55
濃さ　　82, 108, 111, 405
個体　　27, 65, 66, 81, 96, 104,
　　126, 127, 134, 135, 137,
　　139-41, 149, 150, 152, 153,
　　163, 164, 172, 173, 180,
　　203, 212, 260, 266, 277,
　　281-83, 285-87, 289, 336,
　　337, 414-18, 435, 436, 452,
　　454, 536, 546, 551, 565,
　　570, 575, 762, 763
　——性の概念　　551
　——的概念　　452
　——的基体　　415, 417,
　　418, 435, 436
固着　　282, 283, 444, 447, 491
孤独　　418
異なる　　30, 39, 40, 44, 51,
　　55-58, 60, 64, 67, 69, 70,
　　78-81, 83, 92, 98, 122, 140,
　　163, 170, 183, 185, 200,
　　204, 205, 239, 244, 249,
　　250, 257, 271, 272, 291,
　　294, 315, 337, 340, 343,
　　350, 351, 442, 443, 454,
　　455, 457, 462, 474, 481,
　　489, 490, 492-95, 497, 501,

510, 512, 515, 524, 525, 528, 542, 543, 548, 550, 554, 562, 564, 572, 737, 752, 758
——国　40
この神　96, 100, 102, 103, 105, 106, 126, 744, 754, 763
この本質　100, 101, 103, 125, 126, 280
個別基体　27
個別者　212, 440, 517, 518, 567–70, 572–76
固有性　204, 222, 223, 237, 239, 446, 447, 550
「これ」　22, 102, 127, 185, 347, 467, 512, 569, 570, 571, 750, 763
痕跡について　449
混乱　9, 28, 40, 104, 492, 493, 496, 752, 759

サ　行

差異　92, 132, 133, 202–06, 209–12, 215, 216, 223, 224, 226, 227, 229, 232, 233, 236, 237, 239–41, 460–63, 494, 495, 497, 498, 528, 548, 560, 572, 739
最下級のもの　343
最高度　43, 44, 49, 77, 78, 142, 209, 279, 394, 397, 418, 469, 470, 491, 535
最高類　232, 463, 514, 515, 517, 538, 544, 739, 740
最大限度に　41–43, 49, 50, 138, 143, 163, 165, 169, 172, 173, 185, 265, 268, 271, 282, 341, 347, 348, 380, 476, 529
最低種　81, 82, 134, 135, 137–40, 162, 163, 172, 173

祭壇　218
作出因　399, 400, 402, 408, 475
作出者　399–402
錯覚　347, 349, 350, 352, 353
雑然　133–37, 145–50, 247, 248
——としたもの　133, 134, 137, 147–49
産出する　138, 139
三段論法　54, 58, 86, 287, 319, 333, 344, 476, 552, 751
三位一体　177, 197, 266, 275, 276, 280, 281, 290, 295, 301, 319, 348, 372, 376, 379–81, 383, 386, 387, 397, 417, 423, 439, 444, 449, 469, 488, 489, 492, 500, 503, 524, 539, 540, 573, 576
三をもつ　385, 386
視覚　12, 55, 68, 82, 108, 136, 137, 151, 153, 160, 164, 183, 185, 186, 191, 194, 217–21, 227, 257, 258, 262–65, 272, 347, 348–53, 426, 463, 464, 554, 560, 563
自覚的行為　345–47
時間　14, 29, 31, 48, 97, 99, 100, 140–43, 147, 159, 295, 296, 340, 345, 351, 380, 438, 515, 757
——的な存在　142
示現　370, 381, 383
始原的　130
至高の善　112–14
至高の存在者　112, 113
至高の背反　125
資質　190, 387
自然的
——概念　24
——願望　184, 195, 196

——な探究　468
　——理性　195, 752
自然の超越　8
自存　41, 43, 415, 448, 450
自体的　17, 38, 40, 41, 52,
　　53, 55-58, 100, 101, 152,
　　186, 199, 201, 202, 205,
　　207-09, 211, 227, 228,
　　233-36, 245, 246, 251, 252,
　　257, 258, 260, 262, 383,
　　409, 410, 420, 421, 428,
　　477, 478, 480, 491, 502,
　　529, 576, 762
　——一　245, 246
　——に第一の仕方　233-
　　35, 262
実在的　38, 124, 150, 193,
　　218, 219, 237, 285, 328,
　　356, 367, 373, 393, 420,
　　433, 435, 436, 451, 452,
　　475, 481, 483, 484, 486,
　　487, 508, 522, 548, 550,
　　565, 573, 750
　——区別　435, 436
　——様相　486
実践（プラクシス）　104,
　　105, 286, 287, 376, 384-86,
　　755
　——学　287, 755
　——的　104, 105, 286,
　　287, 376, 384, 385
　——的三段論法　287
　——的場面　104, 105
　——的理性　xvii
実体との関係 ad aliquid　70,
　　126, 539, 541
実体の研究　117
実体の本質的部分　222
実直に　385, 386
質料的対象　567
質料的なもの　158, 161,
　　179, 184, 306, 408

至福　36, 97, 162, 180, 282,
　　296, 429, 431, 445, 491
自明　32, 33, 74, 145, 146,
　　167, 193, 198, 222, 319,
　　322-26, 328-30, 332, 333,
　　335, 338-40, 342-44, 346,
　　347, 352, 353, 359, 361,
　　363, 364, 506
　——な諸原理　319, 322,
　　323
尺度　162, 163, 193, 243,
　　276, 277, 279, 284, 292,
　　308, 370, 372, 377-81, 473,
　　474, 501, 542-44
自由意思　76, 339, 470, 492
自由ではない原因　337, 338
自由の根拠　486
修道士　386, 431, 742
収斂　127, 215, 491, 501,
　　510, 544, 546, 547, 549, 557
「瞬間的」永遠　100
除去を通した認識　470
使用　13, 70, 125, 126, 216,
　　251, 283, 284, 288, 323
少数の人　12, 381-84
照明光　50, 267-70, 272,
　　432
白　27, 29, 68, 69, 82, 88-
　　92, 96, 98, 108, 111, 149-
　　53, 169, 203, 236, 239, 241,
　　242, 246, 258, 271, 272,
　　276, 277, 279, 289, 298,
　　313, 323, 327, 331, 332,
　　334, 342, 345, 347, 348,
　　350, 351, 362, 460-62, 464,
　　479, 506, 510, 549-54, 734,
　　747, 754
　——い人間　246
主語　22-24, 28, 33, 55, 57,
　　59, 60, 68, 72-74, 94, 107,
　　208, 235, 300, 305, 326,
　　393, 437, 465, 495-98, 520,

527, 536, 546
種差　90, 91, 134, 143, 144, 150, 202-04, 206, 228, 229, 233, 234-43, 252, 437, 438, 441, 495, 497, 502, 504, 506-12, 527, 528, 530, 531, 547, 548, 550-53, 555, 568, 569, 570, 572, 739
種子　380
受肉　416, 417
受容　91, 408, 426, 428, 429, 434
純粋
　——可能態　424, 433
　——現実態　424, 432, 433, 560
　——光　432
　——さ　381
　——な霊魂　381
植物　72, 158, 438
書物　132, 372
視力　160, 161, 169, 170, 295, 311, 334
臣下　435
神経の束　348, 349
人権思想　418
信仰
　——箇条　72, 379, 746
　——と自然　8
　——と哲学　9
　——と理性　9
真実在　740
心象　95, 219, 306, 315, 368, 370-78, 383-86, 427, 428, 432, 464, 559
身体　16, 24, 104, 105, 134, 156-58, 179, 181-93, 218, 237, 266, 267, 288, 289, 320, 403, 404, 407, 408, 417, 430, 565, 750, 762
　——の形相　156
新プラトン主義　47, 75, 76, 445, 491, 740
神秘主義　445
信頼できる　47, 293, 307, 308, 325, 364-69, 382-84, 386
真理判断　28, 293, 301, 302, 304
親和する思い　116, 119
睡眠中　334, 359, 360
推論　17, 25, 26, 36, 49, 58, 62, 71, 82, 85, 100, 122, 127, 141, 142, 148, 165, 168, 173, 174, 221, 225, 232-34, 247, 273, 287, 317, 319, 325, 326, 333, 338, 354, 452, 484, 528, 529, 560, 751
数的　80, 81, 124, 488, 738
ストア的　76, 744, 746, 747, 748
ストア哲学（主義）　313, 336, 745, 747
スポジトゥム　417, 436
正確　47, 56, 68, 76, 88, 96, 99, 130, 131, 194, 207, 210, 212, 220, 227, 242, 253, 271, 272, 279, 307, 315, 324, 327, 328, 345, 382, 383, 415, 470, 471, 498, 508, 509, 537, 557, 562, 745, 751, 762
　——性　130, 131, 253
正義　44, 76, 111, 197, 198, 266, 282-85, 289-92, 297, 381, 393, 500, 533, 754, 755
性質　34, 98, 152, 153, 203, 208, 245, 260, 408, 411, 420, 438, 440, 441, 462, 500, 540, 542, 543, 553, 565, 574-77, 739
静止　183, 534
聖書神学　376, 755

事 項 索 引

生成　　129, 130, 132, 133, 135, 141, 142, 147, 156–60, 172, 324, 356, 394, 428, 430, 438, 534, 740
——消滅　356, 394, 428, 430, 438
正直から欺瞞へ　358
聖母の博士　7, 100
精妙なる博士　7
絶対的　24, 25, 34, 56, 88, 112, 113, 250, 262, 263, 299, 300, 357, 415, 447–50, 452, 470, 492, 517, 525, 749
節度　385, 386
潜在的　28, 33–35, 67, 71, 72, 86, 87, 109, 111, 112, 152–59, 192, 194, 199–01, 211, 212, 217, 224, 227, 228, 252, 253, 263, 326, 445–47, 449, 450, 517, 520, 526
全体　7, 9, 27, 30, 33, 36, 61, 63, 64, 72, 74, 79, 85, 93, 101, 110, 117, 124, 125, 133, 134, 138, 142, 144, 147, 149, 155, 157, 159, 186, 187, 189, 196, 224, 225, 231, 235, 237, 244–46, 256, 306, 331, 332, 334, 364, 382, 398, 400, 403–05, 410, 411, 433–37, 442, 461, 468, 473–75, 478, 480, 507, 508, 513, 514, 517, 519, 520, 521, 556, 557, 566, 575, 738, 739, 741, 748, 753, 762
専門家　313, 314, 344
創造時の概念　89
想像力　114, 115, 478
相対性理論　69, 146, 758
相対的　56, 75, 113, 238, 357
属性　29, 33, 34, 38–41, 43, 44, 52–54, 76, 78, 79, 93, 94, 99, 101, 102, 108–11, 113, 117, 126, 128, 198, 202, 204, 206–12, 223, 224, 226–29, 239, 240, 242–46, 252–56, 263, 307, 308, 315, 343, 344, 365, 366, 397, 416, 459, 460, 468, 472–74, 481–87, 494, 515, 516, 518, 532, 533, 540, 541, 546, 556, 575, 576, 758, 763
——の一性　459, 460, 481–84, 485
それ自身による存在者　32, 33
存在の類比　36, 55, 56, 58, 457, 482, 485, 741–43, 753

タ　行

第一
——概念　196, 539
——義的　33, 55, 57, 60, 98, 118, 130, 131, 205, 207, 208, 210, 221, 227, 230, 245, 246, 254, 371, 382, 421, 436, 443, 462–64, 481, 485, 507, 508, 522
——原理　61, 62, 111, 112, 362, 384, 386, 387, 417, 418, 748, 749, 752
——主題　31–34, 254
——存在者　33, 34
——対象　83, 84, 103, 106, 107, 130, 169, 170, 176–78, 180–82, 184–88, 195–202, 211–14, 227, 228, 249–52, 254, 255, 258, 262–65, 267, 268, 270, 271, 284
——動者　15, 501, 542–44

――の学　31, 32, 35, 36, 84, 144, 145
――の尺度　543, 544
――の諸原理　286, 296, 297, 318, 319, 329, 333, 384
対外的　375-77
代示　109, 562, 563, 567, 568
対象の不在　219, 221
大地　341
対置される属性　33, 34
対比　9, 12, 17, 29, 40, 64, 65, 73, 110, 162, 189, 254, 271, 482, 504, 546, 571, 753
第二概念　196
第二現実態　52, 190, 191, 320, 321
太陽の光線　309
太陽の光　12, 13, 123, 124, 265, 309
多義性　54, 70, 92, 234, 235, 244, 531, 751, 753
多義的な原因　86, 87
多義的結果　86, 87, 89
卓越性の道　444, 471
多数の形相　236
他性　488, 490
妥当な認識　343
旅人　8, 32, 35, 36, 51, 59, 66, 67, 100, 176, 293, 294, 557
――の知性　8, 36, 51, 59, 66, 67, 176, 293, 294
駄弁　241, 242
谷　383
単位　206, 243, 336, 543
単純概念　23, 24, 27, 28, 31, 36, 71-73, 132, 154, 225, 367, 428
単純性　50, 91, 108, 113, 114, 133, 391, 393-95, 397-99, 402, 408, 413, 414, 420, 437, 441, 473, 502, 510, 526, 542
単純でない概念　35
端的
――ではない　206, 462
――な完全性　44, 74-78, 108, 109, 111, 114, 162, 163, 170, 394, 395, 413-16, 418, 419, 422, 433, 434, 468, 469, 471, 472, 474, 475, 482, 483, 521-23, 546, 574-77
――な現実態性　414
――な必然　96, 356
――に単純な概念　31, 64, 91, 93, 132, 143, 205, 224-27, 237, 462, 463, 466
知覚　65, 66, 82, 102, 104, 106, 115, 127, 218, 277, 287, 349, 552-54, 558, 563, 755, 758
知識　59, 70, 73, 74, 85-88, 98, 168, 169, 173, 177, 187, 215, 228, 253-56, 263, 276-78, 293, 294, 303, 308, 319, 322, 326, 327, 333, 341, 342, 344, 345, 349, 440, 447, 448, 457, 468, 577, 743, 751, 752, 754, 756, 758
知性
――作用　155, 408, 429, 431, 432
――体　87, 429, 431, 452, 453
――的形相　508
――の究明　468
――の第一対象　84, 130, 176-78, 184-86, 197-202, 211-13, 227, 249, 250, 263-65, 267, 271, 284
秩序　7, 17, 23, 30, 31, 33, 34, 71, 85, 100, 112, 117,

事項索引

129–32, 135, 141–43, 145, 147, 149, 155–60, 162, 163, 166, 183, 194, 198, 199, 201, 209, 212, 237, 243–46, 257, 271–73, 286, 299, 337, 346, 376, 385, 386, 393, 399, 418–21, 430, 438, 459–61, 494, 515, 568, 740, 753, 754
――の一性　420, 459–61
知的後裔　87
知の吟味　110, 367, 753
超越概念　209, 239, 410, 514, 533, 546, 547, 555, 556
超越者　513–16, 529, 531–33, 574–77
超越的述語　532, 533
超実体的　538, 540
超自然的概念　24
聴覚　12, 183, 257, 262, 263, 349, 560
中項　54, 174, 343, 344
註釈家　123, 501, 542
直観　65, 66, 80–83, 98, 102, 104, 106, 122–24, 217–21, 277, 278, 287, 288, 296, 348, 349, 452, 551–53, 554, 557–61, 563–65, 567, 733, 758, 761
直線　55, 309, 326, 518–21
直の定義　519, 520
月の蝕　166, 167, 341, 342
月の満ち欠け　167, 341, 342, 343
定義　26, 30, 31, 50, 53, 54, 57, 77, 91, 130, 133, 134, 141–44, 155, 186, 201, 207, 208, 227, 242, 245, 246, 251, 319, 327, 328, 366, 367, 385, 386, 420, 427, 438, 454, 470, 484, 507, 511, 518–21, 524, 526–32, 536, 539, 571, 573, 748
――的概念　141, 142
適合　74, 123, 129–32, 137, 164, 169–71, 176–78, 181, 185, 192, 194, 195, 199–201, 227, 241, 251, 252, 258, 260, 264–68, 271, 273, 283, 284, 445, 448, 549, 551, 558
――性　129–32, 164, 169–71, 176, 199–201, 283, 284
デノミナティヴ　496–98
天使　45, 53, 72, 123, 130, 166, 179, 182, 183, 195, 235, 267, 269, 272, 429–32, 438, 453, 501, 502
――がもつことば　429
天文学　430
天球　161, 430
動因　66, 67, 285, 289, 401
道具　284, 368, 369
父さん　147
頭辞　48, 117, 306
銅銭　191, 192
道徳の類い　385
動物　45, 72, 96, 97, 118, 148, 155, 156, 158, 161, 162, 233, 235, 241, 242, 247, 254, 272, 327, 380, 421, 426, 427, 435, 436, 438, 447, 479, 480, 482, 488, 489, 495, 497, 508, 522, 523, 547, 548, 562, 563, 566–70
特殊　10, 16, 29, 31, 40–43, 48, 90, 100, 101, 115, 119, 134–36, 140, 141, 144, 148, 152, 153, 157, 184, 186, 188, 198, 199, 216, 241, 259, 281, 282, 287, 301, 307, 341, 398, 408, 516,

529, 554, 572, 757
特定の状況にある　265
特別な照明　293, 294, 296, 298, 311, 318, 319, 366, 367, 377, 378, 380, 383, 742
特有化　259–61
特有性　446, 447, 530, 531
「どのような」　60, 202, 203, 212, 437, 532, 534, 546, 547
取られるものと取るもの　435

ナ　行

内的固有の様態　98, 100, 112, 113, 405, 510, 514, 521, 546–49, 550–54, 557, 558, 560, 561, 567–69, 571, 753–55
内的尺度　543, 544
内的度合い　549
凪　534–36
名付ける　225, 239, 278
名前を付与する　496
「何」　23, 26–31, 52–54, 60, 68, 72, 140, 143, 144, 154, 202–04, 207–12, 215–17, 223–28, 235–37, 239–43, 245, 246, 252–54, 264, 385, 437, 495, 502, 524, 532–34, 535, 536, 546, 547, 562, 563, 575
「何性」　53, 154, 193, 194, 202, 203, 535
「何であるか」　22, 23, 26–29, 31–33, 465, 546
「何の概念」　52
逃げ口上　63
2項と2項の間の「比」　12
日常言語　314
日常的常識　135
人間の笑い　447

二義的　55, 57, 58, 131, 207, 208, 246, 357, 371–73, 374, 375, 443, 444
二者択一の属性　516
肉欲の愛　285, 286
濃度　405, 510
能動知性　11, 66–68, 120, 267–70, 272, 304, 315, 367–69, 371, 374, 445, 446, 750, 761
――の光　268, 270, 272, 369, 374
濃淡　510
濃密　404–06
能力の第一対象　83, 106, 107, 176, 181, 185, 188, 214, 227, 252, 255, 258, 262, 264, 265
熱　176, 177, 343, 344, 350, 351, 404, 405, 477, 744, 747

ハ　行

媒介　34, 73, 74, 135, 156, 179, 221, 346–48, 367, 442, 505, 509–11
ハイブリッド　336
破壊的　356, 528
博士　7, 38, 100, 440, 441, 470, 733
――たちや聖人たち　470
裸の範型　307, 308
裸のもの　101
発光　309
離れた　15, 19, 24, 140, 143, 150, 180, 193, 306, 307, 347, 349, 368–70, 378, 384, 385, 386, 396, 459, 543, 761
ハビトゥス　155, 181, 182, 254, 278
バラバラのもの　64
パンの実体　218

事 項 索 引

反逆　492, 493
範型　89, 101, 299–304, 307–12, 316, 354, 365, 366, 371, 424
範疇　99, 100, 115, 169, 203, 209, 210, 214, 223, 232–35, 246, 313, 386, 403, 437–41, 457, 463, 499, 500, 513–16, 519, 524, 535–37, 539–41, 545, 546, 553, 555–57, 568, 574–77, 739, 740
煩瑣　83
汎神論　56
判断　28, 45, 110, 118, 177, 193, 221, 248, 276, 277, 287, 288, 290–93, 295–98, 301–04, 308, 311, 317, 329, 332, 335, 336, 350–53, 359–62, 377, 467, 470, 494, 508, 537
「比」　11, 12, 160
火　61, 62, 177, 238, 269, 348, 404, 405, 453, 476, 477
　——の概念　185
　——の完全性の度合い　432
　——の繊細さ　50
比較　11, 56, 68, 112, 113, 120, 147, 166, 244, 248, 271, 279, 282, 385, 482, 503, 504, 557, 740
非質料的実体　15, 33, 180, 181, 184, 185, 264
被造的存在者　59, 61, 71, 208, 209, 212, 215, 454
非被造的存在者　59, 61, 71, 208, 209, 212, 215, 454
羊　45, 116, 119
必然存在　34, 409, 410, 427, 428, 477–79, 505, 511–13, 515, 516
必然的　72, 73, 96, 112, 121, 208, 214, 219, 246, 266, 274, 308, 317, 323, 326, 328, 329, 331, 332, 334, 335, 338, 340, 344, 346, 352, 356–58, 371, 376, 378–80, 386, 399, 409, 410, 419, 438, 475, 478, 487, 512, 513, 519, 523, 569, 571, 576, 752, 763
　——真理文　317, 338, 356
否定神学　20, 470, 471, 490, 557, 558
否定性からの道　444
否定的　19–21, 41–43, 46–50, 171, 172, 174, 177, 178, 279, 280, 327, 441
　——一つのものに即して　229–31
　——一つのものに向かって　229
人の魂　445
非媒介的に　156, 221, 442
飛躍　338, 492
評価力　44, 45, 116–19
表示　13, 14, 57, 115, 133, 354, 357, 455, 488, 507, 531, 561, 562, 564–68, 633, 744
　——対象　562, 565, 566, 568
表出　117, 152, 153, 305, 306, 317, 354, 357, 359–61, 382, 383, 385, 556
比例　51, 55–57, 69, 70, 80, 150, 151, 160, 161, 178–80, 188, 189, 191, 192, 260, 272–74, 293, 361, 466, 474–76, 740, 741, 754, 762
　——的一致　80, 188, 191, 192
　——的に　160, 161, 474–76, 762
広い意味で　433, 434

不可変　296-98, 303, 304, 314, 315, 354-57, 359, 371, 372, 379, 380
　——の関係　355
不可謬　302, 304, 307, 319, 337, 364, 366, 370
不完全性　77, 78, 96, 99, 169, 395, 396, 399, 400, 413, 419, 440, 468, 469, 504, 511, 538, 559, 763
複合可能　395, 411-13, 415, 416, 428-30, 432
複合する道　148
複数の形相　239, 508
含まれるもの　154, 210, 518
含むもの　96, 154, 205, 206, 208, 211, 240, 370, 453, 517, 518
フクロウの目　12, 13, 122, 123
物体　59, 69, 118, 148, 248, 296, 341, 395, 404, 406, 438
不合理　65, 66, 78, 81, 94, 233-35, 300, 362, 363, 368, 425, 503
不定なもの　14
不分明なもの　127, 133, 134
部分　27, 30-35, 41, 42, 55, 56, 59, 64, 85, 90, 91, 95-97, 124, 125, 133, 134, 138, 141, 142, 144, 149, 155-57, 159, 161, 184, 189, 208, 209, 212, 222, 223, 233, 236, 240, 241, 251, 252, 259, 264, 269, 274, 276, 278, 280, 283, 331, 332, 334, 341, 342, 353, 382, 385, 386, 398-400, 402-05, 409-12, 420, 423, 433-36, 461, 462, 475, 483, 491, 503, 504, 506, 507, 510-12, 520, 533, 558, 733, 734, 741

——形相　157
普遍　12, 29, 38-44, 49, 50, 52, 81, 83, 99, 105, 106, 109, 112, 114, 115, 120, 130, 133-35, 140, 141, 147-53, 157, 184, 193, 198, 203, 208, 214, 216, 239, 252, 254, 261, 266, 276, 277, 281-83, 285-87, 289, 290, 292, 301, 303, 307, 308, 327, 328, 338-40, 398, 410, 411, 454, 490, 491, 529, 530, 532, 553, 560, 564, 568-70, 576, 738, 739, 746, 754, 757, 758, 763
　——的全体　133, 149
　——論争　109, 738, 746
プラエキセ　76, 478
分解する道　148
分割　22-24, 134, 141-45, 167, 209, 220, 245, 299, 300, 340-43, 366, 367, 463, 467, 468, 477, 516, 739
　——の道　143-45, 340-43, 366, 367
　——による推論　141
分析　18, 19, 34, 49, 84, 89, 130, 132, 133, 148, 149, 154, 162, 163, 202, 205-07, 210, 214, 253, 319, 333, 366, 425, 465, 501, 517, 553, 753, 758
分明なもの　127, 133, 134, 166, 172
分明に　127, 133, 134, 136, 142-47, 149, 152, 154, 184, 185, 205
分有　41-43, 79, 177, 178, 273-75, 283-85, 291, 308, 313, 369, 374, 385, 424, 425, 433-36, 444, 445, 472-74, 490, 491, 570, 571,

事項索引

739, 741, 748
ペルソナ　236, 239, 376, 416-18, 420, 422, 429, 432, 436, 440, 488, 489, 540, 573, 574
——的　236, 429, 432
変化可能性　357, 358
弁論術　313, 441
棒が折れている　351, 352
北極星　15, 430
ポジティヴ　91-93, 96, 426, 427, 432, 471, 490, 555-57, 559, 572
掘り出す　115, 117-19
本質的　9, 67, 71, 72, 86, 87, 133, 134, 143, 144, 149, 162, 163, 192, 194, 206-12, 214, 216, 222, 223, 22-29, 236, 240, 241, 243, 244, 252-54, 264, 308, 313, 315, 328, 358, 394, 398, 399, 429, 431, 432, 434, 445-47, 449, 472, 481, 483, 505, 506, 509, 537, 540, 541, 550, 576
——全体　133, 134, 149
——な先後の秩序　71
——に後なるもの　71
——に先なるもの　71
本性的調和　266
本来の状態　361, 363, 364

マ　行

曲がった光　309
まっすぐ　146, 309, 377, 518, 520, 521
丸太　382
水　61, 62, 238, 323, 351, 352, 453
密度　405
無効　165, 166, 188, 195, 233, 235, 241, 247, 517, 522, 572, 577, 752
無差別　152, 153, 192, 194, 196, 469, 501, 505, 506, 512-14, 555
無限　13, 14, 28, 42, 48, 58-60, 66, 82, 90-100, 105, 107-09, 111-15, 124, 125, 204, 209-11, 269, 280, 292, 321, 346, 357, 398, 402-04, 406-08, 410-12, 418, 419, 425, 427-29, 431, 433, 434, 445, 470, 475, 484, 487, 505-07, 509-11, 513, 514, 516-24, 527, 545-47, 554-60, 562, 565, 567-72, 754
——定　48
——な数　13, 124, 429
——な存在者　28, 42, 59, 66, 90, 91, 93, 95-99, 105, 107-09, 111-13, 115, 209, 357, 427, 428, 510, 514, 523, 527, 546, 570, 572
——な能力　402-04, 406, 407
——な量　523
——に遡及する　425
無媒介のもの　346, 347
矛盾　31, 32, 35, 54, 58, 61, 124, 145, 146, 149, 171, 172, 174, 190, 191, 209, 226, 233, 297, 316, 329-32, 343, 352, 376, 378, 395, 400, 413-16, 442, 455, 457, 459, 463, 464, 477-80, 483, 484, 486, 487, 489, 519-22, 524, 525, 544, 563, 745, 747, 758
——した知　331, 332
——律　58, 297, 329-31, 455
名辞　22, 23, 25, 54, 57, 73,

74, 80, 85, 139, 145, 146,
154, 155, 173, 220, 323–29,
331–37, 339, 340, 343, 344,
352, 353, 355–59, 365–67,
376–78, 382, 398, 427, 428,
442, 460, 476–79, 482, 486,
488, 489, 568, 739, 751, 758
　――の組み合わせ　323,
327, 329, 357, 378
　――の把握　323
　――論理　336, 739
目覚めている　334, 346–48,
361–63
明証性　28, 165, 166, 319,
333, 358, 378, 758
明証的　145, 323, 326, 334,
358, 386
明晰　52, 58, 63, 84, 166,
248, 367, 461, 464, 744,
751, 752
　――に　63, 84, 248, 367,
461, 464
命題論理　336
命名的　495–97, 498, 534,
536, 537
盲目　220, 221, 426, 427
モグラ　426, 427

ヤ　行

野生獣　117, 118
山　114, 115, 138, 383
唯一の概念　452, 453
友愛の愛　285, 286, 289, 290
有意味な存在者　447, 448
有限な存在者　59, 66, 93,
546, 557
夢のなかの像　359
ユリの花　68
幼児　147–49, 181
様態　96, 98–100, 108, 109,
112–14, 324, 405, 510, 512,
514, 521, 546–55, 557–61,
566–71, 573, 753–55
欲望　104
預言者　10, 24, 131

ラ・ワ　行

理性　9, 10, 14, 45, 46, 49,
68, 104, 106, 110, 146, 193,
195, 214, 215, 233, 235,
236, 240–42, 255, 296, 308,
323–27, 330, 335, 336, 353,
414, 476, 480, 484, 485,
487, 497, 508, 520, 522,
547, 548, 565, 569, 739,
744, 745, 748, 749, 752,
756–58
　――的　46, 49, 68, 233,
235, 236, 240–42, 327, 414,
480, 497, 508, 548, 565,
745, 749, 756
離存実体　267–70
離存知性　179
量子力学　146, 335, 345,
476, 758
両立　20, 244, 254, 437, 441,
462, 481, 482, 486, 487,
502, 509
倫理的　286
類義的　84
類似　11, 39, 40, 62–66, 87,
88, 101–03, 118, 149, 150,
156, 189–92, 281, 323, 329,
330, 357, 371, 374, 396,
473–76, 500, 559, 573, 738
　――化　190
類比　33, 35, 36, 39, 41, 42,
47, 51, 52, 54–58, 62–65,
67–70, 75, 77–80, 83, 89,
92–95, 215, 229, 230, 443,
457, 465, 466, 476, 482,
485–87, 738, 740–43, 751,

753, 754
　——的存在者　47, 51
　——的存在論　51
　——の一性　443, 465, 466
　——の近接性　63
霊魂　10, 15, 16, 134, 161, 180, 183, 189, 217, 220, 236–38, 249, 261, 262, 266, 302, 304, 316, 318, 321, 337, 339, 351, 357–59, 362, 368, 381, 382, 395, 403, 404, 407, 408, 430, 460, 461, 529, 531, 533, 563, 565, 762
　——のうちに眠っている真理文　337, 339
ロゴス　13, 26, 29, 68, 70, 186, 193, 194, 255, 277, 278, 286, 287, 323, 324, 330, 332, 335, 338, 355, 522, 539, 561, 564
ロバ　482, 488, 489, 522
論証　32, 33, 85, 109, 148, 154, 166, 167, 174, 273, 319, 326, 328, 343, 346, 367, 451, 751, 752
　——の原理　85, 166, 167, 346
論理学　231, 244, 247, 256, 327, 329, 336, 483, 739, 749
論理上の関係　434
論理的様相　486

鷲（ワシ）の視力　160
われわれの行為　320

八木 雄二（やぎ・ゆうじ）
1952 年東京生まれ。慶応義塾大学大学院哲学専攻博士課程修了。91 年文学博士。専門は西欧中世哲学，とくにドゥンス・スコトゥス（1308 年没）。1978 年より東京港野鳥公園でボランティア活動。現在，「東京キリスト教神学研究会」所長，「東京港グリーンボランティア」代表理事，「ストップ・フロン全国連絡会」代表理事，清泉女子大学非常勤講師。
〔主要作品〕『鳥のうた』（平凡社），『イエスと親鸞』（講談社），『神を哲学した中世』（新潮社），『天使はなぜ堕落するのか』『聖母の騎士と神の秩序』『裸足のソクラテス』『神の三位一体が人権を生んだ』（以上，春秋社），『カントが中世から学んだ「直観認識」』『地球に自然を返すために』『生態系存在論序説』『生態系存在論の構築』『生態系倫理学の構築』（以上，知泉書館），等。

〔存在の一義性〕　　　　　　　　　　　　ISBN978-4-86285-297-7

2019 年 7 月 20 日　　第 1 刷印刷
2019 年 7 月 25 日　　第 1 刷発行

訳註者　　八 木　雄 二
発行者　　小 山　光 夫
印刷者　　藤 原　愛 子

発行所　〒113-0033 東京都文京区本郷1-13-2　株式会社 知泉書館
　　　　電話03(3814)6161 振替 00120-6-117170
　　　　http://www.chisen.co.jp

Printed in Japan　　　　　　　　　　　　　印刷・製本／藤原印刷

カントが中世から学んだ「直観認識」 スコトゥスの「想起説」読解
八木雄二訳著 　　　　　　　　　　　　　　四六/240p/3200円

スコトゥス「個体化の理論」への批判 [センテンチア] 読解 (ラテン語訳版)
G. オッカム／渋谷克美訳註 　　　　　　　　菊/208p/4500円

オッカム『七巻本自由討論集』註解 〔全7巻 刊行中〕
渋谷克美訳註　菊/Ⅰ=288p, Ⅱ=260p, Ⅲ=256p/各5000円

オッカム哲学の基底
渋谷克美著 　　　　　　　　　　　　　　　菊/242p/4500円

エックハルト ラテン語著作集 〔全5巻, A5〕
エックハルト／中山善樹訳　Ⅰ,Ⅱ,Ⅳ=8000円/Ⅲ=9500円/Ⅴ=6000円

《知泉学術叢書》

J.-P. トレル／保井亮人訳
トマス・アクィナス 人と著作　760p/6500円

J.-P. トレル／保井亮人訳
トマス・アクィナス 霊性の教師　760p/6500円

トマス・アクィナス／山口隆介訳
神学提要　　　　　　　　　　522p/6000円

G. パラマス／大森正樹訳
東方教会の精髄 人間の神化論攷　576p/6200円
　聖なるヘシュカストたちのための弁護

W. イェーガー／曽田長人訳
パイデイア(上) ギリシアにおける人間形成　864p/6500円

C.N. コックレン／金子晴勇訳
キリスト教と古典文化　　926p/7200円
　アウグストゥスからアウグスティヌスに至る思想と活動の研究

D. エラスムス／金子晴勇訳
対話集　　　　　　　　　　456p/5000円

M. ルター／金子晴勇訳
後期スコラ神学批判文書集　402p/5000円